BOBIGNY

(LEZ-PARIS)

LA SEIGNEURIE, LA COMMUNE
ET LA PAROISSE

De l'an 450 jusqu'à nos jours

PAR

l'Abbé MASSON

CURÉ DE BAGNOLET

ROBERT II, ROI DE FRANCE
(*Prose de la Pentecôte*)

PARIS
CHEZ H. CHAMPION
LIBRAIRE DE LA SOCIÉTÉ DE L'HISTOIRE DE PARIS
QUAI VOLTAIRE, 9

1882

BOBIGNY

(LEZ-PARIS)

BOBIGNY

(LEZ-PARIS)

LA SEIGNEURIE, LA COMMUNE ET LA PAROISSE

De l'an 450 jusqu'à nos jours

PAR

l'Abbé MASSON

CURÉ DE BAGNOLET

ROBERT II, ROI DE FRANCE.
(*Prose de la Pentecôte.*)

PARIS

CHEZ H. CHAMPION

LIBRAIRE DE LA SOCIÉTÉ DE L'HISTOIRE DE PARIS

QUAI VOLTAIRE, 9

1887

PRÉFACE

En publiant ce travail sur le village de Bobigny, je n'ai pu avoir la prétention de produire une œuvre intéressante pour la masse du public. Il n'y a, je le sais, que les archéologues et les bibliophiles, et aussi les habitants peu nombreux de la localité et des communes environnantes qui pourront y prêter attention.

C'est à ces derniers principalement que j'en fais l'offre; c'est pour leur être agréable que je l'ai entrepris; c'est dans le dessein de leur être utile que je l'ai terminé. Ils y trouveront rapportés les noms de leurs aïeux, les emplois qu'ils ont remplis et les faits qui les ont rendus recommandables aux yeux de leurs concitoyens. Ils y verront, de plus, réunis, les renseignements les plus précieux touchant la propriété territoriale, ses origines, ses mutations, ses charges, ses revenus, sa valeur enfin aux diverses époques.

Pour son accomplissement, j'ai mis à contribution d'abord les livres anciens, entre autres ceux de l'abbé Lebeuf et du père Anselme, et ensuite ceux nouvellement parus, ceux édités par la Société de l'histoire de Paris et de l'Ile-de-France et la Société des bibliophiles français en particulier; puis les manuscrits déposés aux Archives nationales, à la Bibliothèque nationale, à l'Hôtel de Ville de Paris et à la Mairie de Bobigny; enfin les vieux papiers de famille, conservés dans les notariats du voisinage et chez les particuliers, que je savais devoir être en possession de ces riches souvenirs de leur maison.

A une époque comme la nôtre, curieuse de s'instruire par la connaissance du passé, il m'a semblé acquérir quelque titre à l'estime et à l'affection de mes paroissiens, en leur donnant dans cet ouvrage non pas seulement le résumé, mais, autant que possible, la collection, disposée dans l'ordre chronologique, de tous les documents historiques se rapportant à leur localité.

Mais la récompense que j'ambitionne avant tout, c'est leur progrès dans la vénération et l'amour de la sainte Église notre mère, patronne éclairée de la science et des arts, dont je ne suis que l'humble représentant. Oui, je le répète, c'est l'attachement à ma vocation, c'est l'espoir d'en atteindre le but élevé qui m'a fait embrasser ce travail. Puisse-t-il, tout modeste qu'il est, répondre à mes intentions et procurer la gloire de Dieu et le bien des âmes!

INTRODUCTION

Bobigny, village de l'ancienne province de l'Ile-de-France, aujourd'hui du département de la Seine, de l'arrondissement de Saint-Denis et du canton de Pantin, est situé après ce bourg en partant de Paris par la Petite-Villette et suivant la route d'Allemagne. A l'opposé de Pantin et d'Aubervilliers, c'est-à-dire à l'est, le territoire de Bobigny est limité par celui de Bondy; au nord, il est terminé par les territoires de la Courneuve et de Drancy, et au sud par ceux de Noisy-le-Sec et de Romainville. Des tours de l'église métropolitaine au clocher de Bobigny, on compte dix kilomètres trois hectomètres de distance, et de la muraille d'enceinte au Petit-Bobigny deux kilomètres trois hectomètres environ.

Bobigny, au dire d'Adrien de Valois et de l'abbé Lebeuf, remonterait au temps où les Romains dominaient encore dans les Gaules, vers 450. Il aurait reçu son nom d'un capitaine de cette nation appelé Balbin, lequel, en ces jours de décadence pour l'empire, commandait un poste à cet endroit. « Balbiniacum a Balbino aliquo nomen habet. » Ce nom, du reste, était assez commun chez le peuple conquérant. Aussi, en plus du village dont il est ici parlé, s'en trouve-t-il en France deux autres qui le portent également, l'un dans l'arrondissement de Beaune (Côte-d'Or), et l'autre dans l'arrondissement de Valognes (Manche). De Balbiniacum Balbiniaci, on a fait en français Baulbigny, puis Baubigny, et enfin Bobigny. Cette orthographe, adoptée aujourd'hui, était déjà en usage au milieu du xv° siècle. Le terrier de cette époque, des hoirs de Charles de Montmorency d'Auvrayménil et de Goussainville, seigneur de Bobigny, dont il sera donné copie en partie, en fait foi.

Après Balbin, nous ne trouvons point d'autre personnage important à citer dans les temps reculés que la riche dame Hermentrude, qui vivait vers l'an 650, avait du bien aux environs de Paris et particulièrement à Bobigny. Autorisée par le comte de Paris Mommole, et par son lieutenant Baudacharius à faire son testament, elle légua à son cher fils la bonne moitié de ce qu'elle possédait à Bobigny, tant en habits qu'en meubles et en bestiaux : « Similimodo de Balbiniaco tam vestis quam æramen, vel utensilia et de bovibus et omnia medietatem sibi, dulcissime fili habere præcipio[1]. »

Nous ne pouvons pas certifier que la villa ou le hameau de Bobigny fût déjà une commune ou communauté d'habitants possédant une administration et un maire à sa tête pour le règlement de ses intérêts temporels, non plus qu'une paroisse ou famille chrétienne, avec son curé et ses administrateurs des intérêts religieux. Cependant en l'année 1050, sous le règne de Henri Ier, fondateur du prieuré de Saint-Martin-des-Champs, et du temps d'Imbert de Vergy, évêque de Paris, il y avait un bénéficier de la cure et de l'église de Bobigny; c'était Gualéran, chantre de la cathédrale de Paris. Et nous voyons qu'en 1089, étant dans un âge avancé, ce chanoine de la Métropole se démit de son bénéfice, afin de laisser à Geoffroy de Boulogne, successeur d'Imbert,

---

1. *Liturg. Galli*, p. 462. Supplém. *ad Diplo.*

l'agrément de le transmettre au prieuré de Saint-Martin-des-Champs de Paris. Ce que fit cet illustre évêque dans le courant de cette même année 1089, après avoir obtenu néanmoins le consentement de Drogon, archidiacre de l'archidiaconé de Paris, duquel relevait la cure et l'autel de Bobigny.

Ainsi donc Bobigny, dès l'an 1050 au plus tard, forma une communauté d'habitants érigée en paroisse, une chrétienté possédant son église sous le vocable de saint André, apôtre, et faisant partie du premier des trois archidiaconés du diocèse, le grand archidiaconé[1], et du doyenné de Montreuil[2].

---

1. D'après M. Guérard, la division du diocèse de Paris en trois archidiaconés, ceux de Paris, de Brie et de Josas, qui s'est maintenue sans variation aucune jusqu'en 1790, remonterait à Charlemagne.

2. Plus tard le siège du doyenné, situé à l'est du grand archidiaconé de Paris, fut transféré de Montreuil-sous-Bois à Montfermeil et en dernier lieu à Chelles.

BOBIGNY

(LEZ-PARIS)

RÉSUMÉ DU CHAPITRE PREMIER

La seigneurie de Bobigny. — Origine de la féodalité. — Les seigneurs de Bobigny, hauts justiciers. — Leurs droits utiles et honorifiques. — Ils étaient seigneurs dominants des fiefs voisins des Grand et Petit-Drancy, et de ceux d'Émery et de Béquignard, d'Eaubonne, de la Motte et de la Barre, situés sur la paroisse, et ils relevaient eux-mêmes en fief, pour une partie de leur terre, du seigneur-abbé de l'abbaye de Saint-Denis, et pour l'autre partie, du seigneur de Livry-en-l'Aunay, qui lui-même relevait directement du roi. — Étienne de Bobigny, seigneur en 1125. — Jean de Bobigny, seigneur en 1164. — Il donne avec Hélisende sa femme, à l'abbaye de Lagny, des terres situées à Ogne et à Condé au diocèse de Meaux. — Jean de Gisors, seigneur de Bobigny du chef de sa femme Aales de Villiers, en 1167. — La cinquième charte du monastère de Saint-Martin de Pontoise de cette année-là l'appelle Jean de Bobigny. — Henri II, roi d'Angleterre, maître de Gisors en 1164, dépouille Jean de Gisors de l'autorité civile qu'il exerçait dans cette ville. — Philippe-Auguste, de retour de la croisade, le rétablit dans ses fonctions, année 1192. — Hommage qu'il fait au roi de ses biens dans le Vexin au fief de la couronne. — Ses propriétés à Bobigny. — Ses donations et fondations pies. — Il meurt en 1218 et est enterré dans la basilique du prieuré de Saint-Martin de Pontoise. — Ses descendants. — François de Bobigny en 1218 et Jean de Bobigny son fils, seigneur après lui, mentionnés sur une pierre tombale de la fin du XIIIe siècle. — Un autre Jean de Bobigny, seigneur, orfèvre et bourgeois de Paris, et Agnès sa femme, en 1294, d'après un censier du domaine de Méry-sur-Oise. — Jean Le Mire, seigneur de Bobigny en 1315. — Il sert dans les armées de Philippe VI de Valois et meurt dans son hôtel de la rue du Jour, à Paris. — Nicolas Le Mire son fils, seigneur après lui. — Son aveu fourni à l'abbé de Saint-Denis en 1352. — Services qu'il rend à Charles V. — Il meurt en 1391, après avoir fondé dans l'église Saint-Eustache une chapelle du titre de Saint-Sauveur. — Étienne de Braque, seigneur de Bobigny du chef de sa femme Jeanne Le Mire, fille de Nicolas Le Mire. — Illustration de la famille de Braque. — Étienne fait en 1399 l'acquisition de la seigneurie de Domont et meurt la même année. — Sa veuve, Jeanne Le Mire, épouse l'année suivante Philippe de Jancourt. — Celui-ci, au nom de sa femme, rend le 8 mars 1406 à l'abbé de Saint-Denis aveu et dénombrement de son fief pour la partie de la terre de Bobigny tenue en fief de l'abbaye, dont copie. — Mathieu de Montmorency d'Auvraymenil et de Goussainville II, seigneur de Bobigny, par son mariage avec Jeanne de Braque, seconde fille d'Étienne de Braque et de Jeanne Le Mire. — Il fait aveu et dénombrement, à la fin de 1406, à l'abbé de Saint-Denis, et meurt en 1414, laissant de son mariage un fils et trois filles. — Charles de Montmorency d'Auvraymenil et de Goussainville son fils, seigneur de Bouqueval et de Bobigny après lui, chambellan et maître d'hôtel d'Arthus de Bretagne, connétable de France. — Attaché à la personne du connétable, il entre avec lui dans Paris, repris sur les Anglais en l'année 1436, et assiste au mariage de ce prince avec Jeanne d'Albret, lors de sa célébration à Nérac en 1442. — Charles de Montmorency présente, l'année suivante, à la chapelle de Saint-Jacques et de Sainte-Anne en l'église Saint-Eustache. — Il se marie le 11 mai 1447 à Jeanne Rataut et meurt en 1462, laissant de son union quatre filles: Jacqueline, mariée à Guillaume de Sévigné; Catherine, mariée à Philippe d'Aunay Le Gallois III; Marguerite, mariée à Antoine de Villiers, châtelain de l'Ile-Adam, et Jeanne, qui se fit religieuse à Longchamp. — Guillaume de Sévigné, époux de Jacqueline de Montmorency, seigneur de Bobigny en 1462. — Saisie de la seigneurie de Bobigny pour défaut d'aveu. — Déclaration des terres et des prés de la seigneurie, du 5 juin de l'année 1500. — François de Boisbaudry, seigneur en 1505, par son mariage avec Isabelle de Sévigné. — Son aveu à messire Simon Sanguin, seigneur de Livry pour la terre de Bobigny. — Ancêtres et descendants de François de Boisbaudry. — Pierre Perdrier, notaire et secrétaire du roi, époux de Jeanne Le Coq, seigneur de Bobigny en 1517. — Il obtient, le 19 février 1532, l'office de greffier de la ville de Paris, à la place de Jean Hesselin. — Il assiste en cette qualité à l'anniversaire de la réduction de la capitale sous l'obéissance de Charles VII, célébrée en 1535; à la cérémonie qui eut lieu dans la basilique de Saint-Denis en 1537, pour la prospérité des armes de François Ier dans la guerre de Flandre; à la procession solennelle faite de Saint-Jean-en-Grève à Notre-Dame en 1538, en actions de grâces de la trêve qui venait d'être conclue; enfin à la réception magnifique donnée à Charles-Quint en 1540, etc. — Pierre Perdrier obtient en 1543 de Jean du Bellay, évêque de Paris, la confirmation du privilège accordé à ses prédécesseurs de présenter à la chapelle de Saint-Étienne-du-Château. — Jeanne Le Coq, son épouse, meurt en 1546, et lui-même la suit au tombeau en 1552. — Jean Perdrier, son fils, hérite de la seigneurie de Bobigny. — Il épouse le 7 mars 1558 Anne de Saint-Simon. — Il tue par vengeance, à la bataille de Dreux, en 1562, le maréchal Saint-André, et meurt deux ans après, laissant à Guillaume Perdrier, son fils, la terre de Bobigny. — Guillaume Perdrier épouse, en 1572 Marguerite de Rochechouart, veuve de Guillaume Allegrin. — Il achète de Raphaël Gaillandon les fiefs d'Émery et de Béquignard et plusieurs autres biens. — Copie de son aveu et dénombrement à l'abbé de Saint-Denis, seigneur suzerain pour partie de la terre de Bobigny en 1585. — Il vend, en 1590, à Florent d'Argouges, les fiefs d'Émery et de Béquignard, et meurt en 1593. — Charles Perdier, son fils, héritier de ses biens, épouse vers 1610 Anne de Bragelongne et meurt huit ans après, en laissant de cette union deux filles, Anne et Charlotte Perdrier. — La même année, Barbe Robert, leur aïeule maternelle et tutrice, présente à la nomination de Mgr de Gondy un chapelain pour desservir la chapelle du château de Bobigny. — Anne de Bragelongne, leur mère, reçoit en 1628 l'acte de foi et hommage des Célestins de Paris pour les fiefs d'Eaubonne, de la Motte et de la Barre. — Elle décède en 1648, léguant à la fabrique de Bobigny vingt-cinq livres de rente. — Charles de Béthisy de Mézières, époux d'Anne Perdrier, et Joseph-Charles d'Ornano, époux de Charlotte Perdrier, seigneurs chacun pour moitié de Bobigny, du chef de ces dames, fournissent le 23 mai 1640, à messire Christophe Sanguin, seigneur de Livry en l'Aunay, l'aveu et dénombrement pour la partie de leur terre tenue en fief de ce seigneur, dont copie. — L'année suivante, Charles de Béthisy, lieutenant général du comte de Soissons révolté, conduit l'aile droite de ses troupes à la bataille de la Marfée et remporte la victoire contre les troupes royales. — Charles de Béthisy meurt en 1661, quatre ans après avoir vendu, d'accord avec son épouse, la partie de la terre de Bobigny leur appartenant. — Anne de Perdrier, sa veuve, convole à un second mariage, en s'unissant à Roger de Lévis, comte de Charlus. — Descendants de Charles de Béthisy-Mézières et de Charles d'Ornano. — François Jacquier, vidame de Viels-Maisons, ou Vieu-Maison, seigneur de Bobigny par ses acquisitions successives, dans les années 1657, 1659, 1670 et 1676. — Il donne, en 1672, à éminentissime Jean-François-Paul de Gondy, cardinal de Retz, abbé de Saint-Denis, l'aveu de ce qu'il possède de biens à Bobigny, dont copie. — Il exerce jusqu'à sa mort, arrivée le 15 avril 1684, la charge de commissaire général des armées du roi, ayant été très apprécié des hauts personnages de son époque, pour son exactitude et sa vigilance dans ses fonctions. — Jean-François Jacquier, vidame de Vieu-Maison, l'aîné de ses trois enfants, seigneur de Bobigny après lui. — Le 20 août 1698, il fait hommage de son fief aux dames religieuses de la maison royale de Saint-Louis, établie à Saint-Cyr. — Il vend à M. Claude Tréboulleau sept arpents de terre, au lieu dit Colombier, sur le territoire de Bondy. — Il quitte en 1711 son château de Bobigny pour habiter la maison de campagne de Beauregard, et meurt, en 1727, sans postérité. — Hugues-François Jacquier de Vieu-Maison, son frère puîné, hérite de la seigneurie de Bobigny. — Le 25 mai 1733, il donne aux dames de Saint-Cyr l'aveu et dénombrement de son fief, et meurt le 23 septembre 1744, sans laisser d'enfant de Louise Robert de Septeuil, son épouse. — Philippe-Guillaume Jacquier de Vieu-Maison, son neveu, fils de Philippe Jacquier de Hennecourt et de Thérèse Herinez, hérite de ses biens. — Marié en 1536 à Renée-Louise-Madeleine Hattes, il n'a qu'une fille, Amie-Françoise-Céleste Jacquier de Vieu-Maison, morte à l'âge de seize ans, à Paris, deux mois après son mariage avec Guy-André-Marie-Joseph, comte de Laval-Montmorency, mort lui-même à Ennebeck à la fin de ladite année 1754. — Quelques mots sur les de Valles, appelés seigneurs de Bobigny par le Père Anselme et d'Hozier, mais par erreur, nous le pensons. — Messire Philippe-Guillaume Jacquier dote la paroisse de Bobigny d'une église nouvelle qu'il fait construire à ses frais, et rend sa mémoire impérissable par sa charité envers les pauvres. — Il meurt en 1791, dernier seigneur de Bobigny, léguant ses biens à ses neveu et nièces : Antoine de Sainte-Marie d'Agneaux ; Marie-Angélique de Sainte-Marie d'Agneaux, et Marie-Jeanne-Élisabeth de Magontier de Laubaine, son autre nièce. — Ceux-ci mettent en vente le domaine de Bobigny, qui est adjugé après enchères, le 31 mars 1792, pour le compte de Xavier-Pierre-Louis de Delley de Blancmesnil, enfant de dix ans, fils orphelin de Pierre-Nicolas de Delley de Blancmesnil, décédé le 31 mai 1782, dans sa vingt-neuvième année, colonel mestre de camp et maréchal général des logis de la cavalerie légère de France, et de Claudine-Julie Débrets, unie en secondes noces, deux ans après la mort de son premier mari, à Charles de Labay, comte de Viella. — Généalogie de la maison de Delley de Blancmesnil, remontant à l'époque des Croisades. — M. le comte de Delley de Blancmesnil, Alphonse-Léon, fils de Xavier-Pierre-Louis de Delley de Blancmesnil et de Joséphine Texier de Hautefeuille, de concert avec M. le comte de Lavau, son neveu, établissent à grands frais à Bobigny, en l'année 1864, une école de filles et un asile pour les petits enfants, dirigés par les sœurs de Saint-Vincent-de-Paul.

CHAPITRE PREMIER

LA SEIGNEURIE DE BOBIGNY

Ce fut en l'année 877, sous le règne de Charles le Chauve, incapable de gouverner ses sujets et impuissant à les défendre, que la féodalité prit origine en France. Les ducs, les comtes, les marquis et les barons, de commissionnés qu'ils étaient, devinrent les maîtres absolus dans leur gouvernement. Un peu plus de cent ans après, en 987, Hugues Capet, duc de France, parvenu à la royauté, se concilia ces personnages influents en rendant les fiefs héréditaires.

Pour ce qui est des seigneurs de Bobigny, ils avaient droit de haute, moyenne et basse justice sur toute l'étendue de leur terre et sur tous les habitants. Ils possédaient un manoir, ou maison forte à pont-levis, entouré de fossés et de remparts, afin de s'y abriter avec leurs vassaux dans les jours de danger. Il leur appartenait, comme on le verra en particulier dans l'aveu et dénombrement des seigneurs de Béthisy et d'Ornano, le droit de jaugeage, de vérification des poids et mesures, les amendes, les épaves, les confiscations et tous les autres droits utiles et honorifiques de justice et de police possédés par les seigneurs hauts justiciers.

Ils avaient encore le pouvoir d'instituer, pour exercer la justice, un bailli, un lieutenant, un procureur fiscal, un prévôt, un tabellion, un greffier, des sergents, un geôlier et autres officiers, lesquels convainquaient de toutes les matières et jugeaient de tous les procès, tant civils que criminels, excepté les cas royaux. Les appellations émises des jugements rendus par eux ressortissaient immédiatement en matière civile et criminelle au Châtelet et Parlement de Paris.

Il y avait un lieu marqué pour l'exécution des criminels condamnés à être pendus. C'était sur la limite de la seigneurie vers Paris, à l'angle formé par le chemin Pouilleux et celui appelé de la Justice, parce qu'il avoisinait ce lieu. Là étaient dressées les fourches patibulaires, consistant en deux ou trois pièces de bois plantées en terre et servant de piliers à une autre pièce placée en travers et à laquelle était attaché le carcan.

Avant de donner la suite des seigneurs de Bobigny, nous ferons remarquer en passant, ce qui sera rapporté plus au long dans la suite, qu'ils étaient seigneurs dominants des fiefs voisins des Grand et Petit-Drancy, et de ceux d'Émery et de Béquignard, d'Eaubonne et de la Motte, situés sur la paroisse; comme ils relevaient eux-mêmes en fief, pour une partie de leur terre, des seigneurs, abbé et religieux de l'abbaye de Saint-Denis; et pour l'autre partie des seigneurs de Livry en l'Aunay, qui eux-mêmes relevaient directement du roi.

BOBIGNY.

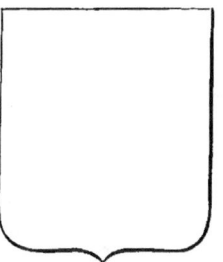

ÉTIENNE DE BOBIGNY, en 1125.

ARMES : Inconnues.

Si l'on en croit l'abbé Lebeuf, l'auteur le mieux informé, le plus ancien seigneur de Bobigny que l'on puisse citer est Étienne de Bobigny, chevalier, qui était, en sa qualité de gentilhomme, commensal de Suger, abbé de Saint-Denis[1], ministre des rois Louis VI dit le Gros et Louis VII dit le Jeune, qui fut appelé le Père de la Patrie. Louis VI donna, en 1112, le signal de l'affranchissement des communes, et Louis VII entreprit la seconde croisade à la suite de Conrad II, empereur d'Allemagne. Étienne de Bobigny ne fut-il pas, en sa qualité de chevalier, du nombre des preux français qui voulurent accompagner leur roi en Terre-Sainte et qui prirent la croix avec lui, le jour de Pâques, 31 mars 1146, à Vézelay, à la voix de saint Bernard?

A cette époque, les grands n'avaient pas encore de nom héréditaire. Ils portaient simplement le nom qu'on leur avait donné au baptême, en y ajoutant celui de leur terre, lequel devenait pour eux comme un nom de famille. Ainsi en fut-il d'Étienne de Bobigny et de quelques autres seigneurs après lui.

---

1. L'abbé Lebeuf, *Hist. de Paris*, t. VI, p. 280.

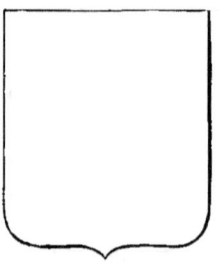

JEAN DE BOBIGNY, en 1164.

ARMES : Inconnues.

Nous ne pouvons dire si ce seigneur appartenait à la même famille que le précédent. Toujours est-il qu'on le voit mentionné dans une charte de l'abbaye de Chaalis de l'an 1164, où il est qualifié chevalier[1]. Des titres de l'abbaye de Lagny nomment aussi Jean de Bobigny et Hélisende, son épouse, comme ayant donné à cette maison des terres situées à Ogne et à Condé, au diocèse de Meaux[2].

1. *Charte de Gaignières*, p. 269.
2. *Hist. Latiniae*, manuscr.

JEAN DE GISORS, en 1167.

Armes : D'or, à la croix de gueules, cantonnée de quatre lions de sable [1].

Après Jean de Bobigny, nous trouvons comme seigneur, du moins en partie, de la terre de Bobigny, Jean de Gisors.

Jean de Gisors était fils de Hugues de Gisors Ier, chevalier, et de Mathilde, et petit-fils de Thibaut de Gisors Ier, surnommé Payen, aussi chevalier, de la famille des Montmorency, et d'une autre Mathilde.

En l'année 1155, Jean de Gisors remplaça, dans le gouvernement de la ville de Gisors, Thibaut II de Gisors, son oncle, qui mourut en 1191, sans laisser de postérité, et dont il recueillit la succession. Les Templiers, qui avaient la garde de Gisors pour le roi de France Louis VII, livrèrent par trahison, en 1164, la forteresse de cette ville à Henri II, roi d'Angleterre. Jean de Gisors fut dépouillé de l'autorité civile qu'il y exerçait, mais il n'en continua pas moins de résider dans la cité, où il possédait plusieurs fiefs.

Jean de Gisors épousa, en 1167, dame Aalès, fille d'Adam de Villiers, qui lui apporta en dot une partie de la seigneurie de Bobigny.

La cinquième charte du monastère de Saint-Martin de Pontoise, de cette même année, cite Jean de Gisors, seigneur de Bobigny, comme

---

1. Dom Estiennot, *Hist. Regal. S. Martini supra Viosnam*, t. III, p. 52, au verso, 1558.

ayant vendu à Guillaume de Garlande et à Robert Mauvoisin frères la grosse dîme de Puteaux dont ces seigneurs firent donation pour un tiers à l'église de Saint-Martin de Pontoise, à l'intention d'obtenir le repos éternel de leurs âmes et des âmes de leurs ancêtres :

« Nos Guillelmus de Garlanda et Dominus Robertus Malus, minus
« frater ejus, concesserunt Deo et ecclesiæ Sancti Martini Pontesiensis
« et abbati et monachis ejusdem loci, pro suis et omnium antecessorum
« suorum animabus in eleemosinâ, decimam de Puteolis, quam eis vendidit
« Dominus *Joannes de Balbiniaco*, videlicet majoris decimæ tertiam par-
« tem; posuerunt que hujus concessionis donum super altare sanctæ Mariæ,
« in capella abbatiæ. Pro hac concessione habuit Dominus Guillelmus de
« charitate Ecclesiæ decem libras parisiensis denarias, et Dominus Robertus
« frater ejus, quadraginta solidos; Domina quoque Agnes mater ejus, qui
« hanc decimam concessit Ecclesiæ habuit quadraginta solidos; concessit
« hocidem Domna Fulcodus de sancto Dyonisio, soror ejusdem Domini
« Guillelmi et habuit quadraginta solidos. Domna vero Idonea uxor Guil-
« lelmi idem concessit et habuit viginti solidos; alios que viginti que sibi
« promissi fuerant. Dimisit Ecclesiæ quam familiariter diligebat eo quod
« frater et mater sua et tota pene parentela sua, ibidem sepulta quiescit.
« Testes; ex parte Guillelmi et suorum : Domnus Theobaldus de Mont-
« fermeil et Domnus Albericus frater ejus; ex parte Ecclesiæ : Domnus
« Girardus de Pertiaco, Bosco de Faudeny, Lambertus de Ripa, etc. »

Nous, Guillaume de Garlande[1] et messire Robert Mauvoisin, notre frère, nous avons fait donation à Dieu et à l'église de Saint-Martin de Pontoise, et à l'abbé et aux moines du prieuré, en aumône et pour le salut de nos âmes et le salut des âmes de nos ancêtres, de la dîme de Puteaux, acquise par nous de messire *Jean de Bobigny*[2], consistant dans le tiers de la grosse dîme dudit Puteaux, donation dont ils ont déposé le titre sur l'autel de la bienheureuse sainte Marie, dans la chapelle même de l'abbaye. En témoignage de reconnaissance, messire Guillaume a reçu

---

1. Guillaume de Garlande avait épousé Idonea, sœur de Jean de Gisors, vers 1150. Il était seigneur de Livry, et fut le fondateur, en 1186, de l'abbaye de Livry, pour des chanoines réguliers qu'il fit venir de Saint-Vincent de Senlis.

2. Jean de Gisors.

de l'église de Saint-Martin de Pontoise dix livres parisis; messire Robert son frère, quarante sous; dame Agnès, leur mère, qui a consenti à cette donation, a reçu aussi quarante sous; dame Foulques de Saint-Denis, sœur de messire Guillaume, qui a aussi donné son consentement, a reçu également quarante sous; dame Idonéa, épouse de messire Guillaume, qui adhère aussi à cette donation, a reçu vingt sous, plus vingt autres sous qui lui avaient été promis. Messire Guillaume de Garlande a fait cette aumône à l'église du prieuré, qui lui est tout particulièrement chère, parce qu'elle renferme la dépouille mortelle de ses père et mère, et que la plupart de ses ancêtres y ont été inhumés.

Témoins, du côté de messire Guillaume et des membres de sa famille : messire Thibaut de Montfermeil et messire Albéric, son frère; et du côté de l'église : Girard de Perthes, Bosco de Faudeny, Lambert de la Rive, etc.

La première année du règne de Philippe-Auguste, en 1180, Jean de Gisors rendit à ce prince foi et hommage pour tous les biens qu'il avait à Thor[1] et pour l'église d'Ermont. De retour de la croisade, en 1192, le roi de France s'empara par surprise de la ville de Gisors, en chassa les Anglais et réintégra dans les fonctions de gouverneur de cette place forte Jean de Gisors, son fidèle vassal. Huit ans plus tard, ce seigneur donna au roi le dénombrement des fiefs qu'il tenait de lui dans le Vexin normand, ceux de Bezu-le-Long, de Saint-Paër, de Bernouville et de Mesnil-Guilbert. Au mois de mai de l'année 1203, il fournit à l'abbé de Saint-Denis l'aveu de tout ce qui lui appartenait dans les villages de Chars, Bercagny, Bois-Franc et la Gripière, mouvant de l'abbaye, avec abandon de tous ses droits sur partie des bois et forêts appelés la Verrerie.

En décembre 1206, par lettres scellées de son sceau, Jean de Gisors se porta caution en faveur de son fils aîné Hugues de Gisors II, comme ayant donné à Henri, abbé de Saint-Denis, acte de foi et hommage de tout son fief de Chars, pour lequel il avait payé audit abbé trente livres parisis de droits de rachat. Dans ces mêmes lettres, il reconnaît que son fils a reçu gratuitement du même abbé l'investiture du fief de Chars, à la recommandation de Guillaume de Garlande.

Quant aux biens possédés à Bobigny par Jean de Gisors et dame

---

1. Aujourd'hui Saint-Prix.

Aalès de Villiers, son épouse, nous les trouvons énumérés dans les aveux fournis aux abbés de Saint-Denis, dans les années 1315, 1321, 1340 et 1341, par Jean Le Mire, années postérieures de plus de cent ans à Jean de Gisors, et aussi dans les aveux des siècles suivants, jusqu'à la grande Révolution.

En général, tous ces aveux et dénombrements des seigneurs de Bobigny, aussi bien que des autres seigneurs des paroisses de France, fournis à leurs seigneurs suzerains depuis le commencement du régime féodal jusqu'à son abolition en 1791, sont de la plus haute valeur au point de vue historique. Ils marquent l'origine des divers biens immeubles, donnent la suite des propriétaires tant nobles que roturiers, et signalent les droits et les charges de chacun d'eux dans les moindres détails.

Entre ces actes de foi et hommage, aveux et dénombrements de la terre et seigneurie de Bobigny que nous avons copiés tout au long et en assez grand nombre, nous n'offrirons au lecteur que les plus importants, en ayant soin de les ranger par époque autant que possible.

D'après l'aveu de Jean Le Mire, du mercredi après la quinzaine de Pâques de l'année 1315, rendu à l'abbé de Saint-Denis, Jean de Gisors aurait possédé à Bobigny, du chef de sa femme, le fief de la Bretèche [1], qui passa plus tard à Hennequin Le Flament. Ce fief comprenait un manoir avec huit arpents et trois quartiers de terre. Plus un autre petit fief de la contenance de cinq quartiers de terre. De plus, il lui était dû comme droits seigneuriaux : à l'octave de la Saint-Denis, sur plusieurs héritages possédés au territoire de Bobigny par divers particuliers, douze sous quatre deniers parisis et quatre poussins ; le jour de la Saint-Martin d'hiver, sur plusieurs autres héritages situés au même lieu, vingt-six sous un denier parisis de menus cens ; le lendemain de Noël, sept setiers d'avoine volaige, les trois quarts d'un minot et cinquante-huit sous onze deniers parisis de gros cens sur trois masures en la ville [2] même de Bobigny ; enfin, sur d'autres héritages de la seigneurie, deux chapons et le quart d'un chapon, une coutume de la valeur d'un setier d'avoine, deux chapons et deux boisseaux de blé, deux setiers d'avoine et deux gelines [3].

---

1. Forteresse en bois.
2. Village.
3. *Inventaire des titres de l'abbaye de Saint-Denis*, t. III, folios 30 et 61. *Original*, p. 169. Préfecture de Versailles.

En l'année 1210, Jean de Gisors et dame Aalès de Villiers fondèrent à la porte de la ville de Gisors, sur le chemin d'Étrépagny, une léproserie ou Hôtel-Dieu, sous la double invocation de Notre-Dame et de saint Lazare. Au mois de juillet 1216, ils firent donation à l'abbaye de Saint-Denis de trois mines de froment de rente, payables chaque année, sur le moulin de Noisemont près Chars et le lendemain de Pâques fleuries, pour faire trois pains (*tres oblatos*), qui seront remis entre les mains du bailly de Saint-Denis audit Chars, pour par lui être envoyés à l'abbaye de Saint-Denis, afin de servir le jour de Pâques à la réfection des religieux, à charge par lesdits religieux de réciter l'oraison dominicale à l'intention des donataires[1].

Jean de Gisors possédait, à Paris, un hôtel situé sur le fief de Thérouenne, dans la rue Saint-Denis et en face de l'église de Saint-Leu et de Saint-Gilles?

Il décéda en l'année 1218, quatre ans après la victoire remportée à Bouvines par Philippe-Auguste contre Othon, empereur d'Allemagne et plusieurs seigneurs, ses confédérés, qui avaient envahi la France, suivis d'une armée de 150,000 hommes.

Jean de Gisors fut inhumé, comme la plupart de ses ancêtres, dans la basilique du prieuré de Saint-Martin de Pontoise, où ses fils, Hugues de Gisors II et Hervé de Gisors, lui érigèrent un mausolée. Il y était représenté armé de toutes pièces et avec l'écu de ses armes[2].

Aalès de Villiers, son épouse, vivait encore en l'année 1220. Hugues de Gisors II confirma les fondations faites par ses parents et aïeux au monastère de Saint-Martin de Pontoise. Lui-même fit, en 1226, quelques donations à l'abbaye de Saint-Denis. Il laissa un fils, Guillaume de Gisors, aussi chevalier, qui épousa Jeanne ***, en 1245 et qui mourut, d'après le cartulaire de Saint-Martin de Pontoise, en 1267.

Ce fut le dernier des enfants mâles de cette branche des Montmorency. Jeanne, sa fille, épousa, en 1306, Henry de Ferrières, auquel elle apporta en dot la seigneurie de Gisors[3].

La famille de Ferrières l'a possédée jusqu'en 1451, époque à laquelle

---

1. *Inventaire des titres de l'abbaye de Saint-Denis*, t. V, p. 181. — *Petit cartulaire blanc*, p. 126. Préfecture de Versailles.
2. *Mém. de la Société de l'Hist. de Paris et de la France*, t. 1er, p. 210.
3. Dom Estiennot.

BOBIGNY.

Jean de Ferrières en fit don au cardinal Georges d'Amboise, archevêque de Rouen [1].

FRANÇOIS DE BOBIGNY, en 1218.

JEAN DE BOBIGNY, son fils, vers 1275.

Armes : Inconnues.

Les noms de ces deux seigneurs nous sont signalés sur une pierre tombale que nous avons vue formant le seuil de l'église actuelle, et que l'abbé Lebeuf rencontra dans l'ancienne église lorsqu'il la visita vers 1745, placée entre l'aigle et le chœur, où elle servait depuis longtemps, dit-il, à couvrir la dépouille mortelle des curés qu'on inhumait à cet endroit lorsqu'ils venaient à mourir sur la paroisse. Comme la plupart des autres pierres tumulaires, elle fut transportée de l'ancienne église dans celle qui subsiste aujourd'hui, lors de sa construction en 1769, et mise tout à l'entrée de l'édifice, afin de la faire servir de seuil à la grande porte. M. le baron de Guillermy a vu aussi cette antique table funéraire et en a fait représenter la gravure dans son beau travail des inscriptions de la France, par M. Fichot, habile dessinateur. Nous avons confié à cet artiste, aussi savant qu'expérimenté, le soin de la reproduire dans notre livre, mais sur une plus grande dimension. Jean de Bobigny, fils de François, est représenté les mains jointes, les pieds appuyés sur un chien couché

---

1. Charpillon. *Gisors et son canton*, p. 222.

BOBIGNY-LEZ-PARIS.   PLANCHE I.

PIERRE TUMULAIRE DE JEAN DE BOBIGNY
SEIGNEUR APRÈS FRANÇOIS DE BOBIGNY, SON PÈRE
ANNÉE 1294. (P. 21.)

et le corps revêtu d'une robe longue et non d'une cotte d'armes ; ce qui prouverait que le défunt appartenait à la noblesse bourgeoise plutôt qu'à la noblesse militaire. François de Bobigny vécut sous les règnes de Louis VIII dit le Lion, et de saint Louis, son fils et son successeur. Quant à Jean de Bobigny, il fut peut-être du nombre de ces riches marchands parisiens, qui, à la suite de Raoul, l'orfèvre argentier du roi, anobli en 1272 par Philippe le Hardi, reçurent également de ce monarque ou de son successeur Philippe IV dit le Bel des lettres de noblesse pour services rendus au roi et à la nation dans des circonstances difficiles. A notre très grand regret, nous ne pouvons mettre sous les yeux du lecteur ses armoiries, parce qu'elles ont été effacées entièrement sur sa pierre tombale au moyen du marteau et du ciseau par les vandales de 1793, et que nous ne les avons point rencontrées ailleurs.

JEAN DE BOBIGNY, en 1294.

Armes : Inconnues.

Le censier du domaine de Méry-sur-Oise, appartenant à révérend père en Dieu, Mgr d'Orgement, évêque de Paris, chevalier, chancelier de France, seigneur de Méry, cite comme ayant été anciennement feudataire et censitaire de ce fief un Jean de Bobigny, qu'il qualifie orfèvre et bourgeois de Paris, dont la femme portait le nom d'Agnès.

Voici le texte même de ce censier qui est postérieur, du reste, de près de quatre-vingts ans à l'époque dont nous parlons : « Item, et prent en et sus ledit travers du pont de Pontoise, soixante solz parisis de rente chascun an, à III termes; cest assavoir, le tiers le dimenche, apres la feste de l'Ascension, le tiers le dimenche apres la Toussaint, et le tiers le dimenche apres la Chandeleur, qui furent à Jehan de Bobigny, orfèvre, bourgeois de Paris, et à Agnès sa femme, mouvant et tenues en fief du dit Michiel Ababo[1]. » Nous ne pouvons assurer que ce Jean de Bobigny soit fils du précédent. Il vécut dans les dernières années du règne de Philippe IV dit le Bel qui vainquit les Flamands à Mons-en-Puelle, en 1304, et mit fin à l'ordre des Templiers en 1312.

JEAN LE MIRE, en 1315.

NICOLAS LE MIRE, en 1351.

Armes : D'azur, au chevron d'or accompagné de trois coquilles du même [2].

Comment la famille Le Mire est-elle devenue propriétaire de la seigneurie de Bobigny? Est-ce par alliance ou achat? C'est là une question que l'absence de titres ou documents nous met dans l'impossibilité de résoudre.

Toujours est-il que Jean Le Mire, premier seigneur de Bobigny de cette maison, vécut sous les rois Louis X dit le Hutin, Jean Ier dit le

---

1. *Bibl. nat., Manuscr. franc.* 4667, art. VI. — *Revenus du travers du pont de Pontoise*, fol. 60.
2. La Chesnaye, Desbois et Badier, t. XIII, 2e partie, p. 877.

Posthume, Philippe V dit le Long, Charles IV dit le Bel et Philippe VI de Valois; qu'il donna à l'abbaye de Saint-Denis aveu et dénombrement de son fief de Bobigny, le mercredi après la quinzaine de Pâques de l'année 1315[1], aveu renouvelé par lui dans les années 1321 et 1340; qu'enfin les 25 septembre et 29 décembre 1337, il avait délivré des quittances de ses gages au roi Philippe VI de Valois, pour ses services à l'armée, durant cette même année, qui fut la première de la guerre dite de Cent ans, soutenue contre les Anglais.

En 1344, Jean Le Mire vendit à Girard de la Chapelle un fief situé à Clignancourt.

Nous ne pouvons dire s'il fut présent à la bataille de Crécy, perdue en 1346 contre les Anglais, qui se servirent pour la première fois des armes à feu nouvellement inventées et s'emparèrent de Calais l'année suivante.

Jean Le Mire décéda à Paris, en 1351, dans l'hôtel qu'il avait fait construire à grands frais, en face de l'église de Saint-Eustache. Cet hôtel donna son nom à la rue sur laquelle il avait été bâti. Plus tard, on changea son nom de Le Mire en celui de Beauséjour, à cause de la beauté de ce manoir; et ensuite, par abréviation, on a dit la rue du Jour, nom qu'elle porte actuellement.

Nicolas Le Mire, fils de Jean Le Mire, hérita des biens paternels et donna, le 24 décembre de l'année suivante, 1352, à l'abbé de Saint-Denis, le dénombrement de ceux qu'il tenait de l'abbaye : « Aveu rendu à l'abbé de Saint-Denis par Nicolas Le Mire, haut, moyen et bas justicier, voyer et censier de la terre et seigneurie de Bobigny, consistant premièrement en une maison, une place et un jardin qui fut Pernelle Landierne, enclos dans l'hôtel dudit avouant audit Baubigny. Item, un arpent de pré scis derrière Eaubonne. Item aux huitaines Saint-Denis sur la somme de vingt-six livres huit sous neuf deniers, obole parisis et demie poitevine, et neuf autres livres parisis sur plusieurs héritages. Item, auxdits jours cent treize sous huit deniers parisis. Item, auxdits jours de l'achat de Jean de Gisors, sur plusieurs héritages, treize sous quatre deniers obole parisis et quatre poussins. Item, au jour de Saint-Martin, dudit achat, vingt-six sous un

---

1. *Invent. des titres de l'abbaye de Saint-Denis*, t. III, p. 31, 61 et 181. Préfecture de Versailles.

denier de menus cens. Item, le lendemain de Noël, sept septiers d'avoine et les trois quarts d'un minot, et cinquante-huit sous onze deniers parisis de gros cens sur trois masures sises audit Baubigny. Item, dudit achat deux chapons et un quart. Item, dudit achat une coutume valant un septier d'avoine, deux chapons et deux boisseaux de blé. Item, deux septiers d'avoine et deux gélines. Item, un fief que les héritiers Adam Damiens tiennent dudit avouant, qui fut André Porcheron, contenant vingt et un arpents et un quartier de terre, et soixante-quatre sous de menus cens. Item, sur un autre fief que lesdits héritiers tiennent dudit avouant scis au terrouer de Drancy, qui fut à Perrinet du Coudray, contenant leur manoir, quatorze livres de menus cens, trente-six arpents de terre, un arpent et demi de vigne et les tartes de ses hostes qui ont vaches, et cent vingt-neuf poussins, quarante-sept coutumes et toute basse justice jusqu'à soixante sous. Item, un fief, qui fut Jean Cailleu, contenant vingt-cinq sous de menus cens et six arpents trois quartiers de terre. Item, un autre fief tenu par les mêmes, leur manoir audit Baubigny, avec trente-huit arpents et trois quartiers de terre. Item, un autre fief, qui fut Philippe Damoisel, contenant quatre arpents et demi de terre, et un autre fief que tient ledit avouant par achat de Jean de Gisors, contenant un manoir appelé la Bretesche, et huit arpents trois quartiers de terre. Item, un autre fief que tiennent les héritiers Thomas de Thuillier, contenant cinq arpents de terre audit terrouer de Baubigny. Item, un autre fief que tient Jean de Saint-Benoît, contenant douze sous six deniers de menus cens et la quatrième partie d'hosties, valant un septier d'avoine et demie coutume. Item, un fief que tient Gérardin de Montaigu, valant vingt livres de rente. Item, deux fiefs que tiennent les héritiers de Nicolas Foucart au terrouer de Drancy, dont l'un contient trente-six arpents de terre et trente sous de menus cens, et l'autre contient son hôtel valant vingt livres de rente, furent jadis sire Amaury de la Charmoye. Item, un fief que tient messire Pierre de Langres, contenant une masure et deux arpents et demi de terre. Item, un fief que tient Robert Lescrivain, contenant une masure avec cinq quartiers de terre à la pointe de Bondy et quarante sous de rente. Item, un fief que tient Geoffroy de Villaine, contenant trois quartiers de terre audit terrouer de Bondy. Item, un fief que tiennent les héritiers de Girard de Courcelles, contenant neuf arpents et demi de terre et treize sous deux deniers de menus cens, plus un septier d'avoine et demi-coutume, et deux arrière-fiefs, dont l'un vaut vingt et une livres de rente et deux charretées de feure, et l'autre douze livres. Sous le scel dudit avouant, le samedi 29 septembre 1351. »

A la suite de ce dénombrement, on lit encore, au tome troisième de l'*Inventaire des titres de l'abbaye de Saint-Denis,* qui existe aux archives de la préfecture de Versailles : « Baubigny. Nicolas Le Mire tient audit lieu un fief contenant un hôtel, dix septiers d'avoine, quatre chapons, deux gélines, quatre poussins, onze livres quatre sous huit deniers et onze arrière-fiefs. »

Le régent Charles, connu plus tard sous le nom de Charles V dit le Sage, par lettres du mois de décembre 1358, données au Louvre, gratifia Nicolas Le Mire, un de ses sergents d'armes, d'une rente de 50 livres, avec pouvoir de la vendre ou d'en disposer comme bon lui semblerait, en récompense de ses services dans les guerres et spécialement à l'armée devant Paris, et afin de l'indemniser des dépenses qu'il avait faites pour sa personne et pour l'État, en ces temps malheureux. Jean II dit le Bon avait perdu, en 1356, la bataille de Poitiers contre les Anglais; il avait été fait prisonnier et emmené en Angleterre. Les paysans, sous le nom de Jacques, profitant de la captivité du roi, prirent les armes. Dirigés dans leur révolte par Étienne Marcel, prévôt des marchands, ils s'étaient emparés de Paris le 25 mars 1357 et avaient forcé le régent, fils du roi, à s'enfuir. Étienne Marcel, qui n'avait pu arrêter l'ardeur des Jacques à massacrer les nobles qui leur tombaient sous la main, fut massacré lui-même, dans la nuit du 1er août 1358, par Jean Maillard. Sa mort mit fin à la rébellion, et Charles, régent, put rentrer dans Paris qu'il tenait assiégé. A leur tour, les malandrins ou routiers désolèrent le pays et particulièrement l'Ile-de-France.

Nous en dirons un mot dans le second chapitre, à l'occasion de l'un d'eux, vrai bandit, arrêté à Bobigny en l'année 1389, et emprisonné dans les prisons de Nicolas Le Mire, seigneur haut justicier de ce lieu. Nicolas Le Mire et sa femme avaient vendu, le 14 juin 1359, aux prieur et religieux de la maison des écoliers de Saint-Benoît, de Paris, une rente de vingt-six livres qu'ils possédaient dans cette ville, moyennant trente deniers d'or à l'écu du coin du roi.

Messire Nicolas Le Mire mourut à la fin de l'année 1391, après avoir fondé une chapelle, du titre de Saint-Sauveur, dans l'église de Saint-Eustache, à Paris, à la condition que les seigneurs temporels de Goussainville en auraient la présentation.

En 1407, Jeanne sa fille, surnommée La Miresse, dont nous allons parler, dota cette chapelle d'une rente de huit livres parisis. Nicolas d'Aunay, fils de Philippe d'Aunay III et de Catherine de Montmorency, seigneur de Goussainville, y nomma le 3 mars 1521, et Aymard de Nicolaï, seigneur de Saint-Victor, premier président de la Chambre des comptes, aussi seigneur de Goussainville, y présenta le 23 octobre 1533 [1].

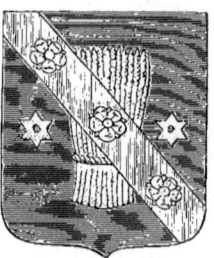

ÉTIENNE DE BRAQUE, en 1374.

Armes : D'azur, à une gerbe de blé d'or liée de gueules, accompagnée de deux molettes d'or, à la bande de gueules brochante, chargée de trois roses aussi d'or [2].

Damoiselle Jeanne Le Mire, fille de Nicolas Le Mire, seigneur de Bobigny, qui précède, et son héritière, épousa en novembre 1374 Étienne de Braque, petit-fils d'Ernoul de Braque Ier, Parisien d'origine, qui possédait plusieurs propriétés dans l'Ile-de-France, entre autres le fief de Stains près Saint-Denis et celui de Champigny-sur-Marne proche Charenton, et qui fut anobli par lettres du roi Philippe de Valois, données au bois de Vincennes au mois d'août 1339.

Ernoul de Braque, aïeul d'Étienne de Braque, avait fondé en 1348 la chapelle dite de Braque sur l'emplacement de laquelle a été bâtie

1. L'abbé Lebeuf. *Histoire du diocèse de Paris*, t. V, p. 664.
2. D'Hozier. *Regist*. 3, 9e et 13e livrais., addit. et corrections.

BOBIGNY.

l'église des religieux de la Mercy au Marais. Il y fut enterré avec Jacqueline d'Ipre, sa femme, ainsi que plusieurs de leurs descendants. Cette chapelle ou église faisait face de l'autre côté de la rue à l'hôtel de Braque et à la porte du Chaume, qui ne tarda pas à changer son nom en celui de porte de Braque. L'ancien hôtel de Braque est devenu l'hôtel Soubise, dont les bâtiments servent aujourd'hui à renfermer les archives nationales.

D'Arnoul Ier de Braque et de Jacqueline d'Ipre naquirent : Amaury, Jean, Nicolas et Raoul, et une fille Huguette, épouse de Théaul Fleury, lesquels se partagèrent l'héritage de leur père, le 5 décembre 1354.

L'aîné d'entre eux, Amaury de Braque, seigneur de Luat et des fiefs de Stains et de Sarcelles, avait joint le 27 octobre de la même année, par lettres royales de Jean II dit le Bon, à l'office de maître des comptes le double titre de conseiller du roi et du duc de Normandie. Amaury de Braque épousa en premier mariage Guillemette de Montmorency, fille d'Érard de Montmorency, seigneur de Conflans et de Jeanne de Longueval, sa première femme.

De ce mariage naquirent trois enfants : Arnoul de Braque II, seigneur de Piscop en partie et de Luat, qui eut pour femme Alice Gentien; Étienne de Braque, époux de Jeanne Le Mire, dame de Bobigny, et Denis de Braque, marié dès l'an 1360 à Marie Bumetot, sa nièce, fille d'un second mariage de Huguette de Braque.

Thévenin ou Étienne de Braque, seigneur de Bobigny par sa femme, fut d'abord maître particulier des monnaies d'Angers en 1362, et de la Rochelle en 1363. Il devint trésorier des guerres en 1371, et l'un des trésoriers du domaine royal, par lettres du 7 décembre 1373, aux gages de 600 livres par an. Un compte du Trésor, rendu pour le terme de Noël 1376, fait mention de lui à l'occasion d'une somme de 1,000 livres qui lui avait été donnée par Charles V, le 26 juillet précédent, en récompense de ses nombreux services. Ce prince lui renouvela les mêmes gratifications dans les années 1377 et 1378, durant lesquelles Du Guesclin chassa les Anglais d'une partie de la Normandie. Étienne de Braque fut nommé conseiller sur le fait des aides de la guerre en 1379. Il passa de cet emploi à un office de maître des comptes en 1383. Un registre enfin du Parlement, à la date du 6 octobre 1386, le qualifie conseiller du roi Charles VI.

BOBIGNY.

Étienne de Braque avait reçu de Jeanne La Miresse en l'épousant la terre de Bobigny et de Tresmes. De son côté, il s'était engagé dans son contrat de mariage à employer certaine somme de deniers à l'achat de fonds d'héritage pour le douaire de son épouse. Afin de remplir ses engagements, il fit en sa faveur, dans le courant de l'année 1396, l'acquisition de la seigneurie de Domont.

Étienne de Braque mourut a la fin de cette même année.

N'est-ce point à ce seigneur qu'il faut attribuer la fondation de la chapelle du château dite de Saint-Étienne, mentionnée, au dire de l'abbé Lebeuf, dans un registre de l'officialité de l'an 1385?

PHILIPPE DE JAUCOURT, en 1397.

Armes : De sable, à deux lions léopardés d'or[1].

Jeanne Le Mire, devenue veuve d'Étienne de Braque en 1396, épousa l'année suivante Philippe de Jaucourt, de l'illustre maison de Jaucourt en Bourgogne. Il est marqué dans un compte du Trésor de 1397 à 1398, que cette dame vendit, avec son nouveau mari, pour le prix de 400 livres parisis, une rente annuelle de 80 livres, qu'elle avait sur le trésor du roi. Le 8 mars 1406, Philippe de Jaucourt, au nom de sa femme, avoua tenir en fief de l'abbaye de Saint-Denis la terre de Bobigny, ainsi que plusieurs terres des environs, et mourut la même année. Voici copie de son aveu :

---

1. D'Hozier. *Regist.* III, 9ᵉ livr., p. 180.

« Sachent tuit que je Philippe de Jaucourt, escuyer du corps du roy et seigneur de Baubigny, avoue tenir en fief à une seule foy et homage à cause de Jehanne La Miresse ma femme, fille et héritière de feu Nicolas Le Mire, en son vivant seigneur dudit lieu, à Révérend Père en Dieu Monseigneur l'abbé de Sainct-Denis en France, à cause de ladite église, ce qui s'ensuit :

« Premièrement, une maison avecques une place et un jardin qui fut Pernelle Landierne en clos dans mon hostel de Baubigny.

« Item, un arpent de pré séant derrière Eaubonne, tenant à Gasse de la Ville.

« Item, aux octaves Sainct-Denis, la somme de vingt-six livres huict sols neuf deniers et demy parisis de menus cens, et neuf livres parisis deubs sur plusieurs héritaiges que plusieurs personnes tiennent audict terrouer.

« Item, à y cellui jour sur plusieurs héritaiges que plusieurs personnes tiennent au terrouer de ladicte ville, cent treize sols huict deniers parisis de cens.

« Item, à y cellui jour par achapt de Jean de Gisors, sur plusieurs héritaiges que plusieurs personnes tiennent audict terrouer, treize sols quatre deniers oboles parisis et quatre poussins.

« Item, au jour de la Sainct-Martin d'iver par achapt dudict Jehan de Gisors, vingt-six sols un denier parisis de menus cens sur plusieurs héritaiges que plusieurs personnes tiennent audict terrouer.

« Item, au lendemain de Noël sur plusieurs héritaiges que tiennent plusieurs personnes audict terrouer, sept septiers d'avoine volaige et les trois parts d'un minot et cinquante-huict sols onze deniers parisis de gros cens sur trois masures séant en ladicte ville.

« Item, à y cellui jour dudict achapt deux chappons et le quart d'un chappon.

« Item, à y cellui jour du dict achapt de Jehan de Gisors, une coustume qui vault un sextier d'avoine, deux chappons et deux boisseaux de bled.

« Item, à y cellui jour deux sextiers d'avoine et deux gélines sur plusieurs héritaiges que plusieurs personnes tiennent audict terrouer.

« Item, un fief qui fut André Porcheron et depuis aux hoirs de feu Adam Damiens, adprésent à maistre Jehan Coignet, advocat au Parlement et à sa femme, contenant vingt et un arpens et sept quartiers de terre et soixante quatre sols de menus cens.

« Item un fief qui fut auxdicts hoirs et est adprésent audict maistre Jehan Coignet et sa femme, séant au terrouer de Drancy, qui fut Perrot Ducoudray, contenant leur manoir et quatorze livres de menus cens, six arpens de terre et demy arpent de vignes et les tartes de ses hostes qui ont vaiches et sept vingt-neuf poussins et quarante-sept coustumes et toute basse justice, jusques à soixante sols parisis.

« Item, un autre fief qui fut auxdicts hoirs auparavant à Jehan Cailleu et sa femme, contenant vingt-six sols de menus cens, payés aux octaves Sainct-Denis, et à la Sainct-Martin d'iver, et dix arpens et trois quartiers de terre.

« Item, un autre fief que les dessus dicts Jehan Cailleu et sa femme tiennent avecques leur manoir de Baubigny, comme il se comporte, avecque trente-huict arpens et trois quartiers de terre.

« Item, un autre fief que les dessus dicts Jehan Cailleu et sa femme, qui furent Philippe de Damoisel, contenant quatre arpens et demy de terre.

« Item, un autre petit fief que les dessus dicts Jehan Cailleu et sa femme tiennent, qui fut Jehan de Gisors, contenant cinq arpens de terre.

« Item, un fief qui fut Jehan de Gisors, et depuis à Hennequin Le Flament, contenant un manoir appelé la Bretesche, si comme il se comporte et huict arpens trois quartiers de terre.

« Item, un autre fief qui fut aux hoirs Thomas Le Thuillier et adprésent est audict maistre Jehan Cailleu et sa femme, contenant cinq arpens de terre séant audict terrouer de Baubigny.

« Item, un autre fief qui fut Jehan de Sainct-Benoît et adprésent au dict Jehan Cailleu et sa femme, contenant douze sols six deniers de menus cens et la quarte partie, un quartier en moins des hostises, qui valent un sextier d'avoine et demie coustume.

« Item, un fief qui fut Girard de Montaigu est adprésent à Révérend Père en Dieu, Mgr l'Évesque de Poitiers son fils, de la value de vingt livres parisis de rente ou environ.

« Item, deux fiefs qui furent aux hoirs Nicolas Foucart et adprésent sont à Bernard de la Fontaine, escuyer, assis en la ville et au terrouer de Drancy. dont l'un des fiefs contient trente-six arpens de terre et trente-neuf sols de menus cens, payables aux octaves Sainct-Denis, et l'autre fief contient son hostel de la value de vingt livres de rente ou environ et furent feu Amaury de la Charmoye.

« Item, un fief qui fut maître Pierre de Langres, contenant une masure et deux arpens et demy de terre ou environ, séans à Bondis.

« Item, un fief que tiennent les hoirs Robert l'escripvain, contenant une masure avecques cinq quartiers de terre, séant à la pointe de Bondis.

« Item, un fief que tiennent les hoirs de feu Girard de Courcelles, contenant arpens et demy de terre et treize sols deux deniers parisis de menus cens, payables aux octaves Sainct-Denis, plus un sextier d'avoine et une demie coustume et deux arrière-fiefs, dont l'un vault vingt et une livres de rente et deux charretées de feurre, et l'autre douze livres.

« Item, un fief assis à Nonneville, contenant onze sols parisis de menus cens sur plusieurs héritaiges que plusieurs personnes tiennent qui se payent aux octaves Sainct-Denis. Et se plus en y a, plus en advoue tenir dudict Mgr l'abbé et se moins en y a, je fais protestacion qu'il ne me face aucun préjudice. En tesmoing de ce jay scellé ce présent adveu de mon scel, le huitiesme jour de mars l'an mil quatre cent six [1]. »

Jeanne Le Mire n'eut point d'enfant de Philippe de Jaucourt, son second mari. Elle testa le 26 août 1421, selon l'*Histoire des grands officiers de la couronne*, et elle s'intitule dans son testament dame de Charentigny, de Daumont, et en même temps de Tresmes et de Bobigny. Elle avait eu d'Étienne de Braque deux filles, Nicolle et Jeanne.

Nicolle de Braque épousa en premières noces Jean de Cuise, dit Florimond, chevalier, et, après sa mort arrivée en 1398, Guillaume de Théclant ou Estellant, dit Poulain, aussi chevalier. Nicolle de Braque décéda en l'année 1410, laissant après elle de ses premier et second maris des enfants qui devinrent onze ans plus tard légataires de Jeanne Le Mire, leur aïeule maternelle [2].

---

1. Préfect. de Versailles. *Invent.*, t. IV, p. 299-300. — *Arch. nat.*, carton S, 2275 et 2276. Gros regist. des fiefs, p. 54.

2. On trouve dans le registre original des *Archives du Parlement*, à la date du 16 août 1398, le testament d'une Jeanne La Miresse, femme en premier mariage de sire Jean Belot, en son vivant conseiller du roi, et en secondes noces femme de Pierre Braque, écuyer de cuisine du roi, qui diffère évidemment de Jeanne Le Mire, dame de Bobigny, dont il vient d'être parlé *.

* *Arch. nat., Regist.* X^{1A}, 9807, fol. 97. D'Hozier. *Regist.* III, 9 livr. p. 166 et 183.

Jeanne de Braque, seconde fille de Jeanne Le Mire et d'Étienne de Braque, fut mariée également deux fois. La première fois à Mathieu de Montmorency d'Auvraymesnil et de Goussainville II, et la seconde fois, après la mort de Mathieu, en 1422, à Guillaume des Prés, chevalier.

C'est ce que nous allons rapporter plus au long.

MATHIEU DE MONTMORENCY D'AUVRAYMESNIL ET DE GOUSSAINVILLE II, en 1406.

CHARLES DE MONTMORENCY D'AUVRAYMESNIL ET DE GOUSSAINVILLE, son fils, en 1414.

Armes : D'or, à la croix de gueules cantonnée de seize alérions d'azur, brisée d'un lambel d'argent de trois pendants[1].

Mathieu de Montmorency d'Auvraymesnil et de Goussainville II du nom, dans sa branche, chevalier, seigneur d'Auvraymesnil, de Goussainville, de Bouqueval et de Bobigny, était fils de Mathieu de Montmorency, seigneur d'Auvraymesnil et de Goussainville I du nom, décédé le 29 juin 1360, et d'Églantine de Vendôme, son épouse, morte cinq ans après lui. Ils furent ensevelis dans l'église de Notre-Dame et de Saint-Barthélemy de Taverny. Au dire de M. le baron de Guillermy, la dalle funéraire qui recouvre leur tombeau serait encore aujourd'hui dans cette église, où elle est placée au-dessous de la chaire à prêcher.

1. P. Anselme, *Hist. des G. Offic.*, t. III, p. 618.

Le savant archéologue rapporte dans son travail des *Inscriptions de la France*, t. II, p. 318, la gravure de cette tombe, demeurée intacte dans ses moindres détails. Mathieu de Montmorency, seigneur d'Auvraymesnil et de Goussainville I, était le troisième des fils de Jean, seigneur de Montmorency I et de Jeanne de Calletot; Mathieu de Montmorency, seigneur d'Auvraymesnil et de Goussainville II, mineur à la mort de ses père et mère, fut placé sous la garde d'Isabelle de Montmorency, sa sœur, de Charles, seigneur de Montmorency, son oncle (qui tint Charles VI sur les fonts de baptême en 1360), et de Robert de Lorris, seigneur d'Arnouville, chevalier. Mathieu de Montmorency d'Auvraymesnil II, quoiqu'il n'eût que dix-sept ans en 1371, obtint du roi Charles V, par dispense d'âge, le pouvoir de gouverner lui-même les biens qui lui revenaient de la succession de ses parents. Il reçut, en 1374, l'hommage de Robert d'Aunay, dit le Gallois, chevalier, conseiller et chambellan du roi, seigneur d'Orville, et de Jeanne, la Thorote, sa femme, pour quelques biens qu'ils tenaient de lui. Enfin, le 19 mai de l'année 1378, il fit accord avec l'abbé et les religieux du Val, qui lui restituèrent et à Jean de Montmorency, son frère, les cens et les rentes de Maffliers, que Charles de Montmorency, leur oncle, avait donnés à cette abbaye.

Mathieu de Montmorency II, par son mariage avec Jeanne de Braque, en 1380, ajouta à ses domaines ceux de Tresmes et de Bobigny. Il acquit de plus avec elle, ce 9 septembre 1381, la cinquième partie de la terre et seigneurie de Cépoix, près Domont. En compagnie de Jean de Montmorency, son frère, il assista, en 1403, à l'acte de tutelle des enfants de Charles de Soiecourt, seigneur de Mouy, et d'Isabelle de Châtillon.

A la fin de l'année 1406, Mathieu de Montmorency fit aveu au seigneur abbé de Saint-Denis, son suzerain, pour les biens qui relevaient de lui dans sa terre de Bobigny, et mourut le 13 juillet 1414, laissant à Jeanne de Braque, sa veuve, la garde et la tutelle de ses enfants.

Cette dame, le 26 août de l'année 1421, fut nommée exécutrice testamentaire de sa mère Jeanne le Mire, veuve de Nicolas de Braque. Cette même année, qui est celle où Henri V, roi d'Angleterre, se fit couronner à Paris roi de France, elle se remaria à Guillaume des Prés, chevalier, grand fauconnier de France et bailli de Chartres, veuf en premières noces de Denise de Thorote. Guillaume des Prés et Jeanne de Braque sont mentionnés dans un arrêt du Parlement de 1424. Jeanne de Braque décéda, en l'année 1425, sans avoir eu d'enfants de son second mari.

Elle avait eu de Mathieu de Montmorency II, seigneur d'Auvraymesnil et de Goussainville, en partie de Bouqueval et de Bobigny : 1. Charles de Montmorency, seigneur après lui des mêmes seigneuries; 2. Jeanne de Montmorency, qui épousa Jean de Clamecy, clerc du roi, en sa Chambre des comptes à Paris, dont elle devint veuve en 1433; 3. Catherine de Montmorency; 4. et enfin, Marguerite de Montmorency, mariée à Louis de Pressy, chevalier. Ces trois dernières sont mentionnées dans un second testament de Jeanne le Mire, leur aïeule, en date du 21 août 1421[1].

Charles de Montmorency, seigneur d'Auvraymesnil et de Goussainville en partie, de Bouqueval et de Bobigny, après Mathieu de Montmorency II, son père, suivit fidèlement comme conseiller-chambellan et maître d'hôtel Arthus de Bretagne, comte de Richemont, connétable de France depuis 1425, lequel, quarante jours après que Jeanne d'Arc eut fait lever le siège d'Orléans aux Anglais, remporta sur eux, le 18 juin 1429, la bataille de Patay, où il fit prisonnier le fameux Talbot.

Guillaume Gruel, chroniqueur de la vie du connétable, lorsqu'il vient à parler de son entrée dans Paris, le 13 avril 1436, cite parmi ses compagnons d'armes Charles de Montmorency. « Monseigneur étant accompagné du comte de Dunois, du seigneur de l'Isle-Adam et de plusieurs autres seigneurs, au nombre desquels se trouvait son chambellan et maître d'hôtel Charles de Montmorency, et suivi d'une foule de gens d'armes, vint mettre le siège devant Paris.

« Les bourgeois de la capitale, fatigués de la domination anglaise et ayant à leur tête Michel Laillier, seigneur de la Chapelle et du Vivier-lez-Aubervilliers, Pierre l'Orfèvre I, son gendre, et Jean de la Fontaine, s'empressèrent sitôt son arrivée devant la ville de lui en ouvrir les portes aux cris mille fois répétés de « Vive Charles VII ! » et « Mort aux Anglais ! »

Charles VII cependant ne fit son entrée dans Paris que le 12 octobre de l'année suivante.

« Le 29 août 1442 fut célébré à Nérac, près de Mont-de-Marsan, le mariage du connétable de Richemont avec une fille du comte d'Albret. Cette alliance avait été conclue afin d'obtempérer au désir du roi, et grâce

---

1. Le Père Anselme. *G. Offic. de la Couronne*, t. III, p. 619.

au concours de Bernard d'Armagnac, comte de la Marche, oncle de la mariée. A la cérémonie des noces assistèrent tous les hauts gentilshommes de la maison du duc de Richemont : monseigneur de Châtillon, Guyon de Molac, messire Gilles de Saint-Simon, messire Jean de Brou, messire Raoul Gruel, messire Geoffroy de Couvran, messire Guillaume de Vandel, Charles de Montmorency, Olivier de Quélen, Jean de la Houssaye, Pierre du Pan, Guillaume de Launay, Olivier de Néel, Robert de Quédillac Langourlay, Jean de la Haye, le capitaine Olivier de Brou, Mahé Morillon, Jean Budes, Jean de la Boëssière, Maleschet, Jacques et Darionet et le chroniqueur du connétable Guillaume Gruel [1]. »

En 1443, Charles de Montmorency présenta à la chapellenie de Saint-Jacques et de Sainte-Anne, fondée dans le courant de l'année précédente dans l'église de Saint-Eustache, à Paris, par les exécuteurs testamentaires de Marie la Pâticière, bourgeoise de cette ville [2]. Par contrat du 11 mai 1447, Charles de Montmorency épousa Jeanne Rataut, fille de Bertrand Rataut, seigneur de Curzay et de Marguerite Rouhaut de Gamaches. Il fut marié à Parthenay, en présence d'Arthus de Bretagne, seigneur du lieu, qui pour le récompenser de ses bons et loyaux services lui donna en cadeau de noces 4,500 écus d'or sur sa cassette. De leur côté, les père et mère de Jeanne Rataut dotèrent leur fille de 15,000 écus d'or.

Arthus de Richemont étant mort le 26 décembre 1457, quelques mois seulement après qu'il eut succédé à Jean VI, son frère, duc de Bretagne, Charles de Montmorency fut élu conseiller et maître d'hôtel du roi Charles VII.

Charles de Montmorency, d'Auvraymesnil et de Goussainville, seigneur de Bobigny, mourut le 5 janvier 1462 et fut inhumé dans l'église Saint-Germain-l'Auxerrois de Paris [3]. Avec lui s'éteignit la branche des Montmorency d'Auvraymesnil et de Goussainville.

De l'union de Charles de Montmorency et de Jeanne Rataut naquirent quatre filles :

1. *Hist. d'Arthus IV*, duc de Bretagne. Théodore Godefroy, p. 125.
2. *Hist. du diocèse de Paris.* L'abbé Lebœuf, t. 1er, p. 99.
3. On trouve un détail très minutieux, et par conséquent fort intéressant, des obsèques, services et anniversaires sans nombre, célébrés pour le repos de son âme, à Paris et en divers lieux, dans le registre des dépenses journalières de sa veuve, manuscrit publié par M. Boislisle, dans l'*Annuaire de la Société de l'histoire de France*, année 1878.

1. Jacqueline de Montmorency, mariée quelques semaines avant la mort de son père à Guillaume de Sévigné, chevalier, seigneur de Sévigné, du Châtelet et des Rochers, auquel elle apporta en dot 4,000 écus d'or, somme payée en deux fois par Charles de Montmorency, plus une rente de 400 livres sur les terres paternelles. La seigneurie de Bobigny, après la mort de Jeanne Rataut, passa aux mains de son mari et devint ensuite le partage de François de Boisbaudry, seigneur de Trans, à raison de son mariage avec Isabeau de Sévigné, leur fille, à laquelle il fut uni le 6 du mois de juillet 1505.

2. Catherine de Montmorency, dame de Goussainville en partie, de Tresmes et de Silly, mariée le 4 décembre 1468 à Philippe d'Aunay, dit le Gallois III, seigneur de Chenevières, fils aîné de Jean d'Aunay, dit le Gallois, chevalier et échanson du roi Charles VII, sire d'Orville, de Louvres, de Villeron et de Goussainville pour l'autre partie, et d'Isabelle de Rouvray de Saint-Simon. Par suite du mariage de Philippe d'Aunay le Gallois III et de Catherine de Montmorency, la seigneurie de Goussainville, qui avait été partagée pendant près de cent vingt ans, se trouva réunie et les procès qu'elle avait causés pendant ce laps de temps furent terminés [1].

Philippe d'Aunay III et Catherine de Montmorency moururent dans un âge très avancé et furent inhumés dans l'église de Goussainville. Jeanne d'Aunay, leur fille, dame de Tresmes et de Silly, avait épousé Thibaut Baillet, président à mortier du Parlement de Paris (surnommé le bon président), seigneur de Sceaux, et veuf en premier mariage de Jeanne le Viste. A la mort d'Artus d'Aunay, son frère, protonotaire du Saint-Siège et chanoine de la Sainte-Chapelle, Jeanne d'Aunay hérita des terres d'Orville et de Louvres. De Thibaut Baillet et de Jeanne d'Aunay naquit Anne Baillet qui fut mariée, en 1527, à Aymard de Nicolaï, seigneur de Saint-Victor, premier président de la Chambre des comptes de Paris, auquel elle apporta en dot, entre autres propriétés, celle de Goussainville qu'elle avait reçue de la libéralité de son oncle Antoine d'Aunay, chanoine de Beauvais et de Laon. Le procès-verbal de la coutume de Paris de 1580 la dit aussi dame de Goussainville, de Louvres, d'Orville, etc.

3. Marguerite de Montmorency, mariée par contrat du 12 juillet 1470

---

[1]. L'abbé Lebeuf. *Hist. du diocèse de Paris,* t. V, p. 464.

à Antoine de Villiers, châtelain de l'Isle-Adam, de Nogent et de Valmondois, fils aîné de Jacques de Villiers de l'Isle-Adam et de Jeanne de Néelle, et frère de Philippe de Villiers de l'Isle-Adam, grand maître de l'ordre de Saint-Jean de Jérusalem, qui, à la tête de ses chevaliers et d'une poignée de piétons, devait défendre, en 1522, avec tant d'héroïsme, durant l'espace de six mois, l'île de Rhodes assiégée par deux cent mille Turcs. Marguerite de Montmorency mourut en 1448 et fut enterrée dans l'église de l'abbaye du Val. Antoine de Villiers de l'Isle-Adam, son mari, se remaria, un an après l'avoir perdue, à Agnès du Moulin. Il décéda le 25 août 1503 et fut inhumé dans l'église de l'abbaye du Val, près de Marguerite.

4. Jeanne de Montmorency, la quatrième des filles de Charles de Montmorency et de Jeanne Rataut, fut mise en pension, après la mort de son père, chez les religieuses de Longchamp, afin d'y étudier les heures, suivant l'expression de l'époque. Elle y prit l'habit encore jeune, y fit profession et y mourut le 5 février 1488, année du décès de sa sœur Marguerite. Damoiselle Jeanne Rataut, leur mère, leur survécut. Elle testa le 15 août 1490 et mourut peu de jours après.

Le 9 juin 1463, Jeanne Rataut avait payé au seigneur de Livry Simon Sanguin, afin d'obtenir de lui la souffrance pour la partie de la terre de Bobigny, en censive de la seigneurie de Livry, 6 écus de la valeur de 6 livres 12 sous parisis. Le 8 juillet suivant, elle avait payé également à l'abbé de Saint-Denis pour droit de rachat non soldé et anciennement dû par Jeanne de Braque, sa belle-mère, pour raison de la seigneurie de Bobigny et par composition la somme de 18 écus.

De plus, après l'hommage fait audit abbé de Saint-Denis de sa terre de Bobigny, elle avait pour le droit de chambellaige ou mutation soldé entre les mains du chambellan de l'abbé 2 écus. Enfin, au mois de juillet de l'année suivante, elle avait remis au valet de chambre d'Éminentissime Goffredi, ancien évêque d'Arras, cardinal-abbé de Saint-Denis, et au clerc des fiefs, au récépissé de ses pièces, après ledit hommage, la somme de 44 sols parisis[1].

---

1. *Annuaire-Bulletin de la Société de l'histoire de France*, année 1878, p. 209.

GUILLAUME DE SÉVIGNÉ, en 1462.

Armes : écartelé de sable et d'argent.

Guillaume de Sévigné, chevalier, seigneur de Sévigné, du Châtelier et des Rochers, en Bretagne, devint seigneur de Bobigny par suite de son mariage avec Jacqueline de Montmorency, fille aînée de Charles de Montmorency d'Auvraymesnil et de Goussainville et de Jeanne Rataut, mariage contracté à la fin de l'année 1461.

Mais ce ne fut qu'après de nombreuses contestations, durant lesquelles Simon Sanguin, seigneur de Livry, fit faire la saisie de la terre de Bobigny, pour défaut d'aveu, que Guillaume de Sévigné et ses cohéritiers arrivèrent à se partager la succession de leurs auteurs.

Guillaume de Sévigné avait assisté avec dévouement Charles de Montmorency, son beau-père, durant tout le cours de sa maladie, dans la maison des Porcherons, qu'il avait à Paris et où il mourut. Aussi fut-il établi tuteur de ses trois belles-sœurs à la mort de leur père.

Guillaume de Sévigné eut de Jacqueline de Montmorency cinq enfants, dont l'aîné, seigneur de Sévigné et des Rochers[1], fut le quintaïeul du marquis Henri de Sévigné, époux de Mme de Sévigné, si réputée pour la vivacité de son esprit et le style facile de ses lettres. Le second devint seigneur de Tresmes et d'Eaubonne. Isabelle de Sévigné, l'aînée des

---

1. L'ancien château des Rochers, près de Vitré, dans le département d'Ille-et-Vilaine, fut longtemps le séjour de l'illustre marquise.

filles, épousa François de Boisbaudry, auquel elle apporta en dot la seigneurie de Bobigny.

Charles d'Aunay, dit le Gallois II, fils de Philippe d'Aunay le Gallois III et de Catherine de Montmorency, intenta, comme légataire de Jeanne Rataut son aïeule, un procès contre le curateur des enfants de Guillaume de Sévigné, en l'année 1494. Mais le 6 juin 1503, Charles d'Aunay étant mort sans alliance, les débats qui s'étaient élevés entre les héritiers de Charles de Montmorency et de Jeanne Rataut prirent fin.

C'est alors qu'ils firent achever, le 20 janvier 1504, le registre ou papier terrier commencé dans la seconde partie du siècle précédent, du vivant même de la veuve de Charles de Montmorency, et dans lequel se trouvent mentionnés les cens et droits seigneuriaux des terres laissées par le défunt, tant à Bobigny qu'à Goussainville, Bouqueval, Tresmes, Silly, Lisy-sur-Ourcq, Louvres, Villeron, Orville, etc.

Voici un extrait de ce papier terrier :

« C'est la déclaracion des terres et des prés appartenant à la seigneurie de Bobigny, mesurées et arpentées par Colin Mauregart et Pierre Besnard, mesureurs jurés en la prévosté et vicomté de Paris et de Dampmartin, et Thomas Borel, mesureur juré en la prévosté de Gonesse, lesquels ont fait le serment de bien loyalement et justement ils mesureront les terres cy-après déclairées, et aussi à ce faire ont esté prendre Mariot Bequignart et Colin Sesèle, lesquels ont fait le serment comme les dessus dits, fait l'an mil cinq cent, le vendredi cinquième jour de juing.

« Et premièrement, une pièce de terre séant à la maison Puelle en laquelle a une masure tenant d'une part aux hoirs maistre Pierre Émery et d'autre bout au chemin de Romainville, et boutissant d'un bout au chemin des Butes et d'autre bout à Mathieu Musinier, contenant 6 arpens 11 perches et 3 pieds.

« Item, une pièce de terre assise près la maison Thomas Béquignart, au lieu dit Sante, tenant au chemin de Romainville, et d'autre part à Saint-Andry de Bobigny, et boutissant d'un bout à Mariot Béquignart, et d'autre bout au chemin par où l'on va de Bobigny à Bondis, contenant 11 quartiers.

« Item, une autre pièce de terre près de ce lieu de l'autre costé du dit chemin, tenant d'une part à Guillaume Andry, d'autre part à maistre Jehan Émery et boutissant d'un bout au chemin allant du dit Bobigny à

Bondis, et d'autre bout au chemin allant de Bondis à Sainct-Denis, contenant 3 arpens 46 perches.

« Item, une autre pièce de terre séant devant la maison qui fut Thomas Béquignart, tenant d'une part au chemin allant de Bobigny à Drancy, et d'autre part au curé du dit Bobigny, aboutissant d'un bout à maison Jehan Émery et d'autre devant la maison dessus dicte, contenant 3 quartiers 11 perches.

« Item, une autre pièce de terre près de ce dit lieu, assise près l'église du dit Bobigny, tenant d'une part à Guillaume Andry[1] et boutissant d'un bout à maistre Jehan Émery et d'autre part aux hoirs de feu Thomas Béquignart, et boutissant d'un bout aux hoirs feu Perrin Troussevache et d'autre bout à la grant rue allant du dit Bobigny à Bondis, contenant 2 arpens une perche et demie.

« Item, une pièce de terre assise au cul de sac, tenant d'une part au curé du dit Bobigny et d'autre à maistre Guillaume Paillart, et boutissant d'un bout aux hoirs de feu Perrin Troussevache et d'autre part aux hoirs de feu Thevenin Andry, contenant 3 quartiers 5 perches.

« Item, une pièce de terre assise derrière le château du dit Bobigny, au lieu dit la Sante, tenant de toutes parts à maistre Guillaume Paillart, contenant 5 quartiers, 20 perches et demye.

« Item, une pièce de terre assise derrière les murs, tenant d'une part à maistre Jehan Émery et d'autre à maistre Guillaume Paillart, et boutissant d'un bout à Sainct Andry et d'autre aux dits murs, contenant 48 perches.

« Item, une autre pièce de terre près de ce dit lieu, tenant d'une part à Sainct-André et d'autre part à la sante par où l'on va de Bobigny au Bordeau-Bricet, et boutissant sur maistre Jehan Émery d'un bout et d'autre à Jehan Avignyse, contenant demy arpent.

« Item, une pièce de terre près de la Serisaye, tenant d'une part et d'autre à Guillaume Andry, et boutissant d'un bout à maistre Jehan Émery et d'autre à Simon Dufour, contenant 2 arpens et demy et 6 perches.

« Item, une autre pièce de terre près de la Noé-des-Prés, tenant d'une part aux hoirs Thomas Dufour et d'autre à Jehan Blancheteau,

---

1. Voir le premier fragment de sa pierre tombale, p. 78.

et boutissant d'un bout à Mathieu Pacotet et d'autre au curé de la chapelle, contenant un arpent 16 perches.

« Item, une autre pièce de terre près de ce dit lieu, tenant d'une part à Thomas Becquignart, et d'autre à Jehan Blancheteau, et boutissant d'un bout à Denis David et d'autre bout aux hoirs de feu Thomas Dufour, contenant 3 quartiers 12 perches.

« Item, une autre pièce de terre assise au-dessus des vignes du dit Bobigny, tenant d'une part à Oudin Sante, et d'autre à maistre Jehan Émery, et boutissant d'un bout au dit Émery et d'autre bout au chemin Pouilleux, par où l'on va du Bordeau-Bricet au Lendit, contenant 37 arpens 19 perches.

« Item, une pièce de terre près du Grant-Champ, tenant d'une part à maistre Jehan Émery et d'autre part aux hoirs de feu Thomas Dufour, et boutissant d'un bout à maistre Guillaume Paillart et d'autre bout au chemin allant de Bondis à Sainct-Denis, contenant 5 quartiers.

« Item, une pièce de terre près du boys de Groslay, au lieu dit Saulx-Tortu, enclos de fossés, tenant d'une part au fossé qui fait la séparation de Drancy et de Bobigny et d'autre part à maistre Étienne Lallemant, aboutissant d'un bout au dit Lallemant et d'autre à maistre Jehan Lantier, contenant 17 arpens 3 quartiers et 14 perches.

« Item, une pièce de terre près de la Noe-au-Pré, tenant d'une part à feu Thomas Becquignart et d'autre bout à Guillaume Andry, et boutissant d'un bout sur les hoirs de feu Perrin Troussevache et d'autre bout au dit Becquignart, contenant 2 arpens et demy.

« Item, une pièce de terre séant derrière Eaubonne, tenant d'une part à maistre Jean Émery et d'autre part aux Célestins de Paris, et boutissant d'un bout à maistre Martin Corbin et d'autre bout au dit seigneur, contenant 21 arpens 9 perches.

« Item, une pièce de terre séant à la Vache-à-l'Aise, tenant d'une part aux Célestins de Paris et d'autre part aux hoirs de feu Thomas Dufour, et boutissant d'un bout à Guillaume Andry et d'autre bout à Jehan Avrillet de Haubervilliers, contenant 9 quartiers 5 perches.

« Item, une pièce de terre assise en ce lieu, tenant d'une part et d'autre aux Célestins, et boutissant d'un bout aux dits Célestins et d'autre au dit seigneur, contenant 3 perches et demye.

« Item, une pièce de terre près de ce dit lieu, tenant d'une part à

Jehan Avrillet et d'autre part à..., et boutissant d'un bout aux hoirs de feu Thomas Dufour et d'autre à une pièce de pré, contenant 3 arpens 1 quartier.

« Item, une pièce de terre près de la Cousture, au lieu dit le Champ-Familleux, tenant d'une part à Josse Desserat et d'autre part aux hoirs de feu Thomas Becquignart, et boutissant d'un bout au dit Becquignart et d'autre aux susdits hoirs, contenant 2 arpens une perche.

« Item, une pièce de terre près du Bordeau-Bricet, au lieu dit le Val-de-Pentin, tenant d'une part aux hoirs feu Perrinet Corbin et d'autre à Guillaume Andry, et boutissant d'un bout aux hoirs de feu Thomas Dufour et d'autre au chemin par où l'on va du Bordeau-Bricet à Haubervilliers, contenant 1 arpent 18 perches.

LES PRÉS

« Item, une pièce de pré assise derrière la maison de Eau-Bonne, tenant d'une part au ru de Bobigny et d'autre au dit seigneur, et boutissant d'un bout au dit seigneur et d'autre aux Célestins de Paris, contenant 1 arpent.

« Item, une pièce de pré près du pont Guichart, tenant d'une part au dit ru de Bobigny et d'autre part à maistre Guillaume Paillart, et boutissant d'un bout à Oudin Sante et d'autre bout aux hoirs Thévenin Andry, contenant demi arpent 2 perches.

« Item, une autre pièce de pré, près du Vieulx-Gay, tenant d'une part au ru du dit Bobigny, et d'autre part à maistre Guillaume Paillart, et boutissant d'un bout au dit Vieulx-Gay et d'autre bout au curé de la Chapelle, contenant un arpent demy-quartier.

« Somme de toutes les terres, 113 arpents, 3 quartiers, 2 perches 3/4.
« Somme des prés, 2 arpents et demy-quartier, 2 perches.
« Rapporté par nous Colin Mauregart et Pierre Besnard, mesureurs et arpenteurs jurés du roi notre sire, en la prévosté et vicomté de Paris, et Thomas Borel, juré en la prévosté de Gonesse, ce vendredi cinquiesme jour et le samedi sixiesme jour de juing en l'an mil cinq cent, et nous nous transportâmes au terrouer de Bobigny, et cela par l'appoinctement et ordonnance de honorable homme saige maistre Guillaume de Besançon,

conseiller du roi notre sire en sa cour de Parlement, et commissaire en ceste partie, nous avons mesuré et arpenté toutes les pièces de terre et prés cy-dessus déclarées, comme il nous a esté monstré, à vingt et un pieds et un pouce pour perche et cent perches pour arpent. Toutes les choses cy-dessus exposées certiffions estre vray. Ainsi faict par nous es présence de Mariot Becquignart, Colin Sesèle et Simon Dufour et plusieurs autres tesmoings. Nos seings manuels cy-mis, l'an et jour dessus dicts. Ainsy signé.

« Colin Mauregard, Pierre Besnard. Et au-dessous estoit escript, c'est moi Colin Sesèle, à la requeste de Thomas Borel, dessus nommé, je signe ce présent, Colin Sesèle. »

Nous ferons remarquer que cet extrait du terrier des héritiers de Charles de Montmorency et de Jeanne Rataut, en ce qui concerne la seigneurie de Bobigny, est très incomplet, puisqu'il n'y est point fait mention du château et de son parc, de la ferme et de son jardin, ni des cens, rentes et autres droits seigneuriaux qui en dépendent. Si nous n'avons pas cité tout au long ce document précieux, c'est qu'il a été en grande partie lacéré. Le lecteur trouvera dans la copie entière, que nous donnons plus bas, de l'aveu fourni, en 1640, à messire Christophe Sauguin, seigneur dominant de Livry, par MM. de Béthisy et d'Ornano, une compensation à la perte dont nous parlons, ce dernier n'étant en grande partie que la transcription du titre de propriété des hoirs de Charles de Montmorency.

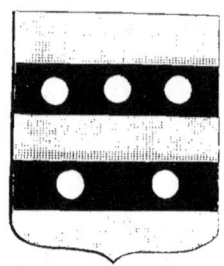

FRANÇOIS DU BOISBAUDRY, en 1505.

Armes : D'or, à deux fasces de sable, chargées de cinq besans d'argent, trois sur l'une et deux sur l'autre.

Le 6 du mois de juillet 1505, la seigneurie de Bobigny passa aux mains de François de Boisbaudry, écuyer, seigneur de Trans par le mariage qu'il contracta avec Isabelle de Sévigné, fille de Guillaume de Sévigné, des Rochers et du Châtelier et de Jacqueline de Montmorency.

François de Boisbaudry fit avec sa dame, le 20 juin de l'année 1509, l'aveu et le dénombrement de son fief de Bobigny à messire Simon Sanguin, conseiller du roi au Parlement de Paris, seigneur dominant de Livry. Le lecteur pourra prendre connaissance de ce document dans l'acte de foi et hommage rendu, en 1640, par MM. de Béthisy et d'Ornano, seigneurs de Bobigny à cette époque, à messire Christophe Sanguin, seigneur de Livry. Il y est cité textuellement.

On peut faire remonter les ancêtres de François de Boisbaudry, Alain de Boisbaudry, noble Breton, qui prit la croix en 1249 et donna procuration avec cinquante autres chevaliers, ses compatriotes, à Hervé, armateur de Nantes et maître du navire *la Pénitence*, à fin de régler leur transport à Damiette et d'y rejoindre le roi saint Louis [1].

Du mariage de François de Boisbaudry et d'Isabeau de Sévigné naquirent trois enfants : 1. Christophe de Boisbaudry, seigneur de Trans et de

---

1. *Les Salles des Croisades au musée de Versailles*, par M. le comte de Delley de Blancmesnil, p. 429.

Boisbaudry, après son père qui épousa Jeanne Brunel, fille de Gilles Brunel, écuyer, seigneur du Breil, et de Jeanne du Bouchet. 2. Jean de Boisbaudry, qui partagea l'héritage paternel avec son frère aîné. 3. Et Anne de Boisbaudry, mariée à Julien, écuyer, seigneur d'Anaïse, laquelle vendit à Isabeau de Sévigné, sa mère tutrice et ayant la garde noble de Christophe de Boisbaudry, tout ce qu'elle pouvait prétendre, aussi bien que ses frères, dans la succession de François de Boisbaudry leur père.

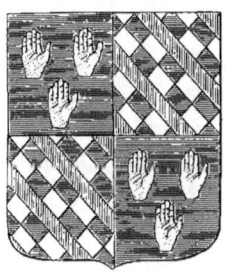

PIERRE PERDRIEL OU PERDRIER, en 1517.

JEAN PERDRIER, son fils, en 1552.

GUILLAUME PERDRIER, fils du précédent, en 1564.

CHARLES PERDRIER, fils de ce dernier, en 1593.

Armes : Écartelé, aux 1 et 4, d'azur, à trois mains droites ouvertes d'or ; aux 2 et 3, de gueules, à trois bandes échiquetées d'azur et d'argent.

Ce fut vers 1517 que la terre de Bobigny passa aux mains de la famille Perdriel ou Perdrier, descendant des seigneurs de Médan[1], près Poissy, qui la possédèrent durant plus d'un siècle, sous les règnes de François Ier, de Henri II, François II, Charles IX, Henri III, Henri IV et Louis XIII.

Le premier membre de cette famille qui se présente dans la liste des

1. *Notice sur Médan*, par M. le baron Pichon.

seigneurs de Bobigny est Pierre Perdrier, qui épousa en 1520 Jeanne le Coq, veuve de Jacques Disome, avocat au Parlement, et fille de Jean le Coq III, seigneur de la Commune en Brie, conseiller au Parlement, et de Madeleine Bochart.

On voit ce seigneur figurer, en septembre 1521, sur le rôle fait pour la ville de Paris, pour la vaisselle d'argent, et taxé à quarante marcs, comme le trésorier des Chartres Dreux Bude[1], et à dix marcs de moins seulement que les conseillers au Parlement de Paris.

Le 19 mars 1533, on donna dans ce même Parlement des lettres royales, en date du 19 février de l'année précédente, par lesquelles il était permis à Pierre Perdrier, déjà notaire et secrétaire du roi, d'être en même temps greffier ès conseils de la ville de Paris, à la place du sieur Jean Hesselin, fils de Denis Hesselin[2].

Le greffier de la ville de Paris faisait partie du bureau dans le corps municipal. Son importance administrative remonte à Charles VI; auparavant on ne connaissait que le clerc ou employé de la ville tenant registre, sans autre responsabilité, et le payeur ou receveur était son commis. A partir de Charles VI, le clerc de la prévôté des marchands devint responsable et dut fournir des garanties. Alors il reçut les livrées du bureau et il dut assister à toutes les séances et relater sur son registre les résolutions prises et y consigner les documents y ayant rapport.

En sa qualité de greffier et de membre du bureau du corps de la prévôté de la ville de Paris, Pierre Perdrier assista à la messe anniversaire de la réduction de la capitale du royaume sous l'obéissance de Charles VII, célébrée en 1535.

Voici, en effet, ce qu'on lit au procès-verbal de cette cérémonie : « Et entre huict et neuf heures du matin, MM. Jéhan Tronson, conseiller du Roi nostre sire, en sa court de Parlement et prevost des marchans, Martin de Bragelongne, Jéhan Courtin, Guillaume Quinette et Jéhan Aroger, échevins, et Pierre Perdrier, greffier de la dicte ville, vestus de leurs robes my parties, le procureur de la ville vestu d'une robe rouge, et le receveur de la dicte ville, plusieurs archers, arbalestriers et hacbutiers, vestuz de leurs hocquetons de livrées, marchans devant eulx, sont allez en

---

1. Dreux Bude était l'époux de Guillemette de Thumery.
2. *Hist. des G. Offic. de la Couronne*, t. IV, p. 409. P. Anselme.

la dicte église Nostre-Dame... Sont revenuz de la dicte église Nostre-Dame en l'Hostel de Ville, où ilz ont tous disné en la grande salle, ainsi qu'ils ont accoustumé[1]. »

Pierre Perdrier assista au même titre à la cérémonie qui se fit en l'église abbatiale de Saint-Denis, le 27 mars 1537, pour la prospérité des armes de François Ier, qui venait de partir pour la Flandre, dans le but d'y continuer la guerre contre Charles-Quint. Le seigneur de Bobigny fut placé dans le chœur de la basilique à la suite du prévôt des marchands Jean Tronson, des échevins Christophe de Thou, Eustache le Picart, Claude Lelièvre et Pierre Raoul, tous revêtus du mi-parti. Étaient aussi là présents les conseillers, les quarteniers et notables bourgeois de la ville de Paris, les sergents vêtus de leurs livrées, les archers et les arbalétriers vêtus de leurs hoquetons.

Pierre Perdrier prit part également avec le corps municipal à la procession solennelle qui eut lieu, le 3 juillet 1538, de l'église Saint-Jean-en-Grève à Notre-Dame, en actions de grâces de la trêve de dix ans, à partir du 21 juin de ladite année 1538, conclue entre François Ier et Charles-Quint. Après la grand'messe célébrée par Monseigneur l'abbé de Saint-Magloire, on servit aux invités, à l'Hôtel de Ville, un dîner aux frais et aux armes de la ville de Paris[2].

Il fut encore présent à la réception magnifique qui fut faite à Charles-Quint à Paris, le 1er janvier 1540. Ce monarque avait obtenu du roi François Ier son passage par la France, afin d'aller châtier les Gantois révoltés[3].

Aux entrées dans la capitale de Henri II et de Catherine de Médicis, Pierre Perdrier eût la charge de convoquer l'escadron des enfants de Paris, formé de quatre-vingt-quatre fils des meilleures familles, bourgeois de la Cité et commandé par Germain Boursier, capitaine. Il reçut aussi dans cette circonstance la mission de convoquer les six corps représentés par les maîtres, les jurés et les gardes de ces diverses corporations.

Le lendemain de ce jour, qui était le 19 de juin de l'année 1549, la reine Catherine de Médicis se rendit à Notre-Dame pour y entendre la messe. Lorsqu'elle fut terminée, le prévôt des marchands, accompagné des échevins, du greffier (Pierre Perdrier), des conseillers et de plusieurs

1. *Arch. nat.* (N. S.), H. 1779, fol. 150.
2. *Idem*, fol. 254.
3. *Idem*, 1780, fol. 8.

enfants de la ville, vinrent très humblement supplier la reine qu'il lui plût de leur faire cette grâce de prendre sa réfection dans une grande salle de la maison de Monseigneur le Révérendissime cardinal du Bellay. Cette princesse accéda à leur désir. Elle fut servie par le prévôt des marchands, et les dames de sa suite furent servies par les échevins, le greffier (Pierre Perdrier) et les principaux officiers du corps de la ville de Paris. Le roi assista également à ce festin; et lorsqu'il fut terminé, le prévôt des marchands et MM. les échevins de la ville firent présent à la reine d'un buffet rempli de vaisselle d'argent doré et armorié de lis et de croissants.

Pierre Perdrier, seigneur de Bobigny, dans une requête de l'an 1543, adressée au cardinal du Bellay, évêque de Paris, lui demanda la confirmation du privilège qu'avaient eu ses prédécesseurs seigneurs de Bobigny de présenter à la chapelle Saint-Étienne de leur château. Cette requête fut favorablement accueillie. En établissant ce bénéfice, le fondateur y avait attaché un demi-muid de grains avec soixante sous tournois et quarante sous parisis de revenu annuel, à prendre sur la seigneurie[1].

Jeanne le Coq, épouse de Pierre Perdrier, décéda trois ans environ après cette requête de son mari à l'évêque de Paris, et fut inhumée aux Célestins de Paris, dans la nef, devant la chapelle des Zamet.

Voici le texte de son épitaphe : « En l'an mil cinq cent quarante-six, après Pâques, décéda en son hostel, rue de la Parcheminerie, dite des Blancs-Manteaux, et gît ici feue demoiselle Jeanne le Coq, fille de deffunt maître Jean le Coq, conseiller en la cour de Parlement, femme en son vivant de noble maître Pierre Perdrier, seigneur de Baubigny, notaire et secrétaire du roi, greffier ès conseils de la ville de Paris, et auparavant femme de feu maître Jacques Disome, vivant avocat en la cour de Parlement, seigneur de Cernay en Beauvaisis, ici enterré avec ses père et mère, et trespassa le jeudi 23e jour d'avril de l'an 1546. Priez Dieu pour son âme[2]. »

Messire Pierre Perdrier fit de nouveau le 19 février 1550 aveu et dénombrement de son fief de Bobigny au seigneur abbé de Saint-Denis haut et puissant seigneur, Monseigneur Révérendissime Père en Dieu, Louis, cardinal de Bourbon, évêque de Sens, primat des Gaules et de Germanie,

---

1. L'abbé Lebeuf. *Hist. de la ville et du diocèse de Paris*, t. VI, p. 282.
2. *Épitaphes de Paris*.

duc de Laon, pair de France, abbé commendataire de l'église et monastère de Saint-Denis[1].

Il mourut deux ans après cet acte de foi et hommage, laissant à son fils Jean la terre, seigneurie de Bobigny. « L'expédition cy après signée Bailly fait mention de la cote 69 d'un inventaire en papier signé Helye et P. de Thonneray de ce qui a esté baillé à maître Pierre Perdrier, greffier de la ville, après sa réception au dit office. Elle fait semblable mention, cote 8, d'un inventaire signé Beaugendre des registres du greffe d'en bas de l'hostel de ville, à cause des aydes appartenant à la dite ville, au-dessous duquel inventaire appert que François Beaugendre confesse avoir reçu de M. de Bobigny, greffier de la ville de Paris, les registres mentionnés par le dit récépissé, le quel il promet rendre, daté du 26 février 1551. Le 8 juillet 1552, le scellé fut apposé à la requête de nos prédécesseurs en la maison, du dit maître Pierre Perdrier, notaire et secrétaire du roi et greffier de la dite ville, sise entre les rues Sainte-Avoye et des Blancs-Manteaux, qui estait décédé, et inventaire fut dressé le 9, en présence de l'un de nos prédécesseurs, eschevin et du procureur du roi et de la ville, des papiers, lettres, titres, registres et enseignements concernant le domaine et autres affaires de la dite ville, et le tout ensuite remis en l'hostel de la dite ville, et baillé et délivré à nos prédécesseurs, qui s'en chargèrent en la présence du dit procureur du roy et de la ville, et de maître Jean Perdrier, seigneur de Bobigny, fils du dit défunt, qui en fut déchargé; ce qui est justifié par une expédition délivrée par maître Jean Bailly, examinateur ordinaire de par le roy au Chastelet de Paris. »

Jean Perdrier, fils de Pierre Perdrier et de Jeanne le Coq, devint seigneur de Bobigny à la mort de son père et épousa, le 7 mars 1558, Anne de Saint-Simon, fille de Louis de Saint-Simon, châtelain d'Orchies, seigneur de Rasse et de Bray, etc., et d'Antoinette de Mailly, grande tante de l'illustre auteur des *Mémoires*[2].

De Vielleville rapporte que ce fut un nommé Bobigny qui tua à la bataille de Dreux, livrée le 19 décembre 1552, le maréchal Saint-André, sans donner cependant le nom de famille de ce Bobigny et sans dire s'il appartenait à celle des Perdrier, propriétaire de la terre de Bobigny à cette

---

1. *Arch. nat.*, carton S, n° 2276.
2. P. Anselme. *Hist. des G. Offic.*, t. IV, p. 409.

époque. L'annotateur du journal de Jean de la Fosse, curé de Saint-Barthélemy de Paris, pendant la Ligue[1], est plus explicite que Vielleville. Il raconte que le maréchal ayant rassemblé quelques escadrons, afin de délivrer le connétable de Montmorency tombé aux mains des ennemis, il fut pris lui-même, dans le moment qu'il poursuivait avec trop d'ardeur les huguenots mis en déroute, et que M. de Mézières, fils de messire Pierre Perdrier, greffier de la ville de Paris, qui en voulait depuis longtemps au maréchal, se jeta sur lui quoiqu'il fût sans défense, et lui brûla la cervelle d'un coup de pistolet.

Voici ce qui donna sujet à cette sauvage vengeance : M. Perdrier père, dans le but de se ménager la bienveillance du maréchal Saint-André, qui avait admis son fils au nombre des officiers de sa maison, s'était porté pour caution vis-à-vis de ses nombreux créanciers. Mais les dettes contractées par le maréchal prirent un tel accroissement, que M. Perdrier, menacé d'une ruine complète, refusa de répondre pour les nouveaux engagements auxquels pourrait s'obliger le maréchal.

Celui-ci, afin de se débarrasser du fils de M. Perdrier et de le forcer à quitter son service, lui suscita une querelle avec un gentilhomme nommé Saint-Sernin, auquel il défendit de se battre en duel, s'il lui était proposé par Jean Perdrier, sous prétexte que son adversaire n'était pas un homme de condition comme lui. Le jeune Mézières, le cœur courroucé, quitta la maison de Jacques d'Albon; il attaqua Saint-Sernin et le tua. Par contre, le maréchal obtint la condamnation à mort du fils de M. Perdrier et se fit attribuer la confiscation de ses biens. C'est alors que, poussé à bout, Jean Perdrier prit du service dans l'armée ennemie, avec l'espérance de se venger du maréchal, espérance qu'il réalisa comme il vient d'être raconté. Jean Perdrier, seigneur de Bobigny, est donc l'auteur de la mort du maréchal Saint-André. Il décéda dans le courant de l'année 1564, laissant à son fils Guillaume Perdrier, non seulement sa terre de Bobigny, mais encore celle de Mézières.

Au mois de mai 1572, Guillaume Perdrier vendit cette dernière terre à Charles de Gondy, seigneur de la Tour, pour la somme de 2,000 livres, expressément garantie par le prévôt des marchands et les échevins de la ville de Paris. Il épousa, à la fin de l'année 1574, Marguerite de Roche-

---

[1]. *Journal d'un curé ligueur de Paris*, p. 59.

chouart, fille de Guillaume de Rochechouart, seigneur de Jars et de Bréviande, et d'Antoinette de Jaucourt. Marguerite de Rochechouart était veuve de Guillaume Allegrin, seigneur de Valence et de Ghantbay, premier maître d'hôtel du roi François Ier [1].

Dix ans après son mariage, Guillaume Perdrier acquit de Raphaël Gaillandon les fiefs d'Émery et de la Grande-Maison ou de Béquignard, ainsi que plusieurs héritages situés tant sur Bobigny que sur Drancy. Et en l'année 1585 qui suivit cette acquisition, le 17 octobre, il donna au seigneur abbé de Saint-Denis, son suzerain, l'acte de foi et hommage de sa terre de Bobigny, ainsi qu'il suit :

« De très haut et très puissant seigneur Monseigneur révérendissime père en Dieu Louis de Lorraine, cardinal de Guise, archevêque et duc de Rheims, premier pair de France, légat né du Saint-Siège apostolique, abbé commendataire de l'église et abbaye de Saint-Denis en France, je Guillaume Perdrier, écuyer, seigneur de Bobigny en France, conseiller et maître d'hôtel ordinaire du roi, reconnois et avoue tenir en fief à une seule foy et hommage à cause de l'abbaye de Saint-Denis ce qui s'en suit :

« Et premièrement un lieu où souloit être une petite maison, avec une place et un jardin qui fut Pernelle Landierne, de présent en clos en la basse-court du chasteau du dit Bobigny, contre le puits de la dite basse-court, du côté de la grande allée.

« Item, un lieu où souloit être une autre maison appelée la maison de la Chapelle, contenant deux travées, une petite grange, court, jardin, le tout contenant demi-arpent environ, tenant à présent, et aboutissant de toutes parts à moi, parce que le dit lieu a été nouvellement enfermé dans la clôture que j'ai faite de mon clos, attenant par dehors à ma grange dimeresse qui est en ma basse-court.

« Item, un arpent de pré, en deux herbes, assis derrière Eaubonne, tenant jadis à Gasse de la ville et de présent le possèdent et en jouissent les hères Claude Jablice, lui vivant plumassier, bourgeois de Paris, au lieu d'une autre pièce de pré qu'il m'a baillée, assise en mon parc de Bobigny, le long du commencement du ru, qui est clos de hayes vives tenant à moy de toutes parts.

« Item, sept quartiers et demy de pré ou environ, que l'on nomme le

---

1. P. Anselme. *Hist. des G. Offic.*, t. IV, p. 668 et 669.

pré de la Chapelle. Assis à l'entrée de la prairie de Bobigny, tenant d'une part au long du ru qui va du dict Bobigny à la chaussée et d'autre part à moy-mesme, aboutissant d'ung bout à une pièce de pré contenant deux arpens que je tiens en fief du sieur de Livry, et d'autre bout à un fossé à moy appartenant et faisant la séparation de la dite pièce de pré et d'un jardin appelé anciennement le jardin aux Dames, où souloit estre une serisaye aussi à moy appartenant.

« Item, sept quartiers tant vignes que terres, dont il n'y a que ung arpent de vignes ou environ, tenant au chemin allant de Baubigny à Romainville, aboutissant à Pierre Lézier et d'aultre aux héritiers Denis Andry.

« Item, sept quartiers de terre ou environ en hache, assis près le Gros buisson, tenant d'une part aux héritiers deffunct Jehan Citolle[1], d'aultre à moy, à cause de l'acquisition par moy faicte du fief d'Aymery, aboutissant d'ung bout sur le chemin de Meaux, d'aultre à M. de Rostaing.

« Item sept quartiers de terre sis sur les prés tenans d'une part naguère à Claude Jablice et de présent à moy au lieu du dict Jablice, aboutissant de toutes parts à moy parce qu'elle est enclose en mon clos de Bobigny.

« Item, sept quartiers de terre assis près du pont Gueschard, tenant d'une part à M. d'Angchien, d'aultre aux hoirs Jéhan Citolle au lieu de feu Pierre Tabouret, par usurpation et sans tiltre vallable, aboutissant d'ung bout au chemin de Dampmartin près le pont Guichard, d'aultre aux hoirs Claude Jablice.

« Item sept quartiers assis près de ce lieu, tenant d'une part aux hoirs feu Thomas Béquignart et d'aultre aux hoirs feu Denise Dufour, aboutissant au ru qui va du dict Bobigny à la Cour neufve.

« Item, sept quartiers de terre près Eaue bonne, tenant aux terres des Célestins de Paris et d'aultre à moy-mesme au lieu de feu Oudin Sante, aboutissant sur le chemin par où l'on va du dict Bobigny à l'Haubervilliers.

« Item, le droict de ban qui est tel que je puis choisir en chacun an le temps et espace de quarante jours, faire taverne à vendre vin en détail au lieu de Bobigny en toute franchise, sans pour ce debvoir aucun huictiesme ni aultres impositions au roy ni aultres, soit que le vin qui sera

---

1. Voir la copie de sa dalle funéraire, p. 52.

BOBIGNY-LEZ-PARIS.   PLANCHE II.

DALLE FUNÉRAIRE
DE JEAN CITOLLE ET DE MARION BERNY, SA FEMME
ANNÉE 1561. (P. 53.)

par moi vendu durant ces dicts quarante jours vienne de mon cru ni qu'il ait esté par moy achepté. Et pendant s'il y a aucun des subjets manans, habitans de la chastellenie de Bobigny qui se ingère de faire taverne ou vendre vin le temps durant sera tenu païer soixante sols parisis d'amende.

« Item, j'ai droict par toute ma dicte seigneurie de Bobigny de prendre par chacun an, sur les tavernes des vendans vin ou autres breuvaiges, un septier vin, mesure de Sainct-Denis, et de chacun des breuvaiges qu'ils vendent.

« Item, j'ay droict d'avoir seul en mon chasteau un thoreau et vérot banniers. Et nul de mes sujets ne doibt avoir ni thoreau ni vérot en leur maison, sur peine de soixante sols parisis d'amende, laquelle ils encourent, si après les deffences on trouve en leur maison ou possession thoreau ni vérot à eulx ne aultres apartenant.

« Item, les seigneurs de Bobigny souloient avoir aux octaves Sainct-Denis sur la somme de vingt-six livres huict solz neuf deniers et demy pite parisis de menus cens, dont neuf livres parisis deubs sur plusieurs héritages que plusieurs personnes tiennent, de présent ne se peuvent trouver.

« Item, souloient aussi avoir iceulx seigneurs de Bobigny au dict jour sur plusieurs héritages que plusieurs personnes tiennent en la dicte chastellenie, la somme de cent treize sols huict deniers parisis de cens, et de présent ne se paie aucune chose. Item, soulloient aussi avoir au dict jour par achapt faict de feu Jehan de Gisors, sur plusieurs héritages que plusieurs personnes tiennent au dict térouer, treize solz quatre deniers oboles parisis et quatre poussins, dont ne se paye de présent aucune chose.

« Item, au jour de la Sainct-Martin d'iver, par achapt du dict Jehan de Gisors vingt-six sols sept deniers parisis de menus cens sur plusieurs héritages que plusieurs personnes tiennent au dict térouer qui se reçoivent des anciennes censives de la dicte seigneurie tenue jadis du roy à cause de sa seigneurie de Livry en l'Aulnay, et de présent à maître Jacques Sanguin, advocat au Parlement, et à damoiselle Anne Picard, sieurs du dict Livry.

« Item, soulloient avoir le lendemain de Noël, sur plusieurs héritages que tiennent plusieurs personnes au dict térouer, sept septiers avoyne vollaige et les trois quarts d'un minot et cinquante-huict solz onze deniers parisis de gros cens sur trois masures séans en la dicte ville, dont à présent ne se reçoit aucune chose.

« Item, au dict jour, deux chappons et le quart d'un chappon, dont aussi à présent ne se reçoit aucune chose.

« Item, soulloient avoir au dict jour, par achapt du dict Jehan de Gisors, une coustume qui vaut un septier d'avoyne, deux chappons et deux boisseaux de bled, dont à présent ne se reçoit aucune chose.

« Item, soulloient aussi avoir au dict jour deux septiers d'avoyne et deux gélines sur plusieurs héritaiges, et dont à présent ne se paie aucune chose.

« Item, sont tenus en plein fief de moy plusieurs fiefs des quels je n'ay de présent cognoissance ou de la plus part d'iceulx.

« Premièrement ung fief qui fut André Porcheron, depuis aux hoirs feu Adam Damyens, depuis à Mre Jehan Coignet, advocat au Parlement, et sa femme, et de présent à Mre Duval, contenant vingt un arpens et ung quartier de terre et soixante sols de menus cens.

« Item, ung fief qui fut aux dicts hoirs Damyens et depuis au dict Mre Jehan Coignet et sa femme, et de présent au dict Duval, assis au terouer de Drancy, qui fut Perot Ducoudray, contenant leur manoir et quatorze livres de menus cens, trente-six arpens de terre et deux arpens de vignes, et les tartes de ses hostes, qui ont vaches, sept vingts neuf poussins et quarante-sept coustumes et toute basse justice jusques à soixante sols parisis.

« Item, ung aultre fief qui fut aux dicts hoirs, et auparavant à Jehan Cailleu et depuis aux dicts Jehan Coignet et sa femme, et de présent au dict Duval, contenant vingt-trois sols de menus cens payables aux octaves Saint-Denis et à la Saint-Martin d'hiver, et dix arpens et trois quartiers de terre.

« Item, ung aultre fief qui fut aux dicts Mre Jehan Coignet et sa femme, et auparavant Philippe de Damoisel, contenant trois arpens et demy de terre.

« Item, ung aultre petit fief qui fut aux dicts Mre Jehan Coignet et sa femme, et auparavant Jehan de Gisors, contenant cinq quartiers de terre.

« Item, ung fief qui fut Jehan de Gisors et depuis à Hennequin le Flament, contenant ung manoir appelé la Bretesche, si comme il se comporte et huict arpens trois quartiers de terre.

« Item, ung fief qui fut aux hoirs Thomas le Thuillier et depuis aux sieurs Mre Jehan Coignet et sa femme, contenant cinq arpens de terre assis au terouer de Bobigny.

« Item, ung aultre fief qui fut Jehan de Sainct-Benoist et depuis aux sieurs Mre Jehan Coignet et sa femme, contenant douze sols six deniers parisis de menus cens et la quarte partie d'ung quartier moings deux hostes, qui vallent un septier d'avoine et demye coustume.

« Item, ung fief qui fut Girardin de Montaigu et depuis et de présent comme je entends aux relligieux prieur et couvent des Célestins de Paris, contenant ung manoir appelé l'hostel d'Eaubonne, clos de fossés, avec toutes ses appartenances, le dict fief assis au terouer du dict Bobigny, tant en fief que en censive, lesquels pouvoient valloir jadis vingt livres parisis de rente ou environ et de présent sont en plus grande valeur.

« Item, deux fiefs qui furent aux hoirs de feu Nicolas Foucart et depuis Bernard de la Fontaine, escuyer, assis au terouer et ville de Drancy, dont l'ung des dicts fiefs contient trente-six arpens de terre et trente sols de menus cens, payés aux octaves Sainct-Denis, et l'aultre fief contient un hostel de la valleur de vingt livres de rente ou environ, et fut feu Amaury de la Charmoye.

« Item, ung fief Mre Pierre de Langres, contenant une masure et deux arpens et demy de terre seans à Bondis.

« Item, ung fief qui fut Robert l'Escripvain, contenant une masure avec cinq quartiers de terre seans à la pointe de Bondis.

« Item, ung fief qui fut aux hoirs Girard de Courcelles, contenant vingt arpens et demy de terre et treize sols deux deniers parisis de menus cens, payables aux octaves Sainct-Denis, ung septier d'avoine et demy coustume et deux arrière-fiefs, dont ung vaut vingt et une livres de rente et deux charretées de feurre et l'aultre vingt-deux livres.

« Item, ung fief assis au terouer de Nonneville, contenant onze sols parisis de menus cens, sur plusieurs héritaiges que plusieurs personnes tiennent, qui se paient aux octaves Sainct-Denis.

« Et si plus y en a, je en faicts protestation qu'il ne me fasse aucun préjudice.

« Aujourd'huy dix-septiesme jour d'octobre mil cinq cens quatre vingts cinq, faict par moy Guillaume Perdrier, escuyer, seigneur de Bobigny, dessus nommé, présente le dict adveu de mon dict fief, en ce qui dépend de Monseigneur le cardinal, par protestation de l'augmenter ou diminuer toutefois quand il viendra à ma cognoissance et quand besoing sera, en tesmoignage de quoy j'ai icy signé le présent adveu, cacheté du cachet de mes armes.

G. PERDRIER.

« Le dict adveu et dénombrement présenté, le 17 octobre 1585, avec la réception d'iceluy par le procureur général, clerc des fiefs de la dite abbaye. Les susdits jour et an a signé Pierre Hubert, chanoine de Paris, prieur du prieuré de Saint-Arnould et procureur général de l'abbaye de Sainct-Denis. »

Guillaume Perdrier vendit, vers 1590, à Florent d'Argouges, conseiller du roi, les fiefs d'Émery et de Béquignard, qu'il avait acquis peu d'années auparavant de Raphaël Gaillandon. Il se démit aussi du droit de retenue sur plusieurs terres et lieux acquis par le sieur d'Argouges et permit de les clore de haies.

Guillaume Perdrier mourut dans le cours de l'année 1593, laissant en héritage à Charles Perdrier, son fils, la terre de Bobigny. En cette même année eut lieu l'abjuration du roi Henri IV. La conversion de ce prince à la foi de ses pères mit fin à la guerre que les ligueurs soutenaient contre les huguenots, et ouvrit au nouveau roi de France la porte des cœurs de ses sujets en même temps que l'entrée de la capitale de son royaume, dans laquelle il fut reçu le 22 mars 1594.

Charles Perdrier épousa, vers 1610, Anne de Bragelongne, fille de Jacques de Bragelongne, chevalier, conseiller du roi et maître de sa Chambre des comptes, et de Barbe Robert. La famille de Bragelongne est une des plus anciennes et des plus illustres familles de France. Louis IX ayant fait un vœu chargea un Bragelongne de l'accomplir. On voit dans la galerie des tableaux du Louvre la représentation de cette pieuse mission confiée par le saint roi à ce Bragelongne [1].

Charles Perdrier, baron de la Trompaudière, seigneur de Bobigny et autres lieux, mourut en 1618, laissant d'Anne de Bragelongne, son épouse, deux filles : Anne Perdrier et Charlotte Perdrier. Cette même année, sur la présentation de Barbe Robert, veuve de Jacques de Bragelongne, belle-mère du défunt et tutrice de ses deux orphelines, l'évêque de Paris, Henri

---

1. De Saint-Alais, t. VIII, 2ᵉ part., p. 318.

de Gondy, nomma un chapelain pour desservir la chapelle du château de Bobigny. La veuve de Charles Perdrier reçut, le 17 avril 1628, l'acte de foi et hommage des Célestins de Paris pour les fiefs d'Eaubonne, de la Motte et de la Barre, situés sur la paroisse et relevant de la seigneurie. Elle contresigna le titre qui lui fut remis en cette circonstance, en y joignant la mention que voici : « Il m'a été remis pareil aveu et dénombrement le 10 janvier 1622, sauf à les blâmer l'un et l'autre si je le trouve bon[1]. » Dame Anne de Bragelongne décéda en 1648, léguant à la fabrique une rente de 25 livres sur l'hôtel de ville pour l'acquit par an et à perpétuité de six messes de *Requiem*. Au dire de l'abbé Lebœuf, son épitaphe, dressée après sa mort, dans l'église de Bobigny, en face de l'autel de la Vierge, relatait cette pieuse fondation.

CHARLES DE BÉTHISY DE MÉZIÈRES, en 1634.

Armes : D'azur, fretté d'or de six pièces.

Anne, l'aînée des deux filles de Charles Perdrier et d'Anne de Bragelongne, fut mariée en 1634 à Charles de Béthisy, chevalier, seigneur de Mézières, de Camvermont et d'Ignaucourt, etc.

Dans son contrat de mariage, ce seigneur porte les titres de gentil-

---

1. *Arch. nat.*

homme ordinaire de la chambre du roi et de cornette de la compagnie des chevau-légers du comte de Soissons, prince du sang.

Il était fils de Gédéon de Béthisy, chevalier gentilhomme ordinaire de la maison du roi, seigneur également de Mézières, de Camvermont et d'Ignaucourt et autres lieux, et de Charlotte du Tillet.

Charles de Béthisy de Mézières devint chambellan et premier gentilhomme de la chambre de Louis de Bourbon, comte de Soissons et capitaine de sa compagnie d'armes, au moment où il échoua dans une entreprise qui avait pour but de renverser la trop grande autorité du cardinal Richelieu. Par suite de cette tentative avortée, le comte de Soissons fut contraint d'abandonner la cour et de se retirer à Sedan. Charles de Béthisy l'accompagna dans sa retraite et il figura comme témoin dans l'acte de soumission au roi Louis XIII que le comte signa dans cette ville le 26 juillet 1637.

Cet acte fut comme le préliminaire d'une nouvelle révolte du prince dont la Marfée fut le dénouement. Au commencement de l'année 1641, le comte rebelle se mit à la tête d'une armée qu'il conduisit contre les troupes royales. Il les rencontra près de Sedan et leur livra bataille. Il avait choisi comme lieutenant général sous ses ordres Charles de Béthisy, seigneur de Mézières, en qui il avait une grande confiance. Le maréchal de Châtillon, qui commandait l'armée du roi, fut complètement battu. Mais le comte de Soissons périt dans la victoire, frappé d'un coup de pistolet qui lui fut tiré par trahison comme il était à la poursuite des fuyards[1].

Messire Charles de Béthisy, seigneur de Mézières et en partie de Bobigny, mourut en 1661, quatre ans environ après avoir vendu, avec son épouse, à François Jacquier de Vieu-Maison, la portion des biens de Bobigny qui leur appartenait.

Anne Perdrier ne tarda pas à convoler à un second mariage en s'unissant à Roger de Levis, comte de Charlus, marquis de Poligny, seigneur de Seignes, lieutenant général des armées du roi, dont elle fut la troisième femme. Elle avait eu de Charles de Béthisy un fils et deux filles.

Eugène-Marie de Béthisy, marquis de Mézières, seigneur de Camvermont, d'Ignaucourt, de la Trompaudière, etc., né le 10 mars 1656 et

---

1. *Dict.* de Moréri, t. IV, p. 317.

mort le 3 mai 1721, avec le titre de lieutenant général des armées du roi, dont il avait été décoré onze ans auparavant, en récompense de sa bravoure et de ses talents militaires.

Il laissa d'Éléonore d'Ogletrop, son épouse, deux fils et une fille : Eugène-Éléonore de Béthisy, né le 25 mars 1709, appelé le marquis de Mézières, et marié le 17 mars 1738 à Henriette-Élisabeth-Julie-Éléonore Tarteron de Mouthiers; Charles-Théophile de Béthisy, maréchal de camp en 1759, et Catherine-Éléonore-Eugénie de Béthisy, née le 2 décembre 1707, dame du palais de la reine.

L'aînée des filles de Charles de Béthisy-Mézières et d'Anne Perdrier fut Marie-Françoise-de-Paul de Béthisy. Elle épousa, en 1668, Charles-Antoine de Lévis, comte de Charlus, maître de camp de cavalerie, lieutenant général pour le roi en Bourbonnais, fils de Roger de Lévis et de Jeanne de Montjouvent, et décéda le 30 janvier 1719[1].

Messire Charles de Béthisy et Anne Perdrier léguèrent par testament la somme de 300 livres à la fabrique de Bobigny, à la charge par elle de faire acquitter dix messes de *requiem* par an à leur intention, plus la somme de 20 livres, à la condition de participer aux prières qui se font chaque dimanche au prône à l'intention des trépassés.

1. De Courcelles, t. Ier, p. 8.

JOSEPH-CHARLES D'ORNANO, en 1638.

ARMES : Écartelé, aux 1 et 4 de gueules, à la tour donjonnée d'or et aux 2 et 3 d'or, au lion de gueule au chef d'azur chargé d'une fleur de lis d'or [1].

Charlotte, la plus jeune des filles de Charles Perdrier, épousa, vers 1638, Joseph-Charles d'Ornano, chevalier, le dernier des fils d'Alphonse d'Ornano, colonel général des Corses, maréchal de France, et de Marguerite-Louise de Grasse de Pontèves de Flassan.

Il avait possédé avant son mariage le bénéfice de Montmajour-les-Arles, puis il quitta l'état ecclésiastique, n'étant pas encore engagé dans les ordres sacrés, pour être maître de la garde-robe de Gaston d'Orléans, frère de Louis XIII, prince célèbre par la légèreté de son caractère, qui fut la perte de ses amis. Les frères aînés de Joseph-Charles d'Ornano s'étaient attachés au service de Gaston ; il eut à honneur de les imiter. Il mourut à Paris, le 1er juin 1670, à l'âge de soixante-dix-huit ans, et fut enterré aux Augustins déchaussés, auprès de son épouse, qui y avait été inhumée le 12 octobre de l'année 1643.

Il eut de son union avec Charlotte Perdrier trois enfants :

Gaston-Jean-Baptiste d'Ornano, qui eut la survivance de son père pour la charge de maître de la garde-robe du duc d'Orléans. Il fut mousquetaire, puis enseigne au régiment des gardes en 1664, acheta une

---

1. P. Anselme, t. VII, p. 391 et 392.

compagnie de cavalerie en 1668 et mourut sans avoir été marié, au mois de janvier 1674, âgé de trente-six ans [1].

Anne d'Ornano, première fille d'honneur de la duchesse d'Orléans, mariée le 30 mars 1669 à Louis le Cordier, marquis du Tronc, seigneur de Varaville, et morte le 13 janvier 1698.

Et Charlotte d'Ornano, damoiselle de Bobigny, décédée sans alliance, le 4 juin 1682.

Entre les aveux et dénombrements fournis à diverses époques par les seigneurs de Bobigny aux seigneurs Dominants de Livry, ou seigneurs abbés de Saint-Denis, il n'en est point de plus complets ni de plus intéressants que le suivant :

« C'est l'aveu et dénombrement de la terre et seigneurie de Bobigny, ses appartenances et dépendances, appartenant à MM. de Mézières et d'Ornano, accause des dames leurs femmes, relevant en plain fief, foy et hommage en ce qui est contenu au dict aveu de messire Christofle Sanguin, conseiller du roi, en ses conseils et direction de ses finances, seigneur chastellain de la terre et seigneurie de Livry en Launoy, accause de la dicte terre et seigneurie ; par devant Antoine Vigeon et Guillaume Duchesnes, nottaires, garde-nottes du roi, notre sire, en son chastelet de Paris, soubssignés, furent présents en leurs personnes : messire Charles de Béthisy, chevalier, seigneur de Mézières, de Cailleremont et autres lieux, chambellan et premier gentilhomme de la chambre de monseigneur le comte de Soissons, seigneur pour moitié de la terre et seigneurie de Bobigny, accause de dame Anne Perdrier, sa femme, demeurant à Paris, rue Neufve et paroisse Saint-Paul ; et messire Joseph-Charles d'Ornano, chevalier, maistre de la garde-robbe de monseigneur le duc d'Orléans, frère unicque du roi, aussi seigneur pour l'autre moitié d'y celle terre et seigneurie de Bobigny, accause de dame Charlotte Perdrier, sa femme, demeurant à Paris, rue des Fossés comblés, près la vielle porte de Montmartre, paroisse Saint-Eustache ; les dictes dames et Anne et Charlotte Perdrier, filles et héritières chacune pour moitié de deffunct messire Charles Perdrier, leur père, vivant seigneur du dict Bobigny, baron de la Trompaudière, qui estoit fils et héritier de deffunct messire Guillaume Perdrier, son père, vivant seigneur du dict Bobigny ; les quels ont advoué

1. De la Chenaye-Desbois, t. XV, 1ʳᵉ partie.

et advouent de tenir en plain fief selon la coustume de la ville, prévosté et vicomté de Paris, de messire Christofle Sanguin, conseiller du roi en ses conseils et direction de ses finances, seigneur chastellain de la terre et seigneurie de Livry en Laulnay, accause de sa dicte terre et seigneurie de Livry, ce qui s'en suict cy-après déclarée par les mêmes en leur dicte terre seigneurie de Bobigny et appartenances d'ycelle.

« Premièrement, le chasteau, hostel et maison forte du dict Bobigny, en tout droict de seigneurie, close d'eaues, de ponts-levis, jardins, courts, estables, ainsy que le tout se comporte et extend de toutes parts. Excepté une place et jardin qui est de présent applicqué, partie en la basse court et partie en jardin, où l'on faict les parterres du dict chasteau, le tout clos de petites estables et de murs de vers la rue, et la quelle place et jardin fut anciennement Peronnelle Landierne, et les quels lieux sont tenus et mouvans en fief de M. l'abbé de Sainct-Denis en France, accause de sa dicte abbaye.

« Item, les dicts seigneurs de Mézières et d'Ornano, accause des dictes dames, leurs femmes, tiennent la justice haulte et moyenne et basse en toute la dicte terre et paroisse de Bobigny, court, jurisdiction et cognoissance de tous les subjets, hostes et parroissiens du dict Bobigny, et pour le tout droict d'aubeyne, confiscations, forfaictures et espaves, sans que autres que eux ayent en la dicte terre et parroisse aucun droict de justice en quelque manière que ce soit.

« Item, accause d'ycelle justice, y a fourches patibulaires, carcan, ceps et prisons ; et pour l'exercice d'ycelle, prévost, greffier, procureur fiscal, sergens voyer et concierge, tabellions séans à contracts et tous autres officiers que peult et doibt avoir ung seigneur hault justicier. Et se trouve que anciennement y avoit bailly par devant le quel ressortissoient les appelans du prévost du dict lieu, touteffois de présent pour esuittes à frais et aussi pour le soullagement des parties, les appelacions du dict prévost de Bobigny vont directement sans moyen par devant le prévost de Paris.

« Item, les dits sieurs de Mézières et d'Ornano ont droict en toute la dicte terre de Bobigny de tonaige, forage, sctellaige.

« C'est assavoir pour le tonaige : deux deniers parisis pour chacun muid de vin vendu en gros en toute la dicte parroisse de Bobigny que les vendeur et achepteur sont tenus payer par moitié avant que la roue du charroir sur le quel le dict vin vendu sera chargé ait tourné en aucune manière pour estre mené de lieu à autre, sur peyne de soixante sols parisis d'amende à chacun des dits vendeur et achepteur.

« Et pour le setellage ont droict en la dicte terre et seigneurie de Bobigny, que toute personne commençant à faire taverne leur doibvent payer et apporter au chasteau, avant que de commencer à ouvrir la dicte taverne et vendre vin, un septier de vin de celuy qui doibt estre exposé en vente et taverne, mesure du dict lieu qui est mesure de Sainct-Denis huict pintes pour septier sur peyne de soixante sols parisis d'amende. Et quand ung tavernier cesse sa taverne et est sans vendre par l'espace de quarante jours entiers, avant que recommencer à ouvrir sa dicte taverne et vendre vin, il doibt aussi apporter au dict chasteau pour les dits sieurs de Bobigny ung septier de vin mesure que dessus aussi, sur peyne de soixante sols parisis d'amende. Et sy ung tavernier continuoit sa taverne sans discontinuer à vendre vin, néanmoings il doibt payer par chacun an aux dits sieurs de Bobigny et porter en leur chasteau ung septier de vin mesure que dessus, sur la dicte peyne de soixante sols parisis d'amende.

« Item, anciennement souloit avoir une place de four bannier en la dicte ville de Bobigny à l'opposite de la grande porte de la basse-court du dict chasteau le chemin entre deux en la quelle y avoit ung four bannier pour tous les habitans et parroissiens du dict Bobigny sans que aucun en fust exempté, le quel four a esté longtemps en ruine, et de faict n'y a plus d'apparence, parce qu'il y a une petite grange bastie sur le lieu où souloit estre le dict four bannier; touteffois les dicts sieurs de Bobigny ont droict de faire construire et rédiffier ung four bannier quand bon leur semblera, au quel seront subjects tous les parroissiens et habitans du dict Bobigny, sans aucun en excepter. Sy ainsi que par composition les dicts seigneurs les affranchissent de la dicte subjection en leur payant tribu et redebvance, chacun pour son regard par chacun an.

« Item, les dicts sieurs de Bobigny ont droict d'avoir en leur chasteau estallons et toutes mesures, tant à grains que à vins que autres breuvages. Sont tenues toutes personnes vendans grains, vins, et autres breuvages en la dicte paroisse de Bobigny venir une fois l'an estallonner les mesures aux quelles ils vendent; pour l'estallonnage de chacune des dictes mesures payer six deniers parisis, sur peyne de soixante sols parisis d'amende et confiscacion des dictes mesures.

« Item, les dicts sieurs de Bobigny ont droict d'avoir un mesureur et arpenteur juré en la dicte terre seigneurie de Bobigny pour asseoir bornes, faire mesurages et arpentages. Se doibvent mesurer les terres et autres choses à la mesure dont a accoustume toujours de mesurer le dict sieur de Livry en Laulnoy du quel est tenue et mouvante comme dessus dict est la plus grande partie de la dicte terre seigneurie de Bobigny, réservé quelque portion et droicts d'ycelle quil sont tenus de l'abbé de Sainct-Denis en France, accause de sa dicte abbaye de Sainct-Denis, le quel abbé de Sainct-Denis mesure aussi à semblable mesure que le dict sieur de Livry, mesure pour les terres à dix-huict pieds pour perche, cent perches pour arpent, douze poulces pour pied, et y a toujours de coustume d'avoir en l'auditoire du dict Bobigny ung pied de mesure estallonné sur le pied du chastellet, affin que le mesureur puisse mieulx adjuster ses cordeaux, et n'est permis à autre mesureur quelconque mesurer sur la dicte terre et en la parroisse du dict Bobigny à autre mesure que la mesure dessus dicte, et sans demander congé, sur peine de soixante sols parisis d'amende et de tenir prison jusques à plain payement.

« Item, pour le proffict et utillité de ceulx qui occupent et tiennent des terres et hérittages au dict terroir de Bobigny le long d'un petit ru[1], qui a son cours depuis le chasteau du dict Bobigny jusques à la dicte chaussée du Bourget, qui faict ung des limites du dict terroir de Bobigny, jetter les curemens d'y celuy ru d'une part et d'autre. Et pour le payement du dict curage contraindre tous les détempteurs et propriettaires des terres et hérittages ayans esgoust sur le dict ru par saisie des grains estans sur les dictes terres et autres voyes deues et raisonnables jusques à ce qu'ils ayent satisfaicts selon leurs cottes de terres, hérittages en suivant le prix du marché faict par le prévost du dict lieu, appeler avecq luy trois ou quatre laboureurs comme dict est.

« Item, les dicts sieurs tiennent en plain fief du dict sieur de Livry en Laulnay accause de sa dicte seigneurie de Livry, la grange dixmeresse du dict Bobigny enclose en la basse-court du dict chasteau de Bobigny, ensemble toutes et chacunes les dixmes des grains et vins de toutes les terres et vignes estans en la dicte seigneurie et au terroir parroisse d'ycelle des quelles ils jouissent, sur les quelles le curé du dict Bobigny a droict de

1. Le ru de Montfort.

prendre par chacun an par les mains du dict sieur de Bobigny ou ses gens es commis au jour Saint Martin d'hiver, ung muid de bled et ung muid d'orge, mesure de Paris, et demy muid de vin pour tout le droit de son gros qu'il peult et doibt avoir accause de la dicte cure de l'église parroissialle Sainct André de Bobigny.

« Item, les dicts sieurs de Bobigny en tiennent en plain fief toutes les autres mesmes dixmes, tant d'agneaux, linges, chanvres, oisons, cochons, que autres mesures dixmes des quelles ils jouissent, sauf et réservé que l'église du dict Bobigny a prétendu luy appartenir les deux tiers de la dixme des agneaux, neantmoings les dicts sieurs en jouissent de présent.

« Item, aux dicts sieurs de Bobigny, accause de leur dicte seigneurie appartient la présentation de la chappelle Sainct Estienne fondée au chasteau du dict Bobigny, et la collation à M. l'archevesque de Paris, de la quelle chappelle le revenu vaut demy muid de grain pris sur les dixmes des grains du dict Bobigny, et soixante cinq sols tournois par chacun an, payable le tout au jour de Sainct Martin d'hiver, par les dicts sieurs de Bobigny, et à la charge des messes, services, et autres conditions mises et apposées en la fondation d'ycelle chappelle et émologation faicte par l'archevesque de Paris.

« Item, les dicts sieurs tiennent en plain fief du dict sieur de Livry accause de la dicte seigneurie de Bobigny, les trois parts par indivis de la haulte justice de Drancy et ce qui en dépend.

« Item, accause de la dicte seigneurie de Bobigny leur appartient plusieurs coustumes et redebvances, outre les cens et rentes foncières sur plusieurs terres et hérittages assises au finage, terroir et paroisse du dict Bobigny, des quelles coustumes ils ne jouissent à présent.

« Item, les dicts sieurs de Bobigny tiennent des terres du domaine au moyen de la dicte terre seigneurie de Bobigny, environ soixante quatre arpens de terres labourables en plusieurs pièces, la déclaracion des quels en suict :

« Premièrement, vingt deux arpens en une pièce assis derrière la maison d'Eaubonne, la quelle maison appartient aux Célestins de Paris, tenans d'une part au ru, d'aultre part aux dits Célestins, aboutissant d'un bout aux sieurs Dargouviers et Landayers, et d'autre au dict Dargouviers.

« Item, quarante et ung arpens en une pièce assis au terroir du dict Bobigny au lieu dict les Moineaux, autrement dict les Haultes bornes, tenans d'un costé au sieur Lobligeois, d'autre costé à Pierre Girard, d'ung bout au dict sieur d'Argouviers, et d'autre bout aux dicts sieurs de Bobigny.

« Item, ung arpent de terre au lieu anciennement dict la Planchette, tenant d'une part à...

« Des quelles terres le dict deffunct, sieur de Bobigny[1], en avoit baillé à tiltre de cens et rentes foncières les dicts quarante et ung arpens de terre en une pièce dessus déclarée, à plusieurs particuliers qui les ont depuis abandonnés au moyen des troubles advenus en ce royaume, et depuis réunis au domaine de la dicte seigneurie de Bobigny.

« Item, deux arpens de pré assis en la prairie du dict Bobigny, près l'abreuvoir, anciennement appelé la ruelle du Gué, de présent enclos dedans le parcq du dict Bobigny, tenans et aboutissans de toutes parts aux dicts sieurs de Bobigny.

« Item, les dicts sieurs de Bobigny tiennent plusieurs censives sur plusieurs maisons, masures, terres, prés et vignes assis au dict terroir de Bobigny et ses environs, payables par chacun au chasteau du dict Bobigny au jour Sainct Martin d'hiver par plusieurs personnes, sur peyne de cinq sols parisis d'amende à chacun des détempteurs des dicts hérittages pour chacune prise particulièrement à quelque quantité que la dicte prise monte et les quelles censives soulloient monter mesurer par l'adveu et desnombrement de la dicte seigneurie de Bobigny, reçu l'an mil cinq cent et neuf, le vingtiesme jour de juing, par feu noble homme et sage Mᵉ Simon Sanguin, en son vivant conseiller du roi en sa court de parlement à Paris, sieur du dict Livry, à la somme de vingt neuf livres huict sols parisis de cens par chacun an ou environ, dont la déclaracion telle quelle est portée au dict aveu en suict :

« Et premièrement, Guillaume Bernier, laboureur, demeurant à Haubervilliers, tient a cens de la seigneurie de Bobigny les hérittages qui en suivent et pour les quels il doibt aussi le cens qui s'en suit au jour de Sainct Martin d'hiver : Et premièrement, pour trois quartiers de terre séans au pont des Marests, tenans d'une part à Jean Damoisel, accause de

---

1. Charles Perdrier, dernier seigneur de Bobigny de ce nom.

sa femme, et d'autre part à Jean Gompelet, aboutissant d'un bout sur le ru du pont des Marests et d'aultre aux hoirs feu Monsieur Darmenonville [1], sept deniers parisis.

« Pour trois quartiers de pré séans au poumier de Eaubonne, au long du ru, tenans d'une part à Tronson, aboutissant d'un bout à Maistre Jehan Tuleu, cinq deniers parisis.

« Pour quartier et demy de terre, séant au buisson Poulleux, tenans d'une part aux hoirs Jean Landelle, d'autre part à Maistre Jehan Poupon, aboutissant d'un bout sur le chemin de Noisy, d'autre bout aux hoirs M᷊ Henry Allexandre, deux deniers parisis.

« Le Curé de Penthin, pour un arpent et demy de terre séant au Val Penthin, tenant d'une part à la Saincte Chappelle du Pallais, dix deniers parisis.

« Jehan Auvillet, laboureur, demeurant à Haubervilliers pour demy arpent de pré séant au dict Bobigny au lieu de la Vache à l'aise, tenant d'une part, et d'ung bout aux terres de la ferme d'Eaubonne appartenant aux Célestins, d'autre part à Adam Andry, aboutissant sur le ru de Montfort venant du dict Eaubonne, quatre deniers parisis.

« Jean Andelle, canonnier, demeurant à Haubervilliers pour deux arpens de terre en une pièce seans au dict Bobigny au terroir de Goubauve autrement dict Grand sceau, tenans d'une part aux hoirs M᷊ Henry Allexandre, aboutissans d'un bout aux grands Saulx, et d'aultre, sur le grand chemin qui va d'Haubervilliers à Noisy, qui doivent de cens par chacun an au jour de Saint-Martin d'hiver au prix de huict deniers parisis l'arpent, pour ce seize deniers parisis.

« Estienne Audelle, laboureur, demeurant à Haubervilliers, pour cinq quartiers que terre que Saulsoye seans devant la porte d'Eaubonne tenans d'une part aux terres de la ferme, et d'aultre part au curé du dict Bobigny aboutissans des deux bouts au derrière de la dicte ferme d'Eaubonne qui doivent payer chacun an de cens au dit jour de Sainct-Martin d'hiver au prix de huict deniers parisis l'arpent, dix deniers parisis.

« Rollin Coqueret, laboureur, demeurant au dict Haubervilliers, pour un arpent de terre séant au dict Bobigny, au lieu dit la Vache à l'aise,

---

1. Pierre l'Orfèvre, seigneur d'Ermenonville, village situé sur la route de Meaux à Senlis et dans le département de l'Oise.

tenant d'une part aux terres de la ferme d'Eaubonne, d'autre part aux hoirs Guillot le long, aboutissant d'un bout sur le dit ru de Montfort et, d'aultre bout aux dites terres d'Eaubonne qui doit par an de cens, au dict jour de Sainct-Martin, six deniers parisis.

« Colin Gomperel, laboureur, demeurant au dict Haubervilliers pour demy arpent, que pré, que terre séant au dict pont des Marests tenant d'une part à Pierre de la Fontaine et ses enfans et d'aultre à Denis le Sueur, aboutissant d'un bout au ru du dict pont des Marests et d'aultre bout à .... qui doibt chacun an de cens, au dict jour quatre deniers parisis.

« Pour un quartier de pré au long de la dicte piece, aboutissant au dict ru d'une part et d'aultre au dit Grimperel, pour ce trois deniers, obolle parisis.

« Pour arpent et demy de terre près ce lieu tenant d'une part aux hoirs maître Pierre D'Orfevre, d'autre à Jacques Saillienbiey, sa femme accause d'elle, aboutissant d'un bout à Jean de la Garde, et d'autre sur le grand chemin de Drancy, huict deniers parisis.

« Pour sept quartiers que pré que terre, séans en Fontenelle, tenans d'une part aux terres d'Eaubonne et d'autres .... aboutissant aux dictes terres d'Eaubonne, neuf deniers parisis.

« Jean Grimperel, laboureur, demeurant à Haubervilliers pour trois quartiers de pré, séans près du pont des Marests, tenans d'une part au dict Grimperel et d'autre part, à la chaussée du Bourget[1], aboutissant aux hoirs maître Pierre D'Orfevre, d'autre au ru du pont des Marests, doit par an de cens quatre deniers obolle parisis.

« Pour trois quartiers de terre au long du dict pré, tenans d'une part au dict pré et d'autre part à Guillaume Boutier, aboutissant aux dicts hoirs maître Pierre D'Orfèvres et d'autre au dict ru du pont des Marests, sept deniers parisis.

« Pour d'autres trois quartiers de terre en ce lieu, tenans d'une part à Colin Grimperet et d'autre à Jacques Saillienbiey, sa femme, à cause d'elle, aboutissant d'un bout, au dict Colin Grimperet, et d'autre bout aux hoirs Jean Auvilet, sept deniers parisis.

---

1. Une des plus anciennes routes de France. Elle est établie sur le parcours d'une voie romaine de Paris à Soissons.

« Jacques Saillienbiey, laboureur, demeurant à Haubervilliers et Marion, sa femme, accause d'elle pour trois quartiers de terre, séans à la Vache à l'aise, tenans d'un bout à Jean Grimperet, d'autre à Colin Grimperet, aboutissant à Jean de la Garde d'un bout, et d'autre aux hoirs Jean Auvilet, sept deniers parisis.

« Jean Huet dit petit laboureur, demeurant au dict Haubervilliers et Margueritte sa femme, fille de Pierre de la Fontayne et Jean de la Fontayne, fils du dict Pierre pour trois quartiers de terre, séans au pont des Marests, tenans d'une part à Colin Grimperet, d'autre part à Jean Grimperet, aboutissant au ru d'Eaubonne et, d'autre aux dicts hoirs, sept deniers parisis.

« Maître Pierre D'Orfèvres, quatre deniers parisis pour demy arpent de terre près du dict pont des Marests[1], tenans d'une part à Jean le Noir, et d'autre part aux dicts hoirs maître Pierre D'Orfèvres, aboutissant d'un bout à la chaussée, six deniers parisis.

« Pierre Rouveau, laboureur, demeurant au pré Saint-Gervais et Jeanne, sa femme, au lieu de Pierre Corbin pour quatre arpens de terre, en une pièce, séans à la Vache à l'aise, tenans d'une part aux hoirs maître Pierre Émery, d'autre aux hoirs Thomas Dufour, aboutissans d'un bout sur le chemin venant de Bondis à Sainct-Denis et d'autre bout aux dicts hoirs maître Pierre Émery.

« Pour demy arpent de vignes, séans es vignes de Bobigny, tenans d'une part aux hoirs Thomas Dufour, d'autre à Jean Blancheteau de Noisy, aboutissant d'un bout à Guillaume Andry, et d'autre bout à Denis David.

« Pour ung quartier de terre près la Justice, tenans d'une part aux hoirs Thevenin Andry et d'autre à maître Jean Émery et boutissant d'un bout aux hoirs Simon Luillier et d'autre bout à maître Guillaume Paillard.

« Pour ung quartier sur le chemin Pouilleux, tenant d'une part aux terres des dits sieurs de Bobigny, d'autre aux hoirs Thomas Béquignart, aboutissant sur le chemin Pouilleux.

« Pour une maison et jardin, séans au dict Bobigny en la Grande-rue, tenans d'une part à une petite ruelle aboutissant sur la Grande rue.

---

1. Construit sur l'ancienne route du Bourget, à l'endroit où le ru de Montfort la traverse.

« Pour toutes ces parties ensemble est deub de cens au dict jour Sainct-Martin, sept sols parisis.

« Louis Mesquer, laboureur, demeurant à Penthin pour quatre arpens de terre, en une pierre séans au lieu dict le Val de Penthin, tenans d'une part à la veuve feu Simon Charles, d'autres aux hoirs feu Thomas Dufour, aboutissans par bas aux chanoines de la Saincte-Chappelle, à Paris et d'autre bout sur le chemin Pouilleux qui doivent par an de cens au dict jour Sainct-Martin, quatre sols parisis.

« Les enfans mineurs de Jean Lapostolle, ayant cause, de feu Jean Frémin Charpentier pour une masure et jardin, clos de fossés aussy, au bout de la ville vers Sainct-Denis, tenans d'une part au petit Gué et d'autre part au Grand chemin qui meyne de Bobigny à l'orme de la Mothe.

« D'eux, pour cinq quartiers de terre, assis derrière le jardin de la dicte masure, tenans d'une part tout au long d'y celluy jardin et d'autre, au long du ru et au Grand chemin, aboutissant à maître Guillaume Paillard.

« Des dicts enfants, pour ung arpent de terre assis au pont Guichard, tenant d'une part à Simon Dufour et d'autre part à ...... aboutissant au Grand chemin de Dampmartin, d'un bout et d'autre à Guillaume Andry, doivent pour ces trois parties chacun an au jour Sainct-Martin d'hiver de cens, deux sols parisis et douze sols parisis de rente.

« Mathieu Paquotet, laboureur, demeurant à Bobigny, tient à loyer des dicts mineurs les dicts héritages à la charge de les acquitter des dicts cens et rente durant son louage.

« Mathieu Paquotet, au lieu de la veuve de feu Mariot Bourdon pour sa maison, assise devant le carrefour de la croix de Bobigny, tenant d'une part au dit Guillaume Andry, aboutissant, par hault à la terre de Saint-André et par bas à Denis Andry, doibt par an de cens au dict jour, deux sols six deniers parisis.

« Luy, pour demy arpent de vignes, séant à la Noé des Préaulx au lieu dict les Sablons, tenant d'une part à Simon Dufour, d'aultre part à Guillaume Andry, aboutissant à Périn Pinel, accause de sa femme, aboutissant d'un bout et d'aultre à Denis David accause de sa femme, doibt par an de cens au dict jour, deux sols parisis.

« Luy, pour trois quartiers de vignes en une pièce, séans au lieu dict les Vielles vignes, tenans d'une part au dict David accause de sa femme,

BOBIGNY.

d'autre à Jean Dufour, aboutissant, par bas à la Sente aux Ladres et aux seigneurs du dict lieu, et par hault au dict Denis David, Guillemin Andry et autres, doit par an de cens au dict jour, trois sols parisis.

« Raouland Girard au lieu des héritiers Saudubois, pour trois quartiers de terre qui furent Pierre Ornille, assis devant la Malladerie de Bondis, tenant d'une part à la veufve et héritiers feu Jean Daniel et d'autre part à messire Jean le Damoisel, aboutissant au chemin qui meyne de Bondis à Bobigny, quatre deniers obolle parisis.

« Gilles Bénard, manouvrier, demeurant au dict Bobigny, pour une maison, masure, court, jardin, entretenans, séans, au dict lieu tenans d'une part à Jean de Lolme, d'autre aux hoirs Colin Berthe, aboutissant à la Grande rue d'un bout et d'autre au dict de Lolme, doit de cens de rente à la Sainct-Martin, cinq sols parisis.

« Jean le Noir, laboureur, demeurant à Haubervilliers, pour ung arpent de terre assis au dict Bobigny, au lieu dict le Pont des Marests, tenant d'une part à Jean de Ruel, d'autre, aux enfans Pierre de la Fontaine, aboutissant d'un bout à Jean Auvillet, et d'autre sur la chaussée du Bourget, doit par an, au jour Sainct Martin, de cens huict deniers parisis.

« Jean le Bouc, laboureur, demeurant à Haubervilliers, pour demy arpent de terre, faisant moitié d'un arpent qui fust Jeanne la Boucque, séant au dict lieu la Vache à l'aise, tenant d'une part tout le dict arpent à Robin Coquerel, d'aultre aux sieurs du dict Bobigny, aboutissant d'un bout sur le ru d'Eaubonne.

« Pierre Lenoir, laboureur, demeurant à Haubervilliers, pour l'autre moitié du dict arpent, tenant comme dessus, chargé tout le dict arpent de cens au dict jour, envers les dicts sieurs de Bobigny, de six deniers parisis.

« Le dict Pierre Lenoir accause de sa femme, pour sept quartiers que pré que terre, seans au lieu dict la Vache à l'aise, tenant d'une part aux hoirs de Hugues Féret, d'autre part à Jacques le Boucq, aboutissant d'un bout sur les dicts hoirs du dict Hugues Féret, doit par an de cens au dict jour douze deniers parisis.

« Pierre Dailly, laboureur, demeurant au dict Haubervilliers, pour sept quartiers que pré que terre, en une pièce, séant au dict lieu de la Vache à l'aise, tenant d'une part à Jean Petu, d'autre aux dicts sieurs de Bobigny, aboutissant d'un bout aux dicts sieurs, d'autre au chemin de Bondis, tirant à la Cour neufve, doit par an de cens au dict jour treize deniers parisis.

« Jean Blancheteau laîné, laboureur de vignes, demeurant à Noisy le Sec, pour demy arpent de terre, séant soubs la justice du dict Bobigny, tirant d'une part à Guillaume Andry et d'autre part à Simon Dufour, aboutissant d'un bout à une terre qui fut Thomas Béquignart, depuis à l'église du dict lieu, et dautre bout aux hoirs Perin Troussevache, doit par an de cens trois deniers parisis.

« Le dict Blancheteau, pour la moitié par indivis d'une masure et jardin, appelée la masure de la Barre, séant au dict Bobigny, dont l'autre moitié appartient aux hoirs Thomas Bequignart, tenant d'une part à la grange de l'hostel des dits sieurs de Bobigny, d'autre au chappellain du dict lieu, aboutissant sur Guillemin Andry, d'un bout et d'autre sur la Grande rue, doit par an de cens, pour la dicte moitié au dict jour vingt deux deniers, obolle parisis.

« Luy, pour neuf quartiers en une pièce, séant au lieu dict les Vielles Vignes, tenant d'une part et d'aultre aux dicts sieurs de Bobigny, aboutissant d'un bout aux hoirs Pierre Corbin et d'autre aux hoirs Thomas Dufour, doit par an de cens au dict jour cinq sols six deniers parisis.

« Luy, encore pour ung quartier de vignes, seant à la Noé des Préaulx, tenant d'une part aux dicts sieurs de Bobigny, d'autre part aux hoirs Thomas Dufour, aboutissant d'un bout au chappellain du dict Bobigny et dautre bout à Mathieu Paquotet, doit par an de cens au dict jour trois deniers parisis.

« Denis David laboureur, demeurant au dict Bobigny, accause de la femme, fille de Simon Luillier, pour ung quartier de vignes, séans aux Haultes Vignes, tenant d'une part à Mathieu Paquotet, d'autre aux hoirs feu Pierre Corbin, aboutissant d'un bout au chemin des dictes vignes, d'autre aux dicts sieurs de Bobigny, doit par an de cens au dict jour douze deniers parisis.

« Simon et Pierre Dufour frères, demeurant au dict Bobigny, pour eux et leurs frères, héritiers de feu Thomas Dufour, leur père, pour une maison, court, puys, granges, estables, jardins, le lieu ainsy qu'il se comporte, assis au dict Bobigny, tenant d'une part aux memes, accause de Perrin Mouchet, d'autre aux hoirs Pierre Corbin, aboutissant d'un bout à la Grande rue et d'autre aux murs de derrière la ville.

« Eux, pour cinq arpens et demy de terre ou environ, en une pièce, assis derrière la maison, au lieu dict la Noé des Preaulx, tenant d'une part aux dicts Dufour, au lieu du dict Mouchet, et d'autre part encore aux dicts Dufour, au lieu de Godin le Nonneau, aboutissant d'un bout aux dits sieurs et d'autre bout à la dicte maison.

« Eux, pour un arpent et demy de terre assis derrière les Vielles Vignes de Bobigny, tenant des deux costés à Guillemin Andry, aboutissant d'un bout aux mesmes, et d'autre aux hoirs Simon Luillier.

« D'eux, pour ung quartier de terre en ce lieu, tenant d'une part à eux-mêmes, aboutissant à eux deux.

« Pour trois quartiers de terre, tenant d'une part à Guillemin Andry et d'autre part aux hoirs Simon Luillier, aboutissant des deux bouts sur eux-mêmes.

« D'eux, pour deux arpens et demy de terre assis au bout des Marests, en tirant vers Paris, tenant d'une part à Me Guillaume Paillard, et d'autre à Guillemin Andry, aboutissant d'un bout à Oudin Sante, et d'autre sur le chemin de l'Orme, tirant à Haubervilliers.

« D'eux, pour neuf quartiers de terre assis au Pont Guischard, tenant d'une part au grand chemin de Dampmartin et d'autre part à la terre des Célestins de Paris, aboutissant d'un bout à maistre Jean Emery, et d'autre bout sur le chemin.

« D'eux, pour un arpent et demy de pré assis au lieu dict la Mothe, tenant d'une part au chappellain de Bobigny, d'autre part à Guillemin Andry, aboutissant d'un bout sur le dict ru de Bobigny et d'autre bout à la terre des dicts sieurs de Bobigny.

« D'eux, pour ung arpent de pré, assis à la Vache à l'aise, tenant d'une part aux hoirs Thomas le Boucq, et d'autre sur le pré Robin Chappon, et de présent à Me Jean Emery, aboutissant d'un bout sur les dicts sieurs, et d'autre bout sur le pré Chappon.

« D'eux, pour quatre arpens et demy de terre, en une pièce, au lieu dict la Grande Borne, tenant des deux costés à Mre Dreux Bude, accause de sa femme, fille de Thumery, aboutissant sur le chemin venant de Bondis à Sainct Denis, et d'autre bout à la closture des dicts sieurs et autres.

« D'eux, pour six arpens de terre, assis au lieu dit les Ochières, tenans d'une part à M⁶ Jean Emery, et d'autre à Jean Delolme, aboutissant d'un bout au dict Delolme et d'autre bout aux hoirs Perrin Troussevache.

« D'eux, pour ung demy arpent de terre, assis au lieu dict la Croix Blanche, tenant d'une part à M⁶ Guillaume Paillard, et d'autre part à Jean Anneneau, aboutissant d'un bout au chappellain du dict Bobigny, et d'autre à Oudin Sante.

« D'eux, pour cinq quartiers de terre en une pièce, assis au lieu dict les Plastrières, tenant d'une part et boutissant d'un bout à maistre Guillaume Paillard, et d'autre bout à Thomas Béquignard, et d'autre part tenant au chemin.

« D'eux, pour six arpens de terre au lieu dict Grandchamp, tenant d'une part au grand chemin, d'aultre part aux hoirs Thomas Béquignart, aboutissans aux dicts sieurs, et d'autre à Guillemin Andry.

« D'eux, pour cinq quartiers de terre assis au dit lieu en une pièce, tenant d'une part à Jean Delolme et d'autre part aux Célestins, aboutissant d'un bout à la Noé aux prés, et d'autre bout au chemin Saint-Denis.

« D'eux, pour siz arpens en une pièce, assis près l'orme du Breuil au lieu dict Argenteuil, tenant d'une part à M⁶ Jean Emery, et d'autre part au chemin tirant de Bobigny à Bondis, aboutissant à Jean Delolme d'un bout, et d'autre à eux-mêmes.

« D'eux, pour cinq quartiers de terre en une pièce assis au lieu dict les Préaulx, tenant d'une part au Chappellain du dict Bobigny et d'autre aux dicts sieurs du dict lieu, aboutissant d'un bout aux dicts sieurs, et d'autre aux ayant cause de Jean d'Aunay[1], que tient de présent Guillemin Andry.

« D'eux, pour cinq quartiers de terre assis devant la maison de feu Jean d'Aunay, tenant d'une part à M⁶ Guillaume Paillard, d'autre part au curé du dict Bobigny, aboutissant sur le chemin qui meyne de Bobigny à Bondis.

« D'eux, pour neuf quartiers de terre assis entre Bobigny et Noisy-le-Sec tenant d'une part aux hoirs Perrin Troussevache, d'autre part aux ayant cause de Jean d'Aunay, aboutissant sur le chemin et d'autre à Guillemin Andry.

« D'eux, pour demy arpent de terre assis au lieu dict les Plantes,

---

1. Surnommé le bâtard d'Aunay.

tenant d'une part à eux mêmes, et d'autre aux Célestins, aboutissant d'un bout aux dits sieurs et d'autre bout à Guillemin Andry.

« D'eux, pour quatre arpens et demy de terre assis entre l'orme de la Mothe et Bobigny, tenant d'une part à Oudin Sante, et d'autre à Guillemin Andry, aboutissant au chemin tirant de Bobigny à Sainct Denis, et d'autre sur ce dit Oudin Sante.

« D'eux, pour six arpens de terre assis au val Penthin, tenant d'une part aux hoirs Béquignart, et d'autre sur le chemin aboutissant d'un bout au chemin tirant du bordeau Bricet au Lendict, et d'autre...

« Plus trois quartiers de terre assis entre les vielles vignes et le val Penthin, tenant d'une part aux hoirs du dict Béquignart, et d'autre part à Guillemin Andry, aboutissant d'un bout aux hoirs maître Jean Emery.

« De toutes les quelles pièces dessus déclarées doivent par chacun an au jour de Sainct Martin de cens cinquante deux sols parisis.

« Encorre eux, pour ung arpent de terre assis aux Grands saulx, tenant d'une part au seigneur de Drancy et d'aultre part au chemin tirant de Bondis à Groslay, aboutissant d'un bout au dict chemin et d'autre bout aux dicts sieurs de Bobigny.

« D'eux, pour deux arpens et demy de terre au dict lieu, tenant d'une part au dict chemin et d'autre part à maître Estienne Lallemant, aboutissant d'un bout à la Grande noé.

« D'eux, pour cinq quartiers de terre ou environ à présent en pré assis derrière les prés du dict Bobigny, tenant d'une part aux Célestins, aboutissant d'un bout aux dicts Célestins et d'autre aux hoirs du dict Bequignart pour les quels trois articles doivent de cens au dict jour Sainct Martin onze sols sept deniers, obolle parisis.

« Encorre eux, pour cinq quartiers de vigne assis au terroir du dict Bobigny tenant d'une part aux hoirs du dict Bequignart, et d'autre part à eux-mêmes, aboutissant d'un bout au chapellain du dict Bobigny et d'autre sur les hoirs Pierre Corbin doivent au dict jour Sainct Martin quinze deniers parisis.

« D'eux, pour cinq arpens de terre ou environ assis es Forges derrière Bondis, tenant d'une part aux dicts sieurs et d'autre part à maître Estienne Lallemant, aboutissant au dict Lallemant, quatre sols deux deniers parisis.

« Estienne Mareschier, pour cinq quartiers de terre assis au lieu dict

Beaufus, tenans d'une part à maître Estienne Lallemant et d'autre à maître Jean Bureau, aboutissant d'un bout au dict Bureau et d'autre au dict Lallemant.

« Luy, pour autres cinq quartiers de terre assis sur le chemin par où l'on va du dict petit Noisy à Groslay, tenant d'une part à maître Estienne Lallemant et d'aultre part à la fabrique de l'église du dict Bobigny, aboutissant sur le chemin d'un bout, et d'autre bout au dict Lallemant dix huit deniers parisis.

« Max Regnart, laboureur, demeurant en la parroisse de Penthin pour onze arpens de terre qui furent Berthault de Landres en une piece assise au val du dict Penthin, tenant d'une part à la Saincte Chapelle de Paris et d'aultre à Guillemin Andry, aboutissant d'un bout à la Saincte Chapelle et d'aultre aux hoirs Jacques Rouveau, doibt au dict jour Sainct Martin d'hiver cinq sols dix deniers parisis.

« Luy, pour deux arpens et demy assis au dict val, tenant d'une part aux Célestins de Paris, et d'aultre aux hoirs Béquignart, aboutissant d'ung bout au chemin de Meaulx et d'aultre bout aux hoirs Thomas Dufour, doibt au dict terme de Sainct Martin de cens deux sols six deniers parisis.

« Raoulet Lenoir, pour ung quartier de vigne, assis aux Vielles vignes, tenant d'une part à Simon Lhuillier et d'aultre part à Thomas Béquignart, aboutissant d'un bout à Simon Dufour, et d'aultre bout à Mathieu Pacotet, douze deniers parisis.

« Guillemin Andry, pour trois quartiers de terre assis sous la justice du dict Bobigny, tenant d'une part à maître Guillaume Paillard et d'aultre au dict Andry, aboutissant sur Jean Blancheteau, neuf deniers parisis.

« Le dict Guillemin Andry comme hérittier pour un quart de feu Thévenin Andry son père, pour deux arpens et demy de terre assis sur le chemin de Romainville, tenans d'une part au long du dict chemin et d'aultre à luy mesme aboutissant à la terre de l'église accause de feu Thomas Béquignart, et d'aultre bout aux dicts sieurs.

« Luy, près de ce lieu au lieu dict la Serisaye, ung arpent de terre tenant d'une part à Denis Andry et d'aultre aux hoirs Thomas Béquignart aboutissant d'un bout au curé et d'aultre au chemin qui va de Noisy à Sainct Denis.

« Luy, pour deux arpens de terre près de ce lieu, tenans d'une par à la closture des dicts sieurs, d'ung bout et d'aultre bout au dit Paillard.

« Luy, pour ung arpent que vignes que terre assis devant les vielles vignes, tenant d'une part et d'aultre aux hoirs Thomas Dufour, aboutissant des deux bouts aux dicts hoirs.

« Luy, pour deux arpens de terre au bout de la ville du dict Bobigny du costé de l'Orme de la Mothe, tenans d'une part et d'aultre aux dicts hoirs Dufour, aboutissans au grand chemin de l'Orme d'ung bout et d'aultre bout à Oudin Sante.

« Luy, pour un quart et demy de pré assis à la Mothe, tenant d'une part aux Célestins, et d'aultre à Jean Delolme, aboutissant d'ung bout au ru, et aux seigneurs d'aultre bout.

« Luy, pour un quartier que saulsoye que pré assis au bout de la ville devant la maison Sante tenant d'une part aux hoirs Adam Andry, et d'aultre part aux hoirs Simon Lhuillier, aboutissant d'un bout au ru et d'aultre bout au dict Lhuillier.

« Luy, pour ung arpent de pré en ce lieu qui souloit estre terre, tenant d'une part aux hoirs Thomas Dufour, et d'aultre aux hoirs Troussevache, aboutissant sur le ru d'un bout et d'aultre bout sur la ruelle du grand gué.

« Luy, pour trois quartiers tant pré que terre, assis derrière les prés, tenans d'une part aux Célestins et d'aultre part à maître Guillaume Paillard, aboutissans aux dicts sieurs et aux dits Celestins.

« Luy, pour le quart des masures de la Barre, assises devant la croix du dict Bobigny, tenant d'une part à Jean Anneneau, aboutissant sur la grande rue.

« Luy, devant le chasteau du dict lieu le quart d'ung arpent de terre tenant d'une part à l'église et d'aultre aux hoirs Troussevache, aboutissant sur la grande rue.

« Luy, pour deux arpens de terre en Parnolle, tenans à luy même d'une part et d'aultre part au dict Paillard, aboutissant aux hoirs Béquignart d'un bout et d'aultre bout aux dicts sieurs.

« Luy, pour les trois parts d'une maison assise devant la croix, tenant d'une part toute la maison à Mathieu Pacotet, et d'aultre à la rue Disne Souris, aboutissant d'ung bout au carrefour de la ville et d'aultre bout à luy mesmes.

« Luy, pour une autre maison près de ce lieu, assise rue Disne Souris cour, granges, jardin, le lieu ainsi comme il se comporte, tenant d'une part à maistre Pierre Emery, et d'aultre au dict Adam Andry, aboutissant à la rue qui meyne au Moustier, et d'aultre bout à la dite rue Disne Souris.

« Luy, pour sept quartiers de terre séans vers Bondis, tenans d'une part à luy mesme et d'aultre part à Jean Delolme, aboutissant d'ung bout au chemin Sainct Denis et d'aultre bout au chemin qui va de la ville[1] à Bondis.

« Luy, pour ung arpent de terre en Violette, tenant d'une part au dict Adam et d'aultre au dict Jean Delolme, aboutissant au dict Paillard.

« Luy, pour demy arpent de terre assis près de l'Orme de Broy[2], tenant d'une part aux hoirs Troussevache, et d'aultre part aux hoirs Béquignart, aboutissant d'ung bout sur le chemin Sainct Denis.

« Luy, pour quatre arpens de terre en ce lieu tenant d'une part aux hoirs Thévenin Andry et d'aultre au fossé qui sépare l'assiette de la seigneurie du dict Bobigny, aboutissant aux dicts sieurs d'ung bout et à maistre Pierre Emery d'aultre bout.

« Luy, pour ung jardin et masure contenant environ demy arpent, assis en Cul-de-sac, tenant d'une part aux murs des fossés du dict chasteau et d'aultre part à la ruelle du dict Cul-de-sac, aboutissant au chapellain du dict chasteau et d'aultre aux hoirs Troussevache.

« Luy, pour la moitié d'une maison et jardin entretenans assis en la ruelle de derrière le chasteau, tenans d'une part à la dicte ruelle, d'aultre aux dicts seigneurs de Bobigny, aboutissans d'ung bout aux dicts seigneurs et d'aultre à la Grande rue.

« De tous les quels articles cy-dessus déclarés le dict Guillemin Andry[3] doibt par chaque an au jour Sainct Martin la somme de vingt-deux sols deux deniers parisis.

« Simon Dufour, Jean Dufour frères, Denis Dufour mineur, Denis-Pierre Pinel, accause de sa femme, et Estienne Pluyette, accause de sa femme, hérittiers pour la quarte partie de feue Jeannette Dufour, fille de feue Thevenin Andry, tiennent les hérittages qui en suivent :

« Et premièrement la quarte partie d'une maison assise devant la croix de Bobigny, tenant toute la dicte maison à la ruelle du Disne Souris.

---

1. Le village de Bobigny.
2. L'orme de Bret.
3. Voir le dessin de sa pierre tombale.

BOBIGNY-LEZ-PARIS.   PLANCHE III.

PREMIER FRAGMENT DE LA PIERRE TOMBALE
DE GUILLAUME ANDRY ET DE JEANNE BEQUIGNART, SA FEMME
ANNÉE 1508. (P. 79.)

« Eux, pour le quart d'une aultre maison appellée les Marmousets, tenant à maître Jean Émery d'une part et boutissant à la dicte ruelle de Disne Souris.

« Eux, pour ung quartier et demy de terre assis devant le chasteau, tenant d'une part à maître Jean Émery et d'aultre aux hoirs Perrin Troussevache, aboutissant au chemin devant le chasteau et d'aultre bout à Jean Delolme.

« Eux, pour trois quartiers de terre à la justice du dict Bobigny, tenans d'une part à Mathieu Musinier et d'aultre à Adam Andry, aboutissant d'ung bout à la justice et d'aultre à Blancheteau devers le bas.

« Eux, pour ung arpent et demy de terre près la sente du Bordeau Bricet, tenant d'une part à maître Guillaume Paillard et d'aultre aux Célestins, aboutissant au curé du dict Bobigny d'ung bout et d'aultre au dict Delolme.

« Eux, pour quatre arpens de terre sur les Vieilles vignes, tenans d'une part à maître Guillaume Paillart et d'autre part aux hoirs Béquignart et à maître Pierre Émery, aboutissans d'ung bout au dict Émery, et d'aultre sur le chemin, tirant du Bordeau Bricet au Lendict.

« Eux, pour ung argent et demy de terre assis au val Penthin, tenant d'une part aux dicts sieurs, et d'aultre part aux Célestins, aboutissant d'un bout aux hoirs Thomas Béquignart et d'aultre bout à Guillaume Andry.

« Eux, pour trois quartiers de terre au buisson Pouilleux, tenans d'une part et d'aultre aux dicts hoirs, aboutissans au curé d'un bout, et d'aultre au chemin tirant du Bordeau Bricet au Lendict.

« Eux, pour ung arpent de terre et demy quartier assis près de la Mothe ou Noyer-de-la-Cousture, tenant aux Célestins d'une part, et d'aultre aboutissant d'un bout au chappelain du dict chasteau et d'aultre bout à eux-mêmes.

« Eux, demy arpent de terre près de la Croix blanche, tenant d'une part à maître Guillaume Paillard et d'aultre part à maître Jean Delolme, aboutissant sur le chemin tirant de Bondis à Sainct-Denis, d'ung bout à maître Guillaume Paillard.

« Eux, pour ung arpent et demy près du champ Familleux, tenant d'une part à maître Guillaume Paillard, et d'aultre part aux Célestins, aboutissant d'ung bout sur le chemin de Dampmartin.

« Eux, pour deux arpens et demy de terre près de l'orme de Bobigny, tenans d'une part à Denis Andry, et d'aultre aux hoirs feu Ferminot, aboutissant sur le chemin de Dampmartin.

« Eux, pour trois quartiers de terre au lieu dit les Croües qui noües, tenans d'une part à maître Guillaume Paillard, et d'aultre part à Guillemin Andry, aboutissant sur le ru de Bobigny d'ung bout, et d'aultre bout à Guillemin Andry.

« Eux, pour trois quartiers de pré derrière la maison Simon Luillier, près du Viel Gué, tenant d'une part à Guillemin Andry et d'aultre part à Simon Luillier, aboutissant sur la ruelle du Viel Gué, et d'aultre bout à Guillemin Andry.

« Eux, pour ung arpent et demy de terre à l'orme de Bray, tenant d'une part aux hoirs Blancheteau et d'aultre part aux dicts hoirs, aboutissant d'ung bout sur le chemin qui tire de Bondis à Bobigny, et d'aultre bout à Guillemin Andry.

« Eux, pour ung arpent de terre et violette, tenant d'une part à Adam Andry, et d'aultre aux hoirs Perrin Troussevache, aboutissant d'ung bout à maître Guillaume Paillard et d'aultre bout aux Célestins.

« Eux, pour la moitié de cinq quartiers de terre assis près la maison de Jean d'Aunay [1], tenans les dicts cinq quartiers d'une part aux dicts Célestins, d'aultre part au curé, aboutissans d'ung bout au chapellain du chasteau, et d'aultre bout à une terre appartenant à Sainct-André.

« Eux, pour cinq quartiers de terre, assis près du Moustier [2] du dict Bobigny, tenant d'une part au dict curé, d'aultre part à maître Jean Émery, aboutissant d'un bout au dict Émery, et d'aultre au dict chemin tirant du dict Bobigny à Drancy.

« Eux, pour les maisons assises devant la maison qui fust Meusnier en la Grande rue, tenant d'une part aux dicts sieurs et d'aultre part aux hoirs Béquignart et Thomas Dufour, aboutissant d'ung bout sur le ru et d'aultre bout sur la Grande rue de la dicte ville.

« Eux, pour demy quartier de terre assis au cul-de-sac, tenant d'une part aux hoirs Perrin Troussevache, et d'aultre part aux dicts seigneurs.

« Eux, pour neuf quartiers assis devant les Vieilles vignes, tenant

---

1. Le bâtard d'Aunay.
2. Près de l'Église.

d'une part à Oudin Sante, et d'aultre part aux dicts sieurs et à plusieurs autres, aboutissans d'ung bout à Guillemin Andry et d'aultre bout à Mariot Béquignart.

« De tous les quels héritages dessus déclarés les dicts Simon et Jean Dufour frères, Périn Pinel, doivent pour les dicts hérittages la somme de vingt-deux sols deux deniers parisis [1].

« Les enfans mineurs de Thiéry Troussevache, la veuve du dict Troussevache, mère des dicts enfans, Thomas Béquignart, Colin Sesèle et Jean Boivin, pour six arpens de terre en une pièce qu'ils tiennent ensemble, séant ès Argenteuil, tenant d'une part à Jean Delolme, et d'aultre part à Guillemin Andry, aboutissant à maître Estienne Lallemant, et d'autre bout à maître Guillaume Paillard, donnent par an de cens, dix sols parisis.

« Les enfans mineurs du dict Thiéry Troussevache pour ung arpent et demy de terre, séant entre Bobigny et Noisy-le-Sec, tenant d'une part à Jean Nicolas, et d'aultre à la terre de l'église du dict Bobigny, aboutissant d'ung bout à maître Guillaume Paillard, et d'autre à Guillemin Andry, doibt par an de cens dix-huict deniers parisis.

« Toussainct Pierrot, laboureur, demeurant à Bobigny, au lieu de Jacquet Corbin, pour deux masures assises à l'opposite l'une de l'autre en l'hostel des dicts seigneurs de Bobigny, près l'église du lieu, l'une tenant d'une part aux hoirs Thévenin Andry, d'aultre aux dicts seigneurs, aboutissant à la Grande rue, et l'autre tenant aux héritiers du dict Thévenin d'une part et d'aultre à maître Guillaume Paillard, aboutissant à la dicte rue, donnent par an de cens neuf sols parisis.

« Jean Nicolas, laboureur, demeurant à Noisy-le-Sec, au lieu d'Estienne Nicolas, son père, pour trois quartiers de terre assis au dict Bobigny, au lieu dict les Traière, tenans d'une part aux hoirs Thiéry Troussevache, d'aultre à maître Jean Emery, et aboutissant par ung bout à maître Guillaume Paillard et d'aultre aux hoirs Thomas Béquignart, doibt par an de cens huict deniers parisis.

« Raoulet le noir, laboureur, demeurant au dict Bobigny, au lieu de Jean Milescent, pour sa maison et jardin, séant au dict lieu devant le

---

1. Les héritiers de Jeannette Andry, femme Dufour et sœur de Guillemin Andry, avaient à payer sur leurs biens la même somme de cens que lui-même avait à acquitter.

chasteau, dont la moitié fut Guillemin Andry, tenant d'une part au four bannier du dict lieu, d'aultre part à la Grande rue.

« Luy pour un quartier de terre séant au dict lieu, au lieu dict Gouvernoy, tenant d'une part à maître Guillaume Paillard, doibt par an deux parties ensemble de cens au dict jour Sainct-Martin, cinq sols quatre deniers parisis.

« Guillaume Bertrand, laboureur, demeurant à Noisy-le-Sec pour ung arpent pris en deux arpens qui furent à Noël Pinel, assis au lieu dict Argenteuil, tenant d'une part à Florentin Espaulard et d'aultre à maître Jean de Lantier, aboutissant sur le chemin allant de Bondis à Bobigny, doibt par an de cens pour le dict arpent, douze deniers parisis.

« Florentin Espaulard, laboureur, demeurant à Noisy, pour demy arpent faisant moitié de l'autre arpent dessus dict, tenant d'une part au dict arpent du dict Bertrand et d'aultre à Estienne Troussevache, aboutissant au dict chemin, six deniers parisis.

« Guillaume Troussevache, laboureur, demeurant au dict Noisy, pour demy arpent faisant moitié de l'arpent précédent, tenant d'une part au dict Florentin Espaulard, d'aultre à....., six deniers parisis.

« Le dict Florentin Espaulard sept quartiers de terre ou environ faisant moitié de trois arpens et demy qui furent Guillot Blancheteau et Jean Blancheteau frères, séans à la Noé-Gilles-Jollie, tenans d'une part et d'aultre à maître Jean Émery, et boutissant d'ung bout à Jean Blancheteau, et d'aultre au dict Émery, doibt de cens par an quatorze deniers parisis.

« Jeanne, veuve de feu Jean Blancheteau, demeurant à Noisy, et Guillaume Blancheteau, son fils, pour sept quartiers de terre faisant la deuxiesme autre moitié des dicts trois arpens et demy, tenans d'une part aux sept quartiers précédens et d'autre part à M° Pierre Emery, aboutissans des deux bouts au dict Emery, quatorze deniers parisis.

« La veuve Estienne Blancheteau, demeurant à Romainville, et Nicolas Rozy, demeurant à Noisy, pour onze quartiers de terre en une pièce séant au dict Bobigny, au lieu dict les Pereulx, tenans d'une part à M° Guillaume de la Haye, d'aultre à Jean Dufour, aboutissant par hault à Mariot Béquignart, par bas à Colin Sesèle, accause de sa femme, donnent par an de cens au dict jour pour toute la dicte pièce, deux sols parisis.

« Florentin Espaulard dessus nommé, pour ung arpent de terre séant à l'orme de Breuil, tenant d'une part à Jean Raveneau, d'aultre aux hoirs Thévenin Andry, aboutissant d'ung bout au chemin de Sainct Denis, et d'aultre aux hoirs Thomas Andry, doit par an de cens au dict jour six deniers parisis.

« L'église Sainct-Pierre de Bondis pour ung arpent de terre séant près du gué Daniel, tenant d'une part et d'aultre, et aboutissant d'ung bout à M° Estienne Lallemant, et d'autre bout au chemin par le quel on va de Bondis à la Noé Caillet, doit de cens par an aux octaves Sainct-Denis huict deniers parisis.

« La dicte église pour deux arpens de terre assis près le dict lieu, tenant d'une part et d'aultre au dict M° Estienne Lallemant et aux hoirs de feu Thomas Dufour, aboutissant d'ung bout au dict Lallemant, et d'autre bout au dict chemin allant de Bondis à la Noé Caillet et Groslay, doit pour chacun des dicts arpens de cens au dict jour huict deniers parisis, pour les deux ensemble seize deniers parisis.

« La dicte église pour demy arpent de terre assis près du dict gué Daniel, tenant d'une part au dict M° Estienne Dufour, doit de cens au dict jour quatre deniers parisis.

« Ces trois parties ont été apportées par escript par Jean Corner, greffier de Bondis, disant lui avoir esté en chargé ce jour par les marguilliers de la dicte église, et depuis Antoine Savard, l'ung des dicts marguilliers, l'a reconnu en personne.

« Mathieu Mounier, laboureur, demeurant à Noisy-le-Sec, au lieu de Thévenin Andry, pour deux arpens de terre séans au lieu dict la Justice de Bobigny, tenans d'une part au chemin qui vient de Romainville au dict Bobigny, aboutissant par hault à la Justice de Bobigny et d'aultre à Jean Blancheteau, doibt par an de cens, au dict jour au prix de six deniers parisis pour arpent, douze deniers parisis.

« Luy pour demy arpent de terre séant au-dessous des dicts deux arpens, tenant d'une part aux dicts sieurs de Bobigny, et d'aultre à Thomas Béquignart, aboutissant au chemin venant du dict Romainville au dict Bobigny, doibt de cens trois deniers parisis.

« Mariot Béquignart, laboureur, demeurant à Bobigny, au lieu de Thomas Béquignart, son père, Guillemin Andry accause de sa femme[1],

---

1. Jeanne. On voit encore aujourd'hui dans l'église leur pierre tombale. P. 87.

fille du dict feu Thomas, Jean Dufour, Jean Lesueur, Estienne Troussevache, Périn Pinel accause de leurs femmes, filles du dict Thomas, pour neuf quartiers de pré séans près du Viel Gué, tenant d'une part au dict Viel Gué, d'aultre au ru de Bobigny, aboutissant à Oudin Sante d'ung bout, et d'aultre à M° Jean Emery, doivent par an de cens au dict jour deux sols six deniers parisis.

« Jean Dufour accause de sa femme, fille du dict feu Thomas Béquignart, pour demy arpent de terre séparé en deux quartiers, séant près du pont Guichard, tenant d'une part au ru de Bobigny, d'aultre part au chapellain du dict lieu, aboutissant sur le dict ru d'ung bout, et d'aultre à M° Guillaume Paillard, doivent par an chacun pour son quartier trois deniers parisis, pour ce ensemble six deniers parisis.

« Thomas Béquignart, laboureur, demeurant au Petit-Drancy, au lieu de Thomas Béquignart son père, pour cinq arpens de terre séans au pont Guichard, tenant d'une part au chappellain du dit Bobigny, d'aultre à M° Guillaume Paillard et Guillemin Andry, aboutissant d'ung bout à Jean Delolme, doibt par an de cens au dict jour Sainct-Martin douze deniers parisis.

« Perin Pinel et sa femme accause d'elle demeurant à Bondis, et les enfans mineurs de feu Denisot Creux pour trois arpens de terre séans au dict lieu, tenans d'une part aux Célestins et aux dicts seigneurs tout d'ung costé, d'aultre à M° Guillaume Paillard, aboutissant d'ung bout aux hoirs Thévenin Andry, et d'aultre bout à Josse Damerot, trois sols parisis.

« Le dict Mariot, Estienne Troussevache et Thomas Béquignard pour trois arpens de terre au-dessus d'Eaubonne, tenant d'une part à la Cousture d'Eaubonne, d'aultre part à M° Jean Bude et boutissant à la dicte Cousture, deux sols trois deniers parisis.

« Thomas Béquignard pour deux arpens de terre près du Grand Champ, tenans d'une part à M° Guillaume Paillard et d'aultre à Guillemin Andry, aboutissant d'ung bout au chemin Sainct-Denis, et d'aultre au dict Paillard, quatorze deniers parisis.

« Estienne Troussevache, Perrin Pinel, les enfans Denisot Creux et Jean Dufour, pour huict arpens de terre assis au lieu dict le Buisson-Pouilleux, tenans d'une part à Oudin Sante, d'aultre part au chemin de Dampmartin, et d'ung bout au dict Buisson, et d'aultre bout au dict

Oudin Sante et au chappellain de Bobigny, doivent chaque an de cens, cinq sols quatre deniers parisis.

« Guillemin Andry pour ung arpent et demy, assis au lieu dit les Monteux, tenant d'une part et d'autre, et d'ung bout à Oudin Sante, et d'aultre bout au dict Andry, doibt par an dix-huict deniers parisis.

« Jean le Sueur pour cinq arpens de terre assis au-dessus des Monteux, tenans d'une part au chemin Pouilleux, d'aultre part à Oudin Sante, aboutissant à Guillaume Paillard d'ung bout, et d'aultre bout à la terre des dicts seigneurs de Bobigny, doibt par an quatre sols dix deniers parisis.

« Guillemin Andry accause de sa femme, fille de feu Thomas Béquignart, pour cinq quartiers de terre assis au-dessus, tenans d'une part au chemin qui meyne de Noisy à Haubervilliers et d'aultre à luy-même, aboutissant d'ung bout à la dicte Cousture, et doibt par an douze deniers parisis.

« Thomas Béquignart pour trois arpens trois quartiers et demy, autrefois en deux pièces, tenans d'une part au chemin du Bordeau Bricet, près les vignes, et aux hérittiers Thévenin Andry, aboutissans des deux bouts à M° Jean Emery, doibt par an trois sols ung denier obolle parisis.

« Item, le dict Thomas pour onze quartiers de terre, qui étoient autrefois en trois pièces, assis sur le chemin près du dict Bordeau Bricet, tenant d'une part au dict M° Jean Emery, d'aultre à la terre de l'église du dict lieu de Bobigny, aboutissant des deux bouts au dict M° Jean Emery, et doibt par an vingt-deux deniers obolle parisis.

« Jean le Sueur, pour trois arpens de terre assis au val de Penthin, tenans d'une part aux hoirs Thomas Dufour, d'aultre aux hoirs de Péronet Corbin, aboutissans au dict chemin Pouilleux, doibt par an deux sols quatre deniers parisis.

« Jean Dufour accause de sa femme, pour cinq arpens de terre assis près la Justice du dict lieu, tenans d'une part à luy-même et d'aultre à Périn Pinel, aboutissans d'ung bout aux hoirs Thomas Bequignart, doibt par an de cens au dict jour trois sols trois deniers parisis.

« Périn Pinel pour quatre arpens de terre en ce lieu, tenans d'une part à la dicte pièce et d'aultre au chemin de Meaulx, et d'ung bout au chemin qui va de Romainville à Bobigny, et d'aultre bout à M° Guillaume de la Haye, doibt par an deux sols huict deniers parisis.

« Estienne Troussevache accuse de sa femme, pour sept quartiers de terre en ce lieu, tenans d'une part à M⁰ Jean Emery, d'aultre à Thomas Béquignart, aboutissans d'ung bout au chemin de Romainville, doibt par an treize deniers parisis.

« Thomas Béquignart pour demy arpent de terre assis en ce lieu, tenant d'une part à la dicte pièce cy-dessus déclarée, d'aultre part à M⁰ Guillaume Paillard, aboutissant sur le dict chemin, doibt par an quatre deniers parisis.

« La fabrique du dict lieu de Bobigny un arpent de terre, tenant d'une part à Mathieu Mosnier, et d'aultre à Guillaume Andry, aboutissant à Jean Blancheteau d'ung bout et d'aultre au chemin de Romainville, fust le dict arpent donné par Thomas Béquignart à la dicte fabrique [1]; la quelle pièce doibt douze deniers parisis de cens.

« Perin Pinel, laboureur, demeurant à Bondis, accuse de Jeanne sa femme, fille de Thomas Béquignart, pour sept quartiers de terre séans au dict Bobigny, au lieu dict Disne-Souris, tenans d'une part à la terre Sainct-André et d'aultre part à Jean Boivin, aboutissans d'ung bout aux hoirs Périn Troussevache, et d'aultre à Guillemin Andry, doibt par an de cens deux sols deux deniers parisis.

« Mariot Béquignart pour trois arpens de terre assis ès Disne-Souris, tenans d'une part à M⁰ Jean Emery, et d'aultre au chemin qui vient de Romainville à Bobigny, aboutissans d'ung bout au chemin des Buttes et d'aultre bout au dict Emery, doibt par an de cens trois sols six deniers parisis.

« Le même pour demy arpent, joignant les dicts trois arpens, tenant d'une part au dict Emery, d'aultre part au curé de Bobigny, aboutissant des deux bouts au dict Mariot Béquignart, doibt par an de cens neuf deniers parisis.

« Jean Dufour pour ung arpent et demy séant au lieu dict les Péreulx, tenant d'une part aux hoirs M⁰ Estienne de Vielville et d'autre à M⁰ Guillaume Paillart, aboutissant d'un bout à Simonet Pinel de Noisy, et d'aultre aux hoirs Thévenin Andry, doit par an de cens seize deniers obolle parisis.

« Mariot Béquignard, pour trois arpens et demy de terre au lieu dit

---

1. Cette dotation de Thomas Béquinard à la fabrique peut remonter à 1480.

les Péreulx, tenant d'une part aux dits hoirs du dit Mᵉ Estienne de Vielville et Jean Delolme, aboutissant d'un bout aux hoirs Périn Troussevache, d'autre à Mᵉ Guillaume Paillart, doit par an de cens deux sols quatre deniers parisis.

« Périn Pinel pour cinq quartiers de terre en ce lieu, tenant d'une part aux hoirs Périn Troussevache, d'autre à Mᵉ Guillaume Paillart, boutissant d'un bout aux hoirs Thévenin Andry, et d'autre aux hoirs Thomas Béquignard, doit par an de cens dix deniers parisis.

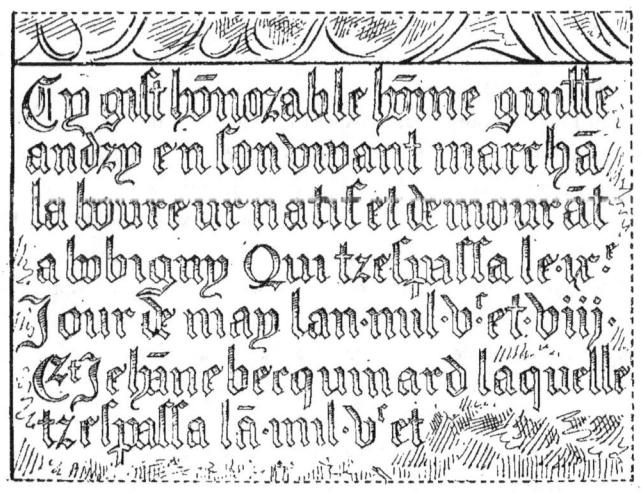

AUTRE FRAGMENT DE LA PIERRE TOMBALE DE GUILLAUME ANDRY
ET DE JEANNE BECQUIGNARD, SA FEMME (ANNÉE 1808)

« Mariot Béquignard, pour un arpent et demy de terre séant au lieu dit les Péreulx, près l'Orme de Bray, tenant d'une part à Colin Sesèle à cause de sa femme, d'autre à Sainct-André, aboutissant d'un bout à la terre du dict Sainct-André, et d'autre au seigneur de Noisy, doit par an de cens treize deniers obolle parisis.

« Périn Pinel pour un arpent de terre assis près le Gros Buisson, tenant d'une part à la terre de la Chapelle, d'autre aux hoirs maître Estienne de Vielville, aboutissant d'un bout sur le grand chemin de Meaulx et d'autre au chapelain de Bobigny, doit par an de cens douze deniers parisis.

« Mariot Béquignard, Thomas Béquignart, Estienne Troussevache et Jean le Sueur pour quatre arpens de terre en une pièce dont ils tiennent chacun un arpent séant à l'Orme de Bray, tenant d'une part au seigneur de Noisy, et d'autre part aux Célestins, aboutissant d'un bout au dit Orme et d'autre au dit seigneur de Noisy, doivent pour les dits quatre arpens ensemble trois sols trois deniers parisis.

« Périn Pinel et ses enfans mineurs Denisot Creux pour deux arpens en une pièce qu'ils tiennent ensemble, séant au chemin qui mène de Bondis à Sainct-Denis, tenant d'une part à la terre qui fut Pierre Mouchet, et d'autre part à Guillemin Andry, aboutissant d'un bout au chemin de Sainct-Denis, et d'autre bout au dit Andry, doivent par an de cens pour chacun des dits arpens douze deniers parisis.

« Guillemin Andry à cause de sa femme, fille de Thomas Béquignart,[1] pour un arpent et demy de terre assis en ce lieu, tenant d'une part aux deux arpens précédens, d'autre au dit Guillemin Andry, aboutissant d'un bout à maître Denis Bude, à cause de Thumery, et d'autre aux hoirs Thomas Dufour, doit par an de cens dix-huict deniers parisis.

« Estienne Troussevache, pour demi arpent à la pointe du Breuil, tenant d'une part à Jean Anneneau, d'aultre à Denis Andry, aboutissant d'un bout au chemin de Saint-Denis, et d'autre au chemin qui mène de Bobigny à Bondis, doit par an de cens six deniers parisis.

« Mariot Béquignard et Jean Dufour ensemble, pour onze quartiers de terre au lieu dit Argencueil[2], tenant d'une part aux hoirs Pierre Troussevache, aboutissant à maître Guillaume Paillart d'un bout, et d'autre aux héritiers du dit Troussevache, devant par an de cent vingt-deux deniers parisis.

« Thomas Béquignard pour trois quartiers de terre séant sous le Moustier de Bobigny[3], tenant d'une part à maître Jean Émery et Guillaume Andry, et d'autre à Jean Delolme, aboutissant au chemin de Saint-Denis d'un bout, et d'autre aux dits sieurs de Bobigny, doit par an de cens douze deniers parisis.

« Mariot Béquignard pour un arpent de terre assis au cul-de-sac,

---

1. Voir l'inscription de leur pierre tombale, p. 87.
2. Le prieuré d'Argenteuil avait, dès le temps du roi Robert, du bien à Merlan, hameau de Noisy-le-Sec.
3. L'église dont le curé était à la présentation du prieuré de Saint-Martin-des-Champs.

tenant d'une part aux dits sieurs de Bobigny, et d'autre à maître Guillaume Paillart, aboutissant d'un bout à Thomas Béquignard, et d'autre à Denis et Guillemin Andry, doit par an de cens douze deniers parisis.

« Thomas Béquignard pour un arpent et demi de terre, derrière les prés de Bobigny, tenant d'une part à maître Guillaume Paillart, et d'autre part à Jean Delolme, aboutissant des deux bouts à maître Guillaume Paillart, doit par an de cens dix-huict deniers parisis.

« Le dit Mariot pour un arpent de terre assis au lieu dit les Ouchières, tenant d'une part à Jean Delolme, et d'autre part à Périn Pinel, aboutissant d'un bout aux hoirs Jean Aubry, et d'autre au dit Périn Pinel, par an est dû de cens onze deniers parisis.

« Guillemin Andry, pour trois quartiers de terre, séans contre le clos de maître Hugues de Guingant, à présent Jean Delolme, aboutissant d'un bout au chemin qui mène de Bobigny à Paris, et d'autre bout à Denis Dufour, doivent de cens deux sols six deniers parisis.

« Mariot et Thomas Béquignard, Jean Dufour, Guillemin Andry, Estienne Troussevache, Jean Lesueur, Périn Pinel et leurs cohéritiers, en la succession de feu Thomas Béquignard, pour moitié, et Simon et Jean Dufour, Périn Pinel, Estienne Pluyette pour l'autre moitié, d'une maison, masure, court, jardin, et trois quartiers de pré derrière, ou environ, entretenant, tenant d'une part aux hoirs Thomas Dufour, et d'autre à maître Guillaume Paillart, aboutissant d'un bout la dite maison à la Grande-rue, doivent ensemble par an de cens pour la totalité sept sols six deniers parisis.

« Thomas Béquignard pour la moitié d'une maison et jardin appelée la masure de la Barre, tenant d'une part à la grange de l'hostel des dits seigneurs de Bobigny, et d'autre part au chapellain du dit Bobigny, aboutissant d'un bout à la Grande-rue, doit de cens vingt-deux deniers, obolle parisis.

« Mariot Béquignard pour un quartier et demy de vignes séant à la Noé des Préaulx, qui souloit être en deux pièces, tenant d'une part à Guillemin Andry, et d'autre à maître Jean Émery, aboutissant d'un bout au chapelain du dit Bobigny, et d'autre aux hoirs Pierre Corbin, doit quatre deniers de cens, obolle parisis.

« Thomas Béquignard au lieu de la veuve Mariot Bardou, pour demy arpent de terre séant au lieu dit les Plantes, tenant d'une part à lui-même, à cause de sa femme, d'autre à Mariot Béquignart, aboutissant d'un bout au curé du dit Bobigny, et d'autre à Jean Delolme, doit de cens six deniers parisis.

« Thomas Béquignart et Jean Dufour ensemble pour un quartier et demy de vignes assis aux Plantes, tenant d'une part au dit Jean Dufour et d'autre au dict Mariot Béquignart, aboutissant d'un bout au chapellain de la chapelle du dict Bobigny et d'autre aux hoirs Corbin, doivent de cens, quatre deniers, obolle parisis.

« Guillemin Andry pour un demy arpent de terre assis sur la sente qui mène de Bobigny au Bordeau Bricet, tenant d'une part à la dite sente et d'autre maistre Jean Emery, aboutissant d'ung bout au dit Emery, et d'autre aux hoirs Thomas Béquignart, doit de cens six deniers parisis.

« Denis Dufour au lieu de Perin Mouchet pour une maison et jardin entretenant à la Grande rue, tenant d'une part à maistre Guillaume Paillard, d'autre au dit Dufour, à cause de mademoiselle de Bobigny[1], doit de cens deux sols parisis.

« Mariot Béquignart au lieu de Jean Néel et de feu Jacques Le Mire, pour une masure, terre et saulsaye assis au lieu du Cul-de-sac, tenant d'une part à Jean Anneneau et d'aultre à Guillemin Andry, aboutissant au dict Mariot d'un bout et d'autre sur le ru, doit de cens quatre sols un denier obolle parisis.

« Guillemin Andry au lieu de Jean Anneneau, pour une masure et jardin séant en la rue Disne-Souris, tenant d'une part à lui-même et d'autre aux hoirs Béquignart, aboutissant au dict Andry, et d'autre à la Grande rue de Disne-Souris, doit par an de cens deux sols parisis.

« Luy pour un quartier, de terre assis à la Noé[2] des Préaulx, tenant d'une part à Mathieu Paquotet, d'autre aux dits seigneurs de Bobigny, aboutissant aux dicts sieurs et d'autre bout au dit Paquotet, doit par an de cens dix huit deniers parisis.

« Luy pour trois quartiers à la Vignette tenant d'une part aux hoirs Thomas Dufour, d'autre au curé ou chapellain du dit Bobigny, aboutissant d'un bout sur les Célestins, d'autre au dit Andry doit de cens par chaque an vingt-deux deniers obolle parisis.

---

1. Jeanne Rataut, qui n'est qualifiée jamais que mademoiselle de Bobigny.
2. La Noé, Noue, marécage, jonchère ou pré.

« Luy encore pour demy arpent de terre assis à l'Orme de la Mothe tenant d'une part au chemin qui mène de Bobigny à Saint Denis, d'autre aux Célestins, aboutissant au grand chemin de Dampmartin, d'un bout et d'autre à Denis Andry doit de cens six deniers parisis.

« Luy encore, pour un arpent de terre sis à l'Orme de Bray, tenant d'une part aux Célestins, d'autre à la terre de la dite église, et d'autre au grand chemin de Bondis, doit de cens douze deniers parisis.

« Luy pour un autre arpent séant aux Trayères, tenant d'une part aux hoirs Thomas Béquignard, d'autre à la terre de l'église de Bobigny, aboutissant aux dits hoirs d'un bout et d'autre aux hoirs Thomas Dufour, doit de cens treize deniers parisis.

« Le dit Guillemin Andry pour sept quartiers de terre assis es Dîsne-Souris, tenant d'une part et d'autre au dit Andry, aboutissant aux dits seigneurs d'un bout et d'autre sur le dit Andry doit de cens deux sols parisis.

« Le dit Guillaume Andry, Jean Dufour et Denis Andry et les hoirs Périn Troussevache pour deux arpens de terre assis près la Croix blanche tenant d'une part à maistre Guillaume Paillart et d'autre à Jean Delolme, aboutissant au chemin qui mène de Bondis à Saint Denis, doivent de cens six deniers parisis.

« Guillemin Andry pour un quartier de terre assis en Dîsne-Souris tenant d'une part à Guillemin Andry, d'autre aux dicts seigneurs, aboutissant d'un bout à maistre Guillaume Paillard, et d'autre à Denis Audry, doit de cens deux deniers parisis.

« Les enfans Thiéry Troussevache, pour la moitié, l'église du dit Bobigny et Jean Boivin pour l'autre moitié de quatre arpens de terre en une pièce séant aux Buttes, tenant d'une part au chemin qui vient de Romainville à Bobigny et d'autre à Périn Pinel, aboutissant d'un bout sur le chemin qui vient de Noisy à Bobigny et d'autre aux hoirs Thomas Dufour, donnent par an de cens quatre sols six deniers parisis.

« Les enfans Thomas Béquignard, Colin Sesèle et Jean Boivin, pour deux arpens qu'ils tiennent ensemble en une pièce, séant au Gros Buisson, tenant d'une part à Denis Blancheteau et d'autre à Jean de Lolme, aboutissant d'un bout au dit Denis et d'autre à Mariot Béquignard, doivent de cens deux sols parisis.

« Les dits enfans Sesèle, pour un arpent de terre séant au dit Gros

Buisson de terre, tenant d'une part à Simon Dufour, d'autre au dit Mariot Béquignard, aboutissant à M° Guillaume Paillard d'un bout et d'autre, doivent de cens douze deniers parisis.

« Les enfans Sesèle, pour demy arpent séant près de l'orme de Bray, tenant d'une part à Guillemin Andry, d'autre à Jean Anneneau, aboutissant d'un bout sur le chemin Saint-Denis et d'autre à Guillemin Andry, doivent de cens par an six deniers parisis.

« Les dits enfans, pour un arpent de terre ou environ, séant à la Noé des Marestz, tenant d'une part aux hoirs Thevenin Andry et d'autre à Mariot Béquignard et autres, aboutissant d'un bout à M° Jean Emery, doivent de cens par an douze deniers parisis.

« Simon Dufour, au lieu de Thibault, de Rueil, pour deux arpens et demy de terre, près du Buisson pouilleux, tenant d'une part à M° Guillaume Paillard, d'autre au chemin qui va du Bordeau Bricet au Lendit, aboutissant d'un bout aux hoirs Thomas Dufour, et d'autre bout de mesme, doit par an de cens deux sols six deniers parisis.

« Guillemin Andry, pour le cens de la moitié d'une masure et jardin entretenans, assis en la Grande Rue, derrière le Chasteau, tenant d'une part à la dite Ruelle, et d'autre aux dits seigneurs, aboutissant d'un bout aux dits seigneurs, et d'autre à la Grande Rue.

« La totalité de la quelle maison est chargée envers les dits sieurs de Bobigny, de quatre sols six deniers de cens.

« Dupour, la dite maison et jardin, deux sols quatre deniers parisis moitié du susdit cens ; et quand à l'autre moitié du susdit cens, le dit Andry dit icelle moitié être comprise en la somme de vingt deux sols deux deniers parisis, à la quelle il est composé par plusieurs parties d'héritages cy devant déclarées, à lui advenus de la succession de feu Thévenin Andry, son père, et que la moitié de la dite maison lui est advenue de la dite succession.

« Guillemin Andry, pour cinq arpens et demy de terre au lieu Longuerayage au val Penthin, tenant d'une part à lui même, au lieu de Denis de Beauray, d'autre à ceux de la Sainte Chapelle du Palais, à Paris, aboutissant à Marc Regnart d'un bout, d'autre sur le Grand chemin allant du Bordeau Bricet à Saint-Denis, pour les cinq arpens de cens doit quinze deniers parisis.

« Le dit Andry, pour un quartier de terre qui souloit être vigne assis derrière la maison qui fut à Raoulet Dufour, tenant d'une part et d'autre aux hoirs Luilier, aboutissant à Simon Dufour, d'un bout, et d'autre à la Grande Rue, deux sols six deniers parisis.

« Luy, pour la moitié de neuf quartiers de terre en une pièce qui furent Denis de Beauray, dont l'autre moitié appartient aux hoirs Troussevache, séans près du Bordeau Bricet, tenant d'une part aux Célestins; la dite autre moitié appartenant aux dits hoirs Troussevache, aboutissant d'un bout à Marc Regnart, et d'autre à Guillemin Andry, doit par an pour la dite moitié, quatorze deniers parisis.

« Luy, au lieu du dit Beaurain, pour demy arpent deux quartiers de terre séant au lieu dit les Préaulx, tenant d'une part aux Célestins, d'autre à Jean de Lolme, aboutissant à Andry, d'un bout, et d'autre, aux hoirs Thomas Béquignard, doit de cens par an, sept deniers parisis.

« Luy, pour un autre arpent de terre en une pièce, séant sur le gué, tenant d'une part au dit Andry, d'autre part à Mᵉ Guillaume Paillart, aboutissant d'un bout aux hoirs Firmin Carpentier, et d'autre à Jean de Lolme, doit de cens par an, onze deniers parisis.

« Luy, encore pour cinq quartiers de terre séant au lieu dit la Fosse, tenant d'une part aux dits sieurs, et d'autre, au dit Andry, aboutissant des deux bouts sur le chemin de Bondis à Saint Denis, doit par an de cens, six deniers parisis.

« Jean Anneneau, manouvrier, demeurant à Bobigny, pour une maison, court, grange, jardin, entretenant, séant devant le carrefour de la Croix, tenant d'une part à la rue du Cul de sac, et d'autre à Guillemin Andry, aboutissant par derrière au dit Anneneau, d'un bout et d'autre au dit Carrefour, doit de cens par an, quatre sols six deniers parisis.

« Luy, pour un quartier et demy de terre ou environ, séant derrière la dite maison et jardin, tenant d'une part au dit Guillemin Andry, et d'autre part à Mariot Béquignard, aboutissant d'un bout au Ru, et d'autre au dit Anneneau, doit par an de cens, dix huict deniers parisis.

« Luy, pour six carreaux assis au lieu dit la Noé des Préaulx, tenant d'une part au Chapellain de Bobigny, et d'autre aux seigneurs du dit lieu, doit par an de cens, trois deniers parisis.

« Luy, pour demy arpent de terre assis à l'Orme Dubreuil, tenant d'une part à Jean de Lolme, d'autre aux hoirs Thomas Béquignard, doit par an de cens, trois deniers parisis.

« Luy, pour un arpent de terre à l'Orme Dubreuil, tenant d'une part aux hoirs Guillaume Blancheteau, et d'autre à Jean de Lolme, doit par an de cens, six deniers parisis.

« Luy, pour demy arpent de terre séant près du dit Orme, tenant d'une part aux hoirs Thévenin Andry, et d'autre à la veuve et hoirs de feu Thumery, doit par an de cens, trois deniers parisis.

« Luy, pour un arpent de terre assis vers la Croix blanche, tenant d'une part aux Célestins, d'autre au Chapellain du dit Bobigny, aboutissant d'un bout au dit Chapellain.

« Luy, pour environ un arpent de terre près la Fontaine Saint-André, tenant d'une part à la terre Saint André, d'autre aux Célestins, aboutissant d'un bout à Me Guillaume Paillard, et d'autre bout à la Fontaine, doit par an de cens, trois deniers parisis.

« Luy, pour demy arpent de terre au lieu dit Champ Familleux, tenant d'une part aux Célestins, au lieu de Jean Noël, d'autre à Me Jean Emery, aboutissant d'un bout au chemin de Dampmartin, doit par an de cens, quatre deniers parisis.

« Luy, pour demy arpent de terre au Cul de sac, tenant d'une part à Mariot Béquignard, d'autre aux hoirs Thévenin Andry, aboutissant des deux bouts au dit Mariot Béquignard, doit par an de cens, un denier parisis.

« Jean de Lolme et Gilles le Bossu, son neveu, pour trois arpens assis près de la Maladrerie de Bondis, tenant d'une part à Me Guillaume Paillart, aboutissant d'un bout au chemin Pouilleux par où l'on va de Bondis au Lendit, doit de cens par an, deux sols dix deniers parisis.

« Item, trois arpens de terre près de ce dit lieu, tenant d'une part aux hoirs feu Thomas Dufour, aboutissant d'un bout au chemin par où l'on va de Bondis à Bobigny, doit par an de cens, deux sols six deniers parisis.

« Un arpent de terre de vers Groslay, tenant d'une part aux hoirs feu Perrin Troussevache, et d'autre à Me Estienne Luilière, aboutissant audit Me Estienne et d'autre bout à M^r le Président de la Haye, doit par an de cens, huict deniers parisis.

« Item, deux arpens de terre près du dit lieu, tenant d'une part aux hoirs Troussevache, et d'autre part à Guillemin Andry, aboutissant à mes dits sieurs de Bobigny, et d'autre bout au fossé de séparation de mes dits sieurs et du seigneur de Drancy, doit de cens par an, dix sept deniers parisis.

« Item, arpent demy près de l'Orme de Bray, tenant d'une part aux hoirs de feu Thomas Béquignard, et d'autre à Jean Vigne, aboutissant sur le chemin de Saint Denis, doit de cens par an, quatorze deniers parisis.

« Item, neuf quartiers de pré, près de ce dit lieu, tenant d'une part au chemin par où l'on va de Bobigny à Bondis, et d'autre part au curé de Bobigny, aboutissant sur Guillemin Andry, doit par an de cens, vingt deniers parisis.

« Item, sept quartiers de terre près ce dit lieu, tenant d'une part et d'autre au curé du dit Bobigny, aboutissant d'un bout au chemin par où l'on va de Bobigny à Bondis, doit par an de cens, quinze deniers parisis.

« Item, demy arpent de terre près de ce dit lieu, tenant d'une part au chemin par où l'on va de Bobigny à Noisy, et d'autre part au curé du dit Bobigny, aboutissant des deux bouts aux hoirs de feu Perrin Troussevache, pour ce, quatre deniers parisis.

« Item, cinq quartiers de terre, assis près la Justice du dit Bobigny, tenant d'une part au chemin par où l'on va de Bobigny à Romainville, et d'autre part aux hoirs de feu Thomas Béquignard, aboutissant aux dits hoirs, pour ce, neuf deniers parisis.

« Item, un arpent de terre, assis près de ce dit lieu, tenant d'une part à Guillemin Andry, et d'autre part à Jean Emery, aboutissant des deux bouts au dit Guillaume Andry, pour ce, dix deniers parisis.

« Item, arpent et demy de terre près de ce dit lieu, tenant d'une part aux dits sieurs de Bobigny, et d'autre part à Jean Lullier, aboutissant aux dits sieurs et à Guillaume Andry, pour ce, treize deniers parisis.

« Item, sept quartiers de terre près ce dit lieu, tenant d'une part aux dits sieurs, et d'autre part à la sente par où l'on va de Bobigny à Romainville, et d'autre bout aux hoirs feu Thomas Dufour, pour ce, dix sept deniers parisis.

« Item, trois arpens de terre assis au val de Penthin, tenans d'une part aux seigneurs de la Sainte Chappelle, et d'autre part aux hoirs feu Thomas Béquignard, aboutissant au Grand Chemin de Meaulx, les quels trois arpens, nous ne savons s'ils sont en la censive des dits sieurs ou de Jean Emery, pour ce, deux sols parisis.

« Item, quatre arpens de terre sis en Violette, tenant d'une part aux hoirs du dit Béquignard, et d'autre aux Célestins, aboutissant à Guillemin Andry, et d'autre aux hoirs du dit Béquignard, pour ce, trois sols parisis.

« Item, dix arpens de terre ou environ, sis près la Noé des prés, tenant d'une part aux hoirs Thomas Dufour, aboutissant sur le chemin de Saint Denis, et tenant au chemin par où l'on va de Bondis à Drancy, pour ce, quatre sols cinq deniers parisis.

« Item, un arpent et demy de terre, assis près l'église du dit Bobigny, tenant d'une part au chemin par où l'on va de Bobigny à Drancy, et d'autre part aux dits seigneurs, aboutissant au chemin de Saint Denis, pour ce treize deniers parisis.

« Item, un arpent de terre près de ce dit lieu, tenant d'une part aux dits seigneurs, et d'autre part aux hoirs du dit Béquignard, aboutissant au chemin de Saint Denis, pour ce, dix deniers parisis.

« Item, un arpent de terre assis près la Croix Blanche, tenant d'une part à M° Guillaume Paillart, et d'autre aux hoirs Thomas Dufour, aboutissant sur le chemin de Saint Denis, pour ce, huict deniers parisis.

« Item, onze arpens de terre près la Croix blanche, tenant d'une part au bout du chemin de Dampmartin, et d'autre aux hoirs Thomas Dufour, aboutissant sur les dits hoirs Dufour, sur le chemin de Saint-Denis, pour ce, neufs sols parisis.

« Item, un arpent de terre assis au Champ Familleux, tenant d'une part aux dits seigneurs, et d'autre aux Célestins, aboutissant aux hoirs du dit Béquignard, et d'autre bout aux dits hoirs, pour ce, neuf deniers parisis.

« Item, sept quartiers de terre assis derrière Eaubonne, tenant d'une part au Ru, et d'autre aux seigneurs, aboutissant à Guillemin Andry et aux dits seigneurs, pour ce, trois deniers parisis.

« Item, un autre arpens de pré à l'Orme de la Mothe, tenant d'une part à M° Guillaume Paillard, et d'aultre aux hoirs du dict Dufour, aboutissant au chemin par où l'on va de Bobigny à Haubervilliers, pour ce, neuf deniers parisis.

« Item, sept quartiers de terre, prés, et assis sur le Gay du dict Bobigny, tenant d'une part aux hoirs du dict Dufour, et d'aultre aux hoirs Béquignard, pour ce, dix huict deniers parisis.

« Item, cinq quartiers de terre, assis près des murs du dict Bobigny, de vers Haubervilliers, tenans d'une part à M⁰ Guillaume Paillard, d'aultre au curé du dict lieu, aboutissant à Guillaume Andry, pour ce, dix deniers parisis.

« Item, ung arpent de terre près de ce dict lieu, tenant d'une part à la sente des murs du dict Bobigny, et d'aultre part à Guillaume Andry, aboutissant au dict M⁰ Guillaume Paillard, pour ce, neuf deniers parisis.

« Item, ung arpent de terre, près du dict lieu, tenant d'une part à Guillemin Andry, et d'aultre part au dict Dufour, aboutissant à la sente de derrière les dicts murs, pour ce, neuf deniers parisis.

« Item, ung jardin et masure contenant cinq quartiers ou environ, assis au dict Bobigny, tenans d'une part à la Grande rue du dict lieu, et d'aultre part à la sente de derrière les Murs, aboutissant d'ung bout à la ruelle Minault, pour ce, quatorze deniers parisis.

« Item, une masure et jardin, le tout contenant deux arpens ou environ, près de ce dict lieu, tenant d'une part au dict Paillard, et d'aultre à la ruelle du Grand Gay, aboutissant à la Grande rue, et d'aultre bout au Ru du dict Bobigny, pour ce, dix huict deniers parisis.

« Item, demy quartier de pré ou environ, assis près du dict lieu, tenant d'une part et d'autre au dict Paillard, aboutissant à Guillaume Andry et à Denis Andry, pour ce, vingt deniers parisis.

« Item, pour demy arpent de pré ou environ, clos de fossés, au près du Gay du dict lieu, tenant d'une part au Ru, et d'aultre à Guillaume Andry, et boutissant aux hoirs Frémin Charpentier, pour ce, six deniers parisis.

« Item, trois quartiers de terre, assis aux Vielles vignes du dict lieu, tenans d'une part à M⁰ Jéhan Emery, et d'aultre part à Jéhan Bauthet, et aboutissant à M⁰ Guillaume Paillard, pour ce, huict deniers parisis.

« Item, ung arpent de terre, près du chemin Croysé qui mesne de Bobigny à Drancy, tenant d'une part à maistre Jéhan Emery, et d'aultre aux hoirs de Béquignard, et boutissant sur le chemin de Saint-Denis, pour ce, dix deniers parisis.

« Item, pour demy arpent de terre près des Vignes tenant d'une part aux hoirs Thomas Dufour et d'aultre part aux Célestins, et boutissant sur Guillaume Andry, pour cinq deniers parisis.

« Item, trois quartiers de terre dedans les Vignes, tenant d'une part aux hoirs Simonet Luillier, et d'aultre aux hoirs Dufour, et boutissant à Guillaume Andry, et d'aultre bout à Oudin Sante, pour ce neuf deniers parisis.

« Item, quartier et demy près du bout de la ville, tenant d'une part aux terres du dict Dufour, et d'aultre à Guillaume Andry, et boutissant sur le grand chemin de l'Orme, et à Oudin Sante, pour ce quatre deniers parisis.

« Les chanoines de la Saincte Chappelle à Paris, pour neuf arpens et demy de terre en une pièce qui furent Pierre Marcel, assis au Val de Penthin, tenant d'une part à eulx mesmes, et d'aultre aux hoirs Guillaume Thoreau et boutissant d'ung bout au grand chemin de Meaulx et dévent par an de cens six sols deux deniers obolle parisis.

« La vefue et enfans de feu Simon Luillier, pour une masure, court, et deux jardins entretenans, séans au bout de la Ville du dict Bobigny de vers Paris, tenant d'une part aux hoirs feu Guillaume Thoreau, et d'aultre part aux hoirs ou ayant cause de feu Mᵉ Philippe de Paris, et boutissant par derrière à ung terteau de terre cy après déclaré.

« Item, le dict terteau de terre assis derrière la dicte masure, tenant aux hoirs du dict Thoreau d'une part, et d'aultre part aux hoirs de Thévenin Andry, aboutissant d'ung bout au dict Thoreau et d'aultre bout au dict Luillier.

« Item, ung quartier de Saulsoye ou environ, tenant d'une part à Jehan Sante et d'aultre part au dict Thoreau, aboutissant d'ung bout à Mᵉ Pierre Emery, et d'aultre bout aux susdits hoirs du dict Thévenin Andry.

« Item, trois quartiers ou environ, que pré que jardin, assis près du dict lieu, tenant d'une part aux hoirs du dict Thoreau, et d'aultre part à la ruelle du Grand Guay, aboutissant d'ung bout à la Grande-Rue, et de l'autre aux susdits hoirs du dit Thevenin Andry.

« De toutes les choses cy dessus déclarées, doyt par chacun an deux sols parisis de cens et quatorze sols parisis de rente.

« Item, trois quartiers de terre assis au terrouer du dict Bobigny au lieu dict les Plantes, tenant d'une part à Godin le Nonneau et de l'autre à ung quartier de terre qui fust Jean Milescent, aboutissant d'ung bout à Mᵉ Pierre Emery, et doit par chacun an douze deniers de cens, et furent vendus les dicts trois quartiers par Philibert Gohard, demeurant à Merlan, au dict Luillier ains qu'il appert par lettres sur ce faictes, l'an mil quatre cent soixante et onze, ainsi signé Liénard et Calays, douze deniers parisis.

« Item, trois quartiers de terre et demy arpent de Saulsaye, tout joignant aux seigneurs, ung petit fossé entre deux, et les lieux comme ils se comportent et extendent assis au terrouer du dict Bobigny, tenans d'une part au dict achepteur et d'aultre part à Pierre Sante, et boutissant à la Grande-Rue, et par derrière à Thevenin Andry en la censive des dits sieurs de Bobigny, chargé envers eux de quatre sols parisis de cens ; vendus au dict Simon par damoiselle Jeanne de la Chappelle, ainsi qu'il appert, par les lettres sur ce faictes, l'an mil quatre cent soixante et onze, signé Michel Monsher, quatre sols parisis.

« Item, ung quartier de friche de vignes séant au terrouer du dict Bobigny, au lieu que on dict les Haultes vignes, tenant d'une part à Jean Luillier, et d'aultre à Charlot Audigoys, et boutissant d'un bout à Godin le Nonneau, et d'aultre bout à Thévenin Andry, chargé de douze deniers parisis de cens.

« Item, demy arpent de friche de vignes assis au dict terrouer au lieu dessus dict, tenant d'une part à Jean Luillier et d'autre part à Gobin Dufour, aboutissant d'ung bout à Charlot Audigoys, et d'autre bout aux hoirs ou ayant cause de feu Guillaume Thoreau en la censive des dicts seigneurs de Bobigny et chargé de deux sols parisis de cens, ainsi qu'il appert par lettres sur ce faictes.

« Item, ung autre demy arpent de friches de vignes assis au dict terrouer, au lieu dict les Plantes, tenant d'une part et d'aultre à Thévenin Andry, et boutissant d'ung bout au dict Thévenin, et d'aultre bout à y celluy Andry en la censive des dicts seigneurs, et chargé de huict deniers parisis de cens.

« Item, ung arpent de friche de vignes assis au dict terrouer au lieu dict les Vieilles vignes, tenant d'une part aux hoirs Jean d'Aunoy, aboutissant d'un bout à Oudin Sante, et d'autre bout au dict Gobin Dufour, en la dicte censive et chargé de douze deniers parisis de cens, ainsi qu'il appert par les lettres sur ce faictes, l'an mil quatre cent soixante, signé Barthellemy et Thibault.

« Maistre Estienne Lallemand, une pièce de terre contenant huict arpens ou environ, assise près la Noé Caillet, tenant d'une part aux hoirs feu Thomas Dufour, et d'aultre part aux terres de la fabricque Saint-Pierre de Bondis, aboutissant d'ung bout à M° Jehan de Lantier, et d'autre bout aux hoirs du dict feu Thomas Dufour, cinq sols, quatre deniers parisis.

« Item, une autre pièce contenant douze arpens ou environ, au lieu dict l'Abreuvoir, tenant d'une part aux terres du château de Bobigny, et d'autre, à Estienne Mareschier, et à plusieurs autres, et boutissant d'ung bout à M° Jehan de Lantier, et d'autre bout au dict Lallemand, accause de la ferme du Petit-Noisy, huit sols parisis.

« Item, une autre pièce en ce lieu contenant deux arpens ou environ, tenant d'une part à Estienne Mareschier, et d'aultre audict Lallemand, accause de la ferme du Petit-Noisy, aboutissant d'ung bout sur l'abrevoir, seize deniers parisis.

« Item, une autre pièce contenant deux arpens au lieu dict la Mare Cuisant, tenant d'une part à Estienne Mareschier, et d'autre part au chemin qui va du Petit-Noisy à Groslay, aboutissant d'un bout aux terres de la fabrique de Saint-Pierre de Bondis, seize deniers parisis.

« Item, trois arpens de terre ou environ en une pièce assis sur le chemin qui meyne de Bondis à Bobigny, tenans d'une part à la terre du dict Coulombier, Sieur, Hugues Bureau, et d'autre part à Henri Saudybois, au lieu de feu Pierre Ornille, de la quelle pièce le dict Lallemand dict ne joir point.

« Item, ung arpent et demy près de ce lieu, tenant d'une part à maistre Jean Bureau et d'autre part au dict Lallemand, accause de la ferme du Petit-Noisy, aboutissant d'ung bout au dict Bureau, douze deniers parisis.

« Item, ung arpent au lieu dict près la Magdelaine, tenant d'une part au dict Lallemand, et d'aultre au président de la Haye, et aboutissant d'ung bout sur ce chemin de Saint-Denis, huict deniers parisis.

Item, deux arpens ou environ, assis en ce même lieu, tenant d'une part et d'aultre à M° Jean Bureau, et des deux bouts au dict Lallemand, seize deniers parisis.

« Item, ung arpent assis au terrouer de Bobigny, tenant d'une part à Guillemin Andry, et d'aultre au président de la Haye[1], aboutissant d'ung bout à une petite Noé carrée, huict deniers parisis.

1. Président au Parlement de Paris, au lieu de Budé, 16 août 1456.

« Item, deux arpens au dit terrouer plus hault, tenant d'une part aux terres de la petite ferme, appartenant au dict Lallemand, et d'aultre bout au dict président de la Haye, seize deniers parisis.

« Item, une autre pièce contenant cinq arpens, assise au dict terrouer tenant d'une part aux terres du dict chasteau de Bobigny, et d'aultre au dict Guillemin Andry et à plusieurs, aboutissant d'ung bout aux terres de l'église de Bondis, et d'aultre à une grande fosse, trois sols, quatre deniers parisis.

« Item, une autre pièce couvrant trois arpens ou environ, séant en ce mesme lieu, tenant d'une part aux terres du chasteau du dict Bobigny, et d'aultre aux héritiers feu Thomas Dufour, aboutissant d'ung bout au dict Lallemand, et d'aultre aux terres du dict chasteau de Bobigny, deux sols parisis.

« Les articles qui s'en suivent sont des appartenances de l'hostel qui fut maistre Jean de Nanterre, assis à la pointe de Bondis, parroisse de Noisy et de présent appartiennent au dict Lallemand.

« Premièrement, dix arpens en une pièce que souloient estre en deux pièces tenant d'une part au président de la Haye, et d'aultre sur les terres du fermier de Bobigny et d'aultre costé à ung fossé.

« Item, au dict terrouer de Bobigny oultre le dict fossé, dix arpens tenant d'une part, à la pièce dessus dicte et n'y a que le dict fossé entre deux.

« Item, ung autre arpent devant la Magdeleine, aboutissant aux terres qui furent Danijel et d'aultre au chemin qui va de Bondis à Saint Denis.

« Item, cinq quartiers de la censive de Bobigny, tenant d'ung costé à Saint-Pierre de Bondis, et d'aultre à Saint-André de Bobigny, et d'aultre au chemin de Blancmesnil.

« Item, ung hocquet cinq quartiers au terrouer du dict Bondis, tenans d'ung costé à Foucault, et d'aultre au chemin qui va de la rue de Bondis au Buisson de Bobigny, aboutissant sur les terres Jean Coronée.

« Pour tous les quels articles qui furent au dict feu maistre Jean de Nanterre, et de par composition faicte, la somme de onze sols parisis de cens.

« Déclaration des terres que maistre Jean Emery, chanoine de Paris, tient au terrouer de Bobigny lez Paris et ès environs en la censive des dicts sieurs de Bobigny.

« Premièrement au dict lieu de Bobigny, à sa maison seigneuriale, cours, grange, colombier, jardin, et bergeries, ainsi que le lieu se comporte, tenant d'une part à Guillemin Andry, et d'aultre à luy mesme contenant sept arpens de terre ou environ tous entretenans assis joignant la dicte maison, en ce compris demy arpens de terre assis derrière la dicte maison qui fust à Thomas Béquignart, la quelle est tenue et mouvante en fief des dicts seigneurs de Bobigny.

« Item, quatre arpens de terre ou environ en une pièce assis au lieu dict la Fosse, tenans d'une part aux seigneurs de Bobigny, d'aultre aux hoirs feu maistre Jean Bureau, aboutissans au chemin tendant du dict Bobigny à Bondis pour ce vingt deniers parisis.

« Item, trois arpens et demy de terre en une pièce, assis au dessus du Moustier du dict Bobigny près du lieu dict la Fosse, tenant d'une part au chemin qui va du dict lieu à Drancy, quatorze deniers parisis.

« Item, sept arpens de terre ou environ en une autre pièce assis au lieu dict la Noé Gilles Jolie, tenant d'une part aux hoirs Guillot Blancheteau, quatorze deniers parisis.

« Item, ung arpens de terre assis près du dict lieu, tenant d'une part aux hoirs du dict Blancheteau, quatre deniers parisis.

« Item, trois quartiers de terre, assis sous le Moustier, tenant d'une part à Thévenin Andry, douze deniers parisis.

« Item, trois quartiers et demy de terre ou environ assis devant le Moustier, tenant d'une part au cimetière du dict Bobigny, quatorze deniers parisis.

« Item, ung arpent de terre assis près du dict lieu, tenant d'une part aux hoirs feu Thomas Béquignart, douze deniers parisis.

« Item, ung autre arpens de terre assis près du dict lieu tenant aux seigneurs du dict Bobigny, quatre deniers parisis.

« Item, quatre arpens de terre ou environ, assis près de la Noé aux Prés, tenant d'une part à la terre Sainct André, seize deniers parisis.

« Item, quatre arpens et demy en une pièce que pré que terre au lieu dict les Ouchières, tenant d'une part à Thomas Dufour, deux sols parisis.

« Item, quatre arpens ou environ assis près iceulx au lieu dict Champ Familleux, tenant d'une part aux hoirs feu maistre Loys de Guingant, douze deniers parisis.

« Item, six arpens et demy ou environ en une petite pièce au lieu dict Fontenailles tenans d'une part aux Célestins, deux sols deux deniers parisis.

« Item, deux arpens et demy de terre en ce lieu mesme tenans de toutes parts aux dits Célestins, seize deniers parisis.

« Item, ung arpent de pré ou environ en ce lieu, tenant d'une part au Ru du dict Bobigny, quatre deniers parisis.

« Item, six arpens de terre ou environ en une pièce, assis près des Vielles vignes, tenans d'une part à la censive des seigneurs de Bobigny, douze deniers parisis.

« Item, trois quartiers de terre assis au lieu dict les Montieux, tenans d'une part à la dicte censive, douze deniers, douze deniers parisis.

« Item, six arpens ou environ assis près la Maladerie de Romainville, tenant d'une part au chemin qui va de Noisy le Sec à Haubervilliers, douze deniers parisis.

« Item, sept arpens de terre en ce lieu, le chemin entre deux, tenant d'une part au chemin de Meaulx, quatre deniers parisis.

« Item six arpens ou environ assis près Dillet au dessous de la Justice de Bobigny, tenant d'une part à la terre du Chappellain du dict Bobigny deux sols parisis.

« Item, trois arpens ou environ assis près des Vignes de Bobigny, tenans d'une part à Guillemin Andry, deux sols parisis.

« Item, cinq quartiers de terre assis sur la sente qui vient des dictes Vignes à la ville de Bobigny, dix deniers parisis.

« Item, trois quartiers de terre assis au dict lieu de l'autre costé de la dicte sente, tenant d'une part aux dicts seigneurs de Bobigny, six deniers parisis.

« Item, cinq quartiers de terre ou environ assis derrière l'hostel qui fust maître Louis de Guingant, tenans d'une part aux dicts sieurs de Bobigny, dix deniers parisis.

« Item, ung arpent de terre assis au lieu dict les Traières, tenant d'une part aux dicts seigneurs de Bobigny, six deniers parisis.

« Item, sept quartiers de terre assis sur le chemin tendant de Bobigny a Noisy, tenant d'une part au curé du dict lieu de Bobigny, quatorze deniers parisis.

« Item, six arpens de terre ou environ en une pièce, assis au Val Penthin, tenant d'une part à onze arpens de terre qui furent à feu Berthault ce Landres, tenans d'une part à Thomas Dufour, douze deniers parisis.

« Item, deux arpens et un quartier de terre ou environ au lieu dict les Grandes Vignes, tenans d'une part aux hoirs Thomas Corneille, trois deniers parisis.

« Item six arpens de terre ou environ au lieu dict les Plastrières que ceulx de Drancy appellent Violette, tenans d'une part aux dicts hoirs Thomas Corneille, six deniers parisis.

« Item, deux arpens de terre pris en trois arpens et demy en une pièce au lieu dict la Grande Borne appartenant au dict Emery, dont l'arpent et demy ceux du chappitre de Meaulx disent estre en censive.

« C'est la déclaration des héritages assis au dict Bobigny qui appartiennent à maistre Guillaume Paillard, avocat en Parlement, et premièrement, une maison, cour, estables, bergeries, granges, et jardin, contenant trois quartiers ou environ fermés de murailles, le lieu ainsi qu'il se comporte et estend de toutes parts, assis devant le viel Chastel du dict Bobigny [1] quatre sols parisis.

« Item, ung arpent et demy de terre derrière le dict hostel, tenant d'une part aux seigneurs du dict lieu, et d'aultre aux hoirs Thomas Dufour, et boutissant d'ung bout sur ce dict hostel, et d'aultre aux dicts hoirs Thomas Dufour, six deniers parisis.

« Item, quatre arpens de terre assis au lieu dict sur les Vignes, tenant d'une part aux hoirs Thomas Dufour, et d'aultre aux dicts seigneurs de Bobigny, aboutissant au chemin Pouilleux, d'aultre aux Vielles vignes, seize deniers parisis.

« Item, ung arpent de terre au dict chemin Pouilleux, tenant d'une part aux hoirs feu Thomas Béquignart, d'aultre aux hoirs feu Thomas Dufour et aboutissant d'un bout à Oudin Sante et d'aultre au dict chemin Pouilleux, huit deniers parisis.

« Item, ung arpent au lieu dict près les Vignes, tenant d'une part aux hoirs Thomas Dufour, et d'aultre au chemin par où on va de Bobigny à Romainville, aboutissant d'ung bout au curé du dict Bobigny, et d'aultre sur les hoirs du dict Dufour, huict deniers parisis.

« Item, trois arpens de terre assis devant la Magdeleine, tenant d'une

---

1. Celui de la Bretesche. On voit encore la trace de ses anciens fossés jadis arrosés par le ru de Montfort.

part à Guillemin Andry et d'aultre au chemin par où on va à Nonneville, et boutissans d'ung bout à Jehan Bureau et d'aultre au chemin du dict Bobigny à Bondis, douze deniers parisis.

« Item, trois quartiers de terre au lieu dict la Noé Marette, tenans d'une part à Guillaume Andry, d'aultre part à maistre Guillaume de la Haye, aboutissant au dict de la Haye, quatre deniers parisis.

« Item, en ce lieu trois arpens et demy de terre, tenans d'une part aux hoirs maistre Pierre Emery et d'aultre aux hoirs Thévenin Andry, et boutissant d'ung bout à maistre Guillaume de la Haye, et d'aultre aux hoirs Thomas Béquignard, seize deniers parisis.

« Item, sept quartiers de terre au lieu dict l'Orme de Bray, tenant aux hoirs Thévenin Andry d'aultre aux Célestins de Paris, aboutissant d'ung bout à Saint-André, et d'aultre aux hoirs du dict Béquignart, douze deniers parisis.

« Item, trois quartiers de terre au lieu dict les Challes, tenant d'une part à Rollet le Noir d'aultre au Fossé d'entre la dicte pièce et celle des hoirs Béquignart, aboutissans d'ung bout aux hoirs feu Guillot Garnier, et d'aultre à Guillaume Andry, huict deniers parisis.

« Item, quatre arpens de terre au lieu dict la Fosse, tenans d'une part aux Célestins, et d'aultre au curé du dict Bobigny, et boutissans d'ung bout aux hoirs Perin Troussevache, et d'aultre au chemin allant de Bobigny à Bondis, seize deniers parisis.

« Item, en ce lieu, arpent et demy de terre, tenant d'une part à Sainct André[1] et d'aultre aux hoirs Thomas Béquignart, et boutissant à Guillaume Andry et à plusieurs autres, six deniers parisis.

« Item, trois quartiers de terre, sur le chemin du dict Bobigny à Noisy tenant d'une part au chemin et d'aultre aux hoirs d'Estienne Nicolas, aboutissans d'ung bout à maistre Guillaume de la Haye et d'aultre aux hoirs Thévenin Andry, huict deniers parisis.

« Item, ung arpent de terre au lieu dict les Buttes, tenant d'une part aux hoirs Thomas Béquignart, d'aultre au chemin allant du dict Bobigny à Noisy aboutissant d'ung bout aux hoirs Thévenin Andry, d'aultre au chemin de la maison du dict feu Béquignart[2] à Romainville, quatre deniers parisis.

1. Terre appartenant à la fabrique de Bobigny.
2. La Grande-Maison, siège du fief de Béquignard. Pierre Émery l'avait acquise des héritiers de Thomas Béquignard.

« Item, ung arpent de terre au lieu dict Parnolle, tenant d'une part à Guillaume Andry, et d'aultre au chemin de la Croix à Bobigny, huict deniers parisis.

« Item, demy arpent de terre au lieu dict Parnolle, tenant d'une part aux hoirs Thomas Béquignart et d'aultre au curé du dict Bobigny et boutissant d'ung bout aux dicts sieurs de Bobigny et d'aultre au chemin de la maison du dict feu Thomas Béquignart à Romainville, quatre deniers parisis.

« Item, demy arpent de terre en la Cerisaie, tenant d'une part à Guillaume Andry, et d'aultre aux hoirs Thévenin Andry, et boutissant d'ung bout sur Jean Blancheteau, et d'aultre sur le dict Guillaume Andry, trois deniers parisis.

« Item, ung arpent de terre à la justice tenant d'une part à maistre Jean Emery et d'aultre à Estienne Troussevache, et boutissant d'ung bout sur les hoirs Thévenin Andry, et d'aultre à Guillaume Andry, quatre deniers parisis.

« Item, trois arpens de terre au lieu dict Bordeau Bricet tenant d'une part à maistre Guillaume de la Haye, d'aultre à Sainct Germain de Romainville et boutissant d'ung bout au chemin de Meaulx, et d'aultre à Blancheteau, quatre sols parisis.

« Item, cinq quartiers de terre au bout de la dicte ville, tenant d'une part aux murs et d'aultre à Guillaume Andry, et aboutissans sur le dict Andry, et d'aultre aux hoirs Thomas Dufour, huict deniers parisis.

« Item, cinq quartiers de terre au bout de la dicte ville, tenant d'une part à Guillaume Andry et d'aultre aux hoirs feu Ferminot et boutissans d'ung bout à Guillaume Andry et d'aultre bout au chemin par où on va à l'Orme de la Mothe, huict deniers parisis.

« Item, ung arpent de terre, au pont Guichard [1] tenant d'une part aux hoirs Thomas Dufour, d'aultre aux hoirs Thomas Béquignart, et boutissant d'ung bout aux dicts hoirs Béquignart, et d'aultre au Ru du dict Bobigny six deniers parisis.

« Item, cinq quartiers en ce lieu, tenans d'une part aux hoirs Thomas Béquignart, et d'aultre aux Célestins de Paris, et aboutissans d'ung bout aux dicts hoirs Béquignart et d'aultre au chemin de Dampmartin, quatre deniers parisis.

---

1. Pont établi sur le ru de Montfort, à l'endroit où il traverse la route de Dammartin.

« Item en ce lieu, cinq quartiers de terre, tenans d'une part au chemin de Dampmartin, et d'aultre aux seigneurs du dict Bobigny, et boutissant d'ung bout à Guillaume Andry, et d'aultre aux hoirs Thévenin Andry, et au dict Andry, quatre deniers parisis.

« Item, trois quartiers de pré en ce lieu, tenant d'une part aux hoirs Jean Aubry, et d'aultre au dict Paillard, et aboutissans d'ung bout aux seigneurs du dict Bobigny et d'aultre au dict Paillard, quatre deniers parisis.

« Item, trois arpens de terre au lieu dict la Grande Borne, tenans d'une part aux hoirs Thomas Béquignart, d'aultre aux hoirs Thomas Dufour, aboutissans aux Célestins, de Paris, et d'aultre aux hoirs du dict Thévenin Andry, douze deniers parisis.

« Item, demy arpent de terre en ce lieu, tenant d'une part aux dicts Célestins, et d'aultre aux hoirs Thévenin Andry, et boutissant d'ung bout aux hoirs Thomas Béquignart, et d'aultre aux dicts Célestins, trois deniers parisis.

« Item, ung arpent de terre auprès du pré qui fust....., tenant d'une part au seigneur de Drancy, d'aultre à la Chappelle, et aboutissant aux hoirs Denis Thumery, huict deniers parisis.

« Item, d'ung arpent de terre à la Sente par où l'on va de Bobigny à Drancy, tenant d'une part à Saint-André, d'aultre aux hoirs Thomas Dufour, aboutissant d'ung bout à la dicte Sente, et d'aultre aux hoirs Thomas Béquignart, trois deniers parisis.

« Idem, demy arpent de terre à la Croix blanche, tenant d'une part aux hoirs Thomas Béquignart et d'aultre aux hoirs Thomas Dufour, et boutissant d'ung bout au chemin de Sainct-Denis, et d'aultre au dict Paillard, quatre deniers parisis.

« Item, en ce lieu demy arpent de terre, tenant d'une part à Guillaume Andry, et d'aultre à Sainct-André, aboutissant au dict Andry, et d'aultre au chemin de Sainct-Denis, quatre deniers parisis.

« Item, trois arpens au lieu dict les Sentes de Bobigny à Drancy, tenans d'une part aux dicts sieurs et d'aultre à Gilles-Bernard, et boutissant d'ung bout à Jean Anneneau et à Guillaume Andry, et d'aultre au chemin de Sainct-Denis, douze deniers parisis.

« Item ung arpent, que pré que terre, à la fontaine Sainct-André[1],

---

1. Voir le dessin de cette fontaine, pl. VIII.

tenant d'une part à Guillaume Andry et d'aultre à Sainct-André, et boutissant d'ung bout aux hoirs feu Thomas Béquignart et d'aultre au dict Andry, huict deniers parisis.

« Item, en ce lieu, demy arpent de pré, tenant d'une part aux seigneurs du dict Bobigny, et d'aultre à Guillaume Andry, et aboutissant aux hoirs Thévenin Andry, six deniers parisis.

« Item, deux arpens de terre derrière le Chastel du dict Bobigny, tenans d'une part aux dicts seigneurs, d'aultre aux hoirs Perin Troussevache, aboutissans aux dicts hoirs Thévenin Andry, et d'aultre aux hoirs Thomas Béquignart, douze deniers parisis.

« Item, ung arpent, que pré que terre, derrière le Cul-de-sac, tenant d'une part et d'aultre aux héritiers de feu Thomas Béquignart, aboutissans aux hoirs Thévenin Andry et d'aultre bout sur la fosse du dict Cul-de-sac, huict deniers parisis.

« Item, trois arpens et ung quartier, au lieu dict les Plastrières, tenans d'une part aux hoirs Thévenin Andry et d'aultre aux hoirs Thomas Dufour, et boutissant d'ung bout au dict Paillard et d'aultre à maistre Jean Émery, seize deniers parisis.

« Item, trois quartiers de terre devant la maison qui fust Béquignart, tenans d'une part à maistre Jean Émery, et d'aultre aux hoirs... et boutissans à Guillaume Andry, et d'aultre au chemin de Bobigny à Bondis, six deniers parisis.

« Item, ung arpent de terre sur le chemin Sainct-Denis, tenant d'une part aux hoirs Thomas Béquignart, d'aultre à maistre Jean Émery et boutissant sur le dict chemin et d'aultre au dict Paillard, six deniers parisis.

« Item, quatre arpens de terre au Grand champ, tenans d'une part à la Chappelle, d'aultre aux hoirs Denis Thomas, et boutissant d'ung bout au chemin de Drancy à Bondis, et d'aultre à maître Jean Émery, seize deniers parisis.

« Item, ung arpent en ce lieu, tenant d'une part à maistre Jean Émery, d'aultre aux hoirs Thomas Béquignart, et boutissant d'ung bout sur le chemin de Sainct-Denis, et d'aultre sur les dicts quatre arpens, six deniers parisis.

« Item, sept arpens de terre au lieu dict les Lochières, tenans d'une part à maistre Jean Émery, d'aultre à Guillaume Andry, et boutissant d'ung bout aux hoirs Thomas Béquignart, et d'aultre aux Célestins et au dict Paillard, deux sols parisis.

« Item, trois quartiers de pré, assis sur le long du ru, tenans d'une part à Guillaume Andry, et d'aultre aux hoirs Thomas Dufour, et boutissans d'ung bout au dict Paillard et d'aultre au ru du dict Bobigny, douze deniers parisis.

« Item, en ce lieu, demy arpent de pré ou jardin avec une masure, tenant d'une part à Guillaume Andry et d'aultre aux hoirs Thomas Dufour, et boutissant d'ung bout au dict Paillard et d'aultre à la Grande rue de Bobigny, six deniers parisis.

« Item, un jardin près du Moustier du dict lieu, contenant quartier et demy ou environ, tenant d'une part aux hoirs Jacques Corbin, d'aultre aux hoirs Thévenin Andry, et boutissant d'ung bout à la rue du dict Bobigny, et d'aultre à maistre Jean Émery, deux sols parisis.

« Item, trois quartiers de pré, appelé le pré de la Fontaine-Sainct-André, environné de toutes parts de fossés, trois deniers parisis.

« Item, tiennent semblablement les Célestins de Paris au terrouer de Bobigny et es environs trente arpens pour les quels sont tenus payer chaque année vingt-quatre sols parisis de censive.

« Les quels vingt-neuf livres huict sols parisis de cens ou environ, jusques à ce que le papier terrier de la dicte terre seigneurie de Bobigny soit faict et parfaict, à la perfection du quel les dicts sieurs de Bobigny sont empêchés, tant par les dicts Célestins de Paris, que aultres parroissiens et détempteurs de plusieurs héritages, terres, possessions assises au dict terrouer de Bobigny, au moyen des procès de quelques particuliers qui sont indécis entre eux pour raison du dict papier terrier. Et quand ils auront été jugés et que le dict papier terrier sera parfaict, bailleront par déclaracion par le mesme, les censives à eux deues en la dicte seigneurie de Bobigny tenue en fief du dict sieur de Livry.

« Et fault entendre que en la dicte terre seigneurie paroisse du dict Bobigny n'y a autre que les dicts sieurs de Bobigny qui ayent aucun droict de justice ou seigneurie, ni pareillement aucune censive, sinon qu'il y avait cy devant Me Simon Marcel, avocat en parlement, à cause de dame Marie Émery sa femme, qui avoit droict de censive sur six vingt arpens de terre assis au terroir du dict Bobigny, et sur quelques maisons et masures assises au village du dict Bobigny à cause du fief appelé Émery[1],

---

1. Le siège du fief Émery était situé en avant de celui de la Grande-Maison, à l'angle formé par les rues du Moustier et de Disne-Souris.

sans aucune justice ou juridiction sur quelques personnes que ce soit, parceque généralement tous les parroissiens, manans et habitans du dict Bobigny sont subjects et justiciables des dicts sieurs de Bobigny et non d'aultre. Et à présent est le dict fief Émery réuni au domaine de la dicte seigneurie, les six vingt arpens de terre, maisons et masures vendus au sieur d'Argouges ont esté mis en rotture et en payent les cens aux dicts sieurs de Bobigny.

« Item, sont tenus en fiefs des dicts seigneurs de Bobigny et du dict sieur de Livry en arrière-fiefs, quatre fiefs qui soulloient anciennement valoir l'un portant l'autre par chacun an quatre livres dix sols parisis, l'un assis à Bobigny qui fut à feu Mariot Béquignart, à présent à ses successeurs, lequel fief de Béquignart estoit appartenant à la dicte Marie Émery et vendu avecq le dict fief d'Émery au feu sieur de Bobigny, le quel fief anciennement estoit appelé le fief de la Grande-Maison, autrement appelé le fief Béquignart situé au village parroisse de Bobigny, qui autrefois consistoit en un grand corps d'hostel, granges, estables, coulombier et autres édifices, grande court, jardin clos de murs, et un grand arpent de terre joignant le dict lieu, ainsi que le tout se poursuict et comporte, le quel fief Béquignart appartenoit au sieur Émery, par lui vendu au feu sieur de Bobigny et les terres en dépendans converties en rotture et vendues au dict sieur d'Argouges comme dict est.

« L'aultre appelé le dict fief d'Émery cy-dessus mentionné.

« Le troisième appelé le fief de la Barre qui appartenoit aux dicts Célestins de Paris, par eux depuis baillé aux dicts sieurs de Bobigny, qui l'ont réuni en la dicte terre seigneurie de Bobigny pour le droict d'admortissement des terres qu'ils leur devoient et qu'ils ont acquis en la censive du dict Bobigny, consiste en ung arpent ou environ de terre assis devant l'hostel seigneurial du dict Bobigny, le chemin entre deux. La déclaracion des quels par tenans et aboutissans n'étant plus comme ils estoient, n'en sauroient les dicts sieurs de Bobigny rien savoir. Les quels trois fiefs comme dict est sont à présent réunis au domaine de la dicte terre seigneurie de Bobigny.

« Et l'aultre dict quatriesme fief appelé de la Mothe est tenu de présent des dicts religieux Célestins de Paris, et est à entendre que le dict fief de la Mothe appartenant aux dicts Célestins de Paris est de plus grande valeur qu'il ne souloit estre.

« Et s'y plus y en a, plus en advouent tenir les dicts sieurs de Bobigny du dict sieur de Livry, par protestacion qu'ils font de ce présent adveu, augmenter, diminuer, interpréter, et plus amplement déclarer et spéciffier sitôt qu'il viendra en leur cognoissance, et que le plus ou moins escript en ce présent adveu ne puissent nuire ny préjudicier aux dicts avouans, sauf en autre chose le droict du dict sieur de Livry, en toute promettant et obligeant, reconnoissant, faict et passé en la maison ou demeure le dict sieur de Mézières sus-déclarée, l'an mil six cent quarante, le vingt-troisième jour de may avant midi pour le dict sieur de Mézières, et pour le dict sieur d'Ornano, en sa maison où il demeure aussi susdéclarée, le vingt-quatrième jour des dicts mois et an avant midi, et ont signé les dictes parties la minutte des présentes demeurée par devers et en la possession du dict Duchesne l'ung des dicts nottaires soussignés, double y celuy pour les dicts sieurs de Mézières et d'Ornano.

« PIGEON, DUCHESNE.

« Reçu par nous, seigneur de Livry, sauf notre droict et l'aultruy et aux conditions cy-dessus d'augmenter ou diminuer s'il y eschet sans que nous puissions estre garents des choses mentionnées au dict adveu qui ne se trouveront aux précédents et sans préjudice des fruits à nous deus, pendant que la saisie a duré, les quels nous sont dues, suivant la coustume et nous ont été offerts par l'acte de foy et hommage qui nous a été rendu par les dicts sieurs de Mézières et d'Ornano, les quels fruits ils nous bailleront par déclaracion dedans huictaine, autrement sera la dicte saisie par nous renouvelée, et la dicte terre de Bobigny en ce quelle relève de nous remise en nos mains, comme elle l'était auparavant.

« Faict à Paris, en nostre hostel, ce jourd'hui dix-neufviesme juin mil six cent quarante [1]. »

Signé : SANGUIN.

Le 28ᵉ jour de mars 1643, Charles de Béthisy fit à l'abbé de Saint-Denis l'aveu et dénombrement de la partie de la seigneurie de Bobigny, relevant de celle de Saint-Denis.

1. *Arch. nat.,* carton S, 2275 et 2276.

Nous ne transcrirons de cet aveu et dénombrement que le commencement et la fin du texte, parce qu'il est pour tout le reste semblable à celui que fournit, le 17 octobre 1585, Guillaume Perdrier au cardinal de Guise, Louis de Lorraine, abbé commendataire de l'abbaye de Saint-Denis.

Comme nous l'avons cité en son lieu et place, le lecteur pourra le consulter de nouveau s'il le juge à propos.

« De très haut et très puissant et illustre prince, Monseigneur Armand de Bourbon, prince de Conty, abbé de l'abbaye de Saint-Denis en France, je Charles de Béthisy, chevalier, seigneur de Mézières et en partie de Bobigny en France, gentilhomme ordinaire de la chambre du roi tant en mon nom qu'à cause de dame Anne de Perdrier, mon espouse, que pour et au nom des enfans mineurs de messire Joseph-Charles d'Ornano, maître de la garde-robe de Monseigneur frère unique du roi et de défunte dame Charlotte de Perdrier, jadis sa femme, qui estoit sœur de la dite dame Anne de Perdrier, les quelles estoient filles et héritières chacune pour moitié de deffunt messire Charles de Perdrier, qui fut fils et héritier de feu messire Guillaume de Perdrier, quand il vivoit seigneur du dit Bobigny, leur ayeul et bisayeul, tient et advoue tenir es dits noms en fief à une seule foy et hommage à cause de la dite abbaye de Saint-Denis en France, ce qui en suit :

« Et premièrement, un lieu où souloit estre une petite maison...

« Et sy plus y en a, plus jen offre à bailler par adveu et dénombrement et par protestation qu'il ne me soit fait aucun préjudice. Aujourd'hui, 25e jour de mars 1643 a été par moi Charles de Béthisy, chevalier, seigneur de Mézières et de Bobigny, dessus nommé, présenté le susdit aveu de mon dit fief, en ce qui en dépend de Monseigneur, prince de Conty, abbé de Saint-Denis, par protestation de l'augmenter ou diminuer quand il viendra à ma cognoissance et que besoing sera. En tesmoing de quoy j'ai signé le présent aveu et y celuy cacheté du cachet de mes armes.

« Charles de BÉTHISY. »

Et au-dessous est écrite l'attestation du récépissé de cet acte, attestation signée par le représentant du seigneur abbé de Saint-Denis :

« J'ai reçu le présent adveu à la charge du blasme et des droits de Monseigneur l'abbé, si aucuns en sont deubs. Ce 28 mars 1643.

« *Signé :* BACHELLIER. »

Nous donnerons dans son entier, quelques pages plus bas, le dénombrement du 12 décembre 1672, fourni par François Jacquier de Viels-Maisons, nouveau seigneur, à Son Éminence Jean-François de Gondy, cardinal de Retz, abbé de Saint-Denis, pour la partie de la seigneurie relevant de son abbaye.

Ce dénombrement, en effet, renfermant des documents historiques très précis touchant certains vassaux et censitaires importants de la seigneurie et spécialement sur les Seguier, seigneurs de Drancy et leurs prédécesseurs, dont il fait remonter la suite jusqu'au xiiie siècle, sera le complément de tous ceux dont nous avons cru la transcription plus utile et plus intéressante.

FRANÇOIS JACQUIER VIDAME DE VIEU-MAISON ou VIELS-MAISONS,
à partir de 1657.

JEAN-FRANÇOIS JACQUIER DE VIEU-MAISON,
l'aîné de ses trois fils, 1684.

HUGUES-FRANÇOIS JACQUIER DE VIEU-MAISON,
frère du précédent, 1727.

PHILIPPE-GUILLAUME JACQUIER DE VIEU-MAISON,
neveu de ce dernier, 1744.

ARMES : D'argent, au chevron de gueules, accompagné en chef de deux merlettes de sable, et en pointe d'une rencontre de bélier de même, accorné d'or.

Le 29 février 1657, M. François Jacquier, seigneur de Belle-Assise, écuyer, conseiller secrétaire du roi, commissaire général des vivres de l'armée, fit acquisition de M. Charles de Béthisy de Mézières et de dame Anne de Perdrier son épouse, de la moitié de la terre et seigneurie de Bobigny. Cette partie du domaine seigneurial, de la valeur de 3,040 livres 16 sols et 6 deniers en revenu annuel, fut acheté 80,000 livres et payée contre reçu le 31 mai de l'année 1659.

Durant cet intervalle de temps ou plutôt les 22 août 1657, 22 juin 1658 et 29 avril 1659, la terre et seigneurie de Bobigny fut saisie par défaut d'aveu sur M. Jacquier, à la requête du seigneur abbé de Saint-Denis, pour lors Monseigneur Jules, cardinal Mazarin. Et même le 5 mai de l'année 1659, par sentence de M. le bailly de Saint-Denis, le sieur Lerebours fut condamné à accepter la charge de commissaire au dit fief saisi féodalement.

Mais bientôt, M. Jacquier se mit en devoir de vassal vis-à-vis du seigneur abbé de Saint-Denis, et aussi du seigneur de Livry, et demanda à ces seigneurs supérieurs l'investiture obligée de son fief, et la saisie fut levée sans retard.

Le nouveau seigneur en partie de Bobigny acquit de plus, à titre d'échange, le 16 juin 1659, de M. François d'Argouges, conseiller d'État ordinaire du roi au Conseil royal, chevalier seigneur du Plessis, d'Argouges, des Grouës, de Fayl-Billot et autres lieux, et de dame Anne d'Hodic son épouse, le château et la ferme de Beauregard, ainsi que l'enclos de la Grande-Maison, appelés autrefois fief de Becquignard et d'Émery. Le 8 août de la même année 1659, M. Charles-François Duduit et dame Marie-Renée Bonin son épouse lui cédèrent aussi différents biens qu'ils possédaient tant sur le territoire de Bobigny que sur celui de Drancy.

En 1665 mourut Jean Jacquier, frère puîné du seigneur de Bobigny, auquel il légua le titre de vidame et la vidamie de Vieu-Maison ou Vieils-Maisons, située en Brie, près de Château-Thierry, dont il avait fait l'acquisition en 1650.

MM. François Jacquier et Jean Jacquier avaient eu pour père et mère Claude-Jacquier, trésorier, commissaire dans les trois évêchés, et Anne Robillard, fille d'un trésorier de France. Leur famille était originaire de la Bourgogne et était allée s'établir au pays Messin et en Champagne sur la fin du XVIe siècle.

Messire François Jacquier, devenu vidame de Vieu-Maison, continua ses acquisitions au territoire de Bobigny. C'est ainsi que, le 7 avril 1670, il obtint à titre d'échange de M. Jean-Baptiste-Gaston d'Ornano sa part dans l'autre moitié de la terre et seigneurie de Bobigny.

Cependant, ce ne fut que le 16 mai de l'année 1676 qu'il put se flatter de posséder le domaine de Bobigny dans toute son étendue, tel que l'avait possédé Guillaume Perdrier, ayant acheté à cette date de M. Louis le Cordier, marquis du Tronc, et de dame Anne d'Ornano son épouse, la partie de la propriété restée entre leurs mains.

Voici copie de l'aveu et dénombrement fourni, le 12 décembre 1672, au seigneur abbé de Saint-Denis par messire François Jacquier :

« Par devant Charles de Hénaut et François Gaultier, notaires, garde-notes du roi notre sire en son Chastelet de Paris, soubz signés, fut présent Jacques Gaultier, sieur du Bois, demeurant à Paris, rue de Touraine, Marais du Temple, au nom et comme procureur de François Jacquier, conseiller, secrétaire du roi, maison couronne de France et de ses finances, seigneur de Bobigny et autres lieux, à cause de son absence et emploi au service du roy[1], de lui fondé de procuration spéciale pour l'effet des présentes, passé par devant Gervais Marchon et le dict Gaultier, notaires à Paris, le dernier febvrier mil six cens soixante-onze, dont y a minute vers le dict Gaulthier notaire, de la quelle copie sera cy après transcript, le quel au dict nom a advoué et advoue tenir en plain fief, foy et hommage, suivant la coutume de la ville, prévosté et vicomté de Paris, de Monseigneur l'Éminentissime Jean-François-Paul de Gondy, cardinal de Retz, abbé de l'abbaye de Sainct-Denis en France, à cause de la dicte abbaye et chastellenie de Sainct-Denis, ce qui en suit.

« Premièrement, un lieu où souloit estre un jardin qui fut à Pernelle Landierne, de présent enclos dans la basse-court du chasteau du dict Bobigny, entre le puits et la dicte basse-court, et la muraille d'y celle basse-court du costé de la grande allée.

« Item, un autre lieu où souloit estre une autre maison que l'on souloit appelée la maison de la Chapelle, contenant deux travées, une petite grange, court et jardin, le tout contenant demy arpent ou environ, tenant à présent et boutissant de toutes parts au dict sieur advouant par ce que le dict lieu est enfermé en la closture du parc cy après déclaré, attenant par dehors à la grange dismeresse qui est en la basse-court du dict Bobigny.

« Item, le parc du dict Bobigny, clos et enfermé de murailles, contenant cent arpens ou environ, tenant d'un costé à la Grande-Rue qui conduit de Sainct-Denis passant par la porte de Paris à Bondys, d'autre au chemin qui conduit du dict Sainct-Denys, passant par la porte Sainct-Remy au dict Bondys, d'un bout à la sente près le grand cimetière de Bobigny, qui conduit de Bobigny à Drancy, et d'autre bout à une autre sente qui passe à la grille qui conduit de Noisy à Drancy.

---

1. Louis XIV venait de déclarer la guerre à la Hollande, et François Jacquier était allé à l'armée remplir ses fonctions de commissaire général des vivres.

« Sera observé que dans le dict parc est enclos le chasteau, hostel et maison forte du dict Bobigny, clos de fossés, ponts-levys, jardin, court, estables, basse-court, où il y a plusieurs bastiments, escuries, estables, granges, la grange dismeresse et autres [1]. Et que les dits chasteau et basse-court sont rellevans de la chastellenie de Livry, à l'exception du contenu au premier article de l'adveu rendu par Maître Charles de Béthisy et dame Anne de Perdrier son épouse et Maître Joseph-Charles d'Ornano et dame Charlotte de Perdrier son épouse, à messire Christophe Sanguin, seigneur chastelain de Livry, le vingt-troisiesme may mil six cens quarante, reçu le dix neufiesme juin en suivant.

« Le surplus du dict parc en clos de murailles consistant en grandes allées d'arbres, terres, prez, une motte de terre enclose de fossés où il y a aprésent du bois, en la quelle estoit il y a longtemps un ancien chasteau [2]. Lequel reste de parc est composé de plusieurs terres, prés et héritages où estoient anciennement des maisons, masures, jardins et héritages, et qui ont esté encloses au dict parc [3], ainsi qu'il est porté par les adveus rendus par les seigneurs de Bobigny à la dicte abbaye de Sainct-Denis, et entre autres par ceux rendus par Guillaume de Perdrier à Monseigneur Louis de Lorraine, cardinal de Guise, abbé de la dicte abbaye de Sainct-Denis, le dix septiesme octobre mil cinq cens quatre-vingt-cinq, et le sus dict adveu rendu par les dicts sieurs Charles de Béthisy, à cause de dame Anne de Perdrier son épouse et le dict messire Joseph-Charles d'Ornano, à cause de dame Charlotte de Perdrier son épouse, le vingt-trois may mil six cens quarante, reçu le dix neufiesme jour de juin en suivant.

« Plus sera observé qu'il y a deux arpens enclos dans le dict parc qui estoient en prezprès l'Abreuvoir, anciennement appelé la ruelle du Gué, qui sont aussy rellevant de la dicte chastellenie de Livry, et portez au dix-septiesme article du dict adveu rendu au dict seigneur de Livry par les dicts seigneurs de Bobigny, le dict jour vingt-trois may mil six cens quarante.

« Item, deux arpens de terre en une pièce sise au lieu dict Eaubonne, tenant d'un costé aux terres de la ferme de M. d'Argouges, d'autre costé

---

1. Voir à la fin de ce premier chapitre, la carte du village de Bobigny, d'après Cottereau, année 1783.
2. Celui de la Bretèche.
3. Vers 1584, par Guillaume Perdrier.

à une pièce de vingt-deux arpens, appartenant aux dicts seigneurs de Bobigny, qui tiennent aux terres des Célestins, d'un bout aux terres du Petit-Drancy, et d'autre bout sur le ru.

« Plus au lieu dict la Vache à laise, seize arpens en quatre pièces. La première contenant six arpens, la seconde cinq arpens, la troisième trois arpens, et la quatrième deux arpens, tenant d'un costé au sieur de la Marre de Gonesse, d'autre à M. de Beaulieu, d'un bout sur le chemin qui conduit de Bondys à Sainct-Denis, et d'autre bout aux Célestins. Plus au lieu dict le pont Guichard, huict arpens et demy en une pièce tenant d'un costé aux Célestins, d'autre costé aux terres de la ferme de M. d'Argouges, d'un bout sur le ru et d'autre bout aux terres du Petit-Drancy.

« Plus au dict lieu deux arpens et demy tenant d'un costé au ru, d'autre costé aux terres de la ferme de M. d'Argouges, d'un bout sur le chemin qui conduit à Dampmartin, et d'autre bout à M. Mariette, demeurant à Clichy.

« Plus encorre au dict lieu, un arpent tenant des deux côtés et d'un bout aux terres de la ferme acquise du dict sieur d'Argouges, et d'un bout au dict sieur Mariette.

« Plus au lieu dit le Gué, quatre arpens et demy, tenant d'un costé aux murailles du dit parc, d'autre au sieur de la Marre de Gonesse, d'un bout au ru, et d'autre aux terres des sieurs Jablice.

« Plus au dict lieu, cinq quartiers de terre tenant d'un costé au ru et d'autre aux murailles du parc, d'un bout au sieur Gentil et d'autre bout au ru.

« Item, trois arpens et demy au lieu dict la Croix brisée, tenant d'un costé au chemin qui conduit de Bondys à Sainct-Denis, d'autre aux terres du Petit-Drancy, d'un bout à M. Liégeois, et dautre sur le chemin qui va à Drancy.

« Plus, deux arpens et demy de terre au lieu dict les Marres aux huats, tenant d'un costé aux terres acquises de M. d'Argouges, d'autre au chemin de Drancy, d'un bout aux terres de la seigneurie du Grand-Drancy et d'autre aux terres du Petit-Drancy.

« Plus, au lieu dict la Saulsaye Guillard, cinq arpens et demy de terre, tenant d'un costé et d'un bout aux terres de la seignerie de Drancy, d'autre costé à... et de l'autre bout sur lesgout qui fait la séparation du chemin du terroir de Bobigny et Drancy.

« Item, au lieu dit l'Abreuvoir de Bondys, quinze arpens en trois pièces qui ne sont séparées que de fossés pour les esgouts, tenant des deux costés et bout à M. Moreau de Bondys, et d'autre bout sur les terres qui font la séparation des terres de Drancy et Bobigny.

« Plus, au lieu dict la marre à Dufour, cinq arpens, tenant d'un costé au dict sieur Moreau, d'autre costé au sieur de la Marre de Gonesse, d'un bout sur l'esgoust et d'autre bout sur le chemin qui conduit aux prés Sainct-Pierre[1].

« Plus, au mesme lieu proche de l'Abbreuvoir, cinq quartiers tenant, d'un costé et d'un bout au dict sieur Moreau, d'autre à..... et d'autre bout aux terres Sainct-Blaise[2].

« Plus, au mesme lieu demy arpent, tenant des deux costés et bout au dict sieur Moreau et d'autre bout sur l'esgout.

« Plus, au mesme lieu cinq arpens, tenant d'un costé et bout aux terres de la seigneurie, d'autre costé et bout au sieur Moreau.

« Plus, au lieu dict Colombier, proche Bondys, sept arpens tenant d'un costé au chemin qui conduit à Bondys au pré Sainct-Pierre[3], d'autre costé à ... d'un bout au sieur Moreau et d'autre bout au chemin qui conduit à Bobigny.

« Plus, au mesme lieu, trois arpens, tenant d'un costé aux terres du chasteau de Bondys, et d'autre part aux terres de Drancy, d'un bout au chemin qui conduit de Bondys à Bobigny, et d'autre costé au sieur Moreau.

« Plus, au lieu dict la marre Jannier, deux arpens et demy, tenant d'un costé aux terres de la ferme acquise de M. d'Argouges, et d'autre à Jean Gouillard, d'un bout aux terres du sieur Moreau, d'autre à...

« Plus, au lieu dict le Sault Morlet, un arpent et demy, tenant d'un costé à... d'un bout au seigneur de Bobigny et d'autre bout à Jacques Amellin.

« Plus, au lieu dict le Gland, dix-sept arpens de terre, tenant d'un costé de l'esgoust qui faict la séparation des terres de Drancy à Bobigny, d'autre aux terres du Sault Morlet, d'un bout au sieur du Petit-Drancy, et d'autre bout au sieur de Bobigny.

1. La fabrique de Bondy.
2. Le prieuré de l'Aulnay-lez-Bondy.
3. Appartenant à la fabrique de Bondy.

« Plus, au mesme lieu, un arpent de terre, tenant d'un costé au lieu dict le Gland, d'autre à M. le Sec, d'un bout aux terres du Petit-Drancy, et d'autre à la mare Mariot.

« Plus, au dict lieu, cinq quartiers de terre, tenant d'un costé aux terres du Petit-Drancy, d'autre aux terres de la ferme acquise de monsieur d'Argouges, d'un bout au chemin qui conduit de Bondys à Sainct-Denis.

« Plus, une autre piece au lieu dict la Marre aux Pois, contenant... et demy arpent de terre, tenant d'un costé aux terres de Mlle Touillat, d'autre aux terres des Vassout, d'un bout aux terres de l'église de Bobigny, et d'autre aux terres de la seigneurie de Noisy.

« Plus, au lieu dict les Grands-Fossés, sept arpens de terre, tenant d'un costé aux Célestins, d'autre aux terres de la ferme acquise de M. d'Argouges, d'un bout au chemin de Bondys à Sainct-Denis.

« Plus, au lieu dict les Buissons, cinq quartiers de terre, tenant d'un costé à M. le Sec, d'autre et d'un bout à la terre du Petit-Drancy, et d'autre au chemin de Bobigny à Drancy.

« Plus proche l'église de Bobigny, un arpent, tenant d'un costé aux murailles du parc, d'autre et d'un bout aux terres acquises de M. d'Argouges, et d'autre bout au chemin qui conduit de Bondys à Sainct-Denis.

« Plus une pièce, au lieu dict Pernelle, contenant un arpent et demy, tenant d'un costé et d'un bout au terroir du Petit-Drancy, d'autre costé aux terres de la cure de Bobigny et d'autre bout aux terres du sieur Amelin.

« Plus au mesme lieu cinq quartiers, tenant d'un costé aux terres de la cure de Bobigny, d'autre aux Célestins, d'un bout aux terres de M. de Creil et d'autre bout à...

« Plus cinq quartiers au lieu dict les Sablons, tenant d'un costé aux terres des Célestins, d'autre aux terres acquises de M. d'Argouges, d'un bout à Nicolas Poupart, et d'autre à...

« Plus, au lieu dict proche le Clos qui a appartenu a M. d'Argouges, sept arpens de terre, tenant d'un costé aux terres acquises de mon dict sieur d'Argouges, d'autre costé au chemin de Bobigny à Romainville, d'un bout au chemin de Bobigny à Noisy, d'autre aux héritiers Thomasse Boubray.

« Plus proche la Garenne du Moulin de Bobigny[1], trois arpens de

---

1. Voir la carte du Moulin de Bobigny, de ses dépendances et des propriétés adjacentes, année 1783.

tenans d'un costé à ... d'autre à Mathieu Gouillard, d'un bout aux

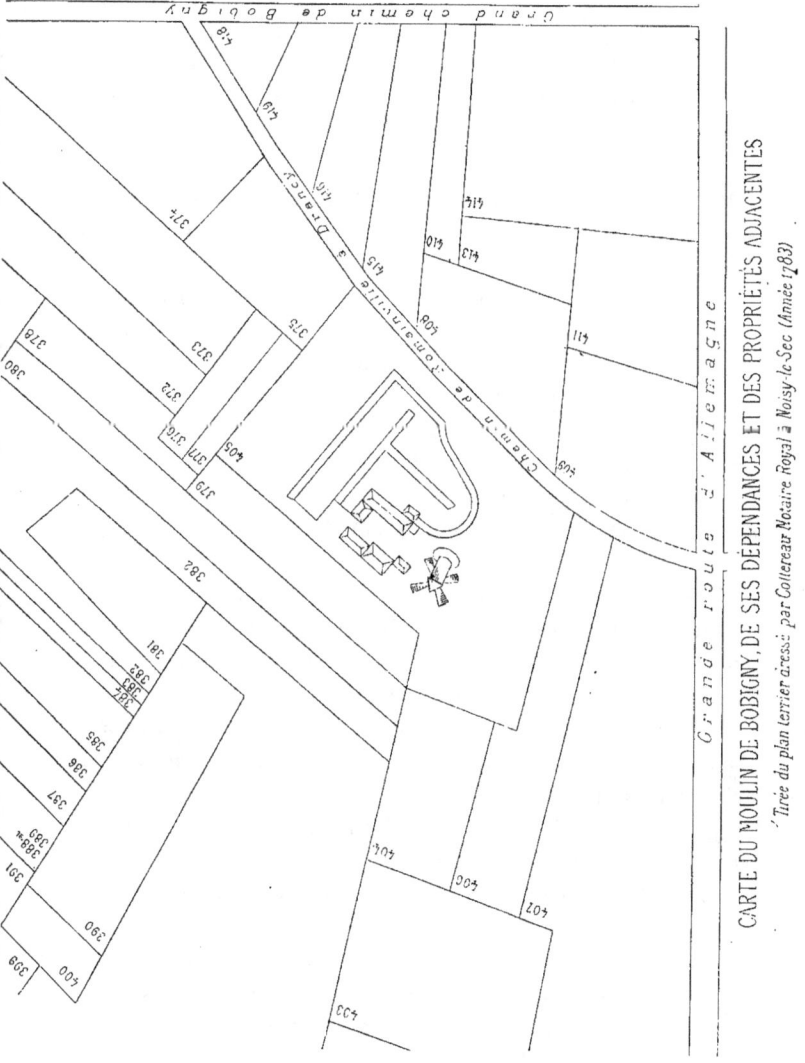

terres acquises de M. d'Argouges, et d'autre aux terres de M. de Creil.

« Plus au mesme lieu demy arpent, tenant d'un costé aux terres de

M. Hébert, d'autre aux terres acquises de M. d'Argouges, d'un bout aux terres de la cure de Bobigny, et d'autre bout à la veufve Jean Mareuil.

« Plus devant la porte du chasteau, un arpent et demy de terre, tenant d'un costé aux hoirs de feu Pierre Moreau et dautre aux terres de l'église de Bobigny, d'un bout aux terres de M. de Creil, et d'autre à la place [1].

« Plus au mesme lieu un arpent quarante perches de terre, tenant d'un costé aux terres acquises de M. d'Argouges, d'autre costé à Jean de Chars, d'un bout aux terres de l'église, d'autre sur les jardins de Bobigny.

« Plus au lieu dict les Sablons, un arpent de terre, tenant d'un costé et d'un bout aux terres acquises de M. d'Argouges, d'autre à M. Bouchard, d'autre aux terres de la seigneurie.

« Plus au mesme lieu trois arpens de terre, tenant d'un costé à M. Réault, d'autre aux terres acquises de M. d'Argouges, d'un bout au sieur Amelin, d'autre à Jean Gouillard.

« Plus au mesme lieu demy arpent, tenant d'un costé et des deux bouts aux terres acquises de M. d'Argouges, et dautre bout aux terres des Vassout.

« Plus au lieu de l'Amandier, trente-neuf arpens, tenant d'un costé aux quarante-un arpens de terre de la dicte seigneurie, qui tiennent aux terres de M. Liégeois, d'autre et d'un bout aux terres acquises de M. d'Argouges, d'autre bout au chemin Pouilleux.

« Plus au mesme lieu trois arpens, tenant d'un costé au chemin de Dampmartin, d'autre aux Célestins, d'un bout au chemin qui conduit de Bobigny à Sainct-Denis.

« Plus proche le village de Bobigny, neuf arpens trois quartiers, tenant d'un costé aux terres de la seigneurie de Pantin, d'autre bout au chemin de Bobigny à Sainct-Denis et d'autre aux terres de la ferme acquise de M. d'Argouges.

« Plus quatre arpens, au lieu dict l'Orme de Bray, tenant d'un costé et bout aux terres de M. d'Argouges, d'autre costé à Jean Gouillard, d'autre bout sur le chemin qui mène de Bondys à Bobigny.

---

1. C'est sur le devant de cette pièce de terre, que maitre Philippe-Guillaume Jacquier a fait construire l'église actuelle de Bobigny.

« Sera ici observé que les seigneurs de Bobigny ont baillé à cens à M. d'Argouges cent soixante et sept arpens de terre et héritages, tant de ce qui est rellevant de la chastellenie de Livry en l'Aulnay que de l'abbaye et chastellenie de Sainct-Denis, dont messire François d'Argouges a donné et fourny sa déclaration aux seigneurs de Bobigny le vingt-trois août mil six cens cinquante-huit, desquels cent soixante-sept arpens de terre il y en a six vingts arpens de la censive de Bobigny, en ce qui est rellevant de la dicte chastellenie de Livry, ainsy qu'il est porté par l'adveu rendu par M° Charles de Béthisy, à cause de la dame Anne de Perdrier, son espouse, et M° Joseph Charles d'Ornano à cause de dame Charlotte de Perdrier, son espouse, filles et héritières de messire Charles de Perdrier, qui fut fils et héritier de M° Guillaume de Perdrier, à messire Guillaume Sanguin, seigneur chastelain de Livry, le vingt-trois mars mil six cens quarante, reçu le dix-neufvieme juin en suivant, et les quarante-sept arpens de la censive du dict Bobigny en ce qui relleve du dict Sainct-Denis, et que le dict sieur Jacquier advouant, ayant acquis la moictié de la dicte terre et seigneurie de Bobigny des dicts M° Charles de Béthisy et dame Anne de Perdrier, son espouse, par contract du vingt et uniesme febvrier mil six cens cinquante-sept, et depuis acquis du dict messire François d'Argouges la grande maison et enclos cy devant appelé le fief de Becquignard et d'Emery, avec les dictz cent soixante-sept arpens et cent quarante-sept arpens de terre qui appartenoient au dict sieur d'Argouges, estant en la censive de M° Pierre Séguier, seigneur de Drancy, dont le dict François d'Argouges a fourny la déclaration au dict M° Pierre Séguier, seigneur de Drancy, le trentiesme may mil six cens cinquante-sept, le tout revenant à trois cens quatorze arpens de terre ou environ, amplement contenues au contract de la dicte vente faicte à tiltre d'eschange par le dict M° François d'Argouges au dict sieur Jacquier, lors seigneur de Bobigny pour moictyé, passé par devant l'un des notaires au Chastelet de Paris, le... mil six cens cinquante neuf.

« Et qu'au moyen de la dicte acquisition, ce qui estoit relevant de la censive de Bobigny est depuis réuni au dict fief de la dicte seigneurie de Bobigny.

« C'est pour quoy le dict sieur Jacquier, à présent seigneur des trois quarts de la dicte seigneurie de Bobigny, donnera son adveu au seigneur chastelain de Livry des dicts six vingts arpens.

« Et advoue pareillement tenir en plain fief, foy et hommage, au désir de la coustume de Paris, les trois quarts des dicts quarante-sept arpens de terre, du dict seigneur cardinal abbé, à cause de la dicte abbaye et chastellenie de Sainct-Denis en France. La déclaration des quels quarante-sept arpens de terre par le même en suit.

« Demy quartier de terre, séant sur le terroir de Bobigny, lieu dict l'Abbreuvoir, tenant d'une part à Jean Chars, d'autre au sieur de la Marre, aboutissant d'un bout sur le dict abbreuvoir, dautre aux terres de la seigneurie de Bobigny.

« Item, cinq quartiers de terre scis sur le terroir et mesme lieu, tenant d'une part à M⁰ Liégeois, et d'autre à M. Hamelin, aboutissant d'un bout au dict abbreuvoir, d'autre au dict sieur Liégeois.

« Item, cinq quartiers de terre scis au même lieu, tenant d'une part à Jean Chars, d'autre aux hoirs Renault, aboutissant d'un bout au chemin qui conduit du dict Bobigny à Haubervilliers, d'autre à...

« Item, trois arpens de terre scis sur le dict terroir, lieu dict le Pont Guichard, la dicte pièce faisant plusieurs haches, tenant d'une part au sieur de La Marre, dautre à M. Forcal, seigneur de Pantin, aboutissant d'un bout au chemin de Dampmartin à Paris, d'autre aux terres de la seigneurie de Bobigny.

« Item, onze arpens de terre scis sur le dict terroir, lieu dict les Vielles-Vignes, tenant d'une part à M. Liégeois, d'autre aboutissant aux terres de la seigneurie de Bobigny.

« Item, cinq quartiers de terre scis sur le dict terroir, lieu dict l'Amendier, tenant d'une part aux terres de la seigneurie de Bobigny, d'autre aux terres de Thomasse Boubret, aboutissant d'un bout à M. Forcal, seigneur de Pantin, d'autre aux terres de la seigneurie de Bobigny.

« Item, un arpent et demy scis au même terroir et lieu, tenant et aboutissant d'un bout aux terres de la seigneurie de Bobigny, d'autre au dit sieur Forcal, seigneur de Pantin, et d'autre aux terres de la cure de Bobigny.

« Item, un arpent de terre scis sur le dict terroir, lieu dict le Champ Famillieux, tenant d'une part aux Célestins de Paris, d'autre à la veufve Buisson, aboutissant sur le chemin qui conduit de Paris à Dampmartin, d'autre à M. Morel.

« Item, dix arpens de terre en deux pièces faisant hache, scis sur le dict terroir et mesme lieu, tenant d'une part aux terres des Célestins, d'autre à M. Hamelin, aboutissant d'un bout sur le dict chemin de Dammartin à Paris, d'autre aux terres de la ferme du Petit-Drancy.

« Item, cinq arpens de terre scis sur le dict terroir, lieu dict au-dessus d'Eaubonne, tenant d'une part à... Hébert, d'autre aux terres de la ferme du Petit-Drancy, aboutissant d'un bout sur les terres de la seigneurie de Bobigny, d'autre bout sur le chemin qui conduit de Bondys à Sainct-Denis.

« Item, trois quartiers au mesme terroir et lieu, tenant d'une part au dict Hébert, d'autre aux terres des Célestins, aboutissant d'un bout aux terres de la seigneurie de Bobigny, d'autre au chemin qui conduit de Bondys à Sainct-Denis.

« Item, deux arpens de terre scis au mesme terroir, lieu dict Eaubonne, tenant d'une part et d'un bout aux Célestins, d'autre aux terres de la seigneurie de Bobigny, d'autre bout aux dicts Célestins.

« Item, demy arpent de terre scis au mesme terroir, au lieu dict la Grande-Fontaine, tenant d'une part aux terres des Célestins, d'autre à Laurent Poisson, aboutissant d'un bout au ru, et d'autre au dit Hébert.

« Item, trois quartiers de terre scis au mesme terroir et lieu, tenant d'une part au dit Poisson, d'autre..., et aboutissant au dict ru, d'autre bout aux héritiers Pasquier Authies.

« Item, neuf arpens de terre scis au mesme terroir, lieu dict la Vache à l'aise, tenant d'une part et d'un bout à M. de Beaulieu, d'autre aux terres des Célestins, et aboutissant d'autre bout sur le chemin qui conduit de Bondys à Sainct-Denis.

« En suivent les autres dépendances de la dicte seigneurie de Bobigny.

« Item, sept quartiers de terre ou environ, assis près le Gros-Buisson, au lieu dict la Tour, tenant d'une part et d'un bout à M. d'Argouges, d'autre part et d'autre bout aux anciennes terres de la seigneurie de Bobigny, sur partie des quels sept quartiers de terre est à présent basti et construit un moulin à vent[1].

« Item, le droict de ban, qui est tel que les dicts seigneurs de Bobigny peuvent choisir en chascun an, de temps et espace de quarante jours et yceux durant faire taverne à vendre vin au détail au dict lieu de Bobigny en toute franchise, sans pource debvoir aucun huictième ni autres impositions au roi ni à autre, combien que ce vin qui sera par les dicts sei-

---

1. Voir le dessin de ce moulin, représenté dans son état actuel.

gneurs vendu durant les dicts quarante jours ne soit de leur creu, mais ayant esté par eux achepté; et pendant le dict temps s'il y a aucun des subjets manans et habitans de la dicte chastellenie de Bobigny qui s'ingère de faire taverne ou vendre vin secrètement, ou autrement en quelque manière que ce soit, sans leur congé et permission qui puisse venir à leur connoissance, ou des officiers de la dicte seigneurie de Bobigny en ce cas, pourvu que, premièrement deffences ayant esté faictes en jugement ou autrement publiquement à tous les habitans et sujets de la dicte chastellenie en général, à peine de soixante sols parisis d'amende aux dicts seigneurs appliquée, de vendre vin ni autre boisson le dict temps durant, ou que ce ne soit par leur consentement, celuy ou ceux qui auront vendu publiquement ou secretement, les dictes deffenses faictes seront tenus de la dicte amende de soixante sols parisis.

« Item, le droict par toute la dicte seigneurie de Bobigny de prendre par chacun an sur les taverniers et vendeurs de vin et autres breuvages en la dicte seigneurie un septier de vin, mesure de Sainct-Denis et de chacun des autres breuvages qui se vendront par chacun an.

« Item, les seigneurs de Bobigny ont droict d'avoir seuls en leur chasteau un taureau et un verrat banniers, si bon leur semble, et par ce moyen nul de leurs subjets de doibt avoir taureau ni verrat dans leur maison, sur peine de soixante sols parisis d'amende, la quelle ils encouront s'y après les deffenses l'on trouve en leurs maison ou possession taureau ni verrat à eux n'y à autre appartenant.

« Item, une maison assise à Bobigny, vis-à-vis les murs du parc du dict Bobigny, dont Mre Estienne Chauffour est locataire, tenant d'un costé à..., d'autre costé à..., d'un bout à..., d'autre à...; la quelle maison estoit d'un sol parisis de censive vers la seigneurie de Bobigny et acquise par le dict sieur advouant..., et à cause de cette acquisition réunie au corps de la dicte seigneurie.

« Item, une autre maison scise au dict Bobigny, proche la grande place, de la quelle Michel Mallet, maçon, est locataire, tenant d'un costé à..., et d'autre à..., d'un bout à..., et d'autre à..., acquise par les dits sieurs et dame de Mézières, et à cause de ce réunie et incorporée à la dicte seigneurie de Bobigny.

« Item, quinze livres et une poule de rente seigneurialle de bail d'héritage, appartenant au dict sieur Jacquier advouant, à cause d'une maison scise à Bobigny en la grande place du Four, tenant d'un costé à..., d'un bout à..., et d'autre bout à..., baillée au dict titre de rente seigneurialle à Estienne Moreau, le vingt deuxiesme janvier mil six cens cinquante deux.

« Item, vingt-cinq livres de rente seigneurialle de bail d'héritage, appartenant au dict sieur advouant à cause d'une maison scise près le presbytaire de Bobigny, que Marie Jullien, veufve Louis Brossaye, tient de la dicte seigneurie au dict tiltre, tenant la dicte maison d'un costé à..., d'autre à..., d'un bout à..., d'autre bout à..., sera observé que les seigneurs de Bobigny souloient avoir aux octaves Sainct-Denis, vingt-six livres huict sols neuf deniers pite[1] parisis; plus neuf livres parisis deubs sur plusieurs héritages; plus cent seize sols huict deniers parisis de cens; plus vingt-six sols six deniers; plus deux chappons, un quart de chappon. Et qu'aprésent le dict seigneur Jacquier, seigneur des trois quarts de la seigneurie de Bobigny, ne peult donner au présent adveu les dicts cens et droits seigneuriaux par le menu, contenance de chacune pièce, leurs tenans, n'y aboutissans, n'y les personnes qui les doibvent, ni ce qui est deub sur chacune maison et pièce de terre et autres héritages; ce que le dict sieur Jacquier promet faire quand il aura fait son Terrier général de la dicte terre, déclarant que les cens et droicts seigneuriaux deubs, de toute la dicte terre de Bobigny se reçoivent confusément et sans distinction, tant pour ce qui est rellevant de la chastellenie de Livry que pour ce qui est rellevant de la chastellenie de Sainct-Denis.

« Ensuivent les fiefs tenus et mouvans de la dicte seigneurie de Bobigny et en arrière-fief de la dicte abbaye et chastellenie de Sainct-Denis, que le dict sieur Jacquier advoue tenir comme dessus de la dicte abbaye et chastellenie de Sainct-Denis, à cause des dicts trois quarts à luy appartenans en la dicte terre de Bobigny.

« Sera observé que par les vingt-deux, vingt-trois, vingt-quatre, et trente-deux articles de l'adveu rendu à la dicte Abbaye de Sainct-Denis par le dict Messire Charles de Béthisy, à cause de dame Anne de Perdrier, son espouse, le vingt-huitiesme mars mil six cens quarante-trois, et par les vingt-deux, vingt-trois, vingt-quatre et trente-uniesme articles

---

1. Petite monnaie de compte, qui était le quart d'un denier tournois ou la moitié d'une maille ou obole.

d'autre adveu rendu à la dicte abbaye par Guillaume Perdrier, conseiller et maître d'hostel ordinaire du Roy, le dix-septiesme octobre mil cinq cens quatre-vingt-cinq, les dicts sieur et dame ont employé quatre fiefs rellevans de la dicte seigneurie de Bobigny, et en arrière-fief de la dicte abbaye et chastellenie de Sainct Denis qui ont esté déclarés par yceulx articles appartenir lors aux héritiers de feu Monsieur le Président Séguier, et que tous les dicts quatre fiefs composent le total de la seigneurie de Drancy, qui a appartenu au dict feu sieur Président Séguier, nommé Messire Tanneguy Séguier, qui estoit fils et héritier de Messire Hiérome Séguier, son père, grand maistre des eaux et forêts de France, qui avoit acquis la dicte terre et seigneurie de Drancy en mil cinq cens quatre-vingts-sept de Monsieur de Rosthelin, bastard d'Orléans, qui avoit espousé dame Catherine Duval, qui estoit fille de messire Germain Duval, seigneur de Fontenay et de Drancy, qui estoit fils et héritier des biens de Germain Duval, conseiller, secrétaire du roi, seigneur du Mesnil Fontenay en France et du dict Drancy, auquel les dicts fiefs et terres de Drancy appartenoient et qui avoient appartenu auparavant à Messire Guillaume Vinderme, licentié ès loix, examinateur au Chastelet de Paris, à cause de Gennevotte Coignet ou Cugnat, advocat au Parlement et conseiller au Chastelet, et de dame Jeanne la Girarde, sa femme, qui les tenoit d'Adam d'Amiens, et lui d'André Porcheron. Et que le trente août mil six cens cinquante-un, Mre Pierre Séguier, conseiller de la cour de Parlement, fils unique et seul héritier du dict Me Tanneguy Séguier, président, a faict et porté la foy et hommage du total de la dicte terre et seigneurie de Drancy aux dicts Mre Charles de Béthisy et dame Anne de Perdrier, son espouse, et dict Mre Joseph Charles d'Ornano, tuteur des enfans de luy et de la dicte deffunte dame Charlotte de Perdrier, son espouse, comme les dictes dames propriétaires de la dicte terre et seigneurie de Bobigny, et filles et héritières du dict Mre Charles de Perdrier, leur père, et dame Anne de Bragelongne, leur mère, par acte passé par devant Claude de Troyes, notaire du Chastelet de Paris et tesmoings. Et que le dict sieur Mre Pierre Séguier est décédé prévost de Paris, le troisiesme jour d'aoust mil six cens soixante-neuf, à cause du quel décès Monseigneur Pierre Séguier, chevalier, chancelier de France, est devenu propriétaire du total de la dicte terre et seigneurie de Drancy, comme seul et unique héritier des propres paternels du dict Mre Pierre Séguier, prévost de Paris, son cousin paternel; et mon dict seigneur le chancelier estant décédé le vingt-huitiesme jour de janvier de la présente année mil six cens soixante-douze et ayant laissé très-haute et très-puissante princesse madame Séguier, sa fille [1], espouse de très-haut et très-puissant prince-monseigneur Henri de Bourbon, duc de Verneuil, lieutenant-général pour le roy en Languedoc, et haulte et puissante dame madame... Séguier, aussy sa fille [2], veufve de hault et puissant seigneur messire..., duc de Coislin, la dicte terre et seigneurie de Drancy appartient à présent esgallement et par moictyé aux dictes dames princesse de Verneuil et duchesse de Coislin, la quelle terre et seigneurie de Drancy, le dict seigneur advouant a faict saisir féodalement, faulte d'honneurs droicts et debvoirs non faicts et non payés, adveu et dénombrement non rendus, promettant le dict sieur Jacquier, seigneur de Bobigny, adjouter et augmenter au présent adveu celuy du dict fief, terre et seigneurie de Drancy, aussy tost qu'il luy aura esté fourny et qu'il l'aura reçu.

« Sera encore observé que dans le dict adveu de mil six cens quarante-trois, il est faict mention par les vingt-cinq, vingt-six, vingt-sept et trente articles d'y celluy, comme aux autres adveus précédens de fiefs qui ont appartenu au dict Mre Jean Cugnot et sa femme. Et s'y par cy-après il se trouve que ce soient autres fiefs que ceux qui composent la dicte terre et seigneurie de Drancy, appartenant aux dictes dames, princesse de Verneuil et duchesse de Coislin, le dict sieur advouant les adjoutera et augmentera au présent adveu aussitost qu'il en sera servy et reconnu par foy, hommage et adveu.

« Ne sera pas employé au présent adveu le fief contenu au vingt-huictiesme mars mil six cens quarante-trois qui fut à Jean de Gisors et depuis à Hennequin le Flamand, contenant un manoir appelé la Bretesche et huict arpens trois quartiers de terre, attendu qu'il est porté par le dict article que le dict fief et terre sont enclos dans le parc du dict Bobigny, comme appartenant au seigneur du dict Bobigny, et portant cy... Mémoire.

« Déclarre le dict sieur advouant que par le trente-uniesme article du dict adveu de mil six cens quarante-trois, les seigneurs du dict

---

1. Charlotte, mariée en secondes noces, le 29 octobre 1668, à Henri de Bourbon, duc de Verneuil.
2. Unie en premier mariage à César du Cambout, marquis de Coislin.

Bobigny ont advoué un fief qui fut Girardin de Montaigu, et de présent au religieux prieur et couvent des Célestins de Paris, contenant un manoir appelé l'hostel d'Eaubonne, clos de fossés, avec toutes ses appartenances, assis au terroir de Bobigny, tant en fief quen censive, les quels pouvaient valoir jadis vingt livres parisis de rente, et lors du dict adveu étaient de plus grande valeur; que par le trente-cinquiesme article du dict adveu mil six cens quarante-trois, il est faict mention d'un fief qui fut aux hoirs Girard de Courcelles, contenant vingt-cinq arpens et demy de terre, et treize sols deux deniers parisis de menus cens, payables aux octaves Sainct-Denis, un septier d'avoine. Que par le sixiesme et dernier article du dict adveu de mil six cens quarante-trois, il est aussy porté un fief, assis au terroir de Nonneville, contenant onze sols parisis de menus cens sur plusieurs héritages que tiennent plusieurs personnes et se payent aux octaves Sainct-Denis. De toutes les quelles terres et fiefs le dict sieur advouant déclare n'avoir esté fourny n'y recongnu par les vassaux, et que, sytost qu'il luy aura esté baillé adveu, il adjoustera et augmentera au présent adveu.

« Remonstre le dict sieur advouant que lorsqu'il a acquis la dicte moictyé de terre et seigneurie de Bobigny le vingt-uniesme février mil six cens cinquante-sept, et le dict quart de la dicte seigneurie, le sept avril mil six cens soixante-dix, les tiltres et enseignements d'ycelle ne luy ont point esté fournis et délivrés par les dicts sieur et dame de Mézières et autres, pour raison de quoy il les poursuit en justice, ce qui est cause qu'il n'a pas une connaissance entière de la dicte terre n'y des vassaulx et censitaires d'ycelle. Pourquoy il proteste d'augmenter ou diminuer au présent adveu quand il aura une plus ample connaissance des biens et droicts appartenans à la dicte terre, et sans qu'il se puisse faire préjudice ny à son seigneur féodal, affirmant en outre le dict sieur du Bois que le contenu cy-dessus est très véritable, dont il a au dict nom requis acte aux notaires soubssignés, qui lui ont octroyé le présent pour servir et valoir au dict sieur Jacquier en temps et lieu, ce que de raison.

« En l'estude du dict Gaulthier, notaire, le douzième jour de décembre avant midy mil six cens soixante-douze, et a signé en la minulte des présentes demeurée vers le dict Gaulthier, notaire.

Henault.   Gaulthier.

« En suict la teneur de la procuration du dit sieur Jacquier, dont est cy-dessus faict mention : par devant les notaires gardes-nottes du roy au Chastelet de Paris soubz signés, fut présent François Jacquier, escuyer, conseiller, secrétaire du roy, maison, couronne de France et de ses finances, demeurant à Paris, rue de Touraine, marais du Temple, paroisse Sainct-Jean-en-Grève, lequel a faict et constitue son procureur général et spécial Jacques Gaultier, sieur du Bois, auquel il donne pouvoir et puissance de pour luy et en son nom passer les foy et hommage qu'il est tenu faire et porter aux seigneurs de qui relèvent les terres, fiefs et seigneuries de Bobigny, Villeneuve Sainct-Denis et autres au dict sieur constituant appartenant, et à cette fin se transporter en tous lieux que besoing sera, mesme passer les adveux et les dénombrements nécessaires, tant pour les dictes terres, fiefs et seigneuries à luy appartenans, que des cens, rentes, revenus et autres droicts, sy aucuns sont deubs, requérir par le dict procuoureur tous actes, et faire telles déclarations qu'il jugera à propos et généralement, promet, oblige. Faict et passé à Paris en la maison du dict sieur Jacquier, le dernier jour de febvrier mil six cens soixante-douze, et a signé la minute des présentes demeurée vers le dict Gaultier, notaire. Signé Manchon-Gaultier.

« Ce faict, l'expédition rendue au sieur du Bois.

« HEINAUT,   GAULTIER.

« Nous, Louis Boyer, sieur de la Perrine, procureur général et clerc des fiefs de l'abbaye de Sainct-Denis en France, pour Monseigneur l'éminentissime Jean-François-Paul de Gondy, cardinal de Retz, abbé de la dicte abbaye, et Messieurs les relligieux, grand prieur et couvent de la dicte abbaye, après avoir veu et examiné le présent adveu et dénombrement du fief, terre et seigneurie de Bobigny en ce qui est mouvant et relevant de la dicte abbaye et chastellenie de Sainct-Denis, fourny par François Jacquier, escuyer, conseiller et secrétaire du roy, maison et couronne de France et de ses finances, propriétaire des trois quarts d'ycelle et vériffié le dict adveu, sur les adveus rendus à la dicte abbaye les huict mars mil quatre cens six, dix-sept octobre mil cinq cens quatre-vingt-cinq et vingt-huict mars mil six cens quarante-trois, et autres. L'acte de foy et hommage faict, pour le dict sieur Jacquier, du vingtiesme juillet dernier et communiqué le tout au conseil de mon dict seigneur le cardinal abbé et à mes dicts sieurs relligieux de la dicte abbaye, et sur ce pris leur avis, avons en vertu du pouvoir à nous donné et attribué à notre office, et suivant le dict adveu reçu et reconnu en l'estat quil est, aux protestations et soumissions y portées, sans préjudice aux droicts de la dicte abbaye et de l'aultruy.

« Faict à Paris le dix-huictiesme jour de janvier mil six cens soixante-treize.

« ROGER[1]. »

Messire François Jacquier, depuis l'année 1650, temps où les provinces furent déchargées du soin de pourvoir à l'alimentation des troupes, avait été placé à la tête de l'administration établie pour l'approvisionnement des armées en campagne, sous le titre de commissaire général des vivres, et il en exerça les fonctions jusqu'à sa mort, arrivée le 15 avril 1684.

Les lettres que le grand Condé et le cardinal Mazarin, que MM. de Turenne et de Luxembourg, et que les ministres d'État lui écrivirent, et religieusement conservées dans sa famille, sont une preuve de la haute estime qu'ils faisaient de ses talents administratifs et de ses connaissances militaires.

Le maréchal de Turenne, en particulier, avait tant de confiance en lui, que souvent il le chargea de commissions très délicates et très importantes, et que même plus d'une fois il le fit entrer au Conseil de guerre pour avoir son avis sur les postes qu'on lui proposait.

En 1775, deux jours après la mort de ce grand homme de guerre, tué d'un boulet de canon à Salsbac, comme l'armée française était en proie à la douleur d'avoir perdu son chef, François Jacquier, qui était tout entier aux devoirs de sa charge, vit faire divers mouvements à l'armée de Montécuculli, dans le but de s'emparer de Wilstet qui servait de magasin aux troupes royales; il courut avertir les deux généraux qui avaient pris le commandement à la place de M. de Turenne, pour leur dire qu'il était de toute nécessité d'envoyer sur-le-champ un corps d'armée suffisant afin de fortifier cette place importante, qui n'était défendue que

1. *Arch. nat.*, carton E, 2275 et 2276.

par cent cinquante hommes au plus. Sur son avis, ces généraux firent partir plusieurs brigades de secours, qui entrèrent dans Wilstet au moment même où l'ennemi se disposait à y pénétrer, et ainsi l'armée française fut sauvée grâce à la vigilance de M. François Jacquier.

Messire François Jacquier, vidame de Vieu-Maison, seigneur de Bobigny, avait épousé, en 1643, Anne-Philippine de Châtillon, fille de N... de Châtillon et de N... de Clozier de Juvigny, laquelle était nièce de Claude de Châtillon, femme de Godet de Renneville, lieutenant-général des armées du roi, tué en 1652, au combat de Charenton.

François Jacquier eut de son mariage quatre enfants, trois fils : Jean-François Jacquier, Hugues-François Jacquier et Philippe Jacquier, et une fille [1].

Jean-François Jacquier, l'aîné de ses fils, vidame de Vieu-Maison et seigneur de Bobigny après lui, avait été reçu conseiller au Parlement et commissaire aux requêtes du Palais en 1680. Il y avait environ quatre ans qu'il possédait l'héritage paternel, lorsque, le 20 août 1698, il rendit devant Carnot, notaire à Paris, foi et hommage aux dames, supérieure et religieuses de la maison et communauté royale de Saint-Louis, établie à Saint-Cyr, près Versailles, pour la partie de sa terre de Bobigny qui relevait de la manse abbatiale de Sainct-Denis : Catherine du Perron, supérieure; de Sainct-Aubin assistante ; Catherine de Beuval, maîtresse générale des classes; Suzanne de Radonay, conseillère ; toutes religieuses professes; et Anne-Françoise Gaulthier de Fontanes, dépositaire de la maison et communauté [2].

Jean-François Jacquier vendit, le 9 août de l'année 1702, à M. Claude Tréboulleau, seigneur de Bondy, au lieu appelé le Colombier, sur le territoire de cette paroisse, sept arpents de terre, à raison de 200 francs l'arpent, à charge par ce seigneur de les tenir en censive et mouvance de

---

1. De la Chenaye-Desbois, t. XI, 1re partie, p. 6, 7 et 8.
2. Après la mort du cardinal de Retz, en 1679, la dignité d'abbé de Saint-Denis cessa d'exister, et la manse abbatiale fut unie à la communauté de Saint-Louis de Saint-Cyr par le roi Louis XIV. L'archevêque de Paris eut la juridiction spirituelle sur les églises de la ville de Saint-Denis. Il fit exercer cette juridiction par le prieur de l'abbaye, qu'il établit vicaire général du diocèse. Une bulle du Souverain Pontife Innocent XII, datée du 23 février 1691, confirma cette union et transféra à cette maison et communauté tous les biens, revenus, droits, honneurs et prérogatives qu'avaient possédés les abbés du monastère.

la seigneurie de Bobigny, et de payer 3 francs de cens au lieu de 15 deniers qu'ils avaient rapportés annuellement jusque-là, s'il venait à les faire enclore de murs, afin de suppléer à la dîme à laquelle dans ce cas cette pièce de terre ne serait plus soumise.

Enfin M. Jean-François Jacquier céda en location, en l'année 1711, à la veuve de son fermier Eustache Pierre, le manoir seigneurial qu'avait construit en 1584 Guillaume Perdrier. Cette dame, ayant renouvelé avec M. Jacquier le bail passé par son mari peu d'années avant sa mort, à partir de cette époque le château de Beauregard devint la demeure des seigneurs de Bobigny.

Messire Jean-François Jacquier mourut en 1727 sans laisser d'enfants de Nicole de Rochereau de Hauteville, son épouse. Il légua à son frère puîné Hugues-François Jacquier la terre et seigneurie de Bobigny, avec tous les droits et avantages qui y étaient attachés, ainsi que la vidamie de Vieu-Maison et tous ses titres.

Le nouveau seigneur de Bobigny donna l'aveu et dénombrement de son fief aux dames religieuses de Saint-Cyr, le 25 mai 1738. Et le même jour il reçut acte de liquidation par devant Jourdain pour le payement des droits de relief qu'il avait acquittés.

Messire Hugues-François Jacquier de Vieu-Maison n'était encore que capitaine des dragons lorsqu'il fut reçu officier de l'ordre de Saint-Lazare. Le 26 du mois de mars 1741, il fit à son neveu Philippe-Guillaume Jacquier, conseiller au Parlement, donation entre vifs de son domaine de Bobigny, sous charge de substitution en faveur de ses enfants s'il venait à en avoir, et s'en réservant la jouissance pendant sa vie. Il mourut le 23 septembre 1744, sans laisser de postérité de Louise Robert de Septeuil, qu'il avait épousée en 1730. Cette dame était fille de Pierre de Septeuil, président de la Chambre des comptes et de N...

Philippe-Guillaume Jacquier, vidame de Vieu-Maison et seigneur de Bobigny après son oncle, Hugues-François Jacquier, était né en l'année 1700, du mariage de Philippe Jacquier de Hamecourt, le troisième fils de François Jacquier et de Thérèse Hérinex, d'une famille de Flandre. Il fut reçu conseiller au Parlement en 1732 et conseiller de grande chambre honoraire en 1762. Il épousa en 1736 Renée-Louise-Madeleine Hattes, fille de René Hattes, l'un des fermiers généraux. De son mariage naquit une fille, Anne-Françoise-Céleste Jacquier de Vieu-Maison, décédée à

Paris dans la seizième année de son âge, deux mois environ après avoir été mariée à Guy-André-Marie-Joseph, comte de Laval-Montmorency, fils aîné de Guy-André-Pierre, duc de Laval-Montmorency et de Jacqueline-Hortense de Bullion de Fervaques. Guy-André-Marie-Joseph de Laval-Montmorency, qui était du même âge que sa jeune épouse, mourut un an après elle, à Ennebeck, de la petite vérole, le 30 novembre de l'année 1754.

Messire Philippe-Guillaume Jacquier, vidame de Vieu-Maison, seigneur de Belle-Assise, de Jouy, de Villeblovin, etc., et de Bobigny, avait recueilli toutes les successions de ses père et mère et de ses oncles, lorsque, le 23 décembre 1744, il donna aux dames de Saint-Cyr ainsi qu'il suit l'énumération et l'évaluation du relief de sa terre de Bobigny : « La seigneurie de Bobigny est composée des terres labourables ci-après : En fief de Livry, 144 arpents; en fief de Saint-Denis (compris 24 arpents démembrés par feu messire Hugues-François Jacquier), 344 arpents, 4 perches; en censive de Drancy, 140 arpents; total, 608 arpents, 4 perches.

« Il relève encore de Livry les grosses et menues dîmes de la paroisse de Bobigny. Estimation des terres sur le pied de 9 francs l'arpent :

140 arpents de Drancy font.	1.260 fr.
144 arpents de Livry font.	1.296 »
344 arpents de Saint-Denis font.	3.000 »
Total.	5.556 fr.

« Le prix des beaux de la seigneurie est par an de. . . .	6.200 fr.
Réserves y portées.	276 »
Les grosses et menues dîmes.	920 »
Total.	7.396 fr.

« Non compris, dans ces évaluations, le château, la justice, les censives et les mouvances du fief, dont les produits sont de peu de conséquence. »

Philippe-Guillaume Jacquier rendit, le 8 janvier 1748, foy et hommage, aveu et dénombrement au seigneur dominant de Livry pour la partie de sa terre qui relevait de lui. Et, douze jours après, il accomplissait le même devoir par-devant Jourdain pour l'autre partie de sa terre, mouvant en plein fief de la manse abbatiale de Saint-Denis, appartenant aux dames religieuses de Saint-Louis à Saint-Cyr.

Ces actes de foi et hommage sont les derniers que nous ayons rencontrés dans nos recherches.

Le père Anselme, dans son *Dictionnaire des grands officiers de la couronne;* d'Hozier, dans son *Armorial*, et après eux de la Chenaye-Desbois, dans son *Dictionnaire de la noblesse*, citent Claude-Antoine de Valles, écuyer, seigneur de Launay, des Housseaux et de Bondy, marié en 1708 à Marie-Anne Grosteste, et leur fils François de Valles II, écuyer, seigneur de Launay, des Housseaux et de Bondy, comme ayant possédé la seigneurie de Bobigny au moins en partie, au commencement du XVIIIe siècle.

L'abbé Lebeuf, qui vivait à cette époque, ne dit mot de cette famille dans son ouvrage aux articles ci-dessus mentionnés ; et quant à nous, non seulement nous n'avons rien trouvé pour nous faire admettre que les de Valles aient jamais possédé du bien à Bobigny-lez-Paris ; au contraire, nous avons eu entre les mains les nombreux titres de propriété des MM. Jacquier, seigneurs à tour de rôle pendant plus d'un siècle et jusqu'à la grande Révolution, titres de propriété que nous avons pour la plupart mis sous les yeux du lecteur, et qui prouvent que cette assertion est erronée.

La famille de Valles aurait-elle eu à Aunay-lez-Bondy certains droits de cens semblables à ceux que possédait M. de Gourgues, seigneur de cette paroisse, en 1770, droits qui furent reconnus le 30 septembre de cette année-là dans un acte de foi et hommage rendu en forme à ce seigneur par messire Philippe-Guillaume Jacquier, voilà ce que nous n'avons pu découvrir et ce qui, du reste, n'aurait pas donné aux de Valles le droit de se dire seigneurs de Bobigny.

Messire Philippe-Guillaume Jacquier fut le dernier seigneur de Bobigny. Il décéda à Paris le 2 février 1791, l'année même de l'abolition du régime féodal. Vingt-deux ans avant sa mort, en l'année 1769, il avait doté la paroisse de Bobigny (comme il sera dit plus au long au troisième chapitre) d'une belle église entièrement construite à ses frais. Ses armoiries peintes sur verre furent placées aux fenêtres de l'édifice religieux et gravées également sur les deux cloches, qu'il avait fait suspendre dans l'élégant campanile surmontant le monument.

Mais ce qui illustra messire Philippe-Guillaume Jacquier auprès des habitants de Bobigny et ce qui rendit parmi eux sa mémoire impérissable, ce fut sa charité toute généreuse et toute chrétienne envers les pauvres de la paroisse, par laquelle il sut pourvoir à tous leurs besoins.

Philippe-Guillaume Jacquier de Vieu-Maison n'ayant point laissé d'enfant après lui, ses biens devinrent le partage de ses neveu et nièces : Antoine de Sainte-Marie d'Agneaux, son neveu, et Marie-Angélique de Sainte-Marie d'Agneaux, sa nièce, enfants de sa sœur aînée Catherine Jacquier de Vieu-Maison de Fontenay, mariée en 1728 à Joseph de Sainte-Marie d'Agneaux; et le partage aussi de Marie-Jeanne-Élisabeth de Magontier de Laubanie, son autre nièce, fille d'Élisabeth-Madeleine Jacquier de Vieu-Maison, de Sully, seconde sœur du vidame, laquelle avait épousé, le 5 septembre 1731, Jean Magontier de Laubanie.

Antoine de Sainte-Marie d'Agneaux, chevalier, seigneur de Pontillaux, maréchal de camp et décoré de la croix de Saint-Louis en 1791, neveu et héritier de Philippe-Guillaume Jacquier de Vieu-Maison, eut pour épouse Adélaïde de Fiennes de Trolly.

Marie-Angélique de Sainte-Marie d'Agneaux, nièce et héritière de Philippe-Guillaume Jacquier de Vieu-Maison, fut mariée, le 24 janvier 1770, à Jean-Baptiste de Vissec de Latude, marquis de Ganges, lieutenant-colonel du régiment Dauphin-Dragon, aussi décoré de la croix de Saint-Louis.

Enfin Marie-Jeanne-Élisabeth Magontier de Laubanie, autre nièce et héritière de Philippe-Guillaume Jacquier de Vieu-Maison, épousa, le 28 septembre 1753, Jean-Louis, marquis de Lubersac, maréchal de camp et décoré de la croix de Saint-Louis en 1788. Il émigra avec ses trois fils, en 1791, à l'armée des princes français, et fut élevé au grade de lieutenant général des armées du roi et de grand'croix de l'ordre de Saint-Louis, le 23 août 1815, et est mort le 6 février 1820.

XAVIER-PIERRE-LOUIS DE DELLEY DE BLANCMESNIL,
en 1791.

Armes : D'azur au lion d'or, armé et lampassé de gueules, à deux cotices d'or, brochantes l'une sur les pattes du lion, l'autre sur la queue, dont le bouquet est tourné en dehors.

Un peu plus de sept mois après la mort de M. Philippe-Guillaume Jacquier de Vieu-Maison, et dix mois environ après l'abolition des droits seigneuriaux par l'Assemblée nationale, le 31 septembre de l'année 1791, les héritiers du dernier seigneur de Bobigny mirent aux enchères les biens qu'il avait laissés après lui.

Ceux de Bobigny montaient à 700 arpents de terre, non compris l'ancien château et son parc, le château de Beaugerard et son jardin, les fermes et le mobilier, ce qui au total pouvait former une étendue de 900 arpents.

Après une quatrième et dernière publication faite le 31 mars 1792, ces biens qui, à cette époque, ne rapportaient guère plus de 25,000 livres, outre les charges, clauses et conditions d'enchères montant à 17,525 livres furent adjugés pour le compte de Xavier-Pierre-Louis de Delley de Blancmesnil, enfant âgé de dix ans, fils orphelin de Pierre-Nicolas de Delley de Blancmesnil, décédé le 31 mars 1782, dans sa vingt-neuvième année, colonel mestre de camp et maréchal général des logis de la cavalerie légère de France; et de Claudine-Julie des Brets, laquelle deux ans après la mort de son mari avait épousé Louis-Pierre-Charles de Labay, comte de Viella.

Pierre-Nicolas de Delley de Blancmesnil était fils de Nicolas de Delley, chevalier, seigneur de Blancmesnil dans l'Ile-de-France, du Bourget, de Villeparisis, de Charny, de Groslay, du Coudray et autres lieux, conseiller des rois Louis XV et Louis XVI, intendant général de la maison de madame la Dauphine et depuis de Mme la comtesse de Provence, belle-sœur du roi Louis XVI.

Nicolas de Delley prit alliance en 1751, par contrat passé le 9 avril, avec Elisabeth, comtesse Ligniville et du Saint-Empire romain, laquelle était l'aînée des quatre filles de Jean-Jacques III du nom, comte de Ligniville et du Saint-Empire, seigneur d'Autricourt, chevalier de l'ordre de Saint-Maurice et de Saint-Lazare de Savoie, et de Charlotte de Soreau de Houdémont.

La maison de Ligniville est une des plus anciennes et des plus illustres de Lorraine, et les chroniques en font remonter l'origine jusqu'à Gérard, premier duc de Lorraine de la maison d'Alsace en 1049, qui est donnée pour auteur à la maison régnante actuellement en Autriche.

Voici copie de la lettre flatteuse adressée à M. de Delley père, au sujet de cette alliance honorable pour sa famille, par Stanislas Leszcinski, roi de Pologne :

« Monsieur, j'ai prévenu vos désirs et j'ai pris intérêt à tout ce qui vous regarde, du moment que j'ai souhaité l'union de monsieur votre fils avec Mlle de Ligniville. Les sentiments que vous me marquez dans votre lettre m'engagent encore plus à vous faire connaître les miens. Ils sont tels que vous les méritez, et j'éprouverai toujours à vous les témoigner le plaisir que je ressens aujourd'hui à le faire, et à vous assurer que je suis véritablement, monsieur, votre bien affectionné. »

Stanislas, roi.

Lunéville, 20 mai 1751 [1].

Le père de Nicolas de Delley de Blancmesnil, à qui cette lettre fut écrite, était Pierre de Delley de la Garde, IVe du nom, conseiller du roi en

---

1. *Arch. de famille* de M. le comte de Blancmesnil, au château de Blancmesnil (Seine-et-Oise).

son conseil des finances. Il était né à Paris le 29 février 1676 et avait épousé par contrat, passé le 22 juillet 1706, Elisabeth Roussel, dame de Villeparisis, de Sainte-Foi et de la Courneuve, etc., fille de messire François Roussel de Roany, conseiller du roi, receveur général et trésorier des rentes de l'Hôtel de Ville de Paris, et de Jeanne-Françoise Durand de Chaumont.

L'on voit qu'en 1732, il était un des fermiers généraux de Sa Majesté pour les droits fiscaux, domaines et forêts de l'Ile-de-France et généralité de Paris, Soissons, Orléans, Tours, Châlons, Rouen, comté de Vexin, pays Blaisois, Sologne et comté du Perche. On voit de plus par son testament, daté du 4 novembre 1752, que Pierre de Delley de la Garde IV avait succédé à son beau-père dans le riche emploi de receveur général et de trésorier payeur des rentes de la ville de Paris. Il mourut au mois d'octobre 1754, en laissant la réputation d'une intégrité rigoureuse et d'une modestie parfaite, et malgré l'invasion du philosophisme et de l'incrédulité de son temps, il professa toute sa vie la piété la plus exemplaire. Entre les dispositions prises par lui en faveur des œuvres pies, on lit ce qui suit dans son testament, écrit de sa main bien avant sa mort : « Je lègue à la confrérie de Sainte-Agnès érigée en la paroisse de Saint-Eustache à Paris, dont j'ai été administrateur d'honneur, comme MM. mes confrères et secrétaires du roi qui m'ont précédé, 300 livres qui seront remis à MM. les administrateurs en charge pour les distribuer aux pauvres convertis à la foi, à qui cette confrérie fait des charités; ce legs fait par moi, afin de tenir lieu de ce que j'aurai donné volontairement comme droit de confrérie, que j'ai cessé d'aller à l'assemblée des dits sieurs administrateurs par suite de mon changement de domicile de paroisse. Sera de plus remis à ces messieurs 25 livres, dans le but de faire célébrer dans leur chapelle vingt-cinq messes pour le repos de mon âme[1]. »

Pierre de Delley de la Garde IV était fils unique de Philippe de Delley, écuyer, seigneur de la Garde du chef de sa femme Anne Berthault. Et Philippe de Delley, écuyer, était le cinquième des enfants de Blaise de Delley et de Denise Cornuel.

Ainsi remontant d'âge en âge jusqu'au temps des Croisades, la chaîne

---

1. *Arch. de famille* de M. le comte de Blancmesnil, au château de Blancmesnil (Seine-et-Oise).

des ancêtres de la famille de Delley de Blancmesnil, on arrive à fixer son berceau à Asnens ou Agnens, au pays de Vaud. D'après le baron d'Estavayé, mort au commencement de ce siècle, lequel a dressé lui-même la généalogie de sa maison, la famille de Delley, établie en France vers 1660, aurait pour auteur Guillaume d'Estavayé, troisième fils de Robert, seigneur d'Estavayé, en 1070 et 1096, lequel Guillaume prit légalement le nom d'Asnens, comme on le voit dans un acte de 1149, nom qu'il transmit à ses descendants et notamment à Hermann d'Asnens, qualifié chevalier, seigneur haut justicier et châtelain de Delley et de Portalban, en 1268[1]. Une reconnaissance qui se trouve aux archives de Fribourg de l'an 1293, faite à Louis de Savoie, seigneur de Vaud, par Henri d'Asnens, fils d'Hermann, pour les fiefs d'Asnens et de Delley, prouve que le dernier fief tenu en toute juridiction appartenait à cette époque à cette famille qui en prit le nom à la génération suivante.

Mais la famille de Delley d'Asnens n'a pas seulement l'honneur glorieux de remonter au temps des Croisades, elle peut, qui plus est, se flatter d'avoir eu sa bonne part dans ces expéditions généreuses. Dans la collection Courtois, en effet, qui a fourni aux salles des Croisades à Versailles la plus grande partie des noms qui y sont inscrits, existait un acte testamentaire de François d'Asnens, mort sous les murs de Damiette en 1219. Cet écuyer avait pris la croix avec une foule de chevaliers allemands qui partirent, en 1217, pour la Terre Sainte, sous la conduite de Léopold d'Autriche, de Louis, duc de Bavière, et de André, roi de Hongrie, l'un des principaux promoteurs de cette croisade. Par un mouvement de délicatesse consciencieuse, François d'Asnens, débiteur d'une assez faible somme, chargea le prêtre qui l'assistait à sa dernière heure de pourvoir après lui, en son nom, à ce que sa créance fût acquittée par les siens. Voici copie et traduction de l'acte de volonté suprême de ce preux d'autrefois, dressé par l'aumônier qui s'était croisé avec lui : « A tous ceux qui les présentes lettres verront, moi François, prêtre, humble pelerin en Notre-Seigneur, je déclare que François d'Asnens, écuyer, à ses derniers moments, a reconnu en ma présence avoir emprunté sur sa foi, de Martino Calvo, marchand génois de la Société Corvali, trois marcs d'argent,

---

1. Delley, Delay et même Dedelay, est une petite ville du canton de Vaud, d'où l'on découvre Neufchâtel et son lac; et Portalban est un petit port situé sur le lac et voisin de Delley.

au remboursement desquels, par acte de dernière volonté, il a engagé tous ses parents existant, en deçà ou au delà des mers, moi témoin. En foi de quoi, j'ai apposé mon sceau sur les présentes. Fait au camp sous Damiette, l'an de Notre-Seigneur, M° CC° XIX°, mois d'août. »

La plupart de ces renseignements sur la famille de Delley de Blancmesnil, nous les avons puisés dans les archives qu'a bien voulu nous communiquer M. le comte de Delley de Blancmesnil, aujourd'hui chef de cette noble maison, et en particulier dans l'ouvrage remarquable qu'il vient de faire paraître et qui a pour titre : *Notice sur quelques anciens titres, suivie de considérations sur les salles des Croisades au Musée de Versailles.*

M. le comte de Delley de Blancmesnil, Alphonse-Léon, est fils de Xavier-Pierre-Louis de Delley de Blancmesnil pour qui fut acquise, en 1792, la propriété du dernier seigneur de Bobigny, et de Joséphine-Texier de Hautefeuille, fille de Charles-Louis Texier de Hautefeuille, marquis et comte de Hautefeuille, baron de Charny, etc., et de Suzanne Bernardine-Léonore de Chauvigny, baronne d'Escoville, mariés le 16 juillet 1800. Il naquit le 31 août 1801, devint officier de cuirassiers et fut démissionnaire en 1830. Il avait été créé chevalier de l'ordre royal et militaire de Saint-Ferdinand d'Espagne, par diplôme du 3 juin 1824, et épousa Mademoiselle *** des Boutiers de Catus dont il n'eut point d'enfant.

La sœur de M. le comte de Delley de Blancmesnil, damoiselle Blanche-Marie-Esther de Delley de Blancmesnil, née le 20 octobre 1803, épousa, le 16 janvier 1821, Alexandre-Guy-Charles de Lavau, officier supérieur d'infanterie, etc., fils de Alexandre-Guy-Pierre de Lavau, conseiller du roi Louis XVI, en ses conseils d'État et conseil privé, président à la Chambre des comptes en son duché de Bretagne, etc. De ce mariage est issu Guy-Joseph-Henri-Gaston de Lavau, époux de damoiselle Valentine-Antoinette-Catherine Asselin de Villequier.

C'est à la pieuse libéralité de MM. les comtes de Delley de Blancmesnil et de Lavau, son neveu, que Bobigny est redevable de l'école spéciale des filles et de l'asile pour les petits enfants tenus et dirigés par les Sœurs de Saint-Vincent-de-Paul. Ces messieurs établirent l'une et l'autre à grands frais, dans le courant de l'année 1864, et les dépenses que ces utiles établissements requièrent sont pour la presque totalité à leur charge.

Si nous avons parlé plus longuement de la famille de Delley de Blancmesnil, actuellement propriétaire au territoire de Bobigny, que des familles qui, avant la première Révolution, furent les seigneurs du village, c'est qu'il nous a semblé rencontrer dans son histoire un exemple frappant de cette vérité consolante, que les passions humaines, déchaînées contre un passé longtemps illustre, ne peuvent avoir qu'un triomphe éphémère, et qu'aux âmes vraiment nobles, la soustraction de privilèges mérités ne saurait faire perdre l'amour du devoir. Ainsi en est-il de la famille de Delley de Blancmesnil, qui, en ces jours d'égoïsme, a pieusement gardé et pratiqué comme au temps des Croisades la devise de son blason : *Jussu Domini Dei*. Aux ordres du Christ, fils de Dieu.

RÉSUMÉ DU CHAPITRE II

La commune de Bobigny. — Blason qu'elle pourrait adopter. — La communauté des habitants au point de vue civil sous l'ancien régime. — Les prévôts, les procureurs fiscaux, les receveurs et collecteurs des tailles. — Quatre meurtriers pendus pour avoir assassiné Gauthier, valet de Jean Le Mire, en 1320. — Un Jean de Bobigny, originaire de cette localité, cité comme témoin dans plusieurs causes criminelles plaidées à la justice de Saint-Martin-des-Champs à Paris, en 1333. Tassin, aussi natif de Bobigny, mentionné dans les registres de la justice du même prieuré, en 1338. — Exploit de la justice seigneuriale de Bobigny, du 20 octobre 1389, par lequel Jean le Brun, malandrin ou pour mieux dire bandit de la pire espèce, est arrêté à Bobigny et jeté dans les prisons de Nicolas Le Mire, puis conduit à Paris dans celles du Châtelet. — Il est jugé et condamné par la justice du roi, exécuté et pendu à Montfaucon. — Noms des vassaux de Jean de Gisors, seigneur de Bobigny, année 1218. — De Jean Le Mire, en 1315. — De Nicolas Le Mire, en 1351. — De Étienne de Braque, en 1396. — Gérard de Montaigu, possesseur des fiefs d'Eaubonne et de la Motte, en censive de la seigneurie de Bobigny, en 1352. — Gérardin de Montaigu, évêque de Paris, son fils et héritier, possesseur des mêmes fiefs en 1409. — Nicolas de l'Espoisse, notaire et secrétaire du roi, anobli pour ses mérites, propriétaire à Bobigny en 1385. — Sa fille Jeanne de l'Espoisse, mariée au bâtard d'Aunay, devient héritière des biens paternels en 1420. — Jean d'Aunay, son mari, fait captif à la prise de Meaux par le roi Henri V d'Angleterre, meurt enfermé dans la tour de Londres. — Quelques mots sur Jean d'Aunay le Gallois, son homonyme et contemporain, sinon parent. — Il embrasse le parti du duc de Bourgogne Philippe le Bon, allié des Anglais. — Il est armé chevalier à la journée des Harengs, de la main même du capitaine anglais Fastolf, en 1429. — Le traité d'Arras le fait s'attacher à la fortune de Charles VII. — Il meurt le 8 novembre 1489. — Censitaires nobles et roturiers de la seigneurie de Bobigny, inscrits au papier terrier des hoirs Charles de Montmorency d'Auvraymesnil et de Goussainville, de Bouqueval et de Bobigny. — Pierre l'Orfèvre, seigneur de Pont-Sainte-Maxence, de Montreuil-sous-Bois et du Vivier-lez-Aubervilliers, époux de Jeanne Laillier, 1436. — Pierre l'Orfèvre, son fils, seigneur des mêmes lieux et d'Ermenonville, époux de Géoffraise Baillet, 1452. — Berthaut de Langres, fils de Pierre de Langres. — Guillemin Andry et Jeanne Béquignard, sa femme ; Thierry

Troussevache, Thomas Béquignard et Perrin Mouchet. — Gobin Dufour et Denis Dufour son fils, après lui fermier de Jeanne Rataut, damoiselle de Bobigny, veuve de Charles de Montmorency. — Monnaie employée à cette époque, sa valeur. — Jean de Lolme, et Gilles le Bossu. — Hugues et Louis de Guinguant. — Les chanoines de la sainte Chapelle du Palais. — Maître Philippe de Paris, clerc des comptes, et les Thumery, ses héritiers. — Les frères Bureau, grands maîtres de l'artillerie française, alliées aux Budé et aux Thumery. — Simon Luillier et Philibert Gohard, de Merlan. — Jeanne de la Chapelle, fille de Jean de la Chapelle, exécuté aux halles, en 1430, pour avoir formé le complot de chasser les Anglais de la capitale. — Maîtres Étienne Lallemant, Jean Lantier, Étienne de Vieilleville et Guillaume de la Haye. — Messire Jean Émery, chanoine de Paris, et Marie Émery sa sœur, femme de Simon Marcel. — Maître Guillaume Paillart, avocat au parlement. — Les religieux célestins de Paris, possesseurs des fiefs d'Eaubonne et de la Motte par legs de l'évêque de Paris, Gérardin de Montaigu. — Coup d'œil sur les règnes de Charles VII, Charles VIII, François Ier, Henri II, François II, Charles IX et Henri III. — Jean Tesnier, vicaire de la paroisse et maître des écoles de Bobigny dès 1574. — Il est accusé et convaincu du crime de fausse monnaie, et banni du royaume en 1582. — Pièces relatives à son procès. — Raphaël Gaillandon, propriétaire, à Bobigny, des fiefs d'Émery et de Béquignard. — Durant le siège de Paris par Henri IV, en 1590, un boulet de canon, lancé d'une de ses batteries placée sur les hauteurs de Ménilmontant, traverse la maison de Raphaël Gaillandon située rue Tirechape. — Henri IV quitte le camp d'Aubervilliers, range ses troupes en bataille dans la plaine de Bobigny et de Bondy, et se porte avec elles au-devant des ducs de Parme et de Mayenne. — Dans le courant de cette même année, Florent d'Argouges achète les propriétés d'Émery et de Béquignard de Guillaume Perdrier, qui lui-même les avait acquises, peu d'années auparavant, de Raphaël Gaillandon. — Florent d'Argouges fait construire sur le terrain de la Grande-Maison une habitation de plaisance, appelée depuis Beauregard. — François d'Argouges, son fils et son héritier, obtient en 1666, de l'archevêque de Paris, le privilège d'avoir une chapelle domestique dans cette maison de campagne. — Il vend, l'année suivante, ses biens de Bobigny à messire François Jacquier de Vieu-Maison, acquéreur du domaine seigneurial. — Noël Cochu, premier procureur fiscal connu, en 1581. — Nicolas Buisson, procureur fiscal en 1635. — Étienne Chauffour, en 1652. — Henri Paté, en 1653. — Jean Gouillard, en 1681. — Nomination d'un collecteur des tailles. — Nicolas Claud, procureur fiscal en 1690. — Claude Chauffour, en 1692. — Rôle et assiette des tailles de la paroisse de Bobigny et de la ferme d'Eaubonne en 1693. — Nicolas Paris, procureur fiscal de la prévôté en 1694. — Eustache Pierre, en 1699. — Marie-Jeanne Typhaine, sa veuve, prend à loyer les terres de la seigneurie de Bobigny. — Pierre Mongé, syndic perpétuel et greffier des rôles de la paroisse. — Michel Mallet, procureur fiscal en 1713. — Étienne Paris, en 1723. — Eustache Pierre, en 1725. — Daniel Dupont, en 1733. — Nicolas Puthomme, en 1737. — Publication et affichage à Bobigny par ministère d'huissier, au nom de messire

RÉSUMÉ DU CHAPITRE II.

Cardin Lebret, seigneur de Pantin, invitant ses vassaux, censitaires, tenanciers, etc., à s'acquitter de leurs devoirs et obligations envers lui, année 1744. — Pierre Charlemagne, procureur fiscal et fermier de la terre de Bobigny en 1742. — Étienne Charlemagne, son fils, lui succède en 1753. — Joseph Pontus, procureur fiscal en 1759. — Visite du roi Louis XVI à Étienne Louis-Guillaume Charlemagne, avocat au parlement et fermier des terres de Bobigny, vers 1782. — Étienne Villot, dernier des procureurs fiscaux, de 1768 à 1787. — Acte d'estimation pour l'établissement de la dîme, auquel il prend part en 1769, assisté des procureurs fiscaux des paroisses environnantes. — État de la valeur de la dîme à Bobigny, de l'année 1788 à l'année 1791. — Légende du plan terrier ou cadastral du territoire de Bobigny, dressé le 6 avril 1783 par Cottereau, notaire royal à Noisy-le-Sec. — Nombre des habitants et des ménages de la paroisse de Bobigny et total des arpents de terre exploités par les taillables et par les exempts en 1786. — Nomination des membres qui doivent, en exécution du règlement du roi, composer la municipalité : Louis-Robert Malice est élu syndic ; Julien-Daniel Legrand, Louis-Maximilien Jollin et Étienne-Julien Dupont sont élus conseillers. — Autre état de la paroisse en 1788. — Cahier des doléances des habitants de Bobigny, adressé aux États généraux, du 18 avril 1789. — Reconstitution d'une municipalité nouvelle composée d'un maire, de deux officiers municipaux, d'un procureur syndic et de douze notables élus par les habitants, en vertu des décrets de l'Assemblée nationale. — Louis-Robert Malice est élu maire, 30 janvier 1790. — Fête de la fédération, célébrée dans l'église paroissiale le 14 juillet 1790. — Déclaration des biens d'église situés sur le territoire de Bobigny, adressée au directoire de Saint-Denis, 22 novembre 1790. — Louis-Maximilien Jollin, élu maire le 11 avril 1791. — La municipalité n'est point autorisée à faire faire au presbytère les réparations votées dans sa délibération du 7 juillet 1791. — Claude Lezier, nommé maire à la fin de l'année 1791. — Inscription des offrandes libres et levée des gardes nationales volontaires, janvier 1792. — Pierre Mongrolle, élu maire, 10 mai 1792. — Éloge qu'il fait, par lettre adressée au directoire du district de Saint-Denis, de la charité pour les pauvres de feu M. Jacquier de Vieu-Maison, ci-devant seigneur. — Le 21 septembre 1792, l'Assemblée législative fait place à la Convention nationale, laquelle décrète l'abolition de la monarchie et l'établissement de la république. — La Prusse et l'Autriche déclarent la guerre à la France — Massacre d'un grand nombre de citoyens à Paris. — Pierre-Jacques Devaux est élu officier public, chargé de la tenue et de la garde des registres des naissances, mariages, décès et inhumations, 26 octobre 1792. — Supplice de Louis XVI, guillotiné le 21 janvier 1793. — Jean-Baptiste-Louis Féchoz, curé constitutionnel de Bobigny, nommé maire le 10 mars 1793. — La Commune en permanence, 4 avril 1793. — Réquisitions et enrôlements, mai et juin 1793. — Régime de la Terreur. — Nomination des membres devant faire partie du comité de surveillance, 12 octobre 1793. — Abolition du culte catholique décrétée par la Convention nationale, 10 novembre 1793. — Pierre-René Clément et Denis Lemaître, délégués par la municipalité de Bobigny, vont à Paris réclamer du notaire Desclozeaux la remise des pièces et titres concernant l'ancien régime féodal et les biens d'église confisqués, 6 janvier 1794. — Suppression de la sonnerie des cloches à Bobigny, 19 janvier 1794. — Lettre du citoyen Féchoz, maire au district de Franciade, relative à la fabrication du salpêtre, 30 janvier 1794. — État des immeubles et rentes soit de fabrique, soit de cure, vendus ou non vendus, 8 avril 1794. — Seconde réquisition militaire pour la levée en France de trente mille hommes de cavalerie, 17 avril 1794. — Réquisition des cordages des deux cloches, 19 avril 1794. — Réquisition des prunes, 19 mai 1794. — Réquisition des cochons, 30 mai 1794. — M. Féchoz donne sa démission de maire le 8 juin 1794. — Il travaille à son avancement dans la carrière administrative et judiciaire, et à se faire une position élevée et lucrative. — Pierre-René Clément, maire après lui. — Les ouvriers pour la fabrication du salpêtre sont forcés de se soumettre aux prix et règlements établis. — Louis-Maximilien Jollin, élu maire pour la seconde fois, 12 avril 1795. — Le culte catholique est toléré. — Pierre Mongrolle nommé maire pour la seconde fois. — Révolte des sections de Paris, écrasée à coups de canon par le général Bonaparte, 5 octobre 1795. — Il est élu premier consul le 9 novembre 1799, consul à vie deux mois plus tard, et enfin, le 8 mai 1804, le Sénat lui décerne le titre d'empereur. — Pierre-François Mongrolle, maire après la mort de son père, 4 avril 1813. — Renouvellement du Conseil municipal. — Première invasion des alliés, année 1814. — Les 28, 29 et 30 mars, ils campent à Pantin, à la Villette et aux environs, et le 31, l'empereur de Russie et le roi de Prusse font leur entrée dans Paris. — Première abdication de Napoléon Ier, 13 avril 1814. — Louis XVIII, rappelé par le Sénat, signe la paix avec les souverains coalisés le 30 mai suivant. — Lettre de M. le sous-préfet de Saint-Denis à M. Mongrolle, au sujet de la nomination de M. Larchevêque en qualité de conseiller municipal. — Napoléon Ier quitte l'île d'Elbe, aborde en France le 1er mars 1815, et entre dans Paris cinq jours après. — Réélection de M. Pierre-François Mongrolle, en qualité de maire, 30 avril 1815. — Nouvelle coalition des souverains de l'Europe contre l'empereur, qui défait leurs troupes à Fleurus et est vaincu lui-même à Waterloo le 8 juin 1815. — Les ennemis victorieux le suivent à Paris qui leur ouvre ses portes et reçoit pour la seconde fois Louis XVIII, après une nouvelle abdication de l'empereur. — Réélection de M. Mongrolle, 27 novembre 1815. — Il écrit à M. le sous-préfet de Saint-Denis, pour se plaindre du trop long séjour à Bobigny des troupes du duché de Brunswick et des dommages qu'elles y causent aux habitants. — Composition du conseil municipal en 1817. — Lettre de M. le sous-préfet de Saint-Denis aux maires de son arrondissement, à l'occasion de sa nomination à la préfecture des Pyrénées-Orientales, 7 janvier 1823. — Mort de Louis XVIII. — Charles X lui succède, 16 septembre 1824. — Réélection de M. Pierre-François Mongrolle. — Révolution de 1830. — Elle place sur le trône, sous le nom de Louis-Philippe Ier, Louis-Philippe duc d'Orléans. — Par arrêté préfectoral, M. Mongrolle est confirmé dans ses fonctions de premier magistrat de la commune, et le conseil municipal est renouvelé, 17 septembre 1830. — Réélection des conseillers, 27 octobre 1834. — Idem, 28 mai 1837. — Idem,

RÉSUMÉ DU CHAPITRE II.

21 juin 1840. — Idem, 11 juin 1843. — Idem, 31 juillet 1846. — M. Toussaint Tourly nommé maire en remplacement de M. Pierre-François Mongrolle, démissionnaire après trente-trois ans d'exercice, 31 juillet 1846. — Le roi Louis-Philippe Ier est détrôné et la République proclamée, 24 février 1848. — Louis-Napoléon est élu président le 12 décembre 1848, et, le 2 décembre 1852, il est proclamé empereur sous le nom de Napoléon III. — Composition du Conseil municipal à partir des années 1855, 1860, 1863 et 1865. — M. Auguste-Hippolyte Jollin, maire par décret impérial du 30 mars 1867, remplace M. Toussaint Tourly, démissionnaire. — M. Hippolyte Mérie lui est donné en qualité d'adjoint. — Description des trente-trois cantons du territoire de Bobigny et dénombrement par rue et par maison des habitants, année 1866, avec renseignements divers sur les lieux et les personnes.

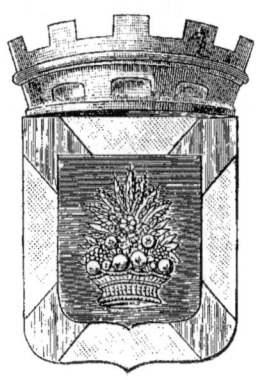

CHAPITRE II

LA COMMUNE DE BOBIGNY

Armes : D'or, à la croix en sautoir de gueules ; et, sur le tout, un écusson d'azur chargé d'une corbeille de fruits et d'épis de blé d'argent.

Devise : O bona Crux! O bonne Croix!

Tel est le blason que pourraient adopter les habitants de la commune de Bobigny, dont le patron est saint André, et dont l'occupation, pour tous exclusivement, est de se livrer soit à la grande culture, soit à la culture maraîchère. Quelle meilleure occasion pour eux de mériter le ciel et les biens même de cette vie, que la croix du travail des champs, s'ils savent l'embrasser chrétiennement !

A côté du pouvoir seigneurial qui, dans le principe, avait été souverain, s'éleva bientôt le pouvoir municipal dont l'action ne fit que grandir depuis l'affranchissement des communes jusqu'à nos jours. Confié d'abord à des procureurs chargés de garder les droits consacrés par la chartre, il passa ensuite entre les mains des syndics, qui surent défendre les intérêts de leurs administrés.

Au-dessous des procureurs et des syndics étaient les collecteurs des tailles et les assesseurs, nommés chaque année, par les notables dans les assemblées générales.

Les collecteurs étaient chargés, avec les assesseurs qu'ils avaient comme adjoints, de percevoir les impôts, tailles, capitations et décimes additionnels. On avait égard, en faisant la répartition, à la maladie, à la pauvreté, à la vieillesse, au nombre des enfants et aux services rendus au public, lors des incendies en particulier.

A la tête des communes de la province ou de la généralité était l'intendant, dont les attributions ressemblaient à celles que possèdent aujourd'hui les préfets. Entre autres fonctions, l'intendant avait celle de soumettre aux assemblées de la paroisse la quotité des taxes imposées par le roi à la généralité. Et les députés des États faisaient alors l'assiette des impôts et envoyaient aux communes ce qu'on appelait le mandement des tailles et capitations, c'est-à-dire le chiffre de la somme qu'elles devaient payer au trésorier général.

Après l'abolition des provinces et des justices seigneuriales, en 1789, par les États généraux, la France fut divisée en départements, les départements en districts ou arrondissements, et les arrondissements furent divisés en cantons et simples communes, administrés par un maire et des conseillers désignés, suivant les régimes, par le pouvoir central ou nommés par les électeurs de la commune.

Nous citerons, dans ce second chapitre, à mesure qu'ils se présenteront, en suivant l'ordre chronologique et en remontant le plus haut possible, les divers personnages possesseurs de petits fiefs ou roturiers, bourgeois ou simples journaliers, dont nous avons rencontré les noms et qui nous sont signalés dans les événements de la vie civile.

Et c'est ainsi, qu'avançant progressivement d'âge en âge, nous arriverons à parler de la commune ou administration municipale telle qu'elle a été établie à partir de la Révolution de 1789, et à donner les noms des magistrats qui se sont succédé jusqu'à nos jours, les noms de MM. les maires et conseillers, et même les noms des simples particuliers, habitants de Bobigny, les noms de ceux, spécialement, qui furent inscrits sur les feuilles du recensement général fait en l'année 1866.

On cite, dans *la Chronique parisienne* anonyme de 1316 à 1339, au nombre des forfaits commis par Henri de Taperel, prévôt de Paris, et pour l'expiation desquels il fut emprisonné, condamné à mort et pendu au gibet des Halles, celui d'avoir, le vendredi 25 juillet 1320, jour de saint Jacques et de saint Christophe, fait couper les cheveux en forme de tonsure à quatre meurtriers qui avaient assassiné Gauthier, valet de chambre de Jean Le Mire, seigneur de Bobigny, cette année-là clerc des arbalétriers.

Henri Taperel espérait, par ce subterfuge, dérober ces vils assassins à la justice du roi, en les soumettant à la justice épiscopale de l'évêque de Paris, et finalement les arracher aux châtiments qu'ils méritaient. Du nombre de ces criminels étaient un sergent familier du prévôt et son clerc, Philippe de Bescot.

Vers le même temps, selon le registre criminel du prieuré de Saint-Martin-des-Champs de Paris, vivait un Jean de Bobigny qui, par sa naissance, devait appartenir à ce village ainsi que son nom le fait entendre. On le voit figurer comme témoin dans plusieurs causes criminelles, jugées par la Cour de justice de l'antique monastère. Et il est marqué, en particulier, pages 29 et 40 de ce registre, que le 23 février 1333, mardi après le premier dimanche de carême, Jannetot le Mercier, fils de Adam le Mercier, natif de Clermont-en-Beauvoisis, étant venu le 14 précédent à Paris pour y apporter une requête de la part de Renaud de la Mothe, les sergents de Saint-Martin l'avaient arrêté et incarcéré parce qu'il avait frappé d'un pilon et blessé à la tête une servante du nom de Biétrix. Mais Jannetot le Mercier était hôte, et justiciable par conséquent, de Mgr de Clermont qui le réclama du prévôt de Saint-Martin-des-Champs, afin de lui faire son procès et en s'appuyant sur des lettres royales. Le prieur fit droit aux justes réclamations du comte de Clermont. Par ses ordres, les sergents de sa justice remirent aussitôt leur prisonnier entre les mains de Jean Chamberlant et de Oudart du Chatel, écuyers de monseigneur : « Et ce en présence de Simon d'Épône, Guillaume Bernart, *Jean de Baubigny*, Jean de Crasville, Raymond des Arainnes, monseigneur Guillaume, maistre Guillaume de Clugni, Thierry le Riche, Estienne de Saint-Arnoul et Jehan de Cruaus[1]. »

---

1. *Regist. crimin.* de la justice du prieuré de Saint-Martin-des-Champs à Paris, commençant au 22 mars 1332 et finissant au 4 juillet 1357, écrit du temps de Bertrand

Cette multiplicité des justices en France, avant la grande Révolution, pouvait avoir ses inconvénients, mais elle avait aussi ses avantages; parce que chaque justicier était plus à même que tout autre de juger ses sujets et que, d'autre part, les accusés pouvaient trouver dans leur localité de meilleurs moyens pour se défendre. Les lenteurs dans les jugements étaient plus facilement évitées; du reste, il était toujours loisible d'en appeler à la justice du roi.

« Le samedi 29 mars 1335, veille de Pasques les grans, qui seront le 30 mars de l'an 1336 », furent, au contraire, restitués *par figure* et remis dans les prisons du prieuré, trois Anglais qui en avaient été tirés illégalement et justiciés par le prévôt de Paris. Ces trois étrangers avaient été arrêtés pour crimes, rue Quincampoix, appartenant à la justice de Saint-Martin. « Présents à ce restituer : Bertaut Raimbert, orfèvre; Jehan de la Quamère, Guillaume le Normant, Richart Gaudeval, balancier; Remi Coldocié, P. de Souplainville, P. Guérart, P. de Meleun, Jehan de Sainne, Raoul Dechamps, courraier; Jehan François, Jehan de Bondis, Robert Neveu, Thomas Lenglais, Jehan d'Espernon, le jeusne orbateur; Estienne le Normant, tous de Quinquenpoit. *Jehan de Baubigny*, Jehan de Tout-en-Court, Katerine, fame feu Bernart Lequeu, Marie de Clamart, Eudeline Dumoy, Alaire, fame Guillaume Legrant, Roberge la Pelletière, Sédile la Fleune, tous de la rue au Maire. Jehan des deux jumeaux, Symon, Lanmancheur, Robin Taxon et plusieurs autres. » Dans cet acte, Jean de Bobigny est dit habiter la rue au Maire. (*Idem*, p. 52, 53 et 54.)

Lors d'une assise, du 17 mars 1341, le samedi avant *Lœtare Jerusalem*, au nombre des témoins présents on voit encore cité Jean de Baubigny et le greffier, dans sa rédaction, marque qu'il exerçait la profession de cordonnier : « Fu rapporte le perilg, hors de mort et de mehaing du dit Perrot, par mestre Pierre de Largentière nostre mire juré, présens : Baudet de Capi, Jaques de Douay, surugien; Pierre de Lamont, Thibaut Floust, Thomasse, fame Phelipot Malgars, *Jehan de Baubigny*, cordonnier; Jean le Carilleur, Richard Houet et plusieurs autres. » (*Idem*, p. 182 et 183.)

Un autre particulier, originaire de Bobigny, du nom de Tassin, est

de Pibrac, prieur dudit prieuré, et publié en 1877, par L. Tanon, chez Champion, à Paris.

également mentionné au registre des causes criminelles de la justice du prieuré de Saint-Martin-des-Champs, à la date du 28 février 1338. Ce Tassin de Bobigny assista à la visite que le chirurgien du prieuré fit de Jean de Meudon, roué de coups par des vagabonds à la porte du monastère et charitablement recueilli par les religieux. Mais le registre ne fait point mention de la demeure ni de l'état de Tassin de Bobigny. « Présens adce Jehanne, fame du dit blécié, Jehan Chapelart, Marie Baille, Thierri le Riche, Raoul Lepellemaire, *Tassin de Baubigny*, Gille Bontemps, Gautier Aubin et plusieurs autres. » (*Idem*, p. 126 et 127.)

Enfin, on lit dans le même registre, écrit en toutes lettres, le nom de Jean Le Mire, seigneur de Bobigny : « 17 juin 1339, juedi avant la feste de la Nativité Saint-Jehan-Baptiste, Alison, Biraise de Poissi, amenée par Phelippe Dupuis, maire de Pantin, qui la trouva saizie et vestue, en nostre terre, en la dicte ville, de une chemise à homme, deus escuelles d'estain et un chaperon à fame, que elle avoit emblé en la maison de Jehan le Mire, à Baubigny. Crime. — Procès en est fait. » (*Idem*, p. 149.)

Le prieuré de Saint-Martin avait en plusieurs lieux, hors Paris, des possessions dans lesquelles lui appartenait le droit de haute, moyenne et basse justice. Pantin, Rouvray et Bondy, voisins de Bobigny, étaient de ce nombre. Ce droit de justice était exercé par un maire assisté d'un greffier, d'un procureur, de sergents et autres officiers. C'était le lundi de chaque semaine que le maire de Pantin, en particulier, tenait ses plais, dans la salle d'audience située devant l'église, et les appellations ressortissaient par-devant le bailly de Saint-Martin-des-Champs, à Paris.

Mais voici un exploit de la justice seigneuriale de Bobigny. En l'année 1389, le 2 octobre et du vivant de Nicolas Le Mire, seigneur haut, moyen et bas justicier de Bobigny, le maire, garde de la justice dudit lieu, arrêta sur le territoire et fit jeter dans les prisons de son maître, un malandrin ou, pour mieux dire, un de ces bandits de la pire espèce qui alors, sous prétexte qu'ils n'avaient plus à guerroyer et ne recevaient plus leur solde, se livraient, soit isolément, soit en nombre, au pillage et au meurtre (soi-disant pour vivre). Ce bandit, du nom de Jean le Brun, se fit couper les cheveux en manière de tonsure par un de ses compagnons dans l'espérance de pouvoir, sinon échapper entièrement à la justice, se soustraire du moins pendant quelques semaines à ses poursuites. Mais il ne put longtemps cacher son jeu. S'étant reconnu coupable de bigamie, entre autres crimes, devant le maire de Bobigny, celui-ci le livra à la justice du Roi, et il fut jeté dans les prisons du Châtelet. Bientôt le lieutenant du prévôt le ramena au village de Bobigny, afin d'y être interrogé avec soin au sujet de plusieurs accusations qu'il avait portées contre diverses personnes. Au bout de six jours, le prévôt de Paris fit reprendre Jean le Brun par ses sergents, qui le reconstituèrent prisonnier au Châtelet. Ce scélérat ayant fini par se déclarer coupable du crime de lèse-majesté et de plusieurs autres crimes, le maire, garde de la justice de Bobigny, pour Nicolas Le Mire, s'empressa d'adresser au prévôt (en lui en demandant décharge) le procès-verbal de l'interrogatoire de Jean le Brun et des aveux qu'il avait faits à la salle d'audience de Bobigny, afin que son jugement fût poursuivi. Voici copie de cette affaire criminelle :

« Item, confessa le dit Jehannin que, environ Pasques darrenièrement passées, il, Jehan du Boys, Jehan de Saint-Cloud et de Beaubarbier venoient de Berry, et un appelé le Normant ; et quant ilz furent emprez Vittry ès blez, il, qui parle, frappa le premier le dit Normant d'un bâton, et Jehannin de Saint-Cloud l'escheva de tuer par nuit et le despouillèrent de sa robe, c'est assavoir : d'un mantel double de drap vert et l'autre d'un vermeil d'Angleterre et une houppellande longue d'un fin vermeil d'Angleterre, fourrée de gris, et deux paires de chausses semelées, qui furent vendues en la place Maubert XXVI s., les quelx furent buz. Et il qui parle ot un fermillet d'argent doré à IIII pellet, et le vendit à Mahieu, son hoste, V s., qu'il despendi en sa maison; et un chapeau de bièvre que Jehan du Boys ot, et le Barbier ot le mantel et Jehan de Saint-Cloud ot la houppelande.

« Item, confessa le dit Jehannin, que il est filz d'un Navarras appelé Damiglet qui demeure à Cherbouc et est homme d'armes et est né d'une lieue près de Lestelle, et il qui parle est né du Clos de Contentin, assez près de Valongnes, filz d'icelluy Damiglet de bas[1], et d'une femme née du Cotentin, laquelle chevauchait avecques lui; et lui qui parle a esté tousjours avecques les Englois et Navarras en Guyenne et ou Clos de Contentin, a bouté feux et prins prisonniers francais, les a rancounés et mis à mort.

« Item, confessa ledit Jehannin que il se mist en la route de messire

---

1. Bâtard, d'après Du Cange.

Guillaume de Lignat[2]; et lors se parti Jehannin de Saint-Py, lors escuier de la Rochefouquaut et demanda qui savoit le chemin à aler à Poitiers. Lors il qui parle et un appelé Jaquet le Bastard, dist au dit seigneur qu'il le garderoit bien et le meneroit bien son chemin. Et lors le menèrent autre chemin, et le mena à un villaige où il n'y a qu'une maison appellée Senaye, là où il savoit bien que les Englois estoient en embusche; et là fut prins Jehannin de Saint-Py, qui est adprésent chevallier, et plusieurs autres escuiers qui estoient en sa compagnie.

« Et plus n'en voulons enquérir.

« Le quel Jehan le Brun, prisonnier le dit XXVe jour d'ottobre, estant en jugment sur les carreaux, par-devant mons. le Prévôt, présens maistre Jehan Turquam, lieutenant, maistre Nicolas Chaon, examinateurs ou dit Chastellet; fut fait jurer aux sains Euvangilles de Dieu qu'il diroit vérité tant sur la confession par lui faite au dit lieu de Baubigny, comme d'autres choses qui lui seroient demandées. Et ce fait, y cellui prisonnier estant ou petit parc de dessus les carreaux, sanz aucune force ou contrainte de Jéhine, congnut et confessa de sa pure, franche et liberal volenté, que les confessions cy-devant escriptes par lui, congneues à la justice du dit *lieu de Baubigny*, et à lui leues estoient vrayes et contenoient vérité et les avoit congneues et encore congnoissoit estre vrayes et persévéroit en ycelles. Et oultre ce, congneut que son dit père le admena petit enffent demourer en la ville de Harfleu, en la quelle il aprint mestier de mareschal, et que VIII ans a ou environ, il se parti d'icelle ville de Harfleu, vint en la ville de Rouen pour ouvrer du dit mestier, se logea à l'Escu de France, devant les Carmes de Rouen, et illec à une forge, prez du dit hostel, ouvra l'espace de VIII jours ou environ. Pendant le quel temps, se vint loger ou dit hostel de l'Escu de France, un escuïer, si comme il lui estoit lors en advision de bel enfant et de grant, nommé Jaquet le Bastart dit Damiens, aagé de XXVIII ans ou environ, le quel est parant et repaire bien souvent sur un tapissier demourant oultre la Croix du Tirouer, au bout de la rue des Poulies; le quel Jaquet pria et requist y cellui prisonnier qu'il chevauchast avecques lui, et il le monteroit bien et bel, le meneroit en la guerre ou pays de Lymosin, au lieu de Sousterenne, du quel lieu et forteresse

---

2. L'un des capitaines qui accompagnèrent du Guesclin en Espagne en 1386.

il estoit baudoyer; et que s'il vouloit bien et loyaulement servir, il le feroit riche homme; à la quelle requeste du dit Jacquet, il qui parle se accorda et avecques lui se parti de la dite ville de Rouen, ala au dit lieu de Sousterenne, ou quel pays de Lymosin il a demeuré en Saudoirie tant soubz le dit Jaquet comme soubz le gouvernement d'un Englois, nommé Blanchebarbe, capitaine de Corbesin, par l'espace de VI ans continuellement. En la compaignie de quel Jaquet il chevaucha comme gros varlet par un an ou environ, et vic comme y cellui. Jaquet se partoit de la dite forteresse en la compaignie de Pierre le Biernois[1]. Englois chevauchèrent par le pays, prindrent François, et y ceulx admenèrent prisonniers au dit lieu de Sousterrine. Le quel Jaquet il qui parle vit bien et apperçut qu'il estoit mouche des Englois contre les François, et que aucune fois il passoit au plus prez des embusches faites par les François et les advisoit, sanz eulx dire aucune chose et chevauchoit tout oultre audevant d'eulx, feignant qu'il ne les eust point veuz; et quant il avoit y ceulx ès longiez tant qu'ilz pouvoient avoir perdu la veue de lui, il se retournoit tout court par un autre chemin le plus couvert qui savoit droit au dit lieu de la Sousterrine, où là où les Englois estoient embuschez; et lors leur faisoit son rapport tel qu'il l'avoit trouvé, le quel rapport il qui parle lui a aucune fois oy dire et rapporter aus diz Englois. Les quelx Englois selon ce qu'ils ouoient le rapport du dit Jaquet chevauchaient, une fois plus de gens, et une autre fois moins, et se retrayoient au dit lieu et forteresse de la Sousterrine. Et a veu que à aucunes des chevauchées que ont faites y ceulx Englois, esquelles il a esté par plusieurs fois et par le rapport du dit Jaquet sanz autre, plusieurs chevaliers, escuïers et autres gens de commun, tenans le parti et bienvueillans du roy notre sire, ont esté prins et emprisonnés au dit lieu de Sousterrine et mis à rançon; et que lui qui parle et le dit Jaquet en ont aucune fois prins et aidié à prendre li uns à l'autre, et en après ce mis à finance, et ycelle finance eue et receue. Dist avecques ce, soubz le dit Blanchebarbe et en sa compaignie, il a demouré en la dite forteresse de Corbesin par l'espace de VI ans continuelz, alé en fourrerie, chevauchée comme gros varlet et talvassier, ou dit pays avec les autres varlez de la garnison du dit lieu de Corbesin, prins vins, blez, advenes, feurres, foings, moutons,

---

1. Anglais, capitaine de Chalusset en 1388.

bœufs, vaches, pain, pors, poulailles et tous autres vivres sur les subgez et tenans le parti du roi nostre dit seigneur, sans en païer denier aucun, par force et contrainte, contre la volenté d'iceulx subjez; et yceulx biens admenez en la dite forteresse de Corbesin pour aidier à vivre et soustenir les autres soudayers Englois estans en ycelle forteresse; et par plusieurs fois chevauché armé de jaques, de cote de fer, capeline, gantelez et demie lance en la compaignie de Blanchebarbe et des autres compaignons de la garnison d'icelle forteresse de Corbesin, par les quelx plusieurs François ont esté prins et admenés au dit lieu et fort de Corbesin. Veu aussi que y celui Jaquet aloit et venoit seurement en y celle forteresse de Corbesin et es forteresses de Saint-Jean, Creton, la Grange, Chalu, Saint-Marc et d'autres villes et chasteaux voisins d'ilec environ, paisiblement comme le dit Blanchebarbe, Englois son maistre; les capitaines des quelles forteresses lui faisoient très bonne chère ou meilleur qu'ils ne faisoient les uns aux autres et que quant il se partoit d'eulx, ils lui demandoient s'il vouloit compaignie et quant les reviendroit veoir.

« Dist aussi sur ce requis, que ès voyages et chevauchées ci-dessus dites par luy faites il ne vit oncques feu bouter, ni n'en bouta aucuns, ni ne fu aussi ou feu feust bouté, forteresse françoise prinse ne eschieliée, ne femme ravye ou prinse à force, ne aussi n'y cogneust oncques François nul qui alast ni ne compaignast y ceulx Englois, sinon un chevalier du clos de Constentin nommé messire Jehan de Sezay, le quel est homme bien aagez et a un sien frère nommé messire Robert de Cranq, chevalier, le quel est Englois, mais il n'est pas record en quel pays il se tient ou à Chierbouc ou en Guianne. Lequel messire Jehan de Sezay, il durant le temps qu'il a servy y ceulx Jaquet et Blanchebarbe il a veu aler et venir paisiblement en la compaignie des diz Englois et entrer es dites forteresses englesches, aussi paisiblement, comme faisoient ses diz maistres; et que y celluy de Sezay par plusieurs fois il a veu chevaucher avecques y ceulx Jaquet et Blanchebarbe ès cources et chevauchées que l'en faisoit; et estoit y cellui de Sezay homme bien monté à IIII chevaulx.

« Toutes voies il se recorde bien il ne vit oncques que le dit de Sezay chevauchast armez de sa personne en la compaignie des dessus diz, ne scet la cause, pourquoy; mais ses trois varletz estoient bel et bien armez comme lui et les autres groz varlez d'icelles forteresses englesches. Et avecques ce, se recordent qu'il y a environ trois ans que darrenièrement il vist ycellui de Sezay ou dit pays de Lymosin. Duquel de Sezay l'en pourra oir nouvelles et savoir plus à plain son estat par un escuïer du pays de Constentin, appele Siffrevast[1], qui est capitaine de Valoignes; auquel escuïer soit demandé le chevalier de Sezay à qui il ot débat de parolles en la forteresse de Bricquebec, ou temps que le siège estoit devant Chierbouc, et le quel chevalier y celui escuïer appela traître Navarrois. Requis qu'il gaignoit par an à servir y ceulx Jaquet et Blanchebarbe et quel prouffit il avoit des prisonniers, etc...., dit par son serement qu'il ne gaignoit aucuns salaires préfix, ne n'avoit aussi aucun prouffit particulier des diz prisonniers, parce que il avoit dit à ses diz maistres qu'il ne vouloit gaigner qu'à leur volenté et lui avoit souffrist, avoir esté bel et bien monté et armé comme il ovoit esté et bien gouverné sanz avoir d'y ceulx aucun aultre prouffit singulier. Et pour ce qu'il veoit que son dit darrenier maistre Blanchebarbe ne lui faisoit aucun autre prouffit qu'il avoit acoustumé de fere et qu'il ne lui bailloit pas d'argent, à la value qu'il en avoit gaigné et gaignoit es dites cources, chevauchées et pillaiges, se parti de la compaignie et service du dit Blanchebarbe sanz son sceu et congé, et en admena un roucin sur le quel il avoit accoustumé de chevaucher qui estoit à son dit maistre Blanchebarbe, le quel cheval valoit bien environ XXX francs, et vint droit en la ville de Paris, sanz ce qu'il feist ou feust à fère aucun mal en venant du dit lieu de Corbesin à Paris.

« En la quelle ville de Paris il vint et arriva deux ans ou environ, et autrement n'est record du temps. Le quel avoit pour lors sur lui la somme de 15 francs en or qu'il avoit apportez du dit pays de Lymosin. Auquel lieu de Paris, il vendi son dit cheval, se vesti de neuf bien et honnestement, et en cest estat se tint longtemps sanz rien fere ou ouvrer jusques ad ce que tout l'argent qu'il avoit fu despendu, tant au jeu de dez, comme en la taverne, comme aux filles de mauvaise vie.

« Item congnut et confessa que environ un et demi an, lui estant sur Mons le Connestable où l'on jouoit à la paulme un compaignon nommé Jehannin de Saint-Cloud, chaussetier demourant à Saint-Cloud, vint à lui et lui dict qu'il lui donneroit chopine de vin; alèrent boire eusemble, et illec s'entre acompaignèrent et tant que y cellui de Saint-Cloud et lui

---

1. Chévrefast est porté sur la montre d'Olivier de Mauny, comme chevalier banneret, passé à Sablé le 1er septembre 1371, sous le gouvernement du connétable de France.

ANCIENNE TOUR DE LA JUSTICE SEIGNEURIALE DE BOBIGNY

Transformée en moulin en 1650. (P. 161.)

alèrent au bordeau de Tiron, ou quel ils prindrent une fille de péché qui illec seoit, la quelle ils menèrent boire à la ville de la Pissotte prez les vignes du bois de Vincennes, et avecques eulx estoit un compaignon nommé Perrin de Creux. Esquelles vignes et en sa présence y celluy de Saint-Cloud et aussi le dit de Creux orent compaignie charnelle à la dite fille; et après ce, d'un gros échalas qu'il print en y celle vigne, fery y celle fille un coup sur la teste, du quel elle chey à terre; et ce fait s'aproucha d'icelle fille et d'un petit coustel qu'il avoit à sa sainture lui coupa la gorge. La quelle morte, lui qui parle et le dit de Saint-Cloud devestirent et despouillèrent, et la robe que elle avoit vestue, portèrent vendre, es villes de Saint-Cloud et de Mantes, ne scet combien. Lequel Jehannin recupt l'argent dicelle robe et n'en ot oncques, lui qui dépose, denier aucun à soi, parce que tout feust beu, mengé et dependu par eulx ensemble. En alant à la quelle ville de Mantes y celluy de Saint-Cloud demanda a lui qui parle s'il n'avait point de tonsure rasée; et il lui dist que non, et que oncques n'en avoit point porté. Et pour ce par le conseil du dit de Saint-Cloud et pour esviter la juridicion et punicion de la court temporelle fist lors fere sa première couronne ès fosbours de la dite ville de Mantes à un barbier qui lors y demouroit.

« Item, dist qu'il a oy dire à un nommé le Beaubarbier qui reppaire en la place Maubert et est un très grant homme aagé de XXX ans ou environ que lui et un nommé Gilet le Bourguignon, du quel il n'a aucune congnoissance, rompirent le tronc de saint Ladre environ la Nostre-Dame en septembre darrenierement passée et dit que y celui Beaubarbier lui montra l'argent qu'il en avoit tiré en lui disant : Regarde, c'est de l'argent du tronc de saint Ladre. Moy, le dit Gilet et Raoulet de Laon dit la Grue dessus dit, en avons eu nostre part. Ne scet il qui dépose ce qu'il pouvoit avoir d'argent en la main d'ycelluy Barbier, parce qu'il ne le compta pas, maiz il se recorde bien qu'il n'y avoit point d'or.

« Item, dist que environ un pou après Pasques darrenièrement passées, que lui et Jehannin du Boys qui est un varlet servant, qui va partout, aagé de XXVI ans ou environ, se partirent de la ville de Montargis, en leur compaignie un jeune home de bel estat nommé Jehannin le Normant, vindrent ensemble jusque à Villeneuve Saint George en la quelle ilz trouvèrent les dessus diz Beaubarbier et Saint-Cloud, beurent illec ensemble tous cinq; et, en venant à Paris, Beaubarbier dist à lui qui parle qu'il ameroit mieulx estre pendus qu'il venist à Paris ainsi mal vestus qu'il estoit, et le Normant devant dit feust si bien vestus qu'il estoit. Lors y cellui Beaubarbier et lui qui parle, estans environ les vignes de Vittry, prindrent complot ensemble de tuer y cellui Normant. Et quant ilz vindrent au dehors d'icelles vignes, il qui parle d'un bâton qu'il tenoit, fery le dit Normant un coup par la teste du quel il le fist cheoir à terre, ez blez estans au plus prez du chemin, et Beaubarbier le acheva de tuer d'une grosse pierre qu'il trouva à ses piez, de la quelle il fery plusieurs coups le dit Normant sur la teste; et dist qu'il estoit environ une ou deux heures de la nuit quant le dit fait fut fait et accompli. Lequel Normant ils devestirent, et des biens d'icellui, ot à sa part un petit fermeillet d'or, qui estoit attaché à un chappeau de bièvre que portoit sur sa teste le dit Normant ; le dit Jehannin du Bois, le chappeau de bièvre ou estoit attaché le dit fermeillet d'or; le dit de Saint-Cloud, deux paires de chausses semelées et une longue houppelande de drap vermeil fourrée de gris rouge ; le dit Beaubarbier, un manteau doublé à usage de homme court, de drap de vermeil par dehors et de noir par dedans; avecques environ VII francs en or et en argent, que ilz beurent et mengèrent, et despendirent celle nuit qu'il fu tuez, ensemble en la ville de Paris, ou ils vindrent boire, n'est record du lieu, ne de la taverne, le juppon du quel murdy, y cellui de Saint-Cloud print et vendi le lendemain en la ville de Saint-Cloud XII francs, lesqueulx ilz burent et despendirent ensemble au dit lieu le lendemain matin du dit fait et murdre advenu.

« Item, dist que, en aoust darrenièrement passé, et un an ou environ, lui et le dit Beaubarbier et Perrin le Breton repairant en la rue des Escouffes à Paris, et le quel est de la cognoissance du seigneur (à l'enseigne) des Bouteilles du dit lieu, marchand de peaulx de mouton, à fere parchemin, et un nommé Gillet le Bourguignon repairant partout, se partirent de la ville de Paris, en entencion d'aler gaigner, et eulx estans au delà de la ville de Vauderland, à une lieue près de Louvres en Parisy, ainsi comme entre nuit et jour, trouvèrent un marchant qui menoit sel sur un petit cheval fauvelet à courte queue; le quel nommé et le dit Perrin Breton prindrent aus corps et le abatirent à terre de dessus son dit cheval, et illec le ferirent de plusieurs coups de cousteaux, et tant qu'il fu tuez; en la bourse ou tasse du quel homme ilz prindrent VII blans. Le quel homme mort et le sel qu'il menoit, ils laissèrent illec, sanz devestir y cellui homme ne desrober autrement ; et le dit cheval menèrent en la ville de Mante, en la quelle ils vendirent un ou deux jours après le dit fait advenu à un homme qui estoit de la cognoissance du seigneur (de l'enseigne) du Cigne, demourant en y celle ville ; et d'y cellui cheval orent trois frans, les quelz ilz dépendirent ensemble en la dite ville, sanz ce que alors ils feissent aucun autre mal murdre ou larrecin quiconques. En alant en la quelle ville de Mante, assez prez et ou chemin de Pierrefrite, à un quart de lieue prez du lieu ou y cellui homme qui conduisoit sel fu tué, ils trouvèrent le dit Beaubarbier et Caisin du Vivier tixerrant de toilles demourant à Paris, le quel est un homme jeune de XXX ans ou environ et rousseau. Les quelx Beaubarbier et Caisin estoient garniz chacun d'une espée et d'une taloche, arc et sagettes, et le dit Caisin d'une cote de fer et d'un bracelez de fer qu'il avoit vestus et miz ; en leur compaignie estoit le dit Saint-Cloud garny d'une dague. Les quelx parlèrent li uns aus autres et sentremandèrent s'ils avoient rien gaigné ; les quelx tant d'une partie comme d'autre dirent que non, et à tant se départirent ensemble. De la quelle ville de Mante lui et le dit Breton qui est varlet de Olivier Pasquier, serviteur de mons. le connestable (Olivier de Clisson) se partèrent et allèrent ensemble dans la ville de Vernon, et le dit Bourguignon s'en ala là où il veult, ne scet où.

« En la quelle ville de Rouen ilz gaignèrent aucune chose ; et d'ilec se partirent et alèrent ou voyage que fist le roi notre sire en Almaigne (en juillet 1388), sanz ce que en alant en y cellui voyage ne en retournant, ilz feissent oncques aucun mùrdre ou larrecin, sinon prendre vivres pour eulz. Duquel voyage d'Almaigne, lui retourné en la ville de Paris, se acompaigna du dessus dit Jehannin la Grue dit Raoulet de Laon, Jehannin d'Estain et Hennequin le Flament[1], repairans partout.

« Et d'icelle ville se partirent ensemble en entencion d'aler gaigner ; alèrent en la ville de Brye Conte Robert, voulans aler droit à Prouvins. Et ainsy qu'ils passèrent par un boys que l'on dit Guignes, se arrestèrent illec ou quel lieu ilz trouvèrent un jeune home qui estoit à pié, et y celui sanz lui dire mot aucun atterrèrent illec de coups de baston, et le dit

---

1. Vassal de Nicolas Le Mire.

Raoulet lui copa la gorge. Auquel homme mort il print une bourse qu'il avoit pendue à sa poitrine en la quelle avoit XII francs seulement; et y cellui homme lessèrent tout vestu, et ne lui ostèrent aucune chose du sien que dist est cy dessus en la place où il avoit esté tuez. Dist avecques ce, que eulx tous ensemble ce fait, vindrent en la ville de Meaulx à la my may darrenièrement passé, à la foire qui y estoit, en entencion de gaigner. En la quelle ville de Meaulx, lui et les ditz Raoulet et Jehannin d'Estain prindrent de jour en l'estal d'un chaussetier iiij paires de chausses, les unes de violette à usage de femme les quelles il donna à Guillemette sa mie, unes de pers, unes vermeilles, et unes de vert. Et aussi prindrent à plusieurs merciers environ X ou XII dagues; les quelles dagues et chausses ilz mirent en gaiges ès tavernes de la dite ville de Meaulx pour leurs dépens faiz en y celle ville, et en un mesme jour que les dittes chausses et dagues furent prinses, ilz prindrent deux grans chauderons neuf les quelx ils apportèrent à Paris et y ceulx vendirent en la grant rue Saint-Martin X fr. par l'un, et l'autre XII, le quel argent ilz despendirent ensemble.

« Item, dist que depuis ce, qu'il a esté délivré de prison de Chastellet par les grâces de la royne, il seul a prins et gaigné d'une vielle mercière qui vend mercerie derrière Saint-Innocent, xij coiffes de soye, les quelles il a vendues XII f. à Ameline, femme Jehan de Warluz, prisonnière au Chastellet.

« Item, depuis ce et à la porte Baudoir, sur un faiseur de bourses et mercier, un cousteau à usage de femme avecques une bourse, la quelle bourse il a baillée et donnée à la dite Guillemette sa mie.

« Item, durant le temps qu'il fu en la dite ville de Meaulx, il print et embla à un espicier environ iij l. de poudre estans en un sachet de cuir, de la quelle quant il s'en fu, il vendit le demourant d'icelle iij f. à un nommé Drony, mercier.

« Item, dist que durant le voyage que l'en fist en Flandres, quant l'en cuida passer en Engleterre (en 1386), il et autres compaignons bretons, ne scet quel nombre, ne aussi les noms d'iceulx, entrèrent par force en l'église de Bailleul, rompirent coffres, aumailes et et huys de vestiaires estans illec, et en y celle prindrent plusieurs vestemens à ournemens et autres choses que l'en trouva l'éans, chacun du mieulx qu'il pot, dont il ot sa part des diz vestemens de drap, de soye et d'y ceulx, fist fere de la robe pour soy vestir. Et aussy fu en une autre église assez prez du dit lieu de Bailleul, la quelle semblablement il desroba par la manière que dit a la dite église de Bailleul; durant le quel voyage...

« Item, dist que iij sepmaines ou environ lui et Jehannin de Saint-Omer dit Cousin, pionnier repairant partout, de jour, prindrent à l'uys dun pellteier demourant en la rue Sainte-Croix de la Bretonnerie un peliçon de connins qui estoit à sa fenestre, et y cellui porta pour vendre en la *ville* de *Bobigny*, pour lequel fait il fu illec arresté et détenu prisonnier.

« Item, dist que, un mois ou environ, il print en la ville de Saint-Denis en France ou clos à l'Abbé, neuf aulnes de napes ou environ que l'en avoit mises sécher en y cellui cloz, et les quelles l'en moilloit pour blanchir, les quelles napes il vendi xiij f. à la dite Ameline, femme du dit Jehan de Walus.

« Item, lui et le dit Raoulet, environ la Notre-Dame en septembre darrenièrement passée, ès Champeaux à Paris emblèrent iiij coiffes de soye, iiij anneaux d'argent, et deux dagues, les quelz choses ilz vendirent au dit de Warlus et à la dite Ameline, sa fiancée, n'est record quelle somme d'argent. Et dist sur ce requis, que de présent il n'est record d'aucuns autres meffaiz par lui faiz; et pour ce, requiert qu'il ait temps de ce adviser.

« Le mardi XXVIe jour du dit mois d'ottobre l'an iiij^{xx} et neuf dessus dit, par devant mons le prévost, présens maistre Jehan Truquam lieutenant, Dreue d'Ars, auditeur, Martin double advocat, Andry le Preux procureur du roy ou Chastellet, Jehan Deley et Michel Marchant advocas ou dit Chastellet, Jehan de Bar, Pierre Gilbert, Nicolas Chaon, Robert de Tuillières, Arnoul de Villiers, Jehan Soudant, Jehan de Thuillières, Robert de Pacy, et Girart de la Haye, examinateurs au dit Chastellet; fu fait venir en jugement sur les carreaux le dessus dit Jehannin le Brun prisonnier, au quel fu leu et récité le procès et confession par lui faites, cy devant escriptes et ce lui demandé se elles avoient par lui ainsi esté congneues et se elles estoient vrayes par la manière que escriptes sont.

« Le quel prisonnier sur ce juré par serement et requis, dist que autreffois il les avoit congnues et encore les cognoissoit et confessoit estre vrayes par la fourme et manière que elles contiennent et sont escriptes.

Et ce fait fut le dit prisonnier fait remettre es prisons, dont il estoit partis.

« Le quel mons. le prévost demanda aux diz conseillers présens leurs oppinions sur la confession d'icellui prisonnier, et qu'il estoit bon à fere? Tous les queulx veu et considéré ce que dit est, délibérèrent et furent d'oppinion que icelluy Jehan le Brun, prisonnier, estoit digne de souffrir mort, comme traître du roi notre sire, cest assavoir qu'il feust traînez, décapitez et après ce, le corps et la teste d'icelluy pendus à la justice du roi nostre sire. Et ad ce fu par le dit mons. le prévost condempné y cellui Jehan le Brun. »

Nous ne citerons pas ici la pièce de comparution et de confession de Raoulet de Laon, dit Jeannin la Grue, compagnon de Jean le Brun, dans la plupart des excès, des délits et des crimes qu'il commit, afin de ne point fatiguer le lecteur par des répétitions inutiles. Sans plus de retard, nous mettons sous ses yeux le récit instructif de l'exécution du redoutable malandrin.

« Le mercredi IXe jour du dit mois de mars mil cccIIIj^{xx} et neuf, le dessus nommé Jehan le Brun, prisonnier, fu mené à son dernier tourment, et eschaufaut es hales; et illec, en la présence de maistres Jehan Truguan, lieutenant; Jehan Soudant, examinateurs; Jehan le Forestier, Robert Pince, Guillot Piart, sergens à cheval; Jaquet le Piquart, Denisot Ono, Jehannin Raimbot, Perrin de Sains, sergent à verge, et autres plusieurs sergens tant à cheval, comme à pié, fu dist et récité, par le dit lieutenant, au dit prisonnier, les confessions par lui faittes, esquelles il persévéra et continua comme devant avoir fait; et ce fait, lui furent leues les accusations cy dessus escriptes, et les noms des accusez par lui, à en la dicte confession et autres faictes à part, esquelles confessions et accusacions par lui faictes, en tant comme il touche les cas et fais, dont chargez les dessus nommez: Raoulet de Laon, dit Jehannin la Grue, Jaquet le Bastart, dit d'Amiens, Jehannin de Saint-Cloud, Beaubarbier; Gilet le Bourguignon, Jehannin du Bois, Perrin le Breton, Jehannin d'Estain, Hennequin le Flament, Jehannin de Saint-Omer, dit Cousin, Jehan de Varlus et Ameline sa femme, Richart de Compiègne, Jaquet Augier, dit le Huchier, Jehanin Fontaine, Raoulet du Pré dit Baquet, Guillemin des Aubiers, Gilet Malingre, dit Bruyère, Olivier le Bouchier, dit le Lyon, Jehannin de Boigny, dit le Page, et Bertrand Waine; il a continué et persévéré, disant et affermant que les accusacions contre eulx par lui faictes estoient vrays.

« Item, et en tant qu'il touche les accusacions cy dessus escriptes par lui faictes contre les dessus nommez : messire Jehan de Cesay, chevalier, Perrin de Creux, Caisin du Vivier, Thomassin de Valois, Perrin du Quesnoy, Jehannin de Briençon, Colin Petit, dit l'Enfant, Perrin Nor... Jehan Phelipot, dit Grant-Jean, Jaquet de Baillon, Michelet d'Auxerre, Ivonnet Poulalet, Robinet de Gournay, Vattelet et Jacquemin de Marbray, le Camus de Saint-Quantin ; dist et afferma par son serement et sur la part qu'il entendoit à avoir en Paradis que en eulx il n'avoit onques veu ou sceu mal aucun et que les dittes accusacions il avoit controuvées, machinées et pensées contre chacun d'eulx, par la temptacion et ennortement de l'ennemy, et les avoit controuvées sur eux à fin deschever et qu'il ne mourut pas si très tost, en pensant en soy que, quant il ne sauroit plus armé escuyer, que de lui seroit fait justice. Des quelles accusacions il se repentoit moult fort, comme triste et marry d'avoir fait icelles, et que c'estoit le péché que oncques il eust fait, dont il se doustoit plus encourir en l'indignacion de Notre-Seigneur Jésus-Christ. Et autre chose ne veult cognoistre ; et pour ce de lui en entre sinant icellui, fu le dit jugement exécuté, c'est assavoir le col coppé, et en après le corps et la teste menez à la justice du roy, et illec penduz.

« Et n'avoit le dit Jean le Brun aucuns biens.

Al. CACHEMAREE [1]. »

Nous ne connaissons pas d'autres censitaires de la seigneurie au temps de Jean de Gisors, c'est-à-dire à la fin du XIIe siècle, que Pernelle Landierme, André Porcheron, Périnet du Coudray, et Amaury de la Charmoye.

Sous Jean Le Mire, d'après son aveu et dénombrement fourni, en 1315, à l'abbé de Saint-Denis, on trouve comme censitaires : Adam d'Amiens, Jean Cailleu, Philippe Damoisel, Thomas le Thuilier, Nicolas Foucart, Jean de Saint-Benoît, et Gérard de Courcelles.

Les vassaux de Nicolas Le Mire, haut, moyen et bas justicier de

---

1. *Extrait du regist. crimin. du Châtelet de Paris*, du 6 septembre 1389 au 18 mai 1392, publié pour la première fois par la Société des bibliophiles français ne 1861 ; à Paris, chez Lahure.

Bobigny, après Jean Le Mire, en 1351, furent : Hennequin le Flament, Jean Cognet, Jean Damoisel, Gérard de Montaigu, Pierre de Landres, Robert l'Escrivain et Geoffroy de Villaine.

En 1396, année de la mort d'Étienne de Braque, seigneur de Bobigny, les vassaux les plus importants de la seigneurie étaient : Guillaume Vuiderme, Hugues de Guingamp, Révérend Père en Dieu Mgr de Poitiers, puis de Paris, Gérardin de Montaigu, Nicolas de l'Espoisse, Bernard de la Fontaine, Philippe de Paris, Jean de Nanterre et Étienne l'auteur de Vielleville, aïeul de François de Scépeaux, seigneur de Vielleville, des *Mémoires*, personnage illustre.

Entre ces divers possesseurs de fiefs ou propriétaires à Bobigny, nous consacrerons un article spécial à la famille de Montaigu et à Nicolas de l'Espoisse, à cause de son gendre, le bâtard d'Aunay.

GÉRARD DE MONTAIGU, en 1352.

GÉRARDIN DE MONTAIGU, son fils, en 1391; quatre-vingt-quinzième des évêques de Paris.

Armes : D'argent, à la croix d'azur, cantonnée de quatre aigles de gueules[1].

Le lecteur a pu remarquer, dans le dénombrement de ses biens de Bobigny donné par Nicolas Le Mire à l'abbé de Saint-Denis, en 1352,

---

1. Le P. Anselme, t. VI, p. 377, et de la Chenaye-Desbois, t. XIV, 1re part., p. 3.

BOBIGNY.

les fiefs d'Eaubonne et de la Motte, appartenant à Gérardin ou Gérard de Montagu et relevant en censive de la seigneurie de Bobigny. Gérard de Montagu, ou Montaigu, notaire et secrétaire du roi, bourgeois de Paris, fut anobli, lui et sa postérité, avec faculté de parvenir à la chevalerie par le roi Jean II, dit le Bon, par lettres données à Amiens, au mois de décembre 1363, l'année même qui précéda son retour en captivité et sa mort. A son avènement au trône, Charles V dit le Sage le fit trésorier et garde de ses chartres, à la place de Pierre Tuépain, qui n'était plus en état d'exercer cette fonction. Il fut ensuite pourvu d'une charge de maître des comptes extraordinaire, par lettres du roi Charles VI, datées du 13 mai 1384. Maître Gérard de Montaigu mourut le 15 juillet 1391 et fut enterré dans une chapelle dite de Saint-Michel, qu'il avait fondée dans l'église Sainte-Croix de la Bretonnerie. Il eut pour femme Biette de Cassinel, fille de Guillaume de Cassinel Ier, seigneur de Romainville, de Pomponne et autres lieux, qui décéda en l'année 1394 et fut inhumée dans le même tombeau que son mari.

De leur union trois fils prirent naissance :

1. Jean de Montaigu, vidame de Laon, seigneur de Montaigu, près de Poissy, de Marcoussis et de Bois-Malesherbes, chevalier, conseiller et chambellan du roi, souverain maître de son hôtel et surintendant des finances sous les rois Charles V et Charles VI, et fondateur du magnifique couvent des Célestins de Marcoussis. Accusé de concussions par la faction des Bourguignons, il fut condamné au dernier supplice et exécuté aux Halles, le 17 octobre 1409. Il avait épousé Jacqueline de la Grange, dont il eut plusieurs enfants.

2. Gérardin de Montaigu, qui devint, après la mort de son père, possesseur des fiefs d'Eaubonne et de la Motte, situés à Bobigny. Il avait été élevé à la cour sous les yeux du roi Charles VI, son protecteur, et remplit d'abord les fonctions de notaire et de secrétaire du roi, puis celles de maître des comptes et de trésorier garde des chartres du roi, par lettres du 18 novembre 1391. Le 7 octobre 1396, il fut envoyé à Saint-Omer, au sujet du mariage d'Isabelle de France avec le roi d'Angleterre. Il était pour lors archidiacre de l'église de Cambray. Il fut nommé évêque de Poitiers en 1405 et transféré à l'évêché de Paris le 25 juillet 1409 par le pape Alexandre V. Il y fut reçu le 22 novembre suivant, en présence du roi de Navarre, des ducs de Berry, de Bourgogne et de Bourbon, et de

plusieurs autres princes et prélats et d'une grande multitude de peuple.

Après la mort néfaste de Jean de Montaigu, surintendant des finances, Girardin de Montaigu, tout nouvellement établi dans son hôtel épiscopal, quitta Paris et se retira pour un temps en Savoie, avec la veuve et les cinq orphelins de son frère. Il ne revint avec eux de cet exil volontaire qu'en 1412, lorsqu'il eut reçu la permission d'enlever du gibet la tête et le corps de Jean de Montaigu, et de lui donner une sépulture honorable et digne du rang qu'il avait occupé dans l'État.

Après avoir obtenu la réhabilitation de ce frère vénéré, il fit célébrer à son intention un service solennel dans l'église Saint-Paul de Paris, et acheva ses funérailles en le faisant inhumer dans le couvent des Célestins de Marcoussis.

3. Jean de Montaigu, le plus jeune des fils de Gérard de Montaigu, archevêque de Sens, qui occupa quelque temps la charge de président de la chambre des comptes.

Girardin de Montaigu, son frère, le remplaça dans cet emploi le 10 novembre 1413. Comme évêque de Paris, il condamna, le 23 février 1414, l'erreur de Jean Petit, docteur en théologie, qui s'était efforcé, dans un écrit apologétique, de justifier le duc de Bourgogne Jean sans Peur, l'auteur de l'assassinat du duc Louis d'Orléans, et il fit brûler publiquement son livre sur la place du parvis Notre-Dame. Dans le cours de cette même année, Girardin de Montaigu consacra l'église Saint-Jacques de la Boucherie et ordonna une procession solennelle à l'église de l'Abbaye Saint-Germain des Prés, pour la santé du roi, la paix du royaume et la maturité des biens de la terre. Le 23 décembre 1415, il fit l'inhumation, dans le chœur de la cathédrale, du corps de Louis, duc de Guyenne et dauphin de Viennois, fils de Charles VII. Le 8 mars 1416, il reçut, à la tête de tout le chapitre et de tout son clergé, dans l'église métropolitaine, l'empereur d'Allemagne Sigismond, qui était venu la visiter. Enfin, dans les années 1417 et 1418, il s'empressa de donner au roi des sommes importantes, pour fournir aux frais de la guerre contre les Anglais, qui avaient envahi le royaume.

Girardin de Montaigu avait quitté son palais épiscopal et s'était retiré à l'abbaye de Saint-Maur, quand les troupes du duc de Bourgogne, allié de Henri V, roi d'Angleterre, ayant à leur tête Jean de Villiers de l'Isle-Adam, entrèrent par surprise dans Paris. C'était le 29 mai 1418. L'évêque de Paris, qui avait à craindre la vengeance du duc de Bourgogne, s'enfuit en Touraine, où il mourut dans le village d'Azay-le-Rideau, le 25 septembre de l'année 1420. Son corps fut inhumé près de celui de Jean de Montaigu, dans le couvent des Célestins de Marcoussis.

Les propriétés que Girardin de Montaigu possédait à Bobigny, c'est-à-dire les fiefs d'Eaubonne et de la Motte, passèrent après sa mort aux Célestins de Paris, auxquels il les avait légués par testament.

Nous dirons, au troisième chapitre, un mot de cet ordre religieux, en même temps que nous donnerons le détail des biens que le couvent possédait à Bobigny. Et même, à la fin de ce second chapitre, en indiquant la position géographique des deux fiefs d'Eaubonne et de la Motte, nous trouverons l'occasion d'offrir au lecteur quelques détails historiques touchant ces deux fiefs.

Nicolas de l'Espoisse, notaire et secrétaire du roi, seigneur de l'Espoisse au Lombart était originaire de la Chapelle-Gauthier en Brie. Dès 1370, on le voit figurer en qualité de procureur au Parlement, et ensuite de greffier des présentations. Il rendit dans sa profession des services considérables à tout l'entourage du roi. Aussi, Charles VI le récompensa-t-il en l'anoblissant avec sa femme Emmeline et leur postérité, par lettres du mois de mars 1385. Il est cité parmi les membres de la cour du Parlement, qui prêtèrent serment de fidélité au roi le 5 août 1417. Lorsqu'il était à Paris, il habitait avec sa famille une maison située rue de la Montagne-Sainte-Geneviève et qui avait pour enseigne la Pomme-Rouge. Il maria, vers 1416, Jeanne sa fille à Jean d'Aunay dit le bâtard d'Aunay, et mourut au mois de décembre 1420.

Nicolas de l'Espoisse possédait à Bobigny une maison avec dépendances et terres, qu'il légua par testament à Jeanne, ainsi que sa terre et seigneurie de l'Espoisse au Lombart. Dans un codicile uni à ce testament, il la fait ressouvenir qu'en la mariant, il l'a dotée de quantité de biens, et que depuis il n'a cessé de la combler de présents. En conséquence, il lui recommande et à Jean d'Aunay son mari de veiller avec le plus grand soin à l'accomplissement de ses dernières volontés [1]. Lorsque Jeanne voulut recueillir la succession paternelle, elle en fut empêchée sous prétexte que Jean d'Aunay son mari avait suivi le parti

---

1. Voir la copie de ce testament au troisième chapitre.

du dauphin, et qu'il combattait dans les rangs des défenseurs de Meaux. Les biens de Nicolas de l'Espoisse furent mis sous séquestre, et Jeanne n'obtint la levée de la saisie que le 11 février 1422, à la condition de payer au Trésor cent vingt livres parisis pour les biens meubles et une redevance annuelle de quarante livres sur les immeubles, tant que durerait son mariage avec Jean d'Aunay, encore parce qu'il fut démontré que Jeanne de l'Espoisse avait vécu depuis quatre ans loin de son mari, dans la maison de son père[1].

Après sept mois d'une résistance opiniâtre, la ville de Meaux se rendit, le 2 mai 1422, à Henri V, roi d'Angleterre. Au nombre des capitaines de la garnison française qui négocièrent la capitulation, Monstrelet fait figurer Jean d'Aunay, l'époux de Jeanne de l'Espoisse[2]. Et il est à croire, puisqu'on n'entend plus parler de lui, que le vainqueur le fit conduire en Angleterre avec les autres captifs dont il espérait tirer bonne rançon, et qu'ayant été enfermé avec eux dans la tour de Londres, il y mourut.

Vers le même temps que le *bâtard* d'Aunay, mais moins âgé que lui d'une douzaine d'années, vivait aussi Jean d'Aunay, dit le Gallois, fils de Charles d'Aunay le Gallois, tué à l'âge de vingt-six ans, à la bataille d'Azincourt en 1416, et de Jacqueline de Paillart, dame en partie de Goussainville, et petit-fils de Robert d'Aunay le Gallois, chevalier, grand-maître des eaux et forêts, seigneur d'Orville, près Louvres, et de Villeron, qui mourut en 1427 et fut inhumé dans l'abbaye du Val, et de Jeanne la Thioise.

Jean d'Aunay le Gallois imita plusieurs membres de sa famille qui s'étaient attachés au duc de Bourgogne, Philippe le Bon, rallié depuis le traité de Troyes, conclu le 20 mai 1420, à Henri V d'Angleterre, contre le dauphin, fils de l'infortuné Charles VI.

Parmi les bourgeois de la parenté de Jean d'Aunay le Gallois, unis par serment aux ennemis de la France, nous pouvons citer Denis Paillart et Guillaume Paillart ; et parmi les chevaliers bannerets, Jean de Fosseux et Jean de Hornes, qui, le 30 août 1421 en particulier, livraient bataille à Mons-en-Vimeux aux partisans de Charles. Jean d'Aunay le Gallois combattit lui-même à côté des Anglais (selon Monstrelet), à la

---

1. *Arch. nat.* (X^{1c}, 123).
2. E. de Monstrelet, t. I, p. 310. — Idem. *Journal d'un bourgeois de Paris*, p. 169, publié par Alex. Tuéty, chez Champion, à Paris.

journée des Harengs, le 12 février 1429, et il fut armé chevalier par Falstof après la victoire [1].

Il épousa cette même année Isabelle de Rouvroy Saint-Simon, fille aînée de Gaucher de Rouvroy, seigneur de Saint-Simon, et de Marie de Sarrebruck, et il est mentionné avec sa femme dans un procès plaidé au Parlement peu de jours après son mariage. Jean d'Aunay fut un des chefs de l'expédition qui, en 1431, réduisit sous l'obéissance du roi d'Angleterre Henri VI, enfant de dix ans, certaines places voisines de la capitale et qui échoua misérablement à Lagny, dont le duc de Bedford leva précipitamment le siège au mois d'août de l'année suivante. Cependant le jeune roi d'Angleterre avait pu être couronné roi de France à Notre-Dame de Paris, le 17 décembre 1431.

Le *Journal d'un bourgeois de Paris* marque qu'à l'entrée du mois de mai 1434, le fameux comte anglais Jean Talbot, s'étant joint au maréchal de l'Isle-Adam, à l'évêque de Théroenne et à Jean d'Aunay le Gallois, ils s'emparèrent sans résistance de Beaumont-sur-Oise.

Le traité d'Arras, conclu le 22 septembre 1435, entre Philippe le Bon, duc de Bourgogne, et le roi de France Charles VII, détacha définitivement Jean d'Aunay, ainsi que beaucoup d'autres Français, des Anglais. Ceux-ci, vers la fin d'avril 1437, étant encore maîtres de Meaux, sortirent en nombre de cette place, afin de se venger de la défection de Jean d'Aunay. Ils vinrent mettre le siège devant le château d'Orville et s'en emparèrent. La garnison, mécontente de ce qu'elle n'était point payée depuis longtemps de sa solde, l'avait livré à la première sommation de Guillaume Chamberlan, capitaine ennemi. Jean d'Aunay put s'échapper par la fuite. Mais le capitaine anglais, après avoir fait démanteler la forteresse, s'en retourna à Meaux avec sa troupe, emmenant prisonnières Isabelle de Rouvroy et quatre de ses servantes. Cette dame ne recouvra sa liberté qu'en payant 1,400 écus pour sa rançon. Mais bientôt, grâce à l'artillerie de Jean Bureau, sous les ordres du connétable de Richemont, Meaux fut repris en quinze jours, au mois d'août 1439.

Par trois arrêtés du Parlement, en date du 23 décembre 1462, Jean d'Aunay, dit le Gallois, chevalier, seigneur d'Orville, de Goussainville en partie, de Louvres, Villeron, Lisy, Montretout, etc., fut condamné à payer

---

1. E. de Monstrelet, t. I, p. 309.

à Jeanne Rataut et à ses enfants les dépenses de l'instance qu'il soutenait contre eux, particulièrement à l'égard de droits sur le moulin de Goussainville. Ces procédures prirent fin, ainsi qu'il a été dit plus haut, par l'alliance de Philippe d'Aunay III et de Catherine de Montmorency, entre les mains desquels la seigneurie de Goussainville fut réunie en 1468. Jean d'Aunay, cette même année, conjointement avec Isabelle sa femme, pour la sûreté d'une rente, engagea les terres d'Orville et de Louvres. Il mourut le 8 novembre 1489. Son épitaphe se voyait encore avant la Révolution, dans la chapelle du collège de Saint-Jean de Beauvais, à Paris. Il y était qualifié conseiller et chambellan du roi [1].

Nous rappellerons ici les principaux censitaires, tant nobles que roturiers, inscrits au papier terrier des héritiers de Charles de Montmorency, seigneur d'Auvreymesnil, de Goussainville et de Bobigny, commencé quelques années après sa mort, arrivée en 1461, et dont se servit en l'année 1509, le 20 juin, François de Boisbaudry, seigneur de Bobigny, lorsqu'il donna à Simon Sanguin, seigneur de Livry, son suzerain, l'aveu de ses biens et revenus à Bobigny.

Cette nomenclature nous fournira l'occasion de rapporter les faits historiques parvenus à notre connaissance touchant leurs personnes et leurs familles.

A la page 69 de notre travail, une des premières de la copie que nous donnons de ce terrier, on lit ce qui suit : « Maître Pierre d'Orfèvres, quatre deniers parisis pour demy arpent de terre près dudict pont des Marets [2]. Maître Pierre d'Orfèvres, ou Pierre l'Orfèvre, deuxième du nom dont il est ici parlé, était fils de Pierre l'Orfèvre Ier, seigneur de Pont-Sainte-Maxence, maître des comptes, et de Jeanne de Laillier, qui lui porta par son mariage la terre d'Ermenonville, fille de Michel de Laillier Ier, seigneur d'Ermenonville et de Guillemette Jourdain.

Pierre l'Orfèvre Ier, après la prise de Paris par les Bourguignons en l'année 1418, se rendit à Orléans s'établir sous l'obéissance de Charles Dauphin. Par suite de son départ, les biens qu'il possédait à Paris furent

---

1. L'abbé Lebeuf. *Hist. de Paris*, t. III, p. 341, et t. V, p. 463.
2. Pont jeté sur le ru de Montfort, à l'endroit où passe la chaussée du Bourget, dite de nos jours route de Flandre. Elle faisait alors la séparation des territoires de Bobigny et de la Courneuve. Cette route, redressée dans le siècle dernier, a été reportée environ deux cents mètres plus loin.

confisqués : sa maison, rue Sainte-Croix-de-la-Bretonnerie, en face même de l'église de ce nom; son grand hôtel de la rue du Plâtre, plus une grange assez importante et une petite maison qu'il possédait rue Pernelle[1]. Après cinq ans d'absence de la capitale, Pierre l'Orfèvre Ier obtint de Henri VI, roi d'Angleterre, des lettres de rémission, données à Paris dans le mois de décembre 1424, qui lui permettaient de rentrer dans ses foyers[2]. Néanmoins, Pierre l'Orfèvre Ier, avec Jean de la Fontaine, accompagna Michel de Laillier Ier, maître des comptes, son beau-père, lorsqu'il se mit à la tête des milices parisiennes, et qu'au péril de sa vie il ouvrit, le 13 avril 1436, les portes de la capitale aux troupes de Charles VII, commandées par le connétable de Richemont. Avec la terre d'Ermenonville, Jeanne de Laillier lui avait apporté en se mariant celle du Vivier-lez-Aubervilliers. Pierre l'Orfèvre Ier mourut le 19 juin 1452 et fut enseveli dans l'église de Sainte-Croix de la Bretonnerie[3].

Pierre l'Orfèvre II, son fils, seigneur après lui de Pont-Sainte-Maxence, d'Ermenonville et du Vivier-lez-Aubervilliers, chambellan du roi, conseiller au Parlement, s'allia à Geoffraise Baillet. La chronique scandaleuse marque, en mars 1473-1474, le séjour du roi Louis XI à Ermenonville chez maître Pierre l'Orfèvre II, et c'est de ce même Ermenonville près Senlis que le roi data trois mois plus tard les lettres par lesquelles il instituait Denis Hesselin, son fidèle conseiller, élu de Paris, clerc, greffier et receveur tant du domaine que des aides, et payeur des œuvres de ladite ville. Pierre l'Orfèvre II était cousin de Denis Hesselin[4].

De son mariage avec Geoffraise Baillet naquit Bertrand l'Orfèvre, seigneur après lui de Pont-Saint-Maxence, d'Ermenonville et du Vivier-lez-Aubervilliers, qui épousa Valentine l'Huillier de Manicamp vers 1525. Ils eurent deux filles : Anne, dame d'Ermenonville, mariée en 1515 à François Juvenal des Ursins, et Jeanne de la Motte-Jousserand, qui fut unie à Charles de l'Hôpital.

A la même page 69 de la copie du terrier, on lit que Pierre Rouveau, laboureur au Pré-Saint-Gervais, et Jeanne sa femme, au lieu de Pierre Corbin, possédaient à Bobigny quatre arpents de terre en une pièce, plus

---

1. Dite de nos jours rue de l'Homme-Armé.
2. A. Longnon. *Paris pendant la domination anglaise*, p. 146 et 147.
3. L'abbé Lebeuf. *Cocheris*, t. I, p. 367.
4. A. Vitu. *La Chronique de Louis XI, dite scandaleuse*, p. 42-55.

deux quartiers de terre et une maison avec son jardin sur la grande rue, tenant à une petite ruelle, pour lesquels ils payaient au total sept sous de cens. Les Rouveau, pendant plus d'un siècle notaires à Belleville, appartenaient, c'est assez probable, à la même famille que le Pierre Rouveau ici mentionné.

A la page 70, on voit que les enfants mineurs de Jean Lapostolle à cause de Jean-Frémin, charpentier, avaient une masure et jardin clos de fossés au bout de Bobigny, du côté de Saint-Denis, à l'angle formé par la grande rue allant à Saint-Denis et le chemin de l'Orme de la Motte, le long du Petit-Gué. Mathieu Paquotet, qui tenait en location les biens de ces mineurs, possédait une maison située devant le carrefour de la Croix, voisine de celle de Guillaume Andry.

Page 71, Gilles Bénard, manouvrier, est marqué comme possédant à Bobigny, sur la grande rue, entre Jean Delolme et Colin Berthe, une maison, masure, cour et jardin, pour lesquels il payait cinq sous de cens.

Page 72, Jean Blancheteau aîné, vigneron, demeurant à Noisy-le-Sec, entre autres biens à Bobigny, est dit posséder un demi-arpent de terre, sous la Justice, attenant à l'arpent de terre légué par Thomas Béquignart, à la fabrique; et posséder également, par moitié avec les héritiers de Thomas Béquignart, la masure de la Barre, située sur la grande rue et voisine de la grange du château.

A la même page 72, Denis David, marié à une fille de Simon Lhuillier, est dit demeurer à Bobigny et y posséder un quartier de vignes.

Il est aussi marqué, à cette page 72, que les enfants de Thomas Dufour et ses héritiers : Simon Dufour et Pierre Dufour, frères, paroissiens de Bobigny, y avaient une maison, cour, puits, granges, étables, jardins, le tout comme il se comporte, et situé sur la grande rue, tenant par derrière à la sente des murs du village, avoisinant d'un côté Perrin Mouchet et de l'autre les héritiers Pierre Corbin; et ils possédaient encore en plusieurs pièces soixante et dix arpents ou environ sur le territoire.

Marx, ou pour mieux dire Marc Régnart, laboureur à Pantin, est dit, à la page 76, propriétaire de onze arpents de terre en une pièce, située au val Pantin, jadis la propriété de Berthaut de Landres. Dès le lendemain de la prise de Paris, le 14 avril 1436, le connétable de Richemont institua Michel de Laillier, qui lui avait ouvert les portes de cette ville, prévôt des marchands, et il désigna en même temps quatre nouveaux échevins, qui furent Collinet de Neufville, Jean de Grandrue, Jean du Belley et Pierre de Landres, tous les quatre originaires de Paris.

Pierre de Landres, père de Berthaut de Landres, possédait un fief sur Drancy, en censive de Bobigny, consistant en une masure et deux arpents et demi de terre. Il recueillit de ses père et mère une riche succession qui lui permit, en 1420, d'affermer, avec Philippot de Brabant et autres associés, l'exploitation des monnaies du nord de la France et de prêter au roi une somme de mille écus d'or, garantie par l'évêque de Beauvais.

Pierre de Landres succéda, en juillet 1420, à Renaud de Thumery, comme maître particulier de la monnaie de Paris, sous la caution de deux de ses confrères, Philippot de Brabant et Germain Vivien. Resté à la tête de l'atelier monétaire de Paris jusqu'au 7 janvier 1427, il le transmit à Rémond Marc. Charles VII n'oublia point les services rendus à sa cause par Pierre de Landres, et, dès le mois de juin 1436, le créa général maître des monnaies; mais il ne fut reçu que le 22 février 1437, sur l'ordre exprès du roi. En 1441, le même prince le nomma, avec Gaucher Vivien, général réformateur des monnaies dans tout le royaume, et renouvela ses pouvoirs les 5 novembre 1442 et 11 avril 1444, après la réduction du nombre des généraux maîtres. Il remplaça Michel de Laillier comme prévôt des marchands le 23 juillet 1438; à l'expiration de sa magistrature, le 23 juillet 1640, il fut maintenu « pour ce que à ce temps il estoit absent pour les affaires de la ville »; de même le 30 juillet 1642, cette fois « à la prière et par lettres missibles du roi ». Il céda la prévôté en 1444 à Jean Baillet. Pierre de Landres laissa, d'un second mariage avec Colette Barbière, fille de Guillaume Barbier, écuyer, un fils Denis, mineur en 1447; sa fille Pernelle, mariée à Jean de Vaudetar, fut inhumée à Saint-Merry. Cet article est entièrement emprunté à M. Alexandre Tuéty, le savant annotateur du *Journal d'un bourgeois de Paris* (1405-1449, pages 222-224).

Même page 76 de la copie dudit terrier, Guillemin ou Guillaume Andry, héritier pour un quart de Thévenin Andry, son père. Cet opulent laboureur ne possédait pas moins de cinquante arpents de terre sur Bobigny. Il mourut en l'année 1508, ainsi qu'on le voit gravé sur sa pierre tombale, dont nous avons reproduit l'inscription[1]. Il avait épousé Jeanne Béquignart, fille de Thomas Béquignart, possesseur du fief de ce nom, riche héritière à laquelle il laissa en mourant quatre enfants en bas âge.

Thévenin Andry ou Étienne, père de Guillaume, marguillier de la fabrique de Bobigny en 1570, paraît avoir été le fermier de Jean, bâtard d'Aunay, et être devenu l'acquéreur de ses propriétés, lorsqu'on eut la certitude qu'il était mort dans les prisons d'Angleterre. La maison de Jean d'Aunay, avec son jardin de cinq quartiers, était située à l'entrée de la rue du Moustier et proche de la maison curiale, ainsi qu'on le voit écrit à la page 80 de la copie du terrier dont nous faisons ici une sorte d'analyse historique, tandis que la maison particulière de Thévenin Andry paraît avoir été sur la place du carrefour de la Croix, entre le presbytère et la ruelle du château.

Dans la nomenclature des biens laissés à ses enfants, après sa mort, par Jeanne Andry, fille de Thevenin Andry, sœur de Guillemin Andry et femme de Thomas Dufour, cette dame paraît avoir eu pour habitation et propriété avec son mari la maison dite des Marmousets, située sur la grande rue et longeant par côté celle de Dîne-Souris. Ses biens en terres, du côté paternel, pouvaient s'élever à Bobigny, comme ceux de Guillemin Andry, son frère, au chiffre de cinquante arpents de terre.

On voit, à la page 81, que Toussaint Pierrot, laboureur à Bobigny, au lieu de Jacquet Corbin, avait deux masures sises à l'opposé l'une de l'autre et voisines de l'église.

Page 81, Raoulet le Noir, laboureur, demeurant à Bobigny, au lieu de Jean Milcent, avait sa maison devant le château, sur la grande rue et près du four bannier.

Page 83, les enfants de Thomas Béquignart, Mariot Béquignart, laboureur à Bobigny, Jeanne Béquignart, femme de Guillemin Andry, Jeanne Béquignart, femme de Jean Dufour, la femme d'Étienne Troussevache, laboureur à Noisy-le-Sec, la femme de Perrin Pinel, laboureur à Bondy, et Thomas Béquignart, laboureur au Petit-Drancy, tous héritiers de leurs père et mère pour des biens importants; néanmoins, Mariot Béquignart, par diverses acquisitions qu'il fit dans le cours de sa vie,

1. Page 87.

réunit un plus grand nombre d'immeubles en propriété que ses frères et sœurs. Il est, en effet, marqué à la page 90 qu'il possédait au lieu de Jean de Néel et de Jacques Le Mire une masure, terre et saulsaie, dans la ruelle du Cul-de-Sac; le tout tenant d'une part à Jean Anneneau, d'autre à Guillaume Andry et aboutissant sur le ru.

Page 89, Denis Dufour, locataire après Perrin Mouchet d'une maison avec jardin attenant, le tout situé sur la grande rue et avoisinant d'un côté messire Guillaume Paillart et d'autre côté le même Denis Dufour, fils de Gobin Dufour, en tant que locataire de Mlle de Bobigny.

Mlle de Bobigny, dont il est ici parlé, n'est autre que Jeanne Rataut, veuve de Charles de Montmorency. Le registre de ses comptes, de 1463 à 1467, ne la qualifie pas autrement. Il y est marqué qu'en juillet 1464 elle envoya la fille de Perrin Mouchet et le fils de Luillier, habitants de Bobigny et jeunes fiancés, assister aux noces de la nièce de Mgr de Montmorency, et qu'elle dépensa pour leur procurer ce plaisir honorable treize sols parisis. Déjà, le 8 juillet 1463, Jeanne Rataut, à la requête de Marguerite et de Catherine, ses deux filles, avait remis entre les mains de Jean Dilais, son régisseur, afin de les donner et bailler à la fille de Gobin Dufour, son fermier nouvellement installé à Bobigny, comme cadeau de ses noces, qui devaient se célébrer le dimanche suivant, 27 sols 6 deniers parisis, en monnaie d'un lion. Enfin, le 7 du mois de janvier de la même année 1463 (ancien style), elle bailla et paya à deux porteurs des halles 16 deniers parisis pour avoir porté dans les greniers de sa maison, à Paris, un muid d'avoine amené de Bobigny par Gobin Dufour, son fermier, auquel succéda dans son fermage Denis Dufour, son fils, ici mentionné.

La monnaie de Paris est la seule que l'on voit employée dans le compte des recettes et des dépenses de Jeanne Rataut, dame de Goussainville et de Bobigny, savoir : la livre, le sou, le denier et le teston. On y voit aussi figurer : l'écu, valant 1 livre 2 sous; le franc, valant 16 sous, et une seule fois le lion d'or, ancienne monnaie du siècle précédent, comptée pour 1 écu un quart, ou 27 sous 6 deniers parisis. (Ce fut le présent des noces donné à la fille de Gobin Dufour.) Les tables dressées par Leber en 1841 offrent quelques éléments de comparaison sur le prix des denrées, des mains-d'œuvre ou des dépenses d'obsèques. Mais le *Journal d'un bourgeois de Paris*, sous le règne de Charles VII, serait beaucoup plus utile sous ce rapport, quoique s'arrêtant à l'année 1449. On sait que, presque à chaque page, il enregistre le prix courant de toutes les denrées dont s'alimentaient les habitants de Paris et des environs [1].

Page 93, Jean Anneneau, manouvrier, demeurant à Bobigny, y avait une maison avec cour, grange et jardin, le tout situé devant le carrefour de la Croix, tenant d'une part à la ruelle du Cul-de-Sac et d'autre à Guillemin Andry, et par derrière à lui-même.

Page 94, Jean de Lolme et Gilles le Bossu, son neveu, étaient propriétaires d'un jardin et d'une masure situés sur la grande rue de Saint-Denis ou de Bobigny et limités par la ruelle Minault et la sente de derrière les murs. Ils avaient de plus une autre masure et jardin, le tout de la contenance de deux arpents, faisant face à l'immeuble précédent, sur l'autre côté par conséquent de la rue Saint-Denis, limité d'une part par la ruelle du Grand-Gué, et d'autre part par une pièce de terre appartenant à maître Guillaume Paillart, et appuyé sur le ru de Montfort. Jean de Lolme et Gilles le Bossu possédaient encore un clos important qui avait été la propriété de Hugues de Guinguant, maître des comptes et trésorier du roi et de son fils, Louis de Guinguant, et où ils avaient un hôtel. Hugues de Guinguant avait acquis, en l'année 1416, moyennant la somme de 410 livres, une vieille tour à Fontenay-sous-Bois et un hôtel à Montreuil aussi sous bois, près Vincennes. Immeubles confisqués sur Nicolas d'Orgemont, chanoine de Notre-Dame de Paris, parce qu'il avait embrassé le parti du duc de Bourgogne.

Page 98, les chanoines de la Sainte-Chapelle du Palais à Paris, possédaient, au lieu dit le Val-Pantin, sur la seigneurie de Bobigny et à ses limites du côté de Paris, le long du grand chemin de Meaux, aujourd'hui la route d'Allemagne, neuf arpents de terre en une pièce. Ce bien leur venait de Pierre Marcel, avocat au Parlement, époux de Jeanne Émery.

La Sainte-Chapelle, dans la Cité, fut construite par Louis IX, pour recevoir les reliques de la vraie croix et les autres reliques de la Passion, que le saint roi avait reçues de Baudoin, empereur d'Orient, ou qu'il s'était procurées à grands frais et par plusieurs démarches que sa piété lui

---

1. Ces réflexions sont de M. de Boislisle, auteur de la publication des comptes d'une dame parisienne sous Louis XI, qui n'est autre que damoiselle Ratatu, veuve de Charles de Montmorency, seigneur de Bobigny (*Annuaire-Bulletin de la Société de l'hisoire de France*, année 1878, p. 213). Chez Renouard à Paris.

avait suggérées. Cet édifice religieux est assurément le plus beau de la capitale dans son genre. Pierre de Montreuil, architecte de génie, en donna les plans et surveilla les travaux. Lorsqu'ils furent terminés, en l'année 1247, Louis IX y établit des chapelains, dont le premier prit le nom de maître. Par la suite, ces chapelains s'appelèrent chanoines, et leur supérieur prit le nom de trésorier.

Même page 98, on lit que la veuve et les enfants de Simon Luillier avaient, au bout du village, une masure avec cour et deux jardins, le tout sur la grande rue Saint-Denis, limité en arrière par une motte de terre, d'un côté par un bien appartenant aux héritiers de Guillaume Thoreau, et de l'autre côté par un bien des héritiers de maître Philippe de Paris.

Philippe de Paris, clerc des comptes du roi Charles VI, et Marguerite, sa femme, avaient quitté Paris en 1418, après l'entrée du duc de Bourgogne dans cette ville. Si l'on en croit la supplique de Marguerite, devenue veuve, adressée au roi d'Angleterre, Henri VI, leur départ aurait eu pour motif la mortalité qui sévissait alors dans la capitale et qui peu après les aurait également chassés de Saint-Maur-des-Fossés, où ils vivaient en compagnie de Gérard de Montaigu, évêque de Paris.

Ils suivirent ensuite l'évêque, leur protecteur, au château de Malesherbes, près Pithiviers, propriété de Jacqueline de la Grange, veuve de Jean de Montaigu, puis à Bourges, où Philippe de Paris mourut après une courte maladie. Philippe de Paris avait servi dès sa plus tendre jeunesse au châtel du bois Malesherbes et s'était attaché à la famille de Montaigu dans la bonne comme dans la mauvaise fortune. Henri VI accueillit favorablement la supplique de la veuve de Philippe de Paris. Par lettres de rémission datées du mois de septembre 1425, il lui accorda de rentrer dans la ville de Paris, dont elle était originaire [1].

Il est à croire que l'immeuble possédé par son mari, à Bobigny, lui venait de la libéralité de l'évêque de Paris, propriétaire en ce lieu des fiefs d'Eaubonne et de la Motte. Les héritiers de Philippe de Paris étaient Guillaume de Paris, écuyer, seigneur de Philippière et de la Chapellerie, et Isabelle de Thumery, son épouse, veuve en 1526. Isabelle de Thumery était fille de Jacques de Thumery, écuyer, seigneur de Dampierre et de Senlis, près de Chevreuse, et de Isabeau de Meaux, fille de Pierre de

---

1. Aug. Longnon. *Domin. angl.*, p. 180.

Meaux, chevalier, et de Gérarde Bureau, fille de Gaspard Bureau, dernier grand-maître d'artillerie de ce nom. Il est plusieurs fois parlé dans le terrier des hoirs de Charles de Montmorency, seigneur de Bobigny, de la veuve de Denis Thumery et de leurs héritiers (pages 73, 88 et 107). La veuve de Denis Thumery était Françoise de Longueil, fille de Jean de Longueil, seigneur de Maisons, conseiller au Parlement de Paris et président aux requêtes du palais, et de Marie de Morvilliers. Denis de Thumery, son mari, écuyer, seigneur de Boissière, conseiller au Parlement de Paris, président aux enquêtes, mourut en 1488. Il était fils de Regnauld de Thumery, seigneur de Boissière, maître particulier des monnaies du roi, décédé le 12 octobre 1434, et inhumé dans l'église de Saint-Merry de Paris, et de Catherine Berruyer.

Du mariage de Denis de Thumery et de Françoise de Longueil, naquirent Jean de Thumery, Jacques de Thumery et Guillemette de Thumery. Cette dernière épousa Dreux Budé, seigneur de Villiers et d'Ierres. De leur union prit naissance Jean Budé, seigneur de Villiers et d'Ierres, secrétaire du roi et audiencier en la chancellerie de France, lequel contracta alliance avec Catherine le Picart, fille de Jean le Picart, seigneur de Platteville, et de Catherine Poncher. On voit encore à Ierres la porte d'entrée du château des Budé. Le nom de Jean Budé, compagnon d'armes de Charles de Montmorency, se trouve cité à la page 84 ci-dessus de la copie du terrier.

A la page 100, on voit inscrit les noms de Hugues Bureau et de Jean Bureau, propriétaires de la terre du Colombier, à Bondy, voisine de celle de Bobigny, fils aînés de Simon Bureau. Ces fils de bourgeois furent anoblis par Charles VII, en récompense des éminents services qu'ils avaient rendus à la monarchie et à la nation dans leurs fonctions de grands-maîtres de l'artillerie française dans les différents sièges et combats qui signalèrent son règne. Gaspard Bureau, le troisième des fils de Simon Bureau, succéda à ses frères dans la charge de grand-maître de l'artillerie. Il mourut au commencement du règne de Louis XI, après avoir donné à ce prince les marques de fidélité que ses frères avaient données à son prédécesseur. Il avait en propriété la seigneurie de Villemonble [1].

---

[1]. De Saint-Alais, t. XVIII, 1re part., p. 3 et 4. — De la Chenaye-Desbois, t. XVIII, 2e partie, p. 460.

BOBIGNY.

Page 98, il est dit que Simon Luillier, laboureur à Bobigny, cinq ans avant sa mort, arrivée en 1476, fit diverses acquisitions sur le territoire. De Philibert Gohard, demeurant à Merlan, paroisse de Noisy-le-Sec, il acheta trois quartiers au canton des Plantes. Et de damoiselle Jeanne de la Chapelle il acquit également trois quartiers de terre, plus un demi-arpent planté en saules, sur la grande rue de Bobigny, tenant d'un côté à Pierre Sante et de l'autre côté à lui-même.

Jeanne de la Chapelle était fille de Jean de la Chapelle, auditeur en la chambre des comptes, qui fut exécuté, aux Halles, le 8 avril 1430, en même temps que Renaud Savin, procureur au Châtelet et plusieurs autres bourgeois et citoyens de Paris, parce qu'il avait formé le complot de chasser les Anglais de la capitale. Jean de la Chapelle et les autres conjurés furent mis à mort, par suite de la révélation qu'avait faite de ce projet au duc de Clarence, lieutenant du duc de Bethfort, Jean de Calais. Grands et petits se disputèrent les dépouilles de Jean de la Chapelle lorsqu'il fut amené au Châtelet et détenu prisonnier. Jean de Villiers, seigneur de l'Isle-Adam, se fit adjuger ses biens confisqués. Mais il fut obligé de soutenir un procès au parlement, contre Catherine, veuve du condamné, ses enfants mineurs et sire Michel de Laillier, conseiller et maître des comptes, lesquels réclamèrent du maréchal et des autres spoliateurs soixante livres de rente comme indemnité. Un arrêt du Parlement, en date du 30 janvier 1431, adjugea à Jeanne de la Chapelle les propriétés que son mari possédait à Paris, laissant le surplus au seigneur de l'Isle-Adam [1].

Les quelques biens possédés à Bobigny par Jean de Néel et Jacques le Mire, de la parenté du maréchal, ne leurs seraient-ils point advenus par suite de ces confiscations ?

A la page 99, maître Étienne Lallemant est dit possesseur d'un hôtel situé à la pointe de Bondy, paroisse de Noisy-le-Sec, acquis de Jean Nanterre, président des requêtes du palais, le 16 août 1456, à la place de Jean Budé ; et acquéreur aussi, sur le territoire de Bobigny, de divers terrains enclavés parmi ceux de MM. Bureau, de maître Guillaume de la Haye, président du Parlement, de maître Étienne Luillier, de maître Jean Lantier et de maître Étienne de Vielleville.

---

1. Aug. Longnon. *Domin. angl.*, p. 309 et *Journal d'un bourgeois de Paris*, Alex. Tuéty, p. 252.

A la page 101, se trouve la déclaration des terres que maître Jean Émery, chanoine de Paris, tient au terrouer de *Bobigny-lez-Paris* et aux environs en la censive du seigneur : premièrement, à Bobigny même, sa maison seigneuriale, cours, grange, colombier, jardin et bergeries ainsi que le lieu se comporte, tenant d'une part à Guillemin Andry, et d'autre à lui-même, contenant sept arpents de terre ou environ, etc.

Ce chanoine était-il le fils de maître Pierre Émery, grand marchand de Paris, dévoué au connétable d'Armagnac, qui le chargea d'enlever les chaînes des rues de Paris, dans la crainte d'une révolte, et qui fut une des nombreuses victimes de l'effervescence populaire contre les Armagnacs, lors de l'entrée des Bourguignons dans la capitale en 1418. Après sa fin tragique à la Conciergerie, on trouva chez lui 29,356 livres de fer, que l'on déposa partie à la halle au blé, partie dans l'hôtel de la Trémoïlle. Robert le Doyen, quartenier du quartier des Halles, jugea à propos d'employer ce fer à la réfection des chaînes de son quartier. Une action judiciaire lui fut intentée par Jeanne Émery, fille de Pierre Émery, mariée à Thomas de Herlay, à la suite de laquelle Robert le Doyen se vit condamné, par arrêt du 10 juin 1430, à payer 342 livres 16 sous, représentant la valeur de 29,000 de fer. Toujours est-il, que Marie Émery, femme de Simon Marcel, et sœur du chanoine dont il est fait ici mention, avait sa maison à Paris, rue des Juifs, derrière Saint-Antoine, et que cette maison avoisinait celle de Jean de Herlay, chevalier, l'époux de Jeanne Émery [1].

Enfin, à la page 103, nous trouvons la déclaration des héritages appartenant à maître Guillaume Paillart, avocat au Parlement, et premièrement, une maison, cour, étables, bergeries, granges et jardin, le tout fermé de murailles et assis devant le viel chastel de Bobigny (celui de la Bretesche, qui avait jadis appartenu à Jean de Gisors, et qui ne fut détruit qu'en 1584, lorsque Guillaume Perdrier construisit le manoir seigneurial dont Bobigny possède aujourd'hui les restes).

Guillaume Paillart n'appartenait-il point à la famille de Philibert Paillart, président au Parlement, marié à Jeanne de Dormans, avec laquelle il acheta, vers 1365, de Philippe de Trie, seigneur de Moreuil et de Fontenay et de Agnès de Goussainville, sa femme, une partie de la seigneurie de Goussainville, apportée en mariage l'an 1403, par Jacqueline

---

[1]. *Invent. des Arch. hospitalières*, 1505-1506, p. 113.

Paillart, leur fille, à Charles d'Aunay le Gallois, seigneur d'Orville et de Villeron et possesseur, par héritage de ses père et mère de la seconde partie de cette terre, ainsi que nous l'avons rapporté plus haut. Philibert de Paillart décéda le 2 août 1387, victime de l'épidémie dont Paris fut le foyer.

Quant aux religieux Célestins de Paris, dont il est fait mention à la page 109, comme propriétaires de divers biens au terrouer de Bobigny, nous en entretiendrons le lecteur, spécialement dans notre troisième chapitre.

Louis XII, dit le Père du peuple, chef de la troisième branche Capétienne, dite des Valois d'Orléans, venait de succéder en l'année 1418 à Charles VIII sur le trône de France. C'était l'époque de la découverte de l'Amérique par Christophe Colomb et aussi celle des Indes orientales par Vasco de Gama.

François Ier, chef de la quatrième branche Capétienne, dite des Valois-Angoulême succéda à ce prince en 1515 et continua la guerre entreprise en Italie par son prédécesseur. Il remporta contre les armées de Charles-Quint, la célèbre bataille de Marignan, dite des Géants ; mais il perdit, en 1524, celle de Pavie, où il fut fait prisonnier, et où il n'y eut de sauvé, suivant sa propre expression, que l'honneur. Henri II, son fils, monta sur le trône après lui, en 1547.

Déjà la prétendue Réforme de Luther s'était établie en Allemagne par le vol, le pillage et des désordres de tous genres. Henri VIII, roi d'Angleterre, faisait également triompher dans ses États par les mêmes moyens de violence, le nouveau mode de régénération religieuse. Et Calvin, de Genève, où il dominait en tyran, s'efforçait d'implanter dans notre France par les mêmes voies de coercition, les mêmes funestes erreurs. Mais la fille aînée de l'Église, entre les nations chrétiennes, se montra ardente pour la conservation de sa foi ; le menu peuple en particulier et la bourgeoisie surent repousser la force par la force.

Au roi Henri II, mort en 1559 des suites d'une blessure reçue dans un tournoi, un an après l'expulsion définitive des Anglais du sol de la France (Calais en effet venait de leur être enlevé par la bravoure du Balafré), succéda François II, son fils aîné, âgé de seize ans. Un an environ après celui-ci, monta sur le trône Charles IX âgé de dix ans, le second des fils de Henri II, qui gouverna l'État sous la tutelle de sa mère Catherine de Médicis. Ce fut sous la régence de cette princesse qu'eurent lieu les batailles de Dreux, de Jarnac et de Moncontour, remportées par les catholiques sur les calvinistes.

L'édit de janvier 1562 avait accordé à ces derniers l'exercice public de leur religion. Noisy-le-Sec, limitrophe de Bobigny, fut un des lieux où le nouveau culte fut autorisé par le roi. Il y était encore pratiqué en 1576, quatre ans après la Saint-Barthélemy, selon les *Mémoires* de l'Etoile. A Charles IX, mort en 1574, avait succédé Henri III, son frère, le dernier des fils de Henri II.

Dans le courant de cette même année 1574, arriva à Bobigny en qualité de vicaire et maître d'école Mᵉ Jean Tesnier. Il avait dû quitter sa province d'Anjou par suite d'une condamnation portée contre lui, s'étant rendu coupable de fausse monnaie. Il y avait sept ans qu'il remplissait dans la paroisse les fonctions honorables dont il était chargé, lorsqu'il fut dénoncé et arrêté comme récidiviste. On l'enferma d'abord dans les prisons du Châtelet et ensuite dans celle du For-l'Évêque d'où il ne sortit qu'après un procès que poursuivit contre lui la Cour des Monnaies et qui se termina par une condamnation par laquelle il fut irrévocablement banni du royaume, son appel au Parlement ayant été repoussé.

Nous mettons sous les yeux du lecteur la copie des diverses pièces de cette procédure assurément peu édifiante, mais instructive à plusieurs points de vue :

PROCÈS-VERBAL

DE L'ARRESTATION DE JEAN TESNIER ACCUSÉ DU CRIME DE FAUSSE MONNAIE

« L'an mil cinq cens quatre vingtz ungt, le lundy unziesme jour de septembre, je Estienne de Brizac, commis au greffe de la court des monnaies, certifie à nos seigneurs de la dicte cour et à tous autres qu'il appartiendra, que le dict jour à l'heure de midi et une heure de relevée estant en mon logis en l'hostel de la monnaie, suivant l'ordonnance de la dicte cour dujourd'hui matin et advertissement qui m'en auroist esté donné de la part de Blaise Meusnier apprenty de Pierre Nicolas maître orfèvre[1], par un nommé Grégoire clerc de la chapelle Sainct-Roch et Sainct-Sébastien en l'eglise de Sainct-Jacques de la Boucherie, que le prestre dont il m'auroit parlé ce jourd'hui matin estoit venu nuitamment parler à luy en la boutique du dict Nicolas son maître et que partant j'eusse à m'y trouver incontinant ce que jaurois faict et sans plus de retard prins et appelé Jehan Dargenes clerc au greffe de la dicte court et demourant en l'hostel de la dicte monnoie en la maison de Mr André Hac, greffier de la dicte court, par le quel Dergenes, je aurois à l'instant envoyé quérir et advertir le sieur de Montperlier du retour du dict prestre, à ce qu'ils eussent à venir en la maison du dict Nicolas. Je aurois adverty et retenu Rholier le Tourneur et Guillaume de la Place, sergens à verge trouvés à la barriere du Grand Chastellet et iceulx priez de m'attendre et ne bouger de la dicte barriere, pour ce que l'on auroit affaire d'eulx. Et estant entré en la maison du dict Nicolas, avons trouvé en icelle le dict Musnier, son aprenty, le quel auroit dit que le dict prestre estoit venu parler à luy et luy avoit dict qu'il le allast incontinent trouver en la maison d'un nommé le Breton, rue de Guiguampoix à la quelle il l'attendoit et luy porter l'argent de la valleur de rongnures d'or et d'argent dont il auroit convenu ensemble du prix qui estoit de seize livres pour le marc d'argent fondu et pour le dict or a douze francs. En attendant le dict sieur de Montperlier ou sa réponse, je me serois retenu et mis en la sallette et chambre basse du dict Nicolas, qui est joignant la boutique d'icelluy Nicolas, de la quelle on voit par plusieurs grands trous et pertuis ronds en la dicte boutique, ou estant et incontinent après regardant par grands trous, j'ai veu venir parler au dict Meusnier qui estoit assis en la boutique, un petit homme ayant visaige rond habillé d'un fracq et petit manteau noir avec un chappeau noir qui est le prestre dont il sera cy après amplement parlé. Le quel estant en la rue appuyé sur le battant de la boutique parla au dict Musnier. Iceulx despartans d'ensemble mirent tous deux la main au chappeau. Autant que pouvoit le dict de Brizac ouïr et entendre les propos qu'ils tenoient ensemble, est bien mémoratif que le dict Musnier lui vint dire présent le dict Nicolas son maître, que le dict prestre lui auroist dit qu'il l'allast troutout incontinent au bout du pont aux Meusniers où il l'attendoit, et luy portast son argent et qu'il lui auroist promis un chappeau. Et pour en

---

1. Il était, cette même année 1581, l'un des six gardes de la corporation du métier des orfèvres, et de même dans les années 1586, 1594 et 1598.

finir avons advisé et délibéré, les sieurs Nicolas, moy, de Brizac et Musnier qu'il falloit que le dict Musnier, ayant les dictes rougnures et l'argent sur luy pour bailler au dict prestre, courut incontinent après luy pour se trouver et faire prendre ensemble. Et sur ce s'en retourna le dict Jehan Dergenes qui auroit rapporté avoir parlé au dict sieur de Montperlier, lequel lui auroit dist que luy auroit faict la capture du dict prestre et qu'il se trouvoit incontinent chez de Vannes affineur près le dict logis. Et adverty de ce que estant, le dict Meusnier prins les dites rougnures et dix escus dargent pour prix à luy livrés et baillés en ma présence. Iceluy Meusnier seroit sorti hors de la dicte maison et prins son chemin pour aller sur le dict pont aux Meusniers pour passer par dessus la traverse du pont au Change et moy avec le dict Dargennes pour passer à la barrière du grand Chatellet pour prendre les dicts le Tourneur et de la Place pour arriver à la dicte barrière saisir le dict prestre. Et estant devant Sainct-Leufroy tous quatre ensemble pour aller vers iceulx prestre et Meusnier avons rencontré le dict sieur prestre et Musnier parlant et devisant ensemble allant droit pour passer dessous le grand Chatelet, au moyen de quoy nous aurions passé plus oultre sans faire semblant de les recongnoistre et veoir. Retournant le visage de vers le dict grand Chatelet et voyant que iceulx prestre et Meusnier marchaient assez légèrement et à grands pas, nous les avons suivis et advertis de loing à venir iceulx par la grand rue Sainct-Denis, et continuant icelle auraient repris leur chemin en la rue Troussevache, et d'icelle en icelle de Quinguanpoix, toujours en semble, au bout de la quelle prins la rue aux Ours pour entrer en la maison d'un maître maçon nommé Nicolas le Breton. Et tost apres les dicts le Tourneur, de la Place et Jean Dergenes sont entrés, comme aussi moy auroit fait, les suivant de près, ou aurions trouvé en une salle basse le sieur prestre et le dict Meusnier près et joignant une petite table ronde estant en icelle, ayant le dict Meusnier les dictes rougneures et argent entre les mains. Et lors le dict prestre interrogé par moy de Brizac, en la présence des dessus dicts Rholier, la Place, Dergenes, et d'une servante de la dicte maison, de son nom. qualité et demeure : Dist avoir nom Jehan Tesnier, prestre, vicaire de Bobigny, natif du pays d'Anjou. Et à l'instant le dict Dergenes s'en alla quérir le dict sieur de Montperlier et sur son ordre les dicts sergens saisirent le dict prestre et le dict Meusnier et jetèrent y ceulx en la maison de M. Godefroy procureur-général du roy en la dicte rue de

Quinguanpoix près Sainct-Josse ou estans, le dict sieur de Montperlier arriva en la dicte maison, où il auroit baillé son ordonnance à Simon Houssaye, greffier en la dicte court, à l'appui de la quelle le Tourneur et la Place segens auroient constitué prisonnier le dict prestre, en présence du dict de Brizac signé. En foy de quoy, j'ai signé le présent procès-verbal et pareillement faict signer aux dicts le Tourneur et de la Place. Brizac. »

Le même jour, onze septembre eut lieu une descente de justice chez Pierre Nicolas, maître orfèvre, demeurant auprès de la Grande-Boucherie à Paris. Il déclara que le samedi précédent Jean Tesnier avait apporté dans sa boutique et remis à son apprenti Blaise Meusnier âgé de vingt-deux ans, des rognures d'or et d'argent pour s'en défaire en les vendant. Que l'apprenti l'avait prié de revenir le lundi suivant à cause de l'absence de son maître qui ne devait être de retour de la campagne que ce jour-là. Blaise Meusnier connaissait Jean Tesnier pour l'avoir rencontré diverses fois, depuis sept ou huit ans qu'il desservait en qualité de prêtre vicaire la paroisse de Bobigny pour le curé absent et qu'il y tenait les écoles du village. Qu'enfin Jean Tesnier lorsqu'il s'était présenté à la boutique d'orfèvrerie était accompagné de M. Bertrand Duibonnet, curé d'Aubervilliers, qu'il alla rejoindre à la porte de Paris, où il était allé se promener et acheter du poisson.

Les hommes de la justice, en quittant la boutique de Pierre Nicolas, entrèrent dans celle de Jean Leplatre, aussi marchand d'orfèvrerie, demeurant également devant la grande boucherie, à l'image Saint-Éloi. Celui-ci déposa qu'il avait vu un homme habillé de noir parler à Blaise Meusnier.

PREMIÈRE DESCENTE DE JUSTICE
A BOBIGNY

« L'an 1581, le onzième jour de septembre, nous, Jérosme de Varade, conseiller général à la Cour des monnaies, commissaire, accompagné de Simon Houssaye, huissier en la dicte cour et de Jehan Dergenes, clerc au greffe d'icelle, pris pour notre greffier, nous sommes transportés au village de Bobigny. Philippe Brosset, domestique du seigneur de Bobigny ; Jean-Baptiste Guyot, âgé de quarante-deux ans, fermier de M. de

Bobigny; Parisot, berger de la ferme; Jehan Pinet, laboureur, présents; Jehan Espaulard, âgé de quarante-trois ans, hotellier et tavernier de Bobigny, atteste que messire Tesnier est venu souvent boire chez lui avec d'autres personnes. Jehan Gouillard, de Noisy-le-Sec, présent; Noël Cochu, demeurant à Noisy-le-Sec, procureur du seigneur de Bobigny[1], dit qu'il savait bien de quoy messire Tesnier se mêloit. (Il n'entendoit point parler de rongneures d'or ou d'argent, mais vouloit dire qu'il buvoit en cachette le vin du seigneur de Bobigny et mangeoit ses pigeons.) »

Même jour, descente de justice à Aubervilliers-les-Vertus.

« L'an 1581, le onzième jour de septembre, nous, Jérosme de Varade, conseiller général en la Cour des monnaies, commissaire, accompagné de Simon Houssaye, huissier en ladite Cour, et de Jean Dergenes, clerc au greffe d'icelle, pris pour notre greffier, nous sommes transportés au village de Haultzbervilliers, le curé absent du presbytaire. (Il était allé à Bobigny payer 3 livres, reste d'une dette de 8 écus qu'il devait au fermier de M. Gaillandon pour prix d'un muid de vin que ledit vicaire Tesnier lui avait fait acheter.) En présence de Guillaume Jehan Penoyer, chapelain de Haultzbervilliers. Messire Labbé, vicaire au dit Haultzbervilliers, dépose que le curé de ce lieu est très lié avec le vicaire de Bobigny, repris de fausse monnaie et qu'ils sortaient souvent ensemble. Qu'ils étaient allés dernièrement à Paris et qu'en revenant de cette ville ils s'étaient séparés près de la Petite-Villette, après avoir ramené de Paris avec eux le fermier d'Eaubonne qu'ils avaient rencontré près l'église Saint-Nicolas-des-Champs, lequel quitta messire Tesnier au sortir de Pentin, au chemin qui de ce lieu va d'un côté au village de Bobigny et de l'autre à la ferme d'Eaubonne.

« Le douzième jour de septembre 1581, le procès criminel a été fait par les dits commissaires à l'encontre de messire Jean Tesnier, prestre, vicaire de l'église et paroisse de Bobigny, prévenu et accusé de rognures de monnaies d'or et d'argent, et autres ses complices. La Cour a ordonné et ordonne, ce requérant le procureur général du Roy en icelle que messires Jehan Dosberolles et Jérosme de Varade, conseillers et généraux en icelle, se porteront au dit lieu de Bobigny, en la maison presbytérale du

---

1. Guillaume Perdrier.

dict lieu, en la quelle estoit demourant le dict Tesnier, et en la maison presbytérale du curé des Vertus et autres lieux et maisons que besoing sera pour appeler les voysins, pour y faire recherches et perquisitions, par tous les lieux et endroits que besoing sera, s'il se trouvera aucune rognure d'or ou d'argent et autres choses servant à rogner et à faire faulce monnaie, circonstances et dépendances, faire les lavanents des ordures et cendres qui se trouveront ès dictes maisons, oyre et interroger tesmoings à l'encontre des dicts Tesnier et aultres, que besoing sera sur la dicte prévention d'espèces, rongnures de faulces monnaies et aultres qu'ils verront estre nécessaires, saisir et faire inventaire des biens meubles qu'ils trouveront ès maisons des dicts Tesnier et curé des Vertus, et y ceux bailler en garde suivant l'ordonnance. Dont du tout faire procès-verbaulx pour iceulx veuz et rapportez, par la dicte Cour ordonner ce que de raison. Faict en la Cour des monnaies, le douzième jour de septembre 1581.

« *Signé :* Parent, Montperlier. »

DESCENTE DE JUSTICE

AU PRESBYTÈRE DE BOBIGNY, DEMEURE DE JEAN TESNIER

« L'an 1581, le douzième jour de septembre, nous, Jean Desberolles et Jérosme de Varade, conseillers généraux en la Cour des monnaies, commissaires, accompagnés de Simon Houssaye, huissier en la dite Cour, et de Jean Dergenes, clerc au greffe d'icelle choisi pour notre greffier, nous sommes transportés de cette ville de Paris au village de Bobigny où estant arrivés, nous nous sommes adressés au sieur du dict lieu, au quel avons demandé les clefs du logis du presbytaire, lesquelles les avions baillées en garde le jour précédent, pour s'en charger, à l'un des marguilliers du dict villaige, le quel les ayant incontinent envoyé quérir, accompagnés du dict sieur marguillier et autres habitans du village avons fait l'ouverture du dit presbytaire en leur présence, où nous avons fait nouvelles recherches partout le dit presbytaire. Et en la chambre avons fait balayer les ordures, et aux autres lieux, n'avons trouvé aucune rongneures ni grains d'or ni d'argent. Et dans le coffre estant en la dite chambre avons trouvé une boëte en bois percée par le dessus seulement, ou pouldroy dans lequel estoit une pouldre blanche ensemble avec du sublime battu en pouldre. Aussi trois feuilles de papier, dont nul écrit, et dans une petite boëte de bois, des mouchoirs et deux sacs de pouldre violette, la quelle étoit dans le dit coffre; plus une autre feuille qui est une requeste présentée au prévost de Bobigny ou son lieutenant par le dit Jehan Tesnier, et une autre feuille de papier écrite des deux côtés, les quelles trois feuilles de papier nous avons paraffées et baillées à notre greffier pour les apporter à la Cour pour servir au dit procès des rogneures d'argent. Et après avons saisi les autres petites boëtes, celle sur la quelle est écrist sublime, la quelle aussi avons saisi et baillée au dit Dergenes, notre greffier, pour apporter icelle. Avons demandé un pot de terre, estant dessous un dessuye le jour précédent, ou y avoit dedans une forme de bouture de granelle, la quelle ledit jour précédent nous auroit dit le berger serviteur domestique du dit sieur de Bobigny, était pour agraffer les souliers du dit vicaire. Nous aurions enjoint aux dits sieur de Bobigny et marguilliers pour en repondre, le bailler en garde à Sébastien Raale, marguillier. »

COMPARUTION

DE MESSIRE BERTRAND DUIBONNET, CURÉ D'AUBERVILLIERS
Au greffe de la Cour des monnaies et son interrogatoire.

« Le 13ᵉ septembre 1581, au greffe de la Cour des monnaies, est comparu par devant nous Claude de Montperlier, Jehan Desberolles et Jérosme de Varade, conseillers et généraux en la Cour des monnaies, commissaires commis par la dite Cour, Bertrand Duibonnet, prestre curé de Saint-Christophe de Hautzbervilliers, natif de Tarbes en Gascogne, âgé de trente-six ans ou environ, interrogé, dit qu'il y a vingt-cinq ans est venu de son pays en cette ville de Paris où il a demeuré jusqu'au 4 de septembre 1580 en la maison de son oncle, chanoine de Saint-Benoît, nommé maître Bernard de Saint-Pierre, le quel l'a fait pourvoir de la cure des Haultzbervilliers, où il a fait depuis sa résidence. Depuis le quel temps a connu un prestre, qui est vicaire de Bobigny, du quel il ne sçait, sinon qu'il est venu quelquesfois célébrer la messe en l'église de Haultz-

BOBIGNY-LEZ-PARIS.

PLANCHE VI.

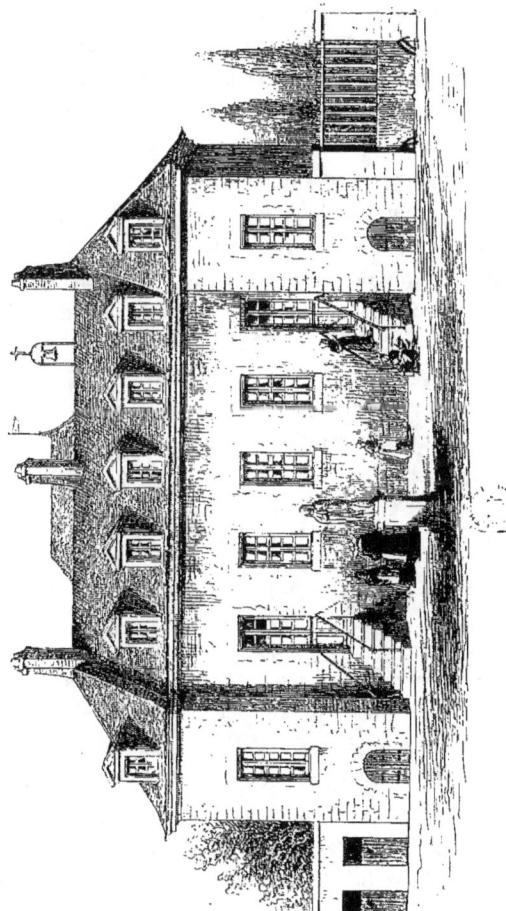

CHATEAU SEIGNEURIAL DE BOBIGNY, CONSTRUIT EN 1584

Devenu la maison des Sœurs de charité, pour tenir une école de filles et un asile en 1864. (P. 193.)

avoit esté trouvé par d'autres, il ne se pouvoit faire qu'il ne le seut, pour ce qu'il a esté tousjours demourant au dit lieu depuis nostre dernière visitation, et comme lui-mesme le dit, n'estant aucune aultre personne que luy au dit logis? A respondu, comme dessus, n'en avoir trouvé, ni aultre du dit village dont il ait connaissance. Dict avoir trouvé, il y a quinze jours ou environ, estant seul au petit jardin où estoient plantés des choux, joignant le presbytaire, trois petits creusets l'un dedans l'autre, cachés sous les choux, le quel, ne sachant à quoy cela pouvoit servir, les montra incontinent et plusieurs jours après à plusieurs du dit village et entre autres à ung nommé Berthelot, prévost de la seigneurie, le quel lui dit qu'il ne les cassat et que possible il en pourroit estre en peine, lesquels les a tousjours gardé depuis le dit temps et les a mis ce jourd'hui entre nos mains. Et est tout ce qu'il a dit, et après lecture faite, s'est soubsigné :

« Covest, prestre, tesmoing.

« Taxé au dit Covest qui a requis salaire, douze sols parisis[1]. »

ARRET DE CONDAMNATION

prononcé le 16 décembre 1581, par la cour des monnaies contre Jean Tesnier.

« Veu par la court le procès criminel extraordinaire... et la requeste du procureur général du roy en icelle, à l'encontre de Jehan Tesnier, soy-disant prestre, vicaire de Bobigny, natif du pays d'Anjou, prisonnier ès prisons du Fort-l'Évesque, accusé de rongneures de monnays, dénonciation faicte au greffe d'icelle court le II⁰ jour du moys de septembre dernier, information faicte par les commissaires à ce nommés par la dicte court ; procès-verbal de la capture et emprisonnement du dit Tesnier en date du XI⁰ septembre dernier ; autres procès-verbaux des dits commissaires de la visitation et recherches par eulx faites du dit lieu de Bobigny en la maison presbytérale en la chambre du dit Tesnier, du dit jour XI⁰, et du jour suivant XII⁰ de septembre, interrogatoires et responses du dit

---

1. *Arch. nat.* Section judiciaire, côté Z^{1b}, 493 et 680.

Tesnier, contenant les confessions, dénégations et variations par luy faites, par-devant les dits commissaires, récollement et confrontation des tesmoings, réquisitoire du procureur de l'évesque de Paris du XIXe jour d'octobre dernier; veu aussi le procès criminel apporté au greffe de la dite court, concurremment faict par le lieutenant criminel du sénéschal d'Anjou, avec l'official de l'évesque d'Angers, à l'encontre du dit Tesnier, pour avoir rongné des réalles d'Espagne, dont aurait esté atteinct et convaincu ; sentence du dit lieutenant criminel du XXVe may mil cinq cens soixante-quatorze par laquelle le dit Tesnier aurait esté condamné à faire amende honorable et banny à perpétuité du royaulme de France ; acte de l'exécution de la dite sentence du XXVIIe jour du mois de may au dit an ; coppie collationnée aux originaulx par le greffier criminel de la seneschaussée d'Anjou et siège présidial du dit Angers, tant des lettres patentes du roy obtenues par le dit Tesnier sur le relief et rappel du dit ban, en date du XXVIIe juillet mil cinq cens soixante quinze, et après que le dit prisonnier, mandé au bureau de la dite court, a esté interrogé de rechef et ouï sur les charges, dénégations et variations trouvées au dit procès, conclusions du procureur général du roi, au quel tout a esté communiqué, tout veu et considéré :

« La dite court, pour avoir par le dit Tesnier, porté en la boutique d'un orfèvre de ceste ville de Paris, et baillé pour vendre des rongneures d'or et d'argent fondu en culasse, provenant d'espèces d'or et d'argent, et autres cas contenus et mentionnés au dit procès, l'a condampné et condampne à faire amende honorable au bureau de la dite court, icelle séant et à huys ouvert, la teste nue, à deulx genoux, tenant en main une torche de cire ardente, du poix de deulx livres, dire et déclarer à haulte voix, que témérairement et comme mal-advisé, il a baillé et exposé, pour vendre, les rongneures d'or et d'argent fondu, dont il se repend et en demande pardon à Dieu, au roy et à justice, et faire semblable amende honorable, tant à la pierre de marbre, au bout des grandz degrez du Pallais, que devant la porte de l'église Sainct-Leuffroy, et l'a banni et bannit à perpétuité du royaulme de France, et condampné et condampne à quarante escus d'amende, envers le roy, pour laquelle il tiendra prison jusques à plain payement, et a déclaré et déclaire les rongnures d'or et d'argent fondues, acquises et confisquées au roy, et, pour le délict commun, a ordonné et ordonne que le dit Tesnier sera rendu à l'évesque de

Paris ou son official, pour luy faire et parfaire son procès, suivant les ordonnances.

« *Signé :* Sandret. »

« Prononcé au dit Tesnier, prestre, pour extraict au guischet du Fort-l'Évesque, le quel s'est porté pour appelant devant la court de Parlement de Paris, le XVIᵉ jour de décembre 1581. »

Son appel, présenté le 19 au Parlement, fut mis à néant par l'arrêté qui suit :

« Veu par la court le procès faict par les généraulx des monnayes, à la requeste du substitut du procureur général du roy, demandeur, à l'encontre de maistre Jehan Tesnier, prestre et vicaire de Bobigny, natif du pays d'Anjou, prisonnier ès prisons de la Conciergerie du Palais, rôle des procédures contre luy faictes par les dictz généraulx et de la sentence contre luy donnée; par la quelle pour avoir, par ledict Tesnier, porté en la bouticque d'un orfèvre de cette ville et baillé à vendre des rogneures d'or et d'argent, et autres cas citez et mentionnez au dit procès ; icelluy Tesnier auroit esté condampné à faire amende honorable au bureau des dits généraulx, iceux séans à huys ouvert, tenant en main une torche de cire ardente, du poix de deulx livres, dire et déclarer à haulte voix que, témérairement et pour mal advisé, il avoit baillé et exposé pour vendre les dictes rongneures d'or et d'argent, fondues, dont il se repentoit et en demandoit pardon à Dieu, au roy et à justice, et faire semblable amende honorable tant à la pierre de marbre, au bout des grands degrez du Palais, que devant la porte de l'église de Saint-Leuffroy ; ce fait, a esté banny à perpétuité du royaulme de France et condampné en quarante escuz d'amende envers le roy, pour la quelle il tiendroit prison jusqu'à plain payement; déclaire les dites rognures d'or fondues confisquées au roy, et, pour le délict commun, ordonne que le dit Tesnier seroit rendu à l'évesque de Paris ou son official, pour luy faire et parfaire son procès, suivant l'ordonnance.

« Ouy et interrogé par la dite court, le dit prisonnier, tant sur les dites appellations verballes que sur les cas à luy imposez. Ouy aussi le procureur général du roy, pour ce mandé en la dite court, et tout considéré :

« Il sera dit, pour le regard des appellations verballes introduictes par le dit Tesnier, que la dite court l'a déclaré et déclare non recevable comme appelant, et l'amendera; et en tant que touche l'appel de la sentence définitive, a mis et met la dite appellation et sentence au néant, sans amende, en ce que par icelle le dit Tesnier est comdampné à faire amende honorable, tant à la pierre de marbre, au bout des grands degrez du Palais, que devant la porte de l'église Sainct-Leuffroy; au résidu, la dite sentence sortissant son plein et entier effet; et, pour mettre le présent arrêt à exécution, la dite cour a renvoyé et renvoi le dict Tesnier pardevant les gens des monnoies. — Février 1582.

« *Signé :* Brisson de Pince[1]. »

Donc, Jean Tesnier, prêtre indigne, fut privé de ses fonctions honorables de vicaire et de maître des écoles de Bobigny et banni à jamais du territoire français, pour s'être laissé entraîner à la passion de l'argent et au désir de s'enrichir en employant des moyens illicites.

Henri III, assiégé dans le Louvre par les ligueurs, en l'année 1588, s'empressa de quitter Paris et se retira à Blois où il convoqua les États généraux et fit massacrer le duc Henri de Guise et le cardinal de Guise, son frère, le 23 décembre. Mais ce prince périt lui-même l'année suivante par le fer de l'assassin Jacques Clément, comme il était à Saint-Cloud se préparant à châtier les Parisiens rebelles. Henri IV, roi de Navarre, désigné par la loi salique comme son successeur, continua la guerre contre les ligueurs. Après avoir remporté sur le duc de Mayenne, leur chef depuis la mort de Henri de Guise, les victoires d'Arques et d'Ivry, il vint mettre le siège devant Paris, qu'il bombarda le 8 mai 1590.

Le 6 juin suivant, il fit dresser sur les hauteurs de Montfaucon et de Ménilmontant d'autres batteries avec lesquelles il canonna de nouveau la ville et lui fit beaucoup de mal. Un boulet perdu tomba sur la maison de maître Raphaël Gaillandon, située rue Tirechape, vers la Tonnellerie, entre la rue Saint-Honoré et la rue de Béthisy. Ce boulet entra dans la chambre de l'avocat au Parlement, qui, à ce moment-là, était malade au lit et entouré de ses six enfants et de ses serviteurs. Dans son choc, le boulet rompit le pilier qui soutenait la poutre principale de l'appartement

---

1. *Arch. nat.* X² B, 117, minutes du Parlement.

et brisa l'un des montants du lit sur lequel reposait le malade, sans blesser personne. « Ce dont ledit Gaillandon rendit grâce à Dieu et pour mémoire dressa une inscription latine élégante, exprimant d'une manière saisissante, le triste état auquel se trouvait réduit le peuple de Paris[1]. »

Raphaël Gaillandon avait cédé à prix d'argent depuis environ neuf années à Guillaume Perdrier, seigneur de Bobigny, les fiefs d'Émery et de Béquignard, qu'il avait acquis vers 1570. Lui-même, Guillaume Perdrier, trouvant trop lourde peut-être en ces temps de guerre la possession de cette importante propriété, l'avait revendue, en 1590, à Florent d'Argouges. Ce fut dans la nuit du 29 août de cette année 1590, que Henri IV, ayant appris l'arrivée des ducs de Mayenne et de Parme, suivis de 27,000 hommes de pied et de 6,000 à 7,000 chevaux, leva le siège de Paris, quitta Aubervilliers, où il se tenait campé avec son armée, forte de 16,000 hommes, et, après l'avoir rangée en bataille dans la plaine de Bobigny et de Bondy, la conduisit à Chelles présenter le combat à l'ennemi.

Mais les ducs de Mayenne et de Parme, qui avaient réussi à ravitailler Paris, en y faisant entrer des provisions du côté du sud, évitèrent toute rencontre avec les troupes royales. En se retirant, ils s'emparèrent des villes de Lagny et de Corbeil, et forcèrent ainsi Henri IV à les suivre jusqu'à Rouen, dont il tenta inutilement le siège.

Ce prince se hâta de revenir sous les murs de Paris, qui lui ouvrit enfin ses portes et le reconnut pour roi, après toutefois qu'il eut fait son abjuration et qu'il eut été sacré dans la basilique de Saint-Denis, 1594.

Guillaume Perdrier, lors de son acquisition des fiefs d'Émery et de Béquignard, les avait réunis au domaine de Bobigny et mis en roture. En vendant ces deux fiefs à Florent d'Argouges, il mit pour condition dans le contrat, qu'ils seraient désormais, sans aucune justice ni juridiction et seraient accensés. Les anciennes propriétés d'Émery et de Béquignard perdirent donc leur titre de fiefs et les droits de censive, et furent astreintes aux charges des propriétés roturières, à partir de l'année 1590.

Messire Florent d'Argouges était fils de Jacques d'Argouges, seigneur de Gratot, en Normandie, et de Reine du Pont-Bellanger, dame de Bannes et de Asnebec. Devenu propriétaire à Bobigny, il fit construire

---

1. Siège de Paris sous Henri IV, *Hist. de Paris*, t. VII, p. 204.

sur le terrain de la Grande-Maison une habitation de plaisance, appelée le château de Beauregard. François d'Argouges, son fils, conseiller d'État ordinaire du roi, seigneur du Plessis-d'Argouges, des Groues, de Fayl-Billot et autres lieux, hérita, vers 1640, du château de Beauregard et dépendances. Il obtint, le 9 mars 1656, de l'archevêque de Paris, Jean-François-Paul de Gondy, cardinal de Retz, la permission d'y avoir une chapelle domestique.

Le 30 mai 1657, il fournit à messire Pierre Séguier, seigneur de Drancy, la déclaration des biens qu'il possédait en censive de sa seigneurie, soit 147 arpents de terre. Les anciens fiefs d'Émery et de Béquignard, qui lui appartenaient à Bobigny, montaient à 167 arpents, dont 120 relevaient de l'abbaye et châtellenie de Saint-Denis, et les 47 autres de la châtellenie de Livry. Au total, la propriété de François d'Argouges, tant sur Bobigny que sur Drancy, faisait un ensemble de 314 arpents de terre, lorsqu'en l'année 1659, il en fit la vente, à titre d'échange, à M. François Jacquier, nouveau seigneur de la paroisse.

Maître François d'Argouges, ainsi qu'il sera rapporté plus au long dans le troisième chapitre, tint, le 6 juin 1656, sur les fonts de baptême de l'église de Bobigny, avec damoiselle Antoinette Tixide, épouse de noble homme Adrien Liégeois, un enfant de Réné Rousseau et de Jeanne d'Hubert. Il devint, le 4 juin de l'année 1661, premier président du Parlement de Bretagne, et mourut à Versailles, le 20 août 1695.

La maison d'Argouges était déjà connue au temps de Guillaume le conquérant, duc de Normandie. Elle avait pris son nom patronymique de la terre d'Argouges, près de Bayeux. Ses armes étaient : écartelé d'or et d'azur, à trois quinte-feuilles de gueules, deux en chef et une en pointe, brochantes sur le tout [1].

Henri IV, si aimé de son peuple à cause de sa loyauté et de sa vaillance, mourut, en 1610, assassiné rue de la Ferronnerie, à Paris, laissant la couronne à Louis XIII, son fils aîné, enfant de neuf ans, placé d'abord sous la tutelle de sa mère, Marie de Médicis. Ce règne fut remarquable par la direction que donna aux affaires de l'État l'illustre cardinal de Richelieu et par la prise de la Rochelle. La chute de cette place mit fin aux guerres du protestantisme en France, tandis qu'elles se poursuivi-

---

1. De la Chenaye-Desbois, t. I, 1re partie ; t. III, 2e partie.

rent encore plusieurs années en Allemagne sous le nom de guerre de Trente ans,

Les registres des comptes de fabrique que nous avons eus sous les yeux et que nous avons parcourus à loisir à l'hôtel de ville de Paris, où ils ont été déposés à l'époque de la grande Révolution, nous permettent de citer successivement, à partir de l'année 1637, les procureurs fiscaux et quelques-uns des syndics, des receveurs et des collecteurs des tailles de la seigneurie et paroisse de Bobigny, jusqu'à l'année 1791, où le régime féodal fut aboli, et de joindre aux noms de ces fonctionnaires certains faits se rapportant à leurs personnes ou à leur administration.

Le procureur fiscal, sous l'ancien régime, était un magistrat établi près des justices seigneuriales, afin de remplir les fonctions qu'exerçaient les procureurs du roi dans les justices royales. Ils étaient chargés par le seigneur du lieu de la justice administrative dans toute l'étendue de sa seigneurie. Ils étaient préposés à la vérification des poids et des mesures, et devaient veiller comme voyers à ce que les voies publiques fussent en bon état de viabilité. C'étaient les maires de cette époque.

Le prévôt et son lieutenant étaient particulièrement chargés de la justice criminelle.

Nous avons vu, en l'année 1581, dans le procès de Jean Tesnier, mentionnés, comme prévôt de la justice seigneuriale de messire Guillaume Perdrier, un nommé Berthelot, et comme procureur fiscal de la paroisse, Noël *Cochu*.

Dans un compte des recettes et des dépenses de la fabrique, du 19 mai 1651, on trouve le nom et la signature de Henri *Paté*, procureur fiscal de messire Charles de Béthisy Mézières et de damoiselle Anne de Perdrier, seigneurs de Bobigny, dont les signatures sont apposées aussi au registre avec celles du procureur fiscal et des marguilliers.

Vient ensuite Nicolas *Buisson*, admis au même office, vers 1635, par Anne de Bragelogne, veuve de Charles de Perdrier, dernier seigneur de Bobigny de ce nom. Durant trois années de suite, de 1638 à 1641, il remplit les fonctions de marguillier en charge.

En 1642 mourut le cardinal Richelieu, et l'année suivante décéda le roi Louis XIII, qui eut pour successeur son fils Louis XIV, âgé de 5 ans. Ce fut pendant la minorité de ce prince que le duc d'Enghien (le grand

Condé), âgé de 22 ans, remporta la victoire éclatante de Rocroy sur les Espagnols, puis celles de Fribourg, de Norlingue et de Lens sur les Impériaux. Ces victoires facilitèrent l'acquisition de l'Alsace.

Étienne *Chauffour*, procureur fiscal après Nicolas Buisson, fut agréé par MM. de Béthisy et d'Ornano, seigneurs, chacun pour moitié, de la terre de Bobigny, et maintenu dans sa charge par M. François Jacquier, lorsqu'en l'année 1657, il devint acquéreur du domaine de Bobigny. Étienne Chauffour mourut le 17 janvier 1681, à l'âge de 64 ans. Il reçut avant de mourir les derniers sacrements, à la grande édification de ceux qui furent témoins de cet acte de piété. Son inhumation eut lieu le lendemain de sa mort, dans la nef de l'église. Vers le même temps, étaient receveur de la seigneurie de Bobigny, Philippe Blondeau, et greffier de la prévôté, Pierre Jessonot.

Voici ce qu'on lit au registre des actes de baptêmes de la paroisse :

« Le 21 mars de l'année 1673 a été baptisé, en l'église Saint-André de Bobigny, Laurent, fils de Pierre Jessonot, greffier du dit lieu de Bobigny, et de Étiennette Maucuit, sa femme. Le parrain, messire Laurent Berthemot, maître des comptes, seigneur de Nortreuille et autres lieux. La marraine, Marie de Bordeaux, épouse de messire Jacques Sanguin, chevalier, seigneur de Livry et autres lieux, conseiller du roi en tous ses conseils et son maître d'hôtel ordinaire, capitaine des chasses des forests de Livry, Bondy et autres lieux. »

A cette époque glorieuse entre toutes pour la France, Louis XIV, âgé de 25 ans, gouverna par lui-même le royaume, et, grâce à une politique ferme et généreuse, il enrichit la couronne de quatre nouvelles provinces : l'Artois, le Roussillon, la Franche-Comté et la Flandre.

Jean *Gouillard*, procureur fiscal après Étienne Chauffour, de 1681 à 1690. Un des premiers actes de son administration fut la nomination d'un collecteur des tailles :

« Aujourd'hui dimanche 29 juin 1681, à l'issue des Vêpres dites et célébrées en l'église Saint-André de Bobigny, les principaux habitants de la paroisse convoqués au son de la cloche en la manière accoutumée, pour la nomination d'un collecteur au lieu et place de défunt Antoine Ville; par-devant Marcel Cottereau, greffier et tabellion en la prévôté du dit Bobigny, il a été procédé comme il suit à la réception des dits collecteurs : Premièrement, maître Pierre Jessonot, laboureur de la terre-seigneurie de ce lieu, marguillier en charge de la dite paroisse, a nommé pour collecteur Étienne Chauffour et a signé : P. Jessonot. Claude Vassout a nommé pour collecteur Jean Huon et a signé : C. Vassout. Maître Jean Gouillard, procureur fiscal au dit Bobigny, a nommé pour collecteur Pierre Chauffour et a signé : J. Gouillard. Pierre Chauffour a nommé pour collecteur Louis Poupart et a déclaré ne savoir signer, de ce interpellé suivant l'ordonnance. Claude Charre a nommé pour collecteur Pierre Chauffour et a signé : C. Charre. Antoine Bruslé a nommé pour collecteur Louis Poupart et a signé : A. Bruslé. Ce fait et après le calcul des voix des ci-dessus nommés, le dit Pierre Chauffour a été élu pour collecteur en la paroisse, les jour et an que dessus. La veuve de Jacques Harlan, bourgeois de Paris, y demeurant, et le susdit Louis Poupart, ont signé avec les comparans, excepté le dit Chauffour, qui a déclaré ne savoir signer, de ce interpellé suivant l'ordonnance.

« Veuve Jacques HARLAN; COTTEREAU, tabellion [1]. »

Il nous eut été facile de donner les procès-verbaux des années suivantes, concernant les nominations des collecteurs et des syndics. Mᵉ Pottier, notaire à Noisy-le-Sec, ayant bien voulu les mettre à notre disposition avec la plus grande obligeance, ainsi que plusieurs autres documents cités dans ce travail. Mais il faut se limiter. Nous nous bornerons donc à dire que, le 22 août 1684, furent nommés, à la pluralité des voix, Michel Mallet, collecteur; Pierre Jessonot, procureur-syndic et Louis Léveillé, syndic perpétuel.

Nicolas Claud fut procureur fiscal après Jean Gouillard, de 1690 à 1692.

Claude Chauffour lui succéda. Il remplit les fonctions de procureur fiscal de 1692 à 1694 et fut en même temps receveur de la terre seigneuriale de Bobigny. Voici la copie du rôle et assiette des tailles de la paroisse et de la ferme d'Eaubonne, qu'il dressa l'année de son entrée en fonctions pour l'année suivante, 1693, avec Jean Gouillard, assesseur et collecteur des tailles de la dite paroisse, suivant la commission à eux envoyée par MM. de l'élection de Paris, en date du 22 septembre 1692; de la somme

---

1. Notariat de Noisy-le-Sec.

de 2,100 francs ensemble; de celle de 55 francs 5 sols pour les 6 deniers pour livre attribuée au greffier des rôles; toutes les dites sommes montant ensemble à celle de 2,292 livres 17 sols 6 deniers, le tout ainsi qu'il est porté et mentionné en la dite commission; à laquelle assiette et imposition a été procédé, en présence de moi, commis au greffe des rôles des tailles en la paroisse d'Aubervilliers, ainsi qu'il suit :

Nicolas Claude, fermier de la ferme et seigneurie.	630 livres.
Nicolas Paris, fermier de la ferme de Beauregard	572
Étiennette Maucuit, veuve de Pierre Jessonot, fermier d'Eaubonne.	140
La veuve Jean Lemaître et Jean Gouillard, son fils.	227
La veuve Antoine Ville.	54
La veuve Blaise Bonouvrier	8
La veuve Claude Philippes.	40
La veuve Antoine Moreau.	154
La veuve Jean Huon.	46
Eustache Lecomte, syndic.	19
Nicolas Valet, berger, demeurant à Bondy.	1
La veuve Louis Poupart.	22
Pierre Philippes, cabaretier.	44
Michel Malet.	40
Pierre Chauffour.	26
Louis Léveillé.	30
Antoine Huon, berger.	15
Jean Chare.	24
Suzanne Vassoult, fille.	6
Pierre Chauffour, le jeune.	15
La veuve Jean Auvray.	12
Claude Chare, chantre de l'église.	36
Jacques Chare, maçon.	30
Claude Vassoult, retiré à Saint-Denis.	5 sols.
Claude Chauffour, collecteur	10 livres.
Jacques Ville.	7
Philippes Moreau	80
Nicolas Léveillé, demeurant à Paris.	20 sols.
Madeleine Pélée, sans domicile.	2 livres.

1 Le présent rôle a été par moi, commis au greffe du rôle des tailles de la prévôté d'Aubervilliers, soussigné, calculé et arrêté en présence des assesseurs et collecteurs cy-devant nommés et soussignés, le 26 décembre 1692, à la quelle somme de 2.293 livres 15 sols; compris 2,210 livres,

portées par la commission et 55 livres 5 sols pour les 6 derniers aussi attribués aux greffiers aux rôles ; toutes ces dites sommes faisant ensemble celle de 2,293 livres 15 sols. Claude Chauffour. Jean Gouillard.

« Nombre des contribuables : 29.

« Exempts : messire Jacquier, seigneur ; Jean Allemand, dit Lainville, garde des plaisirs du roi ; M. le curé.

« Vérifié le présent rôle par nous, conseiller du roi, assesseur, de présent élu en l'élection le 27 décembre 1692.

« *Signé :* Rassonaux.

« Fait et délivré par moi, greffier de l'élection de Paris, soussigné, le 31 décembre 1652.

« *Signé :* Macé, avec paraphe[1]. »

A Claude Chauffour succéda, en 1654, dans la charge de procureur fiscal de la prévôté de Bobigny, *Nicolas Paris*, garde des plaisirs de Sa Majesté, fermier de la ferme de Beauregard, et boulanger. Il était fils de Nicolas Paris et de Marie Blancheteau, et avait épousé, le 18 juillet 1683, Jeanne Jessonot, fille de Pierre Jessonot, receveur de la terre et seigneur de Bobigny ; après avoir été interrogés tous les deux sur les principaux mystères de la religion et avoir reçu les sacrements de Pénitence et d'Eucharistie. Nicolas Paris mourut, comme il avait vécu, en fervent chrétien, étant âgé d'environ 50 ans.

Vint après lui *Eustache Pierre*, receveur de la terre et seigneurie de Bobigny, et procureur fiscal de 1699 à 1709. Maître Eustache Pierre eut de Marie-Jeanne Typhaine, son épouse, au commencement de 1705, un enfant auquel il donna pour parrain le sieur Jean de Guilbon, écuyer, garde du corps de Son Altesse Royale Monseigneur le duc d'Orléans, et pour marraine damoiselle Marguerite Pierre, veuve de défunt Augustin de la Rue, domiciliée à Stains. Son frère, M⁰ Marcel Pierre, prêtre, habitué de Saint-Eustache, fut deux ans plus tard parrain d'un autre de ses enfants, nommé Claude au baptême. Maître Eustache Pierre mourut le 30 janvier de l'année 1709, âgé de 37 ans et fut inhumé le lendemain

---

1. Mairie de Bobigny.

dans la nef de l'église de Bobigny. Son frère, l'abbé Marcel Pierre, décéda dix-neuf ans plus tard et fut également enterré dans l'église de Bobigny, au chœur.

Voici copie d'un acte passé devant M⁰ Cottereau, par la veuve de ce procureur fiscal, deux ans environ après la mort de son mari :

« Fut présente Marie-Jeanne Typhaine, veuve de défunt Mʳ Eustache Pierre, procureur fiscal et receveur de la terre et seigneurie de Bobigny, tant en son nom, à cause de la communauté qui a été entre elle et le dit défunt, que comme tutrice des enfants mineurs du dit défunt et d'elle, la quelle ne pouvant par elle-même exercer les charges et offices héréditaires de syndic perpétuel et de greffier des rôles de la paroisse du dit Bobigny, créés par les édits des mois de mars 1702 et d'octobre 1703, dont le dit défunt Eustache Pierre, son mari, était pourvu, elle a, pour exercer et faire les fonctions des dites charges en la dite paroisse de Bobigny, commis la personne de Pierre Mongé, demeurant au dit Bobigny, à ce fin et acceptant pour jouir d'iceux et les exercer, les droits, honneurs, privilèges et exemptions portés par les susdits édits. A reconnu la dite veuve Pierre les gages attribués aux susdites charges, consentant ycelle veuve Pierre, que le dit Mongé soit installé et reçu dans les dites charges par qui il appartiendra. Fait et passé par-devant le notaire de la prévôté de Bobigny, soussigné, l'an 1711, le 14 septembre après midi, en présence de messire Eustache Pierre, sieur de La Houssière, et maître Paul Gouillard, qui ont signé avec les parties.

« COTTEREAU[1]. »

Marie-Jeanne Typhaine, douze ans après la mort de son mari, le 24 août de l'année 1711, prit à loyer les terres de la seigneurie de Bobigny et vint habiter l'ancien château abandonné par M. François Jacquier de Vieu-Maison, qui prit pour demeure celui de Beauregard.

Michel Mallet, procureur fiscal de 1713 (année du traité d'Utrecht) à 1723 (année de la majorité du roi Louis XV, monté sur le trône en 1715, à l'âge de 5 ans).

Michel Mallet eut pour successeur *Étienne Paris*, garde des chasses du roi et fermier de la ferme de Beauregard après Nicolas Paris, son père.

1. Notariat de Noisy-le-Sec.

Il avait épousé, le 12 novembre 1719, Nicolle Pierre, fille de feu Eustache Pierre et de Marie-Jeanne Typhaine. Maître Étienne Paris mourut au commencement de l'année 1725, laissant aux mains de son beau-frère, *Eustache Pierre,* élu syndic les années précédentes, les fonctions de procureur fiscal de la prévôté de Bobigny.

Voici ce qu'on lit au registre des baptêmes, au sujet d'une fille de ce dernier :

« Le 29 juin 1729 a été baptisée sur les fonts baptismaux de cette paroisse une fille, née du jour d'avant-hier du légitime mariage de maître Eustache Pierre, procureur fiscal du dit lieu, et de dame Marguerite Bienvenu, nommée Marguerite-Madeleine-Félicité, par Mr Claude-Alexandre Desmard, fils de Me Claude Benoît Desmard, ancien officier du roi, demeurant au Tremblay; et de dame Aimée Delamarre, son épouse, pour et au nom de messire Louis de Mailly, fils de très haut et très puissant seigneur Victor-Alexandre de Mailly, marquis du dit lieu, seigneur de Toutancourt-Varenne, Arques, Anglebenne, Baillissure, Hetvelle et autres lieux; vicomte et baron de Berlin, mestre de camp de régiment d'infanterie, et de très haute et très puissante dame madame Victoire-Delphine de Bournonville, son épouse; et par dame Marie-Jeanne Typhaine, veuve de feu Eustache Pierre, vivant procureur fiscal de ce lieu, pour et au nom de damoiselle Madeleine-Félicité de Montmorency, fille de très haut et très puissant seigneur monseigneur de Montmorency, prince de Robecq, grand d'Espagne, chevalier de la Toison-d'Or, lieutenant général des armées du roi, grand-maître et grand-écuyer des maisons de la reine d'Espagne, marquis de Morbec, comte d'Estorc et autres lieux, et de très haute et très puissante dame madame Catherine du Bellay, son épouse. Le tout du consentement des dits seigneurs, comme il nous est apparu par un écrit à nous adressé à cet effet. Signé : Montmorency-Morbec, Mailly, en date du 2 mai 1729. Et ont signé le présent acte, le dit sieur Desmarre et la dite dame Typhaine, conjointement avec moi, prêtre desservant, qui ai fait la cérémonie.

« Pelerin[1]. »

On lit également, au même registre, ce qui suit :

1. Mairie de Bobigny.

« Le 14 août de la même année 1729 fut inhumé dans l'église de la paroisse le corps de Marie-Jeanne Typhaine, veuve d'Eustache Pierre, vivant procureur fiscal de la terre et seigneurie de Bobigny, décédée à l'âge de 55 ans. En présence de MM. Eustache Pierre, son fils, aujourd'hui procureur fiscal de la dite terre et seigneurie ; François-Pierre, aussi son fils, sous-diacre ; Charles Bernier, son gendre, marchand bonnetier, demeurant à Paris, rue Saint-Denis, paroisse Saint-Sauveur ; Eustache et Joseph Pierre, ses beaux-frères, marchands drapiers, domiciliés à Paris, rue de la Monnaie, paroisse Saint-Germain-l'Auxerrois. Lesquels ont signé avec moi, prêtre desservant qui ai fait la cérémonie.

« PELERIN [1]. »

Après Eustache Pierre, second procureur fiscal de ce nom, se présente, en 1733, *Daniel Dupont*, garde des chasses de Sa Majesté. Il avait eu de Marguerite Tricot, son épouse, le 25 mai 1734, une fille à laquelle il donna pour parrain M. Martin Rulhière, écuyer, conseiller du roi, commandant de la maréchaussée de l'Ile-de-France, et pour marraine Marie-Anne Le Coq, épouse de M. de Gouys, intendant de M. le comte de Livry.

Vint ensuite *Nicolas Puthomme*, receveur de la terre et seigneurie de Bobigny, en même temps que procureur fiscal, de 1737 à 1742. Il tint sur les fonts baptismaux de l'église de Bobigny, le 26 août 1740, avec Marie-Thérèse Héricourt, femme de Jean Mongrolle, laboureur à Ville-Évrard, paroisse de Neuilly-sur-Marne, une enfant de Jeanne Puthomme, sa fille, mariée à M. François Roze. La mort le frappa le 1er février de l'année 1744, à l'âge de 77 ans.

Le 28 mai de la même année mourut aussi Pierre Féret, laboureur, marguillier comptable de la paroisse, syndic perpétuel et garde des plaisirs du roi, inhumé aussi dans l'église de Bobigny.

La pièce suivante, qui n'est pas sans intérêt assurément au point de vue des droits seigneuriaux, peut trouver ici sa place :

« L'an 1744, le dimanche 15 juillet, vers les onze heures et demie du matin, à la requête de messire Cardin-François-Xavier Lebret, chevalier,

---

1. Mairie de Bobigny.

seigneur de Pantin et autres lieux, conseiller du roi en ses conseils et avocat général au grand conseil, demeurant à Paris en son hôtel, rue Saint-Louis-au-Marais, paroisse Saint-Gervais, pour lequel est élu domicile en son château seigneurial, au dit Pantin, et encore pour vingt-quatre heures seulement, et sans attribution de juridiction, au village de Bobigny, en la maison curial du dit lieu, j'ai, François Prévost, huissier à verge au Chastelet de Paris, y demeurant, rue de Bussy, paroisse Saint-Sulpice, soussigné, lu, publié, et signifié à haute et intelligible voix et cri public aux habitans du dit lieu de Bobigny, trouvé au devant du grand portail de l'église paroissiale du dit lieu, issue de la grand' messe de paroisse, dite, chantée et célébrée en la dite église, les dits habitans et autres, en sortant en grand nombre, et où étaient entre autres personnes des sieurs Charlemagne, Espaulard, Codieux, Mény, Chauffour, Féret, Berthelot, Dupont, Louis Léveillé, Jacques Legrand, et plusieurs autres faisant et représentant la plus grande et saine partie des dits habitants, en parlant à leurs personnes, les lettres royaux en forme de terrier obtenues par le dit seigneur Lebret en la chancellerie du Palais, à Paris, le 7 décembre dernier, signées par le conseil, le méteyer, et scellées du grand sceau de cire jaune, la sentence d'intérinement d'icelles rendue par nos seigneurs des requêtes du Palais, à Paris, le 13 du dit mois de décembre, signé Huguet et Scellier; et de l'affiche extraite des dites lettres et sentence ci-devant transcrite, à ce que dus tous les dits habitants, tant nobles que roturiers, de la dite paroisse de Bobigny et autres n'en ignorent, ce fait et par vertu des dites lettres royaux et sentence d'intérinement sus datées, et signées, et scellées, j'ai fait commandement par le roi et justice aux ci dessus nommés d'y satisfaire et suivant icelles, à tous vassaux censitaires, tenanciers, emphitrites et détempteurs des biens, maisons et héritages dépendant de la dite seigneurie, de porter les foys et hommages qu'ils sont tenus faire des héritages, tenus noblement, payer les droits dus, bailler aveux et dénombrements, homme vivant et mourant, passer déclarations de leurs héritages en roture, par nouveaux tenans et aboutissants, avec les charges et redevances accoutumées, les jours quelles sont dues, montrer et exhiber les titres de propriété des dits héritages, et le tout affirmer véritable par devant M⁰ Nicolas Goret, notaire pour ce commis, demeurant à Saint Denis en France, suivant et ainsi qu'il est porté aux dites lettres, et ce en dedans quinzaine, sinon à ce faute de ce faire dans le dit temps, leur ai déclaré que le dit seigneur Lebret fera procéder par saisie et réunion, au domaine de la susdite seigneurie, de tous les fiefs et héritages, tant nobles que roturiers, dont les propriétaires n'auront fait les foys et hommages, fourni les aveux et dénombrements, passé et affirmé leurs déclarations, comme dit est, à ce que du tout ils n'en ignorent, dont acte.

« *Signé :* PRÉVOST, avec paraphe.

« Contrôlé à Saint Denis, le 21 juillet 1744.

» *Signé :* FLAMENT [1]. »

Les 26 juillet et 2 août suivants, se fit une nouvelle publication de cette pièce dont copie fut également affichée à la porte d'entrée de l'église, à celle de l'auditoire et au poteau du dit lieu de Bobigny et lieux environnants.

Pierre Charlemagne, fermier de la terre de Bobigny et procureur fiscal au commencement de l'année 1742, rendit d'éminents services à l'église et à la paroisse, ayant été, dans le courant de mai, élu pour la seconde fois marguillier en charge de la fabrique. Le 1er septembre de cette même année 1742, eut lieu, à Bobigny, le baptême d'un enfant de Michel Villot son cousin, sellier de son altesse sérénissime Mgr le prince d'Ombe et de Louise-Agnès Puthomme. Cet enfant eut pour parrain Edme-Marie Dunal de Sainte-Marie, capitaine-lieutenant au régiment d'Anjou cavalerie, chevalier de l'ordre royal et militaire de Saint-Louis ; et pour marraine Hélène Maupetit, femme de Nicolas Puthomme.

Trois ans plus tard eut lieu également le baptême d'une petite-fille de Pierre Charlemagne, Marie-Catherine, fille d'Étienne Charlemagne, déjà fermier de la terre seigneuriale de Bobigny à la place de son père et de Jeanne Puthomme, son épouse. Marie-Catherine Charlemagne eut pour parrain également messire Edme-Marie Dunal de Sainte-Marie, devenu major de la ville et citadelle de Laon, domicilié à l'hôtel d'Évreux, paroisse de la Ville-l'Évêque, à Paris, et pour marraine Marie-Catherine

---

1. Manuscrits de la Bibl. nat.

Charlemagne sa tante. Maître Pierre Charlemagne mourut à la fin de l'année 1753.

Il eut pour successeur *Étienne Charlemagne* son fils, qui exerça durant six années seulement les fonctions de procureur fiscal.

Messire Edme Dunal de Sainte-Marie, dont il a été parlé plus haut, vint mourir à Bobigny dans la maison d'Étienne Charlemagne et fut inhumé dans la nef de l'église. Cet officier était parvenu au grade de grand prévôt général de la cavalerie française et étrangère.

Voici ce qui est écrit au registre des actes de décès, touchant Étienne Charlemagne : « L'an 1775, le 9 septembre, vu l'ordonnance de Mgr Guillette, escuyer, avocat au Parlement, prévôt de la justice de Bobigny et commandant de la maréchaussée de Bondy, en date de ce jour, a été inhumé par moi, curé soussigné, dans le cimetière de cette paroisse le corps d'Étienne Charlemagne, laboureur et membre de la Société royale d'agriculture de Paris, décédé du jour d'hier de mort subite, âgé d'environ cinquante-cinq ans ; l'inhumation faite en présence de Côme Charlemagne, laboureur au Petit-Groslay, de la paroisse de Bondy, de Jean Charlemagne, marchand épicier de la paroisse du Bourget, tous deux fils du défunt [1]. »

La mort d'Étienne Charlemagne suivit d'un an celle de Louis XV. La France, pendant les vingt dernières années du règne de ce prince qui dura soixante ans, eut à soutenir contre l'Angleterre et la Prusse une guerre acharnée. Elle perdit contre cette dernière les batailles de Rosbac, de Crevelt et de Minden, et la première de ces deux puissances par le traité de Paris lui enleva en 1763 ses plus belles colonies. L'acquisition définitive de la Lorraine en 1766, réunie à la France après la mort du roi Leczinski et l'acquisition de la Corse en 1769, par le duc de Choiseul, premier ministre, compensèrent faiblement les grands dommages qu'elle venait de subir.

Le 14 avril 1773, naquit un des petits-fils d'Étienne Charlemagne, nommé Louis-Étienne au baptême, fils d'Étienne-Louis-Guillaume Charlemagne, avocat au Parlement, laboureur et receveur de la terre et seigneurie de Bobigny, dès l'année 1770 et de Marie-Louise-Émélie Dupré, son épouse. Cet enfant eut pour parrain Louis-Antoine Blondel, avocat au Parlement et commissaire des poudres et salpêtres au département de

---

1. Mairie de Bobigny.

Paris, paroisse Saint-Paul et pour marraine Marie-Thérèse Roze, épouse de M. Joseph-Augustin Louis, écuyer de Mgr le duc d'Orléans.

Au commencement de l'année 1782, se fit le baptême d'un autre enfant du dit sieur Etienne-Louis-Guillaume Charlemagne, appelé Gabriel-Marie, par M. Gabriel Louis, capitaine de dragons au régiment de la reine et major-écuyer de Mgr le duc d'Orléans, demeurant sur la paroisse de Clichy en Launois, et par Mlle Catherine Louis, épouse de M. de Vauguyon, intéressé dans les affaires du roi.

C'est vers cette époque que nous croyons devoir fixer la visite du roi Louis XVI à Bobigny. Les anciens du village racontent que maître Étienne-Louis-Guillaume Charlemagne, laboureur de la paroisse et avocat au Parlement avait ses entrées libres à la Cour. Admis un jour au palais des Tuileries, tu avoueras, lui dit ce prince ami de son peuple, en lui montrant des fenêtres de son château le parc émaillé des plus belles fleurs, que ton jardin n'est pas aussi beau que le mien. Pardon, Sire, répliqua celui-ci sans hésiter : Que Votre Majesté veuille bien m'honorer de sa visite et Elle reconnaîtra que mon parc de Bobigny mérite bien autant l'admiration que celui qu'Elle possède dans sa bonne ville de Paris. Louis XVI se montra bienveillant envers son sujet, il répondit à son invitation et vint incognito au village de Bobigny visiter l'avocat laboureur. Étienne-Louis-Guillaume Charlemagne reçut Sa Majesté dans l'ancien château des Perdrier qu'il habitait et qui est aujourd'hui encore en partie existant. Il invita Louis XVI à monter dans les appartements du premier étage[1]. On en était au mois de juillet, et les moissons déjà mûres ne demandaient plus qu'à être rentrées. Montrant donc au roi les cent arpents de blé doré que le parc, récemment deboisé et pour lors clos de murs, comprenait en étendue : Décidez vous-même, Sire, dit-il à Sa Majesté, lequel des deux jardins, du vôtre ou du mien, mérite la préférence? Louis XVI qui se flattait d'être dans ses États le protecteur de l'agriculture et de l'industrie aussi bien que des sciences et des arts, n'hésita point à se prononcer dans le jugement qu'il lui fallait établir. Il reconnut franchement que le parc de Bobigny l'emportait sur son jardin des Tuileries, content de donner ainsi raison à Charlemagne, son fidèle sujet.

---

1. Cet étage a été supprimé vers 1840, et la toiture, avec ses fenêtres mansardes, a été descendue de toute la hauteur de l'étage, soit un peu plus de trois mètres.

A Étienne Charlemagne succéda, en 1759, *Joseph Pontus*, époux de Marguerite Desrues, il occupa la charge de procureur fiscal l'espace de neuf ans. Il mourut le 9 septembre 1771 et fut enterré le 10 dans la ne de l'église neuve.

Étienne Villot, fils de Denis Villot, manouvrier, et de Siméone Bonneau, originaires d'Aulnay-lez-Bondis, naquit à Bobigny le 12 novembre 1714. Il fut le dernier des procureurs fiscaux de la prévôté, et décéda le 21 août 1788 après avoir reçu, comme la plupart de ses prédécesseurs, les sacrements de la sainte Église. Son inhumation eut lieu le lendemain de sa mort dans le cimetière attenant à la nouvelle église, en présence d'Étienne Villot et de Jacques-Étienne Villot, ses fils. M. Étienne Villot, actuellement fermier de la ferme de Beauregard et président du conseil de fabrique, est le petit-fils de ce dernier procureur fiscal de la paroisse, dont on trouve le nom mentionné particulièrement avec les noms de plusieurs autres procureurs fiscaux des paroisses environnantes dans un acte de notoriété pour le règlement de la perception de la dîme de 1769, année même de son entrée en fonctions. Avant de citer ce curieux document, il nous paraît utile de donner quelques explications sur la dîme. On entend par *dixme* ou *dîme* une certaine partie des fruits de la terre, ordinairement la dixième que l'on payait à l'église ou aux seigneurs avant la grande Révolution. La loi mosaïque obligeait le peuple juif à donner aux prêtres ou Lévites la dîme des grains et des fruits. Les peuples barbares, les Grecs et les Romains, tout payens qu'ils étaient, par un sentiment de religion commun à toutes les nations, ont souvent offert leurs décimes aux prêtres de leurs dieux. La loi chrétienne ne prescrit point aux fidèles de livrer aux ecclésiastiques la dîme de leurs biens, mais elle leur fait une obligation de subvenir à leurs besoins. En effet, Notre-Seigneur Jésus-Christ en envoyant ses apôtres prêcher dans les villes d'Israël, sans emporter ni bourse ni provisions, leur dit d'entrer dans la maison de ceux qui recevront leur parole et de manger les aliments qu'on leur offrira, parce que tout ouvrier est digne de sa récompense et de son vivre. N'est-il point dans l'ordre, poursuit l'apôtre saint Paul à ce sujet, que celui qui sert à l'autel vive de l'autel. Dans les premiers siècles de l'Église la dîme n'était qu'un don volontaire qui variait suivant la libéralité des fidèles. En 585 le Concile de Macon en ordonna le payement comme d'une dette, et Charlemagne, en 794, prescrivit qu'elle fût prélevée comme un impôt. Mais, plusieurs seigneurs, à l'époque féodale, ayant usurpé ce droit, ou l'ayant reçu en fief, donnèrent naissance à ce qu'on appelle les dîmes inféodées ou seigneuriales, c'est-à-dire sorties de la main de l'Église et possédées par des laïques. Il en était ainsi à Bobigny; la dîme fut ravie à la cure, érigée en fief et remise presque entièrement au seigneur du lieu. Et n'est-ce point pour ce motif qu'étant gros décimateur, messire Philippe-Guillaume Jacquier fit construire, en 1769, l'église que Bobigny possède présentement. Maître Jean Perdrier pour le même motif, c'est assez probable, avait fait rétablir, sinon reconstruire entièrement à neuf celle qui subsistait de son temps. Les seigneurs gros décimateurs étaient tenus de payer aux curés de la paroisse une pension nommée portion congrue, dont le minimum fut fixé au XVIIe siècle à 200 livres pour les petites cures, et à 500 livres pour les cures importantes.

Le lecteur verra dans le dernier chapitre de cet ouvrage M. Frémy donner l'estimation des revenus de sa cure, qu'il ne fait point monter au delà de 192 livres. Ce curé de Bobigny et ses successeurs étaient du nombre de ceux qu'on appelait, sous l'ancien régime, curés à portion congrue. On ne se sert plus à notre époque de cette expression malsonnante; mais la chose est toujours à peu près la même pour la plupart des curés de campagne.

Quoi qu'il en soit, le lecteur pourra voir par la pièce suivante les règlements qui devaient être observés par les décimateurs pour la perception de la dîme, particulièrement à Bobigny et dans les lieux environnants et que cette perception ne pouvait s'exercer d'une manière arbitraire.

« Aujourd'hui dimanche, neuvième jour de juillet, mil sept cent soixante-neuf, par devant le notaire tabellion de la prévôté haute, moyenne et basse justice, terre, seigneurie de Merlan, paroisse de Noisy-le-Sec soussigné, en la présence des témoins cy après nommés, sont comparus messire Louis Blancheteau, procureur fiscal de la prévôté de Merlan, laboureur demeurant au dit lieu; sieur Denis Inault, laboureur, cy-devant fermier des dixmes de la ferme Saint-Martin à Bondy, demeurant au dit Merlan; messire Étienne Villot, procureur fiscal de la prévôté de Bobigny, laboureur et cy-devant employé à la perception des dixmes du dit Bobigny, y demeurant: sieur Blaise Maucuit, laboureur; Denis Prestat, aussi laboureur; sieur Julien-Daniel Dupont, garde des plaisirs du roi, exploitant plusieurs terres, demeurant au dit Bobigny; sieur Louis Pillier, procureur fiscal de la prévôté de Rosny, fermier laboureur, demeurant au dit Rosny; sieur Eustache Roussel, laboureur fermier des dixmes en partie de la paroisse de Bondy, y demeurant; Jean Bureau, commis préposé à la perception des dixmes du dit Bondy pour le sieur Poitier, fermier de la ferme Saint-Martin, y demeurant; sieur Frémin, maître de la poste de Bondy et laboureur, demeurant au dit lieu ; sieur Denis Gatine, laboureur, demeurant au dit Bondy; sieur Étienne-Paul Jolivet, laboureur; Pierre Jolivet; Robert Heurtault; Jean Parvy l'aîné; Jean Parvy le jeune; Antoine Trossu; Nicolas Lecointre; tous exploitant, faisant valoir des terres, demeurant au dit Drancy. Les quels ont juré, affirmé, et attesté pour vérité certaine qu'ils ont une parfaite connaissance, et que l'usage cy-après se pratique dans les villages cy-dessus et environs.

« 1° Que les laboureurs et autres, lors de la moisson, font en dixeler leurs grains et arranger les dixmes sur chacune de leurs pièces;

« 2° Qu'à l'instant que les laboureurs ont avertis les commis des diximateurs, ces commis sont obligés de compter les dixeaux, d'en prendre six gerbes par cent, ou de dix-sept gerbes une, et toujours du même côté;

« 3° Qu'on ne peut prendre les gerbes pour la dixme qu'une gerbe, dans les sept gerbes du tour du dixeau et que l'on doit continuer de même jusques à la fin de la pièce ;

« 4° Que les dixmeurs ne peuvent pas prendre les gerbes de dessous les dixeaux, parce qu'ils seraient dans le cas de gâter et égrainer les gerbes du dessus.

« 5° Que la façon de dixmer une pièce, qui est partie bonne et partie mauvaise, les dixmeurs doivent prendre la dixme dans le mauvais comme dans le bon, et ne peuvent pas prendre toute la dixme dans le bon, ce qui serait préjudiciable au cultivateur; que si le dixmeur a droit de prendre une gerbe sur un dixeau, il doit la prendre toujours du même côté où il a commencé.

« 6° Que les fermiers ou cultivateurs ne peuvent enlever aucune partie de leur pièce, que le tout ne soit en dixelé, de même les dixmateurs ne peuvent enlever ni faire enlever la dixme dans une pièce, qu'elle ne soit totalement endixelée.

« 7° Que la dixme ne peut être prélevée la nuit, et qu'elle le doit être dans le jour, et que les fermiers ne doivent pas enlever leurs grains la nuit, et qu'ils le doivent enlever dans le jour.

« 8° Que les fermiers des dixmes ne peuvent dixmer en personne, et qu'ils doivent avoir des commis pour la perception, qui aient serment en justice.

« 9° Que le même usage se pratique tant pour la dixme des foins, que pour celle des grains.

« Dont et de tout ce que dessus, les dits comparants nous ont requis acte, que nous leurs avons octroyé, pour servir et valoir à qui il appartiendra, ce que de raison en temps et lieu.

« Ce fait en présence de Jacques-Charles Lejeune, sergent de la prévôté de Merlan, et Nicolas Ledoyen, marchand, demeurant au dit Noisy-le-Sec, témoins qui ont signé avec les comparans les dits jour et an que dessus.

« Villot, Dupont, Prestat, Maucuy, D. Gatine, Parny père, Jean Parny fils, Lejeune, Trassu, Ledoyen, Blancheteau, Pillier, Loussel, Frémin, Bureau, d'Inault, Jolivet fils, Jolivet, Lecointre, Heurtaux pour mon père, Cottereau, notaire-tabellion.

« Contrôlé à Belleville, le 14 juillet 1769[1]. »

A la suite de cet acte, je citerai la pièce que voici qui y a trait, sous certains rapports du moins : « État de la valeur de la dixme de Bobigny, d'après l'avoir fait valoir l'espace de trois années consécutives, à commencer de 1788 jusqu'à 1790 inclusivement qui est la dernière année de perception, pour être présenté au conseil de MM. les héritiers de M. de Vieils-Maisons.

« Le plan de la terre annonce que le territoire de Bobigny contient 1,611 arpens de terres labourables, sur les quelles terres il en appartient à la ci-devant seigneurie 550 arpens que je fais valoir francs de dixme; reste donc 1,061 arpens, dont j'ai perçu la dixme.

« Savoir, 218 arpens ou environ, année commune, où la perception de la dixme était en argent, attendu qu'il ne s'y récolte que des légumes et que par usage et coutume on appréciait à 3 et 4 livres l'arpent, ainsi que j'ai continué sans pouvoir augmenter, malgré que j'ai essayé de le faire, par ce motif que mes locations de fermage sont beaucoup plus élevées que par le passé, convention verbale entre feu M. de Vieux-Maison et moi fermier, qu'il était de toute justice de me pourvoir à l'effet de per-

---

1. Notariat de Noisy-le-Sec.

cevoir un prix plus fort que par le passé, attendu qu'il m'augmentait le prix de ses fermes. L'état de perception de cette susdite dixme porte année commune 218 arpens à 3 livres 10 sols l'arpent, fait une somme de 763 livres.

« Plus, il reste 843 arpens de terre de grande culture divisée en quatre sorte de grains qui se récoltent annuellement, attendu que dans le pays l'on ne tient point de jachère. Les récoltes se sont faites en bleds sur une quantité de 163 arpents, rapportant année commune 300 gerbes par arpent, rendant 6 minots par 100 de gerbes; or trois fois 6 minots font 18 minots de bleds, qui donnent, à 5 livres le minot, une somme de 90 livres. Plus les 300 bottes de paille, d'après le prix de Paris font une somme de 45 livres, ajoutée à celle de 90 livres, fait celle de 135 livres, sur quoi il appartient au décimateur la dix-septième partie, qui fait une somme de 8 livres par chaque arpent; il résulte de ce compte, que 163 arpents de bleds valent au décimateur une somme de 1,304 livres, qu'il récolte sans autres frais que ceux de rentrer et faire battre cette récolte, qui consiste en 18 gerbes par arpent, qui doivent bien valoir 10 livres; sur cela il faut déduire les frais de rentrer et faire battre cette récolte, qui a produit 2,934 gerbes, donnant 44 septiers de bleds, a 20 sols du septier pour la battre et 40 livres pour la rentrer. C'est au total une somme de 84 livres, d'où il suit qu'il reste ici à faire compte d'une somme de 1,220 livres.

« Plus 230 arpents de seigle se récoltent annuellement et rendent 250 gerbes l'arpent, à 10 minots le 100 de gerbes et 25 minots l'arpent à 50 sols le minot, fait la somme de 62 livres 10 sols; les 250 bottes au prix de Paris, à 12 livres le 100, font une somme de 30 livres ajoutée à celle de 62 livres 10 sols, font ensemble 92 livres 10 sols l'arpent; sur quoi il appartient au décimateur la dix-septième partie, qui fait la somme de 5 livres 9 sols par arpent. Cet article monte à une somme de 1,255 livres à faire compte au locataire, sauf à déduire les frais, tant pour la rentrée de la dîme que pour faire battre la graine, les quels frais peuvent monter à une somme de 70 livres; reste 1,185 livres.

« Plus 220 arpents d'orge se récoltent annuellement et rendent 250 gerbes par arpent, à trois septiers par 100 de gerbes, ce qui fait 7 septiers minot l'arpent, à 18 livres le septier, fait la somme de 75 livres; plus la paille de chaque arpent produisant 125 bottes du prix ordinaire

BOBIGNY.   217

du pays, à 6 sols la botte prise sur place, donnent la somme de 32 livres 10 sols qui, ajoutée à 75 livres, font 107 livres 10 sols; sur quoi il appartient au décimateur la dix-septième partie qui est de 6 livres 4 sols par arpent; alors les 220 arpents font une somme de 1,364 livres, sauf à déduire les frais de rentrée et de battue des grains, s'élevant à 100 livres; reste à faire compte de 1,264 livres.

« Plus 230 arpents d'avoine se récoltent aussi annuellement et rendent 200 gerbes l'arpent, à 20 minots par 100 gerbes et 40 minots par arpent, à 40 sols le minot, fait 80 livres par arpent, plus la paille de chaque arpent produisant 100 bottes à 7 sols la botte, prix ordinaire du pays, fait la somme de 35 livres qui, ajoutée à 80 livres, donnent 115 livres l'arpent; sur quoi il appartient au décimateur la dix-septième partie qui est de 6 livres 15 sols 6 deniers par arpent; partant les 230 arpents donnent une somme de 1,556 livres 6 sols 4 deniers; sur quoi il faut déduire une somme de 100 livres pour frais de la rentrée de la récolte et la faire battre; reste à faire compte de la somme de 1,456 livres 6 sols 4 deniers. Total : 5,888 livres 7 sols 4 deniers.

« Dans mes fermages, il existe sur le territoire de Drancy, une quantité de 128 arpents de terres, dont je dois quant à la dîme tenir compte à MM. les héritiers de M. de Vieux-Maison et que j'apprécie valoir par proportion comme ci-devant, en faisant la déclaration que tout y est en grande culture. D'où je conclus que si 843 arpents de terre en grande culture donnent 5,123 livres 7 sols 4 deniers; 128 arpents donneront la somme de 774 livres. Donc de la somme de 5,888 livres 7 sols 4 deniers, prélevez celle de 776 livres, il reste à faire compte de 5,112 livres 7 sols 4 deniers.

« De plus, je crois que d'après cette évaluation faite qui je pense de toute justice, on doit me tenir compte du bénéfice que je dois faire sur ces divers objets, attendu qu'on doit présumer que toute personne qui prend à loyer d'un propriétaire, doit gagner au moins le cinquième de la somme qui rentre au propriétaire et même davantage quand il a avancé ses fonds pour la culture et l'exploitation des fermes qu'il prend à loyer

« Sera observé que le bail des fermes de Bobigny a été passé entre le fermier et feu M. de Vieux-Maison ci-devant seigneur.

« Pour ce qui concerne les cens dus à la seigneurie, le fermier déclare qu'il n'a pas eu de pièces en main pour en faire la perception, quoi qu'il ait demandé plusieurs fois qu'il lui soit remis un cueilloir qui lui indique les vassaux et ce qu'ils doivent chaque année.

« Comme aussi le fermier s'est plaint et se plaint toujours qu'il ne jouit point de toutes les terres du domaine de la seigneurie de Bobigny, que plusieurs propriétaires de ce territoire se sont emparés de plus de 20 arpents dont ils ne jouissaient point avant mon entrée à Bobigny, ce qui me cause un tort évident, et en disant 20 arpents je mets l'estimation au plus bas. J'espère que l'on me rendra justice en faisant les recherches qu'il convient de faire à cet égard, en me tenant compte de ce que j'ai en moins, comme aussi de tout ce qui est ci-dessus compris[1]. »

Afin de mettre le lecteur à même de pouvoir étudier les mutations opérées dans la propriété territoriale au village de Bobigny, depuis la Révolution de 1789 jusqu'à ce jour, nous allons lui offrir, grâce à la bienveillance de M. le comte de Blancmesnil, la copie du plan terrier de la seigneurie en 1783, dressé par Cottereau, notaire royal à Noisy-le-Sec, avec la délimitation des divers cantons ou lieux dits, et l'indication des principaux numéros de la légende descriptive[2].

Bien que nous l'ayons faite reproduire sur une échelle beaucoup plus petite que le plan original conservé dans les archives de M. de Blancmesnil, cette copie pourra néanmoins être comparée utilement avec le plan cadastral qui se trouve à la mairie de Bobigny, et sur lequel sont décrites les propriétés et mentionnés les propriétaires de notre époque.

Ce dernier plan peut être consulté à loisir par quiconque est désireux de s'instruire, après en avoir toutefois préalablement demandé l'autorisation à qui de droit.

---

1. Archives de M. le comte de Blancmesnil.
2. Voir cette copie à la fin de ce second chapitre. C'est à l'amitié et au savoir-faire de M. Alexis-Gabriel Masson, architecte aujourd'hui de Bobigny, dont il a construit la mairie et le presbytère, que nous devons le relevé de ce plan cadastral, aussi bien que le relevé des autres cartes et plans que nous avons fait entrer dans la construction de notre modeste ouvrage de Bobigny-lez-Paris.

BOBIGNY.

ÉTAT DES TERRES

DE LA SEIGNEURIE DE BOBIGNY ET DE TOUTES CELLES QUI EN RELÈVENT
APPARTENANT A DIVERS PARTICULIERS
DRESSÉ LE 6 AVRIL DE L'ANNÉE 1783, PAR COTTEREAU
NOTAIRE ROYAL A NOISY-LE-SEC

LÉGENDE DU VILLAGE

1	Château, cours, jardin et parc.	7.702 perches.
2	Étienne Charlemagne	27
3	Les héritiers Dupont	
4	Le presbytère	55
5	L'ancienne église et le cimetière.	72
6	La cure de Bobigny.	42
7	Eustache Paris.	131
8	Beauregard.	84
9	Le seigneur.	100
10	Louis Delarue.	100
11	Veuve Denis Cottereau	191
12	Beauregard.	1.000
13	Le château de Beauregard.	508
14	La ferme de Beauregard et dépendances.	236
15	La fabrique de Bobigny.	12 1/3
16	Laurent Gatine.	29
17	Laurent Gatine.	29
18	Maximilien Jollin.	24 1/4
19	Désiré Simoneau.	67
20	Louis Ménecier.	3 1/2
21	Veuve Louis Mercier.	14 1/2
22	L'école.	
23	L'église.	
24	Julien Legrand.	
25	Étienne Charlemagne.	
26	Blaise Maucuy.	18 1/2
27	Le seigneur	33
28	La Cour des Enfants.	14 1/4
29	Jean-Basptiste Chrétien	64 1/4
30	Louis Léveillé.	48
31	Maximilien Jollin.	100

BOBIGNY.

LA VACHE A L'AISE

1. Nicolas Lemoine . . . . 9 perches.
2. La veuve Huet. 12 1/2
3. La fabrique d'Aubervilliers. 12 1/2
4. Le seigneur ou le sieur Duchaine 50
5. La demoiselle Devic-Dessonnois. 12 1/2
6. Étienne Charlemagne 12 1/2
7. La fabrique de Saint-Michel[1] 12 1/2
8. Étienne Charlemagne 12 1/2
9. Le seigneur ou le sieur Thibou 25
10. Les Ursulines de Saint-Denis. 25
11. Le seigneur ou le sieur Duchaine 25
12. Les Ursulines 25
13. La fabrique de Saint-Michel 25
14. René-Remy Bégon 25
15. Pierre Piette. 25
16. Le sieur Laurendeau. 25
17. Le seigneur ou Thibou. 25
18. Pierre Bouret. 22
19. Pierre-Louis Papion. 91
20. Paul Bonneau 100
21. La veuve Raiglé. 75
22. Le sieur Piette. 50
23. Simon Bonisant. 25
24. Jean Maizière 25
25. René-Remy Bigot. 25
26. Thérèse Melanger. 20
27. M. de Chalerange. 75
28. Mme la marquise d'Herblay. 39 1/2
29. M. Rolland de Challerange. 75
30. Le sieur Francosté 48 1/3
31. Les Ursulines. 100
32. Jean Maizière. 25
33. Les héritiers d'Antoine Huet. 50
34. La fabrique d'Aubervilliers. 25
35. Guillaume Maudron. 25
36. Simon Bonisant. 25
37. Mme Dessuey. 25
38. Le sieur Francosté. 212
39. La veuve Huet. 75
40. M. de La Guillaumy. 50
41. La veuve Jacques Maizière. 50

1. Saint-Michel du Charnier à Saint-Denis, du côté de Stains.

BOBIGNY.

42 Marie Portefin, veuve Languillier.	50	perches.
43 M. Rolland de Challerange.	150	
44 Le sieur Deniseau.	125	
45 Nicolas-Philippe Dezeoay	400	
46 Paul Bordier.	175	
47 La fabrique d'Aubervilliers.	87	1/2
48 Le sieur Portefin.	87	1/2
49 Antoine Jean Couard	18	3/4
50 La veuve Laurent Bazat	18	3/4
51 Nicolas Bordier, dit Car.	37	1/2
52 Paul de Mars, fils de Paul.	75	
53 Le seigneur ou le sieur Duchaine.	50	
54 Le seigneur	50	
55 M. de la Guillaumy.	56	
56 Marie Sillière, femme Rouveau.	56	
57 Le chapître de Saint-Paul	25	
58 Les héritiers de la veuve Louis Hairet.	87	1/2
59 La veuve Claude Béry.	100	
60 Antoine Bordier.	87	1/2
61 Beauregard	28	
62 Le sieur Francosté	100	
63 Beauregard	991	
64 Les Célestins.	500	
65 Beauregard	89	
66 Les Célestins	250	
67 Charles Hudelle	100	
68 Nicolas Bréziard	106	
69 Beauregard	590	
71 Le sieur Francosté	100	
72 Le seigneur ou le sieur Thibou.	200	
73 Le seigneur.	886	1/2
74 Le sieur Raiglé.	25	
75 La fabrique d'Aubervilliers.	25	
76 Les Ursulines.	50	
77 Jean Hazaud.	56	
78 Étienne Charlemagne.	50	
79 Le sieur Armand Duchaine.	50	
80 Le seigneur.	318	
81 Le seigneur.	527	
82 Jean Hazaud.	100	
83 Les demoiselles Dumoulin	100	
84 Le sieur Portefin.	37	1/2
85 Le sieur Francosté	37	1/2
86 La seigneurie du Petit-Drancy	112	1/2
87 Étienne Charlemagne	125	

88 Beauregard . . . . 292 perches.
89 Les Célestins 2,650
90 Beauregard 214

LA MOTTE OU NOYER DE LA COUTURE

69 Beauregard 590
70 La seigneurie du Petit-Drancy 754
91 Les héritiers Danquechin d'Aubervilliers. 109
92 Le seigneur 2,785
101 Les Célestins. 287
102 Le sieur de Ligny. 125
103 Charles-César Cretté 110
104 La veuve Aubin 225

LE CHAMP FAMELEUX ET LA COUTURE DE L'ORME SAINT-DENIS

93 Étienne Charlemagne . . . . 50 perches.
94 Les Célestins. 28
95 Les héritiers Dupont 54
96 La fabrique de Bobigny. 25
97 Le seigneur 36
98 Étienne Charlemagne. 25
99 Le sieur Liégeard de Ligny. 12 1/2
100 Les héritiers Dupont 64
105 La seigneurie du Petit-Drancy 721
106 Les religieux de Sainte-Geneviève. 275
107 Le seigneur 20
108 Claude-Edme Chevance 69
109 Le sieur de Coursilly 50
110 Étienne Charlemagne. 50
111 Les Célestins 50
112 Beauregard 425
113 Pierre-Vincent Dubois. 40
114 Louis Lemaire. 50
115 Le sieur de Coursilly 50
116 Beauregard 352
117 Les Célestins 408
118 Louis Lemaire. 156
119 Louis Lemaire. 262 1/2
120 Étienne Charlemagne 212
121 Beauregard 151
122 Le seigneur 172
123 Cosme Charlemagne. 275
124 La seigneurie de Pantin. 75

BOBIGNY.

125 Le seigneur	887	perches.
126 La fabrique de Bobigny	75	
127 Étienne Charlemagne	446	
128 Le sieur de Ligny	125	
129 Beauregard	466	
130 Les Célestins	53	
131 Jacques-Zacharie Férague	50	
132 Étienne Charlemagne	150	
133 Louis Lemaire	350	
134 Étienne Charlemagne	125	
135 Laurent Gatine	50	
136 La seigneurie du Petit-Drancy	147	
137 Les Célestins	262	1/2

LES CÉLESTINS

138 Les Célestins	5.646	
139 La veuve Aubin	1.175	
140 Le sieur Gombaut de la Vielleville	125	
141 Les Célestins	6.727	1/4
142 Le sieur Duvaucelle	171	1/2
143 Les Célestins	146	1,2

LES FLATRIÈRES

144 Beauregard	54	3/4
145 Mlle Chatelin	55	1/2
146 Cosme Charlemagne	58	
147 Beauregard	222	
148 Beauregard	4.241	1/4
149 La seigneurie du Petit-Drancy	385	1/2
150 Les Célestins	75	
151 Le seigneur	30	
152 La fabrique de Bobigny	75	
153 Augustin-Jean Danquechin	478	
154 Beauregard	289	
155 La fabrique de Bobigny	50	
156 Le seigneur	91	
157 Le sieur Cousinet	450	
158 Beauregard	1.670	
159 Le seigneur	84	
160 Les Célestins	500	
161 La seigneurie du Petit-Drancy	416	
162 M. Taillepieds	89	

163 M. Taillepieds. . . . .   21 perches.
164 Beauregard   157
165 Louis Lemaire.   53
166 La cure de Bobigny.   200
167 La fabrique de Bobigny 92 1/4
168 La fabrique de Bobigny 107 3/4

LE PRÉ SAUVERAIN

169 Étienne Charlemagne 1.067
170 Le seigneur   81
171 Claude-Edme Chevance.   125
172 La seigneurie de Pantin.   100
173 Étienne Charlemagne 62 1/2
174 Claude-Edme Chevance. 62 1/2
175 Beauregard   135
176 Benoît Guibert.   127
177 Les héritiers Dupont   25
178 Jacques-Zacharie Férague   50
179 Laurent Gatine.   50
180 La fabrique de Bobigny.   35
181 Jean-Baptiste Riché.   25
182 Claude-Edme Chevance   66
183 La fabrique de Bobigny.   75
184 Laurent Gatine.   75
185 Charles-César Cretté   200
186 Les héritiers Dupont   150
187 Le seigneur.   90
188 Le seigneur. 571 1/2

LA MAISON TABOURET

189 Le seigneur 12 1/2
190 Les héritiers Dupont.   25
191 Beauregard. 12 1/2
192 Le seigneur   50
193 Étienne Charlemagne.   25
194 Étienne Lainé   50
195 Jean-Baptiste Charpentier   50

LES ORMES

195 *bis*. Beauregard. . . . .   140 perches.
196 Étienne Charlemagne.   140
197 Les héritiers Dupont   76

BOBIGNY-LEZ-PARIS.

PLANCHE VII.

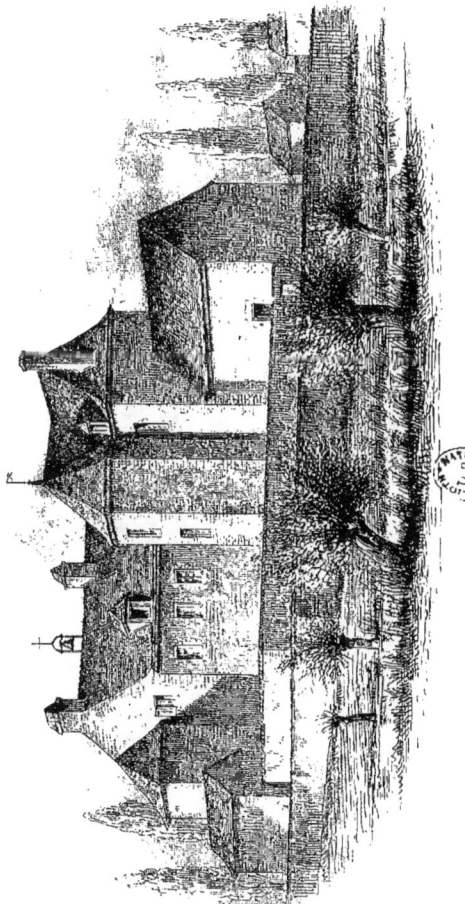

CHATEAU SEIGNEURIAL DE BOBIGNY
Vu du côté où le ru de Montfort prend sa source. (P. 225.)

BOBIGNY.

198 Le seigneur	130	perches.
199 Étienne Charlemagne	200	
200 Beauregard	495	
201 M. Lebret	150	
202 La seigneurie de Drancy	125	
203 Le seigneur	136	
204 Les Célestins	118	
205 Les Célestins	25	
206 Beauregard	100	
207 La seigneurie de Drancy	75	

LE BORDEAU BRICET

208 Ambroise Pilon	125	
209 Les héritiers Dupont	87	
210 Le seigneur	62	1/2
211 Le sieur Cousinet	130	
212 Guillaume-Pierre Bardoux	62	1/2
213 Pierre et Baptiste Varaine	33	3/4
214 Le seigneur	10	
215 La seigneurie de Pantin	100	
216 Beauregard	54	
217 Jean-Baptiste Cousin	52	1/2
218 Les Célestins	262	1/2
219 Étienne Charlemagne	1.300	

LES BORNES OU LE VAL DE PANTIN

220 Ambroise Pilon	250
221 Pierre Frémin	141
222 Louis Delarue	125
223 Les demoiselles Despilloit et Bariolle	777
224 Le sieur Cousinet	95
225 Charles Riche	177
226 La veuve Moreau	19
227 Le seigneur	350
228 M. Lebret	342
229 Les demoiselles Despilloit et Bariolle	79
230 Le seigneur	100
231 Laurent Gatine	200
232 Antoine Remy	550
233 Messire Lebret, seigneur de Pantin	350
234 Jacques Meunier	100
235 Louis Colmant	200

236 Les demoiselles Despillois et Bariolle. . . . . 50 perches.
237 Claude-Martin Cochu. 94 1/2
238 Beauregard 94 1/2
239 M. Lebret. 75
240 Les héritiers Dupont. 75
241 Beauregard 125
242 La Faculté de théologie 335
243 Les demoiselles Despillois et Bariolle. 336

LE CLOS BILLARD

244 M. Lebret. 1.000
245 Les Célestins. 53 1/2
246 Le sieur Duvaucel 78 1/2
247 Les Célestins. 385
248 Le seigneur 156
249 La cure de Bobigny. 181
250 Charles-César Cretté 100
251 La veuve Aubin. 100
252 Augustin-Barthélemy Lezier 350
253 Beauregard. 150
254 La cure de Bobigny. 155
255 Le seigneur 1.355

L'AMANDIER

256 Le seigneur. 300
257 Beauregard 125
258 Le sieur de Ligny 87 1/2
259 Étienne Charlemagne 37 1/2
260 La fabrique de Bobigny 200
261 Ambroise Pilon. 200
262 Le seigneur 630
263 M. Lebret. 500
264 Etienne Charlemagne 75
265 La fabrique de Bobigny. 156
266 Le seigneur. 1.017

LE MERISIER ET LA HAUTE-BORNE

267 Louis Lemaire. 100
268 Louis Delarue 262
269 Ambroise Pilon. 50
270 Les demoiselles Despillois et Bariolle. 200

BOBIGNY.

271	Le seigneur	4.763 perches.
272	Benoît Guibert	160 1/2
273	Beauregard	62 1/2
274	Étienne Charlemagne	62 1/2
275	Charles-César Cretté	37 1/2
276	Charles-César Cretté	25
277	Le sieur Cousinet	143
278	Nicolas-Girard Handel	50
279	Le seigneur	83
280	Jean-Baptiste-Louis Cousin	150
281	Étienne Charlemagne	769

LES VIEILLES VIGNES

281 bis.	Le sieur Cousinet	100
282	Charles-César Cretté	100
283	Laurent Gatine	75
284	Le seigneur	25
285	Étienne Charlemagne	50
286	Le sieur de Courcilly	41
287	Les héritiers Dupont	75
288	François Prévost	75
289	Beauregard	663
290	Étienne Charlemagne	125
291	Le sieur Houdon	175
292	M. de Mauperché	16 1/2
293	Claude-Edme Chevance	16 1/2
294	Jean-Romain Dargent	33 3/4
295	Nicolas-Philippe et Jean-Baptiste Boudin	22
296	Beauregard	225
297	Le seigneur	76
298	Étienne Charlemagne	72 1/2
299	Jean-François Cochu, dit Blond	41 2/3
300	Jacques Lejeune	20 6/6
301	Benoît Guibert	37 1/2
302	Étienne Charlemagne	225
303	La fabrique de Bobigny	37 1/2
304	Le sieur de Ligny	37 1/2
305	Étienne Charlemagne	37 1/2
306	Étienne Charlemagne	52
307	Le seigneur	50
308	La fabrique de Saint-Laurent [1]	129
309	Le sieur de Ligny	33 3/4

1. A Paris.

310	Étienne Lainé	33 p. 3/4
311	Le sieur de Ligny	33 3/4
212	Beauregard	43 3/4
313	Claude-Edme Chevance	12
314	Étienne Charlemagne	57
315	Le seigneur	286 1/2
316	Étienne Villot	50
317	Julien-Daniel Legrand	40 3/4
318	Benoît Guibert	37 1/2
319	Beauregard	92 1/4
320	Paques Nicolas	12 1/2
321	Claude-Edme Chevance	12 1/2
322	Étienne Lainé	25
323	Etienne Charlemagne	79
524	François Epaulard	25
325	Veuve Aubin	112 1/2

LE CLOS DE GORME

326	Julien-Daniel Legrand	62 1/2
327	Étienne Charlemagne	62 1/2
328	Le sieur de Ligny	125
329	La veuve Denis Cottereau	100
330	La cure de Bobigny	100
331	Beauregard	43
532	Julien-Daniel Legrand	25
333	Paques Nicolas	25
334	La fabrique de Bobigny	100
335	Étienne Lainé	104
336	Beauregard	78
337	Le sieur de Ligny	47
338	Les héritiers Dupont	47
339	Beauregard	1.155
340	Le seigneur	100
341	M. Lebret	175
342	Le seigneur	1.059
343	M. Lebret	350
344	La cure de Bobigny	76

LE MARAIS A DUFOUR

345	La seigneurie du Petit-Drancy	500
346	Eustache Paris	75
347	Guillaume-Denis Fradet	233

BOBIGNY.

348 Le sieur Cousinet.	251	perches.
349 Charles-César Cretté	12	1/2
350 Le seigneur	31	
351 Étienne Charlemagne	50	
352 Le sieur Cousinet	62	1/2
353 Étienne Charlemagne	375	

LA CERISAIE

354 Julien-Daniel Legrand	100	
355 Le seigneur	141	
356 La fabrique de Bobigny	125	
357 La veuve Louis Maicier	33	3/4
358 Maximilien Jollin	45	
359 Louis Delarue	135	
360 Laurent Gatine	75	
361 Beauregard	209	
362 Baptiste Chrétien	25	
363 Laurent Gatine	37	1/2
364 Étienne Charlemagne	62	1/2
365 Beauregard	171	
366 Louis Delarue	225	
367 La veuve Aubin	52	
368 La fabrique de Bobigny	140	
369 Étienne Charlemagne	115	
370 Vincent-Pierre Dubois	100	
371 Les héritiers Pierre Dupont	127	
372 Beauregard	218	
373 Louis Delarue	125	
374 Beauregard	125	
375 La fabrique de Bobigny	100	
376 La veuve Alexandre Piette	33	3/4
377 Claude-Edme Chevance	25	
378 Etienne Charlemagne	50	
379 La fabrique de Bobigny	75	
380 La veuve Jacques Meunier	125	
381 La veuve Denis Cottereau	66	3/4
382 Le Seigneur	188	1/2
383 Le sieur de Ligny	22	1/2
384 Etienne Charlemagne	22	1/2
385 La fabrique de Bobigny	100	
386 Le seigneur	51	
387 La veuve Denis Lefranc	75	
388 et 389 Etienne Charlemagne	164	
390 La cure de Bobigny	156	

BOBIGNY.

391	Beauregard	75 perches.
392	Les Célestins	33 3/4
393	Le sieur Pierre-Marcel Cottereau	300
394	Jean-Baptiste Chrétien	16 3/4
395	Etienne Charlemagne	150
396	Jean-Baptiste Chrétien	16 3/4
397	Pierre Lejeune	133 3/4
398	Etienne Charlemagne	167
399	La cure de Bobigny	116
400	Les Célestins	33 3/4
401	Beauregard	722
402	Les héritiers Dupont	125
403	La seigneurie du Petit-Drancy	175
404	Etienne Charlemagne	100
405	Le sieur de Ligny	383 3/4
406	Charles-César Cretté	125
407	Beauregard	1.000

LA BERGÈRE

408	Etienne Charlemagne	128
409	Cosme Charlemagne	77 1/2
410	Le seigneur	30
411	La veuve Denis Cottereau	100
412	La Faculté de Théologie	116
413	Le sieur Cousinet	45
414	La Faculté de Théologie	313 1/2
415	La seigneurie du Petit-Drancy	75
416	Etienne Charlemagne	100
417	Beauregard	100
418	La veuve Jacques Meunier	300
419	La cure de Bobigny	65
420	Etienne Charlemagne	55
421	Le sieur de Ligny	100
422	Beauregard	96 1/4
423	Le seigneur	85 3/4
424	La fabrique de Bobigny	87 1/2
425	Beauregard	29 1/2
426	Le sieur de Coursilly	33 3/4
427	Etienne Charlemagne	33 3/4
428	Le sieur de Coursilly	50
429	Jacques Nazard	25
430	Laurent Gatine	18
431	La veuve Aubin	50
432	Le sieur de Coursilly	50

BOBIGNY.

433	Les ayants cause d'Etienne Epaulard.	50 perches.
434	La veuve Jean Nicolas	50
435	La fabrique de Bobigny	125
436	Claude-Edme Chevance	50
437	Etienne Blancheteau dit Cayette.	25
438	Louis Epaulard.	25
439	Sébastien Chevalier.	75
440	Adrien Davier.	15 1/2
441	Paul Maheu.	12 1/2
442	Louis Legrand.	33 3/4
443	Le seigneur	33 3/4
444	Sébastien Chevalier.	16 3/4
445	Jean-Baptiste Cochu	16 3/4
446	Les héritiers de Jean-Baptiste Legon.	33 3/4
447	Louis Dallemagne	50
448	Blaise Blancheteau dit Ménétrier.	37 1/2
449	Le seigneur.	30
450	Monsieur Taillepieds	80
451	La veuve Jean Meunier.	85
452	Louis Delarue.	50
453	Blaise Blancheteau	62
454	Paques Nicolas.	25
455	Etienne Cochu dit Barbechesse.	25
456	François Epaulard	50
457	Jean-Louis Duval.	50
458	La veuve Damoiselet.	25
459	Blaise Chauvelle.	25
460	Blaise Mausin.	15
461	La veuve Jacques Meunier.	150
462	La veuve Lefranc.	25
463	Claude-Edme Chevance	25
464	Jean-Pierre Durin.	62 1/2
465	Pierre Renard.	25
466	Julien-Daniel Legrand	25
467	Le sieur Cousinet.	75
468	Beauregard.	125
469	Monsieur Taillepieds	125
470	La faculté de Théologie.	242
471	Le seigneur.	43
472	Le sieur de Coursilly.	12 1/2
473	Beauregard.	12 1/2
474	Le Seigneur.	39 1/2
475	La veuve Jean Cochu.	33 3/4
476	Jean-Louis Duval.	25
477	Le sieur de Coursilly.	50

478 Le sieur Pierre-Marcel Cottereau . . . . 50 perches.
479 Monsieur de Mauperché 700
480 La seigneurie du Petit-Drancy 100
481 Le sieur Vincent Lemazurier 270

LE LONG RAYAGE

482 Le sieur de Coursilly 58
483 François Epaulard 37 1/2
484 Etienne Charlemagne 37 1/2
485 Augustin Dauquechin 50
486 Le sieur de Coursilly 50
487 Jean Pierre Durin 75
488 Jean-Louis Duval 175
489 Jean-François Grégy 31
490 Nicolas Lainé 31
491 Les héritiers de la veuve Etienne Blanchâteau 75
492 Adrien Davier 25
493 Jean-François Grégy 25
494 Le sieur de Coursilly 50
495   50
496 Le sieur Vincent Lemazurier 50
497 Le seigneur 89
498 Le sieur Desprier 50
499 Olivier-Pierre Durin 100
500 Le sieur Marchand 50
501 Alexandre 50
502 Louis Blancheteau dit Versailles 50
503 Le sieur Augustin Danquechin 50
504 Les héritiers Jean-Baptiste Legou 50

LES GUÉRETS

505 Monsieur de Mauperché 50
506 Le seigneur 170
507 Monsieur Taillepieds 300
508 Etienne Charlemagne 50
509 Zacharie Férague 62 1/2
510 La fabrique de Bobigny 125
511 Les héritiers Dupont 30
512 Le sieur de Ligny 30
513 Le dit sieur de Ligny 30
514 François Prévost 30
515 Le sieur de Ligny 30
516 Etienne Charlemagne 30

BOBIGNY.

517	Le sieur de Ligny................	30 perches.
518	Les héritiers Dupont............	30
519	Le sieur de Ligny...............	30
520	Ledit sieur de Ligny............	30
521	Monsieur de Mauperché........	584
522	Monsieur de Mauperché........	276
523	Sébastien Chevallier............	50
524	Le sieur Pierre-Marcel Cottereau.	12 1/2
525	Jean-Baptiste Héricourt.........	150
526	Monsieur de Mauperché........	225
527	Monsieur de Mauperché........	294
528	La fabrique de Bondy...........	50
529	Sébastien Chevallier............	50
530	La fabrique de Noisy...........	16
531	Le sieur de Ligny..............	75
532	Étienne Charlemagne...........	25
533	Le sieur de Courtilly...........	50
534	Paul Maheu....................	50
535	Étienne-Jacques Cartus.........	27 1/2
536	Jacques-Nicolas Colombier......	62 1/2
537	Vincent-Pierre Dubois..........	62 1/2
538	Les Célestins..................	200

LA VIOLETTE

539	Louis Epaulard.................	175
540	Les Célestins..................	50
541	Le sieur Vincent Lemazurier....	33 1/2
542	Jules-Baptiste Cochu...........	16 2/3
543	Sébastien Chevallier...........	16 2/3
544	Le sieur Houdout..............	33 1/3
545	Le seigneur...................	100
546	Beauregard....................	117
547	Le seigneur...................	117
548	Étienne Charlemagne...........	75
549	Le sieur Vincent Lemazurier....	125
550	Michel-Thomas Etuise..........	100
551	Jean-Pierre Durin..............	100
552	Le sieur de Coursilly...........	225
553	Le sieur Vincent Lemazurier....	25
554	La veuve Denis Charton........	12 1/2
555	Louis Cochu...................	12 1/2
556	Etienne Blancheteau............	25
557	Étienne-François Grégy.........	37 1/2
558	Étienne Chantot...............	18 3/4

BOBIGNY.

559	Denis Grégy	18 p. 3/4
560	Étienne Cochu de Montreuil	25
561	Étienne Charlemagne	109
562	Le Seigneur	33 3/4
563	La Faculté de Théologie[1]	50
564	Le sieur Cousinet	68
565	Étienne Charlemagne	150
566	La fabrique de Bobigny	225
567	La cure de Bobigny	84
568	Louis de la Rue	250
569	Le sieur de Ligny	62 1/2
570	Les ayants cause de Guillaume Cochu	31 1/2
571	Le sieur de Coursilly	33 1/3
572	Louis de la Rue	150
573	Le sieur de Coursilly	125
574	La Faculté de Théologie	50
575	Beauregard	56
576	Étienne Charlemagne	125
577	Beauregard	72
578	Pierre Cochu de Pantin	37 1/2
579	Le sieur de Coursilly	25

LA GRANDE MAISON

580	Étienne Charlemagne	115
581	Le sieur de Ligny	129
582	Le seigneur	110
583	Beauregard	171
584	Le sieur de Coursilly	100
585	La seigneurie du Petit-Drancy	200

LES SABLONS

586	La cure de Bobigny	600
587	Louis de la Rue	75
588	Le sieur Cousinet	75
589	Le seigneur	155
590	La fabrique de Bobigny	100
591	Étienne Charlemagne	190
592	Les Célestins	62 1/2
593	Étienne Charlemagne	150
594	Les Célestins	112 1/2
595	La fabrique de Bobigny	185

1. A la Sorbonne, à Paris.

BOBIGNY.

596 Le seigneur	30 p.	1/2
597 Les Célestins	50	
598 La fabrique de Bobigny	75	
599 Les Célestins	100	
600 Étienne Charlemagne	200	
601 Le seigneur	175	
602 Louis Blancheteau	25	
603 Le sieur Pierre-Marcel Cottereau	25	
604 Beauregard	66	
605 Le Seigneur	85	
606 Vincent-Pierre Dubois	25	
607 Les héritiers Dupont	75	
608 Etienne Charlemagne	62	1/2
609 Zacharie Ferague	50	
610 Vincent-Pierre Dubois	47	
611 Le sieur de Coursilly	100	
612 Étienne Charlemagne	125	

ENTRE LES DEUX CHEMINS

613 La fabrique de Bobigny	125	
614 Le sieur de Coursilly	100	
615 Jacques et Pierre Blancheteau frères	25	
616 Étienne Blancheteau dit Versailles	25	
617 Étienne Charlemagne	400	
618 La cure de Bobigny	198	
619 Les héritiers Dupont	25	
620 Le sieur de Ligny	88	1/2
621 La fabrique de Bobigny	62	1/2
622 Le sieur de Coursilly	262	1/2
623 Louis de la Rue	139	1/2
624 Beauregard	588	1/2
625 Etienne Charlemagne	80	
626 Les Célestins	33	1/3
627 Étienne Charlemagne	100	
628 La Faculté de théologie	125	
629 La cure de Bobigny	204	
630 Beauregard	460	

LE POMMIER ROND

631 Beauregard	1.303
632 Étienne Charlemagne	200
633 Le seigneur	100
634 Le seigneur du Petit-Drancy	131

BOBIGNY.

635 Beauregard . . . . 252 perches.
636 La seigneurie du Grand-Drancy 188 2/3
637 Les Célestins. 75
638 Le seigneur 404 1/2
639 Le seigneur 50
640 La seigneurie du Petit-Drancy 766
641 Étienne Charlemagne 175
642 Le seigneur. 440
643 Les Célestins 150
644 La fabrique de Bobigny 75
645 Le sieur Houdout. 57
646 Le seigneur 66
647 La Faculté de théologie 58
648 Le sieur de Coursilly 31
649 Étienne Charlemagne 31
650 Le sieur Taillepieds. 50
651 Les héritiers Dupont 50
652 Le sieur Decoursilly 150
653 Le sieur Lefranc 50
654 Le sieur de Ligny. 50
655 Le sieur Benoît Guibert 172
656 Les héritiers Dupont 50
657 Beauregard 117 1/2

LE GRAND FOSSÉ ET L'ORME DE BRAY

658 Le seigneur 380
659 Le sieur de Coursilly 125
660 Les Célestins 125
661 La fabrique de Bobigny 125
662 Beauregard 764
663 La seigneurie du Petit-Drancy. 1.045
664 Le seigneur 57
665 Beauregard 55
666 Charles César 25
667 Monsieur Taillepieds 206
668 Le sieur Leduc 103
669 Le seigneur 43
670 Étienne Charlemagne. 175
671 Le seigneur ou Grimperet 25
672 Les héritiers Dupont 25
673 La fabrique de Bobigny 37 1/2
674 Beauregard. 170
675 Le sieur Vincent Lemazurier 200
676 La fabrique de Bobigny 125

BOBIGNY.

677	Étienne Lainé	25 perches.
678	Étienne Charlemagne	31
679	Les héritiers de Jean-Baptiste Legon	58
680	Étienne Charlemagne	100
681	Jean Cottereau.	100
682	Zacharie Férague.	75
683	Blaise Blancheteau	25
684	Louis de la Rue	75
685	Étienne Charlemagne.	125
686	Le seigneur	74
687	Vincent-Pierre Dubois	125
688	Beauregard	125
689	Le sieur Leduc.	50
690	Michel-Thomas Eluise.	50
691	Etienne Charlemagne	125
692	Le seigneur	112 1/2
693	Le sieur de Coursilly	87 1/2
694	La fabrique de Bobigny	75
695	Le sieur de Ligny.	62 1/2
696	Le sieur de Coursilly.	37 1/2
697	Jacques-Nicolas Colombier.	37 1/2
698	Le sieur de Coursilly	25
699	Le sieur Dallemagne	35 1/2
700	Le sieur de Coursilly	200
701	François Epaulard	50
702	Étienne Charlemagne	25
703	Eustache Paris.	37 1/2

LE GLAND

704	Le seigneur	1.722
705	Le sieur de Coursilly	200
706	Le dit sieur de Coursilly	41

LE SAUT MORLET

707	Monsieur Taillepieds	1.475
708	Le sieur Lecanet	50
709	Le sieur Vincent Lemazurier	37 1/2
710	Louis Epaulard.	50
711	Le sieur Dallemagne	50
712	Le seigneur	107
713	Le sieur de Ligny	125
714	Le seigneur	16
715	Étienne Lainé	150

BOBIGNY.

716	Blaise Carlu.	50 perches.
717	Le sieur de Coursilly	62 1/2
718	Le seigneur	120
719	Étienne Charlemagne	403
720	Beauregard	1.277 1/2
721	Le seigneur	200
722	Monsieur Demauperché	500

LA MADELEINE

723	Le sieur de Coursilly	64
724	Les héritiers Dupont	35
725	Le sieur de Ligny	37 1/2
726	Le seigneur	422
727	Monsieur Taillepieds	125
728	Monsieur Demauperché	500
729	Monsieur de Chevigné	475
730	Les héritiers de la veuve Blancheteau	125
731	La Faculté de Théologie	50
732	Monsieur Demauperché	75
733	Saint-Louis du Louvre[1]	285
734	Le seigneur	242
735	Le sieur Carbonnier	67
736	Étienne Charlemagne	347
737	Le sieur Carbonnier	125
738	Le seigneur	67
739	Monsieur Demauperché	275
740	Le seigneur	85
741	La fabrique de Noisy	75
742	Monsieur Taillepieds, compris son jardin	700

L'ABREUVOIR

743	Le prieuré de Saint-Blaise[2]	700
744	Le seigneur	328
745	Monsieur Taillepieds	1.362 1/2
746	La demoiselle Louet	37 1/2
747	Monsieur Taillepieds	300

1. L'église Saint-Louis du Louvre fut construite le 25 août 1744, sur l'emplacement de Saint-Thomas du Louvre, qui s'était écroulée en 1739. A partir de cette reconstruction le chapitre de cette collégiale et celui de Saint-Maur-des-Fossés furent réunis dans le nouveau temple.
2. Uni à Saint-Julien le Pauvre en 1476, réuni lui-même, en 1655, à l'Hôtel-Dieu de Paris.

BOBIGNY.

748 Les héritiers d'Etienne Epaulard . . . . 350 perches.
749 Monsieur Taillepieds 1.852 1/2

LA MARE FLORENTIN

750 Le seigneur 484
751 Le sieur de Chevigné 480
752 La fabrique de Bobigny 50
753 Le sieur Taillepieds 750

LA GRANDE DENISE

754 Le seigneur 1.725
755 Les héritiers Dupont 150

LA MARE A DUFOUR

756 Monsieur de Chevigné 1.056
758 Monsieur Taillepieds 237
757 La fabrique de Bobigny 75
759 La fabrique de Bondy 175
760 Monsieur Taillepieds 825
761 Monsieur de Chevigné 284
762 Le seigneur 458 1/2
763 Les héritiers Blancheteau dit Cayette 62 1/2
764 Le sieur Leduc 156
765 Le sieur de Ramilliat 62 1/2
766 Les héritiers Grimperet 62 1/2
767 Monsieur Taillepieds 105
768 La fabrique de Bondy 125
769 Monsieur de Chevigné 62 1/2
770 Mademoiselle Nicolle Louet . . . . 62 1/2 [1].

D'Expilly, dans son *Dictionnaire*, imprimé en 1762, porte à 31 le nombre des feux de Bobigny. D'après l'état suivant, dressé en 1786, le nombre des habitants s'élevait à 186 et celui des ménages à 45.

[1]. Archives de M. le comte de Blancmesnil.

ÉTAT

DE LA PAROISSE DE BOBIGNY, ANNÉE 1786

Élection de Paris, commissaire M. Raisissant.

« Nombre des habitants, 186.

« Nombre des ménages, 45.

« Total des arpents de terre exploités par les taillables, 1,336 arpents 10 perches; exploités par les nobles et par les exempts, 83 arpents 50 perches.

« Jardins, 6 arpents.

« Terres, 67 arpents 50 perches.

« Bois, 10 arpents.

« Friches, chemins et rivières, 145 arpents 91 perches.

« Location de l'arpent, 15 francs.

« Quatre arpents de vignes, loués 80 francs [1]. »

PROCÈS-VERBAL

DE L'ASSEMBLÉE DE LA PAROISSE DE BOBIGNY
POUR LA NOMINATION D'UN SYNDIC ET AUTRES MEMBRES
QUI DOIVENT COMPOSER LA MUNICIPALITÉ
EN EXECUTION DU RÈGLEMENT DE SA MAJESTÉ
DU 8 JUILLET 1787

« Présents : Pierre Simonet, syndic actuel ; Claude Lézier, syndic perpétuel, marchand de vin.

« Louis-Robert Malice, laboureur, receveur des dîmes.

« Julien-Daniel Legrand, laboureur.

« Louis-Maximilien Jollin, maçon-entrepreneur.

« Étienne-Julien Dupont, laboureur.

« Pierre Legrand, laboureur.

« Pierre-Jacques Devaux, laboureur.

« Louis Ménessier, cabaretier, marchand de vin.

« Michel Libord, laboureur.

---

1. Hôtel de Ville de Paris, avenue Victoria.

« Jean-Baptiste Charpentier, laboureur.

« Adrien Beauchand, collecteur pour 1788.

« Michel Bonneval, charron.

« Total, 14.

« Nomination des dits membres qui, avec le seigneur et M. le curé de la paroisse, doivent composer la dite municipalité.

« Avec les collecteurs, qui avaient apporté leurs rôles, il a été reconnu par le syndic que la communauté contenait 45 feux et, en conséquence, qu'il fallait, outre le syndic, élire trois membres pour composer l'assemblée municipale.

« Claude Lézier, marchand de vin, a été nommé greffier de l'assemblée.

« Premier élu, Julien-Daniel Legrand, laboureur, demeurant sur la paroisse, âgé de 50 ans, payant pour ses vingtiesmes 12 livres, pour les tailles, capitations et accessoires 128 livres 12 sols.

« Deuxième élu, Louis-Maximilien Jollin, maçon et entrepreneur, âgé de 49 ans, payant pour ses vingtiesmes 44 livres, pour ses tailles, capitations et accessoires 222 livres 12 sols.

« Troisième élu, Étienne-Julien Dupont, laboureur, âgé de 30 ans, payant pour ses vingtiesmes 16 livres 16 sols, pour ses tailles, capitations et accessoires 79 livres 5 sols.

« Enfin l'assemblée a choisi pour syndic du corps municipal *Louis-Robert Malice*, laboureur et receveur des dîmes, âgé de 41 ans, payant pour ses vingtiesmes 0 livre, pour ses tailles, capitations et accessoires 4,251 livres 2 sols.

« Nous, syndic et curé de Bobigny, certifions véritable tout ce que dessus.

« A Bobigny, ce 4 décembre 1787.

« MALICE, syndic; GIGON, curé[1]. »

Le 21 février 1788, M. Louis-Robert Malice, en sa qualité de syndic, attesta qu'il n'y avait point de biens communaux, soit en bois, soit en prés ou autrement, sur le territoire de Bobigny. Le lendemain de ce jour, il dressa l'état de la paroisse, ainsi qu'il suit :

---

1. Hôtel de Ville de Paris, avenue Victoria.

« Le nom du seigneur est M. de Viels-Maisons, conseiller honoraire
u Parlement, seul seigneur et seul décimateur.

« Le nom du curé est M. Gigon, à portion congrue.

« La paroisse n'est composée que d'elle seule ; il n'y a ni communauté ni collectes ; elle contient 45 feux ; elle est distante de Paris de deux lieus et de deux lieus également de la rivière la plus rapprochée.

« Le rôle de la taille de toutes les impositions de 1787 monte à la somme de 9,138 livres 4 sols, et celui de 1788 à 8,290 livres. Il y a 42 cotes de taillables dans la paroisse et 174 cotes de horsins. Celui du vingtiesme de 1787 est de 45 cotes ; il monte à la somme de 1,703 livres 18 sols ; et celui de 1788 est également de 45 cotes et donne pour les six premiers mois la somme de 851 livres 19 sols.

« MALICE, syndic[1]. »

Dans une assemblée municipale du 15 février 1789, Pierre Mongrolle, collecteur-porte-rôle, fut élu à l'unanimité des voix des habitants et membres de la municipalité, pour percevoir les vingtiesmes pendant la même année.

A l'époque des élections des députés aux États généraux de 1789, dans chaque communauté, tous les habitants âgés de 25 ans et inscrits aux rôles des contributions furent appelés à rédiger leurs cahiers de doléances et à désigner les députés qui les porteraient aux assemblées des bailliages. Ce n'était pas la première fois qu'on invitait les paysans à présenter leurs doléances et à nommer des délégués ; ils y avaient été déjà conviés lors de la réunion des États généraux des années 1576 et 1614 entre autres.

ÉTATS GÉNERAUX
1789, 18 AVRIL
CAHIER DE BOBIGNY, D'APRÈS UN MANUSCRIT DES ARCHIVES NATIONALES

« Des doléances et remontrances, que les gens du tiers-état de la paroisse de Bobigny, près Paris, demandent être portées par leurs députés en l'assemblée qui se tiendra devant M. le prévôt de Paris, le 18 du pré-

---

1. Hôtel de Ville de Paris, avenue Victoria.

sent mois, pour être ensuite portées en l'assemblée des États généraux convoquée par Sa Majesté, à Versailles, pour le 27 avril 1789.

« Les dits gens du tiers-état, pénétrés de la plus vive reconnaissance envers Sa Majesté à cause de la facilité qu'elle leur donne de faire parvenir au pied de son trône leurs plaintes et doléances ; et pleins de confiance dans les députés que leurs lumières et leur patriotisme appelleront à l'assemblée des États généraux, osent supplier Sa Majesté d'ordonner que tout ce qui sera arrêté en la dite assemblée soit exécuté ponctuellement, à moins que par la suite et par l'avis des États généraux elle ne croie devoir y ajouter ou diminuer, pour l'intérêt de l'État, son bonheur particulier et celui de tous ses fidèles sujets.

« Pour obtenir le redressement de leurs griefs, ils demandent :

« 1° La diminution du pain ;

« 2° Que tous les ecclésiastiques, nobles ou autres privilégiés, payent l'impôt sans distinction d'ordre, à raison de leurs propriétés ;

« 3° La suppression des capitaineries, et, en cas de délit causé par le gibier, que l'on autorise à le faire constater par une seule visite ;

« 4° La suppression de la taille, ruineuse pour le cultivateur ; la mise en fonds étant indispensable pour son exploitation ;

« 5° L'abolition des droits d'échange et de péage ;

« 6° La suppression du droit de franc fief ;

« 7° Un nouveau tarif modéré pour les droits de contrôle et d'insinuation ;

« 8° La réunion de tous les impôts en un seul ;

« 9° Que, pour prévenir la mendicité, il soit prélevé, sur la masse des impositions de chaque paroisse, un vingtième pour être employé au soulagement des pauvres nécessiteux, à qui il n'en sera fait distribution, au cas qu'ils soient valides, qu'après avoir été employés à des travaux utiles à la paroisse ;

« 10° Que la corvée soit payée, sans distinction, par les privilégiés comme par le tiers-état, puisque la facilité qu'elle donne au transport des denrées fait affermer leurs biens en conséquence ;

« 11° Le rachat des dîmes en argent ;

« 12° La suppression des fermiers généraux ;

« 13° La suppression entière de la gabelle et du tabac, ou au moins à un prix modéré ;

« 14° La construction et réparation des églises et presbytères à la charge des ecclésiastiques ou des décimateurs ;

« 15° La suppression des droits de minage et étalonnage ;

« 16° La prolongation des baux des biens de la campagne, sans payer les droits de demi-centième de denier ;

« 17° L'exécution entière des baux des ecclésiastiques et gens de mainmorte ;

« 18° Établir une juridiction rurale où toutes les contestations, relativement aux biens de la campagne, seront portées.

« Et comme les demandes faites par les autres paroisses peuvent les intéresser, ils déclarent qu'ils s'en rapportent à leurs députés pour les faire valoir, ainsi que celles énoncées au présent cahier.

« *Signé* : MALICE, LÉZIER, DEVAUX, MÉNESSIER, JOLLIN, CHARPENTIER, DUPONT et DUTOUR, commis-greffier.

« Extrait du IV° vol., pages 359-360 des *Archives parlementaires*, de 1787 à 1860.

« M.-J. MAVIDAL et M.-E. LAURENT. »

Les États généraux, convoqués par le roi Louis XVI, se réunirent au mois de mai. Bientôt des dissensions et des luttes éclatèrent au sein de cette grande assemblée. Le mot de liberté fut jeté au milieu du peuple de Paris et la multitude exaltée courut aux armes. Le 14 juillet, elle s'empara de la Bastille dont les portes lui furent ouvertes par les quelques défenseurs qui s'y trouvaient. Mécontente de cet exploit facile, elle massacra le commandant de Launay et le prévôt des marchands, Flesselles. L'ancienne administration communale de Paris fut elle-même violemment renversée et remplacée par une nouvelle municipalité à la tête de laquelle on plaça le député Bailly.

L'Assemblée nationale, le 4 août, entra vite dans la voie des changements, sinon des réformes. Elle décréta, entre autres choses, la destruction des privilèges des villes et des provinces, la faculté de remplacer les droits féodaux et l'abolition des juridictions seigneuriales. Les seigneurs, en perdant leurs droits, conservèrent néanmoins la propriété des terres, maisons et halles qui leur appartenaient; et ce ne fut que plus tard qu'on vendit, au profit du Trésor public, les biens de ceux qui avaient émigré. L'Assemblée commença à se montrer moins scrupuleuse au sujet du bien d'autrui, qu'elle avait jusque-là à peu près respecté, lorsque, le 2 novembre 1789, elle déclara confisqués, au profit de l'État, les biens de l'Église, autorisant les communes à en effectuer la vente. La loi du 22 décembre de la même année abolit les provinces et forma les départements, divisés en districts et subdivisés en cantons.

Bobigny, qui était de la province de l'Ile-de-France, fit dès lors partie du département de la Seine, du district ou arrondissement de Saint-Denis, et du canton de Pantin.

Jusqu'à l'époque du règlement de 1787, les villages avaient été administrés par les assemblées d'habitants. Pour donner à leurs délibérations un caractère légal, elles étaient passées devant un juge ou un tabellion, et étaient en conséquence rédigées par le greffier de ces hommes de loi. Lorsque le conseil des notables fut établi, l'intervention du juge ou tabellion ne fut plus indispensable; mais le syndic eut besoin d'un secrétaire pour formuler en son nom les décisions du conseil et pour fournir aux subdélégués des intendants les renseignements administratifs et financiers qui leur étaient nécessaires.

Le maître d'école fut choisi de préférence dans les communautés rurales pour être le greffier du conseil municipal et suppléer au secrétaire dans la rédaction des délibérations et souvent même se charger de la correspondance de M. le maire avec le préfet.

La signature de M. Dutour, maître d'école de Bobigny, en qualité de commis-greffier de la municipalité, apparaît pour la première fois, apposée à la fin du cahier des doléances et remontrances adressé par les habitants de la paroisse aux États généraux assemblés le 18 avril 1789 et que nous avons transcrit ci-dessus.

Malice Louis-Robert, maire, 1790. L'ancienne chambre des notables, qui avait cessé d'exister en vertu des décrets de l'Assemblée nationale, fut reconstituée le 30 janvier 1790. La nouvelle municipalité fut composée d'un maire et de deux officiers municipaux, d'un procureur syndic et de douze notables, tous élus par les habitants :

« L'office de maire fut confié à M. Louis-Robert Malice, qui avait été syndic de l'assemblée municipale depuis le mois de décembre 1787. On donna la charge de procureur syndic à M. Pierre Mongrolle. MM. Claude Lézier et Michel-Ferdinand Lemaître furent nommés officiers municipaux. Du nombre des notables furent :

« MM. de Viels-Maisons; Gigon, curé; Pierre Simonet; Julien-Daniel Legrand; Louis-Maximilien Jollin; Étienne-Julien Dupont; Pierre Legrand; Pierre-Jacques Devaux; Jean-Nicolas Genisson; Louis Ménessier; Pierre-René Clément; Jean-Baptiste Charpentier [1]. »

Le 30 juin 1790, M. Mongrolle, procureur syndic de la commune, écrivit au Directoire du district de Saint-Denis pour le prévenir qu'on avait fait à Bobigny la vente des récoltes provenant des terres de la cure confisquées par suite des décrets du 2 novembre 1789, assurant le dit Directoire qu'il lui serait tenu compte de la dite récolte, à partir du jour où les dites terres auront été vendues.

Comme il n'y avait point d'autre maison commune pour tenir les séances de la municipalité, que l'école était très étroite, on s'assembla sans plus de gêne à l'église pour ces sortes de réunions. Ce fut là qu'on célébra, le 14 juillet 1790, la fête de la Fédération solennisée dans le même moment à Paris au milieu du Champ de Mars.

EXPÉDITION

DU PROCÈS-VERBAL DE LA FÉDÉRATION, CÉLÉBRÉE LE 14 JUILLET 1790 EN L'ÉGLISE PAROISSIALE DE BOBIGNY

« L'an 1790, le 14 juillet, nous nous sommes assemblés, nous, maire, officiers municipaux et notables, à l'effet de prêter le serment ci-dessus mentionné, conformément au décret de l'Assemblée nationale sanctionné par le roi. Lequel serment a été prononcé par M. le maire au nom de tous les habitants, à haute et intelligible voix et ainsi qu'il suit, la main levée. « Je jure d'être à jamais fidèle à la nation, à la loi et au roi, de protéger, conformément aux lois, la sûreté des personnes et des propriétés, la libre circulation des grains et des subsistances dans l'intérieur du royaume et la perception des contributions publiques, sous quelque forme qu'elles existent, et de demeurer uni à tous les Français par les

---

1. Hôtel de Ville de Paris, avenue Victoria.

liens indissolubles de la fraternité. Tous les assistants ont répondu à haute et intelligible voix, la main levée : Je le jure! Après quoi, nous avons dressé le présent procès-verbal, les dits jour et an que dessus et avons signé. Malice, maire; Lézier, Lemaître, Jollin, Mongrolle; Dutour, secrétaire[1]. »

En réponse au décret de l'Assemblée nationale du 14 mai 1790, demandant aux diverses municipalités de faire la déclaration des biens d'Église qui pouvaient exister dans la commune, M. Mongrolle, procureur, envoya au Directoire, le 22 novembre même année, l'état suivant de ces biens situés sur le territoire de Bobigny :

« Les Économats, 184 arpents, loués 5,300 livres à François Typhaine en 1784.

« Les Économats, 5 arpents, loués 196 livres à Claude Cochu en 1784.

« Les dames Ursulines de Saint-Denis, 2 arpents, loués 64 livres à Paul Bonneau d'Aubervilliers en avril 1784.

« La fabrique d'Aubervilliers, 25 perches, louées 9 livres.

« Sainte-Geneviève, 3 arpents, loués 57 fr. à Meunier, du Bourget, le 20 septembre 1787.

« Le prieuré de Saint-Blaise, 7 arpents, loués 38 livres 10 sous à Jacques Roussel, en novembre 1786.

« La fabrique de Bondy, 3 arpents, loués 67 livres 17 sous, à François Martin, le jeune, en 1785.

« Messieurs de Saint-Louis du Louvre, 393 perches, louées 52 livres, à Antoine Fossé, le 9 juin 1785.

« La fabrique de Noisy-le-Sec, 3/4 d'arpent.

« Messieurs de la Faculté de Sorbonne, 12 arpents 95 perches, loués 334 livres à Louis-Robert Malice, Jean-Louis Damour et Eustache Guillotin, le 19 novembre 1787.

« La cure de Bobigny, 21 arpents 1/4, en revenu 1,062 livres 10 sous, dont 8 arpents ont été loués en 1788 à raison de 50 livres l'arpent, à divers particuliers de Noisy et de Romainville par M. le curé. Restent 12 à 13 arpents que fait valoir M. Gigon lui-même.

« La fabrique de Bobigny, 34 arpents 1/4, loués 373 livres 18 sous

---

1. Hôtel de Ville de Paris, avenue Victoria.

9 deniers, en 1783, à Charles Channavard, la veuve François Lemaître, Louis Ménessier, Louis Jollin, François Dicque, Pierre Bureau, de Bobigny, François Diot, de Romainville, Blaise Blancheteau, de Noisy, et Augustin Collot, de Drancy.

« Plus l'école.

« Total des revenus des biens d'Église sur Bobigny : 8,155 livres 10 sols 3 deniers.

« A Bobigny, ce 22 novembre 1790. Signé : Mongrolle, procureur; Dutour, greffier. »

M. Jean-Baptiste-Louis Féchoz, vicaire assermenté de Noisy-le-Sec, nommé à la cure de Bobigny, le 6 février 1791, par les électeurs du district de Saint-Denis et pourvu le 31 mars suivant par M. Gobel, évêque constitutionnel de Paris, d'une prétendue institution canonique, prit possession de la cure le 3 avril même année. Cette prise de possession sera rapportée plus au long dans le troisième chapitre.

Jollin Louis-Maximilien fut élu maire en remplacement de M. Louis-Robert Malice, démissionnaire le 11 avril 1791.

Louis-Maximilien Jollin, originaire de Pantin, était fils de Louis Jollin, maçon, et de Marguerite-Françoise Clément, son épouse. Il s'était marié en 1771, à Marie-Marguerite Dupont, fille de Daniel Dupont, ancien procureur fiscal de la prévôté de Bobigny et garde des plaisirs du roi, et de Madeleine Tricot, son épouse, et il avait fixé sa demeure sur la paroisse à l'occasion de ce mariage. Le 13 mars 1774, il hérita avec son frère aîné, Louis-Charles Jollin et ses autres frères et sœur, Jean-Baptiste Jollin, Jacques Jollin et Marie-Jeanne Jollin, des biens de ses parents et particulièrement d'une maison située à Pantin, près de l'église.

Le 26 juillet 1791, le Directoire refusa d'autoriser les réparations du presbytère, approuvées le 7 précédent par la municipalité, parce que la population de Bobigny n'était que de 272 âmes et qu'elle se trouvait, d'après la loi du 12 juillet 1790, dans le cas de suppression.

Le 18 décembre 1791 eut lieu l'inscription à la maison commune des citoyens actifs de la municipalité, pour remplir les fonctions de jurés et assister à l'instruction des procès criminels ; ce furent :

Le sieur Jean-Baptiste Féchoz, curé; Louis-Robert Malice; Pierre Mongrolle ; Charles Chanavard ; Louis-Maximilien Jollin ; Claude Lézier ;

Pierre-René Clément; Jean-Baptiste Charpentier; Michel Libord; Jean-Nicolas Génisson; Michel-Ferdinand Lemaître; Pierre Simonot; Pierre Legrand; Thomas Prouillet; Nicolas Mellia.

Apposèrent leurs signatures:
Lézier, maire; Clément, procureur; Féchoz, curé; Dutour, secrétaire.

Lézier Claude, maire à partir du 18 décembre 1791, n'exerça que fort peu de temps les fonctions de premier magistrat de la commune. Le 30 janvier 1792, en effet, Pierre-René Clément, procureur, et Dutour, secrétaire, écrivirent au district de Franciade ce qui suit:

« Messieurs,

« C'est pour réponse à la vôtre datée du 27 de ce mois : 1° au sujet des bijoux et vaisselles d'or et d'argent; nous n'avons rien reçu et par conséquent nous n'avons pas eu à tenir ni à envoyer de registre au district de Franciade; 2° pour les rassemblements des gardes nationales volontaires, un seul citoyen s'est fait enregistrer, c'est un nommé Jean-Baptiste Poiret, âgé d'environ vingt ans et de la taille de 4 pieds 2 pouces; 3° il y avait autrefois une justice haute, moyenne et basse dans l'étendue de la paroisse, et nous avons des prisons qui appartiennent au ci-devant seigneur. Elles sont en très mauvais état et on n'a rien dépensé pour leur entretien dans le cours des années 1790 et 1791.

« Nous avons l'honneur d'être, messieurs, vos très obéissants serviteurs.

« CLEMENT, procureur; DUTOUR, secrétaire.

« Monsieur notre maire n'a pu signer, attendu qu'il est à l'article de la mort[1]. »

Quinze jours après l'envoi de cette lettre, Pierre-René Clément, au nom de la municipalité, adressa au Directoire de Saint-Denis une requête, par laquelle il réclamait le seizième des droits et prérogatives accordé aux communes par les décrets de l'Assemblée nationale, sur les produits de la vente des biens d'Église, dits nationaux, situés sur le territoire.

1. Hôtel de Ville de Paris, avenue Victoria.

Jean-Baptiste Charpentier et Jean-Baptiste-Louis Féchoz, officiers municipaux, furent chargés de porter cette requête au gouvernement de Paris.

Nous ne pouvons dire s'ils reçurent une réponse favorable et si le seizième du produit de la vente de ces biens rentra dans la caisse de la commune. Toujours est-il que la plupart des biens d'Église situés sur Bobigny dont nous avons donné ci-dessus le relevé avaient déjà été vendus à cette époque et que les 20 arpents de terre appartenant à la cure avaient été enlevés des premiers et assez vil prix le 2 janvier 1792.

M. Mongrolle Pierre, fermier depuis dix-huit ans des terres qui faisaient partie de l'ancienne seigneurie, fut élu maire en remplacement de M. Claude Lézier, décédé dans les premiers jours de mai 1792. Ce magistrat écrivit, peu de temps après sa nomination, au Directoire du district de Franciade, la lettre que voici :

« Bobigny, ce 24 juillet 1792.

« Messieurs,

« C'est pour réponse à la vôtre, en date du 21 présent mois, par laquelle vous nous demandez l'état des revenus attachés à n'importe quel titre et sous quelque dénomination que ce soit appartenant à la commune.

« Nous vous ferons observer que nous avons dans notre localité beaucoup d'indigents et des veuves chargées d'enfants, qui ont bien de la peine à vivre, et que feu notre ci-devant seigneur les nourrissait en leur procurant du pain et de la viande toutes les semaines ; et que, depuis sa mort, ils n'ont plus rien. Voilà tous les renseignements que nous pouvons vous donner.

« Le maire, officiers municipaux et procureur de la commune de Bobigny, soussignés :

« MONGROLLE, maire; DUTOUR, secrétaire; FECHOZ, notable. »

Par ces dernières correspondances on voit que la commune de Bobigny était à bout de ressources. Cet état de pénurie, hélas ! devait durer pour elle encore plusieurs années. Le haut témoignage rendu à la généreuse libéralité de feu messire Philippe-Guillaume Jacquier de Vieu-Maison, par M. Mongrolle, maire, était loin d'être la condamnation des hommes de l'ancien régime.

En tout cas, le dernier seigneur de Bobigny, haut justicier, devait rendre bonne et prompte justice à ses vassaux, lui qui savait si bien pratiquer la charité chrétienne envers les malheureux.

Quinze jours après la réponse de M. Mongrolle au Directoire du district de Saint-Denis, c'est-à-dire le 10 du mois d'août, éclata dans Paris une nouvelle révolution. Le peuple soulevé assiégea les Tuileries et en immola les défenseurs; et Louis XVI, qui ne devait point avoir un meilleur sort que ses fidèles sujets, fut enfermé au Temple. Des personnes de tout état furent également emprisonnées.

Des arrêts de mort frappèrent, non point les coupables, mais ceux qui avaient montré de l'attachement au roi, et la guillotine commença à sévir contre eux.

Le 21 septembre 1792, l'Assemblée législative fit place à la Convention, qui, sous la présidence du girondin Pétion, décréta de prime abord l'établissement de la République. Et le lendemain 22, commença l'ère républicaine, qui devait durer jusqu'au 1er janvier 1806.

C'est alors que la Prusse et l'Autriche, dans la crainte de voir se propager chez elles le mouvement révolutionnaire français, intervinrent dans les affaires de notre pays en lui déclarant la guerre. Déjà les Prussiens avaient envahi le nord-est de la France et s'étaient emparés des villes de Longwy et Verdun et menaçaient la capitale, lorsque la vaillance des armées françaises vint les arrêter à Valmy le jour même où la Constituante tenait sa première séance.

La guerre avec l'étranger ne devait pas cesser de sitôt. C'était une nouvelle calamité pour la France, ajoutée à plusieurs autres maux dont elle était frappée ou qui allaient la frapper. La République, dans le but de se maintenir, mit tout en réquisition dans les villes et dans les villages. Mais auparavant elle prit soin de se faire donner le relevé des ressources de chaque localité. Voici le tableau envoyé le 20 octobre 1792 par les autorités de Bobigny au Directoire du district de Franciade, faisant mention du nombre de chevaux possédés par les habitants :

NOMS DES CITOYENS QUI ONT DES CHEVAUX

Pierre Mongrolle, cultivateur.	17
Michel Libord, laitier et cultivateur.	3
Hubert Piaut, laitier	1
Louis-Maximilien Jollin, maçon et cultivateur	3
Georges Letellier, laitier.	1
François Dicque, laitier et cultivateur	1
Ferdinand Lemaître, cultivateur	1
Denis Lemaître, cultivateur et laitier.	2
Pierre Bureau, cultivateur et laitier	2
Jean-Baptiste Legrand, laitier	1
Louis-Robert Malice, cultivateur	5
Jean-Baptiste Chanavard, cultivateur	4
Jean-Nicolas Génisson, laitier	1
Stanislas Pépin, laitier.	1
La veuve Pierre Audois, laitière	1
Jean-Baptiste Charpentier, cultivateur et laitier	1
Pierre Legrand, cultivateur et laitier.	1
Michel Ballin, cultivateur et laitier	1
Nicolas Vaillant, meunier et boulanger	1

MONGROLLE, maire. CLÉMENT, procureur.
DUTOUR, secrétaire-greffier.

« L'an 1792, le 26 octobre, le corps municipal assemblé à l'effet d'observer la loi du 20 septembre dernier qui ordonne de nommer un officier public pour le dépôt des registres de naissances, mariages et sépultures des citoyens; nous avons à cet effet nommé au scrutin et à la majorité absolue la personne de Pierre-Jacques Devaux, citoyen de cette paroisse, qui a déclaré accepter la dite charge avec promesse par lui de bien et dûment remplir les fonctions ordonnées par la loi. Fait et arrêté, les jour, mois et an que dessus. Ont signé la minute les maire, officiers municipaux, ainsi que le citoyen Devaux[1]. »

Par cette ordonnance la Convention ne procédait pas seulement à la séparation de l'Église et de l'État, mais à l'abolition du culte catholique, qu'elle allait bientôt décréter.

Dans cette même assemblée du 26 octobre, Dutour, secrétaire-greffier, fut autorisé par la municipalité à gérer les biens de la fabrique, séques-

1. Hôtel de Ville de Paris, avenue Victoria.

trés par un décret de la Convention du 19 août précédent. Le compte qu'il rendit de la gestion de ces biens le 28 novembre suivant sera rapporté en détail au troisième chapitre.

Le 11 du mois de décembre de cette même année 1792, Louis XVI comparut en accusé devant la Convention nationale. Celle-ci déclara, le 15 janvier suivant, qu'il était coupable de conspiration contre la liberté publique. Deux jours après, elle prononça contre Sa Majesté la peine de mort. Le pieux roi n'était âgé que de trente-huit ans et en avait régné près de dix-neuf. Il eut avec la reine, ses enfants et sa sœur une entrevue déchirante, et qui fut la dernière. Le lendemain, on lui laissa entendre la messe, à laquelle il communia, puis on le conduisit à la guillotine. Il abandonna sa tête au bourreau et le régicide fut consommé, 21 janvier 1793 (2 pluviôse an I de la République).

Au citoyen Pierre Mongrolle succéda, dans les fonctions de maire, le citoyen *Jean-Baptiste-Louis Féchoz*, curé constitutionnel démissionnaire. Procès-verbal de sa nomination :

« Le 20 ventôse an I (10 mars 1793), les citoyens de Bobigny, à l'issue des vêpres, se sont assemblés à la maison commune en vertu de l'ordonnance du procureur-syndic du district de Saint-Denis en date du 4 du présent mois, à l'effet de procéder au renouvellement de la municipalité, conformément à la loi du 19 octobre dernier, article 12, sur la réquisition du procureur de la commune. Le citoyen Féchoz a été nommé maire par quinze voix; le citoyen Devaux en ayant obtenu onze.

« Ont été ensuite nommés :

« Vaillant, premier officier municipal; Génisson, deuxième officier municipal; Devaux, procureur de la commune.

« Notables composant le conseil :

« Pépin ; Toussaint Clément; Drombois; Hannon; Prouillet ; Letellier.

« Sur la réquisition du citoyen Ménessier, ils ont fait le serment d'être fidèles à la loi, à la République française, de maintenir la liberté et l'égalité de tout leur pouvoir et de remplir avec zèle les fonctions qui leur sont confiées. Lesquels ci-dessus nommés ont prêté le dit serment individuellement le 10 mars 1793.

« *Signé* : Jean-Baptiste-Louis Féchoz, maire et officier public à la place de Devaux, démissionnaire [1]. »

---

[1]. Hôtel de Ville de Paris, avenue Victoria.

BOBIGNY.

Voici une partie de la correspondance assez multipliée du citoyen Féchoz, à la fois prêtre assermenté et maire de Bobigny, avec les citoyens composant le directoire du district de Franciade. On trouvera dans le troisième chapitre le complément de cette correspondance.

« Ce 15 germinal an I de la République française (4 avril 1793).

« J'ai reçu, citoyens, hier à minuit, votre lettre en date du même jour, par laquelle, au nom du procureur général syndic du département de la Seine, vous réquérez, vu les dangers de la patrie, que la commune de Bobigny soit en permanence. J'ai exécuté ponctuellement vos ordres et j'ai eu la satisfaction de voir que chacun s'y est prêté d'abord avec zèle. Maintenant on murmure hautement, on dit qu'aucune des communes voisines n'a reçu les mêmes ordres, notamment celles de Bondy, de Noisy-le-Sec, de Romainville, etc., qui sont cependant du même district ; que la même chose est arrivée, la semaine passée, et qu'il semble qu'on se fasse un jeu de tourmenter la commune de Bobigny plus que les autres. On me fait un crime d'avoir trop de patriotisme, parce qu'on me voit constamment à la tête de tout, et c'est contre moi qu'on dirige tous les reproches. J'avoue qu'ils ne m'affectent en rien, parce que mon parti a toujours été d'être fidèle à mes serments et de mourir à mon poste pour le maintien de la liberté et de l'égalité, qui ne peuvent être conservées intactes que dans une République. Cependant je crois très à propos que le Directoire fasse réponse à la commune de Bobigny et qu'il lui justifie que pareils ordres ont été intimés aux municipalités voisines, et qu'en même temps vous vouliez bien nous envoyer copie de la lettre du citoyen procureur général syndic du département de Paris, qu'on a trouvé surprenant de n'être pas jointe à la vôtre.

« Les maire et officiers municipaux de la commune de Bobigny en permanence :

« VAILLANT, officier ; FÉCHOZ, maire ;
DUTOUR, secrétaire-greffier.

« Veuillez, citoyens, nous faire passer votre réponse par le citoyen officier municipal qui s'est chargé de nous la remettre[1]. »

C'était par crainte des soulèvements intérieurs comme ceux qui

---

1. Hôtel de Ville de Paris, avenue Victoria.

venaient de se manifester en Vendée et dans quelques autres provinces après l'inique exécution du roi Louis XVI, que la République avait mis en permanence la plupart des communes. Ces soulèvements motivèrent aussi de nouvelles réquisitions :

« Ce 4 prairial an II de la République française (23 mai 1793).

« *Les citoyens composant le Directoire du district de Saint-Denis à la commune de Bobigny.*

« Nous avons vu avec plaisir que les citoyens riches et aisés de la commune, sur la réquisition du citoyen Sallat, commissaire pour le recrutement de la Vendée, et par un effet de patriotisme, ont contribué pour la somme de 300 francs et deux paires de souliers. A l'égard des enrôlements volontaires, il ne s'en est pas trouvé ; mais nous avons reconnu que ce n'était pas l'effet d'incivisme, mais bien par disette d'hommes. Considérant que la voie d'indication ne peut avoir lieu faute d'individus, que les réquisitions impératives pour les contributions deviendraient tyranniques pour cette commune. Arrêtons : 1° que la commune de Bobigny est bien dûment déchargée de son contingent d'hommes pour la présente levée ; 2° que nous acceptons l'offre volontaire des citoyens riches et aisés de Bobigny pour l'équipement et armement de la Vendée [1]. »

Il semble par cette missive du Directoire du district de Saint-Denis et par la lettre qui suit, qu'à Bobigny on ne mettait pas un bien grand empressement à s'enrôler au nombre des volontaires, et à courir à la défense de la patrie.

« Ce 3 messidor an I de la République française une et indivisible (21 juin 1793).

« *Aux citoyens administrateurs, composant le Directoire du district de Saint-Denis.*

Citoyens,

« Vous nous demandez par votre lettre en date du 15 de ce mois l'expédition des enrôlements des volontaires qui se sont enrôlés pour notre

1. Hôtel de Ville de Paris, avenue Victoria.

commune en vertu du décret du 24 février dernier. Nous vous avons envoyé sur-le-champ le procès-verbal en date du 11 mars de la présente année, qui constate que les citoyens de Bobigny ont choisi la voie du scrutin pour fournir leur contingent, et qu'il en est résulté du dépouillement que les citoyens Pierre Mongrolle fils, Jacques Notaire et Julien Joubert ont été tous les trois désignés par le sort. Les vives réclamations de ces citoyens ayant rendu l'assemblée très tumultueuse, il n'a pas été possible à la municipalité de prendre leur signalement. Le département a cassé l'élection faite au scrutin. Les citoyens de notre commune ont persisté dans leur mode d'élection. Nous vous en avons envoyé les procès-verbaux en date des 11, 24 et 26 mars, et depuis ce temps nous n'en avons plus entendu parler. Nous vous observerons ici que deux de ces citoyens élus au scrutin sont encore domiciliés en notre commune, que le troisième, qui est un manouvrier, l'a quittée trois jours après ; que néanmoins nous apprenons dans ce moment qu'il travaille à Drancy. Tels sont les seuls renseignements que nous pouvons vous donner relativement à votre demande.

« Les maire et officiers municipaux de la commune de Bobigny :

« FÉCHOZ, maire ; GENISSON, officier ; DUTOUR, secrétaire.
« Notables : PROUILLET, CLÉMENT, LETELLIER, DROMBOIS[1]. »

Une troisième révolution venait d'avoir lieu. Robespierre, devenu tout-puissant, donna à la République un dernier élan, en établissant le régime de la Terreur qui allait lui porter un coup mortel, et sous lequel il devait succomber lui-même. Le 5 octobre 1793 commença le calendrier républicain, décrété par la Convention nationale. Cependant on data l'ère des Français à compter du 22 septembre 1792, anniversaire de la fondation de la République française, ainsi qu'il a été dit ci-dessus.

« Ce jourd'hui, 21 vendémiaire an II de la République française, une et indivisible (12 octobre 1793), le conseil général de la commune de Bobigny et tous les citoyens composant la dite commune, réunis en assemblée générale, légitimement convoquée au son de la cloche et de la caisse au lieu ordinaire de ses séances, relativement à la formation d'un

---

1. Hôtel de Ville de Paris, avenue Victoria.

BOBIGNY-LEZ-PARIS.

PLANCHE VIII.

LA FONTAINE SAINT-ANDRÉ, MENTIONNÉE SUR LES PLUS ANCIENS TITRES. (P. 257.)

BOBIGNY.

comité de surveillance, conformément au décret du 2 mars présente année, il a été procédé d'abord à la formation du bureau. Les citoyens Féchoz et Dutour, ayant réuni la majorité absolue des suffrages, ont pris place au bureau; savoir, le premier en qualité de président, et le second pour secrétaire. Et de suite on a pareillement procédé à la nomination de deux scrutateurs. La majorité des suffrages a été réunie en faveur des citoyens Antoine-François Clément et Augustin Evin qui ont tous pris place au bureau. Ensuite on a procédé, par un second scrutin de liste individuelle, à la nomination des membres qui doivent composer le comité de surveillance prescrit par le décret du 21 mars dernier; l'assemblée étant composée de trente votants. Ont été nommés : J.-Baptiste Hervé, Hannon, Fontaine, Pierre Bureau, Drombois, Ferdinand Lemaître, Pierre Clément, Antoine-François Clément, J.-Baptiste Chanavard, Michel Libord, Charles Jumel. Tels sont, citoyens administrateurs, les renseignements que nous pouvons vous donner sur ces différents objets.

« Je suis fraternellement votre concitoyen.

« FÉCHOZ, maire[1]. »

« Ce 7 brumaire an II de la République française une et indivisible (28 octobre 1793). Signalement des jeunes gens de la première réquisition : Louis-Thomas Prouillet, 22 ans 1/2, originaire de Giremontier, canton de Coulommiers; Marie-Michel-François Audois, 19 ans; François Mongrolle, 22 ans et 4 mois, taille 5 pieds 3 pouces et 1/2, né à Ferrières, district de Meaux, département de Seine-et-Marne; Philippe Charpentir, 19 ans. Septième jour du premier décadi, deuxième mois de l'an II de la République.

« *Signé:* FÉCHOZ, maire[2]. »

Le 26 brumaire an II de la République française une et indivisible (16 novembre 1793). Les jeunes gens sus-nommés ayant reçu l'ordre de se réunir à la commune de Franciade pour l'après-midi du 1er frimaire (21 novembre suivant), afin d'y être casernés et organisés en compagnies; Genisson, officier municipal, et Joseph Hannon, notable, les y conduisirent[3].

1. Hôtel de Ville de Paris, avenue Victoria.
2. *Idem.*
3. *Idem.*

A cette époque il y avait trois bourgeois dans la commune : Antoine-François Clément, domicilié à Bobigny, depuis le mois d'août 1790, habitant auparavant le cloître Notre-Dame à Paris, vis-à-vis l'horloge, garçon marchand de fer chez son père, avant son mariage ; Anne-Marguérite Cholle, mère de cinq enfants, veuve d'un de Narbonne, domiciliée dans la commune depuis le mois de février dernier ; enfin le citoyen Nicolas Blondel de Metz, fixé à Bobigny depuis deux mois seulement [1].

« Ce 24 frimaire an II de la République française une et indivisible (14 décembre 1793).

« Citoyens, composant le Directoire du district Franciade,

« Par votre lettre en date du 22 de ce mois, vous nous demandez de vous faire passer l'état des terres dans l'étendue de notre commune qui seraient restées sans culture. Nous n'avons point connaissance qu'il y en ait eu aucune l'année dernière, et nous présumons avec raison qu'il n'y en aura pas davantage cette année. Tous les biens sont affermés, et chacun s'empresse de les faire valoir. S'il s'en trouvait par extraordinaire quelqu'un qui fût encore à l'état inculte, vous ne pouvez douter de notre zèle à faire exécuter la loi du 16 septembre à cet égard.

« Salut et Fraternité.

« FECHOZ, maire [2]. »

Le 20 brumaire an II (10 novembre 1793), la Convention nationale décréta l'abolition du culte catholique. Ce culte immortel n'eut plus d'existence en France, comme au temps des Néron et des Dioclétien, que dans les endroits les plus cachés. Plus d'une fois même des sbires cruels vinrent arracher de ces retraites sacrées, pour les conduire à l'échafaud, les prêtres et les fidèles qui s'y étaient réfugiés.

Le 17 nivôse an II (6 janvier 1794), Pierre-René Clément et Denis Lemaître, commissaires, nommés par le conseil général de la commune de Bobigny, suivant l'arrêté du conseil général du département en date du jour précédent, vinrent à Paris réclamer, en exécution du décret de la

1. Hôtel de Ville de Paris, avenue Victoria.
2. Idem.

Convention nationale du 17 juillet 1793, du notaire Desclozeaux, homme d'affaires du mineur de Blancmesnil, les pièces concernant l'ancien régime féodal, aussi bien que l'église. D'après le susdit décret, les ci-devant seigneurs, les feudistes, les commissaires à terrier, les notaires enfin et autres dépositaires de titres consécutifs ou recognitifs des droits supprimés, furent tenus de les déposer, dans les trois mois de la publication du susdit décret, au greffe des municipalités locales. Ceux d'entre ces titres qui auraient été remis avant le 10 août suivant devaient être brûlés ce jour-là, en présence du conseil général de la commune et des citoyens, et le surplus devait être pareillement brûlé à l'expiration des trois mois.

Le citoyen Ollivier Desclozeaux, entre les mains de qui étaient les titres ci-après, par la clôture de l'inventaire fait par Delacour, l'un des notaires soussignés, et son confrère, le 15 mars 1791 et jours suivants, après le décès de Philippe-Guillaume Jacquier de Viels-Maisons qui était propriétaire de la terre (ci-devant seigneurie de Bobigny), leur a remis les titres qui sont de nature à être déposés au greffe de la municipalité de Bobigny, conformément à la loi ci-dessus citée. Lesquels titres comprennent les cotes 35, 36, 37, 38, 40, 42, 44, 47, 48, 49, 56, 57, le tout du dit inventaire; plus une liasse relative aux bancs de l'église de Bobigny; plus une autre liasse composée de pièces pour le ci-devant seigneur de Bobigny contre le curé de Bobigny; plus une autre liasse de pièces, qui sont des déclarations de fiefs et copies informes d'aveux; plus trois autres liasses, qui sont pièces de procédure; plus le terrier de Bobigny fait par Cotereau, notaire à Noisy-le-Sec, le 6 avril 1783; plus l'atlas du plan de ladite terre de Bobigny avec la légende; plus quatre registres des recettes de marguillage et sentence du greffe; et enfin la chemise de la cote 41 du dit inventaire, dont les deux pièces ont été remises au district de Saint-Denis par le citoyen Desclozeaux, ainsi qu'il le déclare et qu'il promet de remettre la reconnaissance délivrée par le secrétaire du district. Toutes lesquelles pièces, les dits commissaires reconnaissent avoir reçu du dit citoyen Desclozeaux et s'obligent à les remettre au greffe de la municipalité du dit Bobigny, dont décharge. Dont acte à Paris, en l'étude les dits jour et an que dessus.

Et ont signé: Clement, Ollivier Desclozeaux, Hubert, Delacour et Lemaitre.

« Ce 20 nivôse an II de la République française une et indivisible (19 janvier 1794).

« Citoyens administrateurs composant le Directoire du district de Franciade,

« Nous avons reçu hier et publié le même jour, votre arrêté en date du 23, relatif au son de la cloche. Nous vous faisons savoir que dès l'instant que l'exercice du culte catholique a cessé dans notre commune, la cloche n'a plus été employée que pour annoncer les assemblées soit du corps municipal, soit du conseil général de la commune, soit enfin pour les objets ayant rapport aux intérêts généraux des citoyens. L'*Angelus* même, que l'on sonnait à des heures marquées et qui servait en même temps à annoncer l'heure du départ dans les champs pour les ouvriers, ainsi que celle du retour, a été supprimée. Vous voyez par là que nous avons prévu votre arrêté.

« Salut et fraternité.

« FÉCHOZ, maire. DUTOUR, secrétaire-greffier. VAILLANT, officier. GÉNISSON, officier. FONTAINE, agent national. »

« Bobigny, ce 11 pluviôse an II de la République française une et indivisible (30 janvier 1794).

« *Aux citoyens administrateurs composant le Directoire du district de Franciade.*

Citoyens,

« Nous avons reçu le 5 pluviôse (24 janvier), la loi relative à la fabrication du salpêtre, et nous nous sommes empressés de la publier. Tous les citoyens de notre commune paraissent disposés à se conformer avec zèle à cette loi utile pour la chose publique, mais aucun de nous ne sait comment s'y prendre. Outre que nous n'avons pas encore reçu l'instruction du comité de Salut public y relative et mentionnée dans l'article deuxième de la même loi; nous sommes forcés de rester dans l'inaction jusqu'à ce que, conformément à l'article neuvième, l'agent du district pour la confection du salpêtre vienne dans notre commune répandre les connaissances nécessaires à son extraction, ou que vous puissiez nous envoyer un citoyen instruit dans ce genre de travail. Nous désirons tous nous instruire au plus tôt à cet égard, afin de prouver à la République l'ardeur que nous avons de contribuer à tout ce qui peut la sauver et la maintenir.

« Salut et fraternité.

« Féchoz, maire. »

« Bobigny, premier décadi de ventôse an II de la République française une et indivisible (20 février 1794).

« *Aux citoyens administrateurs composant le Directoire du district de Franciade.*

Citoyens,

« La loi sur le grand livre du 15 août 1617 et du 24 du même mois 1793 (vieux style), que vous citez dans votre lettre en date de ce mois, n'est pas parvenue à notre connaissance. Nous l'avons cherchée très exactement sur le registre des inscriptions sans pouvoir la trouver. Nous pouvons néanmoins vous répondre d'après votre susdite lettre, que la commune ne possède aucun actif et n'a contracté en son nom aucune dette. Et par conséquent nous croyons toujours avoir droit à la réclamation du seizième dû aux municipalités sur la vente des biens nationaux situés sur le territoire de la commune, si d'après l'article 29 de la susdite loi, que vous nous citez, il n'appartient à la nation que jusqu'à concurrence du montant des dettes de la commune.

« Féchoz, maire. Dutour, secrétaire-greffier. »

Deux mois après cette dernière correspondance, le 19 germinal an II (8 avril 1794), le citoyen Féchoz envoya au district de Franciade l'état suivant des immeubles et rentes de la fabrique supprimée, vendus et non vendus;

« Savoir, en immeubles :

« 1° En 30 arpents 75 perches, vendus par le Directoire du district de Franciade le 19 juillet 1793.

« 2° En 1 arpent 75 perches, situés au territoire de Drancy, dont 1 arpent 22 perches sur le chemin des Noyers et 50 perches sur le chemin de Bobigny, vendus en 1793.

« 3° En 1 arpent 44 perches et 1/2, situés sur les territoires de Noisy-le-Sec, Rosny et Romainville, loués au citoyen Blaise Blancheteau, vigneron au dit Noisy, moyennant la somme de 27 francs par an ; le bail est expiré et est au district.

« 4° En 87 perches et 1/2 de terres situées sur le territoire du dit Romainville, louées au citoyen François Diot, vigneron au dit Romainville, moyennant la somme de 35 francs 2 sous 6 deniers ; ces deux articles ne sont pas vendus.

« En rentes :

« 1° En 157 francs 6 sous de rente annuelle sur deux maisons sises à Bobigny, due par le citoyen ...... acquéreur des dites maisons.

« 2° D'une rente de 60 francs 3 sous 9 deniers, sur la ville de Paris ; le receveur est le citoyen Provost, domicilié cloître ci-devant Notre-Dame, pour fondation.

« 3° D'une rente de 30 francs, due par la veuve ..... sur ses biens situés dans notre commune.

« 4° D'une rente de 30 francs, due par le citoyen ..... sur sa maison au Bourget.

« 5° D'une rente de 22 francs 4 sous 6 deniers par les héritiers ......, vignerons à Romainville, sur leurs biens.

« 6° D'une rente de 6 francs 2 sous 6 deniers, due par le citoyen ..... sur sa maison à Bobigny.

« 7° D'une rente de 2 francs due par le citoyen ..... sur sa maison sise à Bobigny.

« 8° D'une rente de 1 franc due par les héritiers ..... sur leur maison située à Bobigny.

« 9° D'une rente de 15 sous, due par les héritiers ..... sur leur maison sise à Vaujours. Cette rente n'est plus payée depuis au moins 26 à 27 ans.

« 10° D'une maison servant aux écoles et de maison du greffe, donnée par un ci-devant seigneur, composée d'une école par bas et une petite étable à côté, et par haut d'une chambre et cabinet servant de logement à l'instituteur.

« Tels sont les biens affectés à la ci-devant fabrique de Bobigny, le tout pour fondation.

« Certifié véritable, ce 19 germinal an II (8 avril 1794) de la République une et indivisible.

« Fechoz, maire. Dutour, secrétaire-greffier. Vaillant, officier[1]. »

Les biens de cure avaient été vendus dans le courant de janvier 1793, au district de Saint-Denis, comme 17ᵉ affaire; 20 arpents 1/4 de terre pour la somme de 17.600 livres, dont 8 arpents étaient loués à raison de 50 livres l'arpent par an, au total 400 livres (moins 80 livres d'impositions), en revenu net, 320 livres; et les 12 autres arpents 1/4 exploités par le curé lui-même donnent 600 livres (moins 120 livres d'impositions) font un revenu net de 480 francs. Total des revenus de biens de cure, net 800 livres.

« Observe ledit expert nommé par MM. les conseillers de l'Assemblée nationale qu'il lui paraît en son âme et conscience que l'estimation ci-dessus est portée trop haut, mais qu'il a suivi les décrets de l'Assemblée nationale et qu'il s'en est rapporté au témoignage de M. le curé qui lui a dit qu'il refusait plus de 50 livres de loyer pour chaque arpent de terre qu'il exploitait.

« Signé : Crette. »

« Et comme 130ᵉ affaire, fut également vendue au district de Saint-Denis, une vieille grange située sur la grande rue de Bobigny et en face la place, faisant partie de la clôture du presbytère et en assez mauvais état, contenant une perche superficielle (mesure locale) estimée à la somme de 60 livres[2]. »

« Les biens appartenant à la fabrique de Bobigny furent vendus le 19 juillet 1793, au district de Saint-Denis, sous le titre de 131ᵉ affaire :

« 75 perches et 1/2 estimées 160 livres, vendues 990 livres au citoyen Pierre Mongrolle, cultivateur à Bobigny.

---

1. Hôtel de Ville de Paris, avenue Victoria.
2. *Idem.*

« 14 arpents 97 perches, estimées 3.052 livres 2 sous 6 deniers, vendus 6.275 livres au dit Mongrolle.

« 75 perches, vendues 1.200 livres au citoyen Nicolas Vaillant, cultivateur à Bobigny.

« 100 perches, vendues 1.650 livres au citoyen Étienne Damoiselet, cultivateur à Bobigny.

« 200 perches, vendues 3.050 livres au dit citoyen Pierre Mongrolle.

« 156 perches, vendues 1.650 francs au citoyen Charles-François Typhaine, cultivateur à Pantin.

« Appartenant à la fabrique d'Aubervilliers : 100 perches 1/2 estimées 1.065 francs, vendues 1.575 francs au ditcitoyen Pierre Mongrolle. »

Au total, les 22 arpents de terre de fabrique ici énumérés et vendus au profit de la nation, furent acquis moyennant la somme de 19,840 fr.; à raison de 900 francs l'arpent de 100 perches, à 22 pieds pour perche.

« Autres biens appartenant à la fabrique de Bobigny, vendus au district de Saint-Denis à la fin de 1793, sous le titre de 135ᵉ affaire; 1 arpent 75 perches sur Drancy, estimés 1.400 livres, vendus 3.450 francs à Augustin Collot, du Bourget.

« Enfin le 7 avril 1794, sous le titre de 203ᵉ affaire, se fit la vente à Saint-Denis de 1 arpent 44 perches et 1/2 de terre, en onze pièces appartenant à la fabrique de Bobigny.

« La 1ʳᵉ à Merlan; la 2ᵉ à Noisy-le-Sec; la 3ᵉ idem; la 4ᵉ idem; la 5ᵉ idem; la 6ᵉ idem; la 7ᵉ idem; la 8ᵉ idem; la 9ᵉ à Romainville; la 10ᵉ à Rosny; la 11ᵉ idem, vendues à Blaise Blancheteau, de Noisy, à qui elles avaient été louées le 25 décembre 1783[1]. »

« Le 30 prairial an II (18 juin 1794), par arrêté du conseil général de la municipalité de Bobigny, la maison d'école qui servait aussi de logement à l'instituteur, et le presbytère, furent saisis pour obéir au décret déjà ancien de l'Assemblée nationale au sujet de la vente des biens dits nationaux.

« Le premier de ces immeuble fut vendu à Évrard le 24 messidor an IV (12 juillet 1796).

« Enfin le vieux cimetière, abandonné depuis 1769 et mis en vente le 5 thermidor an IV (23 juillet 1796), ne fut vendu que le 7 prairial an V

---

1. Hôtel de Ville de Paris, avenue Victoria.

(26 mai 1797) au prix et somme de 87 francs, par le citoyen Pierre Mongrolle[1]. »

« Bobigny, ce 27 germinal an II de la République française,
une et indivisible (17 avril 1794).

Réponse au Directoire au sujet de la levée de 30,000 hommes de cavalerie pris entre l'âge de 18 à 45 ans.

« Tous les jeunes citoyens les plus propres à la levée, nous ont été retirés lors de la première réquisition. Voici les noms et âges des citoyens qui restent en notre commune entre les deux âges désignés : 1° Jacques-Étienne-André Villot, garde messier de la commune, âgé de 36 ans; 2° Jacque Notaire, batteur en grange chez le citoyen Mongrolle, cultivateur en cette commune, âgé de 27 à 28 ans; 3° Augustin Évin, âgé de 18 ans, batteur en grange.

« Comme il ne s'en présente aucun de bonne volonté pour l'enrôlement dans notre localité, non plus que dans celle du Bourget, nous vous invitons de nous marquer de quelle manière il sera procédé à cette levée et quelles sont les conditions que doit avoir l'engagé volontaire, si 5 pieds 3 pouces, pieds nuds, selon la loi du 16 avril 1793, ou si aucune condition.

« Nous attendons votre réponse avec l'intention de nous y conformer sur le champ.

« Salut et fraternité.

« FÉCHOZ, maire. DUTOUR, secrétaire-greffier.[2] »

Bobigny. Le 30 germinal an II de la République française, une et indivisible (19 avril 1794). M. Jean-Baptiste Féchoz écrivit au Directoire du district de Franciade les quelques lignes que voici, qui rappellent le langage de Judas, plaidant à sa manière la cause des malheureux.

« Citoyens,

« Nous serions charmés d'être débarrassés des ornements d'église mis sous scellés dans la ci-devant sacristie, lesquels ornements ont été gardés

1. Hôtel de Ville de Paris, avenue Victoria.
2. *Idem.*

conformément au décret du 13 brumaire an II (3 novembre 1793), ayant déjà eu l'intention de les vendre au profit des pauvres.

« Salut et fraternité.

« FÉCHOZ, maire [1]. »

Le même jour il écrivit aux mêmes administrateurs le billet qui suit :

« Bobigny.

« Citoyens administrateurs du district de Franciade,

« Nous vous envoyons par l'intermédiaire du citoyen Leroy, votre commissaire qui est venu hier dans notre commune, pour les mettre en réquisition, les deux cordages qui servaient à la sonnerie des ci-devant cloches. C'est tout ce que nous possédons en ce genre.

« Salut et fraternité.

« FÉCHOZ, maire. »

« Bobigny, ce 21 floréal an II de la République française, une et indivisible (10 mai 1794).

« *Aux citoyens administrateurs composant le Directoire de Franciade.*

« Citoyens,

« La décade dernière n'offre d'intéressant dans la commune que la disette qui se fait sentir de plus en plus sur les denrées de première nécessité. Nous allons commencer après-demain notre travail pour le salpêtre, retardé jusqu'alors par l'ensemencement des terres. Le citoyen Chaudière doit nous envoyer ce jour-là un agent des poudres pour nous diriger dans cette opération. Nous nous flattons que nos citoyens s'y porteront avec zèle.

« Salut et fraternité.

« FÉCHOZ, maire. »

« P. S. — Les nobles qui sont dans notre commune s'y comportent

---

1. Hôtel de Ville de Paris, avenue Victoria.

d'une manière généralement satisfaisante et ont soin de se présenter exactement tous les jours à la municipalité.

« Genisson, officier. Fontaine, agent national. Dutour, secrétaire-greffier [1]. »

« Bobigny, 27 floréal an II de la République française, une et indivisible (16 mai 1794).

« Aux citoyens administrateurs composant le Directoire du district de Franciade.

« Citoyens,

« Nous avons reçu le 26 (15 mai), votre lettre en date du 25 (14 mai), ainsi que l'extrait de vos séances qui enjoint aux municipalités de mettre en réquisition toutes les prunes qui se trouvent chez tous les citoyens de notre commune. Nous nous sommes empressés de répondre sur-le-champ à vos désirs. Il résulte de notre visite dans les différents jardins, qu'il y a tout au plus trois ou quatre cents prunes dans toute l'étendue de notre commune, encore ne sont-ce que des prunes de mirabelles, dont la plupart sont piquées des vers. Il est à présumer qu'il en tombera plus de la moitié avant qu'elles parviennent à leur grosseur. En conséquence, nous ne croyons pas que la réquisition sur ces fruits puisse avoir lieu dans notre commune, vu la modicité de cette récolte qui sera cependant le produit d'une vingtaine de jardins. Quoi qu'il en soit, nous avons fait notre devoir en avertissant les citoyens de la commune.

« Salut et fraternité.

« Féchoz, maire. Drombois. Letellier. Vaillant, officier. Dutour, secrétaire-greffier [2]. »

« Bobigny, 28 floréal an II de la République française, une et indivisible (17 mai 1794).

« Aux citoyens administrateurs composant le Directoire du district de Franciade.

« Citoyens,

« Nous vous donnons avis que nous avons monté en notre commune un atelier pour le lessivage de nos terres, il y a déjà plusieurs jours. Nos

---

1. Hôtel de Ville de Paris, avenue Victoria.
2. Idem.

citoyens s'empressent à l'envi de fournir leurs terres et leurs bras pour ce travail d'où dépend le salut de la République. Ils montrent tous par leur zèle que rien ne coûte à des républicains jaloux de leur liberté. Nous nous réunissons à Romainville, centre commun, pour y porter nos eaux, et nous désirons bien sincèrement que le salpêtre qui en proviendra porte la mort au dernier des tyrans.

« Salut et fraternité.

« Féchoz, maire. Vaillant, officier. Drombois, Letellier, notables. Dutour, secrétaire-greffier. »

« Bobigny, 11 prairial an II de la République française, une et indivisible, (30 mai 1794)[1].

« *Aux citoyens administrateurs composant le Directoire du district de Franciade.*

« Citoyens,

« Conformément à votre arrêté, nous avons mis en réquisition un cochon chez le citoyen Mongrolle et un autre chez le citoyen Vaillant. Nous vous observerons que depuis le premier état que nous vous avons envoyé, il en est mort un, au citoyen Vaillant, et qu'il ne lui en reste que deux, très petits et très jeunes, pesants à peine quarante livres. Nous n'avons pas laissé cependant de les mettre en réquisition, puisqu'il est question des cochons de tout âge. Et nous ne vous en faisons l'observation que parce qu'un si petit animal ne peut être d'une grande ressource pour l'approvisionnement de Paris.

Salut et Fraternité.

Féchoz, maire. Génisson, officier. Fontaine, agent national. Dutour, secrétaire-greffier. »

« Bobigny, 26 prairial, an II de la République française, une et indivisible (14 juin 1794)[2].

« *Aux citoyens administrateurs composant le Directoire du district de Franciade.*

Citoyens,

« Je vous préviens que le décadi 20 prairial (8 juin 1794), lorsque les prix de journées de travail, gages, salaires, mains-d'œuvre, etc., de

1. Hôtel de Ville de Paris, avenue Victoria.
2. *Idem.*

notre Commune a été établi et que ce tableau en a été autant vaut dire fait, les municipaux, les notables et autres m'ont laissé seul avec le maire et un notable. C'est ce qui a déterminé le citoyen Féchoz, maire, et le citoyen Fontaine, agent national, à se démettre hier même en pleine Assemblée générale de leurs fonctions. Relation faite au procès-verbal que tous ont signé. »

« Je leur ai représenté qu'il fallait signer l'acte du 20 prairial an II (8 juin 1794); les officiers municipaux et les notables ont refusé, disant qu'ils ne signeraient pas cela. Je vous observe qu'il y a deux des notables, qui sont ouvriers et qui ont dit qu'ils ne signeraient pas leur condamnation, qui sont les citoyens Hannon et Drombois. Je vous invite au nom de la loi de leur écrire qu'ils aient à s'y conformer. »

D'après ces dernières correspondances on voit que les populations se détachaient de plus en plus du nouveau régime, devenu la *Terreur*. Quant à M. Féchoz, fatigué du rôle odieux qu'il remplissait, après avoir donné sa démission de maire de Bobigny, qui ne lui était d'aucun rapport, il s'appliqua à faire valoir tous les droits et titres qu'il avait à être pensionné par l'État et travailla activement à son avancement dans la carrière administrative et judiciaire.

Le 7 messidor an II (25 juin 1794), après trois jours d'affiches et avoir examiné plusieurs pièces prouvant le patriotisme du citoyen Jean-Baptiste Féchoz, le Conseil général du district de Franciade lui délivra un certificat de civisme, conformément aux lois des 30 janvier, 5 février et 19 juin 1793; sur ce certificat était marqué son signalement : 5 pieds 1 pouce de taille, cheveux châtains, visage allongé, yeux gris, nez aquilin, bouche grande, âgé de 46 ans et demi, baptisé à Saint-Sulpice.

DIRECTOIRE DU DISTRICT DE FRANCIADE
Ce 7 thermidore an II (25 juillet 1794).

EXTRAIT DES SÉANCES

« Le citoyen Jean-Baptiste-Louis Féchoz, ex-curé de Bobigny, né le premier décembre 1747 (vieux style), demande la fixation de la pension à laquelle il a droit, à compter du 1ᵉʳ janvier 1794 (vieux style), comme ayant renoncé à son état et à ses fonctions de prêtrise, comme aussi le paiement de la somme de 315 livres 11 sous 1 denier, pour ce qui est échu de la dite pension depuis le dit jour, jusqu'au 1er messidor an II (15 juin 1794). Le Directoire ayant ouï un de ses membres agent national, arrête que la pension du citoyen Féchoz, en qualité de prêtrise, doit être fixée à 800 livres, attendu qu'il est âgé de moins de 50 ans; qu'en ce moment il lui est dû la somme de 375 livres 11 sous 1 denier, pour cinq mois et 19 jours de la dite pension, échue depuis le 1er janvier 1794 (vieux style), époque jusqu'à laquelle il a été payé de sa pension de ci-devant curé, d'après l'article 3 de la loi du 2 frimaire de l'an II (22 novembre 1793), jusqu'au 1er messidor an II (25 juin 1794), pour le paiement de laquelle somme le Directoire renvoie le dit Féchoz par devant l'Administration du département pour être ordonné à qu'il appartiendra.

« Pour copie conforme :

« FAUCOMPRET[1]. »

Trois jours après cette séance du Directoire de Franciade, où les intérêts financiers de M. Féchoz avaient été discutés et reconnus, le 28 juillet 1794, à 4 heures du soir, Robespierre, qui régnait par la guillotine étendue à toute la France, fut à son tour conduit à l'échafaud, avec vingt-deux de ses complices. Il fut exécuté à l'âge de 35 ans et les thermidoriens, ses ennemis particuliers, lui firent l'épitaphe suivante :

> Passant ne pleure pas son sort,
> Car s'il vivait, tu serais mort.

Le Directoire du département de Paris, appelé à son tour à débattre les moyens de vivre de M. Féchoz, reconnut dans son Assemblée du 27 thermidor an II (14 août 1794), que ce citoyen avait droit, en effet, aux secours accordés par la loi du 2 frimaire précédent (22 novembre 1793), aux curés et aux vicaires qui ont abdiqué leur état.

Signèrent le procès-verbal de cette délibération :

GARNIER, DUBOIS, LOUVAU, REVERDY et DOINEAU.

---

1. Hôtel de Ville de Paris, avenue Victoria.

BOBIGNY.

Le 27 vendémiaire an III (18 octobre 1794), M. Féchoz prêta le serment de maintenir la liberté, l'égalité et de mourir en les défendant, et ce en présence de la Municipalité de Bobigny qui lui en délivra le certificat.

Signé : CLÉMENT, maire. CLÉMENT, notable. GENISSON, officier. LETELLIER, idem. LEMAITRE, agent national. HANNON, idem. DUTOUR, secrétaire-greffier.

Nommé secrétaire de l'Administration municipale de Pierrefitte, le 18 floréal an IV (8 avril 1795), avec un traitement de 1.500 francs, M. Féchoz se recommanda de ses nouveaux maîtres, et obtint le 26 septembre suivant le paiement de sa pension annuelle de 800 francs.

Ce même jour il fut accepté en qualité de secrétaire par le Directoire du district de Franciade, aux appointements de 2.400 francs par an et le renouvellement annuel de sa pension comme prêtre constitutionnel et ayant finalement abdiqué la prêtrise, qualités à lui qu'il fit valoir auprès du Directoire, dont nous copions ici la délibération.

DÉCRET DU DIRECTOIRE DU DISTRICT DE FRANCIADE

15 vendémiaire an IV (7 octobre 1795).

« Le citoyen Féchoz, actuellement employé au district de Franciade, et à ce titre ne jouissant que d'un traitement de 4.000 francs par an, sur sa demande de percevoir en vertu de la loi du 24 messidor de l'an III (12 juillet 1795), de la pension de 800 francs, qui lui a été accordée, comme ci-devant ministre du culte, par la loi du 2 frimaire an II (22 novembre 1793), et de plus les arrérages de cette pension, jusqu'à la concurrence de 3.000 livres, aux termes de la dite loi du 24 messidor an III (12 juillet 1795 (cette dernière loi portant que les fonctionnaires publics et employés pourront provisoirement cumuler les pensions et traitements, jusqu'à concurrence de 3.000 livres par an) ; approuve que le citoyen Féchoz ait un traitement annuel de 3.000 francs, plus les arrérages de cette même somme et que le tout lui soit soldé, à dater de la dite loi, 24 messidor an III (12 juillet 1795). Et sera le présent avis envoyé au département pour y être statué définitivement. Confirmé par le département de la Seine, le 3 brumaire an IV (25 octobre 1795).

« Pour copie conforme :

« *Signé :* DE FAUCOMPRET[1]. »

Le calendrier républicain marque aux 15 et 19 thermidor an VI (2 et 6 août 1798), M. Féchoz comme juge de paix de Pantin. Il serait, paraît-il, devenu par la suite juge de paix à Paris. Il nous a été impossible d'en avoir la certitude, ni de connaître la fin de l'ancien vicaire assermenté de Noisy.

Pierre-René Clément, originaire de Villepinte, cabaretier, domicilié rue Dine-Souris, fut élu maire dans les derniers jours de juin 1794, à la place de Jean-Baptiste-Louis Féchoz, démissionnaire. Pierre-René-Louis Clément était fils de Pierre-François Clément, charretier, et de Marie-Anne Deschamps, son épouse. Il avait été uni le 3 mai 1784, étant encore mineur, à Marguerite-Rosalie Hervé, fille majeure de feu Michel Hervé. Gabriel-Toussaint Clément, son frère, jardinier-fleuriste, s'était marié à Geneviève Piaut, le 18 février 1792. Il ne faut point s'étonner de son peu d'attachement, aussi bien que de celui de ses subordonnés, au gouvernement républicain de l'époque. La chute de Robespierre, guillotiné le 10 thermidor an II (28 juillet 1794), en punition de ses forfaits, approchait, et du moment qu'ils n'eurent plus à craindre pour leur vie, les honnêtes gens n'hésitèrent plus à manifester les véritables sentiments de leurs âmes.

« Bobigny, le 21 messidor an II de la République française, une et indivisible (9 juillet 1794).

« Citoyens administrateurs composant le Directoire du district de Franciade,

« Nous n'avons rien de nouveau à vous marquer pour cette décade dernière, tout est assez dans l'ordre ; hier nous nous sommes rassemblés au temple, où nous avons fait lecture des lois et instructions au sujet de l'existence et emploi du salpêtre, ainsi que de l'arrêté du Comité de Salut public du 11 prairial an II (30 mai 1794), relatif aux ouvriers qui sont en réquisition dans notre commune, et qui voulaient former une coalition au sujet du prix de leur salaire journalier, qu'ils ne trouvaient point suf-

1. Hôtel de Ville de Paris, avenue Victoria.

fisant. Mais quand ils ont entendu la lecture de l'article 12 du dit décret, ils se sont tous rangés à leur devoir et ont promis tous de travailler au prix fixé par la loi.

« Salut et fraternité.

« FERDINAND LEMAITRE, agent national. CLÉMENT, maire. DUTOUR, secrétaire-greffier. »

« Bobigny, 9 vendémiaire an III de la République française, une et indivisible, 30 septembre 1794.

TABLEAU NOMINATIF

DU CONSEIL GÉNÉRAL DE LA COMMUNE DE BOBIGNY

« Pierre-René Clément, maire ; Charles-Nicolas Vaillant, officier municipal ; Jean Nicolas Génisson, officier municipal ; Thomas Prouillet, notable; Joseph Hannon, idem ; Stanislas Pépin, idem ; Joseph Drombois, idem ; Grabriel-Toussaint Clément, idem ; Georges Letellier, idem ; Michel-Ferdinand Lemaitre, agent national ; Guillaume Dutour, secrétaire-greffier [1]. »

« Bobigny, 11 vendémiaire an III de la République française, une et indivisible (2 octobre 1794).

« *Au citoyen agent national près le district de Franciade.*

« Citoyen,

« Nous t'invitons d'écrire au citoyen Maire de notre commune, afin de l'avertir qu'il soit plus exact à se rendre aux assemblées. Il y a aussi deux notables que nous ne voyons à aucune de nos réunions, qui sont les citoyens Gabriel-Toussaint Clément et Stanislas Pépin. Voilà plusieurs fois que nous leur reprochons leur négligence et leur peu d'exactitude. Nos avertissements n'y font rien, ils ne s'y présentent toujours pas. En conséquence nous t'invitons, citoyen, à leur écrire à ce sujet le plus tôt possible.

« Salut et fraternité.

« LEMAITRE, agent national. PROUILLET, notable. DUTOUR, secrétaire-greffier [2]. »

1. Hôtel de Ville de Paris, avenue Victoria.
2. *Idem.*

« Bobigny, 1ᵉʳ brumaire an III de la République française, une et indivisible (22 octobre 1794).

« *Aux citoyens administrateurs composant le Directoire du district de Franciade.*

« Citoyens,

« Nous n'avons rien de nouveau à vous apprendre. Vous trouverez ci-joint la correspondance du mois de vendémiaire, ainsi que le rendu-compte de la décade précédente, constatant que tout est assez tranquille dans notre commune. Nous nous sommes rassemblés au temple et nous avons fait lecture des lois. Il est à la vérité qu'il ne s'y est pas trouvé de citoyens comme de coutume, parce qu'ils ont été voir la fête de Paris.

« Salut et fraternité.

« CLEMENT, maire[1]. »

Le citoyen Clément avait fini par se rendre aux assemblées de la municipalité, mais il ne tarda pas à donner sa démission de maire, comme son prédécesseur le citoyen Féchoz. On en était au commencement de l'année 1795, qu'on peut appeler la bien-venue, parce qu'elle commença d'apporter, avec la tolérance de la religion, la paix dans les âmes chrétiennes. Par un décret du 2 pluviôse an III (21 février 1795), la Convention, en effet, forcée par le sentiment populaire, prescrivit la reddition des temples à leur destination, c'est-à-dire au culte impérissable du catholicisme.

Louis-Maximilien Jollin, maire pour la seconde fois, du 23 germinal an III (12 avril 1795), au 15 vendémiaire an IV (7 octobre 1795).

« Bobigny, ce 23 germinal an III de la République française, une et indivisible (12 avril 1795). Le conseil général de la commune appelle le citoyen Louis-Maximilien Jollin aux fonctions de maire, par lecture d'une lettre du Directoire du district de Franciade, à la place du citoyen Pierre-René Clément, démissionnaire; et à celle d'officier municipal Jean-Baptiste Charpentier, au lieu de Nicolas Genisson[1]. »

1. Hôtel de Ville de Paris, avenue Victoria.
2. *Idem.*

« Bobigny, ce 28 germinal an III de la République française, une et indivisible (17 avril 1795).

« *L'agent national de la commune de Bobigny à l'agent national près le district de Franciade.*

« Citoyen,

« Il ne s'est rien passé de nouveau dans notre commune. Aujourd'hui tout est tranquille. Les citoyens se livrent aux travaux des champs. Les semences se font avec activité.

« Salut et fraternité.

« LEMAITRE, agent national[1]. »

Les 1ᵉʳ floréal (20 avril), 2, 7, 14, et 16 prairial (21 et 22 mai, 2 et 4 juin) de la même année 1795, le même écrivit de nouveau au district de Franciade pour certifier, au nom du maire, que tout dans la commune de Bobigny était parfaitement tranquille, qu'il y régnait un bon esprit républicain et que personne n'était allé faire du bruit à Paris.

On lira avec intérêt, dans le troisième chapitre, deux lettres de Louis-Maximilien Jollin, l'une du 8 juin 1795, l'autre du 1ᵉʳ octobre de la même année, signalant les aspirations religieuses des habitants de la commune à cette époque.

Pierre Mongrolle, maire aussi pour la seconde fois, du 15 vendémiaire an IV (7 octobre 1795), jusqu'à l'époque de sa mort arrivée en l'année 1813. L'avant-veille de son entrée en fonctions, c'est-à-dire le 13 vendémiaire an IV (5 octobre 1795), les sections de Paris s'étaient révoltées contre la Convention. Celle-ci avait chargé du commandement de la force publique un jeune général, jusqu'alors inconnu, qui écrasa les insurgés à coups de canon. La Constitution promulguée par la Convention avait établi deux conseils, celui des Cinq-Cents, et celui des Anciens chargés de faire des lois, et un Directoire composé de cinq membres auquel était confié le pouvoir exécutif. Cette nouvelle forme de gouvernement républicain ne fut pas de longue durée. Au bout de deux ans, le 18 brumaire an VII (9 no-

---

1. Hôtel de Ville de Paris, avenue Victoria.

vembre 1799), Bonaparte fut élu premier consul par le Conseil des Anciens, puis deux ans plus tard encore consul à vie. Il ne manquait plus à cet homme providentiel que le nom de roi. Le 18 mai 1804, le Sénat lui décerna le titre d'empereur. Il fut sacré en cette qualité le 2 décembre suivant, par le souverain pontife Pie VII, à la cathédrale de Paris, et s'appela désormais Napoléon Ier, la dignité d'empereur dont il était revêtu ayant été déclarée par le Sénat héréditaire dans sa famille.

M. Pierre Mongrolle reçut dans les années 1808 et 1813, de M. le sous-préfet de Saint-Denis, pour la reconstitution du conseil municipal, les lettres suivantes :

« Saint-Denis, 11 novembre 1808.

« *A Monsieur le Maire de Bobigny.*

« Monsieur,

« Les maladies qui ont affligé et qui affligent encore votre commune ont peut-être enlevé quelques membres de votre conseil municipal. Je vous invite, monsieur, à me désigner ces membres et à me proposer plusieurs candidats en remplacement. Vous me donnerez sur chacun de ces candidats les renseignements suivants : 1° les nom, prénoms, âge et profession ; 2° s'il est marié ou non ; 3° le nombre de ses enfants ; 4° le montant de sa fortune personnelle.

« J'ai l'honneur de vous saluer.

« Le Sous-Préfet, Chevalier de l'Empire : Reintre. »

« Saint-Denis, 9 novembre 1813.

« *A Monsieur le Maire de Bobigny.*

« Monsieur,

« J'ai l'honneur de vous prévenir que Monsieur le Préfet de la Seine, par son arrêté du 2 de ce mois, a réélu au Conseil municipal de votre commune :

« MM. Hervé Jean-Baptiste, Letellier Georges, et en remplacement de Messieurs Dicque François et Villot Jacques; Messieurs Henri et Luzu.

« Je vous prie de donner à chacun d'eux connaissance de sa nomination.

« J'ai l'honneur de vous saluer.

« Le Sous-Préfet de l'arrondissement communal de Saint-Denis, Chevalier de l'Empire : REINTRE[1]. »

Pierre-François Mongrolle, fils du précédent, fut nommé maire de Bobigny après la mort de son père, arrivée le 4 avril 1813. Il avait été marié à Ferrière, canton de Lagny, à l'âge de 25 ans et demi, le 4 vendémiaire an V (25 septembre 1796), à Marguerite-Françoise Caille, et avait été dès lors établi dans la ferme de Beauregard.

Napoléon Ier, par ses nombreuses et éclatantes victoires, avait reculé bien loin les limites de la France et fait trembler tous les souverains de l'Europe. Il était à l'apogée de sa gloire, lorsqu'en 1812, il entreprit la campagne de Russie, qui finit par la retraite désastreuse de son armée. Ce fut une occasion favorable pour les puissances européennes de se liguer contre lui. Elles la saisirent avec empressement et Napoléon fut écrasé par le nombre.

Le 28 mars 1814, l'avant-garde de l'armée étrangère arriva à Pantin. Le 29, ses avant-postes poussèrent jusqu'aux limites de la Villette, et le 30, les généraux prussiens, avec le corps d'armée, s'installèrent dans la Villette même. Ce jour-là eut lieu la capitulation de Paris après une suspension d'armes obtenue par le duc de Raguse. Et le lendemain 31, l'empereur de Russie et le roi de Prusse, qui avaient leur quartier général à Bondy, le quittèrent pour faire, à la suite de leurs troupes, leur entrée triomphante dans la capitale.

Le 13 avril 1814, l'Empereur signa à Fontainebleau son abdication et se retira à l'île d'Elbe.

Le 3 mai suivant, Louis XVII, appelé par le Sénat, entra en roi dans Paris et conclut, le 30 du même mois, avec les souverains alliés, une paix générale à la suite de laquelle ils se retirèrent du royaume avec leurs troupes.

---

1. Mairie de Bobigny.

Parmi les officiers prussiens qui avaient bivouaqué à Bobigny, dans cette première invasion, était un jeune lieutenant de la garde, le prince Frédéric-Guillaume, à qui il était réservé de devenir, environ soixante ans plus tard, empereur d'Allemagne.

A la fin de cette même année 1814, M. le Sous-Préfet de Saint-Denis écrivit à M. Mongrolle au sujet de la nomination du sieur Larchevêque, désigné conseiller municipal, la lettre suivante :

« Saint-Denis, 14 novembre 1814.

« *A Monsieur le Maire de Bobigny*.

« Vous trouverez ci-joint, Monsieur le Maire, l'exemplaire d'un arrêté de Monsieur le Préfet de la Seine du 28 octobre dernier, qui nomme le sieur Larchevêque membre du Conseil municipal de cette commune, en remplacement du sieur Henri, absent indéfiniment. Le sieur Larchevêque a prêté aujourd'hui entre nos mains le serment d'obéissance et de fidélité au roi. Je vous invite à lui délivrer un extrait de l'arrêté de sa nomination.

« J'ai l'honneur de vous saluer.

« Le Sous-Préfet de l'arrondissement communal de Saint-Denis, Chevalier de l'Empire : REINTRE[1]. »

Napoléon Ier ayant quitté l'île d'Elbe débarqua le 1er mars 1815 près de Cannes, petite ville du Var. Le 20, il entra dans Paris, que Louis XVIII venait d'abandonner précipitamment la veille pour se réfugier à Gand. Le gouvernement de l'empereur fut bientôt reconnu et accepté sur presque tous les points de la France. Mais l'Europe, réunie au congrès de Vienne, lui déclara la guerre. Napoléon se mit en campagne ; le 16 juin il battit les Prussiens à Fleurus, et le 18, il perdit la bataille de Waterloo. Alors il revint à Paris, suivi par les alliés qui envahirent une seconde fois la France et forcèrent de nouveau Paris à capituler. Pendant trois mois les troupes anglo-écossaises occupèrent Pantin et les alentours. Bobigny en particulier eut à souffrir de leur présence.

1. Mairie de Bobigny.

On y fit des réquisitions de toute nature jusqu'au milieu de novembre, où Louis XVIII, de retour à Paris, fit la paix avec les puissances étrangères. Napoléon avait abdiqué en faveur de son fils, qui ne fut pas accepté par les Chambres. On lui suggéra la pensée de se confier à l'hospitalité britannique, mais l'Angleterre lui donna Sainte-Hélène pour prison et pour tombeau. Il mourut chétiennement sur ce rocher de l'Atlantique, le 5 mai 1821, d'où son corps fut rapporté en 1840 et déposé avec la plus grande pompe sous le dôme des Invalides.

Le 9 mai 1815 l'assemblée de la commune de Bobigny, convoquée conformément au décret porté par l'empereur de retour de l'île d'Elbe, le 30 avril de la même année, avait procédé à l'élection de son maire et avait réélu M. Pierre-François Mongrolle.

Le 7 novembre suivant, c'est-à-dire à la seconde rentrée de Louis XVIII, la municipalité fut invitée à faire une nouvelle réélection de son premier magistrat, et ce fut encore M. Mongrolle qui réunit la pluralité des voix.

Ce jour-là même il écrivit à M. le Sous-Préfet de Saint-Denis la lettre suivante :

« Bobigny, 7 novembre 1815.

« *Le Maire à Monsieur le Sous-Préfet de l'arrondissement de Saint-Denis.*

« Monsieur,

« J'ai l'honneur de vous informer de la position malheureuse dans laquelle se trouvent les habitants de la commune. Depuis dix jours ils sont surchargés de logements d'hommes et de chevaux qu'on avait dit être de passage. Le 29 octobre dernier, le commissariat des vivres et des fourrages de la division Brunswick s'est établi dans la ferme que j'habite et Messieurs les commissaires m'ont forcé de vider les granges et les greniers pour avoir ces bâtiments à leur disposition. Eux-mêmes ont jeté dehors la paille qui à leur gré n'était pas dérangée assez promptement. Plus de mille bottes ont été emportées par les conducteurs et consommées par leurs chevaux. Madame veuve Mongrolle, qui a sa demeure dans l'une des dites fermes, a été obligée de quitter son domicile pour faire place à ces messieurs.

« Nombre d'habitants ont abandonné le village et les charges n'en sont demeurées que plus lourdes pour ceux qui ont gardé leurs foyers. Du reste, ces messieurs ne veulent point loger dans des maisons qui ne sont pas habitées. Ils ont dit en arrivant qu'ils ne devaient rester que deux jours et maintenant ils parlent de demeurer tout l'hiver.

« S'il en devait être ainsi, nous serions dans la nécessité d'abandonner à notre tour nos maisons, parce que nous serions dans l'impossibilité de satisfaire les exigences de ces étrangers et dans l'impossibilité aussi de nous livrer à nos travaux, et particulièrement au travail des semences.

« Veuillez prendre en considération nos justes plaintes et faire que le commissariat soit placé dans une autre localité.

« Je suis, Monsieur le Sous-Préfet, avec la plus haute considération,
« votre serviteur : MONGROLLE, maire[1]. »

Déjà, par un arrêté du préfet du 10 août 1814, sur un bon délivré par le major des hussards à cheval du duché de Brunswick, en date du 8 précédent, au sieur Mongrolle, l'État s'était reconnu débiteur envers lui de la somme de 799 francs 60 centimes. M. le maire, dans l'invasion de l'année suivante 1815, fit monter à la somme de 42,412 francs 50 centimes le total des pertes éprouvées par les habitants du village par suite du passage et du séjour des troupes étrangères dans la localité, dont 27,812 francs perdus par lui, et 14.600 francs 75 centimes perdus par sa mère.

Il est à remarquer qu'ils tenaient à eux deux, en culture, la moitié du territoire de Bobigny, soit 900 arpents de terre environ.

Aux calamités d'une double invasion succédèrent les horreurs de la famine et les ravages du typhus. Toutes les provisions de première nécessité étaient épuisées. Les gelées de l'hiver de 1815 à 1816, et les pluies continuelles de l'été, détruisirent les récoltes. Aux moi de mai et de juin la misère était à son comble, le blé se vendait 45 francs l'hectolitre et l'orge 32 francs. Le pain valait 1 franc 20 centimes le kilogramme. De mémoire d'homme on n'avait vu une pareille année.

Mais le gouvernement ferme et sage de Louis XVIII, qui avait su empêcher le démembrement de la France par les alliés et réduire à une inscription de 12.040.000 sur le grand-livre, représentant un capital de

---

1. Hôtel de Ville de Paris, avenue Victoria.

240.800.000 francs, l'indemnité de guerre, sut aussi la tirer de l'épreuve nouvelle dans laquelle elle paraissait s'abîmer, et lui rendre le calme et la prospérité qu'elle ne connaissait plus.

« Saint-Denis, 15 avril 1817.

« *A Monsieur le Maire de Bobigny*.

« Monsieur le Maire,

« J'ai l'honneur de vous adresser copie de l'arrêté de Monsieur le Préfet, en date du 5 de ce mois, qui nomme MM. Chaignet Pierre en remplacement du sieur Larchevêque, absent indéfiniment, et Heurtault Michel, en remplacement du sieur Fourquin, nommé adjoint au maire, membres du Conseil municipal de votre commune. Veuillez, je vous prie, les installer en cette qualité, après avoir reçu par écrit leur serment de fidélité au roi, que vous m'enverrez avec les notices ci-jointes, dont vous aurez eu soin de remplir toutes les colonnes.

« Agréez Monsieur le Maire, l'assurance de ma parfaite considération.

« Le Sous-Préfet, LESCHY DE CHAVIGNY[1]. »

A cette époque étaient membres du Conseil municipal :
MM. Letellier Georges, Luzu Charles-Louis-Anne, Génisson Nicolas, Hervey Pierre, Lemaître Ferdinand-Michel, Clément Gabriel-Toussaint, Legrand Jean-Baptiste.

Ces messieurs avaient été élus en l'année 1817.

Monsieur le Sous-Préfet de Saint-Denis, cinq ans environ plus tard, adressa à M. Mongrolle, à l'occasion de son élévation aux fonctions de Préfet, la lettre flatteuse que voici :

« Saint-Denis, 7 janvier 1823.

« *A Messieurs les Maires de l'Arrondissement*.

« Messieurs,

« Sa Majesté ayant daigné m'appeler aux fonctions de Préfet des Pyrénées-Orientales et mon départ devant être prochain, il ne me reste que

---

1. Mairie de Bobigny.

le temps de vous exprimer par écrit le regret que j'éprouve de la cessation de nos relations. Votre zèle et votre empressement à servir la chose publique me les avaient rendues précieuses et j'en conserverai constamment le souvenir.

« Recevez de nouveau, Messieurs, l'assurance de mes sentiments distingués et affectueux.

« Le Sous-Préfet, LESCHY DE CHAVIGNY[1]. »

Louis XVIII mourut le 16 septembre 1824. Le comte d'Artois, son frère, lui succéda sous le nom de Charles X. Conformément à l'ordonnance royale du 13 janvier 1816, il fut procédé, dans toute la France, au renouvellement des maires et adjoints pour l'année 1826.

M. Pierre-François Mongrolle fut élu encore une fois maire de Bobigny. M. Claude Etienne-Fourquin lui fut donné pour adjoint. Et le Conseil municipal fut composé comme il suit :

MM. Clément Gabriel-Toussaint, Heurtault Claude-Michel, Mongrolle Auguste, Legrand Jean, Lemaître Michel-Ferdinand, Génisson Nicolas, Luzu Charles-Louis-Anne, Ducellier Frédéric, Henri Martin.

En 1830, le gouvernement de Charles X crut devoir profiter de l'enthousiasme que la prise d'Alger inspirait à la France, pour faire passer diverses lois impopulaires. Le 26 juillet, lendemain du jour où ces lois ou ordonnances avaient été publiées, une insurrection formidable éclata dans Paris. On arbora partout le drapeau tricolore. Et, après trois jours de lutte entre les insurgés et les troupes royales, le roi s'achemina vers l'exil avec sa famille.

Le duc d'Orléans, d'abord lieutenant général du royaume, fut proclamé roi des Français sous le nom de Philippe Ier. Il jura fidélité à la Charte nouvelle et à la nation.

Le 17 septembre 1830, par arrêté de Monsieur le Préfet Odilon Barrot, M. Pierre-François Mongrolle fut confirmé dans ses fonctions de premier magistrat de la commune. M. Michel-Ferdinand Lemaître fut élu adjoint en remplacement de M. Fourquin. Furent également nommés membres du Conseil municipal :

MM. Clément Gabriel-Toussaint, Heurtault Claude-Michel, Mon-

---

1. Mairie de Bobigny.

grolle Auguste, Grout Philippe-François ; Jollin Jean-Louis ; Lemaître Auguste, en remplacement de Lemaître Michel-Ferdinand ; Lemaître Jean-Denis, en remplacement de Génisson Nicolas ; Fourquin Claude-Étienne, en remplacement de Luzu Charles-Louis-Anne ; Letellier Georges, en remplacement de Ducellier Frédéric.

Signé : Le Sous-Préfet, A. DE GÉNIN.

En exécution de la loi du 22 mars 1831, prescrivant le renouvellement triennal des Conseils municipaux, furent désignés par le sort comme devant quitter le conseil de Bobigny en l'année 1834 :

MM. Mongrolle Auguste, Mongrolle Pierre-François, Grout Philippe François, Heurtault Claude-Michel, Clément Gabriel-Toussaint.

Et élus conseillers, le 27 octobre même année :

MM. Mongrolle Pierre-François, Mongrolle Auguste, Clément Louis-Auguste, Grout Philippe-François, Libord Augustin.

Signé : Le Sous-Préfet, A. DE GÉNIN.

En exécution de la même loi, furent également désignés par le sort, comme devant abandonner le Conseil au commencement de l'année 1837 :

MM. Bance, Génisson Jean-Louis, Lemaître Michel-Ferdinand, Lemaître Jean-Denis, Fourquin Claude-Etienne.

Et nommés membres du Conseil, le 28 mai même année :

MM. Fagny Gabriel, Génisson Jean-Louis, Bonot Germain-Théodore, Lemaître François, Barry Auguste.

Signé : Le Sous-Préfet, MÉCHIN.

Idem, au commencement de 1840, durent se retirer :

MM. Clément Louis-Auguste, Grout Philippe-François, Mongrolle Auguste, Libord Augustin, Mongrolle Pierre-François.

Et furent choisis le 21 juin de la dite année :

MM. Mongrolle Auguste, Mongrolle Pierre-François, Clément Louis-Auguste, Grout Philippe-Auguste.

Signé : Le Sous-Préfet, MÉCHIN.

De même, au commencement de 1843, sortirent par la voie du sort :

MM. Génisson Jean-Louis, Bonot Théodore-Germain, Lemaître François, Sénèque Louis, Lemaître Auguste.

Et furent élus le 11 juin de la même année :

MM. Toussaint-Tourly Louis, Sénèque Louis, Bonot Germain-Théodore, Jollin Auguste-Hippolyte, Gérard.

Signé : Le Sous-Préfet.

Faisaient partie du Conseil municipal le 31 juillet de l'année 1846 :

MM. Mongrolle Pierre-François, maire ; Toussaint-Tourly Louis, adjoint ; Sénèque Louis, Mongrolle Auguste, Lemaître Auguste-Louis, Libord Augustin, Clément Louis-Auguste, Bonot Germain-Théodore, Jollin Auguste-Hippolyte, Dorville Pierre-François-Victor.

A la fin de cette même année 1846, M. Pierre-François Mongrolle résilia les fonctions de maire qu'il exerçait depuis 33 ans. M. *Toussaint-Tourly* fut élu pour le remplacer et M. Mongrolle Auguste fut choisi pour adjoint.

Le 24 février 1848, le roi Louis-Philippe fut détrôné après une révolution de quelques heures, et la République proclamée. Mais bientôt la guerre civile éclata dans Paris, des flots de sang coulèrent pendant quatre jours à partir du 23 juin. Les gardes nationales de la banlieue et de la province, les maires pour la plupart à leur tête, partirent au secours de la République modérée, de l'ordre et de la liberté. L'archevêque de Paris, Monseigneur Affre, inspiré par la charité du pasteur des pasteurs, se rendit aux barricades pour y porter des paroles de paix. Il y tomba, frappé mortellement, en prononçant cette parole mémorable : « Que mon sang soit le dernier versé. » L'insurrection fut étouffée, la constitution de la République fut promulguée le 12 novembre 1848, et, le 12 décembre suivant, Louis-Napoléon, membre de l'Assemblée nationale constituante, fut élu président.

Enfin le 2 décembre 1852, il fut proclamé empereur, sous le nom de Napoléon III, après avoir obtenu une majorité considérable de voix.

A cette époque difficile, le Conseil municipal de Bobigny était composé comme il suit :

MM. Toussaint-Tourly Louis, maire ; Mongrolle Auguste, adjoint ; Sénèque Louis, Jollin Auguste-Hippolyte, Lemaître Auguste-Louis, Libord

Augustin-Michel, Dorville Pierre-François-Victor, Clément Louis-Auguste-François, Lemaître François-Nicolas, Clément Auguste-Michel.

« Vu l'article 14 de la loi du 5 mai 1855, Napoléon, par la grâce de Dieu et la volonté nationale, empereur des Français, avons décrété :

« Sont nommés à nouveau membres du Conseil municipal de Bobigny :

« MM. Toussaint-Tourly Louis, maire; Mongrolle Auguste, adjoint; Sénèque Louis, Jollin Auguste-Hippolyte, Lemaître Auguste-Louis, Libord Michel-Augustin, Dorville Pierre-François, Lemaître Jean-Baptiste, Lemaître François-Nicolas, Clément Auguste-Michel.

« Fait au palais de Saint-Cloud, le 31 octobre 1855.

« Pour extrait conforme :

« *Signé :* Le Sous-Préfet, Marquis Du Bois[1]. »

« Napoléon, par la grâce de Dieu et la volonté nationale, empereur des Français, avons décrété :

« Sont nommés membres du Conseil municipal de Bobigny :

MM. Toussaint-Tourly Louis, maire; Mongrolle Auguste, adjoint; Sénèque Louis, Jollin Auguste-Hippolyte, Lemaître Louis-Auguste, Libord Michel-Augustin, Dorville François-Victor, Lemaître Jean-Baptiste, Lemaître François-Victor, Clément Louis-Auguste-François.

« Fait au palais de Saint-Cloud, le 13 octobre 1860.

« Pour extrait conforme :

« *Signé :* Le Sous-Préfet, GERARD[2]. »

« Napoléon, par la grâce de Dieu et la volonté nationale, empereur des Français, avons décrété :

« Sont nommés membres du Conseil municipal de Bobigny :

« MM. Augé Aimable, Levasseur Louis-Eugène.

« Fait au palais des Tuileries, le 13 mai 1863.

« Pour extrait conforme :

« *Signé :* Le Sous-Préfet, GÉRARD[3]. »

1. Mairie de Bobigny.
2. *Idem.*
3. *Idem.*

« Napoléon, par la grâce de Dieu et la volonté nationale, empereur des Français, avons décrété :

« Sont nommés membres du Conseil municipal de Bobigny :

« MM. Toussaint-Tourly Louis, maire ; Jollin Auguste-Hippolyte, adjoint ; Mongrolle Auguste, Lemaître François-Nicolas, Levasseur Louis-Eugène, Simon Philippe-Auguste, Clément Louis-Auguste Mérie Jean-Hippolyte, Demeur François, Jarry Jean-Baptiste, Cottereau Louis-Philippe, Fourrier Louis-Théodore.

« Fait au palais de Fontainebleau, le 26 août 1865.

« Pour extrait conforme :

« *Signé :* Le Sous-Préfet, GÉRARD[1]. »

Par décret impérial, en date du 30 mars de cette année 1867, M. *Auguste-Hippolyte Jollin* a été choisi pour succéder à M. Toussaint-Tourly, démissionnaire, et M. Jean-Hippolyte Mérie lui a été donné pour adjoint.

C'est à M. Jollin que reviendra l'honneur de mettre à exécution les projets des travaux d'église, d'école, de presbytère et de mairie, conçus sous l'administration éclairée et bienveillante de M. Toussaint-Tourly.

Je termine ce chapitre en donnant au lecteur une description de chacun des cantons ou lieux dits du territoire de Bobigny, et en lui citant les noms de tous les habitants de la commune, d'après le recensement que vient d'établir M. Martinet, secrétaire-greffier de la mairie.

Le premier canton qu'on rencontre en s'éloignant de Paris, à la sortie de Pantin, et sur la gauche de la route impériale n° 3, appelée vulgairement route d'Allemagne et autrefois route de Meaux, est le Val-Pantin dit encore les Bornes, parce qu'il termine le territoire de ce côté. De là, le nom de Limites de Bobigny donné aux quelques maisons situées sur ce canton. Ces maisons, connues aussi sous la dénomination de Petit-Bobigny, sont habitées par :

Mme Marie-Geneviève, veuve Saucet, marchande de tuiles. M. Auguste Tavernier, employé, sa femme Eugénie Chardon. M. Joseph Longatlie, journalier. Angélique Févreton. Marie-Barbe Joret, journalière, son fils Eugène Canteau, verrier. Marie-Jeanne, veuve Nicolas, proprié-

---

1. Mairie de Bobigny.

taire, son fils Nicolas Nicolas, marchand de vin en gros. Hippolyte Boyer, marchand de vin-traiteur, son père Hippolyte Boyer, son fils Émile. Constance Gallois, domestique. Jean Youke, charretier, sa femme Marie Bernot, ses enfants Victor, Pierre, Louis, Désiré Alfred. Joseph Ansion, carrier, sa femme Juliette Cheminon, ses enfants Marie, Henri. Alexis Giraud, carrier, sa femme Julie Leleu, sa fille Maria. Agathe Mérard, fleuriste, ses enfants Élisa, Albert. Hippolyte Rosdin, jardinier, sa femme Marie Camut, son fils Louis. Charles-Eugène Renaut, carrier. Virginie Mater. Pierre Bourgeaux, carrier, sa femme Catherine Ginger. Nicolas Ginger. Pierre Bourgeaux. Pierre Galenue, carrier, sa femme Marguerite Strotte. Nicolas Mertes, journalier, sa femme Marie Baloppe, ses enfants Nicolas, verrier, Mathias, carrier, Victorien Remy, carrier. Charles Malparty, pépiniériste, sa femme Élisa Laborialle, ses enfants Julienne, Victorine, Charles-François, Édouard-Honoré, Jules-Julien. André-Thomas, pontonnier, sa femme Adèle Bonneau, son petit-fils Louis Blavet.

 C'est au Petit-Bobigny qu'on rencontre, jeté sur le canal de l'Ourcq, le pont dit de Romainville, parce qu'il est situé en face de ce bourg. A la suite de ce pont se trouve un chemin perdu dans les terres et qui ne serait pas sans utilité assurément si on lui donnait une issue sous le talus de la voie ferrée dans la direction d'Aubervilliers. Les habitants de Noisy-le-Sec, en effet, et ceux de Romainville pourraient par ce chemin se rendre droit à cette ville, aujourd'hui déjà très importante, et les habitants de Bobigny, ceux principalement qui demeurent du côté de la rue Blancmesnil, iraient également par cette voie à Paris, sans faire un trop long détour. C'est vers cet endroit aussi que la station de Pantin pourrait bien, un jour, être transférée à l'avantage de Bobigny, et on peut dire aussi de Pantin lui-même et des communes environnantes.

 Le canton du Bordeau-Bricet vient ensuite, longeant aussi la route d'Allemagne, et comme le précédent limité par le chemin Pouilleux et traversé également par la voie ferrée qui laisse à cet endroit le territoire de Bobigny pour passer sur celui de Noisy.

 Après ce canton se présente celui de la Cérisaie, bordant encore la grande route, et ayant pour limite, à droite l'ancien chemin de Romainville à Bobigny, et comme démarcation à gauche le chemin de la Justice.

 La première maison qu'on y rencontre est celle de :

M. Michel Bernard, marchand de vins, sa femme Marguerite Pascal.

Sur le côté et en arrière de cette maison, se trouvent les glacières de M. Rozée, les premières qui aient été construites à Bobigny, par suite du percement du canal de l'Ourcq. Commencé en 1806, ce canal ne fut définitivement achevé que dans le courant de 1822. Les travaux avaient été souvent interrompus et spécialement dans les années 1814 et 1815, qui furent si funestes pour la France. Dans les premiers mois de 1809, les eaux du canal de l'Ourcq firent irruption dans la plaine de Bobigny, qu'elles innondèrent complètement et où elles causèrent de grands dégâts. Des indemnités furent alors réclamées par ceux des habitants qui avaient le plus souffert de l'inondation. Mais ce ne fut qu'en l'année 1821, que la Préfecture satisfit aux justes réclamations qui lui avaient été adressées, en accordant une somme de 16,643 fr. 39 c. à répartir entre les plaignants, et au prorata des dommages éprouvés par chacun d'eux. Les eaux du canal sont assurément de meilleure qualité que toutes celles qu'on peut tirer des divers puits du village. Elles se composent d'abord de celles de la rivière de l'Ourcq d'où le canal a pris son nom, puis de celles des rivières de la Collinance, de la Gergogne, de la Thérouenne et de la Beuvronne. Que les habitants de Bobigny espèrent; le canal de l'Ourcq devenu, dans un certain laps de temps, propriété de l'État, pourra, moyennant une concession, leur fournir plus facilement qu'aujourd'hui l'eau nécessaire aux besoins du ménage.

Au delà de l'ancien chemin de Romainville à Bobigny, bordant aussi la route nationale n° 3, se trouve le canton de la Bergère, borné au nord-ouest par la rue de la Folie, et au nord-est par le chemin des Coquetiers. Ce canton est traversé par le fossé d'assainissement passant sous le canal et amenant les eaux pluviales de Noisy-le-Sec dans le ru de Montfort. Voici les maisons situées sur ce canton. Au long de la grande route et près du fossé d'assainissement est celle de :

M. Gustave Uhlemann, fabricant de cuirs, sa femme Thécla Wilde, son fils Gustave. Louis Alexandre, employé, sa femme Marie Lepront, ses enfants Fernand, Alexandre, Gustave.

A l'endroit où le chemin de grande communication n° 18, de Romainville à Saint-Denis, aboutit sur la route d'Allemagne au lieu dit la Folie-Bobigny, on a, du côté droit, les maisons habitées par :

M. Clément Badelle, rentier, sa femme Clémence Francille, sa fille Marguerite. Jean-Baptiste Foiny, marchand de fruits, sa femme Louise

BOBIGNY-LEZ-PARIS.

PLANCHE IX.

CHEVET DE L'ÉGLISE DE BOBIGNY. (P. 289.)

Pommier. Joseph Villette, cantonnier, sa femme Marie Gérad. Léon-Alexis Grenier, marchand de fruits, sa femme Louise Foiny, sa fille Louise. Nicolas Barré, nourrisseur, sa femme Marie Vinson, son petit-fils Victor Goubert, sa nièce Marie Duval, lingère. Jules Blereau, corroyeur, sa femme Caroline Thiard, sa petite-nièce Élisa Thiard.

Du côté gauche, les demeures de :

MM. Eugène Nansot, sa femme Henriette Maschadier, ses enfants Eugène, Marie. Catherine Hertmann, domestique. Germain Casse, employé. Philippe Duregret, ouvrier, sa femme Louise Livret, sa petite-fille Augustine. Joseph Derossy, employé, sa femme Louise Mandovi, ses enfants Hortense, Édouard. François Leroy, ouvrier, sa femme Jeanne Delangre, ses enfants François, Auguste, Adeline. François Bourgogne, ouvrier. François Foiny, ouvrier. Marie Fourreau, ouvrière.

L'ensemble de ces maisons, appelé aujourd'hui la Folie Henri IV, formait autrefois une seule propriété, assez coquette, où la tradition locale veut que ce prince de mœurs légères se soit arrêté en allant ou en revenant de ses parties de chasses à Livry.

Après avoir traversé le canal de l'Ourcq au pont de Bobigny, la première maison que l'on rencontre à gauche, est celle de :

MM. Étienne Hoyet, meunier, sa femme Jeanne Goulut, ses fils Pierre-Anatole, Louis-Auguste, Félix, Aristide. Eugène Clément, domestique. Joseph Trellier, domestique. Antoinette Dalphin, servante. Achille Rouard, employé, sa femme Ernestine Page. Catherine, veuve Hoyet, ses enfants Christophe Hoyet, Héloïse, Charles.

Le moulin à vent[1] attenant à cette habitation était anciennement une tour fortifiée, environnée de fossés et sous laquelle des caveaux avaient été creusés. (Nous ne donnerons pas comme certain que ce fut dans l'un de ces antiques caveaux qu'on emprisonna, le 8 octobre de l'année 1387, Jean Lebrun, bandit fameux par ses crimes, qui des prisons de Bobigny fut transféré dans celles du Châtelet de Paris, pour y être jugé et condamné à la peine capitale[2].)

Située sur un mamelon, cette tour commandait le chemin de Romainville à Bobigny, comme aussi les grands chemins de Meaux à Paris, et

---

1. Voir le dessin de ce moulin, pl. V, page 160.
2. Son procès est relaté page 155.

de Noisy-le-Sec au Landit, c'est-à-dire à Saint-Denis, près la porte de Paris, près de laquelle se tenait la fameuse foire de ce nom. La tour de Bobigny fut, c'est assez probable, à une certaine époque le siège de la justice seigneuriale des seigneurs haut-justiciers de la paroisse, qui établirent à deux cents pas environ plus loin, près du chemin appelé pour ce motif, de la Justice, leurs fourches patibulaires, pour l'exécution des criminels. Cet immeuble féodal était, en 1640, la propriété du sieur Adrien-Louis Liégeois, bourgeois de Paris, qui la transforma en moulin et le donna à bail à Antoine Moreau. Il passa de nouveau, en l'année 1672, aux mains du seigneur, pour lors messire François Jacquier, ainsi qu'on le voit marqué à l'article 61e de l'aveu et dénombrement qu'il rendit de son fief au seigneur de Livry :

« Sept quartiers près le Gros-Buisson, au lieu dit la Tour, tenant des deux bouts aux anciennes terres de la seigneurie de Bobigny, sur partie desquels sept quartiers est à présent bâti et construit un moulin à vent. »

En 1732, le moulin de la Tour fut acheté par le sieur Étienne Lefèvre, marchand chapelier, lequel, le 12 septembre de cette même année, déclara à M. Hugues-François Jacquier, second fils de celui que nous venons de nommer, tenir en la censive de Bobigny, un moulin à vent et plusieurs pièces de terre. Ce nouveau propriétaire, quelque temps après sa déclaration, fit construire tout auprès de son moulin une jolie maison bourgeoise, laquelle subsistait encore au commencement de ce siècle.

Mais le 4 du mois d'août 1770, par sentence du Châtelet de Paris, le moulin, la maison bourgeoise et tout ce qui en dépendait, écuries, colombier, bois taillis et terres étaient adjugés à M. René Liégeard de Ligny, chevalier du Sacré-Palais apostolique, comte du Palatinat et envoyé du prince souverain de Fulde, auprès de S. M. très chrétienne. Cet homme éminent jouissait en paix depuis vingt-trois ans des biens qu'il avait acquis à Bobigny, lorsqu'éclata la révolution de 1793, qui fit en France tant de victimes. En moins de six semaines en effet, sur l'ordre de Robespierre, plusieurs milliers de personnes appartenant à la magistrature, à la noblesse, à la classe ouvrière, au clergé, aux communautés religieuses, hommes, femmes, vieillards, enfants de 15 à 16 ans, furent exécutés sur la place du Trône. M. de Ligny ayant manifesté publiquement ses sympathies pour l'infortuné roi Louis XVI en baisant un écu à l'effigie de ce prince, fut dénoncé, rangé au nombre des suspects, et enfin condamné à mort comme contre-révolutionnaire, le 23 floréal an II (12 mai 1794), par le Comité de salut public. Son exécution eut lieu le 9 messidor an II (27 juin 1794). M. René Liégeard de Ligny était âgé de 77 ans.

Voici ce qu'écrivit à son sujet, le 11 germinal an II (31 mars 1794), le citoyen Féchoz, maire de Bobigny, au Directoire du district de Franciade :

« Citoyens,

« Nous vous envoyons ci-joint le tableau du citoyen Liégeard de Ligny, détenu en sa maison de Paris. Nous avions cru d'abord en être dispensés par la raison que, dans ce tableau, il est marqué que ce seront les comités de surveillance du domicile ordinaire du détenu qui enverront ces sortes de tableaux. Mais ensuite nous avons réfléchi qu'ayant des propriétés dans notre commune, il pourrait bien se faire que le comité de surveillance de la section n'eût point de lui la connaissance exacte qu'il doit en avoir. Les réponses que nous faisons aux différentes questions exposées dans ce tableau peuvent encore éclairer le Comité de salut public, en les confrontant avec celles rendues par la section. Au reste, nous laissons à votre prudence le soin de décider de son utilité ou de son inutilité. Nous sommes jaloux de vous prouver notre zèle, pour tout ce qui peut intéresser le salut de la patrie.

« *Signé :* GENISSON, officier public. FECHOZ, maire.
DUTOUR, greffier. »

M. Liégeard de Ligny, tombé sous le glaive de la loi, pour me servir de l'expression néfaste de l'époque, ses biens de Bobigny, montant à 24 arpents 42 perches furent déclarés en déshérence et administrés au nom de la République. Ils furent mis aux enchères les 21 et 23 ventôse de l'an VI (11 et 13 mars 1798) et adjugés comme au plus offrant au citoyen Charles-Antoine de Montboyen. Mais par défaut de payement et sur jugement rendu en forme à la requête de la première section du tribunal de première instance le 30 germinal an XI (20 avril 1803), autorisation fut donnée au citoyen Frochot, préfet du département de la Seine, de faire procéder à une nouvelle vente par lots des dits biens. Pour ne parler que du premier lot formé du moulin, de la maison bourgeoise avec ses dépendances en bâtiments et terrains, le tout comprenant 4 arpents 71 perches, il fut mis aux enchères, pour la somme de 18.000 francs et adjugé après trois publications consécutives, le 17 mars 1804, Napoléon Bonaparte étant consul de la République, à M. Hoyet, père de M. Étienne Hoyet qui le possède actuellement.

Le nouvel acquéreur fit bientôt démolir, en grande partie du moins, la maison bourgeoise qui ne pouvait lui servir dans sa profession de meunier. Qui plus est, après nombre de démarches auprès des autorités compétentes, il obtint que le pont de Bobigny qui, ainsi que tous les autres ponts jetés sur le canal de l'Ourcq, avait été incendié à l'époque de la deuxième invasion des alliés, fût reconstruit près de sa propriété, à deux cents pas environs de la place qu'il occupait auparavant. Enfin, en homme intelligent, M. Hoyet père augmentait la valeur de son bien en y faisant construire trois glacières, une entre autres sous le moulin même, dans la partie des anciens caveaux et souterrains.

Après l'habitation de la famille Hoyet et du même côté, sur le chemin de grande communication n° 18, appelé encore la Route-Neuve parce qu'il n'y a guère que dix-sept ans qu'elle a été tracée par le génie militaire, vient la maison appartenant à :

MM. Pierre-Antoine Lemaire, jardinier, sa femme Louise-Eugénie Louvot, ses fils Eugène, Victor, Jean ; Joseph Dorville, ouvrier ; Madeleine Manchon, ouvrière.

A droite, sur la même route, sont les maisons habitées par :

MM. Pierre-Joseph Mitenne, sa femme Madeleine Fournillon, sa fille Hortense-Julie. Joseph Dété, ouvrier. Jacques-Désiré Clément, maraîcher, sa femme Geneviève Rebours, ses filles Marie-Gabrielle, Joséphine-Jeanne, Célestine. Joseph Grisgant, ouvrier. Léonard van Craeynest. Joséphine Bouvier. Philippe-Auguste Simon, charron, sa femme Lucie Léger, son fils Louis-Auguste. Prosper Karich, ouvrier. Hyacinthe Guélin, idem. Alphonse Poulet, marchand. Adèle Desaulty. Adolphe-Ollivier Hamelin, garde, sa femme Rosalie Bourselet, sa fille Désirée-Julie. Jacques Guénot, maraîcher, sa femme Léontine Massé, ses enfants Eugénie, Marie. Edme Chapouteau, ouvrier. Constant Massé, ouvrier.

Entrant dans la rue de la Folie, on a sur la droite les maisons de :

MM. Claude Musi, maraîcher, sa femme, Julie Riballier. Étienne

Luriot, ouvrier. Claudine Navarre, ouvrière. François Vincent, maraîcher, sa femme Catherine Perrot, son fils Edmond. Jacques Foulnaire, ouvrier. Catherine Perrot, ouvrière. François Camax, ouvrier, sa femme Marie Gallois, ses fils Jean, Édouard. Louise Jacquet, ouvrière. Jean Guerry, maraîcher, sa femme Amélie Frouvel. Pierre Guerry, ouvrier. Jean-Baptiste Dion, ouvrier. Joséphine Brûlé, ouvrière.

Sur la gauche, dans la même rue, celles de :

MM. Pierre Gounot, maraîcher, sa femme Jeannette Souverain. Thomas Thierry, ouvrier. Marie Détail, ouvrière. Nicolas Renard, maraîcher, sa femme Anne Riballier, sa fille Célina. Honoré Bernelle, ouvrier. Françoise Cormon, ouvrière. Charlotte Bernard, idem, son fils Victor. Émile Jacques, ouvrier. François Hérouard, maraîcher, sa femme Madeleine Barbier. François Renard, ouvrier. Thomas Chaveau, idem. Annette Noblot, ouvrière. Louis Hérouard, maraîcher, sa femme Françoise Uzé, ses enfants Désiré, Augustine. Denis Cottereau, maraîcher, sa femme Rosalie Lefevre, sa fille Adeline. Marie Dutreuille, ouvrière. Jean Hervé, maraîcher, sa femme Marguerite Chevet, son fils Jean-Louis. Étienne Manchon, ouvrier. Pierre Lebert, idem.

A partir de l'angle formé par la rue de la Folie et la rue des Coquetiers, commence la rue Dîne-Souris, qui donne entrée sur la place ou carrefour de Bobigny, en face même de l'endroit où anciennement était plantée la croix dite aussi de Bobigny. Du milieu de cette rue Dîne-Souris partait une ruelle du même nom qui longeait les murs de la ferme de Beauregard et allait aboutir au Moustier, c'est-à-dire à l'ancienne église de Bobigny et au cimetière qui l'avoisinnait, tous deux situés à gauche, à l'entrée du chemin de Bobigny à Bondy. A la fin du xive siècle, il y avait déjà, dans ces rue et ruelle de Dîne-Souris, plusieurs masures dans lesquelles la gent souricière pouvait facilement trouver asile et pitance. De là le nom de Dîne-Souris, la souris qui dîne, appliqué à l'une et à l'autre. La ferme de Beauregard, qui subsiste encore maintenant et où demeure la famille Villot, était une dépendance de la maison de campagne de ce nom construite à la fin du xvie siècle par noble homme Florent d'Argouges, conseiller du roi, acquéreur des fiefs d'Emery et de Béquignard. Son fils, M. François d'Argouges, chevalier, conseiller d'État ordinaire du roi et de ses finances, seigneur des Groues, possesseur des baronnies du Plessis, d'Argouges, etc., et qui devait acquérir en 1689 la seigneurie de Fayl-Billot, céda en 1657 à messire François Jacquier, à titre d'échange, cette maison de campagne, comme aussi les autres biens-fonds qu'il possédait à Bobigny. A partir de cette époque jusqu'à la Révolution, Beauregard devint à Bobigny la demeure seigneuriale des messieurs Jacquier, qui abandonnèrent à leurs fermiers la maison forte qu'avait fait construire, en 1584, Guillaume Perdrier. Avec les nombreux bâtiments qui en dépendaient, son colombier bien garni, sa vaste cour, c'était une métairie des champs pouvant suffire comme pied-à-terre dans les environs de Paris, aux messieurs Jacquier, qui possédaient à Vieu-Maison une campagne plus importante. La partie de bâtiment qui reste du château de Beauregard appartient à M. Dorville père, qui en a fait acquisition il y a une dizaine d'années, de M. Mongrolle, lequel l'avait achetée lui-même de M. le comte de Blancmesnil. En face de ce château, de l'autre côté de la rue Dîne-Souris, était la propriété de l'église de Bobigny, acquise le 23 juillet 1788 par M. Philippe-Guillaume Jacquier, moyennant une rente de 150 livres payable au 1er octobre, plus 72 livres en forme de pot-de-vin d'entrée. Depuis quelques années déjà ce seigneur la tenait à bail de la fabrique de Bobigny, et y avait installé son jardinier en même temps qu'il y avait établi la basse-cour, les écuries et remises de son château. La contenance de tout l'immeuble, comprise la pièce de terre qui y était jointe, pouvait s'élever à 1 arpent 47 perches. Il est aujourd'hui la propriété de M. Libord fils.

Voici les noms des habitants de la rue Dîne-Souris, à droite :

MM. Nicolas Terré, maraîcher, sa femme Césarine Berthot, ses enfants Adolphe, Césarine. Arnaud Sauterot, ouvrier. Rosalie Chasse, ouvrière. Claude Gagnier, maraîcher, sa femme Marie Gagnier, sa fille Émélie. Jean-Baptiste Bertrand, journalier, sa femme Louise Josset, sa fille Angélique, son neveu Louis Dorville. François-Victor Dorville, agriculteur, sa femme Stéphanie Relier, ses enfants Louis, Eugénie, Auguste. François Villot, fermier, sa femme Marie Hervé, son fils Louis. Étienne Villot, sa femme Élisa Potdevin. Angélique, veuve Fauche, son petit-fils Louis-Clément. Alphonse Potdevin, ouvrier. Louise Klein, ouvrière. Clément Choquet, jardinier, sa femme Élisa Dupont, sa fille Louise-Élisa.

A gauche, dans la même rue :

M. Jean Richebois, cultivateur, sa femme Adèle Gay, ses enfants, Émélie, Édouard, Jules. Michel Libord, fermier, sa femme Clémentine

Damoiselet, ses enfants Auguste-Joseph, Clémentine, Alma, Rose, sa mère Rose Heurtault, femme Libord. Josse Montaubant, marchand de fourrages, sa femme Joséphine Challange, ses filles, Louise, Léonie. François Lévêque, maraîcher, sa femme Anne Ménime, sa fille Adélaïde. Léon Rosé, ouvrier, sa femme Marie Ménime. Joseph Berthe, journalier, sa femme Adèle Potdevin, ses enfants Louise, Pauline, Auguste, son beau-père Martial Potdevin. Victor Ribier, ouvrier, sa femme Augustine Crételle, ses enfants Angélique, Henri, Virginie. Antoine Michelon, maçon, sa femme Marie Royer, sa fille Clémentine, son neveu Hippolyte Royer. Pierre Charpentier, rentier. Michel Jacquet, employé, sa femme Louise Nicolas. Émélie, veuve Lucquet, journalière, ses enfants Louise, Eugénie. François Remillé, marchand, sa femme Marie Cornaire, sa fille Marie. Edme Letif, journalier, sa femme Victorine Cotillon, son fils Auguste. Denise, veuve Gouffé. François Berthold, serrurier. Vincent Allais, boulanger, sa femme Adèle Mercier, sa fille Aline. Adolphe Caillaux, ouvrier. François Perreau, marchand de charbons, sa femme Catherine Callac, ses fils Jules, Frédéric, Clément. Martin Millet, journalier.

Revenons à la rue des Coquetiers, ainsi appelée parce qu'elle était suivie autrefois par les marchands d'œufs et de volailles en gros. Cette rue était la voie directe pour aller à Noisy, Merlan et Rosny. Ayant été coupée par le canal de l'Ourcq, elle n'a plus d'issue que par le chemin vert. Elle est habitée, à droite, par :

M. Jean Hippolyte Mérie, maraîcher, sa femme Marie-Marguerite Ribert, ses enfants Jean-François, Marie-Charles, Marie-Louise, Eugène-Hippolyte, sa nièce Marie Ribert, Alphonse Leroy, ouvrier.

A gauche, par :

MM. Marie Dalbinet, maraîcher, sa femme Jeanne Pédriat, ses enfants Annette, Pierre. Louis Hubert, ouvrier. Eugène Lenoble, ouvrier. Jacques-Adolphe Gauterin, maraîcher, sa femme Marie-Nicole Brulé, ses enfants Arthur, Pierre, Henriette, Marguerite. Antoine Jeannet, maraîcher, sa femme Anne Poulain, son fils Victor. Jules Péchery, ouvrier. Jean-Baptiste Jounot, maraîcher, sa femme Eulalie Lefèvre, ses enfants Pierre-François, Pauline-Louise, Eugène-Hippolyte. Marie Perreau, ouvrière.

De la rue des Coquetiers, pénétrant dans la rue du Chemin-Vert, on a, sur la gauche, le canton de la Grande-Maison, siège de l'ancien fief dit de Béquignard, du nom de son propriétaire Thomas Béquignard, bienfaiteur de l'église, qui vivait à la fin du xiv° siècle. Le fief plus important d'Émery l'avoisinait, et avait son entrée par la rue Dîne-Souris. L'un et l'autre relevaient en fief de la seigneurie de Bobigny. Ils furent achetés vers 1584, comme il a été dit plus haut, par Guillaume Perdrier et revendus en roture, dépouillés de leurs droits seigneuriaux, par le même seigneur à Florent d'Argouges. Messire François Jacquier, seigneur de Bobigny en 1657, en fit à son tour l'acquisition de François d'Argouges, fils du précédent.

On ne rencontre dans la rue du Chemin-Vert qu'une seule maison, celle de :

MM. François Dutreuille, maraîcher, sa femme Françoise Perraut, sa fille Geneviève. Auguste Dutreuille, ouvrier.

En arrière du canton de la Grande-Maison, sont les cantons de la Violette et des Sablons; le premier donnant sur le chemin des Coquetiers et le second sur le chemin de Bobigny à Bondy. Nous voici à la Croix-Rouge, dont l'existence et la couleur ont pour ainsi dire défié les siècles. C'est là que le chemin de Bobigny à Bondy et le chemin vicinal de grande communication n° 37, de Saint-Denis à Bondy par la Cour-Neuve, viennent se joindre.

A main droite, se trouve d'abord le canton des Guérets et ensuite celui du Long-Rayage ou des Longues-Rayes, ainsi dénommé parce que les propriétés qui s'y trouvent situées sont divisées en pièces de terres longues et étroites. Ces deux cantons, comme tous ceux qui, sur le territoire, touchent à la route d'Allemagne, sont traversés par le canal de l'Ourcq qui coule parallèlement à cette route et à cinquante pas de distance environ des arbres qui la bordent. Le canton des Longues-Rayes fait de ce côté une partie du territoire de Bobigny, qui s'étend davantage en tirant vers le nord-est.

A main gauche du chemin n° 37, de Saint-Denis à Bondy, on a, en effet, le canton du Saut-Morlet, puis celui de la Madeleine, traversés en partie par le chemin de grande communication n° 38, de Saint-Denis à Bondy par Stains. Après ce chemin, au de là du Saut-Morlet, sont les cantons de la Mare-Florentin et de la Grande-Denise, et au delà de celui de la Madeleine, ceux de l'Abreuvoir et de la Mare-à-Dufour. Chacun de ces cantons termine également le territoire de Bobigny. Le 27 vendémiaire an VI (18 octobre 1797), 75 perches à 20 pieds pour perche, soit 30 ares environ, sis sur le canton de la Grande-Denise et provenant du duc d'Orléans Louis-Philippe-Joseph, condamné à mort et exécuté, furent mis en adjudication pour le prix de 58 francs et vendus, le 21 ventôse suivant (le 11 mars 1798), à C.-P. Garretz, moyennant la somme de 160 francs[1].

Mais, retournons sur nos pas comme pour aller à Saint-Denis. Nous avons à notre droite et en face de la Croix-Rouge, le canton de l'Orme-de-Bray, appelé anciennement du Breuil, mot qui indique un bois défriché. Sur ce canton et à l'angle formé par les chemins de Saint-Denis à Bondy et de la Madeleine, était un orme au pied duquel les seigneurs haut-justiciers de Bobigny établirent, quelquefois sans doute, leur lit de justice, et où, comme le roi saint Louis avait coutume de le faire au bois de Vincennes, écoutant paternellement les justes plaintes de leurs vassaux et de leurs serfs, ils y firent droit et leur donnèrent satisfaction. En détruisant l'ancien régime, il parut nécessaire de détruire également tout ce qui pouvait en rappeler le souvenir. Le 25 septembre 1791, au moyen d'affiches appliquées dans le village et à la Croix-Rouge, l'orme de Bray fut mis aux enchères. M. Jean-Baptiste Féchoz, curé constitutionnel, en donna 350 francs; M. Pierre Mongrolle offrit pour l'avoir la somme de 510 francs, et M. Laurent Gatine, à qui il fut adjugé, l'obtint pour la somme de 515 francs, compris les arbres de l'ancien cimetière[2]. Ainsi l'orme de Bray, qui comptait plusieurs lustres, dut céder aussi devant la tourmente révolutionnaire et il tomba sous la hache des bûcherons.

Après le canton de l'Orme-de-Bray vient celui du Grand-Fossé, voisin de celui du Gland. Enfin se présente le canton du Pommier-Rond, séparé du canton des Plâtrières par le chemin de Bobigny à Drancy. Cette dernière voie termine sur la gauche le canton dit Entre-les-deux-Chemins, parce qu'en effet il se trouve resserré dans sa longueur par les deux chemins, l'un allant de Saint-Denis (porte Saint-Remy) à Bondy, et l'autre allant de Saint-Denis (porte Paris) au dit Bondy par Bobigny.

C'est à l'angle formé par le chemin de Bobigny à Drancy et celui de Bobigny à Bondy, qu'est situé le cimetière servant actuellement aux inhu-

---

1. Hôtel de Ville de Paris, avenue Victoria.
2. *Idem.*

mations. Il fut construit en l'année 1854. Sa contenance peut bien être de 20 ares en superficie.

Sur le chemin vicinal de grande communication n° 37, sont, en face l'une de l'autre, les demeures de :

MM. Joseph Chevrolier, maraîcher, sa femme Zélie Jouvet, leur fille Marie. Charles Sidame, ouvrier. Alexandrine Sidame, ouvrière. Émile Durieux, maraîcher, sa femme Annette Cambuzat. Pierre Coulot, ouvrier. Julie Cambuzat, ouvrière.

La première de ces maisons est située sur le canton Entre-les-deux Chemins ; la seconde sur celui du Grand-Fossé.

Au carrefour des six routes et à l'angle que forme à cet endroit le canton des Plâtrières, est la maison de :

MM. Auguste-Eléonore Page, marchand de vins, son fils Louis-Auguste. Elvire Carrier, domestique. Joseph Rosette, cantonnier.

Continuant de suivre le chemin de grande communication n° 37, on a sur la gauche le canton de l'Orme-Saint-Denis, ainsi dénommé, parce qu'en ce lieu était jadis planté un orme ayant aussi sa valeur historique, en ce sens que la seigneurie de Bobigny ne relevait pas seulement de celle de Livry, mais pour une autre partie de la seigneurie abbatiale de Saint-Denis, située de ce côté de son territoire, et sur laquelle elle exerçait également le droit de haute, moyenne et basse justice. Ensuite vient le Champ-Famillieux ou de famille. Plus loin le canton de la Motte, ainsi appelé par ce qu'on y avait jadis élevé, sur un tertre formé de mottes de terre, un manoir avec titre de fief. Il fut légué en 1420 aux Célestins de Paris, ainsi que le fief d'Eau-Bonne, par Gérard de Montaigu.

Enfin, terminant l'assiette de Bobigny du côté de la Cour-Neuve, on rencontre le canton de la Vache-à-l'Aise, ainsi dénommé à cause de sa vaste étendue plantée d'ordinaire en pâturages. L'ancienne chaussée du Bourget faisait, avant d'être redressée pour former la grande route de Flandre, la séparation des territoires de Bobigny et de la Cour-Neuve. A l'endroit où la rue de Montfort traversait cette chaussée, était construit un pont, appelé le pont des Marets, à cause des marécages qui l'environnaient et sur lesquels il était construit.

Le long du chemin vicinal de grande communication n° 37 se trouvent, sur les derniers cantons que je viens de citer, les maisons habitées par :

MM. Aignant-Hippolyte Oubier, Marie Philippeaux, Nicolas Mertz, commis, sa femme Marie Hallé, ses enfants Michel, Anne-Marie, Léonie. Elisabeth Kolback, domestique. Nicolas Rever, ouvrier. Nicolas Waltier, idem. Nicolas Nidercourt, idem. Henri Hartemann. Ernest Pelletier. Joseph-François Hannequin, maraîcher, sa femme Anne Millet, ses enfants Eugène, Elisa. François Jolly, ouvrier. Agathe Meslin, ouvrière. Onésime Lagoutte, maraîcher, sa femme Victoire Lagoutte. Élisa Corneau, ouvrière. Joseph Dareau, ouvrier. Charles Collineau, maraîcher, sa femme Charlotte Navarre. Félix Collineau, ouvrier. Victoire Navarre, ouvrière. Jean-Pierre Mittaine, maraîcher, sa femme Désirée Clément, ses enfants Désirée-Joséphine, Jean-Louis. Auguste Percelet, ouvrier. Joseph Nodiot, maraîcher, sa femme Louise Guillot, ses enfants Jean-Baptiste, Jules, Louise-Antoinette, Alexandrine, Marguerite.

Du carrefour des six routes, pénétrant dans la route départementale n° 24, dite des Petits-Ponts et encore de Dammartin, on a sur la droite, après les cantons de l'Orme-Saint-Denis et du Champ Famillieux, celui de la Couture, anciennement la Culture (le lieu cultivé), puis celui des Célestins, dont il est séparé par le ru de Montfort. C'est à cet endroit de la route des Petits-Ponts qu'a été construit, entre autres petits ponts, le pont Guichard, mentionné sur les anciens papiers terriers. Le canton des Célestins, a pris sa dénomination des religieux Célestins qui le reçurent par testament, ainsi que le fief, de la Motte de Gérard de Montaigu, 95e évêque de Paris. Avant cette dénomination le fief des Célestins portait le titre de fief d'Eau-Bonne, à cause du ruisseau de ce nom qui y prenait sa source et allait ensuite se réunir au ru de Montfort et baigner avec lui les fossés de la maison d'Eau-Bonne. Cette source, appelée de nos jours le Trou-Bonne-Eau, n'a jamais eu assurément le renom d'Eau-Bonne, près Enghien; néanmoins elle a dû jouir d'une certaine réputation, puisque le savant M. de Vallois n'a pas craint de dire, en indiquant la position géographique de Bobigny : *Bobigny près Eau-Bonne.*

Le siège du fief d'Eau-Bonne, dont on peut encore assez facilement retrouver les traces, était situé à cinq cents pas à peine du Trou-Bonne-Eau et à l'ouest. C'était anciennement ce qu'on appelait une maison-forte. Elle consistait en un grand corps de logis avec cour, granges, étables, bergeries, colombier et jardin, le tout contenant environ deux arpents, entourés de fossés remplis d'eaux vives. A l'entrée du bâtiment principal était la chambre qu'occupait le procureur des Célestins, et à côté la petite chapelle où il disait la sainte messe, lorsqu'il visitait les fermiers et venait s'assurer du bon état des terres.

Les bâtiments d'Eau-Bonne, déjà en ruines en 1628, furent entièrement démolis en 1754 et firent place, en février 1777, à un bois-taillis, dénommé la Cour d'Eau-Bonne. Ce bois-taillis forma la quinzième des dix-sept remises à gibier, plantées pour la plupart sur la demande du maréchal prince de Soubise, capitaine des chasses de la Varenne, des Tuileries, de Versailles, etc. L'année précédente, 1776, les Célestins de France avaient été sécularisés sur leur demande par le pape Clément XIV. Ils entrèrent dans le clergé séculier, leurs monastères furent supprimés et leurs biens tombèrent en économat et furent vendus en 1793 au profit de l'État.

Le premier fermier locataire de l'Hôtel d'Eau-Bonne, dont le nom soit parvenu à notre connaissance, est Denis David, qui vivait à la fin du XVe siècle. On trouve, le 1er juin 1518, comme laboureur des terres des Célestins, Guillaume Citolle, époux de Marion Lesueur. Viennent ensuite, en 1526, Louis Citolle et Oudine Rousseau, son épouse. Le 22 novembre 1553, Jean Citolle et Marion Berny, sa femme, les remplacent. Nous avons donné dans notre premier chapitre un dessin de leur pierre tombale [1], placée dans l'église de Bobigny et sur laquelle ils sont représentés debout, les mains jointes et sous un double arceau. Jean Citolle et Marion Berny eurent pour successeurs dans le fermage d'Eau-Bonne, suivant un bail du 27 janvier 1583, Pierre Boudet et Claude Citolle, son épouse. On rencontre Jean Maucuit en 1643, comme cultivateur des terres d'Eau-Bonne. Pierre Jessonot et Etiennette Maucuit, sa femme, lui avaient succédé en 1683. Enfin Etiennette Maucuit, veuve en 1693, en était encore locataire quelques années plus tard.

Sur la route des Petits-Ponts, vis-à-vis du canton de la Couture, est celui du Pré-Souverain, jadis nommé la Prairie de Bobigny, à l'entrée de laquelle était la partie de pré appelée de la Chapelle, parce qu'il s'y trouvait une chapelle que quelques anciens du village prétendent avoir été consacrée à saint Pierre, second patron de la paroisse, et que le pouillé parisien de 1626 semble mentionner sous le titre de *Chapelle de Bobigny*.

---

1. Voir le dessin de cette pierre tombale, page 52.

Sur la même route, en face du canton des Célestins, se présente le canton des Ormes, situé entre le ru de Montfort et le chemin allant de Bobigny à Saint-Denis par la porte Paris, pour me servir de l'expression des vieux terriers. Et ensuite le canton de l'Amandier, situé entre le dit chemin de Saint-Denis et la rue Valentine. Enfin le canton du Clos-Billard s'arrêtant au chemin Pouilleux, qui limite en partie le territoire du côté de Pantin. Ce canton n'aurait-il pas reçu son nom d'un nommé Billard, qui y aurait possédé un clos important.

A l'angle formé par le chemin de Saint-Denis et la route des Petits-Ponts, était plantée autrefois une croix, appelée la Croix blanche, peut-être par contraste avec la Croix rouge, plantée à l'autre extrémité du village sur le même chemin. Tout près de l'endroit qu'elle occupait, sont les demeures de :

MM. Jules Monger, sa femme Zélie Naudin. Gustave Naudin, ouvrier. Augustine Naudin, ouvrière. Zacharie Goureau, maraîcher, sa femme Jeanne Moreau, ses enfants Amélie-Marie, Hippolyte-Henri.

Entrant dans le chemin Pouilleux, à cause d'un buisson qui y était planté à une certaine époque, et qui par suite de sa grande vétusté ne portait plus que des feuilles desséchées, on a sur la gauche le canton du Merisier et au delà le Clos-de-Gorme, traversés l'un et l'autre par la rue Blancmesnil. Continuant de suivre le chemin Pouilleux, après le Merisier vient, d'abord le canton de la Haute-Borne, ainsi appelé parce que sur ce canton, dont le sol est plus élevé que tous les voisins, se trouvait une borne servant de ce côté de limite aux terres de la seigneurie ; puis celui des Vielles-Vignes, au delà duquel se trouve le Marais-à-Dufour, limité au nord par la rue des Marais et à l'est par le chemin de la Justice.

La rue Blancmesnil, conduit du chemin Pouilleux à la rue Saint-Denis. Elle a reçu son nom de M. le comte de Blancmesnil, sur la propriété duquel elle a été tracée, il y a cinq ans environ. La rue Valentine mène de la rue Blancmesnil à la route des Petits-Ponts. Elle a été ainsi dénommée en l'honneur de Mme Valentine de Villequier, épouse de M. Gaston de Lavau, propriétaire des terrains sur lesquels elle a été ouverte, il y a seulement quelques mois. Dans la rue Blancmesnil, à droite, sont les maisons de :

MM. Jean-Baptiste Jarry, maraîcher, sa femme Marie Coupas, ses enfants Mélanie-Angélique, Pierre-Victor, Octave. Joseph Barré, ouvrier. François Dumur, maraîcher, sa femme Béatrix Daverne, ses enfants François, Victoire, Annette, Louise. Louis Boivin, ouvrier. Philibert Bidaut, ouvrier. Jacques-Denis Daverne, maraîcher, sa femme Marie-Geneviève Joudriet, ses enfants François, Béatrix, Alphonsine, Louise. Auguste Lebailly, ouvrier. Constant Lebailly, ouvrier. Moïse Rebours, maraîcher, sa femme Annette Grumet. Edme Jacquet, ouvrier. Marie Bernelle, ouvrière. Basile Riotte, maraîcher, sa femme Marie Mancé. Pierre Ledorge, ouvrier. Marie Robin, ouvrière. Charles Maisonnet, maraîcher, sa femme Françoise Moirand. Prudent Clément, ouvrier. Antoine Lampré, ouvrier. Élisabeth Dargent, ouvrière.

A gauche, dans la même rue Blancmesnil, sont les maisons de :

MM. Étienne Montigny, maraîcher, sa femme Jeanne Marchebout, ses enfants Jean, Marie, Pauline, Auguste. Jean Gabreau, ouvrier. Pierre Durchon, maraîcher, sa femme Ernestine Corniot. Auguste Debus, ouvrier. Angélique Madin, ouvrière. Jean-Dominique Lamblin, maraîcher, sa femme Marie-Victoire Haizé, son fils François-Victor. Joseph Delain, ouvrier. Marie Cavron, ouvrière. Toussaint Grégoire, maraîcher, sa femme Marie Chandon. François Grégoire, ouvrier. Alexandre Gaucher, ouvrier. Isidore Nicot, maraîcher, sa femme Rose Paris. Jean-Baptiste Chandon, maraîcher, sa femme Marie-Aimable Regnault, ses enfants Louise, Jean-Marie. Jules Miraut, ouvrier. Clément Grapin, ouvrier. Albert Dupéché, maraîcher, sa femme Élisabeth Mary, ses enfants Élisa, Albert, Auguste.

Dans la rue Valentine, à droite, sont les demeures de :

MM. Jean-Louis Legendre, maraîcher, sa femme Honorine Dumule, ses enfants Jean, Marie Marguerite, Émélie, Philippe, Élisa. Jean Devillers, ouvrier.

Dans la même rue, à gauche, celles de :

MM. Nicolas Chevet, maraîcher, sa femme Charlotte Moneau, ses enfants Charles, Louis, Louise, Denise. Eugène Baudin, maraîcher, sa femme Angélique Pivert, ses enfants Alfred, Étienne. François Dameron, ouvrier. François Boichet, ouvrier. Marie Lefesbre, ouvrière.

De la rue Blancmesnil, pénétrant dans la rue Saint-Denis, on a, sur la gauche, le canton de la Maison-Tabouret, ainsi appelé du nom d'un de ses anciens propriétaires, peut-être Pierre Tabouret, qui vivait à la fin du xve siècle. Ce canton était jadis resserré entre la rue du Petit-Gué et celle du Grand-Gué, nommée aujourd'hui chemin du Lavoir. A la suite de cette dernière ruelle était autrefois, longeant les murs du parc, la sente de Bobigny au Petit-Drancy et sur le bord de la sente, à cent pas environ du Grand-Gué, la fontaine Saint-André [1].

Cette fontaine, qui se trouve signalée sur les plus anciens terriers subsiste encore actuellement et est assez bien conservée. Son eau, bonne et limpide, n'a pas cessé de couler depuis quelques années, bien qu'elle ait été à certaines époques mise à sec. Voici ce qu'écrivit, au sujet de cette fontaine, en l'année 1794, au district de Franciade, le citoyen Mongrolle : « Nous avons une source. Elle est bien, au moins, à deux portées de fusil de la commune, au long de la muraille de l'ancien parc. Le ci-devant seigneur, il y a plusieurs années, en a fait refaire les murs en forme de fontaine. Ils sont actuellement en démolition et menacent ruine[2] ». La fontaine Saint-André fut réparée en 1810, à l'occasion des travaux exécutés dans le ru de Montfort par les ponts et chaussées, lorsqu'ils creusèrent le fossé d'assainissement de Noisy-le-Sec. Le 18 février 1836, la commune de Bobigny payait 38 francs à la veuve Jollin pour avoir fait exécuter le curage et la réparation de cette même fontaine.

Après le chemin du Lavoir et à l'opposé de ce chemin, en suivant la rue Saint-Denis, on rencontre d'abord la ruelle ou rue des Marais, ainsi dénommée parce qu'elle longeait les marais qui étaient de ce côté de Bobigny et en particulier le Marais-à-Dufour. Cette ruelle des Marais était aussi une parallèle des anciens murs qui fermaient le village au midi, comme les murs du parc avec ses tourelles le protégeaient au nord.

Ensuite vient la ruelle des Bons-Enfants, qui, encore au commencement de ce siècle, s'appelait la cour des Bons-Enfants, parce qu'elle était alors fermée à ses deux extrémités par des portes.

Enfin, la route Neuve et la rue de la Justice mentionnées plus haut et la place de Bobigny.

La rue des Marais est habitée par :

MM. Jean-Baptiste Heurtot, rentier, sa femme Marie-Adèle Leleu. Michel-Augustin Libord, rentier. Agathe Curtil, garde d'enfants. Auguste Barbier. Caroline Lefèvre. Auguste Richard. Marie-Antoinette, veuve

---

1. Voir le dessin de cette fontaine, page 256.
2. Hôtel de Ville de Paris, avenue Victoria.

Clément, rentière. Charles Vernet, sa femme Victorine Desjardins, ses fils Victor, Étienne. Louis Clément, cultivateur, sa femme Félicité Vassout, ses filles Antoinette, Marie. Louise Lemaître, ouvrière. Jean-Baptiste Leblanc, cultivateur, sa femme Marie-Louise Meunier, son fils Jean-Baptiste.

Dans la rue de la Justice demeurent :

MM. Louis Senèque, rentier, sa femme Louise-Élisabeth Heurtault, sa petite-fille Élisa. François-Nicolas Lemaître, rentier, sa femme Geneviève-Augustine Fieffé. Louis Fontaine, cultivateur, sa femme Victoire Évin. Joséphine Lemaître, ouvrière. Pierre-Louis Évin, fermier, sa femme Victoire Lemaître, son fils Auguste. Louis Provins, ouvrier, sa femme Élisa Josset, ses filles Élisa, Félicité, Eugénie. Louis-Auguste Berthe, ouvrier, sa femme Virginie Lemaître. Louis-Désiré Bionne, ouvrier, sa femme Élisabeth Provins, sa fille Louise-Désirée. Léopold Ausan, jardinier, sa femme Armandine Olbiron.

La maison de M. Toussaint Tourly, où demeure ce dernier ménage, était, avant la Révolution, la propriété des Charlemagne, parmi lesquels il y eut des cultivateurs émérites et des avocats distingués. Cette maison fut aussi la métairie des champs, au XVe siècle, des Paillard, avocats au Parlement de Paris.

Arrivé sur la place de Bobigny, on a sur la droite l'église bâtie en 1769, et l'ancien cimetière qui l'entoure, remontant à la même époque. Sur le terrain de ce cimetière, abandonné vers 1840, on a construit l'école communale actuelle, qui était encore mixte il y a à peine trois ans.

Par côté, à gauche de l'église, sont la maison et l'atelier de M. Carpentier, maréchal-ferrant, propriété de la fabrique avant la Révolution, servant alors de maison d'école aux enfants de la paroisse et de demeure à monsieur le maître. Messire Philippe-Guillaume Jacquier, bienfaiteur de l'église de Bobigny, avait cédé et donné à la fabrique le terrain nécessaire à sa construction, à la condition par elle de faire acquitter deux messes chaque année à son intention. Vendue en 1796, ainsi qu'il a été dit plus haut, la municipalité ne se trouva en mesure d'en faire construire une autre qu'en l'année 1841. Vers le même temps fut construite, au milieu de la place de Bobigny, la mairie où se traitent les intérêts divers de la commune. Ces deux bâtiments, aujourd'hui en très mauvais état, vont être démolis et relevés à grands frais sur le côté de la place qui regarde l'orient.

Déjà la Municipalité est en voie d'achat pour le terrain nécessaire à ces constructions.

Au fond de la place sont la cité Blancmesnil et la maison d'école des filles et l'asile des petits enfants, dirigés par les sœurs de Saint-Vincent de Paul. La cité Blancmesnil est formée d'une partie des corps de bâtiment de l'ancienne ferme que M. le comte de Delley de Blancmesnil a fait approprier pour le logement des ouvriers; et la maison occupée par les sœurs de Charité, n'est autre que le château construit en 1584, par Guillaume Perdrier, seigneur de Bobigny et baissé d'un étage, en 1840. Il est privé maintenant de ses fossés et de son pont-levis, qui existaient encore au commencement de ce siècle[1]. Les fossés étaient alimentés par les eaux vives du petit ru qui y prend sa source et qui va se jeter dans la Seine à Saint-Denis. On a donné à ce ruisseau le nom de Montfort, parce qu'il découle d'une légère éminence qui, dans les âges passés, a toujours été occupée par un manoir fortifié. Un des plus anciens de ces manoirs est celui de la Bretesche, possédé, comme il a été dit au premier chapitre, par Jean de Gisors dès la fin du XIIe siècle.

Voici les noms des habitants de la rue Saint-Denis, à droite :

MM. François-Rousseau, maraîcher, sa femme Alexandrine Renard, ses enfants Auguste, Alphonse. Pierre Rousseau, ouvrier. Étienne Renard, ouvrier. Henriette Rousseau, ouvrière. Auguste Huet, maraîcher, sa femme Louise Renard, ses enfants Charles, Louis, Julien, Eugène. Victor Blancher, ouvrier. Claude Louis, ouvrier. Marie Delahau, ouvrière. Jean Rousseau, maraîcher, sa femme Louise Lejeune. Arsène Dufour, ouvrier. Désirée Brûlé, ouvrière. Rose Glisse, ouvrière. René Guerry, maraîcher, sa femme Rosalie Frouvel. Marie Buzeret, ouvrier. Pierre Noblot, maraîcher, sa femme Pierrette Colin, son fils Marie-Claude. Auguste Onfroy, ouvrier. Armand Lamy, ouvrier. François Besançon, maraîcher, sa femme Victoire Renard, ses filles Marie-Victoire, Valérie-Madeleine. Eugène Médoc, ouvrier. Élisa Lejeune, ouvrière. Félix Fournier, maraîcher, sa femme Suzanne Masson, sa fille Marie. Louis Quenard, ouvrier. Irma Fournier, ouvrière. Georges-Paul Wellinger, maraîcher, sa femme Joséphine Herbin, ses enfants Marie, Joséphine, Georges, Jean. Gaston Dambreville, ouvrier. Jules Audois, fermier, sa femme

---

1. Voir le dessin de ce château, page 192

Aglaé Mauger, ses enfants Louise, Victor. Louis Lemaître, fermier, sa femme Adélaïde Audois, ses enfants Jules, Joséphine, Élisa, Gustave, Victor. Denis Audois, fermier, sa femme Geneviève Dorville. Rosalie, veuve Fontaine, ses enfants Denis, Louise, sa petite fille Joséphine Lemaître. Étienne Glisse, carrier, sa femme Rosine Fontaine, ses filles Virginie-Bathilde, Clémentine, Joséphine. Jean Bidau, ouvrier, sa femme Marie Vauvian. Pierre-Joseph Glisse, propriétaire, sa femme Désirée Fontaine. Jean-Baptiste Leclerc, ouvrier, sa femme Marie-Louise Fontaine, son fils Théodore. Théodore Fontaine, fermier, sa femme Marie Legrand, ses enfants Théodore-Étienne, Eugène-Charles, Jules. Louis-Charles Fourrier, cultivateur, sa femme Rose-Eugénie Desjardins, son fils Charles-Louis. Étienne-Charlemagne Desjardin, fermier, sa femme Victoire-Françoise Duret. Louis Colbert, ouvrier, sa femme Marie-Catherine Laviolette. Louis Fontaine, fermier, sa femme Marie Marasse, son fils Louis-Pierre. Gabriel Durin, carrier, sa femme Hortense Lobertrot, ses enfants Eugénie, Adeline, Joseph, Julie. Siméon Chevallier, agriculteur, sa femme Rosalie Robin, ses enfants Louis, Philippe, sa belle-mère Suzanne Robin. Louise-Augustine Rigault, blanchisseuse, sa fille Rose-Augustine. André Fougère, cantonnier, sa femme Catherine Margaux, ses enfants Zoé, Frédéric. Jean-Baptiste Bauban, jardinier, sa femme Rosalie Martin, ses enfants Marie, Joseph, Achille. Jean-Joseph Manigard, sa femme Rosine Relier, ses enfants Caroline, Joseph, Pauline, Sophie, Auguste. Louis Paris, journalier. Antoine Pillier, ouvrier, sa femme Virginie Audois, ses enfants Cécile, Joseph, Ismérie. Louis-Marie Provins, sa femme Geneviève Poquet. Denise Rhombois. Louise Coupé. Jean-Charles Lopé, sa femme Catherine Renoux. André-Auguste Jollin, restaurateur, sa femme Louise-Eugénie Petit, son fils Auguste-Eugène. Philippe Poiret, journalier. Désiré Bilbaut, instituteur, sa femme Marguerite Jaugeas, ses enfants Louise, Pierre, Marie, Juliette, Louise. Eugène Charpentier, menuisier; sa femme Florentine Charpentier. Alphonse Duverger, ouvrier. Charles Ouselles, ouvrier. Marie-Louis Carpentier, maréchal, sa femme Mélanie Frémey, son fils Auguste. Nicolas Chevallier, ouvrier. Nicolas Acquiert, ouvrier. Auguste-Hippolyte Jollin, entrepreneur, maire, sa femme Marie-Louise Libord, son fils Auguste-Désiré. Charles-Pascal Martinet, secrétaire. Fortuné Lesellier, ouvrier. Alphonse Fousse, ouvrier. Arsène Viller, ouvrier. Louis Fousse. Alexandrine Séneque, femme Lemaître, marchande. Ferdinand Lemaître, épicier, sa femme Joséphine Lidon, son fils Jules. Jean-Michel Gouffé, sa femme Louise-Constance Parrain. Michel-Auguste Lemaître, rentier, sa femme Joséphine-Mélanie Ménessier. Théodore Fourrier, cultivateur, sa femme Virginie Dutreuil, ses enfants Louis, Eugénie, Marie, Virginie. Pierre-Louis Dutreuil, sa femme Geneviève Léveillé. Auguste Touron, cultivateur, sa femme Sophie Dufour, ses enfants Eugénie-Sophie, François-Joseph. Edmond Louvre, sa femme Adèle Abraham, son fils Paul-Eugène. Eugène Pillot, sa femme Louise Perrault, sa fille Marie-Louise. Adrien Toillier, journalier, sa femme Catherine Pommelard. Louis Potdevin, journalier, sa femme Rose-Alexandrine Rousseau, ses filles Marie Dubarle, Herminie Dubarle, Louise-Élisabeth, Louise-Émélie, Pauline-Augustine. Émile Giraud, marchand de vins, sa femme Madeleine Perrot, ses enfants Émile, Clotilde.

A gauche, dans la rue Saint-Denis, sont les habitations de :

MM. Pierre-François Dorville, marchand de vins, sa femme Marie-Annne-Nicolle Jollin, son fils Victor. Augustin Lefevre, maraîcher, sa femme Louise-Eugénie Camax. Théodore Charpeaux, ouvrier. Benoît Hermont, ouvrier. Auguste Buisson, ouvrier. Joseph Gueguanen, ouvrier. Charlemagne Boulard, ouvrier. Désiré Gauthier, ouvrier. Victoire-Antoinette, veuve Bacot, pépiniériste, ses enfants Jean-Étienne, Eugénie-Félécité, Thérèse. Nicolas Poulain, maraîcher, sa femme Charlotte Cottereau. Jean-Baptiste Fournier, ouvrier. Charles Turlure, maraîcher, sa femme Denise-Émélie Goureau, ses enfants Charles-Louis, Joseph, Pierre, Esther. Thérèse Guénot, ouvrière. Jean-François Lemaître, fermier, sa femme Eugénie Cornu, sa fille Adélaïde. Pierre Boucher, ouvrier. Henri Cadoux, maraîcher, sa femme Sophie-Angélique Hervé, ses enfants Henri, Auguste, son frère Victor Cadoux. Matthieu Bourguignon, ouvrier, sa femme Catherine Guillaudet, ses enfants Marie Gallois, Jules, Charlotte. Joseph Dorville, ouvrier, sa femme Louise Desjardins, son fils Joseph. Marie, veuve Hervé, rentière, sa fille Élisa. Christ-Frédéric Masson, prêtre, curé, sa mère Germaine Gauthier, veuve Masson. Constant Lemaître, cultivateur, sa femme Joséphine Fromain. Sœur de charité Louise Chrétien, supérieure. Sœur de charité Marie Maxe. Sœur de charité Vincent-Martin. Bénoni Belier, journalier, sa femme Célinie Lemaître, ses enfants Victoire, Célinie, Bénoni, Marie. Ferdinand Lemaître, cultivateur, sa femme Élisabeth Jollin, sa fille Élisabeth, femme Bridot, son petit-fils Louis Lemaître. Louis-Constant Lemaître, journalier, sa femme Marthe-Louise Waiser, sa fille Louise. Ferdinand Lemaître, journalier, sa femme Thérèse Verrier, sa fille Eugénie. Claude-Constant Lemaître, sa femme Louise-Geneviève Provins, ses enfants Mélanie, Augustine, Honoré, Eugénie. Jean-Marie Rebours, ouvrier, sa femme Louise Lamalle, ses enfants Marie, Geneviève, Clément. Florence Chevet, femme Lebert, sa fille Désirée Lebert. Frédéric Benoît-Belier, sa femme Julie Colbert, ses filles Eugénie, Élisa. Euphrasie Desjardins, en nourrice. Louis Vasselet, sa femme Clarisse Lecomte, son fils Alexandre. François Vittecoq, ouvrier, sa femme Aimée Gombaut, ses enfants Sophie, Léontine. Louis Bonnevie, ouvrier, sa femme Stéphanie Maurice, ses enfants Louis, Célestin. Jean Mairand, ouvrier, sa femme Françoise Maisonnet. Louise Roux, ouvrière. Michel Provins, journalier, sa femme Séverine Dorville, ses enfants Céline-Augustine, Louis. Geneviève, veuve Manigard, journalière. Joséphine Manigard, ses enfants Louis-Étienne, Louis-Jean-Baptiste. Edme Picardet, agent d'affaires, sa femme Mélanie Vandemorte. Hébert Auton, bourrelier. Émile Sercut, ouvrier. Louis Poulain, coiffeur, sa femme Émilie Bertrand. Jean Boussard nourrisseur, sa femme Émilie Buisson. Charles Ledouble. Auguste Dory, cultivateur, sa femme Mélanie Lemaître, ses enfants Mélanie, Émile, Albert, Auguste. Adolphine Bidard, domestique. Louis-Eugène Levasseur, épicier, sa femme Louise-Marie Lemaître, ses enfants Octavie, Eugène-François. Jean-Baptiste Lemaître, nourrisseur, sa femme Françoise Dicque. Euphémie Chrest. Eugénie Maxe. Émilie Martin. Eugénie Brot.

Il ne nous reste plus, pour terminer le parcours topographique de la commune, qu'à pénétrer dans la rue de Bobigny à Bondy, appelée dans les vieux titres la rue du Moustier, depuis le presbytère du moins jusqu'à l'église où elle conduisait. Cette rue du Moustier pouvait bien rappeler l'époque reculée où la paroisse avait été desservie par les moines, alors qu'ils ne vivaient point en communauté.

En face de la vieille église, située à l'angle du chemin de Bondy et de la sente de Drancy et vis-à-vis du portail, s'élevait une des quatre tourelles qui flanquaient les quatre angles des murs du parc, au milieu duquel était bâti le manoir seigneurial. Cette vieille église, détruite en 1769, avait été construite elle-même sur les fondements d'une église beaucoup plus ancienne, dont ont avait religieusement gardé la tour, parce que par sa solidité elle pouvait encore défier les siècles.

Voici les noms des habitants de la rue de Bondy, sur la gauche :

Parfait Lemaître, propriétaire, sa femme Joséphine Thory, Flore Lemaître. Jean Bonneau, maraîcher, sa femme Marie Terreau, sa fille Augustine. Désiré Lemaître, cultivateur, sa femme Hélène Fauche, ses enfants Victor, Félicie, Aline.

Sur la droite :

Jean-Charles Hervé, maraîcher, sa femme Marie-Madeleine Hébrard. Alexandre Colineau, ouvrier. Octave Grapin, ouvrier. Madeleine Turlure, ouvrière. Charles-Henri Verdot, maraîcher, sa femme Clarisse Der, ses enfants Louis-Charles, Louise, Ferdinand-Étienne. Charles Champ Davoine, maraîcher, sa femme Clémence Guéguenot, son fils Marie. Nicolas Maillard, ouvrier. Pierre Baudin, maraîcher, sa femme Elisabeth-Françoise Joudrier, son fils Jean-Marie.

Espérons qu'un jour, Bobigny ne portera pas seulement comme autrefois le nom de ville, pour avoir un château fortifié dans ses murs et un seigneur haut justicier, pour maître ; mais que ce titre lui sera acquis, par suite de sa nombreuse population et de la richesse de ses habitants.

Déjà la population qui, il y a cinq ans, ne montait pas au delà de cinq cents âmes, chiffre pourtant supérieur à tous les dénombrements précédents, s'est accrue de moitié. Elle s'élève aujourd'hui à près d'un millier d'habitants, cultivateurs ou maraîchers, ayant chacun leur terrain à cultiver. Les premiers appartiennent pour la plupart aux anciennes familles du pays ; tandis que les seconds sont des nouveaux arrivés, que les expropriations de ces derniers temps ont forcés de quitter la grande ville.

Le territoire de Bobigny est d'ailleurs d'une assez belle étendue, il comprend 641 hectares 56 ares 32 centiares de terres imposables.

Placé à la porte de Paris, sillonné de belles routes, il ne peut que trouver de nombreux acquéreurs pour le peupler et l'enrichir.

RÉSUMÉ DU CHAPITRE III

La cure de Bobigny, donnée en bénéfice par Imbert de Vergy, évêque de Paris, à Gualéran, chantre de sa cathédrale, en 1050. — Geoffroy de Boulogne, successeur de Imbert de Vergy, la transmet au prieuré de saint Martin des Champs, en 1089. — Bulle du pape Urbain II, qui approuve cette nouvelle donation en 1097. — Charte de Thibaut, évêque de Paris, qui la confirme en 1150. — La première église, pouvant remonter à l'an 1000, placée sous le vocable de Saint-André, aussi bien que les églises construites par la suite. — La seconde église, érigée en 1557, est consacrée la même année avec la permission de l'évêque de Paris, par Charles Boucher d'Orsay, évêque de Mégare. — L'église actuelle, bâtie par messire Philippe-Guillaume Jacquier, vidame de Vieu-Maison, seigneur de Bobigny, en 1769. — Pierres tombales, transportées de l'église démolie dans le nouveau temple. — Celle de Jean de Bobigny, fils de François, de 1294. — Celle de Guillaume Andry, laboureur, et de Jeanne Béquignard, sa femme, de 1508. — Celle enfin de Jean Citolle et de Marion Berny, son épouse, fermiers d'Eau-Bonne, de 1561. — Les Célestins de Paris, légataires de Gérardin de Montaigu, évêque de Paris, pour les fiefs d'Eau-Bonne et de la Motte, en 1420. — Notice sur l'ordre des Célestins. — Testament de Nicolas de l'Espoisse, propriétaire à Bobigny et codicille en faveur de Jeanne de l'Espoisse, sa fille, femme de Jean, dit le bâtard d'Aunay, 8 décembre 1420. — Philippe Haret, curé de Bobigny, sous l'épiscopat de Guillaume Chartier, en 1455, année de la revision du procès de Jeanne d'Arc, injustement condamnée. — Guy Meslin, curé en 1461, époque de la mort de Charles VII. — Il reçoit plusieurs années de suite la visite de son archidiacre. — Fondations faites à l'Hôtel-Dieu de Paris par Robert Lescrivain et Jean de Saint-Benoît, propriétaires à Bobigny. — Jean Bruneau, curé de Bobigny, chapelain d'Étienne de Poncher, évêque de Paris, et greffier de la chambre ecclésiastique, assassiné en 1504. — Son épitaphe. — Pierre Paillart, chapelain de la chapelle de Saint-Étienne du Château, nommé à ce bénéfice en 1518 par Étienne de Poncher. — Valentine L'Huillier, veuve de Bertrand l'orfèvre, dame d'Ermenonville, censitaire, à cause de ses biens à Bobigny, de Pierre Perdrier, année 1542. — Les registres des actes de naissances, baptêmes, mariages, décès et inhumations et les cahiers des comptes de fabrique, ne remontent pas à Bobigny au delà de 1632. — M. Bernard Truchard, curé de Bobigny, meurt le 7 juin de cette même année. — Quote-part des décimes à payer par la paroisse de Bobigny pour les frais de l'assemblée générale du clergé de Paris dans les années 1636, 1637, 1638, etc. — Visite du grand archidiacre de Paris à Bobigny, du 31 avril 1641. — Idem, du 17 mai 1642, année de la mort du cardinal de Richelieu. — Autre visite du grand archidiacre, du 18 mai 1643, quatre jours après l'ensevelissement du roi Louis XIII dans la basilique de Saint-Denis. — Idem, des 14 juillet 1644, 7 juillet 1646, 6 juillet 1647 et 16 juillet 1648, année de la fondation faite à la fabrique par Anne de Bragelongue, veuve de Charles Perdrier. — M. l'archidiacre revient visiter Bobigny le 12 mars 1649 et le 6 mars 1650, année de la convocation de l'assemblée générale du clergé et du commencement de la guerre de la Fronde. — Décès de M. le curé Richard Legrand et legs qu'il fait à l'église de Bobigny, 24 décembre 1651. — Les confrères du très saint sacrement font célébrer une messe de *Requiem* à son intention. — Liste des membres de la confrérie inscrits au tableau affiché dans l'église le 9 mai 1664. — M. Guillaume Sanson, curé à partir du 31 décembre 1651. — Quatre jours après sa prise de possession, il confère le baptême à Charles-Henri Joron, qui a pour parrain Charles de Béthisy-Mézières, seigneur de Bobigny, et pour marraine dame Anne Perdrier, son épouse. — Compte des recettes et des dépenses de la fabrique rendu par Simon Chotard, marguillier en charge, du 9 mai 1651 au 9 mai 1652. — Sentence du 20 novembre 1655, rendue par M. André du Saussaye, official de Paris, contre les héritiers de Denise Citolle. — M. Guillaume Sanson embellit l'église de Bobigny et laisse à la fabrique une rente de 22 livres 4 sous 6 deniers, à la condition de faire dire une messe basse chaque premier samedi du mois et de faire célébrer deux saluts par an à perpétuité, 2 août 1664. — M. Jean-Baptiste Lefricque, pourvu à la cure de Bobigny le 22 mai 1670. — Procès-verbal de la première visite à Bobigny de M. Ameline, grand archidiacre de Paris, qui visite régulièrement pendant trente-trois ans les quatre-vingt-deux paroisses de son archidiaconé, le 5 mai 1672. — Recensement de la population ou état des âmes de la paroisse, dressé par M. Lefricque, même année 1672. — Autre procès-verbal de la seconde visite archidiaconale de M. Ameline, du 3 juillet 1673. — M. François Leletier, curé à partir du 2 décembre 1673. — Compte des recettes et des dépenses de la confrérie de la Sainte Vierge, rendu par Jeanne Dufour, marguillière, 24 mai 1676. — Noms de quelques anciennes marguillières et liste des marguillières et des associées inscrites au tableau de la confrérie en l'année 1864. — M. Nicolas Rainssant, promu le 12 avril 1679. — Il fait le dénombrement des feux et ménages de la paroisse à la fin de l'année 1693 — Il meurt le 31 mars 1695 et est inhumé le lendemain dans le chœur de l'église. — M. Lancelot François Lane du Pin, pourvu le 5 avril 1695 et démissionnaire à la fin de 1708. — M. Pierre Frémy, nommé le 8 septembre 1709. — Il est interdit de ses fonctions curiales par sentence de l'officialité diocésaine en 1723. — Procès-verbal du 2 octobre 1728, par lequel M. De La Croix, archidiacre de Paris, dans sa première visite, ordonne que les réparations urgentes qui sont à faire tant à l'église qu'au presbytère de Bobigny, seront exécutées dans le plus bref délai. — Assemblée générale des habitants de la paroisse, afin de délibérer au sujet des dites

RÉSUMÉ DU CHAPITRE III.

réparations, 29 janvier 1730. — Autre procès-verbal de M. l'archidiacre, qui autorise les syndics et marguilliers à confier au sieur Lechauve, architecte, la direction des travaux et à les faire commencer incessamment, etc., 3 septembre 1731. — Déclaration des biens et des revenus de la cure de Bobigny, donnée le 1er septembre 1729, à la chambre ecclésiastique par M. Pierre Frémy. — Il meurt le 15 février 1732 et est inhumé le lendemain dans le chœur de l'église paroissiale. — M. Claude-Joseph Pèlerin, qui avait administré la paroisse pendant l'interdit de M. Frémy, lui succède. — Les travaux de l'église et du presbytère sont adjugés au sieur Augustin Parny, le 24 août de la même année 1732. — Une ordonnance du roi Louis XV, du 23 juin suivant, autorise leur exécution. — En vertu des provisions qui lui sont accordées par Mgr l'archevêque de Paris le 27 août 1732 et à la présentation de M. Hugues-François Jacquier de Vieilsmaisons, M. Claude-Joseph Pèlerin, curé de Bobigny, prend solennellement possession de la chapelle Saint-Étienne du Château, le 2 décembre 1733. — Il meurt le 11 mai 1739 et est enterré le 13 dans le chœur de l'église. — Eustache-Pierre Charlemagne, fermier de M. Jacquier, est élu à l'unanimité des voix et par vote à découvert, marguillier en charge après Michel Villot, 16 mai 1741. — Le 20 février 1742, réunion des anciens et nouveaux marguilliers, dans laquelle sont prises plusieurs décisions importantes au sujet de la dignité du culte. — Maître Pierre Charlemagne, devenu procureur fiscal, est réélu marguillier en charge le 8 juillet 1742. — Augmentation du traitement des employés de l'église et nouveaux règlements concernant en particulier le service du bedeau. — Création d'un marguillier avec mission, à l'avenir, de veiller durant un an aux intérêts de la confrérie du très saint sacrement et devant succéder l'année suivante au marguillier en charge de la fabrique, 16 mai 1745. — Denis Villot, élu le 13 mai 1750 à ce nouvel office, au refus d'Étienne Charlemagne, fait l'achat d'un guidon pour la confrérie. — Compte des recettes et des dépenses opérées par Denis Prestat, marguillier de la confrérie du très saint sacrement, rendu le 16 mai 1747. — Compte des recettes et des dépenses de la fabrique faites dans les années 1744 et 1745, présenté par M. Eustache-Pierre Pèlerin, dans l'assemblée générale des marguilliers et des principaux habitants de la paroisse, 17 août 1749. — Location, par bail, passée le 24 avril 1749, à M. Philippe-Guillaume Jacquier de Vieilsmaisons, d'un immeuble appartenant à la fabrique, situé rue Disne-Souris, en face du château de Beauregard, demeure de M. Jacquier. — Titre nouvel de 30 livres de rente au profit de la fabrique de Bobigny, sur la maison des époux Barbier et Baucheron, au Bourget, 27 mai 1750. — Adjudication publique, après enchères faites à diverses personnes, des 21 arpents de terres de la fabrique mis en location, 31 septembre 1750. — M. Eustache-Pierre Pèlerin se sent atteint d'une maladie grave, il fait venir le notaire de Noisy-le-Sec et lui dicte son testament devant témoins, 27 février 1757. — Il meurt le dernier jour de mai de la même année. — Archambault Crawford, bachelier en théologie de la faculté de Paris, nommé à la cure de Bobigny le 8 avril 1757. — Il est, en l'année 1769, l'heureux témoin de la construction d'une église neuve pour la paroisse, entièrement bâtie aux frais de messire Philippe-Guillaume Jacquier de Vieilsmaisons. — M. Archambault Crawford meurt le 17 décembre 1782 et est enterré dans le chœur de l'église récemment construite. — M. Antoine Gigon, nommé à la cure de Bobigny, le 1er février 1783. — Le 26 septembre 1784, Étienne-Julien-Daniel Dupont, marguillier de la confrérie du très saint sacrement, rend compte de la rétribution des confrères et des quêtes qu'il a faites durant son année de gestion. — Mgr Antoine-Éléonore Le Clerc de Juigné, archevêque de Paris, fait, le 3 octobre de cette même année 1784, sa visite pastorale à Bobigny et appose sa signature sur le registre des délibérations de la fabrique. — Copie des mandements et règlements donnés par Sa Grandeur aux habitants de Bobigny et collationnés sur les registres paroissiaux. — Compte d'Étienne-Julien-Daniel Dupont, marguillier en charge de l'œuvre et fabrique de Bobigny, de la Pentecôte 1783 à la Pentecôte 1784. — Vente, par les marguillers, à M. Philippe-Guillaume Jacquier, de la maison appartenant à la fabrique, située rue Disne-Souris, 27 janvier 1788. — Assemblée des anciens et nouveaux marguilliers et des principaux habitants, dans laquelle on convient de faire refondre la deuxième cloche et d'en acquérir une troisième, 17 octobre 1788. — Ces deux cloches sont bénites le 28 mai 1789, vingt-trois jours après l'ouverture des États généraux. — Les biens de fabrique mis en location et adjugés au plus offrant après les criées légales, 17 octobre 1789. — Par décret du 2 novembre suivant, l'Assemblée nationale s'empare des biens d'église. — Par un autre décret du 13 février 1790, elle supprime les vœux religieux et donne au clergé français une constitution civile qui le sépare de l'autorité légitime du souverain pontife. — La plus grande partie des ecclésiastiques refuse, au péril de sa vie, de prêter serment à cette constitution, comme contraire à la foi catholique. — De ce nombre est M. Antoine Gigon, curé de Bobigny. — Copie du procès-verbal de son refus, donné solennellement en présence de la municipalité et des habitants de la paroisse, assemblés à l'église le 23 janvier 1791. — Le même jour, M. Jean-Baptiste Féchoz, vicaire de Noisy-le-Sec, au contraire, prête en présence du conseil général de cette commune le serment exigé. — Il est récompensé de son adhésion au schisme par les électeurs réunis à Saint-Denis qui, le 9 février suivant, le nomment à la cure de Bobigny. — Lettre qu'il adresse au président de l'assemblée électorale et aux électeurs de Saint-Denis, à fin de leur faire part des sentiments que sa récente nomination lui fait éprouver, 12 février 1791. — Muni d'une prétendue lettre de provision à la cure de Bobigny en date du 21 mars 1791, délivrée par M. l'abbé Gobel, évêque constitutionnel de Paris, M. Féchoz vient à Bobigny, où il prête de nouveau, devant tout le peuple assemblé, dans l'église paroissiale et avant le chant de la grand'messe, le serment de fidélité à la Constitution, à la nation, à la loi et au roi, 3 avril 1791. — Le 18 mai suivant, longue assemblée de fabrique. — Autre assemblée tenue le 21 août de la même année, dans laquelle M. Féchoz expose que les registres de catholicité ont été remis à la sacristie dans un état incomplet et défectueux. — Le dimanche 25 septembre 1791, vente à la criée des ormes du cimetière, de ceux de la Croix-Rouge et de l'orme de Bray. — Ce même jour, concession, aussi à la criée, de deux places dans l'église à M. Pierre Mongrolle. — Le dimanche 6 novembre 1791, assemblée dans laquelle Pierre-René Clément est élu marguillier en charge, à la place de Jean-Nicolas Génisson et dans laquelle Mlle Thérèse Mongrolle, marguillière de la confrérie de la Sainte Vierge, rend compte des recettes et des dépenses qu'elles a faites durant son office. — Le dimanche 18 décembre de la même année 1791, se tient une autre assemblée dans laquelle Pierre-René Clément, marguillier, rend compte de sa gestion des intérêts de la confrérie du très saint sacrement. — Autre compte du 17 mai 1792, du sieur Louis-Maximilien Jollin, marguillier en charge de l'œuvre et fabrique de l'église de Bobigny, de la Pentecôte 1789 à la Pentecôte 1790. — Le 17 mai 1792, jour de l'Ascension, se tient une assemblée de fabrique, à l'issue de laquelle M. Féchoz est autorisé à toucher deux années échues de la rente Vincent Lemazurier. — Loi révolutionnaire du 17 août 1792, qui ordonne que les biens possédés par les fabriques soient vendus dans la même forme et aux mêmes conditions que les autres biens d'église. — L'argent, même placé en rentes sur l'État et servant à l'acquit des fondations, ne tarde pas à être saisi par l'Assemblée législative, qui tient le roi Louis XVI emprisonné. — Compte du citoyen Jean-Nicolas Génisson de son année de marguillage, de la Saint-Martin d'hiver 1790 à la Saint-Martin d'hiver 1791, rendu le 20 octobre 1792. — Le 20 octobre même année, le citoyen Jollin termine le règlement des comptes de son année de gestion et demeure dûment et valablement quitte. — Lettre du commencement de l'année 1793, par laquelle le citoyen Dutour, chargé par la municipalité de Bobigny de gérer les biens de la fabrique supprimée, à partir du 28 octobre 1792 au 28 novembre suivant, donne le détail de ses opérations au directoire du district de Franciade. — Dernier compte de fabrique rendu le 16 juillet 1793, en présence de la commune, par le citoyen Pierre-René Clément, pour l'année de son administration comme marguillier de la Saint-Martin d'hiver 1791 à la Saint-Martin d'hiver 1792. — Le 10 novembre 1793, la Convention nationale abolit le culte catholique et le remplace par le culte de la Raison, avec ordre aux municipalités d'abattre toutes les croix et de mettre en vente tous les objets religieux. — M. Féchoz, devenu maire de Bobigny depuis environ huit mois, porte lui-même au bureau du directoire du district de Franciade, son abjuration par écrit, ses lettres de prêtrise et les vases sacrés de son église, 22 novembre 1793. — Il adresse aux administrateurs du district de Franciade une requête au sujet de la réouverture de l'école de Bobigny, fermée depuis plusieurs mois comme toutes les autres écoles en France, par décret de la Convention nationale. — Déclaration du citoyen Dutour à la municipalité, afin de lui donner avis qu'il est dans l'intention d'ouvrir une école à Bobigny, où déjà il a enseigné comme maître l'espace de vingt-deux ans. — La municipalité fait droit à sa déclaration et l'admet en qualité d'instituteur, après qu'il a prêté serment de fidélité à la République et à ses décrets, 15 mars 1794. — Liste de MM. les maîtres et instituteurs de Bobigny, depuis 1638 jusqu'en 1867. — Correspondance du citoyen Féchoz, maire, faisant savoir au directoire du district de Franciade, que les assemblées du peuple dans le temple, les jours de décade, ne sont point régulièrement célébrées, 20 avril 1794. — Robespierre, le 8 juin suivant, fait décréter par la Convention nationale le culte de l'Être suprême et l'immortalité de l'âme. — Le 27 juillet, même année 1794 de la République française une et indivisible, sa tête tombe sur l'échafaud et un grand nombre de ses partisans sont exécutés après lui. — Le 7 mars 1795, en l'absence de maire (Pierre-René Clément, maire après le citoyen Jean-Baptiste Féchoz ayant donné sa démission), Michel-Ferdinand Lemaître, agent national, Nicolas Génisson, officier, et Guillaume Dutour, secrétaire-greffier, écrivent au directoire de Franciade, afin de déclarer que les ouvriers ne veulent plus fêter les décadis et qu'ils refusent de travailler le dimanche. — Lettre de Louis-Maximilien Gollin, maire pour la seconde fois depuis environ trois mois, par laquelle il donne avis aux citoyens du directoire du district de Franciade que jusqu'à présent l'exercice du culte catholique n'a point repris à Bobigny, faute de ministre, mais que presque tous les citoyens vont le dimanche à la messe dans les paroisses circonvoisines, 8 juin 1795. — Seconde lettre de Louis-Maximilien aux mêmes pour les informer qu'un prêtre catholique a dit la messe à Bobigny cinq à six dimanches, qu'ensuite il s'en est allé desservir l'église de la Villette, 1er octobre 1795. — M. l'abbé Quirin Jacquemin, témoin dans la déclaration faite à la mairie du décès d'une fille de Michel-Ferdinand Lemaître, 11 décembre 1797, est qualifié dans la rédaction de l'acte mortuaire ami du père et ministre du culte catholique. — Il est le premier desservant de la cure de Bobigny, après les troubles de la grande Révolution, dont le nom soit arrivé à notre connaissance. — Généalogie des Lemaître. — M. Jean-Pierre Viellard, curé de Bobigny du 30 avril 1806 au 15 août 1809. — Lettre de M. Pierre Mongrolle, maire, à M. le sous-préfet de Saint-Denis, au sujet de la construction d'un presbytère, 22 janvier 1811. — M. Étienne-François Guérard est promu à la cure le 8 avril 1811. — M. Jean-Baptiste O. Cassidi, curé du 16 janvier 1812 au 20 septembre 1814. — M. Julien Gaultier, curé du 1er janvier 1818 au 11 août 1830. — Il répare les ruines du sanctuaire, causées par les troupes alliées dans les invasions de 1814 et de 1815, fait revivre dans la paroisse la dévotion à sainte Geneviève, et relève le chant religieux. — M. Joseph Mauger, curé du 24 octobre 1830 au 6 octobre 1833. — M. Denis Bulle, curé du 12 décembre 1833 au 23 juillet 1837. — M. Sébastien Bartoly, curé du 13 août 1837 au 18 novembre, même année. — M. Jean-Baptiste Oletta, curé du 9 décembre 1837 au 25 octobre 1845. — M. Pierre-Jean Gallois, curé du 15 février 1846 au 10 janvier 1847. — M. Thomas-Cyrille Ridoux, curé du 31 janvier 1847 au 23 juin 1848. — M. Augustin Thérou, curé du 13 novembre 1848 au 23 octobre 1850. — M. Armand-Charles Guilbert, curé du 19 janvier 1851 au 3 mars 1855. — M. Pierre-Augustin-Stanislas Chollet, curé du 29 avril 1855 au 17 novembre 1863, jour de son décès. — Il avait établi en l'année 1861, à la demande de MM. Auguste Hervé, Jean-Baptiste Chandon, Denis Cottereau et Gilles Hérouard, la confrérie de Saint-Fiacre. — Liste des associés inscrits au tableau de la confrérie, le 30 août 1864. — M. l'abbé Christ-Frédéric Masson, pourvu à la cure de Bobigny le 25 novembre 1863 et installé le lendemain par M. l'abbé Véron, archidiacre de Saint-Denis. — La commune maintient au nouveau curé l'indemnité de 400 francs par an pour son logement, plus 400 francs de supplément de traitement et elle continue de donner à la fabrique un secours annuel de 200 francs, en même temps qu'elle vote pour l'église des travaux importants de restauration. — M. le curé, grâce à la libéralité de MM. les comtes de Delley de Blancmesnil et de Lavau, installe à la fin de sa première année de cure, dans l'ancien château seigneurial, des sœurs de Saint-Vincent de Paul, pour y tenir une école de filles et un asile. — Liste de MM. les marguilliers et conseillers de la fabrique de Bobigny, de 1469 à 1867. — Les espérances que conçoit M. le curé au sujet de sa paroisse et les vœux qu'il forme pour elle au commencement de l'année 1868.

CHAPITRE III

LA PAROISSE DE BOBIGNY

La paroisse est une petite famille dans la famille diocésaine, qui elle-même se rattache à la grande famille chrétienne, à l'Église fondée par Notre-Seigneur et répandue sur toute la terre.

A la tête de l'Église de Jésus-Christ est le Souverain-Pontife, successeur de saint Pierre, qui donne aux évêques la mission ou juridiction qui leur est nécessaire pour gouverner leur diocèse.

Les évêques, successeurs des Apôtres, chacun dans leur diocèse, confèrent aux prêtres qu'ils ont choisis, l'institution canonique et les provisions; c'est-à-dire le droit d'administrer la paroisse qui leur est confiée.

Ces prêtres placés par les évêques à la tête des paroisses portent le nom de curés, du mot latin *curatus*, ou mieux *curator*, qui signifie qu'ils ont comme charge spéciale le soin des âmes de leurs paroissiens.

Les paroissiens sont, entre les habitants de la commune, ou dans la communauté des habitants, ceux qui appartiennent à l'Église de Jésus-Christ par le caractère de chrétien qu'ils ont reçu au baptême.

Eux aussi, sont légitimement soucieux des intérêts de la vie présente; mais leur qualité d'enfants de Dieu les fait s'employer avant tout à conquérir l'éternelle vie. Ils sont soumis aux lois de leur pays; mais ils obéissent d'abord à la voix de la conscience, c'est-à-dire à la loi naturelle, gravée par Dieu dans l'intérieur de toute âme humaine; à la loi du décalogue ou des dix préceptes, qui en est la révélation écrite; à la loi de l'Évangile enfin, à cette loi de charité, qui est l'achèvement et la perfection de toute loi.

On peut faire remonter l'origine de la cure de Bobigny au ixe siècle de notre ère, alors que les paroisses étaient pour la plupart desservies en France par des moines non astreints à la vie en commun et députés par l'évêque diocésain.

Nous l'avons déjà marqué dans notre Introduction, le premier titre que l'on trouve concernant l'église curiale de Bobigny est de 1050, dans le temps que cette église appartenait en bénéfice à Gualéran, chantre de la cathédrale, et sous l'épiscopat de Imbert de Vergy, évêque de Paris.

Il n'y avait que peu d'années que les cénobites chargés des cures s'étaient retirés dans les monastères, afin de travailler plus efficacement, dans la solitude du cloître, par la prière et l'étude, à procurer la gloire de Dieu et le salut des âmes.

Néanmoins, il fut encore permis à plusieurs de ces moines de garder les cures dont ils étaient titulaires, et même d'en accepter de nouvelles comme bénéfices, en les faisant desservir par des vicaires de leur choix, dits perpétuels, parce qu'ils ne pouvaient être révoqués, et auxquels une part de revenu suffisante à leur entretien et proportionnée à l'importance de chaque paroisse, appelée portion congrue, fut assurée [1].

Les religieux de l'abbaye de Cluny, qui suivaient la règle de saint Benoît, furent appelés en 1067, par un diplôme du roi Philippe Ier, à habiter et à gouverner le monastère de Saint-Martin des Champs, à Paris, au lieu et place des chanoines qu'y avait mis, en le rétablissant, Henri Ier.

On vit quelques années plus tard, en l'an 1089, Geoffroy de Boulogne, successeur d'Imbert de Vergy sur le siège de Paris, faire à ces

---

[1]. *Compilation du Droit romain, du Droit français et du Droit canon*, p. 21, 22 et 23. Paris, 1686.

nouveaux religieux, réputés pour leurs vertus et leur savoir, donation entre autres de l'église paroissiale de Bobigny.

Nous transcrivons ici le texte latin de cette charte de donation, en y joignant la traduction française.

« Cura seu vicaria perpetua *sancti Andreæ de Balbiniaco* parisiensis
« diocesis.

« Gotofridi parisiensis episcopi, Carta.

« Divinis scripturarum authoritatibus informamur, frequentiùs autem
« Apostoli monitis quasi quadam manu sollicitudinis excitamur, ut dum
« tempus habemus; bonum ad omnes, maximè autem ad domesticos fidei
« operemur, et peccata nostra eelemosinis redimentes, amicos et receptores
« nobis in æterna tabernacula faciamus. Quisquis ergo se in multis
« meminit deliquisse, studeat necesse est illis prodesse, quorum præcibus
« in districto examine non est timendum in manus Dei viventis incidere.
« Talibus autem humilitas nostra placere non differat, et necessaria peten-
« tibus abundans misericordia manum benedictionis non retrahat.

« Ego igitur Goisfridus gratia Dei parisiorum episcopus antè mentis
« oculos diem illum reducens, et periculum animæ meæ, hinc accusante
« conscientia, hinc non adeò defendente misericordia, metuens; mona-
« chis Cluniacensibus apud S. Martinum de Campis Domino servientibus,
« quatuor altaria et quæque sunt ad ea pertinentia donamus, nulloque
« nobis notrisque successoribus in eis jure retento, preter synodum et
« circadam, et ecclesiarum reconciliationem curamque animarum paro-
« chiano presbytero à nobis concessam, perpetuo jure possidenda conce-
« dimus, unum videlicet in villa quæ dicitur Ceyrannus. Aliud apud
« villam Noisiacum. Annuentibus comite Donni-Martini Hugone, et
« Guarino Milonis filio, et Milone Guarini. Hæc enim duo altaria supra-
« dictus comes ex nostro, Guarinus vero ex comitis possedit beneficio.
« Tertium quoque in villa quæ vocatur Campaniacus. Quartum in ea
« quæ nuncupatur *Balbiniacus*. Annuentibus Joscelino Archidiacono, et
« Gualeranno cantore. Quorum illud Campaniaci Josselinus ex nostro,
« illud autem *Balbiniaci* Gualerannus habuit beneficio. Hoc etiam libenti
« animo concesserunt Drogo et Rainaldus archidiaconi. In Drogonis
« enim archidiaconatu illa duo quæ sunt, Cevrani et *Balbiniaci*, in Rai-
« naldi vero, ea quæ sunt Campaniaci et Noscaci, consistunt altaria. Ut

« autem hoc, donum stabile inconvulsum que permaneat, Cartam istam
« fieri præcepimus manu que propria firmavimus, manibus que canoni-
« corum nostrorum firmandam tradidimus, nostroque sigillo subter signa-
« vimus.

« Actum publicè Parisius, in capitulo S. Mariæ, anno Incarnationis
« Dominicæ M.LXXXIX. Regnante Philippo rege anno XXXI. Gois-
« frido vero parisiensi episcopo XXX. Indictione quoque XII [1]. »

Cure ou vicarie perpétuelle de Saint-André de Bobigny, du diocèse de Paris.

Charte par laquelle Geoffroy, évêque de Paris, donne en bénéfice aux religieux de Saint-Martin des Champs, l'autel de l'église de cette aroisse.

Appuyés sur l'autorité des divines Écritures afin de répondre aux exhortations pressantes de l'apôtre, faisons durant le cours de notre vie du bien à tous nos semblables, et particulièrement aux vrais serviteurs de Dieu. Qui plus est, par des aumônes multipliées distribuées aux nécessiteux, rachetons nos péchés et faisons-nous de tous ceux que nous aurons assistés, des amis qui nous ouvrent l'entrée des tabernacles éternels. Que celui surtout qui a souvenir d'avoir offensé gravement le Seigneur, s'applique à se rendre utile à ceux d'entre ses frères, dont les suffrages pourront lui être de la plus grande utilité pour ne pas tomber dans les mains du souverain juge des vivants et des morts. Tout pénétré de ces sentiments, nous ne voulons point différer plus longtemps de venir en aide selon notre pouvoir à nos vénérés frères en Notre-Seigneur, et de leur tendre une main secourable, à fin de leur procurer du moins le nécessaire, et d'attirer sur notre personne une miséricorde abondante.

Je Geoffroy, par la grâce de Dieu évêque de Paris, ayant présent aux yeux de notre âme le jour redoutable du jugement qui doit décider de notre éternité, pour la tranquillité de notre conscience et à fin de nous rendre favorable la divine miséricorde, nous donnons à perpétuité aux moines de Cluny de Saint-Martin des Champs à Paris, qui sont entièrement consacrés au service de Dieu, quatre autels, compris les biens qui en dépendent, et sans retenue d'aucun droit pour nous et nos successeurs, à

---

1. Dom Marrier. *Hist. Monas. S. Martini de Campis*, p. 486 et 487. Paris, 1637.

l'exception toutefois des droits de synode, de visite, de réconciliation des églises et du soin des âmes, confié par nous au curé de la paroisse : le premier de ces autels, au village de Sevran ; le second, au village de Noisy, du consentement de Hugues, comte de Dammartin, et de Guérin, fils de Milon, et de Milon, fils de Guérin. Hugues ayant reçu de nous en bénéfice ces deux autels, et Guérin les tenant au même titre du dit comte ; le troisième, au village de Champigny ; le quatrième, au *village appelé Bobigny*, de l'assentiment de Joscelin, archidiacre, et de Gualéran, chantre de notre cathédrale. Joscelin ayant reçu de nous également en bénéfice, *l'autel de Bobigny*. Drogon et Renaud, nos archidiacres, ont aussi consenti librement à cette donation. Les autels de Sevran et de *Bobigny* font, en effet, partie de l'archidiaconé de Drogon et ceux de Champigny et de Noisy font partie de l'archidiaconé de Renaud. Et à fin de rendre cette donation stable et perpétuelle, nous en avons fait dresser un acte écrit, que nous avons signé de notre main, et que nous avons donné à signer à nos vénérables chanoines et scellé de notre sceau.

Fait publiquement à Paris, en séance du Chapitre de Notre-Dame, l'année 1089 de l'Incarnation de Notre-Seigneur, la trente et unième du règne de Philippe I, roi de France, la trentième de l'épiscopat de Geoffroy, évêque de Paris, et la douzième de l'Indiction.

Suivent les signatures de Geoffroy, du doyen du chapitre, du chantre, des archidiacres, des chanoines, à la tête desquels Gautier, évêque de Meaux, des prêtres, des lévites, des sous-diacres, des clercs et du chancelier qui a écrit cette Charte.

Une bulle du Pape Urbain II, du 2 juillet de l'an 1097, confirma cette donation et toutes celles qui avaient été faites aux religieux du monastère de Saint-Martin des Champs.

Un demi-siècle plus tard, Thibaut, évêque de Paris qui avait été prieur de ce monastère avant sa nomination à l'épiscopat, donna en l'année 1150 une charte dans laquelle on le voit mentionner avec éloge la donation de Geoffroy de Boulogne et s'exprimer au sujet de l'église de Bobigny dans les termes que voici : *Ecclesiam de Balbiniaco cum tertia parte decimæ* : l'église de Bobigny avec le tiers de la dîme.

Le pouillé parisien du xiie siècle et tous les pouillés postérieurs, comme ceux de 1534 et de 1767, attribuent également au prieur de Saint-Martin des Champs le droit de présentation à cette cure.

Il est difficile de préciser l'époque de la construction à Bobigny de la première église paroissiale. Il y en avait une assurément en 1050, dont l'autel était, ainsi que nous venons de le rapporter, le bénéfice de Gualéran, chantre de la cathédrale, et il est à croire qu'elle avait pour patron titulaire saint André et pour patron secondaire saint Pierre, comme les autres églises qui furent construites par la suite.

Elle était située à l'extrémité du village, du côté oriental, à l'angle du chemin de Bondy et de la sente conduisant à Drancy. A l'opposé de ces deux voies, l'édifice sacré était circonscrit par le cimetière. Enfin la sente de Bobigny à Drancy séparait son portail des murs du parc. On découvre encore aujourd'hui, à l'endroit occupé jadis par cette église primitive et son cimetière, des débris de tombes en plâtre, remontant aux xive et xve siècles, ainsi que les ossements de ceux qui furent inhumés à ces époques déjà anciennes et dans des temps postérieurs.

L'église, visitée en 1747 par l'abbé Lebeuf, avait été construite sur le même emplacement que la précédente et probablement aux frais de M. Jean Perdrier, seigneur de la paroisse et gros décimateur. Au dire de l'illustre visiteur, elle possédait deux collatéraux, l'un à droite et l'autre à gauche du chœur et était surmontée au croisillon d'une tour très étroite et paraissant appartenir à un âge très reculé. Enfin le savant historien rapporte dans son ouvrage, que cette seconde église de Bobigny fut consacrée le 28 avril de l'année 1557, avec la permission d'Eustache du Bellay, évêque de Paris, par Charles Boucher d'Orsay, abbé de Saint-Magloire et évêque *(in partibus infidelium)*, de Mégare ou Magarance en Attique. Ce prélat y bénit cinq autels et le cimetière [1].

Le maître-autel fut dédié à saint André, patron de la paroisse. Dans le transept, l'autel de droite fut dédié à la sainte Vierge et celui de gauche à saint Pierre. Enfin, des deux autels de la nef, l'un fut dédié à sainte Anne et l'autre à saint Roch. L'anniversaire de cette dédicace ou consécration ne se célébrait toutefois que dans le courant du mois de mai, et ordinairement le 16 de ce mois, à cause sans doute des cérémonies de la semaine sainte et des solennités pascales qui arrivent le plus souvent en avril.

---

1. Charles Boucher d'Orsay, abbé de Saint-Magloire, fit la dédicace d'un grand nombre d'églises dans le diocèse de Paris, sous les règnes de François Ier et de Henri II.

L'église actuelle de Bobigny remonte à 1769. Philippe-Guillaume Jacquier, vidame de Vielsmaisons, dernier seigneur de Bobigny, donna non seulement le terrain nécessaire à sa construction, mais la fit bâtir à ses frais sur la grande rue et en face de l'ancien manoir seigneurial, élevé, en 1584, par Guillaume Perdrier. Il lui fit donner la forme d'une croix latine et ordonna de la surmonter d'un clocher hexagone en bois de chêne et solidement arc-bouté au moyen de fortes charpentes sur les quatre gros piliers du croisillon. Il fit également bâtir deux demi-tourelles aux deux angles, en avant du transept et par dehors, afin de donner aux fidèles la facilité de pénétrer dans les deux chapelles latérales, sans passer par le chœur.

L'édifice est de style moderne plein-cintre, il se termine en hémicycle et est tourné vers le midi. Les murs sont d'un mètre d'épaisseur et bâtis en pierre de taille et pierre à plâtre. Sa longueur intérieure est de 25 mètres, sa largeur au transept est de 18 mètres, et sa hauteur du sol à la voûte est de 18 mètres 50 centimètres. Monsieur Jacquier dota aussi la paroisse d'un nouveau cimetière aménagé dans tout le pourtour extérieur de la nouvelle église et s'étendant à une distance d'environ 10 mètres de ses murs.

On transporta dans le temple neuf quelques-unes des pierres tombales que renfermait l'ancien temple détruit pour cause de vétusté. Trois de ces pierres funéraires ont gardé encore quelque reste de gravure. Nous en avons pris l'empreinte au moyen du décalque et nous en offrons au lecteur un dessin en raccourci, exécuté par l'habile crayon de M. Ch. Fichot, qui a reproduit aussi les quelques vues renfermées dans ce travail.

La première de ces dalles funèbres que l'on rencontre sous ses pas, et c'est du reste la plus ancienne, se trouve à l'entrée de l'église, formant le seuil de la grande porte. Elle représente un personnage en robe longue, les mains jointes, encensé par deux anges, et ayant un lévrier couché sous ses pieds. Au-dessous du bras gauche est un écusson, dont les armoiries sont méconnaissables, parce qu'elles ont été hachées à coups de marteau par les vandales de 1793. Tout l'ensemble de cette figure et l'inscription qui l'entoure, marquent clairement que cette pierre tombale appartient à la fin du XIIIe siècle. Voici les quelques mots qu'on y peut encore découvrir : Jehan, fils de Francois :.... de Bo...... l'an :..... quatrevinz : et : quatorze :.... de jugnet :.. Elle mesure 2 mètres 30 centimètres de long sur 95 centimètres de large. C'est la dalle funéraire de Jean de Bobigny, fils de François de Bobigny, seigneur de la paroisse après son père, dont nous avons parlé au premier chapitre[1].

La seconde pierre tombale que l'on rencontre dans l'église est au milieu de la nef. On y voit, gravés sous un double arceau et assez bien dessinés, deux personnages, l'homme et la femme. Celle-ci porte un chapelet retenu à sa ceinture[2]. Cette dalle a un mètre 88 centimètres de haut et 85 centimètres de large. On y lit, gravée en lettres gothiques, l'inscription suivante :

> Cy gisent honestes persones Jehan...... decedde; assavoir le d' Cotolle le premier...... et la d'° Berny le premier Jo' de décembre Mil V° soixate et ungt.
>
> Prie; Dieu po' leur; âmes.

Cette pierre tombale recouvrait évidemment la sépulture de Jean Citolle et de Marion Berny son épouse, qui, le 22 novembre 1553, prirent à bail des religieux Célestins la ferme d'Eau-Bonne.

La troisième pierre tumulaire qui se trouve dans l'église a été sciée en trois morceaux. On n'en voit plus que deux. Le premier morceau es placé près de la marche donnant entrée dans le chœur; il a 45 centimètres en hauteur et 70 centimètres en largeur. Sur ce débris est gravée l'inscription suivante :

> Cy gist honorable home Guille Andry, en son vivant marcha laboureur, natif et demourat à Bobigny, qui trespassa le ix' jour de mai l'an·mil·V°·et·viii·et Jehane Becquinard laquelle trespassa la· Mil·V·et [3].

Le second morceau est placé dans le passage de la demi-tourelle de droite, et sert de marche pour entrer dans la chapelle de la Sainte Vierge. On y voit représentée l'effigie de Jeanne Béquignard, ayant les mains jointes, un voile sur la tête et retombant sur les épaules, et revêtue d'une

---

1. Voir p. 20.
2. Voir p. 52.
3. Voir p. 87.

robe longue et à larges manches. Aux pieds de Jeanne Béquignard sont figurées trois jeunes filles agenouillées, aussi les mains jointes et vêtues de la même manière [1]. Le troisième morceau, que nous n'avons pu retrouver, devait avoir la même dimension que le second, savoir : 25 centimètres de large et 1 mètre 45 centimètres de haut; ce qui donnait en totalité à cette dalle funéraire, avant son morcellement, une hauteur de 1 mètre 90 centimètres et une largeur de 70 centimètres. Il est probable que, sur le morceau disparu, était gravée l'effigie de Guillaume Andry, ayant agenouillé et priant aussi près de lui un fils qu'il laissa à son décès, formant avec ses trois filles une famille de quatre enfants.

Avant de terminer ce sujet, nous ajouterons que M. le baron de Guillermy nous a assuré avoir vu, dans l'église de Bobigny, lorsqu'il la visita en l'année 1839, une quatrième dalle funéraire, dont l'inscription était entièrement effacée. Elle représentait l'effigie d'un prêtre tenant un calice, la tête et les mains de l'effigie en marbre, rapporté dans la pierre. Après avoir fait de toutes les dalles formant le sol de l'église l'examen le plus minutieux, nous n'en avons trouvé aucune ayant une ressemblance même éloignée avec la dalle funéraire rencontrée par le savant auteur des *Inscriptions de la France*. Elle a pu être retournée, depuis son passage, pour un motif quelconque.

Nous croyons être agréable au lecteur en lui donnant ici l'historique abrégé de l'ordre des Célestins et particulièrement des religieux Célestins du couvent de Paris, auxquels Girardin de Montaigu, 95me évêque de la capitale de notre France, légua, le 20 septembre de l'année 1420, la plus grande partie de ses propriétés situées à Bobigny.

1. Voir p. 78.

LES CÉLESTINS DE PARIS
de 1420 à 1776.

Armes : D'azur, à la croix ancrée d'or, entrelacée dans le pied d'un S d'argent, et accostée de deux fleurs de lys d'or.

Les religieux *Célestins*, appelés primitivement hermites de Saint-Damien, prirent le nom de Muron, lorsqu'ils se furent unis en l'année 1254, sous la conduite de Pierre surnommé de Muron, d'un mont solitaire de la Pouille, où il s'était retiré en 1763, à fin de s'adonner à la vie contemplative.

Mais Pierre de Muron ayant été élu pape le 15 juillet de l'année 1294, sous le nom de Célestin V, ses cénobites abandonnèrent leur nom de Muron pour celui de Célestin choisi par leur pieux fondateur, lors de son élévation sur la chaire de Saint-Pierre.

Pierre Célestin mourut le 19 mai 1296, un peu plus d'un an après avoir abdiqué le Souverain-Pontificat, qu'il exerça six mois à peine, regrettant toujours sa chère solitude.

Boniface VIII, son successeur, lui demanda de se tenir enfermé, sous prétexte que les visites qu'on voudrait lui faire dans sa retraite pourraient dégénérer en troubles populaires. Ce qu'il fit avec soumission. Pétrarque a dit de son abdication qu'elle supposait une grandeur d'âme toute divine, laquelle ne peut se rencontrer que chez un homme parfaitement convaincu du néant de toutes les dignités du monde. L'illustre père des religieux Célestins fut canonisé le 5ᵉ jour de mai 1313, dix-sept ans après sa mort, dans la cathédrale d'Avignon, par le pape Clément V.

L'ordre des Célestins fit de grands progrès, non seulement en Italie, mais encore en France. Leur général Pierre de Tivoli y envoya douze religieux en 1300, à la prière de Philippe le Bel, qui leur donna deux monastères, l'un dans la forêt d'Orléans, dans un lieu appelé Ambert; l'autre dans la forêt de Cuise, au mont de Châtres, à deux lieues de Compiègne. Quant à la maison des Célestins de Paris, voici son origine :

Robert de Jussy, chanoine de Saint-Germain l'Auxerrois et secrétaire du roi, qui avait été reçu religieux dans le monastère de Saint-Pierre de Châtres, dès l'âge de vingt ans et qui avait conservé un grand attachement pour les Célestins, obtint en 1352, de Garnier Marcel, bourgeois et échevin de Paris, qu'il fit don et transport à six religieux de cet ordre de sa maison et de son jardin de la rue des Barres, à Paris, ce qu'approuva Charles V, qui n'était encore que duc de Normandie et dauphin.

Mais comme le revenu attaché par Garnier Marcel à cet établissement était très modique, et que les religieux avaient bien de la peine à subsister, Charles V, devenu régent du royaume, ordonna, par lettres patentes du mois d'août 1358, qu'à chaque mois de l'année ils eussent une bourse à la Chancellerie de France, pareille à celle des notaires et secrétaires du roi. Le roi Jean, de retour d'Angleterre, confirma cette libéralité de son fils, par lettres patentes données à Paris au mois d'octobre 1360.

Charles V, ayant succédé à son père sur le trône de France, combla les Célestins de Paris de nouveaux bienfaits; il leur donna, par lettres du 14 mars 1367, dix mille livres d'or et douze arpents de haute futaie à prendre dans la forêt de Moret pour bâtir leur église dont il posa la première pierre. Lorsqu'elle fut achevée, le 15 septembre 1370, le même prince la fit consacrer et dédier sous l'invocation de Vierge mère de Dieu par Guillaume de Melun, archevêque de Sens. Enfin, dans le but de mériter véritablement le titre qu'il avait pris de fondateur de ce couvent, il voulut employer la somme de 5,000 livres à faire bâtir le dortoir, le réfectoire, le cloître et le chapitre, et dota la maison de 200 livres parisis de rente amortie.

Les successeurs de Charles V se firent un devoir de maintenir les Célestins de Paris dans les privilèges que ce monarque leur avait accordés.

Leur monastère fut déclaré, dès l'an 1417, le chef principal des vingt et un monastères que comprenait la congrégation des Célestins de France. Étant de fondation royale, il lui fut permis d'accoster de deux fleurs de lys le chiffre du Saint-Esprit, c'est-à-dire la croix entrelacée d'une S, qui étaient les armes de l'ordre, placé dès le début par son pieux fondateur sous l'invocation de la troisième personne de l'adorable Trinité.

La congrégation des Célestins de France fut sécularisée à la demande même des religieux par le Souverain Pontife en 1776 et leurs biens furent mis en économat. Mais l'Assemblée nationale, le 2 novembre 1789, déclara confisqués, au profit de la nation, tous les biens d'église, autorisant les communes à en effectuer la vente contre tout droit.

Nous avons rapporté tout au long, dans le deuxième chapitre de ce travail, la quantité des biens ecclésiastiques vendus à Bobigny lors de la grande Révolution et le produit de cette vente. Tout le monde sait que, par suite du concordat passé le 15 juillet 1801 entre le Souverain Pontife chef de l'Église et Napoléon Bonaparte, chef de l'État, il a été réglé que les acquéreurs des biens ecclésiastiques dits nationaux pourraient les posséder en conscience et ne seraient pas inquiétés au sujet de la propriété de ces biens, à la condition par l'État de s'obliger, en compensation des profits qu'il avait pu tirer de cette vente, à fournir comme moyen de subsistance, aux évêques et aux curés, un revenu suffisant et d'aider les fabriques à pourvoir aux frais du culte[1].

Voici ce qui est marqué textuellement dans le terrier des hoirs de Charles de Montmorency, à la date du 5 juin de l'année 1500, au sujet des biens possédés à Bobigny par les Célestins : « Les Célestins de Paris dient que ès terrouers de Eaue-Bonne et de Bobigny, leur compertent et appartiennent entre autres héritaiges, l'hôtel d'Eaue-Bonne clos de fossés, coulombier et six vingt arpens que terres que prés. Item, une masure nommée l'hostel de la Barre, comprenant un arpent de terre, assis à Bobigny, devant l'hôtel

---

[1]. L'Assemblée nationale elle-même dans son décret spoliateur du 2 novembre 1789, avait mis à la charge de la nation les frais du culte, l'entretien de ses ministres, et le soulagement des pauvres.

seigneurial, le chemin entre eux deux. Item, le fief de la Mothe contenant une masure, séant sur le ru de Bobigny, près le chemin de Dampmartin et cinquante arpens de terre appartenant à la dite masure. Les quels héritaiges sont tenus en fief du dit seigneur de Bobigny. Item, tiennent semblablement au terouer du dit Bobigny et ès environs trente arpens de terre, pour lesquels sont tenus païer chaque an, vingt quatre sols parisis. Tous lesquels héritaiges ils dient leur estre admortis, en baillant homme vivant et mourant, par le temps du quel sont tenus de païer pour relief six livres parisis. C'est assavoir cent sols parisis pour les héritaiges tenus en fief, et vingt sols parisis pour les héritaiges tenus en censive. La dicte déclaracion baillée par frère Pierre Faure, procureur des dits Célestins qui les a affermés. »

En 1648, le fief de la Barre fut vendu à MM. de Béthisy et d'Ornano, par les Célestins, afin de payer les droits d'amortissement qu'ils devaient à ces seigneurs pour acquisition de certaines terres situées en leur censive.

Le 12 octobre 1697, le R. P. Charles Marcel, prêtre religieux, l'un des procureurs du couvent des Célestins de Paris, du nombre des conseillers et secrétaires du roi, maison et couronne de France et de ses finances, rendit acte de foi et hommage au nom du prieur et religieux de son couvent, pour les fiefs d'Eau-bonne et de la Mothe, relevant de la terre et seigneurie de Bobigny, au sieur Jean-François Jacquier et à messieurs ses frères, seigneurs de Bobigny, lesquels acceptèrent frère Michel de Sachy, religieux profès de ladite maison de Paris, pour homme vivant et mourant.

Ce même religieux, le 21 août 1709, avant midi, comparut à nouveau devant le notaire et tabellion de la prévôté haute justice, terre et seigneurie de Bobigny soussigné, et en présence des témoins ci-après nommés. Lequel volontairement a reconnu et confessé que les dits sieurs Célestins tiennent et possèdent en plein fief de Messire Louis Sanguin, chevalier, marquis de Livry, seigneur de Génitoy, Sevran, Livry le Château et autres lieux, conseiller du roi en ses conseils, premier maître d'hôtel de Sa Majesté, capitaine des chasses de la capitainerie royale du dit Livry et Bondy, à cause de la dite terre et seigneurie de Livry, un fief et deux arrière-fiefs, assis au territoire de Bobigny et de Drancy, consistant lesdits fiefs et arrière-fiefs en ce qui suit:

« C'est à savoir 30 arpents de terres labourables en deux pièces; la première contenant 20 arpents, située au terrouer de Drancy, tenant d'une part au seigneur du dit lieu et aux terres de la cure du Petit-Drancy, d'autre part aux héritiers Fromentin et aux hoirs Denis Andry et au seigneur de Drancy ; la deuxième contenant 10 arpents de terre assis au terrouer de Bobigny, lieu dit les Platrières, tenant d'une part... d'un bout aux héritiers Fromentin et d'autre bout au chemin de Saint-Denis. Item, une autre pièce contenant quatre arpents de terre situés près du village du dit Drancy, tenant d'une part aux hoirs Dreux, Budé, d'autre au seigneur de Drancy, d'un bout au dit Budé et d'autre à... Item, les dits deux arrière-fiefs assis au dit Drancy et ès environs, qui appartenaient ci-devant aux hoirs Pierre Ausserut, à cause de sa femme, consistant en ce qui suit : C'est à savoir une maison, jardin et dépendances, et environ quatre arpents de bois tenant au dit Ausserut. Item, trois quartiers de terre tenant au dit bois. Item, cinq quartiers de terre, sis à la Croix-Blanche. Item, quatre arpents de terre derrière la maison du dit Ausserut. Item, quatre arpents aboutissant au chemin qui conduit de Saint-Denis à Eau-bonne. Item, cinq quartiers de terre situés à la pointe du chemin de Saint-Denis. Item, un demi arpent de terre situé à la pointe des sept arpents. Item, quatre arpents de terre situés au chemin de Bobigny. Item, un arpent de terre situé à l'autre bout du chemin. Item, deux arpents de terre ou environ, tenant au chemin de... Item, sept quartiers de terre situés derrier le messier de Saint-Séverin. Item, trois arpents de terre sis à la Chaussée de Saint-Denis. Item, trois arpents de terre situés au pré Pelletier. Item, deux pièces de terre situées aux Santilles[1].

Trois mois après le décès de l'évêque de Paris, Gérardin de Montaigu, bienfaiteur des Célestins, le 18 décembre 1420, *Nicolas de l'Espoisse*, notaire et secrétaire du roi, seigneur de l'Espoisse au Lombat et propriétaire à Bobigny de divers biens, fit son testament en faveur de *Jeanne de l'Espoisse* sa fille, femme de *Jean dit le bâtard d'Aunay*. Voici copie de ce testament, curieux à plus d'un titre.

« A tous ceulx qui ces présentes lettres verront, Giles, seigneur de Clamecy et de Prouvays, conseiller du roi, nostre sire et garde de la prévosté de Paris, salut. Savoir faisons, que par devant Giles Hanage et Hélie

---

[1]. *Arch. nat.*, carton S, n° 3. 773.

Prestic, clercs notaires jurez du roy nostre dit seigneur de par lui establiz en son Chastellet de Paris, fut pour ce présent en sa personne honnorable homme et saige, maistre Nicolas de l'Espoisse, notaire et secrétaire du roi notre sire, et greffier des présentacions de la court de Parlement, sain de corps et d'entendement si comme il disoit et qu'il apparoit de prime face, le quel voulant pourevoir au salut de son âme et ordonner des biens à lui donnez en ce monde par la grâce de Dieu et de sa glorieuse mère, considérant qu'il n'est chose tant certaine que de la mort à toute créature humaine, ne plus incertaine que de l'eure d'icelle, fist, disposa et ordonna par devant les diz notaires, et par la teneur de ces présentes fait, dispose et ordonne son testament ou ordonnance de derrenière voulenté, ou nom du Père et du Filz et du Saint-Esperit en la manière qui s'en suit :

« Premièrement, le dit maistre Nicolas recommanda et recommande dévotement son âme à Dieu nostre créateur, à la Saincte Trinité, à la benoîte Vierge Marie et aux glorieux apostres saint Pierre, saint Pol et saint Jaques, à saint Michiel l'archange, saint Anthoine, saint Martin, saint Mathurin, saint Nicolas, à la benoite Magdalene, saincte Katherine et à tous les anges et archanges, saints et sainctes, patriarches, et toute la glorieuse compaignie du Paradiz.

« Item, voult et ordonna le dit maistre Nicolas testateur, que premièrement et avant toute euvre, ses debtes et forfaiz, dont il apperra deuement et sommièrement sans grant difficulté de preuve soient paiées et amendées et esleut sa sepulture en l'église madame Saincte-Geneviève de Paris, comme cy dessoubz est contenu et que les religieux de l'église lui ont accordé par leurs lettres; et le fait de ses obsèques en luminaire, escripture de sa tumbe et autres choses, dont il n'est en espécial ordonné cy après ou sera avant son trespas, met et laisse du tout en la disposicion et ordonnance de ses exécuteurs cy après nomméz, auxquelx il prie qu'ilz le facent bien et honnestement selon estat et sans pompe.

« Item, il laissa à la confrairie Saint-Estienne et Sainte-Geneviève, ordonnée en l'église parrochiale de Saint-Estienne dont il est confrère et parroissien, pour estre l'accompaignié aux messes, aumosnes et biensfaiz d'icelle, quatre frans; à la confrairie Saint-Denis en la dicte église, deux frans.

Item, au luminaire Nostre-Dame, au cierge et aux autres questes d'icelle église, deux frans.

Item, il laissa au cierge, à la lampe et à la torche, que l'on a acoustumé de quester en l'église de la Chapelle messire Gauthier en Brie, dont il est nez, ung franc au curé du dit lieu, qui sera pour le temps de son trépassement, ung franc.

Item, pour faire ung obit solennel en la dicte église, par le curé, chanoines et clers d'icelle église, et ceulx de la ville qui ont acoustumé de aidier à faire le service dedens deux mois exprès son trépassement à vigiles précedens messe et commendaces, au curé et chanoines qui y seront présens, à chascun un solz Parisis, et aus diz clers de la ville et paroisse seulement, à chascun deux solz Parisis.

Item, il laissa deux frans à donner pour Dieu en la dicte ville de la Chapelle le jour que l'en fera les dictes obsèques.

Item, aux confrairies de la Concepcion Nostre-Dame et Saint-Nicolas fondées ou ordonnées en la dicte église, pour estre acompaignié, aux messes, oraisons et biensfaiz d icelles, à chascune deux frans.

Item, laissa aux fabriques des églises de Bombon, Mourmans, Breau, Saint-Ouyn et Ladit, à chascune deux frans.

Item, laissa aux églises de Vanves et de *Baubigny*, à chascune deux frans.

Item, à l'euvre et fabrique de Nostre-Dame de Paris, quatre frans.

Item, à l'Ostel-Dieu de Paris, pour estre accompaignié aux messes, charitez et biensfaiz du dit lieu, dix frans, desquelx l'office de la prieuse aura la moitié.

Item, ung franc à chascune des quatre ordres mendians de Paris, pour estre à ses vigiles.

Item, aux Quinze-Vins, Filles-Dieu et autres povres, collèges de Paris, qui ont acoustumé d'aller à vigiles de Trespassez, à chascun collège cinq solz Parisis, pourveu qu'ilz seront à ses obsèques et diront chascun vigiles à la manière qu'il est acoustumé de faire à Paris en tel cas, ou les diront en leurs églises et hostelx, se mieulx semble à ses executeurs.

Item, aux povres ladres de la maladrerie de Saint-Germain-des-Prez, quatre frans.

Item, il laissa à Gauchier son nepveu, filz de feu Estienne son frère, dix livres Tournois.

Item, à Martinette, fille du dit Gauchier, qui a demeuré avecques Jehan d'Aunay et Jehanne sa fille, quarante livres Tournoiz par lui promises an traictié de son mariage et cent solz Parisis encores après sa mort.

Item, il laissa à Thévenin, fils du dit Gauchier, qu'il a fait aprendre à mestier de chaucetier et drapier à ses déspens, dix frans et cent solz Tournois qu'il lui a prestez pour aidier à paier sa raençon des Armignas, et la meilleure de ses houppelandes courtes à tout la fourreure, le chapperon de mesmes, et son roman d'*Alixandre* pour esbatre et aprendre à lire.

Item, à Jehan son frère, filz du dit Gauchier, qu'il a tenu à l'éscole à ses déspens, pour le faire encore aprendre après son trespas, vint frans.

Item, lui laissa encore son livre de la *Somme au Breton*, ses *Epistres de Pierre de Blois* et *de Vineis* et son petit papier de Prothocoles, et lui enjoint qu'il y adjouste les autres lettres qui sont en l'autre gros papier, qu'il volt que on lui preste pour les y escrire.

Item, laissa six livres Parisis à une autre suer qu'il a encores à marier, et LX solz parisis à ung leur frère, mon clerc.

Item, laissa à la mère des diz enfans le drap de son meilleur mantel fourré.

Item, à une povre femme qui repaire à l'ostel du dit testateur et y a servi autres foiz, nommée Marguerite, son autre mendre manteau sangle, avec ung chapperon double, et à Cardine, qui a servi la dicte Jehanne sa fille, deux frans.

Item, à maistre Jehan Queniat laissa son livre de l'*Istoire de Troye la grant* et l'autre des *Histoires d'oultremer*.

Item, à Thévenette, sa niepce, religieuse à Longchamp, deux frans.

Item, à Katherine, sa niepce, fille maistre Giles l'Abbat, quatre frans.

Item, à maistre Jehan l'Abbat, son nepveu, laissa pour avoir de lui mémoire et prier pour son âme, son livre nommé *Policraticon*; à Colin, filz du dit maistre Giles et à Guiot, ses nepveux, à chascun quarante solz Parisis.

Item, le dit testateur eslit sa sepulture en l'église Saincte-Geneviève où est sa tumbe assise près de la chapelle où il a fondé trois messes, si comme les religieux d'icelle église lui ont accordé.

Item, il laissa au curé de la dicte église Saint-Estienne, quatre frans, aux deux chapellains, à chascun ung franc, et ung franc aux deux clercs, et prie chascun des diz curé et chapellains de dire une messe pour lui de dens quinzaine après son trespassement.

« Item, il laissa à la fabrique et marregliers de la dicte église de Saint-Estienne quinze solz parisis de rente amortiz qu'il a et prent chascun an aux quatre termes à Paris acoustumez par égal porcion sur les maisons de Guillaume Garnier et Perrin Blondeau, charpentier, assises à Paris en la place Maubert et respondans l'une pour l'autre, pour faire dire et célébrer chascun an en la dicte église au grand autel ung anniversaire à vigiles, messe à note et commandaces à ung jour de la sepmaine où il trespassera ou assez tost après, pour lui, sa femme, et leurs pères et mères et enfans, et s'il semble que la charge du service solennel soit trop grant, il veult et consent qu'elle soit diminuée et ordonnée par l'advis de ses exécuteurs et du curé de la dicte église, et se d'aventure les diz marregliers ne s'en veulent charger et bailler de ce, soit la dicte rente, laquelle est amortie par les lettres de la fondacion faicte à Sainte-Geneviève, vendue et l'argent converti en messes ou donné à autre église que se vouldra charger du service.

« Item, le dit testateur voult et ordonna, et par ces par ces présentes, veult et ordonne que en récompensacion et restitucion des choses mal acquises, mal prises et retenues par lui des biens d'autrui par convoitise, oubliance ou autrement, et pour le salut de son âme, soit donné et distribué pour Dieu la somme de cent frans d'or ou la valeur en autre monnoye le jour de son obit, qui tant trouvera lors de povres à donner, quatre deniers parisis à chascun et le surplus, se demourant y avoir, de dens ung mois après à povres créatures, mesnagiers honteux, et filles à marier, où l'on verra qu'il sera bien employé en la dicte paroisse Saint Estienne et de la Chapelle Gauthier, selon la bonne ordonnance de ses exécuteurs.

« Item, il laissa à la confrairie et college des notaires et secrétaires du roi notre sire, dont l'en fait le service en l'église des Célestins, cinq frans et aux religieux du dit lieu autant pour estre acompaignié es messes, oroisons et bienfaiz des diz lieux.

« Item, il laissa et quicta tout ce qui lui est et pourra estre deu à cause d'office de practique, avant qu'il feust officier du roy nostre sire au jour de son trespassement, et veult que tous les procès et lettres qui encores en seront trouvez par devers lui, se aucuns en y a, soient renduz franchement sans riens en prendre ne demander.

« Item, il laissa et laisse, pour dix annuelx et messes faire dire et célébrer de dens deux ans et deux mois après sa mort trois cens frans des quelx annuelx les deux seront faiz et célébrez pour le remède et salut de son ame en l'église de Saincte Geneviève, en la chapelle des messes par lui fondées en la dicte église ou à l'autel plus prouchain du lieu où il sera enterré, par aucuns des religieux du dit lieu ou autres bons et dévotz chapellains.

« Item, deux en l'église parrochial de Saint Estienne, à l'autel Saint Estienne ou sa femme et trois de leurs enfans sont enterrez, en disant à chascune messe oroison propre pour la dicte femme avecques celles que l'en dira premièrement pour le dit testateur, et quatre annuelx en l'église Nostre-Dame du Carme, en la chapelle et autel Saint Jaques et Saint Michiel, où il a ordonné trois messes perpetuelles chascune sepmaine de l'an, dont les religieux du dit lieu sont chargiez, et deux anniversaires, chascun à leur grant autel, ou du moins ung selon ce qu'il sera trouvé par les lettres qu'il en a d'eulx; et est son entencion que les diz quatre annuelx soient diz et celebrez par bons religieux.

« Item, et les diz autres deux annuelx seront faiz et celebrez pour l'ame du dit testateur, de feue Ameline, sa femme, leurs enfans trespassez, et pour le bien et propérité des vivans, et aussi pour les âmes des père, mère, seurs, frères, ayeulx, ayeules, progéniteurs, oncles, tantes cousins, parens et bienfaiteurs du dit testateur, en la dicte église de la Chapelle Gauthier, à l'autel de Saint Soupplice, Saint Anthoine et Saint Loys, devant le quel le père du dit testateur est enterrez, et aussi tant en la dicte église comme au cymetière d'icelle sont enterrez sa mère et plusieurs de ses frères, seurs, oncles, tantes, cousins, parens et bienfaicteurs; ainsi dont en tout les dix annuelz dessus diz.

» Item, il laissa à l'église de la dicte Chapelle son livre des *Epistres Saint Bernard*.

« Item, est son entencion que tous les chapellains qui diront soient paiez chascun par mois, selon ce qu'ilz auront chanté ou célébré de messes, et que chascun chapellain quere à ses dépens le vin et feu de sa messe, se autrement on ne le treuve davantage et courtoisie au lieu où il célébrera.

« Item, ordonna et laissa le dict testateur vint quatre frans pour acheter ung petit calice blanc et aornemens légiers, dont la chasuble soit noire d'une part et blanche d'autre, pour servir aux messes qui seront

dites en l'église et autel de la dicte Chapelle Gauthier, les quelx calice et
aornemens après les diz deux annuelx accompliz demoureront à la dicte
église, et tousjours en auront les marregliers d'icelle la garde, et seront
tenus les chapellains qui les dictes messes diront de faire sonner chascune
messe au matin par deux foiz avant qu'ilz la commencent.

« Item, il laissa deux escus ou plus s'il le convenoit pour convertir
en ung petit tableau que l'en mettra à Barbeel emprès l'autel ou chapelle
où il a fondé deux messes, en faisant mémoire de la dicte fondacion en
brièves paroles, et aux religieux du dit lieu laissa quatre frans c'est
assavoir, les deux pour l'église, et les autres deux frans pour pitance le
jour qu'ilz feront son obit et service pour la première foiz après sa mort,
si comme ilz y sont tenus et l'ont promis de faire.

« Item, volt et veult que pour ses clers, varlès et chambrières qui le
serviront au jour de son trespas et l'auront servi deux ans par avant, soit
acheté et baillé à chascun des hommes trois aulnes et demie de brunette
souffisamment selon l'estat d'un chascun, et à Gauchier, son frère, autant,
et aux femmes deux et demie ou trois pour eulx vestir.

« Item, il laissa à maistre Jaques Phelippe qui longuement l'a servi
et demoure avecques lui, afin qu'il prie pour lui, son Décret et tout
l'argent qu'il lui doit, dont chascun d'eulx a cédule, et le requiert d'un
annuel dire ou faire dire pour lui dedens deux ans après sa mort ou plus
tost s'il puet; à Jehan Ragueneau, son varlet, laissa six frans et une de
ses houppelandes ou manteaulx sans fourreure.

« Item, il laissa à chascun de ses clers, varlès et chamberières qui le
serviront au jour de son trespas et y auront demouré demi an par avant,
les quelx n'auront laiz en espécial, deux frans, et autres deux frans oultre
à Jehannette, la chambreière qui le sert à présent, se elle demeure avecques lui au temps de sa mort, et à Guibert le Normant, son premier clerc,
quarante frans, et son livre de *Manipulus florum*, avecques son gros papier
de prothocolles.

« Item, quicta et quicte Poncelet Garin qui l'a servi, de tout ce qu'il
lui doit de la ferme de *Baubigny* et autrement, et aussi qu'il ne lui puisse
riens demander à cause de services ne autrement, car il a esté de tout
bien paié.

« Item, laissa à Perrin Pichon cent solz parisis et *Boèce de consola-
cion* avec son livre du *Stile de Parlement*.

« Item, à messire Nicole de Dole, son filleul, deux frans, et le requiert de deux messes.

« Item, laissa à Colin, son filleul, filz de Gilot Chauderon, pour lui aidier à nourrir et faire aprendre à l'escolle ou mestier, dix frans, et une de ses petites cottes doubles et le chapperon, et à tous ses autres filleaux et filloles portans son nom, qui apperront dedens ung an après son trespas, à chascun ung franc.

« Item, volt et ordonna que toutes ses robes et pennes, excepté celles dont il a ordonné par dessus et cy dessoubs avecques chausses, chapeaux, chemises et les autres habiz de sa personne, soient donnez pour Dieu en l'estat qu'elles seront ou vendues et l'argent donné et distribué à povres créatures, où l'en verra qu'il sera bien emploié, tant fillettes à marier pour aider à elles vestir, comme à autres misérables personnes et povres mesnagiers honteux des paroisses Saint Estienne et de la dicte Chapelle Gauthier, et à ses povres parens et serviteurs.

« Item, se aucuns arrerages estoient deuz au dit testateur de sa rente à vie de Mailly au temps de son trespassement, il les quicte dès maintenant pour lors.

« Item, il laissa aux religieux, prieur et frères du Carme de Paris, afin qu'ilz soient plus astrains de prier et faire unes obsèques solennelles pour lui dedens quinzaine après sa mort ou plus tost à l'ordonnance de ses exécuteurs dix frans, des quelx les deux seront convertiz en la pitance du couvent et les autres es nécessitez de l'église.

« Item, aux diz religieux de Saincte Geneviève, qui feront son service en leur église où il doit estre enterré le jour de son enterrement ou obsèques et prieront pour lui, quatre frans, les quelx les deux seront pour la pitance du couvent.

« Item, laissa aux ditz religieux et à leur église pour mettre en leur librairie et avoir mémoire de lui à tous jours et prier pour son âme son beau livre *Catholicon*, qui est moult notable.

« Item, ordonne encore que le lendemain de ses obseques, que l'on fera au plaisir de Dieu à Saincte Geneviève, ungs autres en soient faiz en sa paroisse honnestement, et que ung franc soit lors distribué aux chapellains et clers d'icelle, et le curé sera content de son luminaire et offrandes avecques le lais qui lui est dessus fait.

« Item, laissa à tous les povres de l'Ostel Dieu de Paris que l'en y trouvera pour une journée dedens un mois après sa mort, à chascun un denier Parisis.

« Item, le dit testateur laissa à la confrairie Saint-Nicolas nouvellement fondée ou palais en la grant sale, dont il est confrère, deux frans.

« Item, à l'autre confrairie, ou messes ordonnées d'ancienneté en la dicte sale par messeigneurs et le collège de la dicte cour de Parlement, deux frans.

« Item, à la confrairie des sainctes Maries de nouvel ordonnance en l'église du Carme de Paris deux frans, et tout pour estre accompaignié aux messes, prières et bienfaiz des dictes confrairies.

« Item, à l'autre confrairie de Nostre-Dame de Recouvrance en la dicte église du Carme, deux frans.

« Item, il laissa à Martin, son nepveu, religieux de Saincte-Geneviève et à présent curé de Vanves, à fin qu'il prie pour lui, son bréviaire, et le requiert de huit messes dedens l'an de son trespassement.

« Item, pour faire de bonne painture en la dicte chapelle de Saint Michiel et Saint Jaques en la dicte église du Carme ou autre lieu honneste en icelle ou dedens le cloistre contre les murs de l'église ymages en parois de la représentacion du dit testateur, sa feue femme et enfans, devant une ymage de Nostre-Dame que l'en y fera, avecques memoire de la fondacion de trois messes la sepmaine, ou memoire de la dicte fondacion et ordonnance en ung tableau de cuivre, douze frans.

« Item, volt encores et ordonna le dit testateur, se aucuns créanciers de feu maistre Jaques son filz, qui a esté de foible gouvernement, autres que ceulx dont maistre Jaques Philippe a esté chargié de paier, se apperent, ou demandent aucunes debtes en quoy leur feust tenu le dit feu maistre Jaques, s'il est trouvé et apperré souffisamment les dictes debtes estre deues pour bonnes et loyaux marchandises et justes causes et pour bons contraulx sans fraude, et ainsi le monstrent les créanciers par lettres ou tesmoins, et aussi l'afferment par serement, que par composicions amiables et autrement, au mieulx que faire se pourra, satisfaction leur en soit faicte de tout ou partie, pour l'acquit et descharge de l'âme du dit défunct, son filz.

« Item, il laissa à la fille illégitime de feu Estienne de l'Espoisse son frère, quatre frans; à Jehan de la Ferrière, son procureur et receveur en Brye, cent solz Parisis.

« Item, à Gauchier de l'Espoisse, son frère, curé de Nangis, sa terre de l'Espoisse au Lombart, à vie seulement, et son livre de *Mendeville*.

« Item, à chascun des hospitaulx de Paris et des fourbourg, et de la maladrerie de Saint Ladre de Paris, deux frans.

« Item, pour deux annuels, l'un pour maistre Jaques, son filz, et l'autre pour Estienne, son frère, la somme de cinquante frans, et à frère Jehan le Bailli, carmélite, deux frans, et le requiert de deux messes pour son âme, et pareillement autant et d'autel à frère Nicole de Reinville.

« Item, le dit testateur soubzmet le fait de son execucion, la reddicion du compte, la cognoissance, l'interprétacion et tout ce qui en dépendra à la saincte et noble court de Parlement où il l'a commise, et a esté nourry dès qu'il estoit jeune enfant, et ylec prins son estat et chevance.

« Item, et pour ce présent testament acomplir, fait et ordonne ses exécuteurs, les dessus nommez, maistre Jehan l'Abbat, Jaques Phelippe Guibert le Normant et Jehan Queniat, et les trois d'iceulx du moins, et leur transporta et transporte tous ses biens, meubles et immeubles, la saisine et possession d'iceulx, pour convertir ou fait de son execucion et acomplissement de son testament, jusqu'à ce qu'ilz aient en main largement la somme et valeur à quoy il pourra monter, et les livres, robes et autres choses par lui laissées, pour les distribuer selon la forme de ce testament, et aussi pour tout le surplus de ses biens meubles et héritages garder et faire tenir en main seure par justice, se mestier est, jusque à ce que Jehanne, sa fille ou autres héritiers, se elle avoit empeschement, ou légataires se apperrent et en vieignent prendre ou requérir possession; et aus diz exécuteurs donna et donne povoir de plus a plain d'éclairer et interpréter partout où ilz verront qu'il appartiendra es clauses et cas où il cherra aucune doubte ou obscurté, avecques toute autre tele faculté, auctorité et puissance que en tel cas appartient et que bons et loyaulx amis et exécuteurs doivent avoir et de croistre le laiz de ses serviteurs, s'il leur sembloit que plus deussent avoir qu'il ne leur laisse.

« Et volt et encores veult que ce présent testament, et ordonnance de derrenière volenté et qu'il soit entériné et accomply au plus briefvement que faire se pourra bonnement en rappellant tous autres testamens et codicilles par lui faiz et passez par avant. Et veult et ordonne que ses diz exécuteurs, qui entreprendront le fait et charge de son exécucion, le paient des charges, missions, despens et travaulx qu'ilz auront euz faiz et soutenuz à cause de l'exécucion sur ses biens et qu'ilz en soient creuz en leurs loyaultez et consciences.

« Et défend et commande à sa dicte fille, prie et requiert Jehan d'Aunoy, son mary et autres héritiers, se le cas y escheoit, que ou fait de son exécucion, ne des lais et autres choses contenues dans ce présent testament, ilz ne mettent débat ne empeschement aucun, sur peine d'estre privez de sa succession et sur tout l'amour et obéissance qu'ilz lui doivent, et les prie et requiert, tant à certes qu'il puet plus, qu'ilz solicitent ses diz exécuteurs, et preignent garde comment ilz facent bien et loyaument leur devoir et bonne diligence de ce dit testament acomplir au plus briefvement que faire se pourra, pour la descharge et salut de son âme.

« Et encores réserva et réserve de muer, changer, corriger, détraire et ajouster toutes foiz que bon lui semblera en ce présent testament, tant comme il vivra, le surplus non mué ou changé demourant en sa vertu ; et toutes voies est il l'entencion du dit testateur que ce que l'en trouvera qu'il aura paié et fait à son vivant des lais et ordonnance contenuz en ce testament depuis la date d'icellui, dont il apperra par cedule ou cedules escriptes et signées de sa main ou autrement souffisamment, tiegne lieu et en soit son exécucion deschargée sans plus le paier ne faire, car au plaisir de Dieu il a entencion et volenté s'il vit longuement, d'en paier et acomplir encores aucune partie, sa vie durant. Et volt et ordonna, veult et ordonne icellui testateur que les laiz qu'il fait en florins soient paiez en florins ou en monnoye à la value, et les autres faiz en monnoye en tel monnoye comme il courra au temps de son trespas.

« En tesmoing de ce, nous, à la relacion des diz notaires, avons mis le seel de la prévosté de Paris à ces présentes lettres testamentaires, faictes, passées et accordées le mardi premier jour du mois d'aoust, l'an de grâce mil quatre cens dix-neuf. Ainsi signé : Hélye Prestic, G. Hanage.

« A tous ceulx qui ces présentes lettres verront, Jehan, seigneur du Maisnil, chevalier, conseiller, maistre d'ostel du roy nostre sire et garde de la prévosté de Paris, salut. Savoir faisons que par devant Hélie Prestic et Giles Hanage, clers notaires jurez du roi nostre dit seigneur de par lui establiz en son Chastellet de Paris, fut pour ce présent et comparant en sa personne honorable homme et saige maistre Nicolas de l'Espoisse, notaire, secrétaire du roy nostre sire et greffier des présentacions de sa court de Parlement, enferme de corps, toutes voies sain de pensée et ayant bon mémoire, vray sens, certain et notable entendement, comme il appert de prime face, lequel de son bon gré, non contraint, comme il disoit, en confermant, ratifiant et approuvant ung sien testament ou ordonnance de derrenière volenté par lui fait, passé et ordonné par avant le jour duy soubz le seel de la prévosté de Paris, sans aucunement déroguer a icellui, fist, disposa, et ordonna en la présence et par devant les diz notaires, et par la teneur de ces présentes fait, dispose et ordonne par manière de codicille ou ordonnance de derrenière volenté, les lais, ordonnances et choses qui s'ensuivent.

« Et premièrement, le dit maistre Nicolas de l'Espoisse volt et ordonna, veult et ordonne que à frère Nicole de Rainville, religieux des Carmes à Paris, pour et en lieu de la somme de deux frans qu'il lui avoit laissiez en son dit testament, en ampliant le dit lais, feust et soit par ses exécuteurs par lui esleuz en son dit testament et cy dessoubz nommez paiée et baillée, et par ce présent codicille lui laissa et laisse la somme de quatre escuz d'or, parmi ce que icellui frère Nicole sera tenuz de dire et celebrer pour icellui maistre Nicolas après son trespas, pour le salut remède de son âme, huit messes basses.

« Item, volt encores et ordonna le dit maistres Nicolas de l'Espoisse que à Guibert le Normant, son clerc, qui longuement et loyaument l'avoit et l'a servi, pour et en lieu de la somme de quarante frans que par son dit testament lui avoit donnez et laissiez, feust aussi par ses diz exécuteurs paiée et baillée, et par ce dit présent codicille lui laissa et laisse la somme de cinquante escuz en or, afin qu'il soit tenuz prier Dieu pour lui.

« Item, le dit maistre Nicolas de sa certaine science, donna et laissa, et par ce présent codicille, donne et laisse à damoiselle Jehanne sa fille, pour elle, ses hoirs et ayans cause, à tousjours perpétuelement sa terre, seignorie et revenue de l'Espoisse au Lombart, ensemble toutes les appartenances et appendences à y celle terre et seignourie sans riens en excepter, pour tout tel droit de succession que la dicte damoiselle Jehanne pourroit avoir prétendre et demander par manière de hoirrie ou autrement en tous les biens meubles, debtes et possessions immeubles quelzconques que aura, tendra, et possédera le dit maistre Nicolas de l'Espoisse, son père, au jour de son trespas, en voulant, ordonnant, et expressément commandant à sa dicte fille que de ce feust, soit et veuille estre contente, attendu qu'elle avoit et a eu en son mariage grant quantité de ses biens, et que par longtemps depuis icelluy mariage l'avoit et a gouvernée à ses despens, et encores faisoit et fait de jour en jour.

« Et en tant qu'il touche le résidu et demourant de tous les biens meubles, debtes, héritages et possessions immeubles quelzconques du dit maistre Nicolas de l'Espoisse, icellui maistre Nicolas volt, ordonna, veult et ordonne tout icellui résidu, son dit testament et présent codicille et chascun d'iceulx premièrement et avant toute euvre paiez, enterinez et accompliz en tous leurs points et articles, estre et par ce présent codicille le mist et met du tout à la disposicion et ordonnance de ses diz exécuteurs, pour icellui résidu donner, aumosner et distribuer pour Dieu et povres filles à marier, povres églises, hospitaux, povres orfelins et en autres œuvres méritoires et charitables, ou autrement, tout ainsi qu'il leur plaira et que en leurs consciences ilz verront estre à faire et bien employé pour le salut et remède de l'âme du dit maistre Nicolas, de ses feux père, mère, parens, amis, bienfaicteurs et de tous trespassez, et de ce le dit maistre Nicolas chargea et charge du tout par ces présentes ses diz exécuteurs et chascun d'eulx.

« Et pour toutes les choses dessus dictes et chascune d'icelles paier, enteriner et acomplir de point en point, le dit maistre Nicolas de l'Espoisse fist, nomma, esleut et ordonna ses exécuteurs et féaulx commissaires ceulx par lui faiz et nommez en son dit testament, c'est assavoir, maistres Jehan l'Abbat, Jehan Quéniat, advocas en la dicte court de Parlement, maistre Jaques Phelippe et le dit Guibert le Normant aus quelx ensemble et aux trois d'iceulx pour le tout il donna et octroya, donne et octroye plain povoir, auctorité et mandement espécial de paier, entériner et acomplir, et mettre à fin et exécution deue ce present codicille, les choses dedens contenues et chascune d'icelles selon leur forme et teneur, et de faire en oultre tout ce que au cas appartendra, et que bons et loyaux exécuteurs pevent et doivent faire, en leur transportant et délaissant tous ses biens meubles, debstes et possessions immeubles, la saisine et possession d'iceulx, pour les prendre et appréhender de fait, tantost et incontinent lui alé de vie à trespassement, sans aucun contredit ou empeschement, pour les mettre convertir et emploier, ou fait de son exécucion jusques à plain paiement et accomplissement de ses diz testament, et codicille, et les distribuer selon la forme et teneur d'iceulx; les quelx testament et codicille et ordonnance de derrenière volenté ou autrement par la meilleure forme et manière que tenir et valoir pourront et devront, sans aucunement les rappeler ou révoquer, ainçois volt et veult iceulx estre enterinez et accompliz le plus tost que bonnement faire se pourra, en soubsmettant, par le dit maistre Nicolas de l'Espoisse, comme autres foiz a fait son dit testament, avec ce présent codicille, le fait de sa dicte exécucion, la reddicion du compte, la cognoissance et interprétacion d'iceulx, et tout ce qui en deppend à la dicte court de Parlement.

« En tesmoing de ce, nous, à la relacion des diz notaires, avons mis le seel de la dicte prévosté de Paris à ces présentes lettres de codicille, qui furent faictes et passées l'an de grâce mil quatre cens et vint, le mercredi XVIII° jour du mois de décembre. Ainsi signé : G. Hanage, Helye Prestic. Collacio facta est cum originali reddito Guiberto Normanni alteri executorum[1]. »

Il ne nous est tombé entre les mains aucun des registres du prieuré de Saint-Martin des Champs, lequel avait le droit de présentation à la cure de Bobigny, pour nous faire connaître les noms de quelques-uns de MM. les curés de la paroisse, restés ignorés jusqu'à ce jour.

Mais nous avons eu l'avantage de rencontrer aux Archives nationales deux registres des synodes de l'Église de Paris, concernant la nomination aux cures, prébendes et bénéfices de cette *Église*, de la fin du règne de Charles VII, et sous l'épiscopat de Guillaume Chartier, dans lesquels nous avons trouvé inscrits les noms de *Pierre-Lazare-Philippe Haret*, comme curé, et de *Claude Bléty* comme chapelain de la chapelle Saint-Étienne du château, à Bobigny. On lit en effet, au premier de ces registres : « Synodus æstivalis, Parisiensis, per reverendum in Christo
« Patrem, Guillelmus miseratione divina episcopus Parisiensis. Anno
« Domini millesimo cccc° quinquagesimo quinto, die vigesimâ quartâ,
« mensis aprilis, ad curam de Baubigniaco. D. Petrus Lazarus Philippus
« Haret. Capellanus Claudius Blety[2]. »

Et dans le second registre qui les mentionne de nouveau avec les mêmes qualifications, on lit :

---

1. *Bibl. nat.* Départ. des manuscrits, 1162, fol. 463. Extrait de l'ouvrage : *Testaments enregistrés au Parlement de Paris, sous le règne de Charles VI*, publié par Alexandre Tuétey. Imprimerie nationale, 1880.
2. Arch. nat., LL. 19-20, années 1455 et 1456.

« In quâ die computati sunt capellani, ad serviendum curis cunctis
« diœcesis parisiensis, prout infra scribitur. Ad curam Sancti Andreæ
« de Baubigniaco, ed présentationem priorati Sancti Martini de Campis.
« D. Petrus Lazarus Philippus Haret. Capellanus, D. Claudius Blety[1] »

Guillaume Chartier, évêque de Paris, frère du célèbre Alain Chartier, fut désigné le 7 novembre 1455, par le pape Callixte III, ainsi que les évêques de Rouen et de Coutances, pour reviser le procès de Jeanne d'Arc, condamnée à mort et brûlée vive à Rouen le 30 mai 1431. Huit mois après l'examen des pièces et l'audition d'une foule de témoins, ils déclarèrent inique la sentence de condamnation portée contre Jeanne d'Arc, et vengèrent ainsi la mémoire de la vierge héroïque, envoyée de par Dieu, à fin de délivrer sa patrie de la domination anglaise.

Le registre des visites archidiaconales de l'année 1461 signale comme curé de Bobigny M. *Guy Meslin,* et marque que la chapelle Saint-Etienne du château était sans chapelain. Le 18 mai 1470, M. l'archidiacre, dans le procès-verbal de sa visite de la paroisse, relate qu'il a retrouvé comme curé M. Guy Meslin et rencontré comme marguilliers MM. Etienne Andry et Thomas Andry. Il marque de plus qu'il a perçu pour son droit de visite six sous et deux mesures et demie de vin ordinaire, après quoi il est retourné en toute hâte à Bondis : « Recurrimur apud
« Bondeis. »

L'histoire rapporte que dans son voyage à Ermenonville chez Pierre l'Orfèvre, en 1473, Louis XI s'arrêta à l'aller et retour au Vivier lez Aubervilliers, dont Pierre l'Orfèvre était aussi seigneur, et que ce prince en cette circonstance se rendit à l'autel de Notre-Dame des Vertus, pèlerinage fameux encore à notre époque, dans le but d'y accomplir ses dévotions.

La famille d'Orfèvre possédait également du bien au territoire de Bobigny, ainsi qu'il a été dit. Vers le même temps étaient aussi propriétaires en ce village Robert Lescrivain et Jean de Saint-Benoît. Ils firent l'un et l'autre, en 1478, divers legs à l'Hôtel-Dieu de Paris. Le premier légua à cet établissement hospitalier, fondé par la charité chrétienne, dix florins et quinze sous parisis, formant un revenu de sept livres dix sous

---

1. Arch. nat., LL. 21-22, années 1457-1460.

de rente. Le second laissa en mourant au même établissement huit livres de rente, augmentée plus tard d'une autre rente de cent sous par Mme de Saint-Benoît, sa veuve[1]. Mme de Saint-Benoît était dame de compagnie de damoiselle Jeanne Rataut, veuve de Charles de Montmorency, d'Auvrayténil et de Goussaiville, seigneur de Bobigny[2].

A Louis XI, mort en 1482, succéda Charles VIII, âgé de treize ans. Son mariage avec Anne de Bretagne, célébré à la fin de 1491, assura la réunion de la Bretagne à la France. Quelques mois avant la conclusion de ce contrat si avantageux pour l'État avait eu lieu à Paris une procession générale des reliques de sainte Geneviève et de saint Marcel, dans le but d'obtenir la paix et la prospérité du royaume.

L'année suivante, Christophe Colomb découvrit l'Amérique et y planta le drapeau de la nation espagnole, au service de laquelle il s'était engagé.

Enfin, en l'année 1498, qui fut celle où Louis XII, dit le Père du peuple, monta sur le trône, et Vasco de Gama, Portugais, découvrit les Indes orientales.

Jean Bruneau, autre curé de Bobigny, assassiné en 1504.

L'abbé Lebeuf, dans son savant ouvrage sur le diocèse de Paris, nomme ce curé, qui, selon un vieux dire des habitants du village, aurait été frappé mortellement sur le chemin de Bobigny à Paris, parce qu'il avait énergiquement soutenu les droits de sa cure. Il se fit transporter chez les religieux de l'abbaye de Sainte-Geneviève, qui avaient coutume de le recevoir. Il y mourut après quelques jours de souffrances et fut inhumé dans le cloître.

L'abbé Lebeuf, qui le visita vers 1745, y rencontra l'épitaphe de Jean Bruneau, dont il copia le texte écrit en petites lettres gothiques du commencement du XVIe siècle. Voici copie de cette épitaphe, remarquable par le style naïf des vers qui la composent :

---

[1]. Collection de documents pour servir à l'*Histoire des hôpitaux de Paris*, t. 1er page 3.

[2]. Registre de ses comptes. *Annuaire-Bulletin de la Société de l'Histoire de France,* année 1878, page 222.

« Cy-dessous gist de Dieu le léal Serviteur,
Jean Bruneau, Prêtre, de Bobigny Curé,
Clerc de la Chambre, Chapelain de Monsieur,
Servant à tous tant comme il a duré :
Par dard mortel fust le corps séparé
De avec l'âme, l'an mil cinq cent et quatre,
Le jour treizième de juillet mal paré;
Dieu par sa grâce veille ses maulx rabattre[1]. »

MM. de Béthisy et d'Ornano, dans leur aveu et dénombrement de 1640, fourni au seigneur dominant de Livry, marquent ce qui suit au sujet de la cure de Bobigny :

« Sur toutes et chacune des dixmes des grains et vins de la terre et paroisse de Bobigny, le curé a droit de prendre par chacun an, par la main du seigneur de Bobigny, ou de ses gens et commis, au jour de Saint-Martin d'hiver, un muid de blé et un muid d'orge, mesure de Paris, et demi muid de vin pour tout le droit de son gros, qu'il peut et doit avoir à cause de la dite cure paroissiale de Saint-André de Bobigny... Les seigneurs de Bobigny possèdent aussi en plain fief toutes les autres menues dîmes, tant d'agneaux, etc. Sauf et réservé que l'église de Bobigny a prétendu lui appartenir les deux tiers de la dîme d'agneaux. »

Est-ce pour la défense de ce dernier droit, et du droit de dîme en général, que Jean Bruneau serait tombé sous le fer des assassins? Sa mort, dans ce cas, prouverait une fois de plus, qu'il peut être dangereux d'avoir raison contre plus fort que soi.

Le 14 octobre 1515 eut lieu la délivrance d'un legs de trente-six sous parisis de rente sur des héritages situés à Bobigny, fait au profit de l'Hôtel-Dieu de Paris, par Denise de Fumchon, veuve de Michel Fusée, avocat au Parlement[2].

Les anciens seigneurs de Bobigny avaient fondé dans leur château, du consentement des évêques de Paris, une chapelle du titre de Saint-Étienne, premier martyr, et y avaient attaché un revenu annuel d'un demi-muid

---

1. L'abbé Lebeuf, *Histoire du diocèse de Paris*, t. VI, page 279.
2. Collection de documents pour servir à *l'Histoire des hôpitaux de Paris*, t. III, page 336.

de grains avec soixante sous tournois et quatre sous parisis de rente, en se réservant le droit d'y présenter...

Au dire de l'abbé Lebeuf, un registre de l'officialité de l'an 1385, temps où vivait Étienne de Braque, seigneur de Bobigny, qui pourrait bien être le vrai fondateur de cette chapelle du château, en fait mention.

Elle était vacante depuis longtemps, lorsque Étienne V de Poncher, évêque de Paris, y nomma, *jure de voluto,* le 26 juillet 1518, Pierre Paillart, membre, il est probable, de la famille de Guillaume Paillart, avocat au Parlement et propriétaire à la même époque de la maison de plaisance dont quelques bâtiments subsistent encore de nos jours et occupent l'angle formé par la jonction de la rue Saint-Denis et du chemin de la Justice.

Vingt-cinq ans après la nomination de M. Pierre Paillart, Pierre Perdrier, seigneur de Bobigny depuis environ ce même laps de temps, réclama de Jean VI du Bellay, évêque de Paris, le droit de présentation à ladite chapelle, alléguant la fondation faite par les seigneurs de Bobigny, ses prédécesseurs. La confirmation de ce droit lui fut accordée. Il en usa probablement, mais nous n'en avons point de preuves, et, à plus forte raison, nous est-il impossible de citer l'ecclésiastique qu'il présenta à la nomination de l'éminent cardinal.

Un demi-siècle plus tard, Henri de Gondy, évêque de Paris, donna de nouvelles provisions de ce bénéfice à la demande de Barbe Robert, veuve de Jacques de Bragelongue, tutrice de Anne et de Charlotte de Perdrier, ses petites-filles. Le nom de l'élu privilégié n'est pas non plus parvenu jusqu'à nous.

Les aveu et dénombrement cités dans la première partie de ce travail, rendus par **MM.** de Béthisy et d'Ornano, au seigneur de Livry, rapportent ainsi qu'il suit le droit de chapelle qui leur appartient et les revenus qui y sont attachés :

« Item, aux dits sieurs de Bobigny, à cause de leur seigneurie, appartient la présentation de la chapelle Saint-Étienne, fondée au château du dit Bobigny, et la collation à Mgr l'archevêque de Paris, de laquelle chapelle le revenu vaut demi-muid de grains pris sur les dixmes des grains du dit Bobigny et soixante-cinq sous tournois par chacun an, payable le tout au jour de Saint-Martin d'hiver, par les dits sieurs et à la charge des messes, services et autres conditions mises et apposées en la fondation d'icelle chapelle et omologation faite par l'archevêque de Paris. »

Enfin, l'abbé Lebeuf écrit touchant ce bénéfice que, dans une copie d'un pouillé du temps de Mgr de Noailles, archevêque de Paris, il était estimé valoir par an six septiers de grains et un écu d'or.

Vingt ans environ après la mort du pape Léon X, qui donna son nom au siècle où il vécut, appelé aussi le siècle de la Renaissance, et quelques années seulement avant la mort de François Ier, vivait une noble damoiselle, censitaire de la seigneurie de Bobigny et dame elle-même de plusieurs domaines importants situés en divers lieux, Valentine L'Huillier de Manicamp, épouse de Bertrand l'Orfèvre. Tout son bonheur étant de faire des donations et fondations aux églises paroissiales de ses terres.

M. Louis Radel, prêtre curé d'Ermenonville près Senlis, dans ses Mémoires pour servir à l'histoire de la fabrique de sa paroisse, Mémoires qu'il écrivit en 1767[1], raconte à la page 99 de son travail que, dans son église, il était d'usage d'exposer à la vénération des fidèles, les jours de l'Invention et de l'Exaltation de la Sainte-Croix, du Vendredi Saint, des Rogations et des principales fêtes de l'année, la relique de la vraie Croix. Que cette précieuse relique était enchâssée dans une boîte d'argent, fermée d'un verre de cristal, et placée à l'entrée du chœur dans une sorte de sépulcre, creusé sous les pieds du crucifix, de façon à pouvoir être contemplée, ou pour mieux dire adorée, par chacun des assistants. Qu'enfin Ermenonville devait cet incomparable trésor à la pieuse munificence de Valentine L'Huillier, veuve de messire Bertrand l'Orfèvre, dame douairière dudit lieu.

Nous n'avons pu découvrir le nom de l'heureux curé qui exerçait la charge pastorale en 1557, année de la reconstruction de l'ancienne église, solennellement dédiée et consacrée par Charles Boucher d'Orsay, évêque de Mégare et abbé de Saint-Magloire.

Ce fut vers ce temps-là que la prétendue réforme de Luther, modifiée par Calvin, menaça de s'implanter en France, en lâchant la bride à toutes les mauvaises passions. Plus ardents que les catholiques d'Allemagne et d'Angleterre, ceux de France résistèrent à la violence par la violence, et gardèrent intacte la foi qu'ils avaient reçue de leurs aïeux. Du reste, l'Église de Jésus-Christ, qui a reçu de son divin chef des promesses d'in-

---

1. Le manuscrit de M. Radel, resté inédit, est en dépôt au presbytère d'Ermenonville.

faillibilité, était seule compétente pour définir les vérités de la foi et donner la règle des mœurs. Elle le fit d'une manière solennelle et explicite dans le Concile général de Trente (1545 à 1563), où elle condamna les erreurs sans nombre des protestants et fit des règlements propres à corriger les abus qui s'étaient introduits dans la discipline pendant les siècles précédents.

Des désordres et des excès de tout genre se multiplièrent en France à la faveur des guerres civiles dites de religion, et les ecclésiastiques eux-mêmes ne furent pas tous exempts de reproche. Témoin Jean Tesnier, prêtre, vicaire de Bobigny et maître d'école, accusé de fausse monnaie, et condamné qui plus est comme récidiviste en 1582, dont nous avons rapporté tout au long le procès au second chapitre. Mais Notre-Seigneur n'a-t-il pas enseigné que les scandales étaient nécessaires pour éprouver la vertu des bons et la rendre plus méritoire, tout en maudissant les scandaleux et en déclarant qu'il eût été préférable à ces meurtriers des âmes d'être jetés dans la mer, avec une meule de moulin au cou, plutôt que d'avoir été un sujet de scandale au plus petit des enfants de Dieu. Des scandales se sont produits même dans le collège apostolique, est-il étonnant qu'il s'en produise chaque jour dans le sein de l'Église? Ils sont à leur manière une preuve aussi que la religion catholique romaine, qui a été divinement instituée, a réellement pour appui le Fils de Dieu fait homme, qui a promis en la fondant d'être pour elle, jusqu'à la fin des temps, la pierre angulaire contre laquelle les forces déchaînées des puissances infernales viendraient se briser.

A Henri II, mort en 1559, succédèrent par rang d'âge les trois fils qu'il avait laissés après lui. D'abord François II, qui décéda après un an de règne, à l'âge de 17 ans, en 1560. Ensuite Charles IX, qui mourut en 1574, âgé de 24 ans. Enfin Henri III, assassiné en 1589, après un règne de vingt-cinq ans. A ces derniers princes de la branche des Valois succéda Henri IV de Bourbon, victorieux de ses ennemis. Mais la plus belle et plus fructueuse des victoires qu'il remporta fut celle qu'il gagna contre les prétendus réformateurs, qui voulaient le retenir dans l'hérésie, le jour où, déterminé à revenir à la foi de ses pères, il leur repartit : « Vous convenez qu'on peut se sauver dans l'Église romaine; pourquoi donc l'avoir abandonnée? Les catholiques soutiennent qu'on ne peut se sauver dans la vôtre, permettez que je suive la loi du bon sens en prenant le parti le plus sûr, et que je préfère une religion dans laquelle, de l'aveu de tous, je puis faire mon salut. »

La première pièce légale relative à la tenue dans chaque paroisse des registres en forme de preuves des baptêmes, est l'ordonnance de Villers-Cotterets, donnée le 10 août 1539 par François Ier, par laquelle il fut prescrit à tous les curés d'inscrire exactement l'époque de la naissance, les noms et les prénoms des fidèles qu'ils auraient à baptiser. Les instructions de l'ordonnance royale ne furent que très lentement et très imparfaitement mises en pratique. C'est pourquoi le roi Henri II fut obligé de renouveler les sages prescriptions de son prédécesseur. Il imposa de plus aux ecclésiastiques placés à la tête de paroisses la rédaction des actes de mariage, de décès et d'inhumation. Plus tard en 1691, au mois d'octobre, le roi Louis XIV rendit un édit obligeant de rédiger ces divers actes religieux sur papier timbré, afin de servir de minutes.

Quant à la paroisse de Bobigny, ses registres de catholicité, faits en double comme dans les autres paroisses, ne remontent pas au delà de 1652. Les cahiers de reddition de comptes de la fabrique, tenus par les marguilliers en charge, commencent à l'année 1638. Ces divers registres et cahiers, ainsi que tous les autres titres qui étaient la propriété de l'église, furent saisis à la fin de l'année 1792, lorsque la Convention décréta l'abolition du culte catholique.

La municipalité put garder cependant à la maison commune, ou mairie, l'un des deux exemplaires manuscrits des actes de baptême, mariage et décès. L'autre minute de ces actes que nous avons consultée au Palais de Justice de Paris, où on l'avait déposée, a été consumée dans l'incendie de mars 1871. Il en a été de même de plusieurs cahiers de comptes de fabrique et de plusieurs titres justificatifs que nous avons même copiés pour la plupart, dès l'année 1864, dans un des bâtiments dépendant de l'Hôtel de Ville de Paris, situé avenue Victoria; ils ont été détruits dans le même incendie. Il y avait du reste plusieurs lacunes regrettables dans la collection de ces monuments précieux au point de vue de l'histoire locale. Déjà, lors du pillage de l'archevêché de Paris, en février 1832, d'autres insurgés avaient jeté à la Seine et détruit sans retour nombre de pièces manuscrites qui pouvaient, en partie du moins, combler ces lacunes.

Par une bulle du 20 octobre 1622, donnée par le souverain pontife

Grégoire XV, à la requête du pieux roi Louis XIII, l'évêché de Paris, jusque-là suffragant de l'archevêché de Sens, fut érigé en archevêché en faveur de Mgr Jean François de Gondy.

En 1628, les protestants, qui s'étaient soulevés encore une fois contre le gouvernement de leur pays, furent terrassés définitivement par la prise de la Rochelle, due particulièrement au génie du cardinal Richelieu.

Ce fut vers ce temps-là que M. *Bernard Truchart*, prit possession de la cure de Bobigny. Nous ne savons rien de précis sur cet ecclésiastique, si ce n'est l'époque de sa mort, arrivée le 7 juin 1632, et inscrite par le P. Le Vasseur, dans sa chronologie des curés des paroisses de l'ancien diocèse de Paris, éditée par M. Valentin Dufour, et insérée dans le Bulletin du comité d'histoire et d'archéologie du diocèse de Paris.

Le registre des comptes de fabrique de l'année 1638 cite comme curé de Bobigny à cette époque, M. *Richard Legrand*. Succéda-t-il immédiatement à M. Bernard Truchart? Nous n'avons rencontré aucun document pour nous fournir quelque éclaircissement à cet égard.

Par un édit du 10 février de cette même année 1638, donné à Saint-Germain en Laye, le roi Louis XIII consacra sa personne et son royaume à la glorieuse Vierge Marie, la priant de prendre l'une et l'autre sous sa puissante protection. Et afin de perpétuer d'âge en âge le souvenir de cette consécration, il ordonna que dans toutes les paroisses de ses États, on fît chaque année, le jour de l'Assomption, 15 du mois d'août, après les vêpres, une procession solennelle, à laquelle assisteraient toutes les autorités judiciaires et civiles. Cette procession solennelle, indiquée dans l'édit royal, se fit à Paris et dans toutes les églises de France le 15 août suivant. Le pieux roi, qui se trouvait ce jour-là à Amiens, assista à cette procession et à tout l'office dans l'église des Minimes, où il avait reçu le matin la sainte communion.

Voici le tableau des décimes ou impositions de deniers prélevés sur le clergé du diocèse de Paris, et sur le curé de Bobigny en particulier, dans les années 1636 et suivantes :

« Archevêché. Compte des décimes.

« La cure de Bobigny ;

« Pour le terme de février 1636, des 1,173 livres 3 sols 8 deniers, à quoi le diocèse a esté taxé à l'assemblée générale de Paris en 1635, qui n'aurait pu estre levé en son temps, faute de commission payable seulement quant à celui d'octobre de la présente année 1636, qui revient pour le dit terme à raison de 9 deniers pour livre, fait 11 sous 11 deniers.

« Pour la quotte part de 195 livres 10 sols, pour les frais de la dite assemblée de 1635, payable en deux termes seulement, savoir octobre 1636 et février 1637, qui fait, pour chacun des dits termes, à |raison d'un denier obole pour livre, 6 deniers.

« Pour le terme de février 1635, des 2,165 livres 17 sols des frais communs d'icelle assemblée, qui n'auroit pu aussi estre levé en son temps, faute de commission, le dit terme de février dernier 1636, payable seulement, quant à celui d'octobre de la même année 1636, à raison de 11 deniers pour livre, fait 3 sols 7 deniers.

« Pour les 1,733 livres payables en deux termes, octobre 1636 et février 1637, tant seulement pour dédomagement de plus grande somme prestée au clergé du diocèse, qui revient pour chacun des dits deux termes à raison de 1 sol 1 denier pour livre, fait 4 sols 3 deniers.

« Pour les 1,352 livres dues au sieur Petit par l'arrêté de son compte payables aussi aux dits deux termes d'octobre 1636 et février 1637, tant seulement pour chacun des dits deux termes, à raison de 11 deniers pour livre, fait 3 sols 7 deniers.

« Pour les frais de l'assemblée générale qui se tiendra en l'année 1640, payables seulement en 4 termes, savoir en février et octobre des années 1638 et 1639, qui revient pour chacun d'iceux à raison de 2 deniers pour livre, fait 8 deniers.

« Pour les frais de l'assemblée qui se tiendra en 1645 (1,440 livres environ), payables tant seulement aux termes de février et octobre des années 1641 et 1642, 1643 et 1644, à raison pour chacun des dits termes de 4 deniers pour livre, fait 1 sol 4 deniers[1]. »

D'autres décimes dits extraordinaires furent en outre prélevés sur le clergé en 1636 lors de la guerre de Trente ans dans laquelle la France s'engagea, en embrassant le parti des protestants contre l'Autriche et l'Espagne unies au parti catholique.

Il est écrit au registre des visites archidiaconales du grand archidiacre de Paris, qu'après avoir visité le 26 avril 1641 les paroisses de Montmeillan, Moussy-le-Neuf, Chenevières, Epiais, le Boissy, Tremblay, Villepinte,

---

1. Arch. nat., Bobigny, LL. 32, année 1626.

Sevran, Nonneville, Aulnay, Blancmesnil, le Bourget, Dugny, Drancy-le-Petit et Drancy-le-Grand, il quitta le 31 suivant Pantin, pour se rendre à Bobigny, dont il visita l'église placée sous le vocable de saint André, qu'il y trouva les vases sacrés en bon état, les fonts de baptême bien tenus, pour curé M. Richard Legrand, pour marguillier Nicolas Buisson et pour sage-femme Marie Malet.

Le 6 juillet suivant se livra la bataille de la Marfée, où Charles de Béthisy, époux de Anne Perdrier, commandait comme lieutenant général l'aile droite de l'armée du comte de Soissons, qui remporta la victoire.

Le vendredi 17 mai 1642, le grand archidiacre de Paris, en cours de ses visites archidiaconales, quitta de bon matin Bondy, où il avait passé la nuit au presbytère, et se rendit pour la seconde fois à l'église paroissiale, où il dressa dans les termes que voici le procès-verbal de sa visite : « Visita fuit ecclesia Sancti Andreæ; sacramenta bene disposita; fontes nitidi; curatus magister Richardus Legrand; matricularius Le Faucheur Antonius; obstetrix Maria Malet. » Le même jour il alla visiter les paroisses de Drancy-le-Grand, Drancy-le-Petit, le Bourget, Dugny, Blancmesnil, Aulnay, Nonneville et Villepinte.

Le 4 décembre de la même année mourut à Paris, dans son palais, l'illustre cardinal Richelieu, qui fut enterré à la Sorbonne et auquel succéda, dans ses fonctions de premier ministre, le cardinal Mazarin.

Le 14 mai 1643, jour de l'Ascension, décéda à Saint-Germain en Laye le roi Louis XIII dit le Juste. Il fut inhumé à la basilique de Saint-Denis.

Quatre jours après cette cérémonie funèbre, le 18, le grand archidiacre, qui avait la veille visité les paroisses de Boissy, de Tremblay, de Villepinte, Saint-Martin, Aulnay, Nonneville, Blancmesnil, Dugny, le Bourget, Drancy-le-Grand et Drancy-le-Petit, vint pour la troisième fois à Bobigny dont il visita l'église, afin de s'assurer que le très Saint-Sacrement était traité avec révérence et que les fonts baptismaux et les vases sacrés étaient en bon état. Comme les années précédentes, il trouva M. Richard Legrand, curé de la paroisse; pour marguillier François Maucuit, et pour sage-femme, Marie Malet. Le même jour, il s'en alla visiter Bondy, l'abbaye de Livry, Clichy, Livry-le-Bourg, Vaujours, Coubron et le Pin.

M. le grand archidiacre de Paris, Dastof, revint à Bobigny le

Bobigny (lez Paris)   Planche X.°, page 357.

PORTAIL DE L'ÉGLISE DE BOBIGNY
D'APRÈS UN DESSIN DU 31 AOÛT 1818,
Tracé par l'Architecte de l'arrondissement de Saint-Denis.

Imp. A. Lemercier.

14 avril 1644 pour la quatrième fois. M. Richard Legrand y exerçait encore les fonctions curiales avec ponctualité et zèle. Il avait cette année-là pour l'assister dans le service des intérêts temporels de son église Nicolas Buisson, que nous avons déjà nommé comme marguillier en 1641. De Bobigny, M. l'archidiacre s'en alla directement à Bagnolet continuer la visite des paroisses de son archiniaconé [1].

Il repassa à Bobigny une cinquième fois, le vendredi 7 juillet 1646, après avoir visité Caubron, Vaujours, Livry-le-Bourg, Clichy, Livry-l'Abbaye, Bondy. Jean Moreau était marguillier en charge.

Encore une sixième fois, le vendredi 6 juillet 1647, alors que M. Richard Legrand avait pour marguillier de l'œuvre et fabrique de son église Léon Chotard; et une septième fois, le 16 juillet 1648, Nicolas Pivru étant marguillier en charge et M. Richard Legrand toujours fidèle à sa résidence.

Cette année 1648 mourut dame Anne de Bragelongue, veuve de messire Charles Perdrier, laquelle, ainsi qu'il a été dit au premier chapitre, légua à la fabrique 25 sols de rente à prendre chaque année sur l'Hôtel de Ville de Paris pour l'acquit de six messes de *requiem* à célébrer par an, selon ses intentions.

Cette fondation se trouve du reste mentionnée d'année en année aux registres de fabrique tenus avant 1791.

M. Richard Legrand reçut, le 12 mars 1649, une huitième visite de M. le grand archidiacre, ayant comme marguillier comptable Michel Moreau.

Enfin une neuvième, le 6 mars de l'année 1650, qui fut la dernière. Il présenta à M. l'archidiacre Henri Moreau pour lors marguillier en fonctions de l'église de Bobigny [2].

Au mois de cette année eu lieu l'assemblée du clergé, qui dura jusqu'au mois de mars de l'année suivante 1651, en laquelle M. le grand archidiacre paraît avoir interrompu le cours de ses visites. Du reste, la guerre civile de la Fronde venait de prendre de plus funestes développements, et les partis étaient si nombreux et les choses si embrouillées que la monarchie était en danger de se perdre.

---

1. Arch. nat., LL. 23, Archevêché de Paris, reg. des visites archidiaconales, 1641 à 1646.
2. Arch. nat., LL. 24, Archevêché de Paris, reg. des visites archidiaconales, 1646 à 1651.

Messire Richard Legrand décéda la veille de Noël, 24 décembre 1651.

Il fut enterré dans le chœur de l'église. Il avait légué en mourant vingt livres tournois à la fabrique de Bobigny à la condition de faire acquitter à perpétuité, pour repos de son âme, une messe le jour anniversaire de sa mort, ou le plus rapproché en cas d'empêchement.

Les associés de la confrérie du très Saint-Sacrement firent célébrer à son intention, quelques jours après son décès, une grand'messe de *requiem*, en sa qualité de membre et directeur de la confrérie.

Il est très consolant pour la piété des fidèles de Bobigny de savoir que la confrérie du très Saint-Sacrement, qui est la première de toutes celles de la paroisse, à cause du grand Dieu qui fait l'objet de son culte, soit ausi celle dont les traces remontent à une plus haute ancienneté. Et il est remarquable qu'on ne devenait marguillier en charge de la fabrique de Bobigny qu'après avoir exercé l'année précédente les fonctions de marguillier de la confrérie du très Saint-Sacrement. C'est en souvenir de cet ancien usage sans doute qu'à la tête des associés de la confrérie, nous voyons figurer encore de nos jours les administrateurs du temporel de l'Église et les membres de leur famille.

Au tableau de la confrérie du très Saint-Sacrement, exposé au banc d'œuvre, étaient inscrits au 9 mai 1864 :

M. Toussaint Tourly, maire, et madame.

M. Villot, président de la fabrique, et madame.

M. Lemaître (François), trésorier, et madame.

M. Lemaître (Jean), secrétaire, et madame.

M. Fourrier aîné, conseiller, et madame.

M. Hoyet, conseiller et madame.

M. l'abbé Masson, curé, directeur.

Mme veuve Masson, sa mère.

M. Auger et madame.

M. Berthe et madame.

M. Bacot et madame.

M. Boussard et madame.

M. Bertrand et madame.

M. Carpentier et madame.

Mme veuve Clément.

M. Clément (Louis) et madame.
M. Colbert et madame.
M. Cottereau et madame.
M. Dory et madame.
M⁽ᵐᵉ⁾ veuve Cousin.
M. Dorville père et madame.
M. Dorville (Théodore) et madame.
M⁽ᵐᵉ⁾ Dufour.
M. Dutreuille et madame.
M. Evin et madame.
M. Fontaine (Théodore) et madame.
M. Fontaine (Louis) et madame.
M. Fourrier jeune et madame.
M⁽ᵐᵉ⁾ veuve Fricault.
M⁽ᵐᵉ⁾ veuve Fromain.
M⁽ᵐᵉ⁾ veuve Génisson.
M⁽ᵐᵉ⁾ veuve Gérard.
M. Glisse aîné et madame.
M. Glisse (Etienne) et madame.
M. Gouffé et madame.
M⁽ᵐᵉ⁾ veuve Gouffé.
M. Hérouard (Gilles) et madame.
M. Hérouard (Louis) et madame.
M. Hervé père et madame.
M. Hervé fils et madame.
M. Jollin père, adjoint et madame.
M. Jollin fils et madame.
M. Jeunet et madame.
M. Jean-Baptiste Leclerc et madame.
M. Lemaire et madame.
M. Jean-Baptiste Lemaire et madame.
M. Constant Lemaître et madame.
M. Ferdinand Lemaître et madame.
M. Lemaître (Louis) et madame.
M. Lemaître (Auguste) et madame.

M. Lemaître (Parfait) et madame.
M. Lemaître (Louis) et madame.
M. Ferdinand Lemaître fils et madame.
M. Levasseur et madame.
M. Libord père et madame.
M. Libord fils et madame.
M. Lévêque et madame.
M. Liébert.
M. Manicol et madame.
M. Méry et madame.
M. Mougrolle (Auguste).
M. Noblot et madame.
M. Audois et madame.
M. Louis Provins et madame.
M. Richebois père.
M. Richebois fils et madame.
M. Riotte et madame,
M. Relier père et madame.
M. Senèque et madame.
M. Simon et madame.
M. Therret aîné et madame.
M. Therret jeune et madame.
M. Touron et madame.
M. Villot fils et madame.
M. Vincent et madame.

Mais revenons à la suite des faits dont nous nous sommes écarté un instant, afin de signaler les associés de la confrérie du très Saint-Sacrement à l'époque actuelle.

Guillaume Sanson, du diocèse de Coutances, reçut ses provisions le 31 décembre 1651 et prit possession de la cure de Bobigny le 2 janvier 1652. Il suivit les traces sacerdotales de piété et de zèle de son prédécesseur, M. Richard Legrand.

Quatre jours après son installation, on le vit administrer le sacrement de baptême à Charles-Henri Joron, enfant de Henri Joron et de Catherine

Mouton, sa femme, qui eut pour parrain noble homme Charles de Béthisy, seigneur de Mézières et de Bobigny, et pour marraine dame Anne Perdrier, son épouse, demeurant à Paris.

Le 19 mai 1653, Simon Chotard, marguillier en charge durant l'année 1651, rendit compte de sa gestion des intérêts de la fabrique ainsi qu'il suit :

« Compte que rend, par-devant vous, M. le curé de Bobigny, Simon Chotard, ci-devant marguillier de l'œuvre et fabrique du dit lieu à Etienne Chauffour, de présent marguillier, tant du reçu que de la mise, depuis le 9me de mai 1651 jusqu'à pareil jour 9mo de mai 1652, avec protestation d'augmenter ou de diminuer s'il y eschet, et sans préjudice des deniers non reçus.

CHAPITRE PREMIER

« De la recepte des deniers de la dite fabrique.

« Premièrement, le dit Chotard rendant compte, a reçu de M. Henri Moreau précédemment marguillier la somme de six vingt et douze livres sept sols six deniers.

« Plus a reçu par les quêtes des bassins, pendant son année, la somme de quarante-sept livres dix sols.

« Plus a reçu des paroissiens du dit Bobigny le jour de Pâques, pour leurs droits de communion, la somme de trois livres dix sols.

« Plus a reçu de la veuve Buisson deux cent soixante-quinze livres pour les loyers de terre de l'église, de laquelle somme une a été constituée en rente par la dite veuve Buisson pour la dite fabrique, celle de cent livres suivant l'édit du roi, dont elle a livré le contrat, la quelle rente, quand elle sera achetée, les marguilliers pour lors en charge seront obligés d'en remettre vingt livres en rente, pour faire dire et célébrer à perpétuité une messe pour feu M. Richard Legrand, prêtre, ci-devant curé de Bobigny.

« Reçu des héritiers de feu M. Richard Legrand la somme de vingt livres pour constituer en rente, pour faire célébrer une messe à perpétuité la veille de Noël.

« Reçu de Pierre Malet pour l'herbe du cimetière la somme de six livres dix sols.

« Item, reçu pour les legues testamentaires de plusieurs défunts quinze sols, tant de ceux de Bobigny que des étrangers.

« Somme de quatre cent quatre-vingt-cinq livres douze sols sols six deniers.

CHAPITRE SECOND

« Des rentes de la fabrique du dit Bobigny.

« Le dit rendant compte a reçu du sieur Liégeois la somme de trente sept livres dix sols, pour trois quartiers de la rente qu Mme Fieffé a donnée à prendre sur sa maison de ville, qui est de cinquante livres par chacun an.

« Plus, reçu du dit sieur Liégeois la somme de vingt livres pour une année de rente escheue à la Saint-Martin, sur quelque maison qui de présent ne paroit plus, pour sa place avoir été mise en jardin, laquelle maison appartenait à Nicolas Paru.

« Reçu de Claude Chare douze livres dix sols, pour une rente sur sa maison.

« Reçu de M. Charles Moreau quatre livres dix sols, pour une rente sur la maison où il demeuroit.

» Reçu de Nicolas Lebon quarante sols, pour une rente sur une de ses maisons du dit lieu de Bobigny.

« Reçu de Henri Moreau vingt sols, pour une rente sur sa maison.

« Reçu de Claude Gouillard et Louis de Rains, la somme de quinze sols.

« Reçu de Denis Avart la somme de quinze sols, pour une rente sur sa maison.

« Reçu de Nicolas Heurtault la somme de trente-deux sols, pour une rente sur la maison de Michel Feuillet.

« Reçu de Claude Vignot la somme de sept sols six deniers, pour une rente sur la maison où il demeure.

CHAPITRE TROISIÈME

« Somme de quatre-vingts livres neuf sols six deniers.

« De toute la despense pour l'église du dit Bobigny.

« Le dit Chotard rendant compte a payé à M. le curé pour les messes d'obits et de dévotion pendant l'année qu'il a esté en charge, la somme de soixante-dix-huit livres.

« Plus payé au dit sieur curé, tant pour les messes des seigneurs et dames du dit Bobigny que pour celles de la Denise Citolle, la somme de douze livres.

« Plus payé au sieur curé pour trois messes, savoir pour feu M. Tillevost, Sébastien Cornu, et pour le sieur feu curé, confrère de la confrérie du Saint-Sacrement, la somme de trois livres.

« Payé à M. le doyen pour avoir apporté les saintes huiles et à M. l'archidiacre pour son droit de visite, trente et un sols.

« Payé à Lamare, marchand cirier à Paris, pour tout le luminaire, encens et huile, la somme de cinquante-six livres dix-huit sols six deniers.

« Payé pour les eschaudées et vin du Jeudi Sainct, et pour la communion du jour de Pâques, la somme de six livres quinze sols.

« Payé pour le pain et vin offerts le jour des trespassés, six sols.

« Baillé aux sonneurs le jour des trespassés la somme de quarante sols.

« Payé pour les bonys le jour des Rameaux, la somme de vingt-deux sols.

« Payé pour le disner des clers aux Rogations de l'année mil six cent cinquante un, la somme de quinze livres dix sols, comme aussi pour celui de l'année suivante, la somme de quinze livres quinze sols.

« Payé à Étienne Chauffour pour ses services rendus à l'église, dix-huit livres.

« Payé pour l'estuy à mettre la bannière, la somme de quinze livres.

« Payé pour un boisseau de charbon le jour de Noël, six sols.

« Payé à Nicolas Collignon, pour plusieurs bois tant pour les cloches que pour le presbytaire, la somme de neuf livres.

« Payé au charpentier qui a travaillé aux cloches et au presbytaire la somme de sept livres quinze sols.

« Payé au serrurier qui a travaillé aux cloches, fourni des tourillons, fontaines, et autres choses tant à l'église qu'au presbytaire, la somme de six livres dix-neuf sols.

« Payé pour douze sacs de plastre, quarante-six sols, huict deniers. Et pour l'avoir employé aux murs du cimetière vingt-cinq sols.

« Payé pour deux sacs de plastre, pour sceller la grande pierre et pour la peine, le tout ensemble, dix-huit sols.

« Payé pour cinq muids de plastre pour le presbitaire, à raison de sept livres le muid, la somme de trente-cinq livres.

« Payé au maçon qui a employé le dit plastre, la somme de vingt-cinq livres.

« Payé pour les rideaux, pour le fond du lit et couverture baillés à M. le curé, la somme de vingt et une livres.

« Payé pour quatre nappes et façon d'icelles pour servir au presbitaire, huict livres.

« Payé pour un reschaud, la somme de vingt-cinq sols.

« Payé pour la jerbée à couvrir le toict du presbitaire et pour le couvreur, soixante-quatre sols.

« Pour la façon du présent compte, gratis.

« Baillé à la veufve Buisson, cent livres comme dessus dict.

« Somme, quatre cent quarante-sept livres six sols deux deniers.

« Le présent compte a esté veu, leu, examiné et calculé de la manière accoustumée; où il s'est trouvé que la recepte est de cinq cent soixante-six livres, deux sols, et la dépense de quatre cent quarante-sept livres, six sols, deux deniers. Partant la recette excède la dépense de la somme de cent dix-huict livres, quinze sols dix deniers, laquelle a esté présentement baillée et livrée au dict Estienne Chauffour, comme marguillier, par le dict Chottard, rendant compte, pour demeurer bien et duement deschargé; de laquelle somme de cent dix huict livres, quinze sols, dix deniers, le dict Chauffour a promis en rendre bon compte. Faict le dix-neufiésme de mai mil six cens cinquante-trois en la présence de Henri Paté, procureur fiscal du dict Bobigny, Louis Brossais, Pierre Moreau, Claude Vignot, Claude Poisson et autres.

« Signé : Guillaume SAMSON, curé; Béthisy MÉZIÈRES, Anne PERDRIER. »

Nous ferons remarquer que ce rendu-compte se termine par les signatures approbatives des seigneurs et dames de Bobigny, et qu'on y trouve mentionné l'ancien usage par les fabriques de fournir à leurs frais, aux paroissiens qui communiaient les jours de Jeudi Saint et de Pâques, un repas fraternel de pain et de vin après la communion.

M. Guillaume Samson, dès son arrivée à Bobigny, s'employa avec le plus grand empressement à faire relever les murs du cimetière qui étaient en mauvais état, et plus particulièrement encore à faire faire les restaurations que nécessitait son église. Le 25 mai 1652, il obtint de Mgr l'Archevêque de Paris, Jean François de Gondy, la suppression des deux autels de sainte Anne et de saint Roch qui étaient dans la nef de l'église, l'un à droite et l'autre à gauche, parce qu'ils étaient dans le plus déplorable état[1]. Mais il garda religieusement les deux statues de ces saints, auxquels le peuple de Bobigny avait grande dévotion, et il les fit placer sur des socles de pierre, appliqués au même endroit qu'occupaient précédemment les autels qu'il avait fait enlever. Enfin, il s'occupa à renouveler tous les objets nécessaires au culte, et qui lui parurent hors de service.

Les marguilliers de l'œuvre et fabrique de Bobigny, de leur côté, s'efforcèrent de répondre aux intentions religieuses de leur curé. Ils firent l'acquisition de trois chapes de damas cramoisi et d'un nouveau dais, pour lesquels ils ne dépensèrent pas moins de sept cents livres. De plus ils firent faire au maître-autel un retable et contre-retable en bois sculpté, du prix de 645 livres, et placer sur ce maître-autel un riche tabernacle avec pavillon en soie brodée. Enfin, ils firent peindre dans le contre-retable, par Nicot, peintre distingué, l'image de saint André, patron de la paroisse, moyennant la somme de 100 livres, laquelle, ajoutée à celle de 132 livres prix du tabernacle et à toutes les autres sommes, font au total 1,577 livres de dépenses.

Messire Guillaume Samson laissa avant de mourir, à sa paroisse, un souvenir durable de sa religion envers l'adorable sacrement de nos autels et de sa piété filiale envers la Bienheureuse Vierge Marie, Mère du Fils de Dieu. Il remit en l'année 1664, aux mains de Thomas Buisson, marguillier en charge, la somme de 400 livres pour être baillée et constituée à Michel Moreau et à Nicolas Maheu, habitants de Romainville, à la charge par eux de payer chaque année à l'œuvre et fabrique de Bobigny une rente de 20 livres 4 sols 5 deniers pour l'acquit d'une messe basse chaque premier samedi du mois et de faire célébrer deux saluts par an à perpétuité, un le jour de la Fête-Dieu, l'autre le jour de l'Assomption de la Sainte Vierge. L'acte de cette donation fut dressé dans un contrat passé par devant Ruel, tabellion à Bobigny, le 2 août de la même année 1664, les clauses et raisons étant parfaitement spécifiées audit contrat.

---

1. Reg. archiép. de Paris, 25 mai 1652.

Mᵉ Étienne Poupart, notaire royal à Noisy-le-Sec, reçut la somme de 4 livres 10 sols pour la grosse de l'expédition et autres frais qu'avait entraînés cette donation.

Les héritiers de feue Denise Cirolle avaient refusé d'exécuter le legs testamentaire d'une rente annuelle de 12 livres constituée par elle à la fabrique, à la condition de faire célébrer chaque année une messe de *requiem* à son intention. Appel fut porté par la dite fabrique et M. le curé Guillaume Samson, par-devant l'official du diocèse. Or voici la sentence que prononça le juge ecclésiastique, le 20 novembre 1655, sur cette affaire :

« En la cause appelée, nous André du Saussaye, prêtre, docteur en droit, protonotaire du Saint-Siège apostolique, official de Paris, contre Michel Citolle, bourgeois de ladite ville, et consorts, ordonnons que le testament de la défunte Denise Citolle soit exécuté en sa forme et teneur, en faisant qu'il sera célébré par chaque an, en la dite église, un service complet, avec vigiles à neuf leçons et recommandaces ordinaires. Pour rétribution de quoi, sera payé au dit curé, la somme de 12 livres. » (Extrait des registres de l'officialité de Paris[1].)

Le 6 juin 1656, messire Guillaume Samson conféra le sacrement de baptême à François Rousseau, né le jour précédent, fils de René Rousseau et de Jeanne Hubert sa femme. Cet enfant eut pour parrain M. François d'Argouges, conseiller d'État et privé, maître des requêtes en son hôtel ordinaire et contrôleur général des finances de la reine; et pour marraine damoiselle Antoinette Tixide, femme de noble homme Adrien-Louis Liégeois, secrétaire ordinaire de ladite dame la reine.

Le 15 du même mois, il baptisa Antoinette Crétalluye, fille de Antoine Crétalluye et de Nicolas-Benoît sa femme. Pierre Chauffour, laboureur à Bobigny et dame Antoinette Liégeois, fille de noble homme Adrien-Louis Liégois, furent les parrain et marraine.

Enfin, le 8 juillet de l'année 1657, qui est l'année même de la vente du domaine seigneurial de Bobigny à M. François Jacquier, vidame de Vieu-Maison, M. Guillaume Samson baptisa un enfant d'Etienne Chauffour, procureur fiscal, que tinrent sur les fonts de baptême messire

---

1. André du Saussaye, auteur du *Martyrologe gallican*, avait été curé de Briis-sous-Forges en 1618, et ensuite curé de Saint-Leu-Saint-Gilles, à Paris. Il mourut évêque de Toul en 1670, à l'âge de plus de quatre-vingts ans.

Charles de Béthisy et damoiselle Marie-Françoise de Paul de Béthisy, sa fille.

Nous avons signalé à l'article de ce seigneur, dans notre premier chapitre, la fondation qu'il fit en 1661, avec son épouse damoiselle Anne Perdrier, d'un legs de 300 livres à la fabrique de Bobigny, à la charge de faire dire dire dix messes de *requiem* par an à leur intention et à l'intention de leurs défunts. Plus la somme de 20 livres, à la condition de les faire participer aux prières qui se disent pour les trépassés, au prône des dimanches et fêtes [1].

Jean-Baptiste Lefricque. — Il fut pourvu à la cure de Bobigny par Mgr l'archevêque de Paris, François de Harlay, le 22 mai 1670, à la présentation de Mgr Jules-Paul de Lyonne, prieur de Saint-Martin des Champs.

Messire Jean-Baptiste Lefricque était originaire du diocèse de Rhems et docteur en Sorbonne. Le premier entre les curés de Bobigny, il eut l'honneur de recevoir la visite de M. l'abbé Amleine, grand archidiacre de Paris, qui, durant trente-trois ans, visita régulièrement chaque année toutes les paroisses de son archidiaconné, au nombre de quatre-vingt-deux.

A Bobigny, le 5° mai 1672.

PROCÈS-VERBAL
DE LA VISITE DE M. LE GRAND ARCHIDIACRE

« Le saint tabernacle, les fonts, les saintes huiles et les registres sont bien tenus. M. Jean-Baptiste Lefricque, docteur en droit à Paris, protonotaire apostolique, conseiller et aumônier de Sa Majesté, ne réside que rarement. Il appartient à M. Le Tellier. Il a été prescrit qu'il sera fait dans l'église un coffre-fort pour y conserver les titres de la fabrique. Il n'y a point de sage-femme ni de maître d'école dans la paroisse, par conséquent peu d'instruction de la jeunesse. Le dit sieur curé était présent à notre arrivée. Notre dernière visite a été à Aubervilliers, ensuite de laquelle nous sommes revenus coucher à Paris le 31 mai, où nous sommes arrivés

---

1. Arch. de l'Hôtel de Ville de Paris, avenue Victoria, registre des comptes de fabrique.

à huit heures du soir. AMELINE, archidiacre de Paris, H. DE LA MARE[1] »

Douze jours après cette première visite du digne représentant de la vigilance épiscopale, M. le curé fit ainsi qu'il suit le recensement des habitants de sa paroisse :

« In nomine Domini. Amen.

« Estat des âmes ou visitte faicte en la paroisse de Bobigny, comprenant le nombre et l'aage des paroissiens, par Jean Baptiste Lefricque, curé du dit lieu, commencée le 17 mai 1672 :

Pierre Chauffour, aagé de	42 ans.
Jeanne Henri, sa femme	36 —
Leurs enfants, Estienne, demeurant à Noisy	19 —
Claude	13 —
Pierre	11 —
Jeanne	8 —
Marie	15 mois.
Charlotte Moreau, veufve de Nicolas Heurtault.	35 ans.
Ses enfants, François Heurtault	11 —
Pierre	9 —
Marie	3 —
Estienne Freuille	50 —
Marie Vignot, sa femme	25 —
Estienne	18 —
Françoise	16 —
Claude Richer, sergent à Bobigny	40 —
Jeanne Morel, sa femme	34 —
Leurs enfants, Jeanne	7 —
Pierre	9 mois.
Nicolas Paris	35 ans.
Marie Blancheteau, sa femme	35 —
Thomas Avart, fils d'un premier mariage de la dite femme	15 —
Leurs enfants, François	9 —
Nicolas	7 —

1. Arch. nat., Archevêché de Paris. LL. 26, reg. année 1672. Visites du grand archidiacre.

BOBIGNY.

Noël Thétart	34 ans.
Anne Vitré, sa femme	26 —
Anne Marguerite, leur enfant	6 mois.
Pierre Poisson, veufve	56 ans.
Jeanne, sa fille	25 —
Marie Robequin, veufve de défunt Philippe Heurtault	58 —
Catherine Robequin de Romainville, sa nièce	12 —
Antoine Ville	40 —
Anne Nouisse, sa femme	40 —
Leurs enfants, Jacques	12 et demi.
Anne	11 ans.
Marie	8 —
Denise	6 —

Continué le 18 may 1672.

Philippe Blondeau, receveur de la terre et seigneurie de Bobigny	52 —
Marguerite Macé, sa femme	45 —
Leurs enfants, Élisabeth	17 et demi.
Marie, demeurant à Mantes	13 ans.
Jacques	8 —
Etienne Chauffour, procureur fiscal	55 —
Jeanne Morel, sa femme	53 —
Leurs enfants, Henri, demeurant au château de Bobigny	27 —
Henri, demeurant à Paris	18 —
Françoise Francart, domestique	18 —
Pierre Jessonot, greffier tabellion	4 —
Estiennette Maucuit, sa femme	36 —
Jeanne	12 —
Nicolle, demeurant au Bourget	10 —
Marie	7 —
Estiennette	3 —
Guillaume	18 mois.
Denis Chotard, domestique	16 ans.
Françoise Pétrat, veufve de défunt Nicolas Buisson	69 —

Thomas Buisson, son fils	33 ans.
Claude Colot, domestique	30 —
Pierre Dupré	23 —
Louis Robequin	15 —
Claude Philippe, manouvrier	45 —
Catherine Moreau, sa femme	40 —
Leurs enfants, Jean, demeurant à Paris	18 —
Pierre	14 —
Marie	8 —
Anne	5 —
Elisabeth	2 —
Antoine Chauffour	45 —
Anne Brocart, sa femme	39 —
Marguerite Nouveau, mère du dit Antoine	76 —
Leurs enfants, Nicolle Chauffour	18 —
Antoine	18 mois.
Jacques	1 an.
Jean Lemaître, laboureur, marguillier en charge, veuf de Guillemette Degoy	38 ans.
Jean, son fils	7 —
Antoine Moreau, meunier	36 —
Anne Moreau, sa femme	32 —
Leurs enfants, Marie-Anne	7 —
Antoine	6 —
Magdeleine	2 ans et 3 mois.
Anne Crétalluy, leur filleule	13 ans.
Marie Julien, veufve de Louis Brosset	54 —
Claude Goulart	32 —
Marie Brosset, sa femme	29 —
Leurs enfants, Philippe	4 —
Marie	14 mois.
Michel Malet	45 ans.
Marguerite Picquet, sa femme	34 —
Leurs enfants, Magdeleine	17 —
Jean	15 —
Marguerite	10 —

BOBIGNY.

Michel	4 ans.
Jean Charre, chantre	37 —
Perrette Vassoult, sa femme	42 —
Leurs enfants, Claude, demeurant à Livry	18 —
Jacques	15 —
Jean	12 —
Marie	8 —
Philippe Dumoulin	42 —
Marie Falon, sa femme	40 —
Magdeleine, leur enfant	5 —
Louis Léveillé	42 —
Jeanne Robequin, sa femme	42 —
Leurs enfants, Jacqueline	13 —
Marie	9 —
Nicolas	7 —
Philippe	4 —
Louis	14 mois.
Louis Poupart, jardinier du château	28 ans.
Marie Leseigneur, sa femme	32 —
Leur fille, Antoinette	4 —
Etienne Moreau	55 —
Marie Gobert, sa femme	52 —
Leurs enfants, Jacques	26 —
Pasquier	22 —
Jean Dupuis	30 —
Barbe Morel, sa femme	35 —
Leurs enfants, Jean	5 —
Blaise	16 mois.
Marie Baillot, veufve de défunt Dufour	61 ans.
Ses enfants, Jean Dufour	20 —
Jeanne Dufour	18 —
Total des communiants	120

L'année qui suivit ce recensement, M. Ameline, en tournée de visite archidiaconale, revint à Bobigny, et il fit dresser ainsi qu'il suit le procès-verbal de sa seconde visite.

« Le 3ᵐᵉ jour de juillet 1673, M. Claude Ameline, prêtre licentié ès droits, archidiacre de Paris, étant au cours de ses visites de son archidiaconné, doyenné de Chelles, accompagné de M. Jean Asse, prêtre, bachelier en théologie de la Faculté de Paris et curé de Saint-Brice, faisant fonctions de promoteur et de secrétaire dans le cours de la susdite visite, est arrivé à Bobigny sur les six heures du soir du susdit jour, et a fait transcrire ce qui suit par l'ecclésiastique qui l'accompagne. Le patron saint André, apôtre. M. Jean-Baptiste Lefricque, prêtre du diocèse de Reims et curé depuis trois ans, absent et ne réside point, estant demeurant chez M. l'archevêque de Reims. La visite faite du saint-ciboire, des saintes-huiles et des fonts, le tout assez convenablement tenu. La fabrique a 500 livres de rente. Il y a fondation pour le luminaire de la lampe. Mais parce que l'église est éloignée du village et qu'elle a été volée deux ou trois fois, il y a nécessité de la tenir éteinte pendant la nuit. On travaille à clore le cimetière qui n'est de deux côtés fermé que de haies, et est exposé à la profanation.

« Messire Constant Gérard, prêtre de Langres, vicaire pour M. le curé, présent et résidant depuis six mois. Il n'y a point de maistre d'eschole. Il y a une sage-femme, capable de son emploi. Les registres ne nous ont point été présentés. La paroisse est composée de six vingts communiants. »

Dans sa *Chronologie des curés des paroisses de l'ancien diocèse de Paris*, le P. Le Lasseur marque que M. Jean-Baptiste Lefricque mourut chanoine de Saint-Thomas du Louvre[1], le 13 avril 1677.

François Leletier, curé du 2 décembre 1673 au 30 mai 1679.

A la requête de Jean Lemaître, marguillier en charge, M. Leletier, dès son entrée dans la paroisse, fit mettre en ordre les papiers et les titres de la fabrique et construire, pour les renfermer, un nouveau coffre-fort à trois clefs. Il fit également dresser un nouvel état ou inventaire de tout le mobilier, linge, ornements et argenterie étant soit à l'église, soit au presbytère et appartenant à ladite fabrique.

C'est sous son administration que l'on trouve pour la première fois

---

1. Voir, sur Saint-Thomas du Louvre, la note page 238.

mentionnées, aux registres de comptes des recettes et des dépenses de l'œuvre de l'église de Bobigny, les marguillières ou officières de la confrérie de la Sainte-Vierge, chargées de prendre un soin tout spécial de l'autel de la confrérie, et pour ce motif autorisées à quêter durant les offices. Voici, en effet, ce qu'on voit écrit dans l'un de ces registres : « Le dimanche 24 jour de mai 1676, Jeanne Dufour a rendu la somme de 54 livres, quelle a quêtée durant trois années pour la décoration de la chapelle de la Sainte-Vierge, laquelle somme a été mise au coffre de la fabrique, afin d'être gardée jusqu'à ce qu'il soit advisé à quoi la dite somme sera employée, et avons déchargé la dite Dufour, en présence de Claude Charre, chantre, et de Louis Poupart, marguillier.

« Signé : FRANÇOIS LELETIER. »

Il nous eût été facile de transcrire plusieurs procès-verbaux des comptes des recettes et des dépenses de la confrérie de la Sainte-Vierge, aussi bien que les noms des marguillières de ladite confrérie qui, après Jeanne Dufour, se succédèrent le plus souvent d'année en année dans ledit office ; qu'il nous suffise de citer quelques noms : Denise Gouillard, marguillière en 1676; Marie Chauffour, en 1677; Anne Philippes, en 1678; Marie Heurtault, en 1679; Anne Gouillard, en 1680.

Et puisque nous venons de nommer quelques-unes des anciennes marguillières de la confrérie de la Sainte-Vierge, qu'il nous soit permis de transcrire ici les noms des jeunes filles consacrées au culte de la B. V. M, mère du fils de Dieu, d'après le tableau d'inscription des associées de la confrérie, placé au-dessus du banc d'œuvre des marguillières dans la chapelle de la Vierge, le 30 août 1864 :

Mlles Ismérie Leclerc, présidente.
    Emilie Bertrand, assistante.
    Eugénie Canon, assistante.
    Eugénie Fourrier, assistante.
    Louise Lucot.
    Sophie Lemaître.
    Louise Fontaine.
    Irma Toussaint.
    Fanny Pêcherie.

Mlles Louise Klein.
    Marguerite Terret.
    Louise Chandon.
    Rose Glisse.
    Virginie Glisse.
    Elisabeth Dargent.
    Augustine Dargent.
    Mélanie Hébrard.
    Mélanie Dory.

Mlles Héloïse Hoyet.
Joséphine Audois.
Elisa Provins.
Clémentine Libord.
Anna Libord.
Rose Libord.
Marie Fourrier.
Adèle Richebois.
Octavie Levasseur.
Angélique Bertrand.
Elisa Hervé.
Joséphine Lemaître.
Félicité Provins.
Elisa Sénèque.
Antoinette Clément.
Ferdinande Lemaître.
Marie Clément.
Julie Durin.
Clémentine Glisse.
Céline Provins.
Virginie Berthe.
Victoire Relier.
Célinie Relier.
Augustine Lemaître.
Mélanie Lemaître.
Victoire Berthe.
Caroline Relier.
Pauline Manigard.
Félicie Parfait.
Elisa Lemaître.
Louise Lemaître.
Virginie Théret.
Eugénie Bacot.
Émilie Bacot.
Adeline Durin.
Eugénie Touron.

Mlles Cécile Tillier.
Nazarine Buisson.
Marie Vasselet.
Rose Remillier.
Eugénie Provins.
Virginie Fourrier.
Jeanne Manicol.
Émélie Gagnié.
Aline Lemaître.
Adélaïde Jean.
Marie Jean.
Césarine Théret.
Marie Collin.
Henriette Michelon.
Louise Châle.
Joséphine Bouvier.
Marie Bridot.
Victoire Dumur.
Louise Dumur.
Annette Dumur.
Mélanie Jarry.
Anna Jarry.
Rose Fontaine.
Marie Delahaie.
Augustine Hérouard.
Marie Robin.
Eugénie Dorville.
Clémentine Personne.
Marie Bonneau.
Mélanie Fourrier.
Eugénie Durin.
Augustine Barbier.
Béatrix Daverne.
Delphine Daverne.
Louise Daverne.
Armandine Lemaître.

Après cette interversion passagère, revenons à la suite de nos annales. Messire François Leletier mourut le jour du Jeudi Saint, 20 mai de l'année 1679 et fut inhumé le lendemain dans le chœur de l'église par M. Urbain Ventroux, curé de Drancy, avec les cérémonies que purent permettre les derniers jours de la semaine sainte.

Nicolas Rainssant, du diocèse de Reims, reçut ses provisions de Monseigneur François II de Harlay de Champvallon, archevêque de Paris, le 12 avril 1679. Le 27 février 1686, il tint sur les fonts de baptême Jean-Nicolas Charre, fils de Claude Charre, chantre de l'église, et de Jeanne Dufour, sa femme légitime, qui étaient chargés d'enfants. M. Urbain Ventroux, bachelier en théologie et curé de Drancy, administra le sacrement. M. Rainssant servit également de parrain cette année-là, dans le sacrement de confirmation, à Noël Moreau, enfant de dix ans, fils de Antoine Moreau, meunier du moulin de Bobigny.

C'est à l'année 1692 que commencent les registres fournis aux fabriques par ordre du roi Louis XIV, dont la minute devait demeurer aux mains des curés et une copie devait être délivrée aux greffiers de chaque localité.

« Dénombrement des feux et ménages de la paroisse de Bobigny, dressé à la fin de l'année 1693, par M. Rainssant :

1º Le château où demeure le receveur et sa famille ;
2º Le sieur Lainville, garde des plaisirs du roi et sa famille ;
3º Michel Malet, maçon ;
4º Claude Charre, chantre de l'église, etc. ;
5º Eustache Lecomte, manouvrier, etc. ;
6º Pierre Espaulard, laboureur, etc. ;
7º Pierre Chauffour, manouvrier, etc. ;
8º La veuve Bonouvrier, etc. ;
9º Christophe Huon, berger ;
10º La veuve Auvray, etc. ;
11º La veuve Ville, etc. ;
12º Pierre Philippes, cabaretier ;
13º Étienne Nazard, etc. ;
14º Claude Chauffour, etc. ;
15º La veuve Jean Huon, etc. ;

16° Jacques Charre, maçon, etc.;
17° Louis Léveillé, etc.;
18° Pierre Chauffour le jeune, etc.;
19° Nicolas Paris, laboureur et boulanger, etc.;
20° La jardinière veuve Poupart, etc.;
21° La veuve Maucuit, etc.;
22° Antoine Huon, berger;
23° Jacques Ville, etc.;
24° Catherine Moreau, etc.;·
25° Jean Charre, manouvrier, etc.;
26° Le Moulin, etc.;
27° La veuve Lemaître.

« Je soubsigné, curé de Bobigny, certifie que tous les feux et domiciles de ce lieu sont fidèlement donnés par moi. Ce 29 décembre 1693. »

Les dénombrements faits par la suite, jusqu'au temps de l'abbé Lebeuf, ne font pas monter le chiffre de la population au delà de 130 habitants.

Messire Nicolas Rainssant, décéda le 31 mars 1695, âgé de 64 ans, et fut inhumé le lendemain dans le chœur de l'église, en présence de M. Jean Brière, curé de Noisy-le-Sec, de M. Chavanne, curé de Drancy, et autres.

Signé : BRIÈRE, curé de Noisy.

Lancelot François Lane du Pin, du diocèse du Mans, fut pourvu le 5 avril 1695, aussi par M⁵ʳ François de Harlay de Champvallon.

M. Lane Dupin baptisa, dans le cours de l'année 1705, un enfant de M. Eustache Pierre, receveur de la seigneurie et procureur fiscal de la paroisse. Il fut, entre les curés de Bobigny, le dernier à recevoir la visite archidiaconale du vénérable M. Ameline, qui visita pendant plus de trente ans avec tant de ponctualité les paroisses de son archidiaconé. Il se démit de sa cure de Bobigny à la fin de l'année 1708, et retourna dans le diocèse de Le Mans, dont il était originaire. Suivant la *Chronologie des curés des paroisses de l'ancien diocèse de Paris,* du P. Le Lasseur, il fut nommé à la cure de Sarge le 25 octobre de l'année suivante 1709.

Pierre Frémy, Parisien, fut nommé à la cure de Bobigny le 8 septembre 1709, par Son Éminence le cardinal Louis-Antoine de Noailles, archevêque de Paris.

Le 11 janvier 1711, il donna à bail à Ferret, laboureur, les terres de la cure[1].

En 1720 et 1723, les rentes de l'hôtel de ville subirent une réduction.

M. Pierre Frémy fut interdit de ses fonctions curiales vers l'année 1723, par sentence de l'officialité diocésaine. Nous n'avons pu découvrir le motif de cet interdit, qui lui laissa, en partie du moins, le profit de son bénéfice. Quelque notable infirmité, n'ayant point ravi pourtant à M. Frémy tout espoir de guérison, n'aurait-elle pas été, pour l'autorité diocésaine, la raison de retirer (*ad tempus*) à M. le curé l'exercice des fonctions sacrées.

Toujours est-il que, d'après les documents qui suivent, sous son administration, non seulement le presbytère, mais l'église elle-même allaient à la ruine.

« Dans le cours de notre visite au village de Bobigny, ce 2 octobre 1728, avons prescrit qu'à la diligence des marguilliers, il sera donné avis à qui il appartiendra de la réparation que nous avons trouvé à faire à un pilier de l'église qui menace ruine du côté de l'épître, en dehors du bâtiment qu'il peut entraîner.

« Fait les dits jour et an que dessous.

« DE LA CROIX, archidiacre. DENISE, secrétaire. »

« Nous, archidiacre de Paris, étant dans le cours de notre première visite, au sortir de l'église de Bobigny, doyenné de Chelles, à la réquisition des principaux habitants à ce présents, nous nous sommes transportés au presbytère qu'occupe le sieur Frémy, curé du dit lieu, interdit de ses fonctions curiales, par sentence de l'officialité, depuis environ cinq ans, et avons fait inspection de l'intérieur et de l'extérieur de tout ce qui compose le dit presbytère, que nous avons trouvé menacer ruine de tous côtés, faute d'y avoir fait les réparations en temps et lieu ; et sur ce qu'il nous a paru qu'on aurait dû s'y prendre plus tôt, il nous a été répondu par les

---

1. Notariat de M. Duhomel, à Paris-Belleville.

habitants, en présence du dit sieur curé, qu'il ne leur a jamais été permis de pénétrer dans le presbytère et qu'ils profitaient de notre présence pour avoir connaissance de l'état des dits lieux, que nous avons exactement visités en haut et en bas, et qui nous ont paru demander une réparation totale, urgente et nécessaire, pour obvier à la ruine de l'édifice en toutes ses parties; laquelle visite a été par nous faite en y appelant le nommé Michel Malet, maçon et habitant du dit lieu, et qui nous a paru expert et à ce connaissant; et l'avons chargé de dresser un devis, pour être en conséquence pris par les habitants du lieu dans une assemblée juridique, les résolutions convenables dont ils nous informeront et avons ordonné que notre présent avis fût transcrit pour minute sur le présent registre, pour y avoir recours toutes fois et quant, et servir à ce que de raison.

« Fait le 2 octobre 1728.

« DELACROIX, archidiacre. DENISE, secrétaire. »

PROCURATION DES HABITANTS DE BOBIGNY

EN VUE DE LA PROMPTE EXÉCUTION DES TRAVAUX A FAIRE A L'ÉGLISE ET AU PRESBYTÈRE.

« Ce jourd'hui dimanche vingt-neuvième jour de janvier mil sept cent trente, issue de la grande messe paroissiale dite, chantée et célébrée en l'église Saint-André, patron de Bobigny, au son de la cloche à la manière accoutumée, sont comparus au-devant de la porte de l'église : maître Eustache Pierre, procureur fiscal et receveur de la terre et seigneurie du dit lieu; Pierre Ferret, laboureur; Daniel Dupont; Louis Bonneval; Noël Moreau; Michel; Philippes; tous faisant et représentant la plus grande et saine partie des habitans de la parroisse du dit lieu; les quels, sur ce qui leur a esté représenté par Blaise Maucuy, syndic, et François Espaulard, marguillier en charge de l'église du dit lieu, qu'il est absolument nécessaire de faire travailler aux grosses réparations tant dans la dite église que dans la maison presbytéralle du dit Bobigny, des quelles M. l'abbé Delacroix, archidiacre de Paris, aurait dressé son procès-verbal le deuxième octobre mil sept cent vingt-huit. Et comme il est très important aux dits habitans que les dites réparations soient faites très promptement et le plus tôt que faire se pourra, pour esvitter un plus grand inconvénient, les dits comparrans ont fait et constitué leurs procureurs généraux, et spéciaux les dits Maucuy et Espaullard, sindicque et marguillier cy-dessus nommés, aux quels ils donnent pouvoir de présenter tant en leurs noms qu'aux noms des dits constituans une requête à Monseigneur l'intendant de la générallité de Paris ou autres qu'il appartiendra, aux fins de faire faire les dites réparations et pour constater la qualité et la quantité d'y celles, quelles seront veues et visitées par tels experts qu'il plaira à mon dit seigneur intendant de nommer d'office, pour après la dite visite faite, estre les ouvrages qui convient faire en la dite église et au dit presbytaire estre] adjugés au rabais et moins disant, par-devant mon dit seigneur intendant; et attendu que la dite église, n'y les dits habitans n'ont pas moyen de payer n'y faire faire les dites réparations, qu'ils sont extrèmement pauvres par rapport aux tailles et autres impositions dont ils sont chargés, requérir par les dits syndicque et marguillier qu'il plaise à mon dit seigneur intendant d'ordonner que le prix au quel seront adjugés les dites réparations sera payé par les propriétaires des maisons, terres et héritages situés en la parroisse et sur le terroir du dit Bobigny, suivant le rolle que sera par lui fait et génerallement par les dits sindicque et marguillier tout ce qui sera nécessaire et à propos de faire à ce sujet. Avouans tout ce qui sera fait par eux à ce sujet comme eux, et donnant pouvoir et promettant, et obligeant, et fait, et passé par-devant le notaire et tabellion de la prévosté du dit Bobigny, soubsigné, le dit jour, mois et an que dessus, en présence de Estienne Bonnevalle, demeurant à Noisy-le-Sec. Témoins qui ont signé avec les dits constituans :

« Bonnevalle, Cottereau, E. Pierre, Bonneval, Dupont, Pierre Ferret, Moreau, Philippes, François Espaulard. Controllé à Belleville, ce 20 février 1730 [1].

« Aimé-Jacques de la Croix, docteur de Sorbonne, archidiacre de Paris, chanoine de l'église métropolitaine, vu par nous le procès-verbal de notre visite de la paroisse de Bobigny, du deuxième octobre mil sept cent vingt-huit, par le quel il appert que les réparations à faire lors d'icelle, tant à l'église qu'au presbytère de la dite paroisse, étaient tellement urgentes, que

---

1. Notariat de Noisy-le-Sec.

faute d'y remédier elles en attireraient de beaucoup plus considérables ; vu notre procès-verbal fait pareillement en cours de visite, par le quel il appert que la ruine augmente de tous côtés, tant du batiment de l'église que du presbytère, auquel il n'a été apporté jusqu'ici aucun remède ; le dit procès-verbal de ce jour, ayant pris de nouveau connaissance de l'état des revenus de la fabrique de la dite paroisse, le quel revenu n'excède pas annuellement cinq cents livres, y compris les questes, que la dépense est à peu près, égale à y celui, et qu'il n'y a qu'environ quatre cents livres des reliquats des anciens comptes, qui seront même difficiles à recouvrer, la requête présentée par les habitans de Bobigny à M. l'intendant de la généralité de Paris; l'ordonnance au bas d'y celle qui en renvoie la connaissance à M. Blanchard, son subdélégué; la commission donnée par le dit sieur Blanchard au sieur Brice le Chauve, architecte, pour faire la visite et dresser un devis estimatif des dites réparations du 7 septembre 1730; la procuration donnée aux syndicque et marguillier en charge par les dits habitans pour l'exécution de ce que dessus avons ordonné qu'à la diligence du sindicque ou marguillier en charge ou autres ayant passé par la charge de marguillier, le dit sieur Brice le Chauve sera prié et requis de vouloir bien exécuter incessamment la susdite commission à lui donnée ; les dits sindicque et marguillier autorisés de faire à l'égard du dit sieur le Chauve ce qui est d'usage et de raison en pareil cas. Et sur ce qui nous aurait été représenté que les anciens comptes, titres et papiers concernant la dite paroisse de Bobigny n'ont pu jusqu'ici être représentés, d'où il s'ensuit qu'on ne peut exiger des anciens comptables les sommes dont ils sont reliquataires par leurs comptes, non plus que des autres qui tiennent les biens de la dite fabrique, les arrérages par eux dus ; et nous ayant été certifié qu'il y a chez le sieur Frémy, curé du dit Bobigny, deux coffres appartenant à la dite fabrique, dans les quels se pourraient trouver les comptes, titres et papiers d'icelle, avons ordonné qu'à la diligence du marguillier en charge le dit sieur curé sera requis, et à icelui en tant que besoin sera enjoignons de rendre les dits coffres pour y ceux être placés dans l'église de Bobigny, en lieu convenable, et les clefs d'iceux remises l'une au sieur desservant de la dite paroisse et l'autre au marguillier en charge; et au cas qu'il fût à propos ou d'usage qu'il y eût une troisième clef, elle sera remise au procureur fiscal ; et faute d'être les dites clefs représentées, avons ordonné que l'ouverture sera faite des dits coffres à jour et heure indiqués au prosne, en présence du desservant, des marguilliers nouveaux et anciens, et autres notables de la paroisse ; qu'il sera fait un inventaire exact de tout ce qui se sera trouvé dans les dits coffres; que le dit inventaire sera fait double, pour un être remis dans l'un des dits coffres avant de le refermer, et l'autre double sera donné au marguillier en charge et par lui remis à son successeur. Et si aucuns titres nouvels sont à passer, ordonnons qu'à la diligence du marguillier en charge, les débiteurs y seront incessamment contraints par les voies de droit. Et quant aux comptes à rendre depuis le 9 mai 1727, avons ordonné que les comptables les rendront avant le premier dimanche de carême prochain, pour toute préfixion et délai. Et avons fait mettre notre présente ordonnance sur le registre des comptes, pour y avoir recours comme à minute. Fait en cours de visite, au banc de l'œuvre de la paroisse Saint-André de Bobigny, doïenné de Chelles, le 3 septembre 1731. Aimé-Jacques De la Croix, docteur de Sorbonne, archidiacre de Paris; Denise, secrétaire. »

Ce fut seulement après la mort de M. Frémy, en 1733, que l'on mit à exécution ces divers travaux.

M. Frémy fit, le 1ᵉʳ septembre de l'année 1729, la déclaration suivante des biens et revenus de sa cure, laquelle déclaration fut reçue à la chambre ecclésiastique, au mois de mai de l'année suivante :

« Cure de Saint-André de Bobigny, à la nomination du prieur de Saint-Martin-des-Champs et à la collation de Monseigneur l'archevêque de Paris, le sieur Frémy, titulaire.

REVENUS GROS DE LA CURE

Six setiers de bled froment, provenant de la dixme de la dite paroisse, dont le prix est évalué par la déclaration à raison de 8 livres le setier et livré sur le pied de 10 livres le setier. . . . . 60 l

Six setiers de seigle, à 4 livres le setier. . . . . . 30 l
Un muid d'orge, à 4 livres le setier et à 5 livres. . . 60 l   192 l
Un demi-muid de vin du cru du lieu, évalué à. . . . 12 l
En argent. . . . . 30 l

Vingt arpents environ de terres dépendant de la dite cure, affermés à raison de 13 livres 10 sols l'arpent, font la somme de. . . . . 270 l
Honoraires et assistances aux obits et fondations. . . . . . . 164 l
Casuel, année commune. . . . . 4 l

Total des revenus. . . . . 630 l

CHARGES

39 livres pour décimes et subventions.	mémoire
17 livres 10 sols pour frais de déclaration au greffe des gens de main morte tout les neuf années.	mémoire
24 livres pour frais de voiture et transports des bleds pour rendre au marché, en ayant égard à ce que le prix des grains a été au-dessus évalué, tous frais réduits.	néant
60 livres d'aumônes aux pauvres.	mémoire

Partant reste nette la susdite somme de 630 livres.

« Vue par la chambre la déclaration fournie par M. Frémy, curé de Bobigny, des biens et revenus dépendants de sa cure ensemble.

« Vu le présent extrait ou relevé de la dite déclaration, la chambre a arrêté que les revenus de la dite cure de Bobigny seront employés dans le pouillé du diocèse de Paris, pour la somme de 630 livres. Fait en la chambre, le 13 mai 1730. Thomassin Parquet, syndic ; De la Croix, archidiacre de Paris ; Chevalier, greffier [1]. »

Au mois de décembre de l'année 1728, Étienne Chavannes, titulaire des paroisses du Grand et Petit-Drancy, portait à 855 livres 10 sols la somme de ses revenus.

Le 7 juin de la même année, Jean Marest, curé de Bondy, faisait monter sa déclaration à 565 livres seulement.

Si l'on considère que l'arpent de terre se louait en ce temps-là à peine 15 francs, et qu'aujourd'hui on ne le loue pas moins de 100 francs ; que les denrées alimentaires et que tout en général était alors à très bas prix, tandis qu'à notre époque tout est quintuplé, on reconnaîtra que les curés de Bobigny d'autrefois, bien qu'ils fussent à portion congrue [2] avaient une position plutôt supérieure qu'inférieure à celle des curés de nos jours.

M. Pierre Frémy décéda le 5 février 1732, à l'âge de 70 ans. Il fut inhumé le lendemain, dans le chœur de l'église, en présence de M. Mavitte, curé de Bondy ; de M. Pontus, curé de Drancy, et autres personnes assemblées pour la cérémonie.

1. Arch. nat.
2. La portion congrue ne pouvait être moindre de 200 liv. pour les curés n'ayant point de vicaires, non compris les petites dîmes, les fondations des obits, les messes de mariage, d'enterrement, et autres revenus ordinaires.

Bobigny (lèz-Paris)   Planche XIe, page 383.

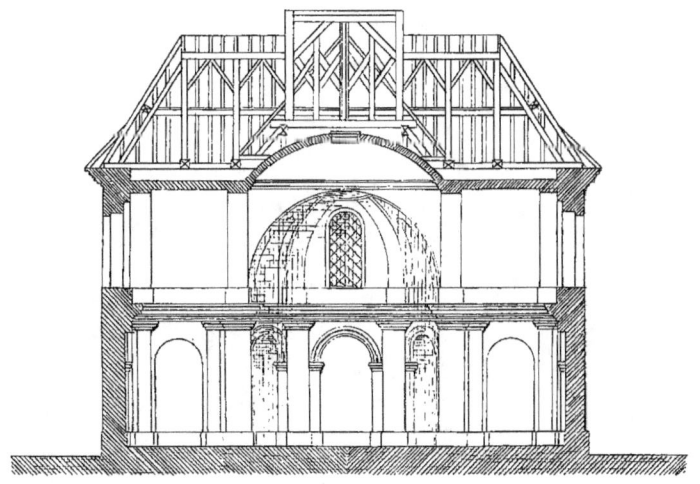

COUPE TRANSVERSALE DE L'EGLISE DE BOBIGNY
D'APRES UN DESSIN DU MÊME ARCHITECTE

Imp. A. Lemercier

Claude-Joseph Pélerin, du diocèse de Bayeux, pourvu le 18 février 1832. Il avait administré la paroisse durant l'interdit de M. Pierre Frémy.

Sous son administration intelligente, les travaux de première nécessité qui étaient à faire à l'église et au presbytère ne tardèrent point à s'effectuer. En effet, le 24 août 1732, ils furent adjugés, après une mise aux enchères faite par trois dimanches consécutifs, à Augustin Parny, au prix de 2,983 livres pour le payement desquels 1,440 livres d'impositions, à raison de 6 deniers pour livre, furent prélevées en ladite année sur tous les habitants et propriétaires de biens et héritages situés dans l'étendue de la paroisse, exempts ou non exempts, privilégiés ou non privilégiés, à proportion de ce que chacun pouvait posséder. Une ordonnance du roi Louis XV, du 23 juin 1733, autorisa la mise à exécution de ces travaux, qui furent complètement achevés au bout de quelques mois.

M. Pélerin avait reçu, dans le courant de l'année précédente, de Mgr l'archevêque de Paris, Gaspard de Vintimille, ses provisions de chapelain de la chapelle Saint-Étienne du château, à laquelle il avait été présenté par M. Hugues-François Jacquier de Viels-Maisons. Voici le procès-verbal de sa prise de possession, qui eut lieu dix mois environ après sa nomination à la cure de Bobigny : « L'an 1732, le deuxième jour de décembre après midi, en la présence de nous Marcel Cottereau, notaire royal, garde-nottes, reçu au Châtelet de Paris, résidant et établi à Noisy-le-Sec, soussigné, étant maintenant en ce lieu de Bobigny, diocèse de Paris pour être témoin de la prise de possession de messire Claude Joseph Pélerin, prêtre du diocèse de Bayeux, curé de la paroisse du dit Bobigny et y demeurant, pourvu par Monseigneur l'archevêque de Paris, sur la nomination et présentation de M. Jacquier, seigneur du dit Bobigny, et représentation de M. Legrand, archidiacre de Paris, de la chapelle de Saint-Étienne dans le château du dit Bobigny, comme vacante par le décès de M. Pierre Frémy, prêtre, curé du dit lieu, dernier paisible possesseur de la dite chapelle, le quel sieur Pélerin a signé purement et simplement le formulaire d'Alexandre VII après la réception des provisions qui lui ont été accordées par mon dit seigneur l'archevêque de Paris de la dite chapelle de Saint-Étienne dans le château du dit Bobigny, le 27 août dernier, contenues au mandement d'intronisation de messire Anne-Jacques Delacroix, prêtre, docteur en théologie de la Faculté de Paris, chanoine et grand archidiacre de Paris, en date du

2 septembre suivant. Le tout duement signé, contresigné, scellé, et insinué, et en bonne et due forme, a le sieur Pélerin été installé par M. Jean Loiselle, prêtre du diocèse de Bayeux, habitué en la paroisse Sainte-Marie-Magdeleine dans la cité et y demeurant, étant aussi maintenant en ce lieu de Bobigny, pour ce présent mettre en la possession corporelle, réelle et actuelle de la chapelle de Saint-Étienne, et des droits, appartenances, et dépendances, pour la libre entrée de la dite chapelle par la principale porte d'icelle, toucher de la dite porte, prière à Dieu, se tenir à genoux devant l'autel, baiser icelui, toucher les livres et ornements, exhibition et lecture des dites provisions, et intronisation à l'instant rendue au dit sieur Pélerin, et par les autres cérémonies et formalités en pareil cas requises et accoutumées ; à la quelle prise de possession lue et publiée à haute et intelligible voix par nous dit, notaire, en présence des dits témoins, personne ne s'étant opposé, avons donné fait et passé acte, en la dite chapelle lesdits jour et an, en présence de messire Gilles Chossard, prêtre, habitué en la dite paroisse de Sainte-Marie-Magdelaine, messire Eustache-Pierre Pélerin, aussi prêtre, habitué en la dite paroisse de présent en ce lieu de Bobigny, Guillaume Ménessier, maître d'école de la dite paroisse à Bobigny ; Michel Espaulard, marguillier en charge de l'église du dit lieu, témoins qui ont, avec les dits sieurs Pélerin et Loiselle, signé avec nous notaire susdit et soussigné Cottereau[1]. »

Messire Claude-Joseph Pélerin mourut le 11 mai de l'année 1739. Voici, en effet, ce qu'on lit au registre des décès de la paroisse de cette époque :

« L'an 1739, le treizième jour de mai, a été inhumé dans le chœur de l'église de Bobigny le corps de vénérable, discrète et scientifique personne messire Claude-Joseph Pélerin, curé de la dite paroisse, décédé avant-hier, âgé de 47 ans environ. La dite inhumation a été faite par messire Claude Moreau, curé de Romainville, en présence de messire Eustache Pélerin, prêtre, frère du défunt ; Charles Firlin, bachelier de Sorbonne, curé de Noisy-le-Sec ; Georges-Richard Pontus, curé de Drancy, et de plusieurs autres amis qui ont signé. »

Eustache-Pierre Pélerin, aussi du diocèse de Bayeux, pourvu égale-

---

1. Notariat de Noisy-le-Sec.

ment par Mgr de Vintimille, succéda à son frère dans la cure de Bobigny, qu'il administra avec un zèle non moins éclairé.

Le 16 mai 1741, Michel Villot, marguillier sortant de charge, avait proposé aux habitans rassemblés trois sujets entre lesquels ils eussent à fixer leur choix. Le sieur Pierre Charlemagne, fermier de M. Jacquier de Vieils-Maisons, fut élu à l'unanimité et par vote à découvert pour le remplacer.

Le 20 février de l'année 1742 se tint une réunion des marguilliers anciens et nouveaux, présidée par M. le curé, dans laquelle furent prises plusieurs décisions : le remplacement de l'ancienne bannière paroissiale ; la réparation de l'ornement rouge et du dais ; l'acquisition de trois chapes et d'une chasuble blanche, d'une aube, de trois amicts et de trois ceinturons pour le célébrant ; de deux surplis pour les chantres ; de deux petites aubes avec cordons pour les enfants de chœur, et d'une robe pour le bedeau. L'achat aussi de nouveaux bréviaire, graduel, antiphonaire et processionnaux ; la restauration enfin de toutes les boiseries sculptées du maître-autel.

Dans une assemblée de juillet suivant, maître Pierre Charlemagne, qui était alors procureur fiscal de la prévôté de Bobigny, fut réélu à l'unanimité marguillier en charge comme plus en état que tout autre de mener toutes ces décisions à bonne fin. Une somme de 808 livres 19 sols fut tirée du coffre de la fabrique et remise entre ses mains pour toutes les dépenses, qui montèrent à 1,790 livres 10 sols 10 deniers.

Dans cette même assemblée des marguilliers, on éleva d'un commun accord le fixe des émoluments du *magister clerc de l'église* de 80 francs, à 100 francs par an. On fit choix d'un chantre payé à raison de 80 francs pour seconder dans les offices ledit magister. Les gages du bedeau enfin furent portés de 20 francs à 36 francs, parce que ne devant plus être aidé par le marguillier comptable dans le service de l'église, il aurait plus de travail à faire et plus de temps à employer.

« Les fonctoins ordinaires du bedeau, est-il marqué au registre des délibérations, sont de plier les ornements, de les porter et rapporter au presbytère à cause du péril d'être volés ; de balayer l'église tous les samedis ; de frotter et cirer le marche-pied de l'autel, d'épouster de haut en bas l'autel, le retable et le contre-retable, ainsi que le tabernacle, de peur que la poussière ne s'attache sur la peinture et sur la dorure ; faute de quoi il sera privé de tout ou partie de la dite augmentation. Quant au marguillier, il aura trois mois pour percevoir les baux des locataires des biens de fabrique ; au delà de ce délai, il devra payer de ses deniers, et sera à l'amende de trois francs pour chaque mois de retard dans la reddition de ses comptes. »

A l'unanimité, aussi, on décida que le mobilier de l'école qui était en mauvais état serait réparé entièrement et sans retard, et qu'une horloge serait placée à ladite maison d'école, parce que l'église, étant très éloignée du village, il n'était pas facile de savoir l'heure.

Jusqu'à cette époque, le marguillier en charge avait géré simultanément les intérêts de la fabrique et ceux de la confrérie du Saint-Sacrement. M. Pélerin jugea qu'il serait plus avantageux pour le bien de la confrérie qu'elle eût un marguillier spécial. De concert donc avec les marguilliers, il établit le règlement qui suit : « Ce 16 mai, jour de la dédicace 1745. Souhaitant que la confrérie du Saint-Sacrement instituée en cette paroisse soit bien et dûment desservie, nous avons délibéré qu'à l'avenir il y aura deux marguilliers, lesquels seront en fonction l'espace de deux ans. La première année de sa gestion, le marguillier remplira la fonction d'administrateur de la dite confrérie, et à la fin de l'année rendra compte des quêtes et autres deniers par lui reçus. Et la seconde année fera les fonctions de marguillier pour la fabrique. Et en conséquence avons nommé Augustin Parny, marguillier de la confrérie du Saint-Sacrement pendant la présente année, et Michel Espaulard, marguillier de la fabrique. Et succédera l'année suivante le dit Augustin Parny au dit Michel Espaulard dans la fonction de marguillier en charge de la fabrique. Et ainsi à l'avenir le marguillier de la confrérie du Saint-Sacrement, après son année d'exercice, succédera l'année suivante au marguillier-comptable. »

Ce règlement fut observé à Bobigny jusqu'à la fin de l'année 1791. Toutefois, il ne s'établit pas sans quelque difficulté. En l'année 1750, en effet, Etienne Charlemagne, ayant été élu marguillier du Saint-Sacrement, refusa d'accepter cette charge. M. le curé, froissé de ce refus, écrivit sur les registres des délibérations ce qui suit :

« Le sieur Charlemagne aurait dû se faire un honneur et un devoir de religion de remplir les fonctions de marguillier de la confrérie du Saint-Sacrement. On pourait avoir recours aux voies de droit pour l'obliger d'accepter cet office. Cependant, afin d'éviter les embarras et les frais d'une procédure pour la fabrique, de conserver la bonne intelligence qui règne entre les habitants de la paroisse, et de sauvegarder les intérêts du service religieux, nous avons pensé qu'il valait mieux céder à la mauvaise humeur d'un marguillier et élire quelque autre à sa place. »

Le 31 mai 1750, Denis Villot fut en effet élu marguillier du Saint-Sacrement, et reçut des confrères la mission d'acheter un guidon neuf pour la confrérie.

Voici la copie du compte des recettes et des dépenses faites par Denis Prestat, marguillier de la confrérie du Saint-Sacrement, qu'il rendit après son année de gestion, avant de passer marguillier en charge de la fabrique :

RECETTES.

Provenantes de la rétribution des confrères et des quêtes faites dans l'église, ensemble se sont trouvées monter à la somme de..	55 l 4 s 6 d
Savoir, provenant de la rétribution des confrères	21 l
Et provenant des quêtes faites dans l'église	34 l 4 s 6 d

DÉPENSES.

Achat de cire	24 l
Au bedeau pour ses services	3 l
A Charly, maître d'école	2 l 5 d
A M. le curé pour ses honoraires, assistances et rétributions des messes	16 l

Le surplus, montant à 9 livres 9 sous 6 deniers, a été remis aux mains de M. le curé pour les représenter en temps et lieu.

Fait et arrêté le dit jour, 16 mai 1747.

Nous allons donner ici un autre compte détaillé des recettes et des dépenses de la fabrique, durant les années 1744 et 1745, fait par M. Pélerin, à la requête des paroissiens, et présenté par lui le 17 août 1749, dans une assemblée des marguilliers et des habitants de la paroisse.

« Compte que rendit messire Eustache-Pierre Pélerin, curé de Bobigny, de la recette et dépense qu'il a bien voulu faire pour l'église et fabrique du dit lieu, en conséquence du pouvoir qu'il en a eu par délibération des habitants du treizième novembre mil sept cent quarante-six, contrôlé le vingt-huitième avril mil sept cent quarante-sept, et autre du quinzième octobre mil sept cent quarante-sept, contrôlé le vingt et un novembre de la même année ou autrement.

« Chapitre de recette, à cause de l'absence de Michel Espaulard pour les années mil sept cent quarante-quatre et quarante-cinq.

« Premièrement, François Rochais, locataire de la maison appartenant à l'église, débiteur pour le loyer des deux dites années, de la somme de deux cent soixante et dix livres, rapporte un mémoire contenant en total la somme de cent soixante et quinze livres quatre sols, tant pour argent par lui déboursé pour l'église et à la décharge du dit Espaulard, que pour ouvrages de maçonnerie et son service en qualité de bedeau, et quant à la somme de quatre-vingt-quatorze livres restant du dit loyer en a été fait recette par le sieur Pélerin, dont fait compte, ci........ 94 l 16 s

« Plus Pierre Codieux, locataire de cinq arpents de terre et débiteur pour le loyer des dites années de la somme de qautre-vingts livres, a payé au dit Espaulard la somme de quarante livres, recette par le sieur Pélerin, ci.......... 40 l

« Plus la veuve Ferret, locataire de deux arpents un quartier de terre, et redevable pour le loyer des dites années de la somme de quatre-vingt-seize livres, a payé au dit Espaulard la somme de quarante-huit livres, et par le sieur Pélerin a été fait recette de la somme de quarante-huit livres restant, ci............................. 48 l

« Plus Denis Villot, locataire de six arpents et demi de terre, et débiteur pour les dites années de la somme de cent quatre-vingt-sept livres, a payé à Espaulard la somme de cent cinquante-trois livres dix sols, et le sieur Pélerin a fait recette de la somme de trente-trois livres dix sols restant, ci..... .... 33 l 10 s

« Plus Augustin Parris, locataire de trois quartiers de terre et débiteur pour les dites années de la somme de trente-deux livres dix sols, a payé à Espaulard la somme de vingt-huit livres cinq sols, et le sieur Pélerin a fait recette de la somme des quatre livres cinq sols restant, ci... 4 l 5 s

« Plus le nommé Poupart de Noisy, locataire d'un arpent de terre et débiteur pour les dites années de la somme de quarante-huit livres, a payé à Espaulard celle de trente-six livres, et le sieur Pélerin a fait recette de la somme de douze livres restant, ci.............................. 12 l

« Plus Nicolas Blancheteau de Romainville, locataire de trois quartiers de terre et débiteur pour les dites années de la somme de soixante et quatre livres cinq sols, a payé à Espaulard celle de trente-deux livres deux sols six deniers, et le sieur Pélerin a fait recette de celle de trente-deux livres deux sols six deniers restant, ci................. 32 l 2 s 6 d

« Plus Philippe Chauffour, locataire de cinq arpents de terre ou environ, et débiteur pour le loyer des dites années de la somme de cent cinquante-six livres, a payé à Espaulard celle de soixante et dix livres, et sur la somme de soixante et dix-huit livres restant, le sieur Pélerin a reçu à compte celle de soixante et treize livres dix sols, ci ...... 73 l 10 s

« Plus Louis Léveillé, locataire de trois arpents de terre, et débiteur pour les dites années de la somme de cent onze livres dix sous, a payé à Espaulard celle de cinquante-cinq livres, et sur la somme de cinquante-six livres restant, le sieur Pélerin a reçu à compte celle de vingt cinq livres, ci.................................... 25 l

« Plus Louis Bonneval, locataire de cinq arpents de terre ou environ et débiteur pour les dites années de la somme de cent cinquante-six livres, a payé à Espaulard la somme de cent dix livres, et sur la somme de quarante-six livres restant, le sieur Pélerin a reçu à compte celle de cinq livres quinze sols, ci........................... 5 l 15 s

« Total........ 368 l 18 l 6 d

Chapitre de reprise des dites années mil cent quarante-quatre et quarante-cinq, pour mémoire.

« Premièrement, Philippe Chauffour, comme est ci-devant dit débiteur de la somme de cent cinquante-six livres, a payé à Espaulard soixante-

dix-huit livres, et au sieur Pélerin celle de soixante et treize livres dix
sols, partant reste quatre livres dix sols, ci.............. 4 l 10 s

« Item, Louis Léveillé, débiteur de cent onze livres
dix sols, a payé à Espaulard celle de cinquante-cinq livres,
et au sieur Pélerin celle de vingt-cinq livres, partant reste
à payer la somme de vingt-six livres dix sols, ci.......... 26 l 10 s

« Item, Louis Bonneval, débiteur de cent cinquante-
six livres, a payé à Espaulard celle de cent dix livres, et
au sieur Pélerin celle de cinq livres quinze sols, partant
reste à payer à celle de quarante livres cinq sols, ci...... 40 l 5 s

« Item, les héritiers de Simon Maheu et Sébastien
Couteux, débiteurs pour les dites années de la somme de
quarante livres cinq sols d'arrérages de rente, de vingt-deux
livres deux sols six deniers, ont payé à Espaulard celle de
trente-sept livres trois sols neuf deniers, partant reste celle
de sept livres un sol trois deniers, ci.................... 7 l 1 s 3 d

« Item, André Toury du Bourget, débiteur pour les
dites années de la somme de soixante livres d'arrérages de
rente de trente livres par chacun an, a payé à Espaulard
trente livres, partant reste à payer trente livres, ci........ 30 l

« Item, Louis Léveillé, débiteur pour loyer des dites
années de la somme de quatre livres d'arrérages de rente,
de deux livres pour chacun an, dont n'a point été fait
recette, partant reste quatre livres, ci .... 4 l

« Item, M. de Viels-Maisons, seigneur de ce lieu, débiteur pour les dites années de la somme de douze livres
douze sols d'arrérages de rente, de six livres six sols par
chacun an, dont n'a point été fait recette, partant reste
douze livres douze sols, ci .... 12 l 12 s

« Total..... 124 l 18 s 3 d

Chapitre de recette, contenant les sommes mises en reprises au compte
rendu par la veuve Augustin Parris, marguillier de l'année 1746, dont le
sieur Pélerin a fait le recouvrement.

« Premièrement, le dit sieur Pélerin a reçu et fait compte de la somme de quarante-cinq livres deux sols à lui payée par François Rochais, pour restant de ses loyers, ci .... 45 l 2 s

« Plus de douze livres reçues de la veuve Ferret, pour restant de ses loyers, ci .... 12 l

« Plus de la somme de trente-trois livres dix sols, reçue de Denis Villot, pour restant de ses loyers, ci .... 33 l 10 s

« Plus de la somme de quinze livres, reçue de François Berthelot, locataire de plusieurs arpents de terre, et pour restant de ses loyers, ci .... 15 l

« Total..... 105 l 12 s

Chapitre de reprise contenant plusieurs mises en reprise au compte rendu par la dite veuve Parris, dont le sieur Pélerin n'a pas fait le recouvrement.

« Premièrement, n'a point fait recette le dit sieur de la somme de trente-deux livres deux sols six deniers, due par Nicolas Blancheteau, locataire de trois quartiers de terre, ci .... 32 l 2 s 6 d

« Item, de la somme de huit livres, due par Louis Léveillé, pour restant de ses loyers, ci .... 8 l

« Item, de la somme de deux livres due par le dit Léveillé, pour arrérages de rente à prendre sur sa maison, ci 2 l

« Item, de la somme de six livres six sols, due par M. de Viels-Maisons, pour arrérages de rente à prendre sur une maison à lui appartenant, ci.................. 6 l 6 s

« Item, de quinze sols de rente, due par le nommé Guilleminot de Vaujours, ci........................ 15 s

« Total..... 49 l 3 s 6 d

Chapitre de recette contenant les anciens dus, arrérages de rente et reliquats de compte des anciens marguilliers.

« Premièrement, fait le dit sieur Pélerin compte de la somme de vingt-deux livres quinze sols, due pour une année de loyer de terres léguées à l'église, la dite somme mise en reprise au compte de Michel Villot, ci .... 22 l 15 s

BOBIGNY.

Plus de la somme de soixante et une livres cinq sols, provenant de dix années d'arrérages d'une rente de six livres deux sols six deniers due par le sieur Bernier et à prendre sur sa maison située à Bobigny, les dites années échues à la Saint-Martin 1747 et mises en reprise en différents comptes des marguilliers, ci..................... 61 l 5 s

« Plus la somme de vingt-quatre livres, reçue de Louis Bonneval, à compte sur les sommes dont il est demeuré reliquataire par son compte de marguillier arrêté le dimanche 8 septembre 1738, montant à quatre cent cinquante livres huits sols six deniers, la dite somme de vingt-quatre livres payée antérieurement au contrôle du dit arrêté de compte, qui a été fait le 13 août 1745, ci...... 24 l

« Plus la somme de quarante-cinq livres provenant de Jean-Louis Clairanbault et pour acquit, et sur ce dont il est demeuré redevable à la fabrique par son compte de marguillier du dimanche 12 mars 1741, ci.............. 45 l

« Plus la somme de trente-sept livres dix-huit sols quatre deniers, reçue du sieur Guillaume Lemazurier, bourgeois de Paris, et à la décharge de François Espaulard, ancien marguillier de Bobigny, ce en vertu d'une sentence qui autorise le dit Lemazurier à payer la dite somme en déduction de celle de cinquante-trois livres, dont le dit Espaulard est reliquataire par l'arrêté de compte du 20 novembre 1732, et à quoi il a été condamné par sentence du 23 juillet 1736, et aux frais de la procédure et intérêt de la somme principale. 37 l 18 s 4 d

« Plus la somme de trente-huit livres treize sols reçue de Jacques Legrand, ancien marguillier, dont il était demeuré reliquataire par l'arrêté de son compte de marguillier du 13 juillet 1742, ci......................... 32 l 13 s

« Plus de la somme de deux cent huit livres reçue de Pierre Codieux, ancien marguillier, à compte sur celle de quatre cent trente-cinq livres huit sols, dont il est demeuré reliquataire par l'arrêté de son compte du 19 juin 1746, ci. 208 l

« Total..... 437 l 11 s 4 d

BOBIGNY.

Chapitre de reprise contenant ce qui reste à payer par les anciens marguilliers pour mémoire :

« Premièrement, Louis Bonneval, débiteur par l'arrêté de son compte comme dit est ci-devant de la somme de quatre cent cinquante-trois livres huit sols, a payé la somme de deux cent dix-neuf livres quinze sols dont il y a acte sur le registre en date du 3 août 1739, a payé au sieur Pélerin vingt-quatre livres portées ci-devant, en outre lui appartient la somme de quatre-vingt-seize livres, pour avoir fait pendant trois ans et quelques mois la fonction de second chantre à raison de trente livres par an, dont il n'a point été payé, mais a été observé au compte de Pierre Charlemagne qu'il lui en serait fait déduction sur ce dont il était redevable en qualité d'ancien marguillier, les dites sommes faisant ensemble celle de trois cent trente-trois livres quinze sols ; reste le dit Bonneval redevable de la somme de cent treize livres treize sols six deniers, ci.............. 113 l 13 s 6 d

« Item, Pierre Codieux, redevable de quatre cent trente cinq livres, a payé deux cent huit livres, reste deux cent vingt-sept livres huit sols, ci..................... 227 l 8 s

« Total..... 347 l 1 s 6 d

Chapitre de dépense faite par le sieur Pélerin.

« Premièrement, a fait dépense le dit sieur Pélerin de la somme de vingt-six livres neuf sols payée au sieur Hamar, épicier cirier, pour solde et restant d'un mémoire de cire fournie à Michel Espaulard, marguillier en 1744 et 1745, dont quittance du 27 novembre 1747, ci..... 26 l 9 s

« Item, de vingt-huit livres, restant de plus grande somme, payées à Denis Charton pour plâtre à lui fourny à Augustin Parny, marguillier en l'année 1746, dont quittance le 24 décembre 1747, ci...................... 28 l

« Item, de la somme de quarante-quatre livres un sol six deniers, payée au sieur Chenu, épicier cirier, pour tout restant de cire fourni à la fabrique et à l'église de Bobigny en l'année 1746, Augustin Parris étant marguillier, dont quittance du 18 janvier 1748, ci .... 44 l 1 s 6 d

« Item, de la somme de vingt-six livres dix-sept sols, payée et remboursée à Pierre Charlemagne, qui avait avancé la dite somme pour les clauses portées en la quittance du sieur Rouveau, receveur des droits seigneuriaux de la terre et seigneurie de Romainville, sçavoir pour arrérages de trente-huit années de cens dus pour une pièce de terre située à Romainville et frais faits en conséquence, ci....... 26 l 17 s

« Item, de la somme de quarante-deux livres seize sols six deniers payée par lui au sieur Chenu, épicier cirier, pour restant de plus grande somme portée en son mémoire, à lui due pour luminaire, huile et autres fournitures faites en l'année 1747, Denis Prestat étant marguillier, dont quittance du 8 août 1749, ci........................ 42 l 16 s 6 d

« Item, de la somme de seize livres dix-sept sols six deniers par lui payée à Pierre Cottereau pour frais et diligences de la procédure faite contre François Espaulard, dont quittance du 26 mars 1748, ci................... 16 l 17 d 6 d

« Item, de la somme de quatre-vingt-quatorze livres que le dit rendant compte retient par mains et à lui due pour restant des honoraires qui lui appartiennent pour les obits et fondations par lui acquittés és années 1744 et 1745, déclarant que déduction est faite de la somme de vingt-deux livres pour l'herbe du cimetière à lui adjugée dans les deux dites années, et de celle de six livres pour le bois des arbres de la Croix-Rouge, aussi à lui adjugée, sans laquelle déduction lui serait due la somme de cent vingt-deux livres, ci................................ 94 l

« Item, de la somme de vingt-cinq livres qu'il retient par ses mains, à lui due pour restant des honoraires des obits et fondations par lui acquittés en l'année 1747, Denis Prestat étant marguillier, ci......................... 25 l

« Item, de la somme de quatre-vingt-douze livres à lui due et lui appartient aussi pour reste de l'honoraire des obits et fondations par lui acquittés en l'année 1748, Pierre Bourdon étant marguillier, observe qu'il lui appartient chaque année la somme de cent quatre-vingt et une livres dix sols, et celle de neuf livres dix sols pour fourniture de pain et vin pour les messes, ci............................. 92 l

« Item, de la somme d'une livre quatre sols pour controlle de la délibération du 13 novembre 1746 et douze sols pour controlle de la délibération du 15 octobre 1747, ensemble deux livres huit sols, ci...................... 2 l 8 s

« Item, la somme de seize livres six sols, par lui payée au sieur Pierre Cottereau, procureur, pour les frais d'une sentence de la prévôté de Bobigny qui condamne Louis Bonneval au payement de la somme de cent treize livres treize sols, restant de ce dont il est demeuré redevable à la fabrique par l'arrêté de son compte de marguillier du 8 septembre 1738, et autres procédures faites en conséquence de la dite sentence, dont quittance du 23 mai 1748, ci.. 16 l 6 s

« Total de la recette contenue dans les pages ci-devant, neuf cent douze livres un sol dix deniers, ci............ 912 l 1 s 10 d

« Total des dépenses, ci...... 414 l 15 s 6 d

« La recette excède la dépense de la somme de..... 497 l 6 s 4 d

« Le dimanche 17 août 1749, en l'assemblée des marguilliers et habitants, indiquée au prône le dimanche précédent, au son de la cloche, au banc de l'œuvre, à l'issue de la grand'messe paroissiale, en la manière accoutumée. Le compte ci-devant transcrit, rendu par le dit sieur Eustache-Pierre Pélerin, curé de Bobigny, les quittances et pièces justificatives d'icelui ont été vues, lues et examinées en présence de M. Jacquier de Viels-Maisons, seigneur de cette paroisse; de Louis Léveillé, marguillier en charge; de Pierre Charlemagne, procureur fiscal, ancien marguillier; de Blaise Maucuit, Pierre Codieux, Jacques Legrand, Pierre Bourdon, tous anciens marguilliers; de Simon Chrétien, marguillier entrant; d'Estienne Charlemagne, syndic; François Rochais, Jean Meunier, habitants et autres, après examen a été le dit compte approuvé dans tous ses articles de recette et de dépense; calcul fait et arrêté, la dite recette s'est trouvée monter à la somme de 912 l 1 s. 10 d, et la dépense à la somme de 414 l 15 s 6 d ; partant la recette excède la dépense de la somme de quatre cent quatre-vingt-dix-sept livres six sols quatre deniers, laquelle somme le dit sieur Pélerin a actuellement déposée dans le coffre destiné à renfermer les deniers de l'église, moyennant quoi et ce que dessus le dit sieur Pélerin demeure bien dûment et totalement déchargé de la dite recette et dépense qu'il a bien voulu faire pour l'église de Bobigny et des pièces justificatives du présent compte.

« Fait et arrêté les dits jour et an que dessus.

« JACQUIER DE VIELS-MAISONS, PELERIN. »

Quelque temps avant cette dernière date, la maison que possédait la fabrique, rue Dîne-Souris, avait été donnée à loyer à M. de Viels-Maisons, à la demande du sieur Charlemagne :

« Le dimanche, 6ᵉ jour d'avril 1749, à l'issue de la grande messe, nous curé, marguilliers et habitans, assemblés au banc de l'œuvre à la manière accoutumée, ayant été duement avertis au prône et appelés au son de la cloche, après qu'il nous a été dit par le sieur Pierre Charlemagne, fermier de M. Jacquier de Viels-Maisons, seigneur de cette paroisse et son procureur fiscal, que le dit sieur de Viels-Maisons avait besoin et souhaitait que la maison appartenant à la fabrique, située vis-à-vis son petit logis (le château de Beauregard), rue Dîne-Souris, lui fût concédée à titre de loyer, moyennant la somme de 135 livres par chacun an et autres charges, clauses et conditions portées par le bail de François Rochais, maçon, actuellement locataire de la dite maison par tacite réconduction d'un bail de neuf ans, expiré à la Saint-Jean dernière, offrant le dit sieur de nous décharger de toute obligation de faire jouir le dit Rochais, avons sur ce délibéré et, d'un consentement unanime, avons donné pouvoir à Pierre Bourdon, marguillier en charge, de en notre nom passer, louer la dite maison, et passer avec ledit sieur de Viels-Maisons le bail qu'il conviendra, aux charges, clauses et conditions susdites.

« Fait et arrêté en présence de E. P. Pélerin, curé; Charlemagne, Bourdon, Codieux, Louis Léveillé, Denis Villot, Jacques Legrand. »

Le bail en question fut passé par les sieurs curé et marguilliers de Bobigny, d'une part, et M. de Viels-Maisons, d'autre part, pour 3, 6 ou 9 ans, le 24 du même mois.

L'année suivante, M. le curé fit l'inscription, sur les registres de la fabrique, d'un contrat de rente que lui avait apporté et remis Louis Bonneval :

« L'an 1750, le 27 mai, Louis Bonneval m'a apporté et remis entre les mains un contrat de trente livres de rente au profit de la fabrique sur une maison sise au Bourget, après transaction passée entre les marguilliers, d'une part, et le nommé Barbier, maçon audit Bourget, et Jacqueline Baucheron, sa femme, devenus propriétaires de ladite maison, d'autre part, devant Ameline, notaire au Châtelet, de l'an 1717, 16 mai, pour être ledit titre remis au coffre de la fabrique. »

Neuf années s'étaient écoulées depuis la location des terres de la fabrique, faite le 10 septembre de l'année 1741, sous le marguilliage de M. Pierre Charlemagne, lorsque, le dimanche 13 septembre de l'année 1750, on procéda de nouveau à leur adjudication pour un bail de neuf ans.

« L'an mil sept cent cinquante, le dimanche treizième septembre, poursuite et diligence de Simon Chrétien, marguillier en charge, issue de la grande messe, en présence de M. le curé et des anciens marguilliers, après les publications et affiches mises à la porte de l'église par trois dimanches consécutifs, a été procédé à l'adjudication des terres appartenant à la fabrique, après les enchères ont été adjugées comme il en suit :

« Premièrement, adjugé à la veuve Augustine Parris trois quartiers de terre par elle ci-devant occupés, qu'elle a déclaré bien connaître, et ce par prix et somme de seize livres, et s'est obligée bien labourer suivant l'usage, payer les droits seigneuriaux et fournir bail en forme exécutoire, par-devant tel notaire qui lui sera indiqué par M. le curé ou le marguillier en charge, et a déclaré ne savoir signer.

« En second lieu ont été adjuges à Louis Léveillé trois arpens et demi de terre par lui ci-devant occupés, qu'il a déclaré bien connaître, et ce par prix et somme de cinquante-quatre livres quinze sols, et s'est obligé bien labourer suivant l'usage, payer les droits seigneuriaux et fournir bail en forme exécutoire par-devant le notaire qui lui sera indiqué par M. le curé ou le marguillier en charge, et a signé.

« En troisième lieu, adjugé à François Berthelot trois arpens de terre par lui ci-devant acceptés, qu'il a déclaré bien connaître, pour prix et somme de cinquante-cinq livres, et s'est obligé bien labourer suivant l'usage, payer les droits seigneuriaux et fournir bail en forme exécutoire, par-devant tel notaire qui lui sera indiqué par M. le curé ou le marguillier en charge, et a signé.

« En quatrième lieu, adjugé à la veuve Ferret deux arpens un quartier de terre, par elle ci-devant occupés, qu'elle a déclaré bien connaître, par prix et somme de quarante-sept livres six sols, et s'est obligée bien labourer suivant l'usage, payer les droits seigneuriaux et fournir bail en forme exécutoire, par-devant tel notaire qui lui sera indiqué par M. le curé ou le marguillier en charge, et a déclaré ne savoir signer.

« En cinquième lieu, ont été adjugés à Estienne Villot et Denis Prestat cinq arpens de terre ci-devant occupés par la veuve Codieux, que les dits Villot et Prestat ont déclaré bien connaître, par prix et somme de cinquante-sept livres dix sols, et se sont obligés bien labourer suivant l'usage, payer les droits seigneuriaux et fournir bail en forme exécutoire, par devant tel notaire qui leur sera indiqué par M. le curé ou le marguillier en charge, et ont signé.

« En sixième lieu, adjugés à Denis Villot six arpents et demi de terre par lui ci-devant occupés, et qu'il a déclaré bien connaître, par prix et somme de quatre-vingt-treize livres dix sols par chacun an, et s'est obligé à bien labourer suivant l'usage, payer les droits seigneuriaux et fournir bail en forme exécutoire, par-devant tel notaire qui lui sera indiqué par M. le curé ou le marguillier en charge, et a signé. »

M. Pélerin tomba gravement malade au commencement de l'année 1757. Il prit en cette circonstance toutes les sages dispositions qu'un chrétien doit prendre. Après avoir, en effet, remis entre les mains de Dieu ses intérêts éternels, il dicta, le 27 février de ladite année 1757, au notaire de Noisy-le-Sec, le testament qui suit :

« Fut présent messire Eustache-Pierre Pélerin, curé de la paroisse Saint-André de Bobigny, y demeurant, gisant au lit, malade, dans une chambre dépendant du presbytaire du dit lieu, ayant vue sur la grande rue du dit Bobigny et sur le jardin du dit presbytaire, toutes fois sain d'esprit, mémoire, jugement et entendement, ainsi qu'il est apparu au notaire et tabellion soussigné et aux témoins cy-après nommés ; le quel dans la vue de la mort, nous a fait, dicté et nommé, en présence des témoins cy-après désignés, son testament et ordonnance de dernière volonté, selon et ainsi qu'il suit :

« Premièrement, comme bon chrétien catholique, apostolique et romain, a recommandé et recommande son ame à Dieu, suppliant Sa divine Majesté par les mérites infinis de la mort et passion de Notre-Seigneur Jésus-Christ, son Fils unique, de lui pardonner ses fautes et offenses, et le recevoir en son saint paradis au rang des bienheureux de la cour céleste, implorant à cette fin les prières et intercession de la glorieuse Vierge Marie, de saint Pierre, de saint Paul, de saint André, de saint Michel, ange et archange, et de tous les saints et saintes du paradis.

« Item, le dit sieur testateur veut et ordonne son corps mort être inhumé et à l'égard de son convoi s'en rapporter aux exécuteurs de son testament cy-après nommés.

« Item, veut et ordonne, ses dettes et torts si aucuns il a faits, soient payés et réparés par les dits exécuteurs.

« Item, donne et lègue à sieur Vincent Lemazurier, bourgeois de Paris et y demeurant, rue du Temple, paroisse Saint-Nicolas-des-Champs, la somme de dix-huit cents livres, et ce pour la bonne amitié qu'il a toujours portée au dit sieur Lemazurier.

« Item, donne et lègue aux pauvres de la paroisse du dit Bobigny la somme de deux cents livres pour être distribuée aux plus nécessiteux par les dits exécuteurs.

« Item, donne et lègue pareillement à Guillaume Michel, son domestique, la somme de cinq cents livres, outre les gages qui lui sont dus, et ce en récompense des bons et agréables services qu'il lui a rendus depuis plusieurs années qu'il est à son service.

« Et à l'égard d'un petit et ancien calice et sa patène d'argent étant hors d'état de pouvoir servir, qu'il a en sa possession, appartenant à la chapelle du château du dit Bobigny, veut et ordonne ce dit sieur testateur qu'ils soient remis en la dite chapelle ou titulaire d'ycelle.

« Et pour exécuter et accomplir le dit testament, le dit sieur testateur a nommé et choisi les personnes de messire Nicolas Houël, prêtre, curé de Bondis, y demeurant, et le dit sieur Vincent Lemazurier qu'il prie d'en prendre la peine, ès mains des quels à cette fin il s'est remis de tous ses biens suivant la coutume, jusques à concurrence des dits legs.

« Ycelui fait et passé, dicté et nommé par le dit sieur testateur au notaire royal reçu au Châtelet de Paris, et tabellion de la prévôté du dit Bobigny, résidant à Noisy-le-Sec, soussigné, l'an mil sept cent cinquante-sept, le vingt-septiesme jour de février, cinq heures de relevée, en présence des dits témoins cy-après nommés et d'y celui testateur, par y celui notaire et tabellion ; présence des mêmes témoins, le présent testament lu et relu en ladite chambre cy-désignée, les jour et heure que dessus, ès présence du sieur Simon Chameyneau, chirurgien, demeurant à Noisy-le-Sec, et Pierre Crochard, maître d'école de la dite paroisse de Bobigny, y demeurant, étant tous deux en la dite chambre, témoins à ce requis qui ont signé. Et quant au dit sieur testateur, il a déclaré ne pouvoir signer, attendu la violence de sa maladie.

« COTTEREAU, CHAMEYNEAU, CROCHARD.

« Contrôlé à Belleville, le 10 mars 1857. »

Messire Eustache-Pierre Pélerin mourut le dernier jour de mai de la même année, âgé de cinquante-sept ans, son corps fut inhumé le lendemain, dans le chœur de l'église de Bobigny, en présence de messire Nicolas Houël, curé de Bondy ; Pierre Doré de Menneville, prêtre, prieur, curé de Rosny ; Uradé de Sullivan, prêtre, curé de Drancy ; Laurent Dutartre, prêtre, curé de Pantin ; Pierre Gilbert, curé de Blancmesnil ; Louis-Guillaume Mittaine, prêtre, vicaire de Bondy, neveu du défunt ; M. le curé de Romainville ayant fait la cérémonie.

Archambault Crawford, du diocèse de Limérik, nommé par Monseigneur Christophe de Beaumont, le 8 avril 1757. Il était bachelier en théologie. Plus heureux que ses prédécesseurs, il eut la satisfaction de voir s'exécuter non pas seulement le replâtrage de son église, mais la construction du temple sacré que Bobigny possède actuellement, comme aussi la construction d'une nouvelle école plus convenable. Il fit augmenter de 30 francs les gages du magister clerc, dont la fabrique, depuis plusieurs années, n'avait pas amélioré la position, et à qui elle ne donnait que cent francs de fixe par an. Voici copie de l'acte de décès de M. Crawford, le premier et le seul curé de Bobigny inhumé dans l'église actuelle : « L'an 1782, le 28 décembre, a été inhumé, dans le chœur de cette église paroissiale, le corps de messire Archambault Crawford, bachelier en théologie de Paris et curé de cette paroisse, décédé hier, âgé d'environ cinquante-quatre ans. L'inhumation a été faite en présence de messire Guillaume Crawford, bachelier en théologie de ladite Faculté, son frère ; de Guillaume Crawford, licencié de la même Faculté, son neveu ; de messire

Marc de la Roche, curé de Pantin, et autres qui ont signé avec nous, curé de Bagnolet, qui avons fait la cérémonie. Machet »

Antoine Gigon, originaire du diocèse de Séez, curé du 1ᵉʳ février 1783 au 20 mars 1791.

Voici ce qu'on lit à la première page du registre des délibérations de la fabrique de Bobigny, commençant à l'année 1783 et déposé, dans les derniers jours de l'année 1793, au district de Franciade, par le comptable de la municipalité, le citoyen Dutour :

« Dans l'assemblée de paroisse légitimement convoquée par trois dimanches consécutifs, et du sentiment unanime, il a été consenti que les terres de la fabrique seraient possédées pour les temps, terme et prix préférés dans les baux passés devant le sieur Codieux, notaire à Aubervilliers, au bénéfice des sieurs Jollin, Menessier, Legrand, Chanavard et Lemaître.

« En foi de quoi avons signé, ce dimanche vingt-huit décembre mil sept cent quatrevingt-trois.

« CHANAVARD, DUPONT marguillier, LEGRAND, VILLOT, MENESSIER, JOLLIN, LEMAITRE. »

Et au verso :

« L'an mil sept cent quatre-vingt-quatre, le dimanche vingt-six septembre, à l'issue de la grande messe, au son de la cloche sonnée à la manière accoutumée, l'assemblée ayant été indiquée au prône de la messe paroissiale le dimanche précédent, dans l'assemblée des curé, marguillier en charge, anciens marguilliers et autres habitants de la paroisse Saint-André de Bobigny, Étienne-Julien Dupont, ci-devant marguillier de la confrérie du Saint-Sacrement a rendu compte des quêtes par lui faites dans l'église depuis le saint jour de la Pentecôte 1782, jusqu'au saint jour de la Pentecôte 1783. Les dites quêtes se sont trouvées monter à la somme de vingt-sept livres quatre sols six deniers, et les rétributions des confrères à celle de vingt-neuf livres dix sols, avec sept livres quatre sols de vieille cire, font ensemble la somme de soixante-trois livres dix-huit sols six deniers. Sur quoi il a dépensé en cire, suivant sa quittance vingt-neuf livres quatorze sols. Item, a payé à M. le curé pour ses honoraires dix-neuf livres; au maître d'école, quatre livres quatre sols; au bedeau, quatre livres quatre sols; aux enfants de chœur, une livre dix sols. Ces cinq sommes font ensemble celle de cinquante-huit livres douze sols. Partant la recette excède la dépense de celle de cinq livres six sols dix deniers, que le dit Dupont a comptée et payée en notre présence, sur le banc de l'œuvre. Laquelle somme a été déposée dans le coffre de la fabrique, au moyen de quoi le dit Dupont demeure dûment quitte et déchargé envers la dite confrérie. Et à notre présente assemblée ont assisté les soussignés, Malice, Villot, Bonnevalle, Lézier, Devaux, Jollin, Dupont.

« GIGON, curé de Bobigny. »

Au bas de ce rendu compte, sont écrits les mots suivants : « Vu dans le cours de nos visites archiépiscopales, à Bobigny, le 3 octobre 1784.

« + Ant. Eléonore, archevêque de Paris.

« Par Monseigneur : GERVAISE »

Ainsi les paroissiens de Bobigny eurent, en cette année 1784, l'honneur et l'avantage de recevoir la visite de leur archevêque. Monseigneur Antoine-Éléonore de Juigné, dans sa sollicitude épiscopale, voulut avec sa bénédiction paternelle laisser comme souvenir de son passage dans la paroisse des prescriptions pleines de sagesse pour le renouvellement des fidèles dans la vie chrétienne. Ces prescriptions furent consignées sur les registres de catholicité. Les transcrire ici, c'est perpétuer l'œuvre apostolique de Mgr de Juigné. La nécessité, du reste, de mettre en pratique ses ordonnances, celles du moins qui ont rapport au spirituel, n'étant pas moins urgente aujourd'hui qu'à cette époque.

« Copie d'un mandement et règlement collationné de Monseigneur l'archevêque de Paris, Antoine-Eléonore-Léon Le Clerc de Juigné, par la miséricorde divine et la grâce du Saint-Siège apostolique archevêque de Paris, duc de Saint-Cloud, pair de France, etc. Vu le procès-verbal par nous dressé aujourd'hui dans le cours de nos visites de l'état de la paroisse de Bobigny, doyenné de Chelles, de notre diocèse, avons ordonné et ordonnons ce qui suit :

« 1° On fera faire incessamment tant à la salle des écoles qu'au presbytère toutes les réparations nécessaires ;

« 2° On achètera des vaisseaux en argent pour les saintes-huiles, dès qu'on en aura la commodité ;

« 3° On se pourvoira d'un nouveau rituel ;

« 4° Il sera fait un état ou inventaire des vases sacrés, livres, linges, ornements et autres meubles et effets de la sacristie, lequel état sera transcrit sur le registre des délibérations, et il en sera donné une copie signée du curé ou marguillier chargé desdits effets pour la transmettre à son successeur, et ainsi successivement ;

« 5° Il sera dressé un tableau des obits et fondations pour être et demeurer exposé dans la sacristie, ou dans un lieu apparent de l'église ;

« 6° Les fonts baptismaux seront entourés d'une grille ou d'une balustrade et l'on mettra dans l'enceinte d'iceux un tableau représentant le baptême de Notre-Seigneur Jésus-Christ, ou quelque autre sujet analogue au sacrement de baptême ;

« 7° La chapelle de saint Etienne, sise au château, et formant titre de bénéfice, sera réparée et rétablie dans l'état de décence où elle doit être ;

« 8° Nous permettons d'exposer le Très-Saint-Sacrement et de le porter en procession le premier dimanche de chaque mois, suivant l'ancien usage que nous avons trouvé établi dans la dite église lequel nous approuvons et confirmons, pourvu toutefois qu'il y ait concours de peuple et que le sieur curé ne remarque tant dans les confrères que dans les assistans rien qui soit contraire au respect et à la dévotion dus à cet adorable mystère ;

« 9° Les particuliers qui se trouvent débiteurs envers la fabrique seront tenus de payer dans six mois, à compter du jour de la publication de notre présente ordonnance, et, faute par eux d'obtempérer dans le dit temps, voulons qu'ils y soient contraints par toutes voies dues et raisonnables, à la diligence du marguillier en charge ;

« 10° Le dit marguillier en charge payera au sieur curé, des deniers de la fabrique, la somme de soixante-neuf livres par lui avancée, pour divers objets nécessaires à la célébration de l'office divin, en, par le dit sieur curé, justifiant de l'emploi de la dite somme au profit de l'église ;

« 11° Défendons expressément à tout marguillier en charge de retenir à l'avenir le sol pour livre, ni aucuns autres droits de recette nonobstant tout usage à ce contraire ;

« 12° Il ne sera rien payé désormais pour le déjeuner des Rogations au delà de la somme de dix livres, fixée précédemment par une ordonnance du sieur archidiacre de Paris, laquelle nous approuvons, renouvelons, confirmons et voulons être fidèlement exécutée ;

« 13° Il sera dressé un inventaire raisonné de tous les titres et papiers appartenant à la fabrique pour être avec yceux renfermés dans le coffre à ce destiné ;

« 14° Les comptes de fabrique qui n'ont point encore été rendus le seront incessamment et nous seront communiqués ; enjoignons au marguillier en charge de presser à cet égard les marguilliers-comptables, même de les y contraindre s'ils refusent d'obtempérer ;

« 15° Exhortons les paroissiens et néanmoins leur enjoignons de sanctifier les dimanches et fêtes en s'abstenant de toute œuvre servile, et assistant assiduement et avec piété à la messe paroissiale, à tout l'office divin et aux instructions qui se feront dans l'église. Enjoignons pareillement aux pères et mères d'envoyer exactement leurs enfants à l'école et au catéchisme, et de ne rien négliger pour leur procurer une éducation chrétienne et l'instruction qui leur est si nécessaire.

« Et sera notre présente ordonnance lue et publiée au prône de la messe paroissiale, inscrite sur le registre des délibérations et insérée parmi les titres et papiers de la dite église. Enjoignons au sieur curé de tenir la main à son exécution. Donné au dit Bobigny, sous notre seing, le sceau de nos armes, et le contre-seing de notre secrétaire, le 3 octobre mil sept cent quatre-vingt-quatre. »

Nous avons rapporté un peu plus haut le compte d'Étienne-Julien-Daniel Dupont, marguillier du Saint-Sacrement. Nous allons citer maintenant le compte qu'il rendit l'année suivante comme marguillier de la fabrique :

« Compte que rend Étienne-Julien-Daniel Dupont, marguillier-comptable de l'œuvre et fabrique de Saint-André de Bobigny de la recette et de la dépense par lui faite pour la fabrique depuis le saint jour de la Pentecôte 1783 jusqu'au même jour de la Pentecôte 1784, par-devant messire Antoine Gigon, curé de la dite paroisse, et par-devant les sieurs Pierre et Julien-Daniel Legrand, tous deux marguilliers en charge, et autres habitants de la dite paroisse :

CHAPITRE PREMIER, DE LA RECETTE

« De Charles Chanavard, locataire de trois quartiers de terre.. 161 10 s

BOBIGNY.

« De Louis-Maximilien Jollin, locataire de quinze arpents de terre, y compris 6 l. 2 s. de rente qu'il doit sur sa maison. 36 l 2 s

« De Julien-Daniel Legrand, locataire de quatre arpents soixante-deux perches de terre .... 14 l 3 l 8 s

« De François Dicque, locatatre de cinq arpents un quartier de terre .... 11 2 l

« De Louis Ménessier, locataire de cinq arpents de terre, 8 2 l

« De Nicolas Lecomte, locataire de sept quartiers de terre sur Drancy................................... 40 l

« De Alexis Charton et Blaise Blancheteau, locataire de cinq quartiers de terre sur Noisy-le-Sec .... 24 l

« De la veuve Nicolas Blancheteau, locataire de trois quartiers et demi sur Romainville .... 3 2 l 2 s 6 d

« Des héritiers Maheu et Couteux, rente qu'ils doivent annuellement sur leurs biens sis à Romainville........... 3 2 l 2 s 6 d

« De Pierre Bouchard, rente annuelle qu'il doit à la fabrique sur sa maison sise au Bourget................... 36 l

« De la veuve Étienne Charlemagne, rente annuelle de 36 livres : savoir 30 livres sur les biens acquis des héritiers feu Lambert et 6 livres sur son banc qu'elle occupe dans l'église.

« De M. Fradelle, rente annuelle qu'il doit à la fabrique sur ses maisons et terres acquises des héritiers de feu Louis Léveillé .... 2 l

« De la vieille cire vendue à M. le curé............ 7 l 4 s

« De M. Bertrand de Pantin, rente annuelle sur sa maison située sur la place de Bobigny.................... 1 l

« D'Etienne Villot et Rochais, rente annuelle sur la maison qu'ils tiennent et occupent........................ 6 l 6 s

« De M. de Vieils-Maisons, seigneur de ce lieu, pour le loyer de la maison appartenant à la fabrique, que tient son jardinier.. 135 l

« Vente de la vieille porte de la maison de la fabrique .. 11 l 5 s

« Vente de l'herbe du cimetière .... 3 l 5 s

« Rente de l'hôtel de ville........................ 10 l

« Restant de l'argent donné pour le raccommodage de l'ornement violet.................................... 2 l 6 s

« Quêtes qu'il a faites dans l'église durant l'année de sa gestion .... 10 l

« Total de la recette .... 1099 l 1 s 3 d

« N'a pas reçu de Jean Guilleminot les 15 sols de rente qu'il doit sur sa maison sise à Vaujour.

CHAPITRE SECOND, DE LA DÉPENSE

« Payé à Dutour, maître d'école, pour ses honoraires, le blanchissage du linge, récurage des chandeliers, raccommodage du linge et autres, suivant ses quittances .... 171 l

« Item, au notaire, à Paris, pour ses contrats de la rente de l'hôtel de ville, suivant quittance .... 18 l 16 s

« Item à Bonnevalle, charron, pour avoir fait une croix pour l'ancien cimetière et le cellement de ladite croix .... 10 l

« Item pour la déclaration des biens et revenus de la fabrique et pour les décimes .... 20 l 17 s

« Item, aux chantres, pour deux saluts fondés et pour un verre à lampe .... 2 l 15 s

« Item, pour les registres de baptêmes, mariages et sépultures 3 l

« Item, pour légalisation d'un extrait mortuaire de feu M. le curé Crawford et pour deux brefs .... 1 l 9 s

« Item, pour le registre et papier marqué de la dite fabrique 17 l

« Item, pour le buis des rameaux et pour avoir déposé deux registres au greffe civil .... 4 l 14 s

« Item, au sieur Chrétien, vitrier, pour carreaux mis à l'école et pour les saintes huiles .... 3 l 5 s

« Item, à M. le curé, tant pour ses honoraires que pour avoir fourni la cire .... 251 l 10 s

« Item, à Rochais, bedeau, pour ses honoraires .... 36 l

« Item, à Deleux, menuisier à Bondy, pour deux portes à l'horloge et une table à l'école .... 20 l

« Item, pour amadou, allumettes, balais et un étouffoir pour les cierges .... 2 l 6 s

« Item, pour un bénitier neuf, à Zacharie, chaudronnier à Bondy... 14 l
« Item, à Devaux, maréchal, pour ouvrage fait et le placement de l'horloge................................. 55 l 4 s 6 d
« Item, à Jollin, maçon, pour ouvrage fait à l'horloge... 292 l 2 s
« Item, pour menues dépenses faites pour la fabrique, suivant le mémoire................................. 30 l
« Item, mis au banc de l'œuvre pour le payement de l'horloge.. 106 l 4 s 6 d

« Total de la dépense............ 1,114 l 3 s

« Partant la dépense excéde la recette de 15 l. 1 s. 9 d., qu'on a remis au sieur Étienne-Julien-Daniel Dupont en espèce sonnante et comptée sur le banc de l'œuvre ; d'où le dit Dupont demeure duement et valablement quitte envers ladite fabrique, de même que la dite fabrique demeure duement et valablement quitte envers lui. Et à notre présente assemblée ont assisté et signé les sous-nommés :

« Gigon, curé; P. Legrand; J.-Daniel Legrand; Dupont; Jean-Baptiste Charpentier; Dutour, secrétaire-greffier. »

Cette assemblée avait eu lieu le 19 juin 1785. Le sieur Julien Dupont y avait compté au banc d'œuvre la somme de 106 livres 4 sols 6 deniers, laquelle, réunie à celle de 116 livres qui était au coffre de la fabrique, devait servir à payer le sieur Chatourel, horloger, envers qui la fabrique était redevable de 222 livres 4 sols 6 deniers, reste du prix de 900 livres qu'avait coûtées l'horloge de l'église. Le sieur Malice fut chargé de faire ce paiement au nom de la fabrique, comme aussi de faire rétablir les portes et les murs du cimetière, ainsi que le plancher de la chambre du maître d'école et la cheminée qui s'y trouvait.

Dans une autre assemblée de fabrique tenue le dimanche 11 mars 1787, il fut reconnu que les réparations de la maison, propriété de l'église de Bobigny, située rue Dîne-Souris, entraînaient après elles presque la ruine de la fabrique, le sieur Charpentier, marguillier en charge, fut autorisé à traiter avec qui bon lui semblera, avec gens solvables toutefois, la préférence étant accordée à M. de Viels-Maisons, seigneur de la paroisse, afin de la concéder en rentes, ainsi que la pièce de terre y attenant, le tout pouvant contenir ensemble un arpent quarante-sept perches, avec obligation pour l'adjudicataire d'acquitter les droits et devoirs seigneuriaux dont la dite propriété pouvait être chargée envers le dit sieur de Viels-Maisons, seigneur de Bobigny. La vente se fit le 27 janvier suivant, à titre de rente non rachetable, payable d'année en année, sans retenue ni impositions royales, au profit de messire Philippe-Guillaume Jacquier, vidame de Viels-Maisons, conclue à Belleville, le 8 février de la même année 1788 [1].

Il n'y avait pas vingt ans que les deux cloches que contenait le petit clocher de Bobigny y avaient été montées, qu'il devint comme nécessaire de faire refondre la seconde, qui n'était pas à l'unisson de la première, et à cette occasion les marguilliers réunis jugèrent à propos d'en faire fondre une troisième pour donner plus de solennité à la sonnerie des fêtes.

« Le dimanche 19 octobre 1788, à l'issue des vêpres, au son de la cloche, après convocation le dimanche précédent, dans une assemblée des curé, marguillier en charge, anciens marguilliers et autres habitans, il a été convenu que la petite cloche sur laquelle seront gravés, comme il l'étaient primitivement, les noms, surnoms et qualités de M. de Viels-Maisons, seigneur de la dite paroisse, sera bien et duement fondue par le sieur Alexis Vuillemin, demeurant à Lagny en Brie, pour le prix et somme de 120 livres. Il a été de plus décidé, sous le bon plaisir du seigneur du dit lieu de Bobigny, qu'il sera placé et mis une troisième cloche à l'unisson toutes fois des deux autres, et deux fontaines ou paillées de la même matière des dites cloches, laquelle cloche neuve sera payée à raison de 39 sols la livre, ainsi que les fontaines ; les frais de transport, montage et démontage étant à la charge du fondeur. »

Ces deux cloches furent bénites le 28 mai suivant, vingt trois jours après l'ouverture des états généraux de 1789, lesquels, changeant bien vite de caractère, prirent le titre d'Assemblée nationale et donnèrent une nouvelle Constitution à la France. Voici la copie du procès-verbal de la bénédiction de ces cloches tel qu'on le trouve écrit au registre des baptêmes de l'époque : « L'an mil sept cent quatre-vingt-neuf, le vingt-huit mai, ont été bénites solennellement par nous soussigné, curé de cette paroisse,

---

1. Arch. nat.

deux cloches. La grosse a été nommée Philippe-Guillaume-Élisabeth, par haut et puissant seigneur Philippe-Guillaume Jacquier, vidame de Viels-Maisons, chevalier, seigneur de Bobigny, Drancy, conseiller du roi en ses conseils et honoraire en sa grande chambre du Parlement, et par haute et puissante dame Mme Élisabeth de Scorailles, marquise de l'Aubépin, dame de la Croix-Étoilée.

« La seconde cloche a été nommée Adélaïde par mon dit seigneur de Bobigny et par haute et puissante dame Adélaïde de Fiennes de Trolly, femme de haut et puissant seigneur Antoine de Sainte-Marie d'Agneaux, chevalier, seigneur de Pontillaux, capitaine aux gardes françaises. Lesquels ont signé avec nous : de Scorailles, de l'Aubépin, de Fiennes, comtesse de Sainte-Marie, Dumosnard, comte de Sainte-Marie, baron de Lubersac, marquis de l'Aubépin, l'abbé de Fontenoi, Jacquier de Viels-Maisons, Gigon. »

Un peu plus d'un an après cette solennelle bénédiction des moyenne et petite cloches, le 24 du mois de juillet 1790, M. Gigon procéda à une nouvelle bénédiction de la moyenne. On avait dû la refondre, parce qu'elle n'avait pas été trouvée d'accord avec les deux autres. Son poids était de 461 livres. Les noms de Louise-Charlotte lui furent imposés au baptême par le parrain Louis-Robert Malice, maire de la paroisse, et la marraine dame Charlotte-Nicole Thérouenne, épouse du parrain.

Le 17 octobre de la même année, jour du dimanche, se tint encore une fois dans l'église, en présence de la municipalité, une assemblée de fabrique, dans laquelle les terres de l'église furent louées à la criée et adjugées au plus offrant.

En effet, en démolissant l'ordre ancien des choses, dans l'ordre politique pour le remplacer par des institutions nouvelles, l'Assemblée nationale n'épargna point, dans l'ordre religieux, l'Église de Jésus Christ qui n'a d'autre maître sur la terre, pour la réformer, que le Souverain Pontife, avec lequel il est toujours facile aux princes temporels et aux gouvernements de se concerter pour les choses mixtes. Oubliant la déclaration qu'elle avait faite le 26 août 1789, que toutes les propriétés étaient inviolables et sacrées, cette Assemblée, le 2 novembre suivant, porta un décret par lequel elle s'empara de tous les biens d'Église. Puis, le 13 février 1790, elle supprima les vœux religieux et abolit les ordres monastiques. Elle ne s'en tint pas à ces premiers excès : elle forma un comité dit ecclésiastique, composé presque entièrement de laïques imbus des principes philosophiques et de préjugés parlementaires. Ces hommes regardant l'Église de France comme mise en entier à leur disposition, se proposèrent de la réorganiser à neuf et sur un pied tout autre que celui de l'Évangile. Ils rédigèrent un projet de loi qui fut pour ce motif appelé du nom de Constitution civile du clergé. Sous prétexte de rendre la division ecclésiastique conforme à la division civile, on réduisit les 135 diocèses de France à 83, nombre égal à celui des départements. On supprima les chapitres, les abbayes, les prieurés et tous les bénéfices ; on statua que les évêques seraient désormais nommés par les électeurs du département et les curés par les électeurs de la commune ; que, sans avoir besoin de recourir à Rome, les évêques élus recevraient l'institution canonique du métropolitain ou du plus ancien prélat de la province ecclésiastique ; que chaque évêque aurait un conseil composé d'un certain nombre de vicaires épiscopaux, sans le concours desquels il ne pourrait faire aucun acte de juridiction pour le gouvernement de son diocèse ; qu'à la vacance du siège, l'autorité passerait au premier vicaire de l'évêque. Que chaque curé pourrait choisir ses vicaires parmi les prêtres du diocèse, sans qu'ils eussent besoin de l'approbation de l'évêque. Tels étaient les principaux articles de cette organisation philosophique de l'Église, dans laquelle l'autorité du Souverain Pontife était entièrement laissée de côté. C'était ce qu'on appelait revenir aux usages de la primitive Église, tandis qu'en réalité on ramenait l'Église aux anciennes persécutions. On imposa en effet à tous les ecclésiastiques résidant en France l'obligation de prêter le serment de fidélité à cette Constitution, sous peine de déportation. Quelques prêtres prêtèrent le serment sacrilège par surprise, parce qu'ils n'en comprenaient pas la portée, et qu'ils croyaient pouvoir exercer encore utilement le saint ministère en vertu de l'institution canonique dont ils étaient revêtus. D'autres le prêtèrent par faiblesse, ne se sentant pas la force de tout abandonner sur-le-champ et de se voir condamner à l'exil pour la vie sans moyens de subsistance.

Sous le nom de prêtres assermentés ou constitutionnels, ces hommes incertains ou craintifs purent garder leurs fonctions et formèrent le clergé reconnu par l'État. Néanmoins un très grand nombre de prêtres courageux refusèrent de le donner et préférèrent perdre tout leur avoir et s'en aller en exil plutôt que d'adhérer au schisme.

Planche XIIe page 41.

Bobigny (lez Paris)

COUPE LONGITUDINALE DE L'ÉGLISE DE BOBIGNY
ET DE LA SACRISTIE CONSTRUITE EN 1866.

Imp A. Lemercier.

M. Antoine Gigon, curé de Bobigny, fut de ce nombre. Voici la copie du procès-verbal de son refus donné à la municipalité :

« Le dimanche 23 janvier 1791, onze heures et demie du matin, en l'église Saint-André de Bobigny, la municipalité assemblée, présence de tous les peuples qui étaient en grand nombre, nous nous sommes placés au banc de l'œuvre, M. le maire, le procureur de la commune, les officiers municipaux et les notables. Sur l'appel nominal que nous avons fait de M. Antoine Gigon, curé de cette paroisse, conformément à la déclaration qu'il en a faite au secrétariat de la mairie le 14 du présent mois de janvier, le dit sieur Gigon s'étant présenté a dit qu'il ne pouvait nullement prêter le serment conformément aux décrets de l'Assemblée nationale, sanctionnés par le roi, que c'était contre sa religion, et que descendrait-il un ange du Ciel pour le lui commander, il ne le ferait point. Duquel refus nous avons dressé procès-verbal que nous avons signé. Certifié conforme à la minute.

« Ce 12 avril 1791. »

« DUTOUR, secrétaire-greffier.

Toute contraire fut la conduite de M. l'abbé Jean-Baptiste Féchoz, vicaire de Noisy-le-Sec. Le même jour 23 janvier 1791, en présence du conseil général de la susdite commune, il fit le serment de veiller avec soin sur les fidèles de la paroisse de Noisy, d'être soumis à la nation, à la loi et de maintenir de tout son pouvoir la Constitution décrétée par l'Assemblée nationale. En récompense de son adhésion au schisme, les électeurs, réunis à Saint-Denis le 6 février suivant, firent choix de lui pour la cure de Bobigny déclarée vacante par suite de la résistance de M. Gigon.

Voici copie de la lettre écrite par M. Féchoz et adressée au président et aux électeurs de l'assemblée électorale du district de Saint-Denis, pour leur faire part des sentiments que lui faisait éprouver sa récente nomination :

« Noisy-le-Sec, ce 12 février 1791.

« Monsieur le Président, Messieurs,

« Il est sans doute bien honorable et en même temps très flatteur pour moi d'avoir obtenu vos suffrages pour la cure de Bobigny. Recevezen, je vous prie, l'hommage de ma reconnaissance. Quelque délicate que soit dans ces temps orageux la fonction de pasteur, je n'hésite point à l'accepter. Si c'est témérité de ma part de me charger d'un pareil fardeau, au moins j'aurai toujours la consolation de me rendre cette justice que je ne l'ai sollicité ni directement ni indirectement. Il faut obéir quand la voix de Dieu nous appelle, et je crois la reconnaître dans la forme des élections actuelles. A la vérité, la faiblesse de mes talents et de mes lumières a de quoi m'effrayer, mais je mets toute ma confiance en Celui qui me fortifie et j'attends tout de sa bonté. Le Seigneur qui m'appelle par votre organe daignera sans doute venir à mon secours. Cette espérance me rassure; soutenu de la protection du Ciel, je ferai tous mes efforts pour veiller avec soin sur le troupeau que vous voulez bien me confier. J'en fais le serment, ainsi que d'obéir à la nation, à la loi et au roi, et de maintenir de tout mon pouvoir la Constitution française. Je réitère volontiers ce serment dans la sincérité de mon âme et la droiture de mon cœur, parce que je n'y trouve rien de contraire à la religion chrétienne, pour le soutien de laquelle je suis prêt à verser mon sang. Tels sont les sentiments dans lesquels je suis résolu de vivre et de mourir.

« J'ai l'honneur d'être avec respect, Monsieur le Président,

« Votre très humble et très obéissant serviteur,

« Féchoz, vicaire de Noisy-le-Sec. »

Si M. l'abbé Féchoz avait eu réellement quelque défiance de lui-même, il aurait attendu pour se prononcer le jugement du Souverain-Pontife, chef de l'Église, qui bientôt allait condamner ce serment comme contraire à la foi, et il se fût empressé de suivre le parti le plus nombreux des évêques et des prêtres qui, sans hésiter, refusèrent de le donner. Quant à sa disposition de vivre et de mourir dans la foi chrétienne, et de verser son sang pour sa défense, on verra, par la lecture des faits que nous allons rapporter, qu'elle n'avait rien de sincère.

Jean-Baptiste-Louis Féchoz, curé constitutionnel du 31 mars 1791, jour où il reçut de M. Gobel, soi-disant évêque de Paris, sa prétendue institution canonique, au 20 novembre 1793, jour de sa renonciation à toute fonction sacerdotale.

Voici la copie de l'acte de sa prise de possession :

« L'an 1791, le dimanche 3 avril, en vertu des décrets de l'Assemblée nationale en date du 24 août 1790 sanctionnés par le roi, M. Jean-Baptiste Féchoz, prêtre de Paris, nommé à la cure de ce lieu par MM. les électeurs du district de Saint-Denis, département de Paris, le 6 février 1791 et proclamé le 13 dans l'église de Saint-Denis conformément à l'article 31 du même décret, ayant reçu son institution canonique de M. Jean-Baptiste Gobel, évêque métropolitain de Paris, en date du 31 du mois de mars dernier, conformément à l'article 39 du dit décret, a prêté le serment ordonné en présence de la municipalité de ce lieu et de tout le peuple assemblé avant la messe solennelle. Duquel nous lui avons donné acte par lui requis.

« Et avons signé : MALICE, maire; GÉNISSON; LÉZIER; FÉCHOZ, curé; JOLLIN; CLÉMENT; DUTOUR, secrétaire-greffier; MONGROLLE, procureur-syndic[1]. »

Le dimanche 8 mai 1791 se tint une longue assemblée de fabrique, dans laquelle se décidèrent plusieurs affaires importantes : la poursuite des débiteurs de la fabrique; l'achat de vases en argent pour contenir les saintes huiles; la séparation ou du moins la distinction des revenus de la confrérie du Saint-Sacrement, de ceux de la fabrique, comme cela avait lieu autrefois. Au nombre des assistants, étaient : C. Lézier, N. Génisson, L. Ménessier, A. Evin, J.-B. Charpentier, C.-R. Clément, A. Devaux, P. Legrand, P. Mongrolle, L.-M. Jollin, maire, nommé récemment, et M. Féchoz.

Le dimanche 21 août 1791, nouvelle assemblée, non moins importante, après convocation au prône les dimanches 7 et 14 précédents. Elle eut lieu à l'issue des vêpres. 1° M. Féchoz fit connaître aux habitants présents à cette réunion que, deux jours après sa prise de possession, on avait remis dans la sacristie les registres de baptêmes, mariages et sépultures de la paroisse, liés avec une corde et dans le plus mauvais état possible; qu'au bout de deux mois, ayant été obligé de livrer un extrait, il a trouvé dans la plupart de ces registres toutes les feuilles blanches marquées d'écritures diverses et les autres feuilles pour le plus grand nombre coupées et par conséquent

---

1. Hôtel de Ville de Paris, avenue Victoria.

détachées; que trois années entières, savoir 1698, 1701 et 1702, sont perdues, et que l'année 1758 finit par un mariage en date du 5 juin; 2° du consentement de tous, le traitement annuel du bedeau, qui était de 36 livres, fut porté à la somme de 50 livres afin de le rendre suffisant; 3° on reconnut que l'orfèvre qui avait acheté la vieille argenterie de l'église plus cher qu'elle ne valait, s'étant trompé à son détriment, devait être remboursé de ce qui lui appartenait; 4° pouvoir fut donné à M. Féchoz pour le temps qu'il sera curé de toucher la rente de la fondation faite à l'œuvre et fabrique de Bobigny par M. l'abbé Pélerin, ancien curé de la paroisse; cette rente était de 75 livres 18 sous 10 deniers et avait été constituée le 8 mai 1762 par M. Vincent Lemazurier, bourgeois de Paris, sur les aides et gabelles de France, en trois parties : La première de 36 livres, la deuxième de 15 livres 15 sous 9 deniers, toutes les deux à prendre sur le fonds de 396 livres constituées par contrat devant Me Langlois, notaire à Paris, le 8 novembre 1720, et la troisième de 24 livres constituée par contrat passé devant Me Masson et son confrère, notaires à Paris, le 7 avril 1761; 5° l'Assemblée décida que les ormes plantés dans l'ancien cimetière, ainsi que les arbres plantés autour des croix, seraient abattus et mis en vente, et qu'on mettrait aussi en vente des places dans les chapelles de la sainte Vierge et de saint Pierre; 6° enfin M. le curé fut autorisé à vendre celle des trois cloches qui était cassée et avait déjà coûté de grandes dépenses à la fabrique; le clocher du reste était trop étroit pour pouvoir contenir plus de deux cloches. Apposèrent leur signature au procès-verbal :

  J.-B. Charpentier, L.-M. Jollin, maire; N. Genisson, L. Lezier, officier public; Féchoz, curé; Lemaitre, officier public; P. Mongrolle, procureur-syndic.

Le dimanche 25 septembre 1791, après affichage à Bobigny et dans les paroisses environnantes, eut lieu la vente à la criée des ormes du cimetière, de ceux de la Croix-Rouge et de l'orme de Bray. M. Féchoz en offrit 350 livres; M. Mongrolle, 500 livres, et M. Gatine, cultivateur à Bondy, dernier surenchérisseur, 515 livres. Ces arbres lui furent adjugés par les marguilliers de la fabrique, comme au plus offrant.

Ce même jour, les marguilliers, après trois criées légales, firent concession de deux places de six pieds de long sur trois pieds de large à M. Mongrolle, sa femme et ses enfants, pour tout le temps qu'ils demeureront sur la paroisse, à la charge par eux de faire poser à leurs frais et dépens, dans le délai d'un mois, deux bancs aux dites places et de payer dans les mains du marguillier en charge la somme de 18 livres 10 sous, et à la condition que les deux bancs resteront en propriété à la fabrique si la famille Mongrolle venait à quitter Bobigny[1].

Le dimanche 6 novembre 1791, Pierre-René Clément fut élu marguillier en charge à la place de Jean-Nicolas Génisson, marguillier sortant. Séance tenante, l'assemblée des marguilliers donna au nouveau marguillier l'autorisation de faire faire une croisée neuve à la fenêtre de la maison d'école, du côté de l'église, et quelques réparations dans la chambre du magister située au-dessus des classes. Ensuite l'assemblée reçut de Mademoiselle Thérèse Mongrolle le rendu compte des quêtes qu'elle avait faites dans l'église durant l'année écoulée en qualité de marguillière en charge de la confrérie de la Sainte-Vierge, dans le but de pourvoir à l'entretien de la chapelle. Le produit des quêtes s'étant élevé à la somme de 65 livres 2 sous, sur laquelle elle avait dépensé 54 livres à l'achat d'un nouveau guidon de la sainte Vierge; plus 28 livres 4 sous à la réparation du tableau placé au-dessus de l'autel de la Vierge; plus 10 livres pour achat de la nappe et de la garniture du dit autel, et aussi achat d'étoffes afin de servir à l'habillement de la statue; enfin achat de 12 livres 10 sous de cire; au total, la somme de 104 livres 14 sous. Balance faite, la dépense se trouva excéder la recette de 39 livres 12 sous.

Cette somme fut gracieusement offerte par l'officière sortant de charge à la confrérie et remise par elle, ainsi que 18 sous reliquat de ses quêtes, remise entre les mains de Mademoiselle Sophie Dicque, nommée d'un consentement unanime pour lui succéder en qualité de marguillière.

Apposèrent leur signature au procès-verbal : Mongrolle, Génisson, Clément, Féchoz, curé; Dutour, secrétaire-greffier.

Dans une assemblée qui eut lieu le dimanche 18 décembre 1791, Pierre René Clément rendit également compte des recettes et des dépenses qu'il avait faites durant son année de gestion des intérêts de la confrérie du Saint-Sacrement. Il délivra à M. Pierre Mongrolle, son successeur, la

---

1. Hôtel de Ville de Paris, avenue Victoria.

somme de 23 livres 11 sous, excédent des recettes sur les dépenses, à charge d'en rendre compte en temps opportun.

Signé : Féchoz, curé; Clément, procureur ; Charpentier, Evin, Génisson, Mongrolle, Lézier, Dutour, secrétaire-greffier.

« Compte du 17 mai 1792, rendu par le sieur Louis Maximilien Jollin, marguillier comptable de l'œuvre et fabrique de Saint-André de Bobigny, de la recette et dépense par lui faite pour la fabrique depuis le jour de la Pentecôte 1789 à la Pentecôte 1790, par devant M. Jean-Baptiste-Louis Féchoz, curé du dit lieu, et les sieurs Pierre-Clément et Pierre Mongrolle, marguilliers en charge, et autres habitants de la paroisse de Bobigny.

CHAPITRE PREMIER DE LA RECETTE.

« Le rendant compte a fait recette de Charles Chanavard, locataire de trois quartiers de terre.......................... 18 l

« De Louis Ménessier, locataire de cinq arpents de terre .... 101 l 5 s

« De Pierre Bureau, locataire de quatre arpents soixante-deux perches et demie .... 50 l

« De la veuve François Lemaitre, locataire de cinq arpents un quartier................................. 192 l 18 s 9 d

« De M. de Viels-Maisons pour deux années de rente 314 l 12 s

« Des héritiers Mercier, rente sur leur maison..... 1 l

« Du sieur Clément, bourgeois, pour une rente sur ses maison et terre................................. 2 l

« De M. Nicolas Lecomte de Drancy, pour le loyer de sept quartiers de terre.......................... 40 l

« De François Diot, locataire de trois quartiers et demi de terre, sis à Romainville..................... 32 l 2 s 7 d

« Des héritiers Maheu et Couteux, rente qu'ils doivent annuellement sur leurs biens sis à Romainville .... 22 l 4 s 6 d

« De Blaise Blancheteau, locataire de cent quarante-quatre perches sur Noisy-le-Sec..................... 27 l

« De Rochard du Bourget, rente annuelle sur sa maison.. 30 l

« Du rendant compte, locataire de quatorze arpents

BOBIGNY.

trois quartiers et demi de terre qu'il tient de la dite fabrique pour trois années de location.................. 113 l 7 s 6 d

« Quêtes qu'il a faites dans l'église durant l'année de sa gestion... 18 l 5 s 6 d

« Vente d'un quarteron de fagots et de copeaux .... 10 l

« Total de la recette......... 1996 l 15 s 9 d

« Le rendant compte n'a pas fait recette de la dame Charlemagne de la rente qu'elle doit à la fabrique..... 36 l

« N'a pas fait recette de Pierre Bureau pour le loyer des terres qu'il tient de la fabrique.................. 102 l 12 s 6 d

« N'a pas fait recette non plus de Jean Guilleminot de la rente annuelle sur sa maison sise à Vaujour .... 15 s

« Dû à la fabrique.... 139 l 7 s 6 d

CHAPITRE SECOND, DE LA DÉPENSE.

« Payé au sieur Gigon, ci-devant curé, suivant ses quittances.. 568 l 7 s

« Item, au citoyen Dutour, maître d'école, suivant ses quittances .... 367 l 10 s

« Item, au fondeur de cloches, suivant quittance.... 69 l

« Item, au citoyen Monneau, bourrelier au Bourget. 7 l

« Item, au sieur Chevalier, cirier à Paris, suivant quittance.. 42 l 1 s

« Item, au sieur Chatourel, pour l'entretien de l'horloge, suivant quittance .... 12 l

« Item, au bedeau, pour ses honoraires........... 36 l

« Item, au sieur Heurtaut de Drancy, collecteur, suivant quittance.................................... 2 l 8 s

« Item, au sieur Dicque, collecteur pour 1790, suivant la quittance............................. 74 l 5 s

« Item, pour décimes, suivant la quittance .... 15 l 4 s

« Item, au sieur Pontus, collecteur à Drancy, suivant quittance .... 51 l 16 s

« Item, pour le dépôt des registres au greffe civil pour 1788 et 1789....................................... 16 s

« Item, au sieur Boulanger, marchand papetier, pour la fourniture de deux registres et de deux brefs, suivant quittance .... 2 l 9 s

« Item, pour menues dépenses, pain à chanter, balais, amadou, briquet et déjeuners des Rogations....... 38 l 17 s

« Item, le rendant compte a fait en ouvrages de maçonnerie en 1790, suivant son mémoire réglé par M. Lenoir, vérificateur de bâtiments, du sieur Aubert, architecte 733 l 7 s 9 d

« Item, à la veuve Chrétien, vitrier............... 12 l

« Item, au rendant compte pour ouvrages fait aux marches de l'église et pour la pose d'un contrevent à la maison de location de M. le curé................... 17 l 10 s

« Total de la dépense... 2012 l 10 s 9 d

« Partant, la dépense excède la recette de 15 l. 15 s. dont la fabrique est redevable au rendant compte. Le dit compte accepté le dimanche 8 janvier 1792, dans une assemblée des curé, marguilliers actuels, anciens marguilliers, officiers municipaux et habitants de la paroisse Saint-André de Bobigny, à condition que le sieur Maximilien Jollin se fera payer par ledit bureau d'ici à la Pentecôte de la présente année, les 104 livres 12 sous 10 deniers qu'il doit à la fabrique, et fera les poursuites nécessaires ; faute de quoi, lui-même en son propre et privé nom, demeurera responsable, le compte n'étant arrêté qu'à cette condition.

« Ont signé : Clément, Jollin, Devaux, Génisson, Charpentier, Lemaître, Evin, Féchoz, curé ; Dutour, secrétaire-greffier.

« L'an 1792, le jeudi 17 mai, fête de l'Ascension, l'assemblée ayant été convoquée au prône de la messe paroissiale pour être tenue à l'issue des vêpres, la cloche sonnée à la manière accoutumée ; nous, curé, marguilliers en charge, anciens marguilliers et autres citoyens actifs, soussignés, assemblés au banc de l'œuvre, nous avons délibéré ce qui suit :

« 1º M. le curé nous ayant représenté qu'il a été par acte passé devant Mº Devouge, notaire à Paris et son confrère, le 8 mai 1762, insinué à Paris le 18 juin suivant, fait donation à l'œuvre et fabrique de Bobigny, par

M. Vincent Lemazurier, bourgeois de Paris, de 75 l. 18 s. 10 d. de rentes perpétuelles en trois parties, constituées sur les aides et gabelles de France ; la première, de 36 l.; la seconde, de 15 l. 15 s. 9 d., toutes deux à prendre sur le fonds de 396 l. constituées par contrat passé par devant M⁰ Langlois et son confrère, notaires à Paris, le 8 novembre 1720, et la troisième de 24 l. 3 s. 1 d. à prendre sur le fonds de 74 l. 3 s. 1 d. constituée par contrat passé devant M⁰ Masson et son confrère, notaires à Paris, le 7 avril 1761; le tout ainsi qu'il est plus au long expliqué en la dite donation faite à la charge des fondations y énoncées; et qu'il convient autoriser le sieur Jean-Baptiste-Louis Féchoz, curé de la paroisse de Bobigny, à l'effet de recevoir les arrérages des dites rentes. Sur quoi la matière mise en délibération, l'assemblée, d'une voix unanime, a autorisé et autorise le sieur Jean-Baptiste-Louis Féchoz, curé de la dite paroisse de Bobigny, à l'effet de recevoir les arrérages des deux années de la dite rente échue, et en donner quittance et décharge valable, lui donnant à cet effet tout pouvoir à ce nécessaire. Fait et délibéré en la susdite assemblée, les mêmes jour et an que dessus (17 mai 1792). Mongrolle, maire; Féchoz, curé; Jollin, Clément, Lemaître, Charpentier, Dutour, secrétaire-greffier. »

La loi révolutionnaire du 17 août 1972 vint frapper les fabriques en ordonnant que les immeubles qu'elles pouvaient posséder fussent vendus dans la même forme et aux mêmes conditions que les autres biens ecclésiastiques. Une seconde loi non moins criante, celle du 13 brumaire an II (3 novembre 1793), allait de plus leur ravir tout l'actif qu'ils avaient en propriété, même celui qui était affecté à l'acquit des fondations, d'après la volonté des bienfaiteurs.

A partir du 17 août 1792, les marguilliers des fabriques dépouillées de leurs biens, qui avaient encore des comptes à rendre, le firent en présence de la municipalité.

« Compte que rend le citoyen Génisson, marguillier en charge et comptable de l'œuvre et fabrique de Bobigny, de ses recettes et dépenses de la Saint-Martin d'hiver 1790, à la Saint-Martin d'hiver 1791, par devant les citoyens Féchoz, curé, maire, officiers municipaux et procureur de la commune et autres citoyens de la dite paroisse de Bobigny :

BOBIGNY.

CHAPITRE PREMIER, DE LA RECETTE.

« Le rendant compte a fait recette.

« Du citoyen Chanavard locataire, de trois quartiers de terre .... 18 l

« Du citoyen Bureau, locataire de quatre arpents soixante-deux perches et demie de terre .... 152 l 12 s 6 d

« De la citoyenne veuve Lemaître, locataire de cinq arpents un quartier de terre .... 192 l 18 s 9 d

« Du citoyen L. Menessier, locataire de quatre arpents quatre-vingt-neuf perches et demie de terre............. 101 l 5 s

« Du citoyen Collot, locataire de sept quartiers de terre sur Drancy .... 70 l

« Du citoyen François Diot, locataire de trois quartiers et demi de terre, situés sur Romainville........... 32 l 2 s 6 d

« Du citoyen Blaise Blancheteau, locataire de 145 perches de terre situées sur Noisy-le-Sec................. 27 l

« Des héritiers de feu citoyen Viels-Maisons, rente annuelle sur les maison et terre acquises de la dite fabrique.. 157 l 6 s

« Des héritiers Maheu et Couteux de Romainville, rente annuelle qu'ils doivent sur leurs biens sis à Romainville.. 22 l 4 s 6 d

« Du citoyen Rochard du Bourget, rente annuelle sur sa maison...................................... 30 l

« Des héritiers Mercier, rente annuelle due à la fabrique sur leur maison sise sur la place de Bobigny .... 1 l

« Du citoyen Clément, rente annuelle pour les maison et terre qu'il a acquises du sieur Fradelle........... 2 l

« Des héritiers de feu M. de Viels-Maisons, pour le service du dit défunt............................... 6 l

« Du citoyen Evin, reliquat de son compte de marguillier.. 30 l

« Du citoyen Pierre Legrand, reliquat de son compte de marguillier...................................... 31 l 10 s 9 d

« Du citoyen Jean-Baptiste Legrand, pour son banc de l'église .... 5 l

BOBIGNY.

« Du citoyen Jean de Bosset, pour son banc de l'église	3 l 5 s
« Du citoyen Chanavard, pour son banc de l'église..	4 l 5 s
« Du citoyen Marie-Michel Driancourt, pour son banc de l'église....................................	3 l 6 s
« Du citoyen Simon Gage, à compte sur son marguillage	24 l
« Du citoyen Mongrolle, achat de ses places dans la chapelle de la Sainte-Vierge........................	18 l
« Quêtes que le rendant compte a faites pendant l'année de sa gestion..................................	12 l 11 s 3 d
« Total de la recette......	944 l 7 s 3 d

« Le rendant compte n'a pas fait recette de la rente annuelle due par Guilleminot sur sa maison sise à Vaujour. 15 s

CHAPITRE SECOND, DE LA DEPENSE.

« Payé au citoyen Féchoz, curé, pour ses honoraires.	117 l 13 s
« Item au citoyen Dutour, maître d'école..........	387 l
« Item au citoyen Chevalier, cirier	39 l 19 s
« Item au citoyen Bosset, bedeau, pour ses honoraires.	36 l
« Item au citoyen Dortry, pour avoir raccommodé le guidon du Saint-Sacrement........................	37 l 6 s
« Item au citoyen Devaux, maréchal, pour ouvrage fait à l'église...................................	8 l
Item au citoyen Devaux, pour ouvrage fait dans le logement de M. le curé...........................	2 l 5 s
« Item au citoyen Chrétien, vitrier...............	3 l 10 s
« Item au citoyen Vassout, de Romainville, pour les vingtièmes d'impositions..........................	3 l 13 s
« Item pour la déposition du registre au Châtelet et l'achat d'une livre d'encens.......................	6 l 8 s
« Item au citoyen Ferdinand Lemaître, pour les déjeuners des Rogations............................	15 l 18 s
« Item au citoyen Zacharie, chaudronnier, pour avoir raccommodé le poële de l'école....................	7 l
« Item pour l'achat de la baleine du bedeau	9 l

« Item pour l'achat du registre des baptêmes, mariages et sépultures .... 1 l 15 s

« Item pour l'achat d'amadou, d'allumettes, de deux brefs et du buis des Rameaux...................... 3 l 13 s

« Item pour le prédicateur et l'achat de deux burettes de verre... 6 l 8 s

« Item pour avoir fait timbrer les registres de la fabrique 9 l 11 s 3 d

« Item au chantre pour deux saluts fondés .... 2 l

« Item pour achat de papier timbré .... 1 l 10 s

« Item pour la garniture du goupillon, la sonnerie et l'offrande du jour des Morts .... 6 l 4 s

« Item au citoyen Carron, marchand orfèvre, pour la monture de la baleine du bedeau.................... 40 l

« Item au dit Carron, pour avoir fourni et raccommodé la croix d'argent de l'église.................... 67 l 17 s

« Total de la dépense.... 825 l 10 s 3 d

« Partant, la recette excède la dépense de.... 118 l 17 s

« L'an 1792, le dimanche 21 octobre, dans l'assemblée des citoyens, curé, marguillier en charge et comptable, maire, officiers municipaux et procureur de la commune, et autres citoyens habitant la paroisse de Bobigny, indiquée au prône de la messe paroissiale le dimanche précédent, tenue au banc de l'œuvre au son de la cloche en la manière accoutumée, à l'issue des vêpres, à laquelle assemblée ont assisté les soussignés, a été lu, examiné, calculé, le compte cydessus et des autres parts, rendu par le citoyen Génisson, de la régie et administration des biens et revenus de la dite fabrique pendant l'année de sa gestion. Tous les articles approuvés, la recette s'est trouvée monter à la somme de neuf cent quarante-quatre livres sept sols trois deniers et la dépense à celle de huit cent vingt-cinq livres dix sols trois deniers.

« Partant la recette excède la dépense de la somme de 118 livres 17 sols, que le dit citoyen Génisson a compté et payé en billets ayant cours, sur le banc de l'œuvre; laquelle somme de 118 livres 17 sols a été remise au citoyen Dutour, secrétaire-greffier et maître d'école de la dite paroisse, le quel a bien voulu s'en charger pour en rendre compte pardevant la municipalité. En conséquence le citoyen Génisson demeure dûment et valablement quitte envers la dite fabrique. Et avons signé :

« Mongrolle, maire; Féchoz, curé et notable; Dutour, secrétaire greffier; Devaux, Clément, Lemaitre, Charpentier. »

« Aujourd'hui 27 octobre 1792, le sieur Jollin, cidevant marguillier comptable de la fabrique Saint-André de Bobigny, ayant rendu compte de sa gestion, il résulte qu'il est resté une somme de 102 livres 12 sols 6 deniers due par le citoyen Pierre Bureau, et que sur la dite somme de 102 livres 12 sols 6 deniers, il reste dû au sieur Jollin celle de 15 livres 15 sols, qui lui reviennent sur le compte qu'il a rendu le 8 janvier dernier. En conséquence, le dit sieur Jollin les a retenues par ses mains. Par conséquent le dit sieur Jollin m'a remis la somme de 86 livres 17 sols 6 deniers restant de la dite somme de 102 livres, 12 sols 6 deniers dont je tiendrai compte à la dite fabrique en présence de la municipalité. En conséquence, le dit sieur Jollin demeure dûment et valablement quitte et déchargé envers la dite fabrique, et a signé avec moi. Dutour, Jollin. »

« Le sieur Jollin m'a remis les billets que le sieur Bureau lui a donnés, savoir huit billets de 5 livres dont un patriotique, seize billets de 20 sols, quatre de 50 sols, cinq de 30 sols, quatre de 15 sols, et 7 sols et demi en monnaie, et cinq billets de 40 sols. Lequel a signé avec moi.

« Dutour, Jollin. »

Le citoyen Dutour avait été autorisé par la municipalité à gérer les biens de la fabrique supprimée, du 28 octobre 1792 jusqu'au 28 novembre de la même année. Voici le compte qu'il rendit au Directoire :

« Par devant vous, citoyens administrateurs du Directoire du district de Franciade, conformément à votre lettre en date du 8 de ces présents mois et année.

BOBIGNY.

CHAPITRE PREMIER, DE LA RECETTE.

« Le rendant compte a fait recette :

« Du citoyen Génisson, cidevant marguillier, de la somme de.. 118 l 17 s

« Du citoyen Jollin, aussi ancien marguillier....... 86 l 17 s 6 d

« Du même citoyen Jollin, pour le loyer de terres, échu à la Saint-Martin d'hiver 1792, pour l'impôt et les dixmes de 1791 et 1792, compris 6 l. 2 s. 6 d. de rente qu'il doit sur sa maison.................................... 501 l 8 s 6 d

« Du citoyen Collot de Drancy, pour le loyer de sept quartiers de terre, échu à la Saint-Martin 1792 et celle de 1793, ainsi que pour l'impôt et la dixme............. 175 l 14 s

« Du citoyen Diot, locataire de trois quartiers et demi de terre... 32 l 2 s 6 d

« Il redoit l'impôt et la dixme de 1791 et 1792, ainsi que le loyer de 1793.

« De la veuve François Lemaître, à compte sur la location de ses terres..................................... 100 l

« Du citoyen Ferdinand Lemaître, compris l'impôt et la dixme de 1792................................... 67 l 12 s 6 d

« Du citoyen Chanavard, avec l'impôt et la dixme... 23 l 2 s

« De Villerat, fondeur à Paris, reçu pour six vieux chandeliers.. 57 l

« Du citoyen Bureau, locataire de quatre arpents soixante-deux perches et demie à compte sur le loyer, sur l'impôt et la dixme................................. 187 l 12 s 6 d

« Du citoyen Blaise Blancheteau, menestrier, locataire de 145 perches de terre sur Noisy-le-Sec, pour les années 1792 et 1793.................................... 54 l

« Il redoit l'impôt de 1791, 1792 et 1793.

« Du citoyen Rochard du Bourget, rente pour sa maison sise au Bourget.. 30 l

« De Pierre Legrand, à compte................... 24 l

« Du citoyen Féchoz, pour l'achat d'un banc de la cidevant église.. 12 l

BOBIGNY.

« Du citoyen J.-Baptiste Legrand, pour l'achat du banc d'œuvre de la cidevant église.................... 16 l 5 s

« Du citoyen Deschambeaux, pour la rente de la maison qu'il a acquise de la cidevant fabrique .... 15 l

« Du même, pour une rente due annuellement à la fabrique pour deux maisons sises à Bobigny............ 6 l 6 s

« Du citoyen Mongrolle, pour banc jumeau qu'il a acheté dans la cydevant église...................... 25 l

« Total de la recette..... 1668 l 17 s 6 d

CHAPITRE SECOND, DE LA DÉPENSE.

« Le rendant compte a retenu par ses mains, pour ses honoraires et blanchissage du linge et récurage des chandeliers de l église, échus au premier novembre 1792. 301 l 16 s

« A payé pour un cent de pains à chanter, suivant sa quittance................................... 2 l 10 s

« Item aux citoyens Hannon et Drombois, pour arrachage d'ormes, suivant le mandat du citoyen Mongrolle, alors maire de la commune, en date du 16 décembre 1792 96 l

« Item au citoyen Bénard, cirier à Paris, suivant sa quittance................................... 50 l

« Item pour le buis des Rameaux................ 3 l

« Item, le rendant compte a retenu par ses mains pour trois mois de ses honoraires et pour le blanchissage du linge 93 l 15 s

« Item pour deux cents pains à chanter, suivant la quittance................................... 5 l

« Item pour l'achat d'une paire de burettes de verre le dix avril................................... 15 s

« Item au citoyen Bénard, pour cire, suivant sa quittance au premier février 1793................... 3 l 16 s

« Item, a fait et retenu par ses mains pour trois mois de ses honoraires, pour blanchissage du linge et pour raccommodage............................... 95 l

« Item au citoyen Villerat, fondeur à Paris, pour

achat d'un encensoir et d'une navette, suivant sa quittance. 6 6 l

« Item au citoyen Bénard, cirier à Paris, suivant sa quittance... 12 l

« Item à Bouillard, pour un cent de pains d'autel, suivant sa quittance............................... 2 l 10 s

« Item aux chantre et enfants de chœur, pour un salut fondé..................................... 1 l

« Item, a retenu par ses mains pour trois mois de ses honoraires échus au premier août 1793, pour blanchissage de linge, pour le service de feu Pellerin et pour un salut fondé 96 l 5 s

« Item à Bénard, cirier à Paris, suivant sa quittance. 23 l 15 s

« Item au citoyen Chrétien, vitrier, pour avoir retiré les armoiries des vitraux de l'église et les avoir remplacés par des vitres ordinaires........................... 6o l

« Item pour pains à chanter .... 2 l

« Item pour la sonnerie des trépassés et pour le pain et le vin de l'offrande............................. 3 l 10 s

Item, a retenu par ses mains pour trois mois de ses honoraires échus au premier novembre 1793 et pour le blanchissage du linge de l'église.................... 93 l 15 s

« Item au citoyen Féchoz, pour lors curé, pour ses honoraires, suivant sa quittance..................... 157 l 6 s

« Item payé au même pour acquit de sa fondation de feu Pellerin..................................... 4o l

« Item au citoyen Pontus, percepteur de l'impôt foncier de Drancy pour l'année 1791 .... 11 l 18 s

« Item au citoyen Mongrolle, percepteur de l'impôt foncier de Bobigny de 1789 à 1791................. 282 l 4 s

« Item à Debosset, bedeau, pour ses honoraires.... 5o l

« Item au citoyen Vassard, menuisier à Romainville, suivant ses mémoires............................ 59 l 8 s

« Total de la dépense...... 1,636 l 11 s

« Suivent ceux qui sont redevables à la cidevant fabrique de Bobigny pour l'année 1792, vieux style :

« Ferdinand Lemaître, pour l'impôt et dixme de 1792.   17 l
« Pierre Bureau, pour restant de l'impôt et dixme de 1792   27 l 18 s
« La veuve François Lemaître, du restant de loyer
de 1792......................................   92 l 18 s 9 d
« Plus elle doit pour l'impôt et dixme de 1791 et 1792   7 l 18 s
« Pierre Legrand, restant de son compte de marguillier et pour restant de loyer de 1792 ....   76 l 12 s 6 d
« Plus, il doit pour l'impôt de 1791 et de 1792....   34 l
« Antoine-François Clément, doit de rente sur sa maison pour 1792..............................   2 l
« Les héritiers Mercier doivent de rente sur leur maison sise à Bobigny, louée à Denis Lemaître, pour 1792   1 l
« Les héritiers Maheu et Couteux, à Romainville doivent de rente sur leurs biens pour 1792............   22 l 4 s 6 d

« Total de ce qui est redû pour 1792.......   345 l 1 s 9 d

« Total de la recette......   1,668 l 17 s 6 d
« Total de la dépense.....   1,636 l 11 s

« Partant, la recette excède la dépense de.   32 l 6 s 6 d

« Compte que rend le citoyen Pierre René Clément, ci-devant marguillier en charge de la fabrique de Bobigny, en présence de la dite commune réunie en conseil général, pour le temps de sa gestion, à commencer de la Saint-Martin d'hiver 1791, jusqu'au dit jour de la Saint-Martin 1792.

CHAPITRE PREMIER, DE LA RECETTE.

« Le citoyen rendant compte a fait recette du citoyen Chanavard pour le loyer de trois quartiers de terre......   18 l
« Item du citoyen Bureau, pour le loyer de quatre arpents soixante-deux perches et demie ....   152 l 12 s 6 d
« De la citoyenne veuve Lemaître, cinq arpents un quartier......... ....   192 l 18 s 9 d
« Du citoyen Louis Ménessier, quatre arpents quatre-vingt-sept perches et demie..... ....   101 l 5 s

« Du citoyen Collot, sept quartiers situés sur Drancy. 70 l

« Du citoyen François Diot, locataire de trois quartiers et demi de terre situés à Romainville............ 32 l 2 s 6 d

« Du citoyen Blancheteau, ménestrier, locataire de cent quarante-cinq perches de terre, sises à Noisy-le-Sec. 27 l

« Des héritiers Maheu et Couteux de Romainville, rente annuelle qu'ils doivent à la fabrique............ 22 l 4 s 6 d

« Du citoyen Rochard du Bourget, rente annuelle sur sa maison du Bourget........................ 30 l

« Du citoyen Moru, sequestre des biens de la citoyenne veuve Charlemagne, pour trois années d'arrérages de rente annuelle de trente francs due sur les dits biens, dont la dernière échue au premier avril 1792.... 90 l

« Des héritiers Mercier, rente annuelle qu'ils doivent sur leur maison sise sur la place de Bobigny....... 1 l

« Du citoyen Clément, rente annuelle sur ses maisons et terres qu'il a acquises du citoyen Fradelle....... 2 l

« Du citoyen Evin, à compte sur son compte de marguillier..................................... 30 l

« Du citoyen Pierre Legrand, reliquat de son compte de marguillier................................. 50 l

« Du citoyen Simon Gage, à compte sur le reliquat de son compte de marguillier..................... 24 l

« Le rendant compte a quêté dans l'église pendant l'année de sa gestion............................. 7 l 4 s 6 d

« A reçu du citoyen Gatine, pour le produit de la vente des ormes de l'ancien cimetière et de l'orme de Bray. 515 l

« De plus, a reçu du citoyen Pierre Legrand...... 9 l

« Total de la recette...... 1.531 l 13 s 9 d

« Le rendant compte n'a pas fait recette de la somme de 379 l. 2 s. 6 d. due par le citoyen Jollin. Le rendant compte n'a pas fait non plus recette de la rente annuelle du citoyen Guilleminot de Vaujour, de.............. 32 l 15 s

BOBIGNY.

CHAPITRE SECOND, DE LA DÉPENSE.

« Le citoyen rendant compte a payé au citoyen Féchoz, curé, pour ses honoraires de l'année.............	191 l		
« Item au même, pour le quartier échu le 11 février 1793, suivant ses quittances...................	47 l	15 s	
« Item au même...........................	18 l	6 s	6 d
« Item au citoyen maître d'école pour ses honoraires, suivant ses quittances............................	267 l		
« Au citoyen Debosset, ci-devant bedeau, pour une année de ses honoraires, suivant ses quittances.........	50 l		
« A la citoyenne veuve Charlemagne, pour neuf mois du loyer du citoyen curé en attendant la réparation du presbytère...	91 l	8 s	6 d
« Au citoyen Sergent, marchand d'arbres à Vitry, pour avoir planté le jardin du presbytère d'arbres fruitiers	130 l	10 s	
« Au citoyen Solves, serrurier à Pantin............	200 l		
« Au citoyen Gatine, pour ouvrage de charpente dans le courant de janvier 1788, mai et juin 1789, suivant sa quittance.....................................	168 l		
« Au citoyen Bénard, pour fourniture de cire......	100 l	6 s	
« Au défunt citoyen Devaux, maréchal, pour ouvrages faits à l'église............................	25 l		
« Au citoyen Théodore Bonnevalle, charron, pour ouvrages faits à l'église............................	16 l	10 s	
« A la citoyenne Ambroise, marchand fondeur, pour le surplus du poids de la cloche...................	15 l		
« Au citoyen Hochet, cordier, pour fourniture de cordes aux cloches	20 l	6 s	
« Au citoyen Chatourel, pour l'entretien de l'horloge.	12 l		
« Au citoyen Paumard, bourrelier à Pantin.......	5 l		
« Pour mémoire, fournitures faites par le citoyen rendant compte pour la fabrique de Bobigny	118 l	9 s	
« Total de la dépense....	1,508 l	11 s	
« Total de la recette......	1,531 l	13 s	9 d
« Reste à payer..... .	23 l	2 s	9 d

« Aujourd'hui 18 juillet 1793 (28 messidor an I de la République une et indivisible), le conseil général de la commune, assemblé pour la réception du compte du citoyen Pierre René Clément, cidevant marguillier de la fabrique Saint-André de Bobigny, lecture faite du dit compte, plusieurs membres du conseil ont remarqué dans le chapitre de la dépense qu'il avait été payé par le rendant compte au citoyen Gatine, charpentier à Bondy, la somme de 166 livres, montant de son mémoire, tandis qu'il ne devait être payé que 136 livres 5 sols, somme à la quelle le dit mémoire a été modéré par le représentant du citoyen Aubert, architecte-expert, le 30 décembre 1790; en conséquence, la chose mise délibération, le conseil général de la commune arrête que la réception du dit compte est suspendue, que le citoyen Clément, cidevant marguillier, est autorisé à se faire rendre par le citoyen Gatine la somme de 29 livres 15 sols qu'il a retenue de trop par ses mains, et qu'en cas de refus de la part du citoyen Gatine, le citoyen Clément est autorisé à l'y contraindre en employant toutes les voies de droit nécessaire, en pareil cas. Fait et arrêté en l'assemblée générale de la commune, les jour, mois et an que dessus. Et avons signé :

« HANNON, DUTOUR, secrétaire-greffier. FÉCHOZ, maire. »

Le 20 brumaire an II (10 novembre 1793), par décret de la Convention nationale, le culte catholique avait donc été aboli et remplacé par le culte de la Raison qui devait être célébré particulièrement dans les jours de décade. On écrivit au portail des églises en gros caractères ces mots : Temple de la Raison. Et à la cathédrale de Paris, aussi bien que dans un bon nombre d'églises de villes et de villages, on en vint jusqu'à déifier cette faculté de l'âme humaine dans la personne d'une prostituée qu'on exposa, sur les autels, à la vénération publique. Toutes les croix et images saintes, des chemins et des places publiques, celles en particulier qui dominaient la maison de Dieu, furent abattues, et tout ce qui pouvait servir au culte catholique fut mis en vente, or, argent, cuivre, étain, fer, cordes, cordages, linges, ornements, etc., et porté dans ce but au chef-lieu d'arrondissement. On remit tout d'abord (pour ce qui concerne Bobigny), au citoyen Devaux, garde d'artillerie, 673 livres de métal provenant de deux des trois cloches qui étaient suspendues dans le clocher de l'église.

Le 23 brumaire an II (13 novembre 1793) une grande et une

petite cuve, pesant ensemble 116 livres, furent portées au district de Franciade.

Le 2 frimaire an II (22 novembre 1793), M. Féchoz vint lui-même déposer sur le bureau du Directoire du district, un calice et sa patène, un ostensoir, un ciboire, deux petits vases tenant ensemble, un anneau, une petite custode, une boîte plate, plusieurs morceaux d'argent de la baguette du bedeau, pesant 9 marcs 3 onces 4 gros, et avec ces objets du culte, la lettre d'abjuration de ses fonctions sacerdotales.

Mais à la République de 1793, il ne fallait pas seulement l'abandon des vases sacrés de la part du prêtre, il lui fallait encore le sacrifice de ses convictions les plus chères. Ce qu'il y avait de plus respectable ici-bas, la liberté de conscience, était ce qu'elle respectait le moins. Voici la formule du nouveau serment qu'elle exigea des ministres de Dieu : « Je N... N..., né à... commune de... district de... département de... âgé de... faisant le métier de prêtre depuis l'an... sous le titre de..., convaincu des erreurs par moi trop longtemps professées, déclare en présence de la municipalité de..... y renoncer à jamais; déclare également renoncer, abjurer, reconnaître pour faussetés, illusions, impostures, tout prétendu caractère et fonctions de prêtrise, dont j'atteste déposer sur le bureau de la municipalité tous brevets, titres et lettres. Je jure en conséquence en face des magistrats et du peuple dont je reconnais la toute-puissance et souveraineté de ne jamais prévaloir des abus du métier sacerdotal, auquel je renonce, de maintenir la liberté et l'égalité de toutes mes forces, de vivre ou mourir pour l'affermissement de la République indivisible et démocratique, sous peine d'être déclaré infâme, parjure, ennemi du peuple, et traité comme tel. Fait double et enregistré sur les registres de la municipalité le...., dont copie sera délivrée au déclarant. »

M. Féchoz, qui avait prêté comme nous l'avons vu le premier serment à la Constitution, parce que, disait-il, il n'y voyait rien de contraire à la religion chrétienne pour le soutien de laquelle il était prêt de verser son sang, en face de cette formule sacrilège resta sans force. De prêtre assermenté il devint prêtre renégat. Il prêta donc le serment nouveau, dans des termes un peu mitigés toutefois.

« Le 2 frimaire an II de la République française une et indivisible, (22 novembre 1793), est comparu le citoyen Féchoz, ci-devant curé constitutionnel de Bobigny, lequel a remis sur le bureau la lettre dont la teneur suit : Aux citoyens administrateurs composant le Directoire du district de Franciade : Citoyens, je viens déposer en vos mains tous les titres à l'appui desquels j'exerçais le ministère du culte catholique dans la commune de Bobigny. La nation entière vient d'émettre son vœu à cet égard; soumis à sa volonté suprême j'y souscris sans raisonner. Citoyen et honnête homme dans tous les temps, sans hypocrisie comme sans fanatisme, j'ai juré fidélité à ma patrie, obéissance à la loi, le maintien de la liberté et de l'égalité ; en un mot, j'ai juré d'être républicain, je mourrai fidèle à mon serment. J'invite le Directoire à me donner acte de ma démission et de ma déclaration. Signé Féchoz, ci-devant curé constitutionnel de Bobigny. Sur quoi le directoire, après avoir entendu le procureur syndic, a arrêté que les titres dont est question dans la lettre cy dessus, seraient brûlés. Ce qui a été exécuté à l'instant. Le Directoire a arrêté en outre que l'expédition du présent serait délivrée au Citoyen Féchoz. »

Depuis la conversion de Clovis à la religion de Jésus-Christ, l'instruction dans notre France n'avait point été donnée en dehors de cette divine religion. Et cette heureuse alliance de l'instruction à tous les degrés et de l'immortelle religion de nos ancêtres, avait produit les grands règnes de Charlemagne, de saint Louis et de Louis XIV, non moins célèbres par les découvertes de la science que par les œuvres de dévouement.

La Révolution de 1793, au mépris des lois qui régissent les peuples civilisés, avait déjà fait fermer les églises, elle fit fermer aussi les écoles, préférant l'ignorance avec les vices qui en sont la conséquence à une instruction ayant pour base la religion chrétienne.

Cependant, devant les réclamations du bon sens public, elle se décida à faire rouvrir les établissements d'instruction, en maintenant toutefois l'exclusion de toute religion dans l'enseignement donné désormais uniquement par l'État. Tout le monde sait quels fruits d'immoralité païenne le principe exclusif de la religion de Jésus-Christ divinement révélée, remplacée par la raison égoïste des individus, a produit dans les humbles villages aussi bien que dans les villes populeuses de notre France.

BOBIGNY.

« Bobigny, 15 ventôse an II de la République française, une et indivisible (5 mars 1794).

» *Aux citoyens administrateurs, composant le Directoire du district de Franciade.*

« Citoyens,

« Par votre lettre en date du 11 présent mois, vous nous engagez à mettre à exécution le décret du 29 frimaire an II (19 décembre 1793), relativement à l'organisation de l'instruction publique sous la peine portée par un décret du 4 ventôse (22 février dernier) que nous n'avons pas encore reçu, de payer individuellement les frais des instituteurs ou institutrices. Nous ne nous sommes pas encore occupés de cette organisation et nous ne pouvons même y travailler que d'après votre avis que nous attendons, et ce conformément à l'article quatrième de la section troisième de la loi du 29 frimaire an II (19 décembre 1793), sur l'organisation de l'instruction publique, qui dit : Les communes éloignées de plus d'une lieue du domicile de l'instituteur le plus voisin, et dans lequel par défaut de population il ne s'en s'établirait pas, pourront, d'après l'avis des directeurs des districts en choisir un, la République lui accordera un traitement annuel de 500 livres. La commune de Bobigny se trouve dans ce cas, sa population est une des plus petites des communes de notre district. Nous attendons, en conséquence, votre agrément pour procéder au choix d'un instituteur. Nous vous observons que, vu le peu d'enfants que comporte la commune, l'un et l'autre sexe ont toujours été réunis dans la même classe. Nous vous prions de nous faire la plus prompte réponse, afin que nous puissions nous conformer au décret du 4 ventôse (22 février) que vous nous citez.

« Dutour, secrétaire-greffier.   Féchoz, maire. »

Copie de la requête du citoyen Dutour, demandant à la municipalité de Bobigny d'ouvrir une école au village, où déjà il avait fait la classe durant l'espace de vingt-deux ans.

« Ce 25 ventôse an II de la République française, une et indivisible (15 mars 1794).

« Le citoyen Guillaume Dutour, cidevant maître d'école de la commune de Bobigny depuis le 20 février 1762, âgé actuellement de 50 ans, d'après le décret du 29 frimaire an II (19 décembre 1793), déclare devant l'assemblée des citoyens de la commune qu'il a l'intention d'ouvrir une école primaire à Bobigny. Le Conseil général et l'assemblée des citoyens de la commune, rendant justice au civisme du citoyen Dutour et l'ayant toujours reconnu de bonnes mœurs, faisant droit à sa déclaration, l'acceptent pour instituteur, et au même instant le dit Dutour a prêté, en présence de toute l'assemblée, le serment d'être fidèle à la République française une et indivisible, de maintenir de tout son pouvoir la liberté, l'égalité et la fraternité et de mourir en les défendant; de remplir avec zèle la fonction honorable et précieuse qui lui est confiée en qualité d'instituteur, et de n'enseigner aux enfants que ce qui est prescrit par l'article second de la section troisième du dit décret du 29 frimaire, d'éloigner d'eux tout signe ou lectures particulières qui pourraient rappeler en eux les idée du fanatisme ou faire naître en eux le germe de tout autre culte que celui de la Raison.

« Fait et arrêté en l'assemblée au temple de la Raison *(l'église paroissiale profanée)* les jour, mois et an que dessus. Et ont signé la minute sur les registres.

« FÉCHOZ, maire.   DUTOUR, secrétaire-greffier [1]. »

Néanmoins, la classe ne commença à se faire à Bobigny comme dans la plupart des autres communes de France que lorsqu'avec la restauration du culte catholique l'ordre fut rétabli. Ainsi qu'il a été dit, l'ancienne maison d'école avait été vendue comme bien national. La municipalité, en attendant qu'elle ait réalisé les fonds nécessaires afin d'en faire construire une autre, fut obligée de prendre à loyer le premier local disponible pour le logement de l'instituteur et la salle de classe. Ce ne fut qu'en l'année 1840 qu'elle put se procurer cet immeuble essentiel. Par décision ministérielle du 16 décembre de la susdite année, une somme de 12,400 francs lui fut en effet accordée afin de l'aider à subvenir aux frais de la construction d'une maison commune et d'une école. Il est actuellement

1. Il se retira chez sa fille, domiciliée à la Villette, et il y mourut en 1818, des suites des mauvais traitements qu'il avait reçus des soldats étrangers, casernés à Bobigny en 1815.

Planche XIII.ᵉ page 435.

Bobigny (lez Paris)

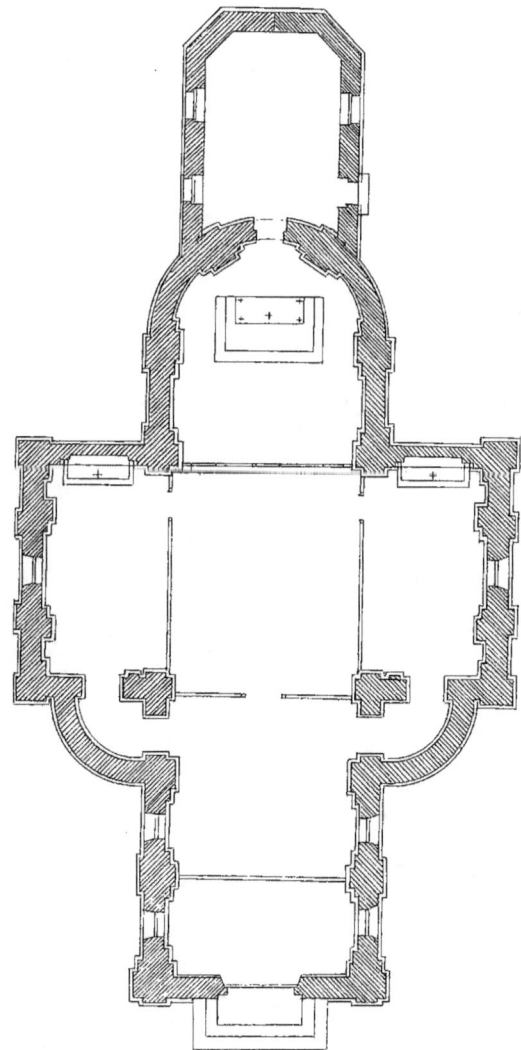

PLAN DE L'ÉGLISE DE BOBIGNY ET DE LA SACRISTIE.

Imp. A. Lemercier

BOBIGNY.

question de reconstruire à nouveau, plus solidement et plus grandement, ces deux édifices qui sont trop exigus et en très mauvais état.

Voici la liste de Messieurs les maîtres d'école ou instituteurs de la commune depuis 1638 jusqu'à ce jour :

Claude Charre	1638
Jean Charre	1652
Claude Charre	1686
Guillaume Ménessier	1706
Louis Leduc	1711
Pierre Pichon	1724
Nicolas Mansion	1727
Guillaume Ménessier	1732
Charles Domage	1736
Joseph Charly	1743
Pierre Dalivot	1748
Simon Guiotin	1752
Pierre Macret	1755
Pierre Crochard	1756
Guillaume Dutour	1762
Louis-Etienne Gontier	1818
Pierre Delaruelle	1820
Auguste Roblin	1821
Pierre Renard	1823
François Tafin	1828
Jacques-Toussaint Braint	1839
Alexis Choudieu	1840
Nicolas-Charles Vilt	1849
Charles-Pascal Martinet	1852
François-Aimé Ledouble	1863
Désiré Bilbaut	1864
Eléonore Gérard	1867

« Bobigny, 1ᵉʳ floréal an I de la République française, une et indivisible (20 avril 1794) [1].

« *Aux citoyens administrateurs composant le Directoire du district de Franciade.*

« Citoyens,

« Nous vous envoyons cyjoint la correspondance du mois de germinal et le procès-verbal des arrêts de nos séances pendant le dit mois.

« Nous avons rendu exactement le compte des deux premières décades. Cette dernière nous offre quelques réflexions à soumettre à votre sagesse. Le rassemblement dans le temple de la Raison chaque jour de décade ordonné par l'arrêté du représentant du peuple Craffon n'est pas aussi nombreux qu'il pourrait l'être. Depuis trois décades, le nombre diminue beaucoup. Malgré nos efforts, un grand nombre de citoyens et de citoyennes n'en tiennent pas compte; les uns par insouciance, les autres, tenant encore à leurs anciens préjugés, refusent d'y venir; d'autres s'abstiennent pour affaires personnelles.

« Nous mettons tout en œuvre pour exciter les premiers, détruire petit à petit les anciens préjugés des seconds, et exciter les autres à y paraître au moins une fois tous les deux ou même tous les trois décadis.

« Nous leur faisons sentir par tous les moyens possibles et dont nous sommes capables l'avantage de ces sortes d'assemblées si puissantes à former en eux l'esprit public, et à l'élever à la hauteur des circonstances. Nous n'avons point encore découvert que la malveillance y ait de part. Cependant nous pensons qu'un nouvel avis du représentant du peuple sur cet objet ne pourrait procurer qu'un grand bien.

« Salut et fraternité.

« Féchoz, maire; Vaillant, officier public;
« Dutour, secrétaire-greffier. »

Dans ces jours de deuil et de persécution, vulgairement appelés la Terreur, le gouvernement décrétait souvent des fêtes nationales. On célébrait tour à tour la fondation de la République, la souveraineté du peuple, la liberté, les victoires, l'armée, les vieillards, les époux, l'agriculture, etc.

1. Dimanche de Pâques, anniversaire de la Résurrection de N. S.

Mais ces réjouissances ne trouvaient guère d'écho dans la population. Le plus grand nombre des habitants n'observaient pas non plus le décadi, malgré la défense des lois, maintenues pourtant avec une extrême rigueur : ils employaient ce jour au travail et se reposaient le dimanche.

Les sévérités et les scandales de la Révolution n'avaient pu encore étouffer à Bobigny, aussi bien qu'ailleurs dans notre France, la foi et les mœurs de nos ancêtres qui savaient faire fraterniser la religion et le travail, le devoir et la vertu. Aussi Robespierre, craignant que le peuple qui avait besoin d'un autre culte que celui de la Raison, ne retournât au catholicisme, fit décréter, le 20 prairial an II (8 juin 1794), le culte de l'Être suprême et l'immortalité de l'âme. Mais cette première concession de la République rouge au sentiment religieux de la France n'était pas suffisante. Par un nouveau décret du 2 pluviôse de l'an III (21 février 1795), elle toléra la réouverture des églises et le rétablissement du culte catholique [1].

« Bobigny, 17 ventôse an III de la République française, une et indivisible (7 mars 1795).

« *Aux citoyens administrateurs composant le Directoire du district de Franciade.*

« Citoyens,

« Nous vous annonçons que les cultivateurs de notre commune ont travaillé hier et fait travailler leurs charretiers et ouvriers, qu'ils ne veulent plus fêter de décadi et qu'ils veulent fêter les dimanches. En effet, les charretiers et ouvriers ne font rien ce jourd'hui sous prétexte qu'à Noisy-le-Sec, Romainville, Pantin et autres endroits ils reprennent leur culte. C'est donc ce qui a été cause qu'il n'est venu personne à l'assemblée hier.

« Salut et fraternité.

« Pour absence du maire,
« Dutour, secrétaire-greffier ; Lemaitre, agent national ;
« Génisson, officier. »

---

1. Robespierre fut guillotiné entre ces deux décrets, le 27 juillet 1794. Le citoyen Féchoz avait donné sa démission de maire, le 8 juin précédent.

« Bobigny, le 20 prairial an III de la République française, une et indivisible (8 juin 1795).

« *Aux citoyens administrateurs composant le Directoire du district de Franciade.*

« Citoyens,

« Nous répondons aux questions que vous nous faites par votre circulaire en date du 18 prairial (6 juin), et que nous n'avons reçue que ce matin 20 du courant.

« 1° Il n'a été élevé aucun oratoire dans notre commune.

2° On n'y exerce aucun culte, presque tous les citoyens vont à la messe aux paroisses circonvoisines, les uns à Noisy-le-Sec, d'autres à Romainville, Pantin et Aubervilliers.

3° Il n'existe et n'a jamais existé de ministres d'aucun culte, soit prêtres assermentés ou insermentés. En conséquence, tout y est dans la plus grande tranquillité possible.

« Salut et fraternité.

« JOLLIN, maire; LEMAITRE, agent national. »

« Bobigny, 9 vendémiaire an IV de la République française, une et indivisible (1er octobre 1795).

« *Aux citoyens administrateurs composant le Dirictoire du district de Franciade.*

« Citoyens,

« Nous répondons à votre circulaire en date du 7 courant, relativement aux ministres du culte catholique. Nous en avions un qui s'est fait décerner un acte de ses soumissions aux lois de la République. Il nous a dit la messe pendant cinq à sept dimanches. Il y a trois à quatre semaines que nous ne le voyons plus il a trouvé mieux, il l'a pris, il est à la Villette et nous sommes actuellement sans prêtre. En conséquence, nous n'avons rien à dire contre lui qui puisse être contraire aux lois de la République pendant le temps qu'il a résidé dans notre commune.

« Salut et fraternité.

« JOLLIN, maire; LEMAITRE, agent national;
« DUTOUR, secrétaire-greffier. »

Ce premier ministre du culte catholique venu sur la paroisse de Bobigny, l'année même où la Convention près de sa fin, était moins persécutrice de la religion, ne saurait être M. l'abbé Roussel, curé de la Villette de 1804 à 1840. Cette paroisse a dû avoir pour la desservir, après les jours néfastes de la Terreur, un prêtre dont le nom est inconnu.

Quirin Jacquemin, curé du 11 décembre 1797 au 8 avril 1798. C'est au registre des décès que le nom de M. Quirin Jacquemin paraît pour la première fois.

« Ce 21 frimaire an VI (onze décembre 1797) de la République française une et indivisible, j'ai inscrit l'acte de décès de Marie-Jeanne-Élisabeth Lemaître, décédée ce jour même, à 6 heures du matin, âgée d'environ 16 mois, native de Bobigny, département de la Seine, domiciliée au dit Bobigny, sur la place, fille de Michel-Ferdinand Lemaître, cultivateur, et de Anne-Scholastique Ménessier, sur la déclaration faite à moi adjoint municipal, par ledit Michel-Ferdinand Lemaître, âgé de 28 ans, père de l'enfant, et par le citoyen Quirin Jacquemin, ministre du culte catholique à Bobigny, domicilié rue Dîne-Souris, se déclarant ami du père de la défunte, et par Denis Lemaître, cultivateur et oncle paternel de la défunte, lesquels témoins ont signé avec moi.

« GUILLAUME DUTOUR, adjoint municipal faisant les fonctions d'officier public. »

Nous donnerons ici la généalogie des Lemaître, nombreux au village de Bobigny, tous descendants de l'un ou l'autre Lemaître qui figurent dans cet acte, tous également dévoués à l'Église par tradition de famille. François Lemaître, né en 1724, marié à Marie-Jeanne Legrand en 1755, père de Denis Lemaître et de Michel-Ferdinand Lemaître, était fils de Laurent Lemaître et de Marie-Madeleine Berthelot. Laurent Lemaître, né le 10 août 1700, était fils d'André Lemaître et de Jeanne Poupart. André Lemaître, baptisé le 12 mai 1675, était fils de Jean Lemaître et de Marguerite Grégy. Jean Lemaître, né en 1638, était fils de Pasquier Lemaître et de Françoise Doman. Pasquier Lemaître, né en 1616, était fils de Thomas Lemaître et de Denise Coffier. Thomas Lemaître enfin, né le 3 février 1589, était fils de Jean Lemaître, originaire des Andelys, près l'Ile-Adam, et de Marie Berger de la Villette Saint-Lazare, où ils avaient été mariés en l'année 1587.

La Constitution de l'an VIII (1700) apporta définitivement l'ordre et le calme dont notre France avait été trop longtemps privée. Les prêtres et les fidèles purent dès lors en toute liberté rendre au vrai Dieu le culte qui lui appartient. Mais il y avait beaucoup à faire pour réparer les ruines du sanctuaire. Comme nous l'avons dit, l'église avait été dépouillée de tous ses ornements. Les dons de la commune et les offrandes des fidèles couvrirent, en partie du moins, les dépenses nécessaires pour l'accomplissement des divins offices.

Jean-Pierre Viellard, curé du 30 avril 1806 au 15 août 1809, jour de sa mort. Il était âgé de 67 ans et demi, et fut inhumé dans le cimetière de la paroisse, à l'endroit même où se construit actuellement la sacristie. Il venait d'être nommé depuis quelques jours seulement à la cure de Drancy. C'est à partir de son installation à Bobigny que les marguilliers de la fabrique intérieure commencèrent leurs fonctions ainsi que nous le dirons par la suite.

Six mois environ après le décès de M. Viellard, le 22 janvier 1811, M. Pierre Mongrolle, maire, adressa à M. le sous-préfet de Saint-Denis, lui annonçant par une circulaire l'intention où était le gouvernement d'acquérir un presbytère à Bobigny, la réponse que voici :

« J'ai le regret, monsieur le préfet, de vous faire savoir qu'il est impossible de construire un presbytère adossé à l'église, le terrain n'étant pas suffisant. Il n'y a de disponible et de vraiment convenable pour la demeure curiale, en notre commune, que l'ancien presbytère, dont le propriétaire actuel se défera volontiers. Si on ne veut pas de la totalité de l'immeuble dont la mise à prix est de 8,000 francs, on peut se borner à l'acquisition de l'ancien bâtiment qui ne saurait dépasser la somme de 6,000 francs. Au dire des experts, c'est à ce dernier parti qu'il serait plus sage de s'arrêter. Sur ce, en attendant l'honneur de votre réponse, je suis, avec un profond respect, votre très humble serviteur.

« MONGROLLE, maire. »

Depuis cette époque jusqu'à ce jour, c'est-à-dire depuis environ cinquante-cinq ans, la commune ne cessa pas de débourser chaque année une somme assez ronde pour le logement de M. le curé. Il faut reconnaître que l'ancien presbytère, vendu par la Révolution comme bien national, loin de rapporter à l'État, lui a coûté cher. Cependant la commune de Bobigny vient de faire, en vue de la construction d'une nouvelle maison curiale, l'acquisition d'un beau terrain situé au chevet même de l'église. M. Gaston de Lavau, propriétaire de ce terrain et de ceux qui doivent servir à l'établissement des nouvelles mairie et école de garçons, s'est montré dans la vente de ces biens plus que conciliant, on peut dire désintéressé.

Étienne François Guérard, curé à partir du 8 avril 1811, époque où il fut promu par Son Éminence le cardinal Maury, administrateur capitulaire du diocèse de Paris, le siège archiépiscopal vacant. Il était pour lors âgé de soixante-deux ans. Il reçut le 28 mai de la même année 1811, de Son Excellence l'architrésorier de l'Empire, un traitement de 500 francs en qualité de desservant, d'après l'article 6 du décret impérial du 11 prairial an XI (31 mai 1803). On ne voit pas cependant qu'il ait exercé aucune fonction à Bobigny par suite de sa nomination. Les curés des environs, et en particulier M. Chaalons, curé de Noisy-le-Sec, desservirent la paroisse pendant la vacance.

Jean-Baptiste Ocassidi, curé du 16 janvier 1812 au 20 septembre 1814. Il lui fut délivré un brevet analogue à celui que son prédécesseur avait reçu, valable à partir du jour de sa nomination. L'époque de son entrée dans la paroisse fut aussi celle de l'entière constitution du conseil de fabrique, conformément au décret impérial comme il sera dit plus bas. Il fut nommé à la cure de Bondy le............... et y mourut le 21 juin 1816, âgé de 61 ans.

Julien Gaultier, curé du 1er janvier 1818 au 11 août 1830. L'année 1815 ne fut pas plus heureuse pour l'église de Bobigny que celle de 1793. Elle fut encore une fois dépouillée de ses vases sacrés, de ses ornements et de tout ce qui pouvait avoir quelque valeur. M. Julien Gaultier, dès les premiers jours de son administration, attesta sur le registre des délibérations du conseil de fabrique que tous les objets inventoriés le 7 novembre 1810 par M. Pierre Mongrolle, maire de la commune, et M. l'abbé Chaalons, curé de Noisy, desservant la cure de Bobigny pour lors vacante, avaient été pillés par les Cosaques. M. Gaultier eut donc à réparer ces nouveaux désastres, et il le fit tant au moyen des dons volontaires qu'il obtint pour son église de divers particuliers, qu'à l'aide des deniers de la fabrique qui se multiplièrent sous son administration éclairée. L'édifice religieux lui-même, construit depuis cinquante ans environ, fut restauré dans son entier.

Par une ordonnance royale du 4 mai 1820, datée du château des Tuileries, la commune de Bobigny fut autorisée à s'imposer extraordinairement pour cet objet à la somme de 2,700 francs au centime le franc de ses contributions, pour les trois années 1820, 1821 et 1822. A la surimposition communale de 2,700 francs M. le préfet ajouta un secours de 2,550 francs imputable sur le fonds de réserve de la banlieue. Enfin pour compléter le montant du devis, on prit sur l'exercice de 1823 la somme de 322 francs. En tout 5,572 francs. Les plans que nous donnons[1], datant du 25 septembre 1818, ont été faits en vue de ces travaux. Ils consistaient dans le remplacement des auvents du clocher, la réparation, le ravalement, la reprise en sous-œuvre des parties extérieures endommagées, avec badigeonnage intérieur et extérieur de l'église, plus la réparation des murs de clôture, et la pose des deux portes au cimetière y attenant. Ils furent exécutés par André-Magloire Gay, adjudicataire, pour le prix et somme de 5,266 francs.

Ils étaient à peu près terminés à la fin de l'année 1821, époque à laquelle une nouvelle cloche fut bénite et montée dans le clocher, à la place de l'ancienne qui avait été fêlée. Voici ce qu'on lit gravé sur cette cloche :

« L'an 1821 j'ai été bénite par M. Julien Gaultier, curé de Bobigny, et nommée Marie-Esther par M. Léon de Delley de Blancmesnil et par dame Marie-Esther de Blancmesnil, épouse de M. Alexandre-Guy-Charles de Lavau, officier des gardes du corps du roi, chevalier de l'ordre royal de la Légion d'honneur. MM. P. F. Mongrolle, maire. Grout, président. Heurtault, Luzu et Georges Letellier, marguilliers. »

1. Pages 357, 383, 411 et 435.

M. l'abbé Gaultier fit faire, en l'année 1825, en face du banc-d'œuvre de la confrérie de la Sainte Vierge, dans la chapelle Saint-Pierre, un autel en bois avec peinture, en l'honneur de sainte Geneviève, patronne de Paris et de tout le diocèse. M. Gosse, père de M. Nicolas Gosse, peintre distingué, prit sur lui toutes les dépenses que pouvait entraîner l'érection de cet autel. Quelques années plus tard la confrérie de la Sainte Vierge se chargea de l'acquisition d'un guidon de Sainte Geneviève. Enfin M. l'abbé Gaultier releva le chœur de chant de l'église de Bobigny, en faisant donner des répétitions aux jeunes gens du village.

MM. Libord, père, Jean-Baptiste Lemaître, Senèque, Dorville, Ferdinand Lemaître apportèrent, pour le seconder dans son zèle pastoral à cet égard, une bonne volonté rare et désintéressée. M. l'abbé Gaultier décéda le 11 août 1830, âgé de 71 ans et 6 mois, à l'Hôtel-Dieu de Paris, où il était allé se faire traiter du mal de la pierre.

Joseph Mauger, curé du 24 octobre 1830 au 6 octobre 1833.

Denis Bulle, prêtre du diocèse de Besançon, curé du 12 décembre 1833, jour où il fut installé par M. Sarrazin, curé de Pantin, chevalier de la Légion d'honneur, délégué par M. l'abbé Salandre, vicaire général, archidiacre de Saint-Denis, au 23 juillet 1837.

Sébastien Bartoli, prêtre du diocèse d'Ajaccio, précédemment du clergé de Saint-Philippe du Roule, curé du 13 août 1837, jour où il fut installé par M. l'abbé Jammes, archidiacre de Saint-Denis, assisté de M. l'abbé Molinier, chanoine et secrétaire de l'archevêché. Il fut transféré le 18 novembre de la même année à la cure de Fontenay-sous-Bois, et décéda à Saint-Mandé le 23 octobre 1877, à l'âge de 81 ans 9 mois et 3 jours.

Jean-Baptiste Oletta, prêtre aussi du diocèse d'Ajaccio, précédemment curé de Villetaneuse, lui succéda et fut également installé par M. l'abbé Jammes, assisté de M. l'abbé Molinier, le 9 décembre 1837. Il se démit de sa cure le 25 octobre 1845, et mourut prêtre habitué à Saint-Roch le 28 juillet 1864, âgé de 60 ans 8 mois et 12 jours.

Pierre-Jean Gallois, prêtre du diocèse de Meaux, installé le 15 février 1846 par M. l'abbé Depille, curé de Noisy-le-Sec, délégué par M. l'archidiacre de Saint-Denis. M. l'abbé Gallois décéda à Bobigny le 10 janvier 1847, âgé de 75 ans, et fut inhumé le 12 dans le cimetière du Pré Saint-Gervais.

Jean-Baptiste-Thomas-Cyrille Ridoux, prêtre du diocèse d'Amiens, le remplaça et fut installé par M. l'abbé Depille, délégué directement par Mgr Affre, archevêque de Paris, le 31 janvier 1847. Le 23 juin 1848. M. l'abbé Ridoux quitta la cure de Bobigny et se retira à Notre-Dame de Bon-Secours de Rouen.

Louis-Charles-Victor-Augustin Thérou, prêtre du diocèse de Paris, chevalier de la Légion d'honneur, succéda M. l'abbé Ridoux et fut installé le 13 novembre 1848 par M. François de la Bouillerie, archidiacre de Sainte-Geneviève. Deux ans après son installation, il fut nommé premier vicaire de Belleville, et promu en 1855 à la cure de Choisy-le-Roi, qu'il permuta pour celle d'Épinay-sur-Seine avec M. l'abbé Rondet, en 1857. Il décéda à Neuilly le 13 mai 1872, à l'âge de 71 ans et 6 mois.

Armand-Charles Guilbert, prêtre du diocèse de Coutances, fut installé le 19 juillet 1851 par M. l'abbé Ravier aîné, curé de Drancy, délégué par Mgr Sibour, archevêque de Paris. Cinq mois après son arrivée dans la paroisse, le 14 décembre 1851, les troncs de l'église furent dévalisés, les ornements lacérés, et les vases sacrés ravis par un audacieux voleur dont le banditisme sacrilège fut puni de la prison. M. l'abbé Guilbert se démit de sa cure en 1855 et se retira à l'hospice de Marie-Thérèse, où il décéda le 23 juin même année, à l'âge de 64 ans et 26 jours.

Vint après lui *M. Pierre-Augustin Chollet,* prêtre du diocèse de Poitiers, installé le 29 avril 1855 par M. l'abbé Edouard-Alexandre, curé de Pantin, délégué par Mgr Sibour, archevêque de Paris. M. l'abbé Chollet décéda le 17 novembre 1863, âgé de 50 ans 10 mois et 20 jours, et fut enterré au pied de la croix du cimetière. Ses paroissiens érigèrent sur sa tombe un modeste monument en souvenir de son passage parmi eux.

Ce fut pendant l'administration de M. l'abbé Chollet et avec l'approbation de Mgr l'archevêque de Paris, qu'en l'année 1851, par les soins empressés de MM. Auguste Hervé, Jean-Baptiste Chandon, Denis Cottereau et Gilles Hérouard, fut établie dans l'église de Bobigny la confrérie de Saint-Fiacre, patron des jardiniers. Depuis cinq ans environ, ces messieurs et une cinquantaine de maraîchers, leurs confrères, ainsi que les membres de leurs familles, avaient dû, par suite du percement de nouvelles rues et de la création de nouveaux jardins publics dans la grande ville, la quitter, et venir s'établir à Bobigny. Ils voulurent garder sur le nouveau sol qu'ils avaient choisi comme demeure et comme travail, le culte du saint patron, qu'à la suite de leurs ancêtres ils avaient honoré et célébré dès leur plus tendre enfance.

Voici les noms des associés de la confrérie de Saint-Fiacre, inscrits le 30 août 1864, au tableau apposé dans l'église de Bobigny, au-dessus du banc d'œuvre des confrères marguilliers :

MM. Auguste Hervé, président.
Jean-Baptiste Chandon, vice-président.
Gilles Hérouard, trésorier.
Denis Cottereau, marguillier.
Pierre Lemaire, marguillier.
Charles Turlure, marguillier.
Clément.
François Lévêque.
Renaud.
Jean Sable.
Vincent.
François Camax.
Louis Hérouard.
Jean Hervé.
Jean Gueiry.
Nicolas Théret.
Louis Dalvina.
Jacques Gautrin.
Antoine Jeannet.
Jean-Baptiste Junot.
Jean-Baptiste Méry.
Dutreuille.
Jean Gagné.
Jean Bonneau.
Charles Verdot.

MM. Jean-Baptiste Baudin.
Émile Durieux.
Joseph Chevrelier.
Georges Wellinger.
François Goureau.
Nicolas Poulain.
Jean Théret.
Antoine Bacot.
Félix Fournier.
François Besançon.
Martin Riotte.
Charles Maissonet.
Pierre Noblot.
Basile Riotte.
Joseph Mittaine.
François Rebours.
François Dumur.
Jacques-Denis Daverne.
Jarry.
Dupéché.
Nicot.
Toussaint Grégoire.
Pierre Roblin.
Pierre Monin.
Joseph Hennequin.
Nodiot.
Narcisse Legrand.

M. l'abbé Chollet, dans le courant de l'année 1859, reçut en don pour son église un beau calice en argent doré et façon moyen âge, légué par

M. l'abbé Bardin, second vicaire de Saint-Vincent-de-Paul, à la paroisse la plus pauvre du diocèse de Paris.

A M. l'abbé Chollet succéda M. l'abbé *Christ-Frédéric Masson*, du diocèse de Paris, né à Vanves le 29 juin 1824, ordonné le 21 décembre 1850, nommé vicaire à Saint-Nicolas du Chardonnet le 3 mars 1851, puis vicaire à Saint-Eustache le 15 mars 1854, promu à la cure de Bobigny par Mgr Darboy, archevêque de Paris, le 25 novembre 1863, et installé le lendemain par M. l'abbé Véron, archidiacre de Saint-Denis, en présence de plusieurs ecclésiastiques et d'un grand nombre de fidèles venus des diverses paroisses de la ville et des environs.

M. l'abbé Masson, dès son arrivée dans sa paroisse, eut le bonheur de s'attirer la bienveillance de M. Toussaint Tourly, maire, et de MM. les conseillers municipaux, qui votèrent les améliorations urgentes que nécessitait la maison louée par la commune et tenant lieu de presbytère. Sa première année de cure à Bobigny n'était point terminée que, grâce à la libéralité de MM. les comtes de Delley de Blancmesnil et de Lavau, qui avaient fait approprier l'ancien manoir seigneurial, leur propriété, afin de servir d'école de filles et d'asile, eut l'avantage de pouvoir installer le 12 septembre 1864, en présence des bienfaiteurs et à la grande joie des paroissiens, les sœurs de Saint-Vincent de Paul et leurs jeunes élèves dans l'immeuble préparé pour les recevoir. Enfin, en quittant le 2 mars 1868 la paroisse de Bobigny, afin de se rendre à celle de Bagnolet où il était appelé par la volonté de ses supérieurs, il avait la douce satisfaction de laisser à son successeur une église en bon état. Les plâtres de la voûte et des murs qui étaient entièrement crevassés venaient d'être refaits à neuf; une large tribune avait été érigée au-dessus de la porte d'entrée. Une sacristie, enfin très suffisante pour le service, avait été construite au chevet de l'édifice sacré.

La fabrique, dans le but de contribuer au payement de ces travaux, dont la dépense pouvait monter à 10,000 francs, avait versé dans la caisse de la commune la somme de 4,500 francs, dont 2,500 francs, produit d'une quête faite à Saint-Eustache le 4 mars 1866; plus 1,500 francs reçus de Mgr Darboy, archevêque de Paris, et le reste, soit la somme de 500 francs, fruit de ses épargnes.

De plus, chaque année, en conséquence des engagements concordataires, le Conseil municipal n'hésita point à voter la somme de 400 francs d'indemnité de logement à M. le curé et 400 francs comme supplément de traitement, s'efforçant ainsi d'assurer autant que possible la subsistance du prêtre.

Enfin, chaque an aussi le Conseil accorda à la fabrique un secours de 200 francs, afin de parer aux frais du culte, que cette dernière pouvait difficilement supporter.

Après avoir mentionné les curés de la paroisse de Bobigny, je citerai les marguilliers et conseillers de fabrique.

Ces administrateurs ou économes des biens d'église et des aumônes des fidèles étaient autrefois nommés, comme on a pu le lire dans ce travail, dans les assemblées des habitants. On élisait le plus souvent quelque notable; cependant, quiconque était résidant sur la paroisse, à moins qu'il ne fût exempt par un privilège particulier, pouvait être élu.

A Bobigny, l'élection du marguillier-comptable avait lieu ordinairement le jour où se célébrait l'anniversaire de la dédicace de l'église paroissiale, c'est-à-dire le 16 du mois de mai. Les marguilliers devaient veiller à la perception des revenus et à la conservation des fonds. Cependant ils ne pouvaient accepter de legs ni de fondations sans le consentement des supérieurs ecclésiastiques. Aucun procès ne pouvait être intenté par eux sans qu'ils eussent provoqué une délibération de la communauté des habitants et obtenu une autorisation de l'Intendant de la Généralité. Il ne leur était pas permis d'emprunter de l'argent à intérêts ou à fonds perdus, afin de réparer les bâtiments appartenant à la paroisse, sans que le roi eût autorisé l'emprunt par des lettres patentes enregistrées au Parlement, sous peine pour eux de payer la dépense non autorisée. Les réparations de l'église étaient supportées en partie par les habitants, en partie par les gros décimateurs. Le plus souvent la nef était à la charge des premiers ; le chœur et le sanctuaire à la charge des seconds. Enfin, l'état des recettes et des dépenses de la fabrique devait être soumis à l'archevêque ou à quelqu'un de ses archidiacres, lorsqu'ils étaient en cours de visite. En dehors de ces visites, le curé arrêtait provisoirement les comptes rendus par le marguillier en charge, en présence des officiers de la justice et des principaux habitants.

MM. Etienne Andry................ à partir du 18 mai 1469
    Thomas Andry................   —   —   1470

BOBIGNY.

MM. Sébastien Raale................	à partir du	18 mai	1581
Henri Moreau....................	—	—	1637
Nicolas Buisson, procureur fiscal ...	—	—	1638
Antoine Lefaucheur...............	—	—	1641
Pierre Moreau....................	—	—	1642
Jean Maucuit, fermier d'Eaubonne.	—	—	1643
Clément Vassoult.................	—	—	1644
Simon Chottard...................	—	—	1645
Jean Moreau.....................	—	—	1646
Pierre Moreau....................	—	—	1647
Nicolas Pivru, maçon.............	—	—	1648
Michel Moreau...................	—	—	1649
Henri Moreau....................	—	—	1650
Simon Chottard, fermier de M. d'Argouges	—	—	1651
Etienne Chauffour	—	—	1652
Louis Brosset....................	—	—	1653
Denis Avart.....................	—	—	1654
Antoine Crétalluye	—	—	1655
Claude Philippes, manouvrier	—	—	1656
Jean Dufaut.....................	—	—	1657
Pierre Moreau....................	—	—	1658
Pierre Jessonot	—	—	1659
Jean Charre.....................	—	—	1660
Étienne Chauffour	—	—	1661
Antoine Ville, laboureur..........	—	—	1662
Claude Vassoult, vigneron.........	—	—	1663
Thomas Buisson..................	—	—	1664
Nicolas Heurtault.................	—	—	1665
Pierre Jessonot, greffier tabellion ...	—	—	1666
Antoine Moreau, meunier..........	—	—	1667
Étienne Moreau	—	—	1668
Pierre Chauffour, laboureur........	—	—	1669
Pierre Jessonot, greffier tabellion ...	—	—	1670
Claude Philippes, manouvrier......	—	—	1671
Jean Lemaître, laboureur..........	—	—	1672

BOBIGNY.

MM. Philippe Blondeau, receveur de la seigneurie...	à partir de mai	1673
Étienne Chauffour, procureur fiscal......	—	—	1674
Louis Poupart, jardinier du château.......	—	—	1675
Antoine Ville, laboureur................	—	—	1676
Jean Gouillard, laboureur,..............	—	—	1677
Antoine Moreau, meunier...............	—	—	1678
Michel Malet, maçon...................	—	—	1679
Claude Charre, chantre.................	—	—	1680
Pierre Jessonot, receveur de la seigneurie..	—	—	1681
Claude Vassoult, vigneron..............	—	—	1682
Jean Gouillard, laboureur...............	—	—	1683
Louis Léveillé, manouvrier..............	—	—	1684
Jean Gouillard, laboureur...............	—	—	1685
Louis Poupart, jardinier du château	—	—	1686
Pierre Philippes, cabaretier.............	—	—	1687
Pierre Chauffour.......................	—	—	1688
Jean Charre...........................	—	—	1689
Michel Malet, maçon...................	—	—	1690
Jacques Charre, maçon.................	—	—	1691
Pierre Chauffour, le jeune..............	—	—	1692
Michel Malet, maçon...................	—	—	1693
Jean Charre...........................	—	—	1694
Pierre Espaulard, laboureur.............	—	—	1695
Louis Léveillé, laboureur	—	—	1696
Eustache Lecomte, syndic...............	—	—	1697
Nicolas Paris, procureur fiscal............	—	—	1698
Noël Moreau, meunier..................	—	—	1699
Eustache Pierre, procureur fiscal	—	—	1700
Jacques Charre, maçon..................	—	—	1701
Eustache Pierre, procureur fiscal	—	—	1702
Jean Gouillard, collecteur des tailles.....	—	—	1703
Michel Malet, maçon...................	—	—	1704
Claude Beccard, laboureur	—	—	1705
Pierre Chauffour.......................	—	—	1706
Vincent Pennotot......................	—	—	1707

MM. Antoine Poupart	à partir de mai	1708
Pierre Espaulard, laboureur	— —	1709
François Espaulard	— —	1710
Robert Baudouin, manouvrier	— —	1711
Étienne Toye	— —	1712
Pierre Ferret, laboureur	— —	1713
Philippe Moreau, laboureur	— —	1714
Jean Gouillard, laboureur	— —	1715
Denis Villot, laboureur	— —	1716
Honoré Aubin	— —	1717
Pierre Philippes	— —	1718
Antoine Poupart	— —	1719
Louis Léveillé, laboureur	— —	1720
Noël Moreau, meunier	— —	1721
Michel Mallet, procureur fiscal	— —	1722
Eustache Pierre, syndic	— —	1723
Étienne Paris, procureur fiscal	— —	1724
Eustache Pierre	— —	1725
réélu	— —	1726
Daniel Dupont, garde des plaisirs du roi	— —	1727
Charles Bernier, laboureur	— —	1728
François Espaulard, laboureur	— —	1729
Blaise Mancuy	— —	1730
Charles Bernier	— —	1731
Michel Espaulard	— —	1732
Louis Bonneval	— —	1733
réélu	— —	1734
Denis Villot, laboureur	— —	1735
Pierre Hervé, charretier	— —	1736
Jean-Louis Clairambault, meunier	— —	1737
Nicolas Puthomme, receveur de la seigneurie	— —	1738
Jacques Legrand	— —	1739
Michel Villot	— —	1740
Pierre Charlemagne	— —	1741
réélu	— —	1742
Pierre Codieux	— —	1743

BOBIGNY.

MM. Pierre Ferret, syndic perpétuel, garde.....	à partir de mai	1744
Michel Espaulard	— —	1745
Augustin Parny, laboureur	— —	1746
Denis Prestat ..:.......................	— —	1747
Pierre Bourdon	— —	1741
Louis Léveillé, laboureur	— —	1749
Simon Chrétien	— —	1750
Denis Villot, laboureur de Beauregard	— —	1751
Étienne Gouillard	— —	1752
François Lemaître	— —	1753
J.-François François	— —	1754
Philippe Duvivier	— —	1755
P.-François Ferret, laboureur	— —	1756
Noël Richer	— —	1757
Joseph Pontus, laboureur	—	1758
Guillaume Michel, laboureur	— —	1759
Michel Bonneval, charron	— —	1760
Étienne Charlemagne	— —	1761
Louis Ménessier	— —	1762
Pierre Simonot	— —	1763

Les registres de comptes de fabrique font ici défaut. Ils ont dû être brûlés sur la place publique à la fin de 1793. C'est une vingtaine de marguilliers en charge dont nous ne pouvons citer les noms.

MM. Julien-Daniel Dupont, laboureur.........	à partir de mai	1783
Charles Chanavard, laboureur	— —	1784
Louis-Robert Malic, receveur de la seigneurie	— —	1785
J.-Baptiste Charpentier, laboureur	— —	1786
Pierre Legrand, laboureur	— —	1787
Michel Libord, laboureur	— —	1788
L.-Maximilien Jollin, entrepreneur	— —	1789
J.-L.-Nicolas Génisson	— —	1790
Pierre-René Clément, à partir de novembre	— —	1791
Pierre Mongrolle, marguillier du Saint-Sacrement	— —	1791

BOBIGNY.

Par suite de la convention passée entre Sa Sainteté Pie VII et le gouvernement de la République, le 15 juillet 1801, le culte catholique fut ouvertement rétabli en France. La loi du 18 germinal an X (8 avril 1802) régla (article 76) qu'il serait établi des fabriques pour veiller à l'entretien et à la conservation des temples, ainsi qu'à l'administration des aumônes. Les évêques, par suite de cette disposition, nommèrent les fabriciens, qui eurent pour fonctions de recueillir les offrandes faites par les fidèles pour la décoration des églises. Les préfets nommèrent de leur côté des fabriciens qui eurent pour attribution spéciale d'administrer les biens et rentes qui avaient autrefois appartenu aux fabriques et qui n'ayant pas encore été aliénés, leur avaient été restitués par le décret du 7 thermidor an XI (26 juillet 1803). Ces derniers marguilliers, qui formaient ce qu'on appelait alors la fabrique extérieure, se trouvèrent à Bobigny, comme presque partout, sans emploi, aucun bien de fabrique ou à peu près n'ayant échappé à la spoliation révolutionnaire. Les premiers marguilliers, sous le nom de fabrique intérieure, furent donc les seuls qui eurent à exercer leur zèle pour la restauration du culte public. Ce furent, avec M. le curé Viellard :

MM. Georges Letellier et Ferdinand Lemaître, à partir du 20 avril 1807 au 2 novembre 1810. Le 7 avril 1809, ces messieurs écrivaient à M. le préfet la lettre suivante signée de M. Pierre Mongrolle, maire de la commune :

« Messieurs,

« Les marguilliers de la fabrique intérieure de l'église de Bobigny ont l'honneur de vous informer que ladite église ne possédant à proprement parler aucun revenu que le produit des quêtes et des chaises, lequel suffit à peine pour les dépenses du culte, il n'y a lieu à aucun compte de gestion des marguilliers de la fabrique extérieure pour l'année 1808. Ils ont l'honneur de vous saluer respectueusement.

« LETELLIER; LEMAITRE; VIELLARD, curé;
MONGROLLE, maire. »

La fabrique intérieure cessa elle-même d'exister, en vertu du décret impérial du 30 décembre 1809, qui réglait définitivement la constitution des conseils de fabrique en France. Furent nommés conseillers du conseil de fabrique de Bobigny le 6 janvier 1811, par M. le préfet du département de la Seine : MM. François Raveneau ; Pierre-François Mongrolle. Et par Son Éminence Mgr le cardinal Maury, administrateur capitulaire, du diocèse de Paris, le siège vacant :

MM. C.-L. Anne Luzu ; P.-François Grout ; Jean Henri.

Le 1er mars 1812, deux de ces messieurs : Jean Henri, président, et Pierre-François Mongrolle, trésorier, eurent mission de poursuivre le sieur Rochard, du Bourget, regardé comme débiteur envers la fabrique d'une rente annuelle de 30 francs, qui n'avait pas été liquidée à la nation. Déjà le 26 mai de l'année 1806, les marguilliers de cette époque avaient délibéré de prendre les mesures nécessaires pour le recouvrement de cette rente.

MM. P.-François Grout............	à partir du 19 avril	1818
C.-L. Anne Luzu.............	—	—
Georges Letellier.............	—	—
François Martin...............	—	—
J.-Louis Jollin...............	—	—
C.-L. Anne Luzu.............	à partir du 2 juillet	1822
Étienne Hoyet...............	—	—
Ferdinand Lemaître...........	—	—
J.-Louis Génisson............	—	—
Michel Libord...............	—	—
Georges Letellier.............	à partir du 24 août	1823
Ferdinand Lemaître...........	—	—
Pierre Dufy..................	—	—
Jacques Perrot...............	—	—
C.-Michel Heurtaut...........	—	—
A.-François Mongrolle.........	à partir du 10 avril	1825
C.-Michel Heurtaut...........	—	—
Georges Letellier.............	—	—
Nicolas Génisson fils..........	—	—
Toussaint Clément...........	—	—
Auguste Clément, fils..........	à partir de la Quasimodo	1829
Claude-Michel Heurtault.......	—	—
Pierre Guéret...............	—	—

BOBIGNY.

MM. Nicolas Génisson...............	à partir de la Quasimodo	1829
J.-Louis Jollin................	—	—
P. François Groult..............	à partir du 20 avril	1831
C.-Michel Heurtault...........	—	—
J.-Louis Jollin....	—	—
Auguste Clément................	—	—
Nicolas Génisson...............	—	—
P.-François Groult.............	à partir du 6 avril	1834
C.-Michel Heurtault...........	—	—
Auguste Lemaître	—	—
François Lemaître..............	—	—
Auguste Bary..................	—	—
Auguste Lemaître..............	à partir du 3 mai	1835
C.-Michel Heurtaut............	—	—
Auguste Bary..................	—	—
F.-Nicolas Lemaître...........	—	—
Victor Bance..................	—	—
Auguste Lemaître	à partir du 10 avril	1836
C.-Michel Heurtaut............	—	—
Auguste Bary..................	—	—
Victor Bance..................	—	—
P.-Louis Dutreuille...........	—	—
Auguste Lemaître...............	à partir du 2 avril	1837
C.-Michel Heurtaut............	—	—
Auguste Bary..................	—	—
François Gérard................	—	—
Auguste Lemaître	à partir du 29 avril	1838
C.-Michel Heurtaut............	—	—
P.-Louis Dutreuille.....	—	—
F.-Nicolas Gérard.............	—	—
E.-Dieudonné Dicque...........	—	—
E.-Dieudonné Dicque	à partir du 26 avril	1840
F.-Nicolas Gérard.............	—	—
Auguste Clément...............	—	—
François Dorville.............	—	—
J. Pierre Richebois............	—	—

MM. Auguste Clément.............	à partir du 18 avril	1841
E.-Dieudonné Dicque.........	—	—
François Dorville.............	—	—
J.-Pierre Richebois...........	—	—
Jean Lemaître................	—	—
François Dorville.............	à partir du 3 avril	1842
Auguste Clément.............	—	—
Pierre Richebois.............	—	—
Jean Lemaître................	—	—
Étienne Villot................	—	—
J.-Pierre Richebois...........	à partir du 23 avril	1843
François Dorville.............	—	—
L.-Toussaint Tourly...........	—	—
Jean Lemaître................	—	—
Étienne Villot................	—	—
Etienne Villot................	à partir du 14 avril	1844
Jean Richebois...............	—	—
L.-Toussaint Tourly...........	—	—
G.-Michel Heurtaut...........	—	—
Aimable Auger...............	—	—
L.-Toussaint Tourly...........	à partir du 3 mars	1845
Étienne Villot................	—	—
C.-Michel Heurtaut...........	—	—
P.-Louis Dutreuille...........	—	—
Aimable Auger...............	—	—
L.-Toussaint Tourly...........	à partir du 19 avril	1846
P.-Louis Dutreuille...........	—	—
Aimable Auger...............	—	—
Denis Dorville................	—	—
Denis Audois................	—	—

M. l'abbé de la Bouillerie, archidiacre de Sainte-Geneviève, ayant reconnu dans une visite faite à Bobigny l'année précédente, et par l'inspection des comptes, que le conseil de fabrique n'était pas légalement composé, se concerta avec l'autorité civile pour la nomination des membres suivants :

MM. Auguste Lemaître	à partir du 17 décembre	1848
F.-Nicolas Lemaître	—	—
Nicolas Martin	—	—
G.-Théodore Bonnot	—	—
Étienne Hoyet	—	—
L.-Toussaint Tourly	à partir du 4 mars	1849
F.-Nicolas Lemaître	—	—
J.-Pierre Richebois	—	—
Théodore Simon	—	—
Jean Dorville	—	—
Étienne Villot	à partir du 5 octobre	1851
L.-Toussaint Tourly	—	—
Jean Lemaître	—	—
Auguste Lemaître	—	—
Jean Dorville	—	—
Étienne Villot	à partir du 18 avril	1852
F.-Nicolas Lemaître	—	—
Jean Lemaître	—	—
Denis Dorville	—	—
François Fourrier	—	—
Étienne Villot	à partir du 6 mai	1855
F.-Nicolas Lemaître	—	—
Jean Lemaître	—	—
François Fourrier	—	—
Étienne Hoyet	—	—
Étienne Villot	réélu à la fin de 1864	
François-Nicolas Lemaître	—	
Jean Lemaître	—	
François Fourrier	—	
Étienne Hoyet	—	

En terminant la liste de MM. les conseillers de fabrique de l'Église paroissiale de Saint-André de Bobigny, nous ferons remarquer que (d'après le décret du 30 décembre 1809, art. 2), dans les paroisses où la population est de cinq mille âmes et au-dessus, le Conseil de fabrique doit être composé de neuf conseillers, et que dans toutes les autres paroisses où la population est au-dessous de ce chiffre, le Conseil de fabrique ne peut être composé que de cinq conseillers. Dans les deux cas, sont de droit membres du Conseil, le curé ou desservant de la paroisse et le maire de la commune sur le territoire de laquelle s'étend la paroisse. Si donc le lecteur veut savoir quels curé et maire de Bobigny, faisaient partie du Conseil de fabrique à telle ou telle époque, il devra consulter les second et troisième chapitres, aux endroits où leurs noms se trouvent cités.

Bobigny, en voie de prospérité au point de vue du bien-être matériel, par le fait de l'établissement de belles routes et par un service de voitures pour Paris, et surtout par l'augmentation récente de sa population, est également en voie de progrès au point de vue religieux.

L'église, en effet, vient d'être agrandie par suite de la construction d'une large tribune et d'une belle sacristie.

L'autel Notre-Dame a été refait en pierre de taille. L'autel Saint-Pierre ne tardera pas à être rétabli de la même manière. Des fonts baptismaux en marbre viennent d'être posés à la place des anciens qui étaient par trop défectueux. Enfin, le maître-autel, le sanctuaire et le chœur seront bientôt, par les travaux de réparation qu'on y exécute, dignes du grand Dieu qui réside dans nos temples sacrés.

Sa Grandeur monseigneur l'archevêque de Paris, plusieurs vénérables curés du diocèse, de généreuses dames quêteuses ont eu l'initiative de toutes ces importantes améliorations.

C'est à Son Excellence M. le ministre des cultes, à M. le maire et à MM. les conseillers, à mon vénéré successeur et à MM. les conseillers de fabrique et à tous les paroissiens de Bobigny en général que reviendra l'honneur d'en procurer l'achèvement.

Non, assurément, les traditions religieuses ne sont pas éteintes à Bobigny, les cérémonies du culte n'y manquent pas de pompe, les chants sacrés y sont pleins d'entrain.

Les confréries du très Saint-Sacrement, de la Sainte-Vierge et de Saint-Fiacre ont à cœur la célébration de leur fête patronale, elles déploient chacune leur bannière dans les grands offices et tiennent toujours bien orné leur autel. Il n'est pas jusqu'à la Société des Chevaliers de l'arc qui ne célèbre religieusement la fête de saint Sébastien, son patron.

Mais il faut le dire, dans la confrérie de la Sainte-Vierge, les Enfants de Marie plus particulièrement, sous la sage direction des sœurs de Saint-Vincent de Paul, savent joindre au culte extérieur le culte en esprit et en vérité, qui consiste dans une conduite honorable, une vie laborieuse et l'accomplissement de toutes les pratiques du chrétien. Elles sont avec toute la petite jeunesse qui les suit assidûment aux saints offices, la gloire et l'espérance de cette douce et belle famille qu'on nomme la paroisse, qui vit, elle aussi, sur la terre, mais dont les aspirations préférées sont pour le ciel, où Dieu lui-même sera l'éternelle récompense de ses élus.

ARRÊTÉ AU 19 FÉVRIER 1868

JOUR DE MA NOMINATION A LA CURE DE BAGNOLET

BOBIGNY (LÈZ PARIS)

CARTE DE BOBIGNY
EXTRAITE DE L'ATLAS COMMUNAL DU DÉPA[RTEMENT]
par Alexis Gabri[el]

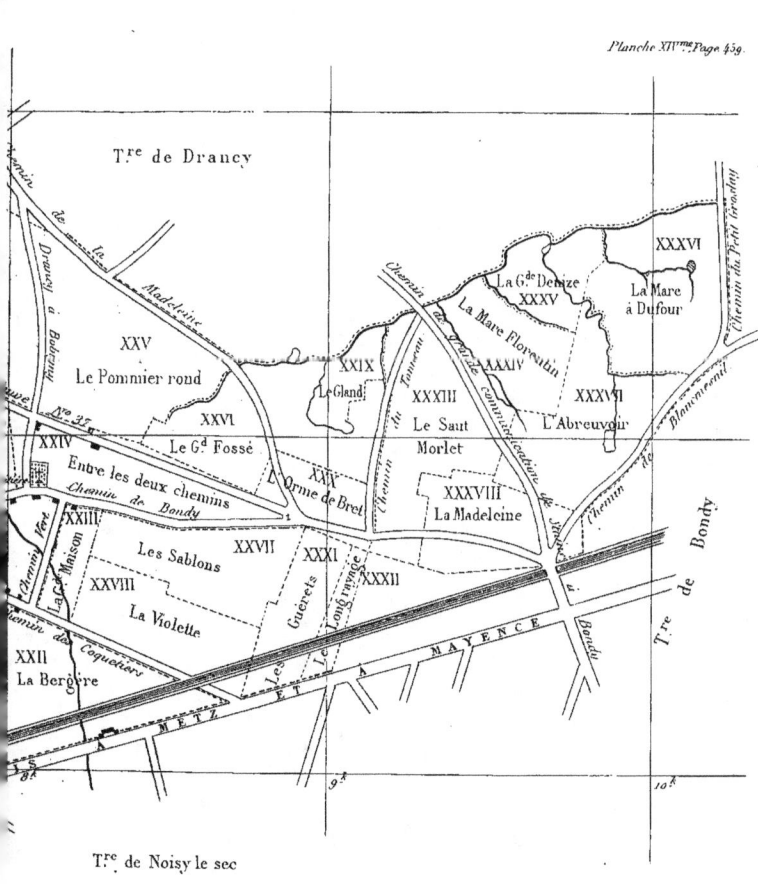

Planche XIV.me Page 459.

SON TERRITOIRE
DE LA SEINE DE LEFEVRE — ANNEE 1866
architecte

INDEX

Abreuvoir (Canton de l'), 238.
Adjudication à la criée des terres de la fabrique, 397, 401, 409.
Affichage à la porte de l'église, à la porte de l'auditoire, au poteau de la justice et à la Croix-Rouge, 208, 297.
Affre (Mgr), archevêque de Paris, 284, 444.
Agneaux (Antoine de Sainte Marie d'), 137, 409.
Agneaux (Joseph de Sainte-Marie d'), 137.
Agneaux (Marie-Angélique de Sainte-Marie d'), 137.
Agriculture (Société royale d'), 210.
Alexandre VII, pape (Formulaire d'), 383.
Alsace (Province d'), 201.
Amandier (Canton de l'), 226, 301.
Amboise (Georges d'), archevêque de Rouen, 20.
Amelin (M.), 124, 125.
Ameline, grand archidiacre (Visites de M.), 367, 376.
Amiens (Adam d'), 24, 29, 54, 55, 128, 129, 167.
Andry (Thévenin), marguillier, 40, 42, 69, 76, 177, 178, 347, 447.
Andry (Thomas), marguillier, 347, 447.
Andry Guillaume (fils d'Etienne), 39, 40, 41, 42, 69, 70, 72, 73, 74, 75, 76, 79, 83, 87, 92, 177, 178.
Andry Denis (fils de Thomas), 52, 70, 76.
Angélus (Le son de la cloche supprimé pour l'), conservé pour la convocation des assemblées de la municipalité, 260.

Annuaire-Bulletin de la Société de l'Histoire de France, 348.
Arc (Jeanne d'), 34.
Archidiaconés de Paris (Les trois), 5.
Archidiacre (Visites du grand), 356, 357.
Argenteuil (Prieuré d'), 74, 81, 82, 88.
Argouges (Florent d'), 56, 179, 293.
Argouges (François d'), 115, 120, 294, 366.
Arras (Pas-de-Calais), (Traité d'), 173.
Arnouville (Seine-et-Oise), 33.
Arques (Seine-Inférieure), 197.
Asile pour les petits enfants (Salle d'), 305.
Asnens (Canton de Vaud), en Suisse, 141.
Asnens (Hermann d'), 141.
Asnens (François d'), 141.
Assemblée nationale (L') détruit l'ancien régime, 245, 331, 408, 409.
Assemblée des habitants, pour la nomination des membres devant composer la nouvelle municipalité, 240.
Aubépin (Élisabeth de Scorailles, marquise de l'), 409.
Aulnay-lez-Bondy (Seine-et-Oise), 136.
Aunay le Gallois (Robert d'), seigneur d'Orville, époux de Jeanne de Thorotte, 33, 172.
Aunay le Gallois (Charles Ier d'), tué à la bataille d'Azincourt, époux de Jacqueline Paillart, 172, 185.
Aunay le Gallois (Jean d'), marié à Isabelle de Rouvray de Saint-Simon, 36, 172, 173, 174.
Aunay (Jean d'), dit le Bâtard, époux de Jeanne de l'Espoisse, 17, 20, 74, 80, 99, 171, 172, 178.

Aunay le Gallois (Philippe III d'), époux de Catherine de Montmorency d'Auvraymesnil et de Goussainville, 36, 39, 174, 178.
Aunay le Gallois (Jeanne d'), femme de Thibaut Buillet, 36.
Aunay le Gallois (Arthur d'), protonotaire du Saint-Siège, 36.
Aunay le Gallois (Antoine d'), chanoine de Beauvais et de Laon, 26, 36.
Aunay le Gallois (Charles II d'), 39.
Aveu et dénombrement rendu en 1315, 1321, 1340, 1341, à l'abbé de Saint-Denis, par Jean Le Mire, 12, 23.
Idem, en 1352 par Philippe de Gaucourt, 29, 30, 31.
Idem, à la fin de 1406, par Mathieu de Montmorency d'Auvraymesnil et de Goussainville I, 33.
Idem, en 1463, par Jeanne Rataut, veuve de Charles de Montmorency d'Auvrayménil et de Goussainville, qui paye certains droits seigneuriaux à Son Éminence le cardinal Goffrédi, abbé de Saint-Denis, pour partie de la Seigneurie de Bobigny et à Simon Sanguin, seigneur de Livry pour l'autre partie, 37.
En 1509, aveu et dénombrement par leurs héritiers au même seigneur de Livry, 39, 43, 44, 66.
Idem, en 1585, par Guillaume Perdrier, à Louis de Lorraine, cardinal de Guise, abbé commendataire de Saint-Denis, 51, 52, 53, 54, 55, 56.
Idem, en 1640, par MM. de Béthisy et d'Ornano à Christophe Sanguin, seigneur de Livry, 61, 111.
Idem, en 1643, par les mêmes seigneurs à Armand de Bourbon prince de Conti, abbé de Saint-Denis, 111.
Idem, en 1672, par François Jacquier, vidame de Vieu-Maison, à Jean-François-Paul de Gondy, cardinal de Retz, abbé de Saint-Denis, 115-132.
Énumération et évaluation du relief de la terre de Bobigny donnée, en 1744, aux Dames religieuses de Saint-Louis à Saint-Cyr, par Philippe-Guillaume Jacquier, vidame de Vieu-Maison; et en 1748, foy et hommage à ces Dames par le même seigneur, pour une partie de son fief de Bobigny, et au seigneur de Livry, pour l'autre partie, 135, 136.
État des terres de la seigneurie de Bobigny et de celles qui en relèvent, dressé en 1783, 219 à 239.
Aveu et déclaration de Guillaume Paillard, 104 à 109.
Idem, de Jean Emery, chanoine de Paris, 101 à 104.
Idem, des Célestins de Paris, 57, 100, 109, 185, 331, 332.
Idem, de M. François d'Argouges, 123, 199.
Idem, de M. Pierre Seguier, seigneur de Drancy, 128, 135.
Aveu (Saisie pour défaut d'), 38, 115, 129.
Azay-le-Rideau (Indre-et-Loire), 171.
Azincourt (Pas-de-Calais) (Défaite d'), 172.

Bagnolet (Seine), 357 (M. l'abbé Machet, curé de), 401. (M. l'abbé Masson, curé de), 446, 458.
Baillet-Geoffraise, 175.
Baillet (Jean), 177.
Bailleul (Oise), 164.
Balbin, chef romain, donne son nom à Bobigny, 3.
Bardin (M. l'abbé), second vicaire de Saint-Vincent de Paul à Paris, 446.
Barre (Fief et masure de la), 77, 331.
Bartoli (Sébastien), curé, 443.
Bastille, 244.
Baudouin II, empereur latin de Constantinople, 180.
Beaulieu (M. de), 118, 125.
Beaumont-sur-Oise (Seine-et-Oise), 173.
Beaumont (Mgr Christophe de), archevêque de Paris, 400.
Beauregard (Château de), 134, 199, 205, 212, 396.
Beauséjour (Hôtel du) à Paris, 23.
Bedeau (Règlement du), 385.
Bedford (duc de), 173, 183.
Bellay (Jean VI du), évêque de Paris, 350.

INDEX.

Bellay (le cardinal du), évêque de Paris, 48.
Belle-Assise (Seine-et-Marne), 114, 134, 135.
Belleville-Paris (notariat de), 379.
Béquignart-Thomas, propriétaire du fief de la Grande-Maison ou de Béquignart et bienfaiteur de l'église, 39, 40, 41, 51, 42, 69, 72, 76, 108, 296.
Bergére (Canton de la), 230, 288.
Berthelot, prévost de la justice de Bobigny, 194.
Besançon (Guillaume), 42.
Béthisy de Mézières (Charles de), seigneur en partie de Bobigny, par son mariage avec Anne Perdrier, 57, 58, 61, 114, 201, 361, 364, 367.
Béthisy de Mézières (Eugène-Marie de), marié à Éléonore d'Ogletrop, 58, 59.
Béthisy de Mézières (Marie-Françoise de Paul de), épouse de Charles-Antoine de Lévis, 59, 361, 367.
Béthisy de Mézières (Eugène-Éléonore de), appelé le marquis de Béthisy, 59.
Bibliothèque nationale, 22, 209. 346.
Blancheteau (Jean), laboureur à Noisy, 41, 69, 72, 76, 79, 82, 213.
Blancmesnil (Seine-et-Oise), (Pierre-Gilbert, curé de), 400.
Blancmesnil (Pierre-Nicolas de Delley de), marié à Claudine-Julie des Brets, 138, 142.
Blancmesnil (Xavier-Pierre-Louis de Delley de), époux de Joséphine Texier de Hautefeuille, 140, 141, 142.
Blancmesnil (Alphonse-Léon, comte de Delley de), époux de Mlle Boutiers de Catus, 138, 142, 143, 442, 446.
Blancmesnil (Blanche-Marie-Esther de Delley de), mariée à Alexandre Guy de Lavau, 142, 442.
Blancmesnil (Archives de M. le comte de Delley de Blancmesnil), 44, 139, 140, 142, 218, 239.
Blason de Jean de Gisors, 15.
Blason de Jean Le Mire, 22.
Blason d'Étienne de Braque, 26.
Blason de Philippe de Jaucourt, 28.

Blason de Mathieu de Montmorency d'Auvraymesnil et de Goussainville II, 32.
Blason de Guillaume de Sévigné, 38.
Blason de François de Boisbaudry, 44.
Blason de Pierre Perdrier, 45.
Blason de Charles de Béthisy de Mézières, 57.
Blason de Joseph-Charles d'Ornano, 60.
Blason de François Jacquier, vidame de Vieu-Maison, 114.
Blason de Xavier-Pierre-Louis de Delley de Blancmesnil, 138.
Blason de Gérard de Montaigu, 168.
Blason des Célestins de Paris, 329.
Bléty (Claude), chapelain de la chapelle Saint-Étienne du château, 346.
Blondel (Nicolas), bourgeois de Metz, réfugié à Bobigny, 258.
Bobigny (Topographie et origine de), 3, 4, 5.
Bobigny (Le petit), 286, 287.
Bobigny (Étienne de), seigneur, 13.
Bobigny (Jean de), et Hélisende sa femme, 14.
Bobigny (François de), seigneur, 20.
Bobigny (Jean de), seigneur, 20, 21.
Bobigny (Jean de), seigneur, et Agnès son épouse, 21, 22.
Bobigny (Jean de), témoin dans plusieurs causes criminelles plaidées devant la justice de Saint-Martin des Champs, 153.
Bobigny (Tassin de), autre particulier de ce village, aussi témoin, 155.
Boisbaudry (François de), seigneur de Bobigny par son mariage avec Isabelle de Sévigné, 44.
Boisbaudry (Christophe, Jean et Anne de), ses enfants, 44, 45.
Boislisle (M. de), 35, 37, 179, 180, 348.
Bois-Malesherbes (Loiret), 169.
Bondy (Seine)(Jean Marest, curé de) donne la déclaration des biens et revenus de sa cure, 382.
Bondy, *idem* (Nicolas Houel, curé de), 399.
Bondy, *idem* (O. Cassidi Jean-Baptiste, curé de), 441.

Bondy (Seine), (Louis-Guillaume Mittaine, vicaire de), 400.
Bondy, *idem* (Maladrerie de), 71, 94.
Bondy, *idem* (Ferme du prieuré de Saint-Martin des Champs de), 213, 214.
Bordeau-Bricet (Canton du), 42, 79, 90, 92, 225, 287.
Bornes (Canton des Hautes-), 66, 73, 66, 104, 225, 226.
Bouillerie (M. de la), archidiacre de Sainte-Geneviève, 444, 455.
Boulogne (Charte de Geoffroy de), évêque de Paris, 4, 320, 321.
Bouqueval (Seine-et-Oise), 34, 39.
Bourget (Le), (Seine), 64, 68, 139, 174, 298.
Bourguignons (Faction des), 169.
Boursier (Germain), capitaine de l'escadron des enfants de Paris, 47.
Bouvines (Victoire de), 19.
Brabant (Philippot de), 177.
Braise (Alison), 155.
Bragelongne (Martin de), 46.
Bragelongne (Anne de), fille de Jacques de Bragelongne et de Barbe Robert, mariée à Charles Perdrier, 56, 57.
Braque (Chapelle de), à Paris, 26.
Braque (Etienne de), seigneur de Bobigny, par son mariage avec Jeanne Le Mire, 26, 27, 28, 31.
Braque (Nicolle et Jeanne de), ses filles, 31, 32, 34.
Bretesche (Manoir de la), ou le vielschastel de Bobigny, 18, 30, 54, 104, 117, 305.
Brie-Comte-Robert (Seine-et-Marne), 163.
Bretagne (Arthur de), comte de Richemont, puis duc de Bretagne, 34, 35.
Bruneau (Jean), curé de Bobigny et chapelain de l'évêque de Paris, 348.
Budé-Dreux, trésorier des chartres, époux de Guillemette de Thumery, fille de Denis Thumery et de Françoise de Longueil, 46, 73, 182.
Budé (Jean), marié à Jeanne le Picart, 84, 88, 182, 183.
Buisson de Bobigny (Le), 101.

Buisson Pouilleux (Le), 67, 79, 84, 92.
Buisson (Le Gros), 52, 91.
Buisson (Nicolas), procureur fiscal, 200.
Bulle du pape Urbain II, 323.
Bulle Denis, curé de Bobigny, 443.
Bureau (Jean), Hugues et Gaspard frères, successivement grands maîtres de l'artillerie française sous Charles VII, 76, 100, 102, 105, 173, 174, 182.

Cachet de la paroisse de Bobigny, 319.
Cailleu (Jean), propriétaire d'un fief et manoir à Bobigny, 24, 30, 54, 167.
Calais (Pas-de-Calais), 23, 185.
Calais (Jean de), 183.
Calvin, 185.
Carte du moulin de Bobigny et de ses dépendances, 1783, 121.
Carte du village de Bobigny en 1783, 145.
Carte de la Seigneurie de Bobigny, en 1783, 311.
Carte du territoire de Bobigny, 459.
Cassinel (Guillaume Ier de), 169.
Cassinel (Biette de), 169.
Comité de surveillance (Établissement et composition du), 256, 257.
Célestins (Ordre des), 329, 330.
Célestins de Maroussis, 169, 171.
Célestins de Paris, 41, 42, 48, 52, 55, 65, 109, 171, 221, 222.
Célestins (Canton des), 223, 225, 226, 230, 233, 234, 235, 236, 298, 299, 301.
Cépoix, près Domont (Seine-et-Oise).
Cerisaie (Canton de la), 229, 287.
Chaalis (Oise) (Abbaye de), 14.
Charlerange (M. de), 220.
Chamberlan (Guillaume de), 173.
Chambre ecclésiastique, 349, 381, 382.
Champ-Famillieux (Canton du), 222, 299.
Champigny-sur-Marne (Seine), 26.
Chapelle-Gauthier (La), Seine-et-Marne, 171.
Chapelle (Gérard de la), 23.
Chapelle (Jean de la), exécuté aux halles, 99, 183.
Chapelle (Jeanne de la), 183.
Chapelle (La) de Bobigny, 28, 107.

INDEX. 463

Chapelle (Maison de la), 23, 29, 51, 58, 62, 116.
Chapelle Saint-Étienne du Château, à la présentation du seigneur, 28, 65, 403.
— (Revenus de la), 41, 42, 65, 74, 80, 93, 94, 350, 351, 361, 403.
— Prise de possession de la), 383.
Chapelle domestique du château de Beauregard, 199.
Charenton-le-Pont (Combat de), 133.
Charles le Chauve, roi de France, 11.
Charles IV, le Bel, *idem*, 23.
Charles V, le Sage, *idem*, 25, 27, 33, 169.
Charles VI, *idem*, 27, 33.
Charles VII, le Victorieux, *idem*, 34, 46, 174, 175.
Charles VIII, *idem*, 185, 348.
Charles IX, *idem*, 186.
Charles X, *idem*, 282.
Charles-Quint, 47.
Charlemagne (Pierre), procureur fiscal, 209, 385, 393, 395, 396.
Charlemagne (Étienne), procureur fiscal, 210, 212, 386, 395, 396.
Charlemagne (Étienne-Louis-Guillaume), 219, 221 à 237.
Charlemagne (Louis-Étienne), fermier et avocat, reçoit à Bobigny la visite de Louis XVI, 211.
Charmoye (Amaury de la), possesseur d'un fief avec manoir à Drancy, 24, 31, 33, 35, 167.
Charny (Seine-et-Marne, 139, 142.
Chartier (Guillaume), évêque de Paris, 346.
Chars, 17, 19.
Château de Bobigny, 28, 40, 49, 57, 62, 117, 134, 138.
Château de Beauregard, 134, 138, 396.
Châtelet (Prisons du), 156.
Chatillon (Isabelle), 33.
Chatillon (Le maréchal de), 58.
Chatillon (Anne-Philippine de), 133.
Chatillon (Claude de), 133.
Chauffour (Étienne), procureur fiscal, 126, 201.
Chauffour (Pierre), 202.

Chauffour (Claude), procureur fiscal, 202.
Chauvigny (Suzanne-Bernardine-Éléonore de), épouse de Louis Texier de Hautefeuille, 142.
Chelles (Seine-et-Marne) (Doyenné de), 5, 381, 377, 402.
Chemin Pouilleux, du Buisson Pouilleux, ou du Gros Buisson, allant de Noisy-le-Sec au Landit, 301.
Chemin de Bobigny à Saint-Denis, porte de Paris, par Aubervilliers, 96.
Chemin de Bobigny à Saint-Denis, porte Saint-Remy, par la Cour-Neuve, 122.
Chemin de Bobigny à Drancy, 297.
Chemin de Bobigny à Bondy, 41, 67, 75, 85, 104.
Chemin de Bobigny à Noisy-le-Sec, 103.
Chemin de Bobigny à Romainville, 39, 120, 287, 288, 289.
Chemin de la Justice, conduisant à la route d'Allemagne et par Pantin à Paris, 301.
Chesnaye-Desbois et Badier (De la), 22, 61, 133, 136, 199.
Chevaliers de l'arc (Société des), 457.
Chevigné (M. de), 238, 239.
Choisy-le-Roi (Seine), (Louis-Charles-Augustin Théron, curé de), 444.
Cholle, la veuve, 258.
Chollet (Pierre-Augustin), curé de Bobigny, 444, 445.
Chrétien (Euphémie), sœur de charité de Saint-Vincent de Paul, en religion sœur Louise, supérieure, 307.
Cimetière (Le vieux), 264, 324.
Cimetière entourant l'église, 304.
Cimetière actuel, 297, 298, 407.
Citolle (Jean), acquéreur de Pierre Tabourcau, 52, 300.
Citolle (Denise), 366.
Citolle (Michel), 366.
Clarence (Le duc de), 183.
Claud (Nicolas), procureur fiscal, 202.
Clignancourt, Paris (le fief de), 23.
Cloches (Bénédiction de), 408, 499, 414, 442.
Cloches (Le son des), proscrit, 256, 260.
Cloches (Deux) livrées à la fonte, 430.

Cloches (Les cordes des), vendues, 266.
Clos (Le), ou parc du château de Bobigny, 51, 52.
Clos de Hugues de Guingamp, 89.
Clos Billard (Canton du), 226, 301.
Clos de Gorme (Canton du), 228, 301.
Coffre-fort de la Fabrique, 380.
Collection de documents pour servir à l'histoire des hôpitaux de Paris, 348, 349.
Cochu (Noël), procureur fiscal, 190, 200.
Coignet (Jean), possesseur d'un fief, à Drancy, 26, 54.
Collecteur des tailles (Nomination d'un), 201.
Colomb (Christophe), 185, 348.
Colombier (Terre du), 100, 119.
Commune (Actif et dettes de la), 145, 150, 250, 261.
Compilation du droit romain, du droit français et du droit canon, 320.
Concordat, 331, 452.
Condé (Le Grand), 132, 200.
Confrérie du Très Saint-Sacrement, 358, 386, 387, 403. Comptes des recettes et des dépenses de la confrérie, à diverses époques, 361, 387, 401, 415. Associés inscrits au tableau en 1864, 358.
Confrérie de la Sainte-Vierge, 373. Comptes des recettes et des dépenses de la confrérie à diverses époques, 373, 415. Associées inscrites au tableau de la confrérie en 1864, 374.
Confrérie de Saint-Fiacre, 444. Noms des associés inscrits au tableau en 1864, 445.
Coq (Jeanne le), unie en premier mariage à Jacques Disome, et en second mariage à Pierre Perdrier, 46, 48, 49.
Corse (Acquisition de l'île de), 210.
Cottereau (Pierre Marcel), notaire et tabellion à Noisy-le-Sec, 205, 215, 218, 230, 231, 233, 235.
Cottereau (Marcel), notaire royal à Noisy-le-Sec, greffier et tabellion de la prévôté de Bobigny, 141, 145, 311, 375, 379, 383, 384.

Coudray (Perrinet du), possesseur d'un fief à Drancy, 24, 30.
Courcelles (Gérard de), propriétaire d'un fief à Drancy, 24, 31, 55, 227, 238.
Cour ou ruelle des Enfants ou des Bons-Enfants, 219.
Courneuve (La) (Seine), 140, 298.
Couture (Canton de la), 222, 299.
Covest (Jean), vicaire de Bobigny, 193, 194.
Crawford (Archambault), curé de Bobigny, 400.
Crécy (Défaite de) (Somme), 23.
Creux (Perrin de), 167.
Croix de Bobigny (Carrefour de la), 78, 93, 96, 293.
Croix Blanche (La), 74, 79, 91, 94, 96, 107, 301.
Croix Rouge (La), 296, 297, 301, 394.
Croix (Anne-Jacques de la), grand archidiacre de Paris, 377, 378, 381, 382, 383.
Cuise (Jean de), premier mari de Nicolle de Braque, 31.
Culte catholique (Le) aboli par la Convention nationale et remplacé par le culte de la Raison, 258, 430.
Culte de l'Être suprême et de l'immortalité de l'âme, établi par la Convention nationale à la demande de Robespierre, 437.
Culte catholique (Le) réclamé par les populations, 433.
Culte catholique (N***, premier ministre du parti à la Villette, après avoir desservi incognito, en 1795, la paroisse de Bobigny, 438.
Culte catholique librement pratiqué (M. Quirin Jacquemin, premier ministre du), signalé en 1797 dans les actes publics, 439.
Culte catholique (Le), rétabli par la Constitution de l'année 1800, 440, 452.
Cure de Bobigny (Origine de la), 5, 79, 319, 320.
Cure de Bobigny (Biens de la), 65, 224, 226, 228, 229, 230, 234, 235, 247, 349.
Cure de Bobigny (Déclaration des revenus et des charges de la), faite à la Chambre ecclésiastique, 381, 382.

INDEX.

Cure de Drancy, *idem*, 382.
Cure de Bondy, *idem*, 382.
Cure de Bobigny (Vente des récoltes et des biens confisqués de la), 246, 263.
Curés de Bobigny (Les), à portion congrue, 135, 212, 213.

Dames (Jardin aux), 52.
Damoisel (Philippe de), possesseur d'un fief à Bobigny, 24, 30, 54.
Damoisel (Jean de), *idem*, 66, 71, 167.
Damiette, en Tunisie, 141, 142.
Dampierre près Chevreuse (Seine-et-Oise), 161.
Darboy (Mgr), archevêque de Paris, 446.
Dastoff, grand archidiacre de Paris, 356.
Décadi (Les jours de), non observés, 436, 437.
Décimes (Quote-part des), imposée à l'église de Bobigny, pour les frais de l'assemblée du clergé, 365.
Dédicace (Anniversaire de la), de l'Église de Bobigny, 324.
Delley (De) de la Garde. Voir Blancmesnil.
Delolme (Jean), 88, 89.
Dénombrement des feux et ménages de Bobigny, année 1693, 375.
Dîme (Grosse et menue), et dîme des agneaux, toutes inféodées et appartenant en plein fief aux seigneurs de Bobigny, 64, 65, 105, 134, 213, 242.
Dîme (Règlement pour la perception de la), 212, 213.
Dîme (Rapport de la) à Bobigny, 135, 215, 216, 217, 218.
Dîmeresse (La grange), 64.
Doléances (Cahier des) des habitants de Bobigny de 1789, 242 à 244.
Domaine de Bobigny (Le) vendu aux enchères, 138.
Dom. Estiennot, 15 à 19.
Dom. Marrier, 322.
Domont (Seine-et-Oise), 28, 33.
Dormans (Jeanne de), 184.
Drancy (Seine) (Les seigneurs de), pour les trois quarts relèvent directement des seigneurs hauts justiciers de Bobigny et de l'abbaye de Saint-Denis en arrière-fief, 65, 128, 214, 221, à 236.

Drancy (Urbain Ventroux, curé de), 375; Étienne Chavanne, *idem*, 376, 382; Richard Pontus, *idem*, 382, 384; Uradé de Sullivan, *idem*, 400; Jean Pierre Vieillard, *idem*, 440; Ravier aîné, *idem*, 444.
Dreux (Eure-et-Loir) (Bataille de), 49.
Drogon, grand archidiacre de Paris, 5, 321.
Duduit (Charles-René-François), 115.
Dufour (L'abbé Valentin), 354.
Duhomel (Me), notaire à Paris-Belleville, 377.
Duibonnet (Bertrand), curé d'Aubervilliers-les-Vertus, 192.
Dupont (Julien-Daniel), garde des plaisirs du roi, procureur fiscal, 207, 213, 378, 379.
Dutour (Guillaume), maître d'école et secrétaire de la mairie, 244, 245, 247, 248, 249, 250, 252, 254, 256, 257, 261, 263, 265, 267, 268, 271, 273, et de 400 à 439.
Duvancel (Le sieur), 223, 226.

Eaubonne (Fief d'), 37, 169.
Eaubonne (Hôtel d'), 23.
Eaubonne (Ferme d'), 67, 190.
Eaubonne (La cour ou remise d'), 300.
Eaubonne (La suite des fermiers d'), 310.
Eaubonne (La source d'), ou le trou Bonneau, 299.
Eaubonne (Le ruisseau d'), 71.
École (Liste des instituteurs et maîtres d') de Bobigny, 435.
École (La maison d') restaurée, 386, 400, 402, 406, 407, 415, 421, 429.
École (Le ci-devant Seigneur), donataire d'une nouvelle), 262.
École (L'), fermée et vendue au profit de la nation, 262, 264, 304, 432.
Écoles rouvertes (Les), avec défense aux instituteurs d'enseigner la religion aux enfants, 432, 433, 434.
École de Bobigny (La maison d') reconstruite seulement en 1840, 434.
École spéciale de filles et d'un asile (Établissement d'une), aux frais de MM. de Blancmesnil et de Lavau, 142.

Économats (Les biens des Célestins mis en), 300, 304.
Église (Société de l'), 319, 409, 410, 412.
Église (Édifice religeux), la première construite l'an 1050 environ, 324; la seconde en 1557, 324, 377, 378, 379, 380, 383 ; l'église actuelle, construite en 1769, 136, 325, et réparée en 1820, 442, et 1867, 446.
Églises (La Convention nationale ordonne la fermeture des), 432.
Église (État des biens d') situés sur le territoire de Bobigny, 247, 248. Ils sont confisqués et vendus au profit de la nation, 261, 262, 263, 409, 419.
Émery (Fief d') 109, 296.
Émery (M^{re}Pierre), 39, 69, 98, 105, 184.
Émery (M Jean), chanoine de Paris, 40, 41, 73, 74. 101, 109, 184.
Émery (Marie), sœur du chanoine et femme de Mre Simon Marcel, 109, 184.
Enfants de Paris (Escadron des), 47, 48.
Enrôlements volontaires, 255, 256.
Entre-deux-chemins (Canton), 235, 298.
Épinay-sur-Seine (Louis-Charles-Victor-Augustin Théron, curé d'), 444.
Ère républicaine, 256.
Ermenonville (Oise) (Mre Pierre l'Orfèvre, seigneur d'), 67, 68, 174, 175.
Ermenonville (Valentine de Luillier de Manicamp, femme de Bertrand l'Orfèvre, dame d'), 351.
Espaulard (Florentin), laboureur à Noisy-le-Sec, 82, 231, 232, 233, 237.
Espoisse (Nicolas de l'), propriétaire à Bobigny, 171, 172. Son testament, 333 à 346.
Espoisse (Jeanne de l'), sa fille, femme de Jean d'Aunay, dit le bâtard d'Aunay, 171, 172.
Évin (Pierre-Louis), cultivateur, 304.
Évin (Augustin), cultivateur, 413, 416, 418, 420, 428.

Fabrique (La), ou l'œuvre de l'église paroissiale. La fabrique extérieure et intérieure, 452. Institution des conseils de fabrique, 453. Liste des marguilliers et conseillers de fabrique de Bobigny, 453 à 456.

Fabrique (Terres de la), mises en location et adjugées après enchères, 397, 401.
Fabrique (Assemblées de), 409, 413, 418.
Fabrique (Comptes des recettes et des dépenses de la), rendus par Simon Chotard, 361 ; par M. Eustache-Pierre Pélerin, 387; par Julien-Daniel Dupont, 404; par Louis-Maximilien Jollin, 416, 423; par Nicolas Génisson, 419; par Pierre-René Clément, 430; par Guillaume Dutour au Directoire du district de Franciade, 423, 424, 425.
Falstof (Général anglais), 173.
Féchoz (Jean-Baptiste Louis), vicaire de Noisy-le-Sec, nommé par les électeurs de Saint-Denis à la cure de Bobigny, en récompense de son serment à la Constitution, 411, 412, 413, 414 à 436. Officier municipal, 250 à 252. Maire de Bobigny, 253 à 272.
Fichot (M.), dessinateur habile et archéologue expérimenté, 20.
Fédération (Fête de la), célébrée dans l'église de Bobigny, 246.
Fête anniversaire de la réduction de Paris sous l'obéissance de Charles VII, 46.
Flamant (Hennequin le), possesseur du fief de la Bretesche, 18, 163.
Fondation d'Anne de Bragelongue, 57 ; de Charles de Béthisy et de Anne Perdrier, 59 ; de M. Richard Legrand, 358; de M. Guillaume Samson, 365; de M. Eustache, Pierre Pélerin, 414, 419.
Fontaine (Bernard de la), possesseur d'un fief et d'un manoir à Drancy, appartenant avant lui à Nicolas Foucart, 24, 30, 55, 168.
Fontaine Saint-André (La), 94, 107, 303.
Fontaine Saint-André (Le pré de la), 109.
Fontenay-sous-Bois, Seine (Sébastien Bartoli, curé de), 443.
Forcal (M.), seigneur de Pantin, 124.
Fort-l'Évêque (Prison du), à Paris, 194, 196.
Fourches patibulaires de Bobigny, 12, 62.

France (Isabelle de), épouse de Henri V, roi d'Angleterre, 169.
François Ier, roi de France, 45, 47, 51, 185.
François II, *idem*, 185.
Francosté (M. de), 220, 221.
Frémy (Pierre), curé de Bobigny, 376, 377, 380, 381, 382, 383.
Fronde (Guerre de la), 357.
Fumchon (Denise), veuve de Michel Fusée, fait une rente à l'Hôtel-Dieu de Paris, 349.

Gages des employés de l'église, 385, 400, 414.
Gaillandon (Raphaël), propriétaire à Bobigny, des anciens fiefs d'Émery et de Béquignart, 51, 56, 190, 197, 198.
Gallois (Pierre-Jean), curé de Bobigny, 443.
Gama (Vasco de), 348.
Gardes nationales volontaires, 249.
Garlande (Guillaume de), 16, 17.
Gasse de la Ville, 29, 51.
Gaston d'Orléans, frère de Louis XIII, 60.
Gatine (Laurent), laboureur à Bondy, achète les ormes du cimetière et de Croix-Rouge et l'orme de Bret vendus à la criée, 414, 428, 429, 430.
Gauthier, valet de chambre de Jean Le Mire, assassiné, 153.
Gauthier (Julien), curé de Bobigny, 442, 443.
Gérard (Constant), vicaire de Bobigny, 372.
Gigon (Antoine), curé de Bobigny, 241 à 247. Il refuse de prêter serment à la Constitution, 411.
Gisors (Eure) (Jean de), seigneur de Bobigny par son mariage avec Aalès de Villiers. Ses ancêtres et ses descendants, 15, 16, 17, 18, 19, 20.
Glacières de Bobigny, 288.
Gland (Canton du), 237, 297.
Gobel (M.), évêque constitutionnel de Paris, 248, 412.
Godefroy (Théodore), historien, 35.
Gohard (Philibert), cultivateur à Merlan, paroisse de Noisy-le-Sec, 183.

Gondy (Charles de), seigneur de la Tour, 50.
Gondy (Henri de), évêque de Paris, 350.
Gondy (Jean-François de), archevêque de Paris, 354, 365.
Gouillard (Jean), procureur fiscal, 201, 202.
Goussainville (Seine-et-Oise) (Catherine de Montmorency d'Auvraymesnil, femme de Philippe d'Aunay le Gallois III, dame de), 36. (Jeanne d'Aunay le Gallois, femme de Thibaut Baillet, dame de), 36. (Anne Baillet, épouse d'Aymar de Nicolaï, dame de), 36.
Grand-Fossé (Canton du), et de l'orme de Bret, 236, 297, 298.
Grande Denise (Canton de la), 239, 297, 298.
Grande-Maison (Canton de la), ancien fief Béquignart, 239, 298.
Grandrue (Jean de), 177.
Greffier de la ville de Paris, son importance, 46.
Groslay (Ferme du Petit), 94, 139, 210.
Grosteste (Marie-Anne), 136.
Gruel (Guillaume), chroniqueur, 34, 35.
Gualéran, chantre de Notre-Dame de Paris, premier bénéficier connu de la cure de Bobigny, 321, 323.
Gué (Ruelle du Grand), 303, 317.
Gué (Ruelle du petit), 80, 176, 303.
Guérard (Cartulaire de l'église de Paris), 5.
Guérard (Étienne-François), curé de Bobigny, 441.
Guérets (Canton des), 232, 297.
Guerre de Cent ans, 23.
Guerre de Trente ans, 355.
Guerre contre l'Angleterre et la Prusse, 210.
Guesclin (Du), 27.
Guichard (Le pont), 42, 52, 70, 106, 299.
Guilbert (Armand-Charles), curé de Bobigny, 444.
Guilbon (Jean de), 204.
Guinguamp (Hugues et Louis de), 89, 100, 102, 103.
Guillermy (Le baron de), 20, 32.

Hamelin (M.), 124, 125.
Harengs (Journée des), 173.
Haret (Pierre-Lazare-Philippe), curé de Bobigny, 346.
Harlay (François Ier de), archevêque de Paris, 367.
Harlay de Champvallon (François II de), archevêque de Paris, 375, 376.
Hattes (René), 134.
Haute-Borne (Canton de la), 226, 301.
Hautefeuille (Charles-Louis Texier, marquis de), aïeul maternel de M. le comte de Blancmesnil, 142.
Haye (Guillaume de la), 82, 85, 94, 100, 105, 106, 183.
Hélisende, femme de Jean de Bobigny, chevalier, seigneur de Bobigny, 14.
Henri Ier, roi de France, 4.
Henri II, *idem*, 45, 47, 48.
Henri III *idem*, 197.
Henri IV, *idem*, 198, 199, 352, 353.
Henri (Abbé de Saint-Denis), 17.
Henri V, roi d'Angleterre, 33, 170, 172.
Henri IV, *idem*, 173, 175, 181.
Henri VIII, *idem*, 185.
Hérinex (Thérèse de), 131.
Hermentrude (La riche dame), propriétaire d'un domaine à Bobigny, son testament, 4.
Hesselin Denis, 46, 175.
Hodie (Anne d'), épouse de M. François d'Argouges, 115.
Horloge de l'église de Bobigny, 407.
Hôtel-de-Ville de Paris (Rentes de l'), 405, 406, 413.
Hôtel-de-Ville de Paris (Archives), 240, 241, 242, etc.
Hôtel-Dieu de Paris (Fondations faites à l'), 47, 347, 348, 349.
Hoyet (Étienne), meunier, acquéreur du moulin de Bobigny, 289, 292.
Hozier (d'), 26, 28, 31, 136.
Hugues Capet, roi de France, 11.

Intendant de la généralité de Paris, 379, 380.
Invasions des Alliés, 279, 280, 442.
Inventaire des titres et papiers de la fabrique enfermés dans le coffre-fort, 403, 404.

Inventaire des titres de l'abbaye de Saint-Denis, 18, 19, 23, 25, 31.
Ivry (Eure) (Bataille d'), 197.

Jablice (Claude), acquéreur de Gasse de la ville, 51, 52, 118.
Jacquemin-Quirin, premier ministre du culte catholique, dont le nom soit marqué dans les actes publics de Bobigny, après l'époque révolutionnaire, 439.
Jacques (Révolte des), ou paysans, 25.
Jacquier (François), vidame de Vieu-Maison, seigneur de Bobigny, reçoit l'investiture de son fief, 114 à 133.
Jacquier (Jean-François), vidame de Vieu-Maison, seigneur de Bobigny, 114, 115, 133.
Jacquier (Hugues-François), vidame de Vieu-Maison, seigneur de Bobigny, 134.
Jacquier (Philippe-Guillaume), vidame de Vieu-Maison, dernier seigneur de Bobigny, 134 à 137.
Jacquier de Vieu-Maison (Anne-Françoise-Céleste), mariée à Guy-André-Marie-Joseph, comte de Laval-Montmorency, 134, 135.
Jammes (M. l'abbé), archidiacre de Saint-Denis, 443.
Jaucourt (Philippe de), seigneur de Bobigny, 28, 31.
Jaucourt (Antoinette de), femme de Guillaume de Rochechouart, seigneur de Jars et de Bréviande, 54.
Jean Ier, le Posthume, roi de France, 22.
Jean II, le Bon, roi de France, 25, 27, 169.
Jean Sans-Peur, duc de Bourgogne, 170.
Jollin (Louis-Maximilien), 240, 241, 244, 246, 247. Maire pour la première fois, 248, 252. Maire pour la seconde fois, 274, 275, 401, 402, 405, 413, 414, 416, 417, 419, 423, 424, 428, 439.
Jollin (Jean-Louis), 283, 453, 454.
Jollin (Jean-Louis) (Veuve), 303.
Jollin (Auguste-Hippolyte), maire de Bobigny, 286, 306.

INDEX.

Josas (Seine-et-Oise) (Joscelin, archidiacre de), 5, 321.
Jour (Rue du), à Paris, 23.
Journal d'un curé ligueur, 50.
Juigné (Antoine-Éléonore-Léon le Clerc de), archevêque de Paris, visite la paroisse de Bobigny et lui donne un mandement, 402, 403.
Jurés (Élection de) pour l'instruction des procès criminels, 248.
Justice du roi (Jean Lebrun condamné par la justice du roi), 166, 167.
Justice seigneuriale de Bobigny, 11, 12, 23, 33, 62, 65, 66, 85, 135, s'étendant sur les trois quarts de la seigneurie de Drancy, 125, 128 à 135.
Justice de Bobigny (Prisons, poteau, chemin de la), 155, 156, 200.

Labay (Louis-Pierre-Charles de Labay, comte de Viella), 138, 139.
Labbé, vicaire à Aubervilliers, 190.
Ladres (Sente aux), menant à la maladrerie de Bondy, 71.
Lagny (Seine-et-Marne), 173.
Lagny (Abbaye de), 14.
Laillier (Michel Ier de), seigneur de la Chapelle et du Vivier-les-Aubervilliers, ouvre les portes de Paris au connétable de Richemont, 175, 177, 183.
Laillier (Jeanne de), femme de Pierre l'Orfèvre II, dame d'Ermenonville, 174, 175.
Lallemant (Mre Étienne), propriétaire de la ferme du Petit-Noisy, après Jean de Nanterre, 41, 75, 76, 83, 99, 100, 101.
Landierne-Pernelle, propriétaire d'un fief à Bobigny, 23, 29, 51, 62, 116.
Landit (Foire du), 290.
Landres (Berthaut de), propriétaire au Val Pantin, 76, 103, 104, 168, 176, 177.
Lane-Dupin (François-Lancelot), curé de Bobigny, 376.
Langres (Mre Pierre de), propriétaire d'un fief sur Drancy, 24, 31, 55, 167, 177.
Lantier (Mre Jean de), 41, 100, 183.

Laubanie (Jean-Magontier de), époux d'Elisabeth-Madeleine Jacquier de Vieu-Maison, 137.
Lavau (Alexandre-Guy-Pierre de), époux de Blanche-Marie-Esther de Blancmesnil, 142.
Lavau (Joseph-Henri-Gaston de), marié à Mlle Valentine-Antoinette Asselin de Villequier, 142, 441.
Lebeuf (L'abbé), 13, 20, 26, 28, 35, 36, 48, 57, 136, 174, 175, 349, 376.
Lebret (François-Xavier Cardin-), seigneur de Pantin, 207, 209, 225, 228.
Lebrun (Jean), malandrin et bandit, arrêté à Bobigny, décapité et pendu à la Justice-du-Roi, 155 à 167.
Lefèvre (Étienne), acquéreur du moulin de Bobigny, 290.
Légende du plan terrier ou cadastral, ou état des terres de la seigneurie de Bobigny et de celles qui en relèvent (1783), 219 à 239.
Lefricque (Jean-Baptiste), curé de Bobigny, 367, 372.
Legrand (Richard), curé de Bobigny, 354.
Leletier (François), curé de Bobigny, 372, 373.
Lemaître (François), 401.
Lemaître (Veuve François), 248, 376, 416, 420, 424, 427.
Lemaître (Denis), 252, 258, 259.
Lemaître (Michel-Ferdinand), 246, 247, 249, 252, 283, 418, 419, 422, 437, 439.
Lemaître (Jean-Baptiste), 285, 308.
Lemaître (Denis), 283, 307.
Lemaître (François-Nicolas), 283, 284, 285, 304, 454.
Lemaître (Ferdinand), 307.
Lemaître (Parfait), 284, 309.
Lemaître (Auguste), 284, 454.
Lemaître (Généalogie des), 439, 440.
Lemazurier (Vincent), 232, 233, 237, 399.
Lescrivain (Robert), possesseur d'un fief et masure à la pointe de Bondy, 24, 31, 55, 167, 347.
Leczinski (Stanislas), roi de Pologne, 139.
Lévis (Roger de), comte de Chalus, 58.

Lézier (Claude), maire de Bobigny, 249.
Liégeard de Ligny, voir Ligny.
Liégeois (Adrien-Louis), acquéreur de la tour seigneuriale, transformée en moulin à vent, 118, 122, 124, 290, 366.
Ligniville ou Lignéville (Élisabeth, comtesse de), épouse de Nicolas de Delley de la Garde, 139.
Ligny (René Liégeard de), acquéreur du moulin à vent de Bobigny et dépendances, 222, 223, 226 à 238. Il est guillotiné comme suspect et ses biens mis en déshérence sont vendus à la criée, 290, 291.
Livry (Seine-et-Oise), 12. 16, 37, 52, 53.
Livry (L'abbaye de), 16.
L'Obligeois (Le sieur), 66.
Lolme (Jean de) et Gilles le Bossu, son neveu, 71, 91, 93, 94, 180.
Longnon (M. Auguste), 175, 181, 183.
Long-Rayage (Canton du), ou des Longues-Rayes, 232, 296.
Longueil (Françoise de), 182.
Lorraine (Acquisition de la), 210.
Lorris (Robert de), seigneur d'Arnouville, 33.
Louis VI, dit le Gros, roi de France, 13.
Louis VII, dit le Jeune, roi de France, 13, 15.
Louis IX (saint Louis), roi de France, 17, 21, 44, 56, 181.
Louis X, dit le Hutin, roi de France, 22.
Louis XI, roi de France, 147, 175, 182, 348.
Louis XII, roi de France, 185, 348.
Louis XIII, roi de France, 45, 58, 199, 200, 354, 356.
Louis XIV, dit le Grand, roi de France, 116, 117, 200, 201, 375.
Louis XV, roi de France, 139, 205, 210, 383.
Louis XVI, roi de France. Sa visite au fermier de Bobigny, 211. Il est décapité, 253.
Louis XVIII, roi de France, 280, 281.
Louvre (Église Saint-Thomas du), puis de Saint-Louis du), 238.
Louvres (Seine-et-Oise), 39.

Luillier (Valentine de), de Manicamp, femme de Bertrand l'Orfèvre, 175.
Lubersac (Jean-Louis, marquis de), 137, 409.
Luther, 185.
Lyonne (Jules-Paul de), prieur de Saint-Martin des Champs, à Paris, 367.

Madeleine (Canton de la), 238, 295.
Mademoiselle de Bobigny, dénomination de Jeanne Rataut, 90.
Mailly (Louis de), 206.
Maire (Le), garde de la justice de Bobigny, 156.
Mairie de Bobigny, 204 à 210, 277 à 286.
Mairie de Pantin, 155.
Maison Tabouret (Canton de la), 224, 302.
Maffliers (Seine-et-Oise), 33.
Maillard (Jean), 25.
Malandrins (Les) désolent la France, 25, 155 à 167.
Malice (Louis-Robert, syndic du corps municipal), 240 à 244. Il est élu maire, 245 à 252, 409, 413.
Mallet (Michel), procureur fiscal de Bobigny, 105, 226.
Marais à Dufour (Canton du), 228, 301, 303.
Marc à Dufour (Canton de la), 239, 296.
Mare Florentin (Canton de la), 239, 296.
Marais (Pont des), 66, 67, 69.
Marcel (Étienne), prévôt des marchands, 25.
Marcel (Pierre), époux de Marie Émery, 180, 181, 184.
Marcoussis (Seine-et-Oise) (Célestins de), 170.
Marfée (Bataille de la), 58, 356.
Marguilliers de l'œuvre et fabrique, voir Conseillers.
Marignan (Victoire de), 185.
Marmousets (Maison des), 178.
Martin, religieux de Sainte-Geneviève, prieur et curé de Vanves, 341.
Martin (Émélie), sœur de charité de Saint-Vincent de Paul, en religion sœur Vincent, 307.

Masson (Germaine-Denise Gauthier, veuve), 307.
Masson (Christ-Frédéric), curé de Bagnolet, 307.
Masson (Alexis-Gabriel), architecte, 218.
Mauger (Joseph), curé de Bobigny, 443.
Mauperché (M. de), 227, 231, 232, 233, 238.
Maury (Le cardinal), administrateur du diocèse de Paris, 441, 453.
Maxe (Eugénie), sœur de charité de Saint-Vincent de Paul, en religion sœur Marie, 307.
Mazarin (Le cardinal), abbé commendataire de l'abbaye de Saint-Denis, 114, 115.
Meaux (Seine-et-Marne) (Chapitre de), 104, 164, 172, 173.
Meaux (Isabeau de), 181.
Meaux (Pierre de), 182.
Médan (Seine-et-Oise) (Les Perdrier, seigneurs de), 45.
Mémoires de la Société de l'Histoire de Paris et de la France, 19.
Mérie (Hippolyte), adjoint au maire, 286, 295.
Mérisier (Canton du), 220, 301.
Merlan (Seigneurie de), paroisse de Noisy-le-Sec, 213, 214, 215.
Méry-sur-Oise (Seine-et-Oise) (Censier de), 21, 25.
Meslin (Guy), curé de Bobigny, 347.
Mézières, voyez Béthisy.
Minault (Ruelle), 97, 180.
Mire (Jean Le), seigneur de Bobigny, 12, 22, 151, 153.
Mire (Nicolas Le), seigneur de Bobigny, 23, 25, 29, 155.
Mire (Jeanne Le), appelée la Miresse, femme en premier mariage d'Étienne de Braque, et en second mariage de Philippe de Gaucourt, 29 à 34.
Mire (Jeanne Le), ou la Miresse, femme de Jean Belot, et en secondes noces de Pierre de Braque, différente de la première, 31.
Mire (Jacques Le), 90, 179, 183.
Mommole, comte de Paris, 4.
Mongrolle (Jean), 207.

Mongrolle (Pierre), fermier des terres de la seigneurie et collecteur, 242, 246, 247, 248. Maire pour la première fois, 250 à 268. Maire pour la seconde fois, et jusqu'à l'époque de sa mort, 275, 276, 296, 413 à 442.
Mongrolle (Pierre-François), 256, 257. Maire après la mort de son père, 277, 278; réélu, 279 à 284, 453.
Mongrolle (Thérèse), 415.
Mongrolle (Auguste), 282 à 285.
Mons-en-Puelle (Nord) (Victoire de), 22.
Monstrelet (Chroniques de), 172, 173.
Montaigu, près Pontoise (Seine-et-Oise) (Gérard de), propriétaire des fiefs d'Eaubonne et de la Motte à Bobigny, 30, 167, 168, 169.
Montaigu (Jean de), vidame de Laon, seigneur de Marcoussis, intendant des finances, 169, 170, 171.
Montaigu (Gérardin de), 95me évêque de Paris, propriétaire des fiefs d'Eaubonne et de la Motte, les lègue aux Célestins de Paris, 24, 55, 168 à 181.
Montaigu (Jean de), archevêque de Sens et président de la Chambre des comptes, 170.
Montargis (Loiret), 161.
Montboyen (Charles-Antoine de), 291.
Montfaucon (Paris-Belleville), la Justice du roi, 166, 167.
Montfermeil (Seine-et-Oise) (Thibaut de), 17, (doyenné de), 5.
Monfort (Le ru de), ou ru de Bobigny, 64, 106, 180, 274.
Montmorency (Érard de), marié à Jeanne de Longueval, 27.
Montmorency (Guillaumette de), femme d'Amaury de Braque, 27.
Montmorency (Jean Ier de), époux de Jeanne de Calletot, 33.
Montmorency d'Auvraymesnil et de Goussainville (Mathieu Ier), marié à Églantine de Vendôme, 32.
Montmorency d'Auvraymesnil et de Goussainville (Mathieu II), seigneur de Bobigny par son mariage avec Jeanne de Braque, 32, 33.

Montmorency d'Auvraymesnil et de Goussainville (Charles de), seigneur de Bobigny, époux de Jeanne Rataut, 34 à 38, 174.
Montmorency d'Auvraymesnil et de Goussainville (Jeanne de), femme de Jean de Clamecy, 34.
Montmorency d'Auvraymesnil et de Goussainville (Catherine de), 34.
Montmorency d'Auvraymesnil et de Goussainville (Marguerite de), mariée à Louis de Pressy, 34.
Montmorency d'Auvraymesnil et de Goussainville (Jacqueline de), femme de Guillaume de Sévigné, seigneur de Bobigny par son alliance, 36, 44.
Montmorency d'Auvraymesnil et de Goussainville (Catherine de), femme de Philippe d'Aunoy le Gallois III, 36, 174.
Montmorency d'Auvraymesnil et de Goussainville (Marguerite de), épouse d'Antoine de Villiers de l'Isle-Adam, 36, 37.
Montmorency d'Auvraymesnil et de Goussainville (Jeanne de), religieuse à l'abbaye de Longchamp, 37.
Montmorency-Laval (Guy-André-Marie-Joseph comte de), marié à Anne-Françoise Céleste Jacquier de Vieu-Maison, 135.
Montmorency Morbecq (Madeleine-Félicité de), 206.
Montreuil-sous-bois (Seine) (Doyenné de), 5.
Montreuil (Pierre de), 181.
Moreau (Étienne), 126.
Moréri (Dictionnaire de), 58.
Morvilliers (Marie), 182.
Motte (Fief de la), 169.
Motte (Canton de la), ou Noyer de la Couture, 79, 222, 298.
Moulin (Agnès du), 57.
Moulin de Bobigny, 120, 121, 161, 289, 292.
Moustier de Bobigny, l'église de a paroisse, 80, 88, 102, 109, 308.
Municipal (Organisation du corps) de la ville de Paris, 46.

Municipalité de Bobigny (Formation première de la), 240.
Municipalité de Bobigny, ses attentions bienveillantes pour l'église, 446, 447.

Nanterre (Hôtel de Jean de), sis à la pointe de Bondy, paroisse de Noisy-le-Sec, 101, 183.
Napoléon Ier, empereur des Français, 276, 277, 278, 279.
Napoléon III, empereur, 284.
Néel (Olivier de), 35.
Néel (Jean de), 30, 179, 183.
Néel (Jeanne de), femme de Jacques de Villers de l'Isle-Adam, 37.
Nicolaï (Aymard de), seigneur de Saint-Victor, marié à Anne Baillet, fille de Thibault-Baillet et de Jeanne d'Aunay le Gallois, 26, 36.
Nobles (tableau des) qui sont sur la paroisse, 267, 291, 366.
Noisemont (Le moulin de), près Thars (Seine-et-Oise), 19.
Noisy-le-Sec (Seine) (Les habitants de) sont des premiers à reprendre l'exercice du culte catholique, 437, 438.
Noisy-le-Sec (Jean de Brière, curé de), 376.
Noisy-le-Sec (Charles Firlin, curé de), 384.
Noisy-le-Sec (Jean-Baptiste Féchoz, vicaire de), 411, 412.
Noisy-le-Sec (Chaalons, curé de), 441, 442.
Noisy-le-Sec (Depille, curé de), 443, 444.
Noisy-le-sec (Notariat), 202, 379, 384.

Ocassidi (Jean-Baptiste), curé de Bobigny, 441.
Officialité (Sentence de l'), 366, 377.
Ogletrop (Éléonore d'), épouse d'Eugène-Marie de Béthisy, marquis de Mézières, 59.
Ognes (Oise), la ferme de Condé en dépend, 14.
Oletta (Jean-Baptiste), curé de Bobigny, 443.
Orfèvre (Raoul l'), argentier du roi, anobli, 21.

INDEX.

Orfèvre (Pierre Ier l'), seigneur de Pont-Sainte-Maxence, 34, 66, 67, 69, 174, 175.
Orfèvre (Pierre II l'), seigneur de Pont-Sainte-Maxence, d'Ermenonville et du Vivier-lez- Aubervilliers, 174, 175, 347.
Orfèvre (Anne d'), mariée à François Juvénal des Ursins, 175.
Orfèvre (Jeanne l'), unie à Charles de l'Hôpital, 175.
Orfèvre (Bertrand l'), 175, 351.
Origine de Bobigny, 3, 4.
Origine de la féodalité, 10.
Orléans (Louis-Philippe-Joseph, duc d'), 297.
Orme de Bray (Canton de l'), 236, 297.
Orme (Saint-Denis) (Canton de l'), 292, 297, 298.
Orme de la Motte (Canton de l'), 91, 96.
Ornano (Joseph-Charles de), seigneur, pour moitié de Bobigny, par son mariage avec Charlotte Perdrier, 60, 61, 112, 115.
Ornano (Gaston-Jean-Baptiste d'), 60, 61.
Ornano (Anne d'), mariée à Louis le Cordier, 61.
Ornano (Charlotte d'), demoiselle de Bobigny, 61.
Ornements (Les) d'église mis sous séquestre, 430, 431.
Orsay (Charles Boucher d'), évêque de Mégare, consécrateur de la seconde église, élevée en remplacement de l'ancienne, entièrement délabrée, 324.
Orville (Seine-et-Oise) (Le Château d') pris et démantelé, 173, 174.
Othon, empereur d'Allemagne, vient visiter Paris, 19.
Ourcq (Canal de l'), 288, 289, 295, 296.

Paillard (Jacqueline), dame de Goussainville en partie, femme de Charles d'Aunay le Gallois Ier, 172, 184, 185.
Paillard (Guillaume), propriétaire à Bobigny, déclaration de ses biens, 40, 41, 49, 69, 76, 103, 104.
Paillard (Pierre), chapelain de la chapelle Saint-Étienne-du-Château, 350.

Pantin (Seine), 3, 222, 224, 225.
Pantin (Laurent Dutartre, curé de), 400.
Pantin (Marc de la Roche, curé de), 401.
Pantin (M. Sarrazin, curé de), 443.
Pantin (Édouard Alexandre, curé de), 444.
Paris (capitale), surpris par les Bourguignons, repris sur les Anglais, 34.
Paris (Grand archidiaconé de), 5.
Paris (Philippe de), 98, 168, 181.
Paris (Guillaume de), 181.
Paris (Nicolas), procureur fiscal, 204.
Paris (Étienne), procureur fiscal, 205.
Paris (Eustache), 219, 228, 237.
Paroisse de Bobigny, 5, 319, 320.
Patay (Loiret) (Victoire de), 34.
Paté (Henri), procureur fiscal, 200.
Paticière (Marie la), fondatrice de la chapelle de Saint-Jacques et de Sainte-Anne à Saint-Eustache, à Paris, 35.
Pavie, dans le Milanais (Défaite de), 135.
Pélerin (Claude-Joseph) curé de Bobigny, 383, 384.
Pélerin (Eustache-Pierre), curé de Bobigny, 384 à 398 ; son testament, 398 ; il fait une rente à l'église, 414.
Pèlerinage à Notre-Dame des Vertus, dans l'église d'Aubervilliers, 193.
Pennoyer (Guillaume), chapelain d'Aubervilliers, 190.
Perdrier (Pierre), second mari de Jeanne Le Coq, seigneur de Bobigny, 45, 46, 47, 48, 49.
Perdrier (Jean), époux d'Anne de Saint-Simon, seigneur de Bobigny, 49, 50.
Perdrier (Guillaume), époux de Marguerite de Rochechouart, 50, 51, 52.
Perdrier (Charles), baron de la Trompaudière, seigneur de Bobigny, marié à Anne de Bragelongne, 56, 57.
Perdrier (Anne), femme en premier mariage de Charles de Béthisy de Mézière, et en second mariage de Roger de Lévis, 56, 58, 361, 364.
Perdrier (Charlotte), épouse de Joseph-Charles d'Ornano, 56, 58.
Permanence (La commune de Bobigny en), 254.

INDEX.

Philippe Ier, roi de France, 323.
Philippe II (Auguste), roi de France, 17, 19.
Philippe III, le Hardi, roi de Franc, 21.
Philippe IV le Bel, roi de France, 22.
Pilippe V le Long, roi de France, 23, 26.
Philippe Ier (Louis-Philippe d'Orléans), roi des Français, 282, 284.
Pichon (M. le baron), 45.
Pierre (Eustache), procureur fiscal, 204, 205, 276, 378.
Pierre (Eustache), son fils, procureur fiscal, 206, 207.
Pierrefitte (Seine), 163.
Piscop (Seine-et-Oise), 27.
Plan du portail de l'église de Bobigny, 357.
Coupe transversale, *idem*, 383.
Coupe longitudinale, *idem*, 411.
Plan en superficie, *idem*, 435.
Plâtrières (Canton des), 223, 224, 297, 298.
Poitiers (Défaite de), 27.
Poncher (Étienne), évêque de Paris, 350.
Pontoise (Seine-et-Oise) (Prieuré de St-Martin de), 19.
Pontus (Joseph), procureur fiscal, 212.
Porcheron (André), premier propriétaire connu de la seigneurie de Drancy, 24, 29, 54, 55, 128, 120, 167.
Pottier (M.), notaire à Noisy-le-Sec, 202, 379, 384.
Poupart (Étienne), notaire royal à Noisy-le-Sec, 366.
Prairie de Bobigny, 66.
Pré de la Chapelle, 300.
Pré-Souverain (Canton de), 224, 300.
Presbytèree (Réparation au), 208, 248, 278, 377, 379, 380.
Presbytère vendu au profit de la Nation, 264, 440, 441.
Prêtres constitutionnels ou assermentés et insermentés, 410, 411, 412, 438.
Prisons de la justice seigneuriale de Bobigny, 25, 155, 156, 290.
Procès criminel de Jean de Brun, malandrin, 155 à 167.

Procès de Jean Tesnier, faux monnayeur, 186 à 197.
Procuration donnée par les habitants de Bobigny, en vue des travaux de première urgence à faire à l'église et au presbytère, 378, 379.
Procureur fiscal, 200.
Puteaux (Seine), 16.
Puthomme (Nicolas), procureur fiscal, 207.

Quélen (Olivier de), 35.

Radel, curé d'Ermenonville, 351.
Rainssant (Nicolas), curé de Bobigny, 375.
Raison (Temple de la), 430, 434.
Raison (Fêtes de la), 434, 436.
Rataut (Jeanne), femme de Charles de Montmorency d'Auvraymesnil et de Goussainville, dite mademoiselle de Bobigny, 35, 36, 37, 174, 179, 348.
Recensement nominatif de 1672, 368; de 1693, 375; de 1786, 240; et de 1866, 286 à 309.
Régime (Abolition de l'ancien), 136, 251.
Registre archiépiscopal de Paris, 365.
Registre criminel de la justice du prieuré de Saint-Martin des Champs, publié par M. L. Tanon, 154.
Registre de catholicité de la paroisse et de la reddition des comptes des marguilliers, 200, 253, 375, 413, 414, 418, 421, 451.
Renaud, archidiacre de Brie, 323.
République (Établissement de la), décrété par la Convention nationale, 251.
Réquisitions diverses, 255, 257, 265, 267, 268.
Résumé de chacun des trois chapitres de l'ouvrage, 7, 145, 311.
Richelieu (Le cardinal de) signale son ministère par la prise de la Rochelle, 199.
Richemont (Arthur, comte de), connétable de France, 34, 35, 173, 175, 176, 177.
Ridoux (Jean-Baptiste-Thomas-Cyrille), curé de Bobigny, 444.

Robert (Barbe), veuve de Jacques de Bragelongne, présente à la nomination de Mgr Henry de Gondy un chapelain pour la chapelle Saint-Étienne du Château, 56, 57.
Robespierre, après avoir établi le règne de la Terreur, meurt sur l'échafaud, 270.
Rochechouart (Marguerite de), fille de Guillaume de Rochechouart et d'Antoinette de Jaucourt, mariée en secondes noces à Guillaume Perdrier, seigneur de Bobigny, 50.
Romainville (Seine) (Cloud Moreau, curé de), 384.
Romainville (Maladrerie de), 103.
Rosny-sous-Bois (Seine) (Pierre Doré de Menneville, religieux de Sainte-Geneviève, prieur et curé de), 400.
Rostaing (M. de), seigneur de Drancy par son mariage avec Catherine Duval, 152.
Roture (Les fiefs d'Emery et de Béquignart mis en), 198.
Roussel (Élisabeth), dame de Villeparisis, 140.
Roussillon (Le), l'Artois la Franche-Comté et la Flandre réunis à la France, 201.
Rouveau, notaire à Belleville-Paris, 176.
Rouvroy-Saint-Simon (Isabelle de), 173, 174.
Ruel, tabellion à Bobigny, 365.

Sablons (Canton des), 234, 296.
Sacristie (Construction d'une), 446.
Saint-Alais (Nobiliaire de), 56, 182.
Saint-André (Le maréchal de), 49.
Saint-André, patron de la paroisse de Bobigny depuis sa fondation, 5, 324.
Saint-André (La fontaine de), 94.
Saint-Benoît (Jean de), 55.
Saint-Blaise (Prieuré de), à Aulnay-lez-Bondy, 23, 30, 119, 238, 247.
Saint-Cloud (Seine-et-Oise), 161.
Sainte-Chapelle du Palais (Les chanoines de la), 67, 70, 76.
Sainte-Croix de la Bretonnerie, à Paris, (Église de), 169, 175.

Saint-Cyr (Seine-et-Oise), près Versailles (Dames religieuses de Saint-Louis à), 135.
Saint-Denis (Seine) (L'Abbaye de), 12, 17, 27, 47.
Saint-Eustache (Confrérie de Sainte-Agnès, établie dans l'église de), 140; Chapelle de Saint-Sauveur, *idem*, 25, 26.
Chapelle de Saint-Jacques et de Saint-Anne, *idem*, 35, 446.
Sainte-Geneviève (L'abbaye de), 222, 247, 249.
Sainte-Geneviève (Autel, bannière et relique de), à Bobigny, 443.
Saint-Germain l'Auxerrois (L'église de), 35.
Saint-Germain des Prés (L'abbaye de), 170.
Saint-Jacques de la Boucherie (L'église de), 170.
Saint-Jean en Grève (L'église de), 47.
Saint-Jean de Beauvais (Le collège de), 174.
Saint-Ladre ou Saint-Lazare, à Paris (Le prieuré de), 161.
Saint-Leu-Saint-Gilles (L'église de), 19.
Saint-Magloire (L'abbaye de), 47.
Saint-Maur des Fossés (Les chapitres de), de Saint-Thomas et de Saint-Louis du Louvre réunis, 238.
Saint-Martin des Champs, à Paris (Le prieuré de), 5, 320.
Saint-Martin de Pontoise (Le prieuré de), 15, 16, 17, 19.
Saint-Michel du Charnier (L'église de), à Saint-Denis, 220.
Saint-Nicolas du Chardonnet (Église de), 446.
Saint Pierre, patron secondaire de la paroisse, 300, 324.
Saint-Prix (Seine-et-Oise), 17.
Saint-Simon (Anne de), 49.
Saint-Sébastien, patron des Chevaliers de l'Arc, 457.
Salandre (M. l'abbé), archidiacre de Saint-Denis, 443.
Salle des Croisades au musée de Versailles, 44.
Salzbach (Combat de), 132.

Samson (Guillaume), curé de Bobigny, 360.
Sanguin (Simon), seigneur de Livry, 37, 38, 174, 260 à 261.
Sanguin (Jacques), *idem*, 53, 58.
Sanguin (Louis), *idem*, 332.
Sanguin (Christophe), *idem*, 61, 62.
Sargé (Sarthe), 376.
Sarrebruck (Marie de), 173.
Sault-Morlet (Canton du), 237, 296.
Saussaie (André du), official de Paris, 366.
Savard (Antoine), marguillier de la fabrique de Bondy, 83.
Scorailles (Dame Élisabeth de), marquise de l'Aubépin, 409.
Séguier (Les), seigneurs de Drancy, 128.
Senlis près Chevreuse (Seine-et-Oise), 181.
Senlis (Saint-Vincent de) (Oise), 16.
Septeuil (Louise-Robert et Pierre de), 134.
Sévigné (Guillaume de), seigneur de Bobigny par son mariage avec Jacqueline de Montmorency d'Auvraymesnil et de Goussainville, 36, 38, 44.
Sévigné (Isabelle de), mariée à François de Bois-Baudry, auquel elle transmet par son union la seigneurie de Bobigny, 37, 38.
Sévigné (Mme de), 38.
Sibour (Mgr), archevêque de Paris, 444.
Sigismond, empereur d'Allemagne, 170.
Soissons (Louis de Bourbon, comte de), 58.
Suger, abbé de Saint-Denis, 9.

Tabouret (La maison), passée à Jean Citolle, 52, 53.
Taillables de la paroisse, 242.
Tailles (Nomination d'un collecteur des), 201.
Tailles (Rôle et assiette des), 202, 242.
Talbot, général anglais, 34, 173.
Taperel (Henri), prévôt des marchands, 153.
Templiers (Ordre des), 15, 22.
Terreur (Règne de la), 256, 269, 436, 437.

Territoire de Bobigny (Étendue du), 309.
Tesnier (Jean), vicaire et maître d'école de Bobigny, condamné au bannissement, 186 à 197.
Testament de Nicolas de l'Espoisse, 333 à 346.
Testament de M. Eustache-Pierre Pèlerin, curé de Bobigny, 398, 399.
Théclant (Guillaume de), dit Poulain, second mari de Nicolle de Braque, 31.
Thérou (Louis-Charles-Victor-Augustin), curé de Bobigny, 444.
Thibaut, évêque de Paris.
Thioise (Jeanne la), 172.
Thor (aujourd'hui Saint-Prix) (Seine-et-Oise), 17.
Thorotte (Jeanne de), femme de Robert d'Aunay le Gallois, 33.
Thorote (Denise), femme en premier mariage de Guillaume des Prés, 33.
Thuillier (Thomas le), propriétaire d'un fief à Bobigny, 24, 30, 54.
Thumery (Denis de), époux de Françoise de Longueil, 94, 107, 182.
Thumery (Guillaumette de), femme de Dreux-Bude, trésorier des Chartres, 46.
Thumery (Isabelle de), femme de Guillaume de Paris, 181.
Thumery (Regnault de), maître particulier de la monnaie de Paris, 94, 107, 177, 182.
Titres concernant l'ancien régime féodal et l'église de Bobigny, délivrés par le notaire Desclozeaux pour être brûlés, 259.
Tombale (Inscription de la pierre) de Jean de Bobigny, 21, 325.
Idem, de Jean Citolle et de Marion Berny, 53, 326.
Idem, de Guillaume Andry et de Jeanne Béquignard, 79, 87, 326.
Topographie de Bobigny, 3.
Tour (Lieu dit la), près le Gros Buisson, 125, 290.
Toussaint Tourly (Louis), maire de Bobigny, 284, 285, 286, 304, 446, 455, 456.

INDEX. 477

Tréboullcau (Claude), seigneur de Bondy, 133.
Tribune (Construction d'une), 446.
Trente (Concile de), 352.
Trolly (Adélaïde de Fiennes de), 137, 409.
Tronson (Jean), prévôt des marchands, 46, 47, 67.
Troyes (Traité de), 173.
Truchard (Bernard), curé de Bobigny, 354.
Tuépain (Pierre), 169.
Tuétey (Alexandre), journal d'un bourgeois de Paris, 172, 177, 183; testaments enregistrés au Parlement de Paris sous le règne de Charles VII, 346.
Turenne (Le maréchal de), 132.
Typhaine (Marie-Jeanne), femme de Eustache-Pierre, procureur fiscal, 134, 205, 206, 207.
Typhaine (Charles-François), cultivateur à Pantin, 247, 264.

Urbain II (Bulle du pape), 323.
Ursins (François-Juvénal des), seigneur d'Ermenonville du chef de sa femme, 175, 176.
Ursulines de Saint-Denis, 220, 221, 247.
Utrecht (Traité d'), 205.

Vache-à-l'aise (Canton de la), 220, 298.
Val (Abbaye du), 33, 37, 174.
Val-Pantin (Canton du), ou les Bornes, 286.
Valles (Claude-Antoine de), 136.
Valles (François de), 136.
Valois (Adrien de), 3.
Vanves (Martin, religieux de Sainte-Geniève, prieur et curé de), 341.
Varade (Jérôme de), 191, 192.
Vasseur (Le Père le), chronologie, 354, 372, 376.
Vassout, 120, 122, 202, 203.
Vaudétar (Jean de), 177.

Vergy (Imbert de), évêque de Paris, 4.
Véron (M. l'abbé), archidiacre de Saint-Denis, 446.
Vézelay (Yonne), 13.
Viella (Louis-Pierre-Charles de Labay, comte de), 139.
Viellard (Jean-Pierre), curé de Bobigny, 440.
Vielles-Vignes (Canton des), 70 à 77, 227, 301.
Vielle-Ville (Étienne de), 49, 86, 87, 168, 183.
Vielle-Ville (Gombaut de), 223.
Viels-Maisons ou Vieu-Maison (Le vidame de), voir Jacquier.
Villaine (Geoffroy de), possesseur d'un fief à Bondy, 24.
Ville-Evrard, 209.
Villemomble (Seine), 182.
Ville-Parisis (Seine-et-Marne), 139, 140.
Villetaneuse (Seine) (Jean-Baptiste-Oletta, curé de), 443.
Villette (La), Paris, M. l'abbé Roussel, curé, 438, 439.
Villiers (Aalès de), femme de Jean de Gisors, 15, 18, 19.
Villiers de l'Isle-Adam (Jacques de), 37.
Villiers de l'Isle-Adam (Antoine de), 37.
Villot (Étienne), dernier procureur fiscal, 212.
Villot (Étienne), fermier de Beauregard, président de la fabrique, 212, 456.
Vuiderme (Guillaume), possesseur d'un fief à Drancy, 9.
Vintimille (Gaspard de), archevêque de Paris, 383.
Violette (Canton de la), 233, 296.
Vitu (A.), chronique de Louis XI, 175.
Vue du moulin de Bobigny, 161.
Vue de l'ancien château (façade), 193.
Vue de l'ancien château, prise du côté où le ru de Montfort prend sa source, 225.
Vue de la fontaine Saint-André, 257.
Vue du chevet de l'église, 289.

ERRATA

Page 20, ligne 15, *au lieu* de : M. le baron de Guillermy, *lisez* : de Guillhermy.
Page 33, ligne 32, *au lieu* de : veuve de Nicolas de Braque, *lisez* : d'Étienne de Braque.
Page 35, ligne 36, *au lieu* de : M. Boislisle, *lisez* : de Boislisle.
Page 44, ligne 15, *au lieu* de : Alain de Boisbaudry, *lisez* : à Alain de Boisbaudry.
Page 65, ligne 8, *au lieu* de : mesures dixmes, *lisez* : menues dixmes
Page 87, ligne 10, *au lieu* de : (année 1808), *lisez* : 1508.
Page 170, ligne 27, *au lieu* de : fils de Charles VII, *lisez* Charles VI.
Page 172, dernière ligne, *au lieu* de : Alex. Tuéty, *lisez* : Tuétey.
Page 183, même faute.
Page 178, ligne 6, *au lieu* de : 1570, *lisez* : 1470.
Page 180, ligne 28, *au lieu* de : Jeanne Émery, *lisez* : Marie Émery.
Page 185, ligne 11, *au lieu* de : 1418, *lisez* : 1498.
Page 277, ligne 30, *au lieu* de : Louis XVII, *lisez* : Louis XVIII.
Page 316, ligne 10, *au lieu* de : Louis-Maximilien Gollin, *lisez* : Jollin.
Page 316, ligne 15, après Louis-Maximilien, *ajoutez* le mot Jollin, qui a été omis.
Page 321, ligne 22, *au lieu* de : notrisque, *lisez* : nostrisque.
Page 357, ligne 8, *au lieu* de : Caubron, *lisez* : Coubron.
Page 358, ligne 12, *au lieu* de : ausi, *lisez* : aussi.
Page 367, ligne 14, *au lieu* de : Rheins, *lisez* : Rheims.
Page 400, ligne 10, *au lieu* de 1857, *lisez* : 1757.
Page 440, ligne 9, *au lieu* de : 1700, *lisez* : 1800.

TABLE

DES PLANCHES HORS TEXTE

	Pages.
Pierre tumulaire de Jean de Bobigny, planche I.	21
Dalle funéraire de Jean Citolle et de Marion Berny, sa femme, planche II.	53
Premier fragment de la pierre tombale de Guillaume Andry et de Jeanne Béquignart, sa femme, planche III	79
L'ancienne tour de la justice seigneuriale de Bobigny, transformée en moulin en 1650, planche V.	161
Le château seigneurial de Bobigny construit en 1584, devenu la maison des sœurs de charité, pour tenir une école de filles et un asile en 1864, planche VI	193
Le château seigneurial de Bobigny construit en 1584, vu du côté où le ru de Montfort prend sa source, planche VII	225
Le chevet de l'église de Bobigny, planche VIII	253
Portail de l'église de Bobigny, planche X.	357
Coupe transversale de l'église de Bobigny, planche XI.	383
Coupe longitudinale de l'église de Bobigny, planche XII.	411
Plan superficiel de l'église de Bobigny et de la sacristie, planche XIII.	435

TABLE DES MATIÈRES

	Pages.
Préface.	1
Introduction	3
Résumé du chapitre Ier.	7
Chapitre Ier, la seigneurie de Bobigny	11
Résumé du chapitre II.	145
Chapitre II, la commune de Bobigny.	151
Résumé du chapitre III	311
Chapitre III, la paroisse de Bobigny.	319
Table des planches hors texte.	479

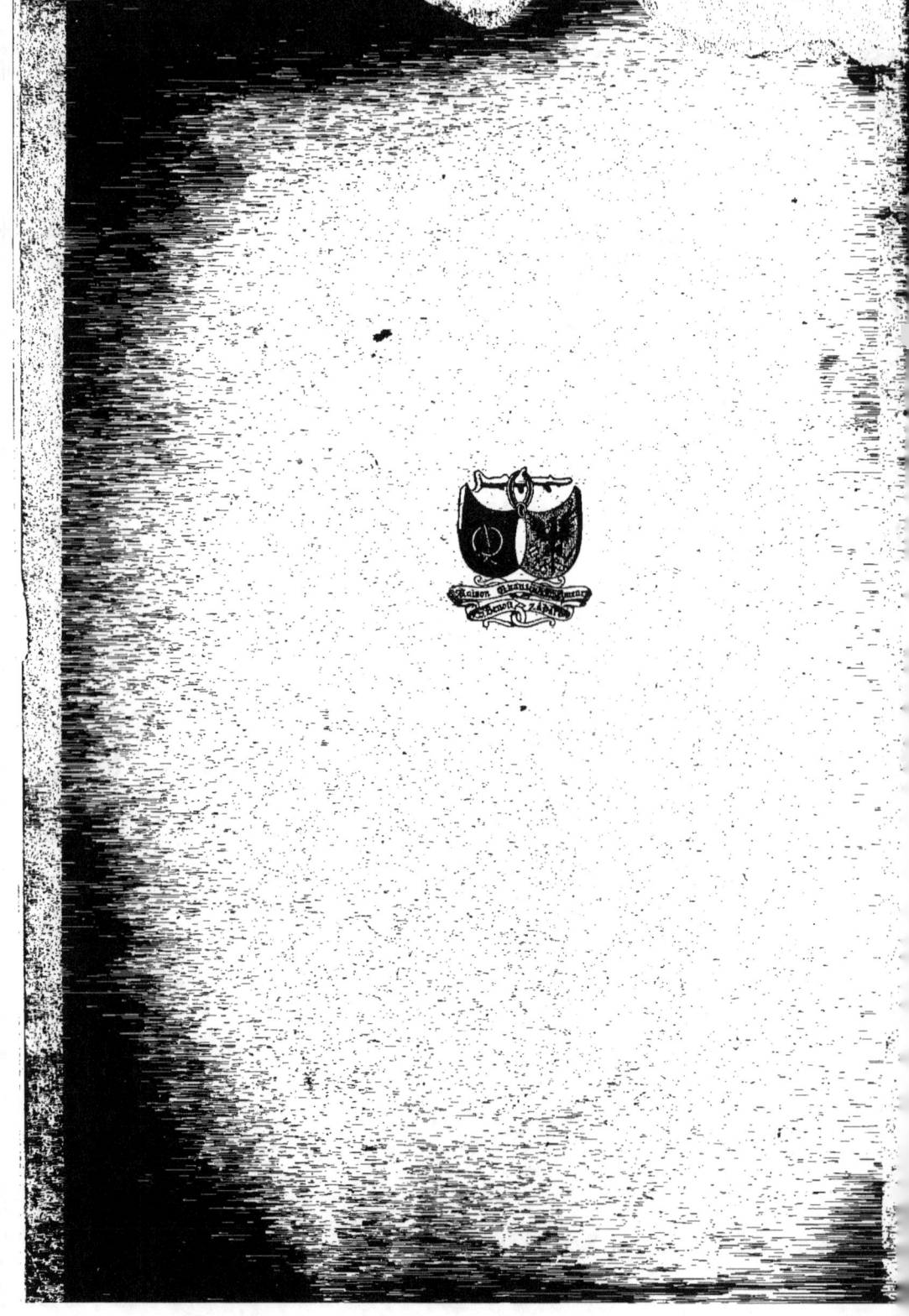

www.ingramcontent.com/pod-product-compliance
Lightning Source LLC
Chambersburg PA
CBHW071410230426
43669CB00010B/1509